昌邑市财政志

（1986—2019）

昌邑市财政志编纂委员会　编

方志出版社
Publishing House of Local Records

图书在版编目(CIP)数据

昌邑市财政志:1986–2019/昌邑市财政志编纂委员会编.--北京:方志出版社，2021.7

ISBN 978–7–5144–4779–8

Ⅰ.①昌… Ⅱ.①昌… Ⅲ.①地方财政–财政史–昌邑–1986–2019 Ⅳ.①F812.9

中国版本图书馆 CIP 数据核字(2021)第 223683

昌邑市财政志（1986–2019）

编　者：昌邑市财政志编纂委员会
责任编辑：冯　松

出 版 者：方志出版社
地址　北京市朝阳区潘家园东里 9 号（国家方志馆 4 层）
邮编　100021
网址　http://www.zgfzcb.cn
发　行：方志出版社发行中心
电话（010）67110500
经　销：各地新华书店
印　刷：山东黄氏印务有限公司
开　本：889 × 1194　1/16

印　张：36.5
字　数：873 千字
版　次：2021 年 7 月第 1 版　2021 年 7 月第 1 次印刷
印　数：0001 ~ 1200 册

ISBN 978–7–5144–4779–8　定价：468.00 元

《昌邑市财政志》编纂委员会

顾　　问　王金祥

名誉主任　刘　煜　孔德奎

主　　任　许增贤　孙效治　马伟莲

副 主 任　姜喜润

委　　员　林明波　孙介甫　徐学义　徐桂华　孙广阔　徐云舟

　　　　　高凤鸣　明坤祥　杜伟伟　齐红蕾　任在峰

《昌邑市财政志》编审人员

特邀编审　程森枝　焦　凌　王伟波　李周兴　颜培胜

主　　编　孙效治

副 主 编　姜喜润

执行主编　王仁昌

执行副主编　张乃贵

编　　辑　徐维凯　金凤宾　张兴涛　张俊鹏　于友智　夏志伟

　　　　　杨克京　齐安东　赵京伟　郭孝涛　史有志　刘国成

　　　　　韩茂松　刘文虹　马兴志　谢娅妮　肖美先　张红晓

　　　　　范海涛　黄倩倩　任肖婧　高长喜　翟佳佳　王亚楠

　　　　　郑晓燕　孙学珂　郑亚丽

序

昌邑市人民政府市长　李玉祥

财政，是庶政之母，邦国之本，一方之命脉，发展之大计。长期以来，昌邑财政部门紧紧围绕经济社会高质量发展大局，立足自身职能，找准切入点、结合点、着力点，积极作为，主动服务，财政收入规模不断扩大、财政保障能力持续增强、财政政策效应充分发挥、财政管理改革纵深推进、财政资金监督更加严密，在服务经济发展、社会进步、城市建设、民生改善等方面发挥了重要作用。

昌邑财政事业发展的历程中，浸润着一代又一代昌邑财政人的心血和汗水，凝结着一代又一代昌邑财政人的奋斗和奉献，包含着先进理念和创造实践，蕴藏着丰富智慧和鲜活经验，这些都是非常宝贵的历史财富。用志书的形式忠实记录下来，既是对昌邑财政人奋斗历程和光辉业绩的重要见证，也是对昌邑财政人担当精神和实干精神的崇高敬意。

《昌邑市财政志》历经数载编修，即将付梓成书。这是一部全面记述昌邑财政事业改革发展的专业志书，客观记录昌邑财政改革发展历程，全面反映财政改革发展成果，坚持前有所稽、后有所考，详略得当、秉笔直书，力求体例完备、事丰言简、语言流畅，是一部了解昌邑财政事业改革发展历程的重要历史资料。在此，谨向一丝不苟、精益求精的全体编修人员表示衷心的感谢。

修志以存史，知史而鉴今，历史是最好的教科书。相信《昌邑市财政志》的出版发行，一定能够帮助我们更加准确、更加科学地认识和把握昌邑财政事业发展的客观规律和发展方向，为科学谋划昌邑财政事业未来的改革发展提供有益借鉴和参考。

昌邑市人民政府市长 李玉祥

2021 年 7 月

2017 年 6 月，昌邑市财政局办公楼外景（位于昌邑市富昌街 157 号）　（摄影：郝岩）

1995 年 3 月，昌邑市财政局办公楼外景（位于昌邑市利民街 671 号）。市委书记赵俭（右二）与市财政局人员在办公楼前合影　（照片提供：马春盛）

2019年6月，昌邑市财政局第一会议室　　（摄影：王仁昌）

2019年6月，昌邑市财政局第二会议室　　（摄影：王仁昌）

2019 年 6 月，昌邑市财政预算评审中心办公室　　（摄影：王仁昌）

2019 年 6 月，昌邑市国有资产运营中心办公室　　（摄影：王仁昌）

2000年2月28日，财政管理电子化建设现场会暨全省财政信息化建设工作会议在昌邑市召开。财政部计算中心主任杨方伟（前排中）、省财政厅副厅长宋文平（右七）参加会议，并与参会人员合影（照片提供：王云贞）

2006年4月，山东省财政厅副厅长庞敦之（前排右四）陪同财政部网络信息中心主任刘祝余（前排中）到昌邑市检查县级国库集中支付工作，与市财政局工作人员在办公楼前合影（照片提供：张晓润）

1996年12月，山东省政协第七届委员会委员（省财政厅原党组成员、副厅长）韩长纲（前排右一）到昌邑市调研县级自筹资金使用情况，与市有关领导在北海公园调研现场合影（照片提供：马春盛）

1996年12月，山东省国有资产管理局局长韩成峰（前排左一）到昌邑市检查城镇国有企业清产核资工作（照片提供：马春盛）

2004 年 9 月，山东省财政厅副厅长庞敦之（中）到昌邑市检查工作　　（照片提供：张晓润）

2015 年 11 月，山东省财政厅副厅长王慎民（右三）到昌邑市财政局调研非税系统应用情况　　（摄影：郝岩）

2018 年 3 月，山东省财政厅副厅长姜凝（左三）到昌邑市调研美丽乡村建设及涉农资金整合开展情况（摄影：张兴涛）

2019 年 3 月，山东省财政厅二级巡视员袁培全（左二）到昌邑市调研乡村振兴示范项目开展情况（摄影：张兴涛）

1991 年 7 月，昌邑县人民政府县长赵俭（第二排左十七）、昌邑县财政局长马春盛（第二排左十八）参加全省发展财政收入亿元县工作经验交流会议

（照片提供：马春盛）

1996 年 12 月，潍坊市住房资金决算工作会议在昌邑市召开　　（照片提供：马春盛）

1997 年 4 月，昌邑市财政局召开乡镇财政工作总结表彰会议，受表彰的个人与单位代表合影（照片提供：王仁昌）

1998年3月，昌邑市举办乡镇财政所会计制度培训班。昌邑市财政局局长闫承海（第二排中）出席开班仪式并与参加培训人员合影 （照片提供：王仁昌）

1998年5月，昌邑市财政局召开乡镇财政工作总结表彰会议，市财政局领导与参会人员合影（照片提供：焦秋珍）

1999年5月，昌邑市召开乡镇财政工作会议，昌邑市人大常委会副主任马春盛（前排中）、市财政局局长张晓润（前排右三）出席会议并与参会人员合影　（照片提供：焦秋珍）

2011年4月，潍坊市财政教科文工作会议在昌邑市召开，与会人员合影　（摄影：郝岩）

2017 年 11 月，潍坊市镇街财政干部培训班在昌邑市举办，昌邑市镇街区财政所全体人员参加培训 （摄影：郝岩）

2017 年 12 月，昌邑市财政局举办行政事业单位财会人员培训班。专家授课后，各科室工作人员现场回答问题 （摄影：郝岩）

2018 年 9 月，昌邑市财政局干部职工到山东财经大学参加政府会计准则制度专题培训班，图为参加培训人员合影

（照片提供：张红晓）

2018 年 10 月，昌邑市财政局举办全市 PPP 培训会议　　（摄影：郝岩）

2010 年，昌邑市财政局局长董凤杰（左二）到都昌街道入户调研　　（摄影：郝岩）

2012 年，省级文明单位验收组到昌邑市财政局验收文明单位　　（摄影：郝岩）

2014 年，昌邑市财政局局长李友田（中）陪同东营市财政系统人员到柳疃镇长胡同村调研　（摄影：郝岩）

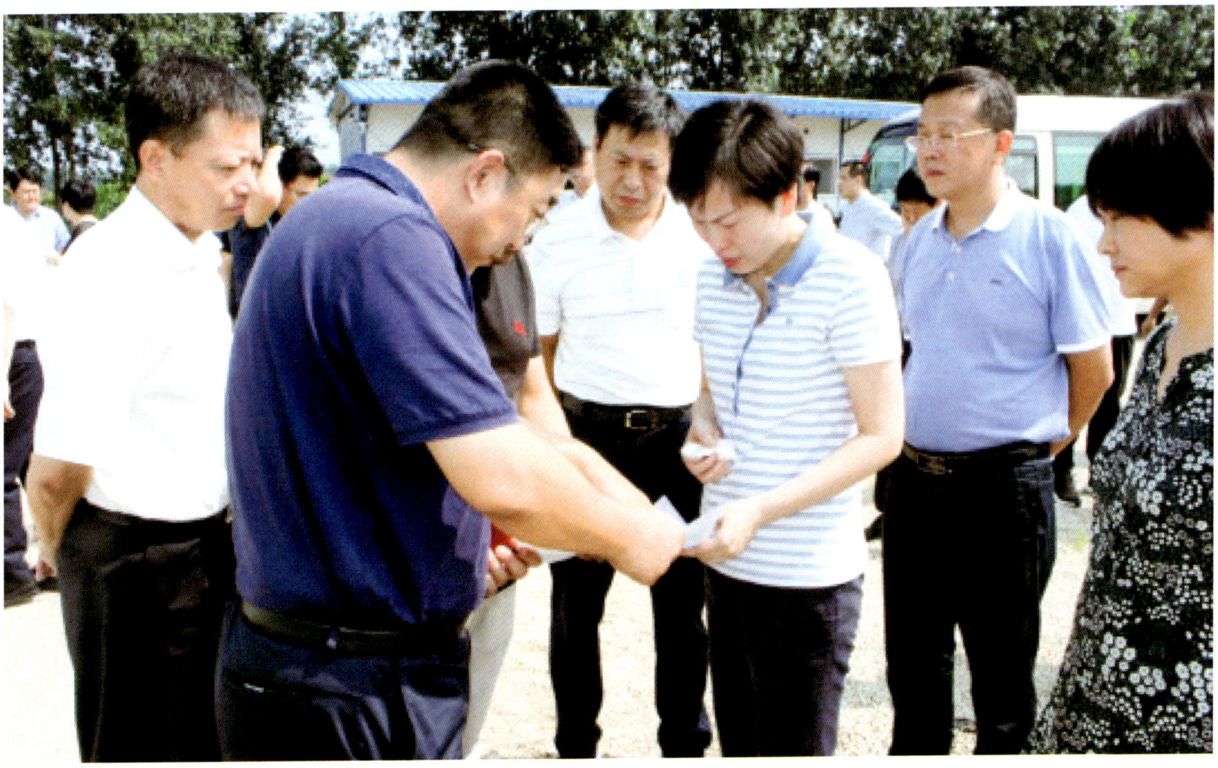

2017 年 8 月，昌邑市委书记吕珊珊（右三）、市长李玉祥（左三）调研饮马镇田园项目　（摄影：王明杰）

2017 年，昌邑市财政局局长许增贤（中）到山东亿润集团调研　　（摄影：张兴涛）

2017 年 9 月，昌邑市财政局班子成员集体调研昌邑市棚户区改造等重点项目建设情况　　（摄影：张兴涛）

2019 年 4 月，昌邑市财政局相关负责人调研下营镇火道村乡村振兴工作　　（摄影：张兴涛）

2019 年 6 月，昌邑市财政局局长孙效治（右二）到潍坊科艺广告装潢有限公司调研　　（摄影：张兴涛）

2010 年 4 月，昌邑市财政局干部职工到文山烈士陵园宣誓 （摄影：郝岩）

2010 年 5 月，昌邑市财政局召开深入开展“创先争优 强堡垒做先锋”活动大会 （摄影：郝岩）

2010 年 6 月，昌邑市财政局举行庆七一 佩党徽 温誓词活动仪式　　（摄影：郝岩）

2014 年，昌邑市宣讲团学习贯彻党的十八届三中全会精神辅导报告会在昌邑市财政局举办　　（摄影：郝岩）

2017 年，昌邑市财政局领导班子成员召开民主生活会 （摄影：郝岩）

2018 年 9 月，昌邑市财政局党组召开党员政治生日会 （摄影：张兴涛）

2019 年 8 月，昌邑市财政局党员干部到柳疃镇丝路绸语文化创意园，开展“乡村振兴、奉献有我”文明实践活动（摄影：张兴涛）

2019 年 9 月，昌邑市财政局组织退休老干部到渤海走廊革命斗争陈列馆，开展“不忘初心、牢记使命”红色专题教育活动（摄影：张兴涛）

2019年10月，昌邑市财政局党组、班子成员集中学习，开展研讨“财政工作部门主动担当作为、更好地服务昌邑高质量发展”专题活动 （摄影：张兴涛）

2019年12月，昌邑市财政局举办学习贯彻党的十九届四中全会精神宣讲报告会 （摄影：张兴涛）

1990 年，昌邑县财政先进工作者合影　　　　　　　　　　　　　　　　　　　　（照片提供：马春盛）

1991 年，昌邑县财政局全体人员合影。前排左起：郭瑞玉、孙健美、徐桂华、陈萍、姜亚丽；第二排左起：闫维喜、谢成合、王维杰、马春盛、邵长奎、陈贵海、姜奎芳；第三排左起：于爱国、张青山、王瑞波、徐云舟、于渭、任在忠、刘会堂、孙介甫；第四排左起：张延亮、金凤宾、刘云涛、赵子连、魏全江、张欣智、王学明、高凤鸣、于海成；第五排左起：祝永杰、高言峰、潘在校、高文奎、姜言杰、姜维、曹志学　　　　　（照片提供：马春盛）

1992 年 12 月，昌邑县人民政府代县长王福亮（前排中）与昌邑县会计专业职务初级评委会全体成员合影

（照片提供：马春盛）

2021 年 4 月 20 日，参加《昌邑市财政志（1986—2019）》评审会人员合影。前排左起：任云峰、姜喜润、王伟波、程森枝、孙效治、焦凌、李周兴、颜培胜、孙介甫；后排左起：张乃贵、王仁昌、杜伟伟、徐云舟、齐红蕾、明坤祥、徐学义、林明波、徐桂华、褚良邦、袁炳奎 （摄影：郝岩）

2018年12月，昌邑市财政局全体工作人员合影。前排左起：于爱国、姜喜润、高凤鸣、穆效彬、徐云舟、许增贤、孙广阔、明坤祥、葛英虎；第二排左起：李婷、王亚楠、翟佳佳、杜爱平、张晓辉、黄倩倩、张红晓、谢娅妮、李金枝、徐京菲、姜军英、郑晓燕、于雪、肖美先；第三排左起：张延亮、刘国成、张兴涛、韩茂松、史有志、范海涛、郭孝涛、李松岩、刘启利、任在峰、刘文虹、魏海峰、董瑞娟、任肖婧、吴琦；第四排左起：姜竹梅、齐红蕾、王明杰、于友智、刘云涛、齐文盛、高长喜、全凤宾、辛世信、滕晓辉；第五排左起：李聪琛、孙学珂、张志臣、马兴志、齐安东、刘成龙、宿胜国、孙延伟、徐文煜、于海成、唐寿栓、夏志伟、张俊鹏

（照片提供：姜喜润）

1992年2月，昌邑县税收财务物价大检查办公室获得山东省“1991年税收财务物价大检查先进集体”称号

1999年10月，昌邑市财政局获得“一九九九年度全国财政系统优秀软件评审二等奖”

1999年11月，昌邑市财政局获得“全国财政系统财政业务计算机应用先进单位”称号

2012 年，昌邑市财政局获得“省级文明单位”称号

荣誉证书

授予：昌邑市政府与社会资本合作中心

“山东省财政系统先进集体”称号。

山东省人力资源和社会保障厅　山东省财政厅

二〇一九年十二月

2019 年 12 月，昌邑市政府与社会资本合作中心获得“山东省财政系统先进集体”称号

凡　例

一、本志以马克思列宁主义、毛泽东思想、邓小平理论、“三个代表”重要思想、科学发展观、习近平新时代中国特色社会主义思想为指导，坚持辩证唯物主义和历史唯物主义的立场、观点和方法，以传承历史、服务当代、裨益后世为宗旨，实事求是地记述昌邑市财政事业发展的历史与现状，力求资料性与科学性统一。

二、本志记述时限为1986—2019年，部分内容适当上溯或下延。

三、本志采用述、记、志、传、图、表、录7种体裁，以志为主。一般设编、章、节、目四个层次。全志共设8编、25章、89节，因事设目，逐类归并。

四、本志采用语体文，以第三人称记述。标点符号及数字用法遵循国家标准《标点符号用法》（GB/T15834—2011）、《出版物上数字用法》（GB/T15835—2011），计量单位采用国务院1984年公布的《中华人民共和国法定计量单位》，采用公元纪年。各类名称使用全称或规范简称。1994年昌邑县改市，职官、地名分别用当时法定称谓。各类数字以昌邑市财政局档案资料为准。

五、本志资料主要来源于昌邑市财政局档案室及其他各科室所保存的资料，部分资料来源于昌邑市政府办公室、市档案馆、市人力资源和社会保障局等有关单位。

六、本志行文中未明确的“省”指山东省；未明确的“地区”指昌潍地区或潍坊地区；未明确的“县（市）”指昌邑县（市）；未明确的“局”指昌邑县（市）财政局。

目　录

第二编　财政体制

第三编　财政收入

第四编　财政支出

第五编　财政管理

第六编　财政监督

第七编　机关行政管理

第八编　乡镇财政

人物　荣誉

艺　文

附　录

旧志拾遗

概述

昌邑市位于山东半岛西北部，潍河下游，莱州湾畔，介于北纬36°25′—37°08′，东经119°13′—119°37′之间，东与烟台莱州市、青岛平度市以胶莱河为界，南与高密市、安丘市毗连，西与坊子区、寒亭区为邻，北濒莱州湾。市域纵长横窄，中若蜂腰。南北长75千米，东西宽32.5千米，最窄处7.5千米，总面积1578.7平方千米，占山东省面积的1%。截至2019年，昌邑市辖奎聚、都昌、围子3个街道，柳疃、龙池、卜庄、饮马、北孟、下营6个镇和石埠经济发展区。

昌邑市财政的发展历史，是昌邑市经济社会发展的缩影，是昌邑市经济社会发展的真实记录，体现了国家财政政策变革，展示了昌邑市经济社会的发展，凝聚着昌邑市几代财政人的智慧和汗水。昌邑市财政局作为市政府职能部门，在经济社会发展中发挥着举足轻重的作用。

一

昌邑市的财政管理体制服从中央财政的统一体制，总体上是根据“统一领导、分级管理”的原则，由高度集中管理到实行分级管理。1986—1993年，实行“财政包干”为主的财政体制。1994—2019年，执行“定额上缴加比例递增”与“上缴中央部分按确定基数部分返还”的分税制财政体制。各个历史时期所实行的各种财政体制，都适应了当时社会和经济发展的需要，发挥了财政应有的作用。

1985年，省政府确定昌邑县为财政体制改革试点单位，确定暂按“总额分成加增长分成”的办法，当年财政收入增长31.4%。1987年，昌邑县财政体制由原“总额分成”调整为“定额上缴加比例递增”的办法，即定收定支，收支余额为定额上交。1994年，昌邑市实行新型“分税制”财政体制。2002年，实施所得税收入划分办法改革，实行企业所得税和个人所得税收入中央与地方共享。2011年，预算外资金（不含教育收费）全部纳入预算管理。

1986年，县政府对乡镇实行“收入全留、定额补助、自求平衡”“定收定支、超收分成、短收分担”“定收定支、定额补助、总额分成加超收分成”三种财政管理体制。1987年实行“定收定支、超收分成、短收分担”“定收定支、定额补助、总额分成加超收分成”两种财政管理体制。1988年，乡镇全部实行“定收定支、超收分档分成、短收分担”的财政管理体制。1989—1992年，乡镇财政全部实行“定收定支、增长分档分成、短收同比例扣减支出”的财政管理体制。1993年，乡镇财政全部实行“定收定支、收支挂钩、超收分成、减收县乡两级负担、收支相抵后对上缴部分实行按比例留成奖励”的管理体制。1994年，昌邑市制订乡镇分税制改革实施方案。1995年，昌邑市全面建立乡镇级金库，确定乡镇财政库款留成比例。1996年，昌邑市乡镇金库库款留解比例进行调整。1997年，昌邑市按照分税制财政体制原则，重新划分乡镇财政收支范围，核定收支基数。

1998年，国家建立转移支付制度，山东省对市县财政转移支付的主要形式是财力性转移支付和专项转移支付。2009年，国家进一步规范财政转移支付制度，将转移支付简化为一般性转移支付、专项转移支付两类。1998—2008年，昌邑市实现财政转移支付收入共计95128万元。2009—2019年，昌邑市实现上级专项转移支付收入382032万元，对促进地方经济建设发展发挥了重要作用。

二

财政收入是经济发展的“晴雨表”，是财政改革成果的直接体现，是衡量一个地区经济社会发展的重要指标。1986—2019年，昌邑县（市）的经济发展经历了企业内部制度改革、实施一步二步利改税、分税制改革、股份制改造、农村税费改革及取消农业税、农村产业结构调整等一系列重大改革，财政收入也随之发生巨大变化。1986年，昌邑县财政预算内收入4292万元；2019年，昌邑市一般公共预算收入320932万元，是1986年全县财政预算内收入的74.77倍。

昌邑市的财政收入主要包括预算收入、非税收入和上级补助收入三个部分。其中：预算收入是主导，包含工商税收和农业税收；非税收入是辅助，包含预算外资金收入、政府性基金收入、行政性收费、罚没收入和专项收入；上级补助收入是补充，包括专项补助收入和转移支付收入。

从第七个五年计划（1986—1990年）开始，昌邑县（市）基本实现一般公共预算收入每个五年计划比上个五年计划翻一番的目标。1986年实现4292万元，1991年实现8560万元，1996年实现13910万元，2001年实现24869万元，2006年实现60467万元，2011年实现158136万元，2016年实现299086万元，2019年实现320932万元。

三

昌邑市不断优化财政支出结构，全力支持和保障各项事业发展，财政支出是支持经济发展的“主动力”。按照资金管理方式，1986—1997年，昌邑县（市）财政支出分为预算内支出和预算外支出。1997年，部分政府性基金纳入预算管理，财政支出分为一般预算支出、政府性基金支出、预算外资金支出。2012年，一般预算支出改称一般公共预算支出。昌邑市财政不断优化支出结构，财政支出发挥出强劲的支撑、保障功能，取得良好的经济和社会效益。1986年，昌邑县财政预算内支出为2495万元；2019年，昌邑市一般公共预算支出为443383万元，是1986年全县财政预算内支出的177.71倍。

支持基本建设全面提升。随着经济社会的不断发展和改革开放的深入推进，基本建设支出成为财政支出的重点领域。1995年9月1日起，昌邑市财政局从建行收回委托建行代行的财政职能。从此，新建、改扩建项目逐年增多，基本建设支出随之逐年增加。1995年，昌邑市财政局新建、改扩建项目总投资额4039万元；2019年，总投资额41491万元。

支持“三农”（农业、农村、农民）事业健康发展。支持“三农”建设，一直是昌邑市财政支出保障的重点。1986年农林水事业费和农村生产支出总计187万元，2019年达到47905万元。财政投入不断增加，农业生产条件不断提高，农民生活环境不断改善，农民收入不断增加。

支持各项社会事业发展。以教育、科技、文化旅游、卫生健康等为主要项目的各项社会事业支出，是财政保障的重要内容。1986年，昌邑县教育事业费支出740.2万元；2019年，达到100402万元。义务教育办学条件全面改善，城镇普通中小学“大班额”问题得到解决，城乡义务教育学校公用经费保障水平得到提高。新型农村合作医疗从2004年试点，到2006年全面推广，2011年昌邑市参合农民达到457484人，参合率达到100%。2019年，居民医疗保险筹集个人缴纳资金10873万元，县级财政配套补助资金8405.68万元。

支持社会保障事业发展。昌邑市的社会保障和就业支出数额不断增加，社会保障水平不断提高。1987年以后，中央财政多次提高优抚对象抚恤补助标准，优抚对象经费逐年增长，提高的频率和幅度基本与行政事业单位人员增资相一致。2004年，昌邑市发放城市低保和农村低保资金243万元。投入资金269万元，用于失业职工、就业困难人员生活医疗补助、就业援助等。2017

年，昌邑市将城市居民最低生活保障标准提高到每人每月510元，农村最低生活保障水平提高到每人每年4100元。2019年，昌邑市基本药物制度支出资金2666万元，基本公共卫生服务支出4054万元，农村部分计划生育家庭奖励支出3857.9万元，城镇其他居民独生子女父母奖励支出39.6万元，计划生育家庭特别扶助金支出921.6万元，失独家庭一次性抚慰补助金支出41.7万元，农村独生子女父母奖励费、村级计生主任工资支出582.7万元，破产、困难和劳动托管企业退休职工独生子女父母一次性养老补助县级预算安排资金760万元，农村低保资金支出1435万元，城镇低保资金支出78.8万元，残疾人两项补贴支出资金1041.8万元，义务兵家属优待金支出948万元，农村优抚对象抚恤和生活补助支出2059万元，自主就业退役士兵一次性经济补助252人、支出462万元。

四

昌邑市的财政管理涵盖计划管理、制度管理和业务管理等方面，其管理方法是通过执行财政政策、法规、制度，编制财政计划和组织财政收支活动等，进行直接管理，包括预算管理、非税收入资金管理、财务管理等内容。

预算管理是财政管理的中心环节。

昌邑市财政局有计划地组织财政收入，合理安排财政支出，1986—2019年，均实现财政收支平衡、略有结余的财政目标。预算管理主要包含预算编制与调整、预算执行等环节。

1986年，昌邑县财政局在编制年度财政预算时规定，各单位经费超支，县财政不予弥补，所超支的经费，从各单位1987年指标中扣还；压缩设备购置费和严格控制社会集团购买力；压缩会议经费，严格控制基本建设支出。

1994年，国家实行分税制财政体制改革，昌邑市财政收入下降，加上工资改革，财政供给人员和教师工资上调，财政收支矛盾加剧。预算内财政收入为6860万元，后调整为8949万元，地方级收入完成9031万元；预算内财政支出为8307万元，调整预算内支出为8590万元，实现当年收支平衡。

2006年，昌邑市深化部门预算改革，完善部门基本支出费用定额预算管理体系；加强包括行政事业单位资产、人员等在内的基础数据的收集、管理和利用工作，科学、合理地制订定额标准；深化“收支两条线”改革，推进综合预算编制工作。

2019年，积极推进财政政策加力提效，强化财政逆周期调节作用，增强市场活力，释放经济弹性；推动增值税、消费税、企业所得税等税费减免政策全面落地；深化供给侧结构性改革，支持制造业优化升级，加快推进新旧动能转换，推进“三去一降一补”（去产能、去库存、去杠杆、降成本、补短板）；落实创新驱动发展战略，支持提升科技创新能力，促进创业创新和小微企业发展；支持实施乡村振兴战略，完善农业支持保护制度，深入推进农业供给侧结构性改革，加快发展现代农业，深化农村综合改革；创新政府投融资机制，加大PPP（Public-Private Partnership首字母缩写，即政府和社会资本合作）项目推介和项目落地力度，着力引导和带动社会投资。

非税收入属于政府财政性资金，是财政管理的重要组成部分。

1986年，昌邑县按照国务院《关于加强预算外资金管理的通知》，对预算外资金实行专户管理。

1995年，印发《昌邑市预算外资金管理办法》，明确纳入预算外资金管理的范围。

2009年，昌邑市财政局按照综合财政预算要求，把非税收入形成的可用财力纳入统一的政府预算体系，实行综合预算。已纳入财政管理的行政事业收费或政府性基金，按规定纳入预算管理。尚未纳入预算管理的其他政府非税收入，有计划地分期分批纳入预算管理，通过强化部门预算，编制综合预算，统筹安排政府税收收入与非税收入，扩大实行收支脱钩管理的范围。非税收入的收支由昌邑市财政局统一编制、审批年度预决算，合理安排收费资金，监督单位按预算使用，从而改变行政事业性收费分散、失控局面，实现预算内、外和制度外资金统一协调，综合平衡，提高资金使用整体效益，提高财政对资金的宏观调控力度，保证经济建设和各项事业发展的资金需要。昌邑市的行政事业单位预算外资金管理经历了单位自收自支、财政代管、纳入预算或财政专户管理、实行收支两条线管理等管理形式，从预算外资金管理到非税收入预算管理，管理逐步规范。

财务管理是实施财政管理工作的具体内容。

昌邑市财政局根据国家财经政策、法令、制度，结合实际情况与各行业各部门业务特点，对会计、农业、企业、行政事业、社会保障、经济建设、国库集中支付等方面进行财务管理，形成健全的财务管理体系，维护财经纪律，规范经济秩序。

信息化建设是发挥财政职能的重要保证。

1990 年 1 月，县财政局配置第 1 台 80386 计算机，主要用于办公文字处理。

1996 年，通过计算机更新、换代、升级，逐步实现办公自动化，实施以快速以太网技术为主的局域网建设，推进广域网、城域网建设。

1998 年，市财政局在 15 处乡镇、街道财政所安装“乡镇财务管理系统网络版”，实现办公自动化。

1998—2000 年，省财政厅立项并投资 200 万元，在昌邑市进行财政信息化建设试点，购置 100 余台计算机、2 台服务器，组织开发财政资金管理系统。该系统科室管理权限不变、数据资料共享、拨款指令网络传输、资金拨付集中办理。市财政局财政资金管理系统在财政部举办的财政系统优秀软件评比中荣获“一九九九年度全国财政系统优秀软件评审二等奖”，该软件在全省数十个县市区推广应用。

2005 年，市财政局完成横向连接本级预算单位、人民银行国库、承担支付代理商业银行的城域网建设。

2009 年，市财政局建成连接省市县三级财政部门的财政广域网、连接市本级财政部门的局域网和连接同级政府职能部门的城域网。

2012 年 5 月，财政业务综合平台一期上线运行，涵盖部门预算、指标管理、国库集中支付、账务管理、国库集中支付预警、政府采购、工资统发、非税收入管理等模块，实现数据集中存储。

2014 年，新版农民一卡通系统实施运行，财政 OA（办公自动化）平台升级。

2015 年 8 月，中国电信山东分公司专家到昌邑市，完成对财政业务专网实施信息安全等级保护三级测评。

五

财政监督是昌邑市财政管理的有机组成部分，贯穿于财政运行和预算执行各个环节，是贯彻财政政策、实施宏观调控、规范财政秩序、提高资金使用效益的重要保证。

1986—1997 年，以“大兵团”作战的财政纪律大检查，是昌邑县（市）财政监督的主要形式。县（市）政府每年组织财政、税务、物价、审计等部门组成专业检查队伍，纪检监察、公安、法院等部门全程参与，用 2—3 个月的时间，对国营（有）企业、集体企业、乡镇企业、村办企业、部分私营企业及行政事业单位进行税收财务物价大检查，查出各种违纪金额，按照有关政策作出处理，上缴入库。大检查有利于加强对财政收入的监督检查和收入征收机构的监督，有利于行政机关、事业、企业、社会团体等单位执行财经纪律法规以及财务收支情况进行监督检查，有利于打击违反预算外资金管理或会计管理规定以及偷漏各项税收、基金，截留、挪用地方性政府基金等行为。

1998年，昌邑市取消税收财务物价大检查，财政监督逐步法制化、制度化、规范化，财政部门每年组织国有企业决算审查和各个系统专业检查，对各种专款、专项资金等进行各种形式的监督检查。

2001年4月，昌邑市实行政府采购管理，负责行政事业单位采购和监督，逐步接管各行政事业单位货物类、工程类、服务类等项目的具体采购工作，相继制订《昌邑市城建项目政府采购管理暂行办法》《昌邑市城建项目专项资金暂行办法》《政府采购目录》等文件。

2003年，昌邑市实行政府采购总金额为2108万元，其中预算内采购金额为295万元，单位自筹1813万元，主要涉及定点修车、统一保险、定点办会、统一印刷几个方面。

2012年，昌邑市工程和货物类实际完成政府采购金额6.4亿元，采购项目预算金额为7.49亿元，节约资金1.09亿元，资金节约率14.55%。

2016年6月，制订《政府向社会力量购买服务办法》《政府购买服务指导目录》。

2019年，昌邑市主要购买服务项目14项，主要涉及基本公共服务，技术性服务和政府履职所需辅助性事项等，实际购买执行金额约2172.1万元。

六

1986年，县财政局有6个股室，在职在编人员16人；2019年12月，市财政局设置12个科室和7个二级机构，形成集财政管理、征收、监督、支付多项职能于一体的县级财政综合管理机构，在职在编人员69人。

1986年，全县22个乡镇全部建立财政所，有各类财政人员83人。经历数次乡镇机构改革，截至2019年12月，全市有10个乡镇财政所，在岗人员48人。

昌邑市财政系统干部职工不断强化财政管理职能，外树形象、内强素质，保障各项事业科学发展、健康发展、可持续发展，发扬“精心理财、优质服务、团结奉献、争创一流”的精神，按照“生财有道、聚财有方、理财有章、用财有效”的原则，开拓进取，担当作为，创造了辉煌业绩。廉洁自律、勤政为民的优良传统和作风，代代传承，发扬光大，成为昌邑品牌。昌邑市财政局先后获得“省级文明单位”“全省行政事业单位资产信息系统建设先进单位”等荣誉称号。

荣誉承载过去，奋斗开启未来。“长风破浪会有时，直挂云帆济沧海。”昌邑市财政系统干部职工，必将不忘初心、牢记使命，振奋精神、扬帆起航，深化改革激活力，多项举措抓收入，集中财力保重点，强化监督提绩效，科学理财，勤政为民，再掀高质量发展新高潮、再创高质量发展新辉煌！

大事记

1986 年

3 月　县财政局成立会计专业技术职务改革办公室（临时机构）。

5 月　22 个乡镇全部建立乡镇级财政，成立财政所。县政府决定对乡镇实行三种财政管理体制："收入全留、定额补助、自求平衡""定收定支、超收分成、短收分担""定收定支、定额补助、总额分成加超收分成"。

6 月　县财政局在行政事业单位和国营企业中，开展增产节约、增收节支（简称"双增双节"）运动，改善内部经营机制，挖掘潜力，提高经济效益。

10—12 月　全县进行税收财务物价大检查，严肃税收法纪和财经纪律，堵塞跑冒滴漏，保证上缴收入及时足额入库。

是年　乡镇财政预算内收入 986.9 万元，财政预算内支出 935.6 万元，年终滚存结余 51.3 万元。

1987 年

2 月　邵长奎任县财政局局长、党支部书记。

5 月　县会计专业技术职务改革办公室（临时机构）更名为县会计师事务管理所。

9 月　县财政局恢复征收契税，契税列入农业税收范畴。

10 月　县财政局开展普法教育，宣传、贯彻、落实《中华人民共和国会计法》《中华人民共和国税收征收管理暂行条例》和国务院《关于审计工作的暂行规定》。

是年　乡镇实行两种财政管理体制："定收定支、超收分成、短收分担"和"定收定支、定额补助、总额分成加超收分成"。

1988 年

10 月　昌邑县开展税收财务物价大检查，查出并补缴入库金额 217.5 万元。

12 月　县财政局进行工资物价改革，落实行政事业人员增发四种主要副食品补贴，中小学教师提资 10%，实行专业技术职务聘任制，调整中级专业技术人员工资，离退休人员增发生活补贴，部分行政事业人员调资等项目，共计增支 479 万元。

是年　乡镇全部实行"定收定支、超收分档分成、短收分担"的财政管理体制。

1989 年

12 月　县财政局为中央筹措资金 857 万元，其中购买国库券 260 万元，推销特种国债 170 万元，保值公债 427 万元，完成国家分配任务。

是年　全县进行税收财务物价大检查，查出违纪金额 438.4 万元，全部补缴入库。

是年　乡镇全部实行"定收定支、增长分档分成、短收同比例扣减支出"的财政管理体制，体制一定两年。

1990 年

1 月　马春盛任县财政局党支部书记、局长。

是月　县财政局配置使用第 1 台 80386 计算机，主要用于办公文字处理。

4 月　县财政局国有资产管理股成立。

6 月　县会计师事务管理所更名为潍坊会计师事务所昌邑分所，实行潍坊和昌邑财政双重管理，人员属县财政局，业务归潍坊会计师事务所管理。

10 月　县财政局制订《昌邑县关于建立国

有资产管理工作关系的通知》。

11月 县财政局开征农业特产税。

是年 全县进行税收财务物价大检查，组织107人成立专业检查组，历时2个多月，对国营企业、集体企业、乡镇企业、村办企业、部分私营企业及行政事业单位进行大检查，共查出各种违纪金额407万元，全部按有关政策作出处理，追缴入库。

1991年

4月 县财政国债服务部成立。

6月 县税收财务物价大检查办公室（简称县大检办），由县税务局划转至县财政局。

7月 县长赵俭、县财政局局长马春盛参加全省发展财政收入亿元县工作经验交流会。

11月 县国有资产管理局成立，为副科级行政单位，归口县财政局管理。

12月 县财政局组织施行会计证制度，为合格财会人员颁发会计证并登记造册，建立和完善财会人员档案。

是年 全县进行税收财务物价大检查，对国营企业、集体企业、县直行政事业单位等456户进行重点检查，检查面达44.2%，对下营镇94艘个体渔船、23户海蜇经销中间商进行专项检查。查出各种偷税漏税等违纪金额246.8万元，补缴入库241.8万元。

1992年

3月 县财政局组织企业国有资产产权登记工作，共登记132户，资产总额90158.9万元，其中国有资产总额32011.5万元。

4月 县财政局印发《关于加强行政事业性收费票据管理的有关规定》。

7月6日 昌邑县在国家统计局首次公布的全国农村县级区域社会经济发展水平量化分析和综合评价结果中，被列为中国农村综合实力百强县，位居第88位。

9月 县经济开发投资公司成立，为全民拨款事业单位，副科级建制。

是年 全县税收财务物价大检查、罚没收入检查、农业四税检查、农发基金检查等共查处各种违纪金额400多万元。

1993年

4月 县住房资金管理中心成立。

7—10月 县财政局举办13期会计培训班，培训主要内容是《企业会计准则》《企业财务通则》《西方财务会计概论》和工业、商业流通行业会计制度，1452名财税干部和企事业单位会计人员参加培训，合格率达95%以上。

是年 乡镇财政全部实行“定收定支、收支挂钩、超收分成、减收县乡两级负担、收支相抵后对上缴部分实行按比例留成奖励”管理体制。

是年 全县财政预算内收入完成12088万元，进入财政收入亿元县行列。

1994年

1月 县财政局制订分税制改革实施方案，22个乡镇全部实行分税制财政管理体制，具体内容是：将集体企业所得税、城建税、车船税、农业特产税、契税、水资源费等6个收入项目划归乡镇，作为乡镇固定收入，实行超收全留，短收自负，将其余工商各税作为上缴收入，实行超收市乡7∶3分成，短收5∶5负担。乡镇级财政支出项目为：支农生产、农林水事业费、城市维护费、文教卫生事业费、其他部门事业费、抚恤和社会救济费、行政管理费、公检法支出、价格补贴、其他支出。

3月 县财政局对102家国有企业和实行企业化管理的事业单位进行清产核资工作。清产核资结果：国有企事业单位资产总额为110497万元，负债为114137万元，净资产亏空为3640万元，各项资产损失（包括潜亏挂账）15560万元。

5月 县国有资产管理局升格为正科级行政单位，挂靠县财政局。

6月 昌邑撤县设市，县财政局改称市财政局。

10—12月 昌邑市税收财务物价大检查办公室（简称市大检办）组织财税、审计、物价等部门开展1994年度税收财务物价大检查，共查处各种违纪金额700多万元。

1995年

4月1日 全市乡镇国库正式成立，开始运转。

7月 市财政局规定行政事业单位统一使用新版票据。

6月 市财政局基建财务科成立。

7月 市财源建设工作会议召开，印发《关于集中财政有偿资金扶持财源建设的实施意见》。

10月 市政府印发《昌邑市预算外资金管理办法》。

11月 市财政局印发《昌邑市行政事业性收费票据管理办法》，实行收费许可证制度。

是年 昌邑市实行市与乡镇分灶吃饭的分税制财政体制。

是年 全市税收财务物价大检查及小金库检查等共查处各种违纪金额1000多万元。

1996年

3月 市财政局预算外资金管理科更名为综合计划科。

6月 市财政局机关由利民街671号迁至富昌街157号办公楼。

12月 市社会保障处成立。

是月 省政协第七届委员会委员（省财政厅原党组成员、副厅长）韩长纲到昌邑市调研县级自筹资金使用情况。

是月 省国有资产管理局局长韩成峰到昌邑市检查城镇国有企业清产核资工作。

是月 省国有资产管理工作会议在昌邑市召开，市财政局介绍国有资产管理工作经验。

是月 潍坊市住房资金决算会议在昌邑市召开。

是年 全市财政预算内收入完成20403万元，首次突破2亿元。连续10年实现财政收支平衡，受到省政府和潍坊市政府表彰。

1997年

1月 闫承海任昌邑市财政局地税局党组副书记、市财政局局长。

2月 市预算外资金管理局成立。

5月 市属企业改制工作进行试点，参加试点的企业有市木工机械厂、市水泥厂、市五金厂。

12月 潍坊会计师事务所昌邑分所与市财政局脱钩。

1998年

2月 闫承海任昌邑市财政局局长、党组书记。

9月 张晓润任市财政局局长、党组书记。

10月 根据国务院统一部署，停止税收财务物价大检查。

11月 市大检办更名为市财政监督局。

是年 全市实施最低社会保障制度，建立市、乡两级特困救助基金。城镇居民最低社会保障线为单人户每月 150 元，双人以上户每人每月 95 元；农村居民生活保障线为年人均纯收入 660 元。

1999 年

6 月 市政府印发《昌邑市政府采购管理暂行办法》，成立政府采购工作领导小组。

10 月 市财政局财政资金管理系统软件获得“1999 年度全国财政系统优秀软件评审二等奖”。

11 月 市财政局获得“全国财政系统财政业务计算机应用先进单位”称号。

是年 市财政局实现账务电算化，结束用算盘计算、手工记账的历史。

是年 全市一般预算收入过 2 亿元，为 20009 万元。

2000 年

1 月 市投资评审咨询中心成立。

2 月 28 日 财政管理电子化建设现场会暨全省财政信息化建设工作会议在昌邑市召开。财政部计算中心主任杨方伟、省财政厅副厅长宋文平参加会议。

2001 年

3 月 市预算外资金管理局撤销。

4 月 市政府采购管理委员会成立，下设政府采购管理办公室，同时成立市政府采购中心，与市财政局行政财务科合署办公。

12 月 市国有资产管理局撤销，在市财政局内设立市国有资产管理办公室。

2002 年

4 月 9 日 市农村税费改革工作会议召开，农村税费改革全面铺开。改革的主要内容是“三取消、两调整、一改革”（取消统筹费、取消农村教育集资、取消屠宰税，调整农业税政策、调整农业特产税政策，改革村提留征收使用办法）。

8 月 市农业税征收管理局成立。

2003 年

2 月 戚风乾任市财政局党组书记、副局长。

是月 市控制社会集团购买力办公室撤销。

3 月 市政府采购中心独立办公。市财政国债服务部停止办理业务。

4 月 市投资评审咨询中心更名为市财政投资评审中心。

5 月 戚风乾任昌邑市财政局党组书记、局长。

12 月 市属企业改革基本结束，128 户企业进行不同形式改制，其中股份制改造 108 户。

是年 全市一般预算收入过 3 亿元，为 31020 万元。

2004 年

4 月 市财政局执行粮食直补政策，补贴资金通过“齐鲁惠农一本通”直接发放到农民手中。

9 月 省财政厅副厅长庞敦之到昌邑市检查工作。

2005 年

3 月 市国有资产经营投资有限公司成立。

4 月 市住房管理中心成立。

11 月 市国库集中支付中心成立。

是年 全市企业统一执行《企业会计制度》。

是年 全市一般预算收入过5亿元，为50039万元。

2006年

1月 全面取消农业税。

4月 国家财政部信息网络中心主任刘祝余在省财政厅副厅长宋文平陪同下，到昌邑市检查县级国库集中支付工作。

是月 全市实行农资综合直补。

7月 昌邑市申报的2006年度“山东省区域经济协调发展示范县”项目，以满分成绩获得全省第一名。

是年 昌邑市企业统一执行《企业会计准则》。

是年 全市一般预算收入过6亿元，为60467万元。

2007年

8月 市财政局设立法规税政科。

9月 董凤杰任市财政局党组书记、局长。

是年 全市一般预算收入过7亿元，为70434万元。

2008年

市财政局完善村级转移支付保障办法，对转移支付资金20%用于村级保障的资金，按照《昌邑市村（居）主职干部固定补贴发放暂行办法》要求，村主职干部固定补贴的50%部分，从20%转移支付资金中安排支付。

2009年

5月 潍坊市企业经济运行分析会在昌邑市绿博园召开。

11月 市农业税征收管理局更名为市基层财政管理局。

12月 省财政厅、省农业厅确定在昌邑等6个县（市），开展村级公益事业建设一事一议财政奖补试点工作。

是月 市会计协会成立。

是年 全市一般预算收入过9亿元，为95776万元。

2010年

1月 市农业综合开发办公室并入市财政局。

是年 全市一般预算收入过10亿元，为124222万元。

2011年

1月 李友田任市财政局党组书记、局长。

3月 市财政局成立党建工作办公室。

4月 潍坊市财政教科文工作会议在昌邑市召开。

11月 市住房资金管理中心更名为市住房公积金管理中心，成为市政府直属事业单位。

是年 全市一般预算收入过15亿元，为158136万元。

2012年

3月 市财政局开展“非税收入宣传月”活动。

7月 市财政局落实国有土地出让“招拍挂”制度。

12月 市财政局落实结构性减税、招商引资、出口退税、退城进园等推动企业创新发展的优惠激励政策资金51902万元。

是年 全市一般公共预算收入过18亿元，为186618万元。

2013年

8月1日 全市全面开展交通运输业和部分现代服务业营业税改征增值税（简称“营改增”）试点。

是年 全市一般公共预算收入过20亿元，为233957万元。

2014年

10月 市财政局财政驻厂员、市财政国债服务部撤销。

是年 全市一般公共预算收入过25亿元，为251969万元。

2015年

8月 中国电信山东分公司专家到昌邑市，完成对财政业务专网实施信息安全等级保护三级测评。

11月 省财政厅副厅长王慎民到昌邑市财政局调研非税系统应用情况。

是年 全市一般公共预算收入过27亿元，为273326万元。

2016年

6月 市财政投资评审中心更名为市财政预算评审中心，市政府采购中心更名为市政府购买服务中心，市政府与社会资本合作中心成立。

10月 市财政局对公务用车燃修费按车改后核定的公务用车数辆进行安排，共核定预算内负担车辆69辆。

11月 市财政局与市新嘉大酒店、市翰林酒店、昌邑宾馆签订《2017—2018年度党政机关会议定点场所协议书》。

是年 全市一般公共预算收入过29亿元，为299086万元。

2017年

1月 许增贤任市财政局党组书记、局长。

3月 市国有资产运营管理中心成立。

7月 市潍水田园综合体建设项目成为全省唯一省级试点项目。

8月 市财政局开展融资增倍业务，投入400万元担保资金，由潍坊银行放大20倍授信，破解企业融资难。

9月 市财政局党组书记、局长许增贤带队，赴青岛胶州市锋泾集团招商。

11月 潍坊市镇街财政干部培训班在昌邑市举办，昌邑市镇街区财政所全体人员参加培训。

12月 市财政局举办行政事业单位财会人员培训班、支农政策培训班。

是年 全市地方一般公共预算收入过30亿元，为307943万元。

2018年

1月 市财政局党组书记、局长许增贤赴广西，与玉柴集团“点对点”对接。

3月 省财政厅副厅长姜凝到昌邑市调研美丽乡村建设及涉农资金整合工作。

是月 市财政局举办乡镇财政业务技能培训班。

5月 市财政局引进锋泾（中国）建材集团有限公司投资建筑胶粘剂项目签约。

6月 市财政局举办2018年重点纳税企业

财务总监培训班，培训全市纳税前100名企业财务人员140余人。

8月 潍坊市财政系统干部教育培训班在昌邑市举办。

9月 市财政局组织59名业务骨干参加在山东财经大学举办的政府会计准则专题培训班。

是月 市财政局法规税政科不再单设，业务并入预算科，党建工作办公室撤销，党建政策研究室、组织人事科成立。

10月 市财政局举办政府会计制度培训班，培训320人；举办PPP工作培训会议。

11月 潍坊市政府和社会资本合作（PPP）业务培训班在昌邑市举办。

12月 市生态健康医养结合体PPP项目通过财政部审核，纳入财政部项目库。

是月 市委常委、副市长李鹏主持市财政局工作。

是年 全市一般公共预算收入过31亿元，为317140万元。

2019年

1月 孙效治任市财政局党组书记、局长。

2月 全市开启非税收入第三方支付模式。

3月 市国有资产管理办公室不再保留正科级架构，市国有资产运营管理中心更名为市国有资产运营中心，市社会保障处更名为市社会保障服务中心，市财政监督局更名为市财政票据服务中心，市基层财政管理局建制撤销，市农业综合开发办公室划归市农业农村局。

是月 省财政厅二级巡视员袁培全到昌邑市调研乡村振兴示范项目。

5月 市输配水管网改造及新建工程和2018年度海绵城市建设两个PPP项目获评潍坊市市级示范项目。

7月 市财政局举办财政支农惠农政策培训班。

8月 财政部综合信息平台发布“昌邑市生活垃圾焚烧发电PPP项目”。

是月 市财政局开展政府非税收入管理政策宣讲活动。

11月 市财政局举办行政事业单位财会人员业务能力提升培训班。

12月 市财政局开展2019年潍坊市会计领军人才选拔工作。

是年 全市一般公共预算收入过32亿元，为320932万元。

第一编

机构队伍

1986—2019 年，昌邑县（市）财政局职能逐步转变，内设机构和直属单位随之建立和完善。2019 年，市财政局成为集财政管理、征收、监督、支付多项职能于一体的县级财政综合管理机构。县（市）财政机构人员以大中专毕业生为主体，来源主要是大中专院校毕业分配和从各单位财会人员中选调、按照编制岗位统一招考录用。

第一章　行政机构

第一节　机构沿革

1986 年，昌邑县级财政机构名称为昌邑县财政局，内设 6 个股室。

1994 年 6 月，国务院批准昌邑撤县设市（县级），昌邑县财政局改称昌邑市财政局。

市财政局内设机构和二级机构设置与取消，人员数量、结构和职务配置，均由市机构编制委员会审批。

2019 年，市财政局内设 12 个科室，7 个二级机构。

第二节　机构职能

基本职能　1986 年，昌邑县财政局职能为：

贯彻执行国家和省、市的财政经济政策、法规和财务会计规章制度；编制年度预算草案，经县人民代表大会批准后组织执行；负责组织财政收入及财政资金的调度和拨款；管理全县预算外资金和财政专户，管理有关政府性基金，编制年度财政决算；负责监督各项财政资金的分配和使用；指导和监督县内企业和行政事业单位的财务工作，贯彻和落实有关分配政策、财务制度和会计制度；制订全县统一的开支标准和支出政策，并监督执行。

2019 年，昌邑市财政局职能为：

贯彻执行国家、省、潍坊市财政经济政策，起草全市财政、税收、国有资产管理运营等规范性文件草案，拟订有关政策和财务会计制度并组织实施。

根据国民经济和社会发展规划，拟订全市财政、税收、国有资产管理的中长期规划及改革方案；分析预测宏观经济形势，参与制订各项宏观经济政策；提出运用财税政策实施宏观调控和综合平衡社会财力的建议；拟订市与乡镇、街道及国家与企业的分配政策；完善鼓励公益事业发展的财税政策。

承担市级各项财政收支管理的责任。负责编制年度市级预算草案并组织执行，汇总市财政决算；受市政府委托，向市人民代表大会报告市级和全市预算及其执行情况，向市人大常委会报告决算；组织制订经费开支标准、定额，负责审核批复部门（单位）的年度预决算；完善转移支付制度。

负责税政管理工作，提出地方性税收规范性文件制定计划，拟订市管理权限内的税收政策；负责耕地占用税、契税的征收管理。

负责政府非税收入管理，会同有关部门审批或申报行政事业性收费的立项；负责政府性基金、行政事业性收费征收管理，管理市级非税收入资金和财政专户；管理财政票据；制订彩票管理政策和有关办法，管理彩票市场和彩票资金；管理住房改革资金；管理土地开发整理复垦资金。

组织制订国库管理制度、国库集中收付制度，指导和监督市级国库业务，按规定开展国库现金管理工作；负责制订政府采购制度并监督管理。

负责制订全市行政事业单位国有资产管理规章制度，负责行政事业单位国有资产管理工作；制订需要全市统一规定的开支标准和支出政策并组织实施。

负责审核和汇总编制全市国有资本经营预决算草案，制订国有资本经营预算的制度和办法；制订并组织实施企业财务管理制度，按规定承担地方企业国有资产管理有关工作，拟订企业国有资产管理相关制度，按规定管理资产评估工作。

参与拟订市级建设投资的有关政策，制订基本建设财务管理制度；负责对政府投资项目的财政性资金进行监督管理和跟踪问效，组织进行投资评审，参与组织政府采购；负责有关政策性补贴和专项储备资金财政管理工作。

管理市级财政社会保障和就业及医疗卫生支出，拟订社会保障资金（基金）的财务管理制度；编制市级社会保障预决算草案。

负责地方金融类企业财务及国有资产管理有关工作；拟订地方政府性债务管理的制度和办法；承担外国政府和国际金融组织贷款的管理工作；管理财政预算内行政机构、事业单位和社会团体的非贸易外汇；开展财税领域的国际交流与合作。

负责管理全市的会计工作，监督和规范会计行为，制订并组织实施会计制度；负责有关经济鉴证类社会中介机构及其执业人员的资质管理，指导和监督其业务活动；承担会计专业技术资格管理有关工作；指导和管理社会审计工作。

负责全市农业综合开发管理工作。

指导、推动和考核全市财源建设，承担市财源建设工作领导小组的日常工作。

指导和推动全市农村综合改革，承担市农村综合改革领导小组的日常工作。

监督检查财税法规、政策的执行情况，检查反映财政收支管理中的重大问题，提出加强财政管理的政策建议。

负责以政府信用担保的投融资管理有关工作。

指导乡镇财政业务工作，监督乡镇财政收支和各部门财务活动，制订实施全市财政系统干部教育规划。

承办市委、市政府交办的其他事项。

职能转变 1989 年 6 月，县财政局增加对社会集团消费支出实行审批、监督职能；增加控制社会集团购买力职能；增加国有资产管理监督职能。

1991 年，县财政局强化税收财务物价大检查职能。

1992 年，县财政局增加财政周转金发放、回收及使用监督工作职能。

1998 年，市税收财务物价大检查职能调整转换为财政监督职能。

1999 年，市财政局增加制订政府采购管理办法，编制本级政府采购预算；管理监督政府采购政策和政府采购活动，办理其他有关政府采购事务职能。

2000 年，市财政局增加依法经营现存于市属企业的国有资本及其权益和市政府授权来源于其他渠道的各项国有资本，从价值形态上经营授权范围内的国有资本；对授权范围内的企业实行各种形式的改组、改造和存量资本调整职能。

2002 年，昌邑市实行机构改革，市编制委员会批复市财政局为主管财政收支、财政政策和国有资产管理的市政府组成部门。

划出的职能：将原来会计专业资格考试管理

工作职能交给市人事局。

增加的职能：拟订和执行政府采购政策的职能、实行国库集中支付的职能。

强化的职能：强化农业税收的征收、管理、稽查以及各项减免等工作。

转变的职能：根据建立社会主义市场经济的要求，改革预算管理制度，推行部门预算、国库集中支付和政府采购制度，进一步强化预算约束，加强预算外资金管理，调整支出结构，提高财政对社会公共需要的保障的能力；减少对企业、事业单位财务的具体审批事项，不再下达对企业的财务计划和一般性考核指标；实行规范的转移支付制度，逐步减少对下财政专项补贴；改进对社会集团消费的控制管理办法，不再审批社会集团消费的专项控制商品；取消每年一次的税收财务物价大检查，加强日常监督检查。

2006年，取消农业税征收职能。

2011年，耕地占用税、契税征收职能划归市地方税务局。

第三节　领导班子

主要负责人　昌邑县（市）财政局主要负责人指局长，局长空缺时由上级部门指定主持日常工作的行政领导。

行政班子成员　昌邑县级财政机构历届行政班子成员人数不等，存在一正一副或一正多副情况。

1986—2019年昌邑县（市）财政局主要负责人任职情况表

表1-1

姓　名	职　务	任职时间
范立道	局长	1986年1月—1987年2月
邵长奎	局长	1987年2月—1990年1月
马春盛	局长	1990年1月—1997年1月
闫承海	局长	1997年1月—1998年9月
张晓润	局长	1998年9月—2003年5月
戚风乾	局长	2003年5月—2007年9月
董风杰	局长	2007年9月—2011年1月
李友田	局长	2011年1月—2017年1月
许增贤	局长	2017年1月—2018年12月
李　鹏	局长	2018年12月—2019年1月
孙效治	局长	2019年1月—

1986—2019年昌邑县（市）财政局行政班子成员任职情况表

表1-2

姓　名	职　务	任职时间
王维杰	副局长	1986年1月—1992年3月
陈贵海	副局长	1990年12月—2007年9月

续表

姓　名	职　务	任职时间
姜奎芳	副局长	1994 年 7 月—2007 年 9 月
杨务珍	副局长	1997 年 1 月—2004 年 6 月
孙介甫	副局长	1999 年 2 月—2017 年 8 月
孙广阔	副局长	2001 年 12 月—
魏全江	副局长	2002 年 8 月—2011 年 7 月
戚风乾	副局长	2003 年 2—5 月
林明波	副局长	2004 年 6 月—2014 年 8 月
穆效彬	副局长	2010 年 1 月—2016 年 6 月
徐云舟	副局长	2011 年 3 月—2016 年 6 月
明坤祥	副局长	2016 年 5 月—
杜伟伟	副局长	2019 年 4 月—

第二章　内设机构

1986 年，县财政局内设 6 个股室：办公室、预算股、农业财务股、企业财务股、行政财务股、预算外资金管理股。

1994 年，股改为科。

2019 年，市财政局内设 12 个科室：办公室、预算科、农业财务科、企业财务科、行政财务科、综合与改革科、基建财务科、信息中心、政府采购监督科、党建政策研究室、组织人事科、史志办公室（临时机构）。

第一节　内设机构沿革

办公室

1958 年 6 月，办公室成立。

预算科（加挂法规税政科牌子）

1958 年 6 月，预算组成立。

1984 年，预算组改为预算股。

1994 年，预算股改为预算科。

2007 年 8 月，市机构编制委员会（昌编办发〔2007〕2 号）批准设立法规税政科。

2018 年 9 月，法规税政科不再单设，业务划归预算科。

农业财务科

1958 年 6 月，农税组成立。

1982 年 10 月，撤销农税组，成立农业财务组。

1984 年，农业财务组改为农业财务股。

1994 年，农业财务股改为农业财务科。

企业财务科（加挂会计管理科牌子）

1958 年 6 月，企业财务组成立。

1984 年，企业财务组改为企业财务股。

1994 年，企业财务股改为企业财务科。

1996 年，企业财务科加挂会计管理科牌子。

行政财务科

1984 年，行政财务股成立。根据省财政贸易委员会（财委〔1980〕第 29 号）、省编制委员会（鲁编〔1980〕104 号）《关于加强控制社会集团购买力工作的通知》，县控制社会集团购买力办公室成立，与行政财务股合署办公。

1994 年，行政财务股改为行政财务科。

2003 年 2 月，市控制社会集团购买力办公室撤销，业务划归行政财务科。

综合与改革科（加挂市农村综合改革办公室牌子）

1985 年，预算外资金管理股成立。

1994 年，预算外资金管理股改为预算外资金管理科。

1996 年，预算外资金管理科改为综合计划科。

2000 年，综合计划科改为综合与改革科。

2013 年 4 月，市农村综合改革办公室成立，与综合与改革科合署办公，为股级事业单位。

基建财务科

1995 年 6 月，基建财务科成立。

信息中心

1997 年 6 月，信息中心成立。

2011 年 3 月，信息中心划归办公室管理。

政府采购监督科

2016 年 5 月，政府采购监督科成立。

党建政策研究室

2011 年 3 月，党建工作办公室成立。

2018 年 9 月，党建工作办公室撤销。

2018 年 9 月，党建政策研究室成立。

组织人事科

2018 年 9 月，组织人事科成立。

史志办公室

2017 年 11 月，史志办公室成立，为临时机构。

第二节　内设机构职能

办公室

负责文电、会务、督查、信息、宣传、机要、保密、档案、信访、值班、安全、维稳等局机关日常运转工作。组织开展财税政策调研和财政工作重大问题研究，提出政策建议。承担综合性文稿起草工作。牵头提出中长期财政规划建议。承担政府信息和政务公开、建议提案办理等工作。负责局机关和所属单位财务、国有资产管理、社会保障、机构编制、人事管理、离退休人员的管理服务等工作。组织指导全市财政系统干部队伍建设和教育培训工作。参与拟订全市财政人才队伍发展政策、规划并组织实施。制订财政系统信息化建设规划，负责建设和管理局机关局域网和镇街区财政系统网络以及国库集中支付、部门预算、行政事业资产管理系统网络；承担财政业务应用计算机系统软件开发和数据处理；负责局机关办公自动化系统建设和计算机网络系统的安全保密等工作。

预算科（加挂法规税政科牌子）

提出财政政策、财政体制、预算管理制度和中长期财政规划的建议；编制年度市级预决算草案，办理预算追加事宜；承担昌邑市级部门预算审核、批复、调整工作；承担市级部门支出标准体系建设及项目库管理工作；研究建立财政支出绩效评价制度和评价体系，承担财政专项资金预算绩效目标管理工作，组织实施市级财政支出绩效评价工作，指导乡镇、街道开展财政资金绩效管理工作；承担市对乡镇、街道的转移支付工作；汇总年度全市财政预算；拟订地方政府性债务管理制度和办法；管理财政预算内行政机构、事业单位和社会团体的非贸易外汇；牵头负责全市财政预算及市级部门预算有关工作。承担清理规范公务员津贴补贴的具体工作。

分析预测宏观经济形势并提出有关政策建议；研究提出有关收入分配政策和改革方案；管理住房改革资金；管理土地开发整理复垦项目资金；会同有关部门拟订土地、矿产等国有资源收入政策；拟订政府非税收入管理制度和政策，会同有关部门审批和申报行政事业性收费的立项；承担彩票管理的有关工作；制订财政票据管理规章制度。

拟订全市财源建设规划、方案和政策措施，指导、推动和考核全市财源建设；承担市财源建设工作领导小组的具体工作。

法规税政科

组织草拟有关规范性文件草案和政策；审核上报财政、税收、国有资产管理的规范性文件草案；审核其他规范性文件草案中有关财政税收的条款；承担行政复议和应诉工作；研究关税、国内和涉外税收的政策，提出实施税制改革和地方性税种增减、税目税率调整、减免税以及对全市财政影响较大的临时特案减免税等重大事项的建议；拟订全市管理权限内的有关税收政策，研究提出调节经济运行和国民收入分配的税收政策及完善措施。对影响财政收入较大的政策性因素进行调查研究，合理反映地方诉求，维护地方利益。跟踪研究新出台的税收政策的执行情况及存在的问题，深入分析重大税制改革和税收政策变化对全市经济社会发展的影响，客观评价政策执行效果，并积极向上级财政部门反映，增强地方在税制改革和修订完善中的话语权。

农业财务科

承担全市农业、林业、水利等方面的部门预算有关工作，拟订相关财政政策；拟订财政支农资金管理办法和相关行业财务管理制度；提出所联系部门和单位的年度预算安排建议，审核其年度财务决算；管理支农专项资金，管理政策性农业和扶贫专项贷款贴息，统筹安排财政扶贫资金；参与拟订全市农业综合开发的方针、政策和农业综合开发总体规划；制订项目管理、资金管理、财务管理等项规章制度。管理和分配农业综合开发资金；办理财政农业综合开发资金年度拨款、借款工作；编制财政投入农业综合开发资金的年度预算和决算。汇总全市农业开发项目和资金统计报表，分析项目计划执行情况和资金使用情况，会同有关科室监督检查资金的使用效益。

企业财务科（加挂会计管理科牌子）

承担昌邑市工业、交通、环保、商务、粮食等方面的部门预算有关工作，拟订相关财政政策，提出所联系部门和单位年度预算安排建议，审核其年度财务决算；管理节能专项资金、环保专项资金、交通专项资金、中小企业发展专项资金、服务业发展专项资金、外经贸发展专项资金、企业技术创新专项资金；承担有关粮食、植物油、储备肉专项储备资金的财政管理工作；管理粮食风险金和农资综合补贴资金、成品油改革专项补贴资金、家电下乡及以旧换新专项补贴资金；拟订企业财务管理制度并组织实施；负责企业财务信息统计分析；研究提出会计改革的政策建议。

会计管理科

负责管理昌邑市的会计工作，监督和规范会计行为；组织实施会计法规、准则和制度；负责会计从业资格管理工作；按规定承担会计专业技术资格管理工作；组织、指导会计人员的业务培训；负责代理记账机构及其执业人员的资质管理，指导和监督其业务活动；指导和管理社会审计工作。

行政财务科

负责市委、市政府、市人大、市政协等常委部门，市妇联、团市委、市工商联、市科协等群团机关，市公、检、法、司等政法部门，市直教育部门以及科学、文化、体育、旅游等相关部门的预算执行、临时追加经费的审核下达及专项资金的拨付监管。

综合与改革科（加挂农村综合改革办公室牌子）

分析预测宏观经济形势并提出有关政策建议；提出有关收入分配政策和改革方案；管理住房改革资金，负责住房保障工作；会同有关部门拟订土地、矿产等国有资源收入和相关支出政策；承担有关政府性基金的管理工作；拟订政府非税收入管理制度和政策，会同有关部门审批和申报行政事业性收费的立项；承担彩票公益金、海域使用金管理的有关工作；承担清理规范公务员津贴补贴的具体工作；制订财政票据管理规章制度。

农村综合改革办公室

拟订全市农村综合改革工作及组织协调工作；贯彻落实上级关于农村综合改革的方针政策，提出全市农村综合改革有关政策建议，制订改革政策和配套措施；承担市农村综合改革领导小组的具体工作。

基建财务科

承担全市交通、资源、环保、建设等方面的部门预算有关工作，拟订相关财政政策；提出所联系部门和单位的年度预算安排建议，审核其年度财务决算；管理基本建设有关项目资金；拟订基本建设财务管理制度；承担有关政策性补贴和专项储备资金财政管理工作；参与协调重大自然灾害的恢复重建。承担财政性资金支出项目的概算、预算、结算和竣工财务决算评审工作，为编制、下达、调整项目支出预算提供依据。管理国债资金、国家基本建设资金、交通工程资金、淘汰落后产能资金、环保资金、企业技改产业结构调整资金、粮食风险基金等。

信息中心

承担全市金财工程建设；负责制订全市财政系统信息化建设规划；负责建设和管理局机关局域网；指导全市财政系统广域网建设；承担财政业务应用计算机系统的开发及各科室的软件开发和数据处理；承担信息资源开发、数据库建设和信息服务；负责局机关办公自动化系统建设和计算机网络系统的安全保密工作；负责全局维护、更新办公设备、软件等。

政府采购监督科

依法对全市预算单位采购货物、服务和非招标工程的政府采购活动进行监督管理。

党建政策研究室

承担市财政局党的建设、文明创建、廉政纪检、信息宣传、意识形态、工会、文字材料等相关工作。

组织人事科

在市财政局党组领导下，做好党员队伍和干部队伍建设，承办市财政局局管干部的任免事项；负责局系统的机构编制管理工作；负责局机关公务员及离退休干部的管理工作；负责局属事业单位工作人员的人事管理工作，会同有关部门做好对局属单位的目标考核管理工作；负责局机关、事业单位工作人员的工资、福利、职称和人事档案管理工作；负责本局干部、党员、人事、劳动工资的统计和党费收缴管理工作；完成领导交办的其他工作。

史志办公室

负责《昌邑市财政志》具体编纂工作；按照法律法规的规定，对该编审出版项目实行政府采购；负责志书正式出版后申报省社科成果奖。

第三节　内设机构人员

1986 年，昌邑县财政局在职在编工作人员一共 15 人。进入县财政局人员，除从各乡镇、县直单位选拔有实践经验的财务人员外，均由县人事局直接分配大中专院校毕业生。

2000 年，市财政局增加人员，均按编制、岗位统一招考录用。

2019 年 12 月，市财政局在职在编工作人员一共 69 人，其中公务员 24 人，事业编制 45 人，形成行政管理机构以公务员为主体、所属事业单位以专业技术人员为主体的财政队伍。

由于工作需要，县（市）财政局各科室工作人员存在公布职务与实际工作岗位不符情况。

办公室

主　任：

潘在校　1986 年 1 月—1987 年 5 月
张青山　1987 年 5 月—1997 年 4 月
王卫华　1997 年 4 月—2004 年 12 月
徐云舟　2004 年 12 月—2008 年 8 月
明坤祥　2008 年 8 月—2016 年 6 月
张俊鹏　2016 年 6 月—

副主任：

高言峰　2003 年 3 月—2007 年 8 月
张红晓　2012 年 3 月—

科　员：

高文奎　1986 年 12 月—1991 年 11 月
李建敏　1987 年 1 月—1991 年 1 月
王瑞波　1987 年 1 月—1991 年 4 月
齐红蕾　1991 年 7 月—1993 年 3 月
孙建设　1991 年 6 月—1997 年 6 月
孙晓华　1991 年 6 月—2016 年 7 月
张红晓　1993 年 3 月—2012 年 3 月
明坤祥　1996 年 8 月—2003 年 11 月
褚少波　1997 年 6 月—1999 年 12 月
张正暄　1997 年 6 月—2003 年 6 月
董晓惠　2003 年 5 月—2011 年 9 月
代群英　2003 年 6 月—2005 年 3 月
姚静静　2011 年 8 月—2012 年 8 月
王西波　2012 年 11 月—2015 年 3 月
魏海峰　2013 年 6 月—
于　雪　2017 年 8 月—2018 年 9 月
李金枝　2018 年 8 月—

预算科

科　长：

姜奎芳　1986 年 1 月—1994 年 7 月
孙介甫　1994 年 7 月—2003 年 3 月
付绍集　2003 年 3 月—2018 年 5 月
于友智　2018 年 5 月—

副科长：

曹志学　1989 年 4 月—1990 年 7 月
孙介甫　1991 年 7 月—1994 年 8 月
徐桂华（兼税政科长）
　　　　1992 年 9 月—1997 年 9 月
孙健美　2003 年 3 月—2005 年 5 月
齐红蕾　2005 年 5 月—2011 年 3 月
于友智　2012 年 2 月—2018 年 5 月

科　员：

孙介甫　1986 年 1 月—1991 年 7 月
刘会堂　1990 年 6 月—1996 年 6 月
付绍集　1993 年 3 月—1999 年 1 月
孙建美　1997 年 9 月—2003 年 3 月
高言峰　1998 年 7 月—2003 年 3 月
冯志清　2002 年 3 月—2014 年 4 月
齐红蕾　2003 年 3 月—2005 年 5 月
姜竹梅　2003 年 4 月—2011 年 3 月
刘文虹　2004 年 12 月—2007 年 10 月
　　　　2011 年 3—6 月
郑亚丽　2005 年 12 月—
魏海峰　2007 年 7 月—2013 年 8 月
董秀华　2007 年 6 月—2013 年 6 月
黄领弟（借调）2008 年 1 月—2013 年 3 月
张秋雁（借调）2010 年 11 月—2013 年 6 月
　　　　2015 年 11 月—2016 年 6 月
　　　　2017 年 10 月—　2020 年 4 月
赵立波　2010 年 12 月—2015 年 12 月
黄倩倩　2011 年 3 月—2012 年 11 月
于友智　2011 年 4 月—2012 年 2 月
郑晓燕　2013 年 7 月—
任肖婧　2015 年 8 月—
张晓辉　2016 年 8 月—
张　琳（借调）2018 年 10 月—

法规税政科

科　长：

高言峰　2007 年 8 月—2011 年 3 月

张兴涛　2011 年 3 月—2018 年 9 月

于友智（兼）2018 年 9 月—

副科长：

姜竹梅　2007 年 8 月—2011 年 3 月

郑亚丽　2011 年 3 月—2018 年 9 月

农业财务科

科　长：

闫维喜　1986 年 1 月—1991 年 1 月

曹志学　1991 年 1 月—1994 年 7 月

王瑞波　1994 年 7 月—1997 年 9 月

孙全兴　1997 年 9 月—2007 年 8 月

刘会堂　2007 年 8 月—2011 年 4 月

高言峰　2011 年 4 月—2019 年 3 月

副科长：

曹志学　1990 年 7 月—1991 年 1 月

王瑞波　1994 年 1—7 月

郑际美　1994 年 5—12 月

李桂江　1994 年 7 月—1995 年 6 月

刘会堂　2003 年 3 月—2005 年 6 月

杜爱平　2007 年 8 月—2012 年 6 月

齐安东　2018 年 8 月—（2019 年 3 月起主持工作）

科　员：

孙健美　1986 年 1 月—1996 年 6 月

于　渭（借调）1986 年 1 月—1999 年 6 月

徐云舟　1988 年 7 月—2002 年 3 月

张欣智　1989 年 11 月—1997 年 5 月

朱春波　1996 年 1 月—1997 年 1 月

杜爱平　2005 年 6 月—2007 年 8 月

赵子连　2005 年 6 月—2016 年 6 月

于海成　2005 年 6 月—

齐安东　2011 年 4 月—2018 年 7 月

刘成龙　2018 年 8 月—

企业财务科

科　长：

王维杰　1986 年 1 月

张青山　1986 年 1 月—1987 年 5 月

魏全江　1987 年 5 月—1990 年 4 月

姜言杰　1992 年 1 月—1996 年 10 月

孙全兴　1996 年 10 月—1997 年 9 月

李桂江　1997 年 9 月—2007 年 8 月

高凤鸣　2007 年 8 月—2011 年 3 月

高言峰　2011 年 3—9 月

刘会堂　2011 年 9 月—2018 年 9 月

郭孝涛　2018 年 9 月—

副科长：

陈　萍　1989 年 4 月—1991 年 1 月

姜言杰　1990 年 7 月—1992 年 1 月

郑晓燕　2012 年 3 月—2013 年 7 月

谢娅妮　2013 年 5 月—2018 年 9 月

科　员：

高凤鸣　1985 年 7 月—2007 年 9 月

徐桂华　1986 年 1 月—1992 年 9 月

李桂江　1986 年 3 月—1992 年 6 月

李吉松　1990 年 6 月—2002 年 6 月

郭孝涛　1995 年 6 月—2003 年 3 月

郑晓燕　1999 年 4 月—2012 年 3 月

时海萍　2006 年 2 月—2011 年 5 月

谢娅妮　2006 年 12 月—2013 年 5 月

吴　琦　2013 年 4 月—

郭彦茹　2014 年 7 月—2017 年 8 月

徐文煜　2018 年 10 月—

行政财务科

科　长：

郭瑞玉　1986 年 1 月—1997 年 1 月

孙广阔　1997 年 1 月　2003 年 4 月

徐桂华　2003 年 4 月—2005 年 5 月

金凤宾　2005 年 5 月—2011 年 3 月

姜竹梅　2011 年 3 月—2019 年 3 月

科　员：

姜艳秋　1992 年 6 月—1996 年 6 月

徐德智　1992 年 7 月—1993 年 3 月

赵京伟　1994 年 12 月—1996 年 12 月

王云贞　1997 年 4 月—1998 年 4 月

朱春波　1997 年 6 月—2004 年 6 月

张正暄　2004 年 6 月—2011 年 6 月

赵立波　2005 年 5 月—2011 年 1 月

齐文盛　2008 年 9 月—

马　雷　2010 年 11 月—2015 年 8 月

黄领弟（借调）2013 年 8 月—2016 年 1 月

方荣平　2012 年 8 月—2013 年 5 月

夏志伟　2016 年 4 月—

李　婷　2016 年 11 月—

昌邑市控制社会集团购买力办公室

主　任：

马学钊　1989 年 4 月—1990 年 7 月

王学明　1990 年 7 月—1992 年 6 月

孙继刚　1992 年 6 月—1997 年 9 月

陈　萍　1997 年 9 月—2003 年 2 月

科　员：

谭爱梅　1998 年 11 月—2001 年 11 月

综合与改革科

科　长：

任在忠　1986 年 1—6 月

王学明　1986 年 6 月—1990 年 7 月

陈贵海　1990 年 7—11 月

魏全江　1990 年 11 月—1995 年 8 月

于爱国　1995 年 8 月—2005 年 5 月

孙健美　2005 年 5 月—2009 年 8 月

高凤鸣　2011 年 3 月—2012 年 3 月

杨可京　2012 年 3 月—

副科长：

刘云涛　1986 年 4 月—1990 年（1989 年 4 月—1990 年 6 月主持工作）

于爱国　1991 年 6 月—1995 年 6 月

孙广阔　1995 年 6 月—1997 年 1 月

金凤宾　2003 年 3 月—2005 年 5 月

杜爱平　2005 年 3 月—2007 年 5 月

郭孝涛　2011 年 3 月—2018 年 9 月（2009 年 8 月—2011 年 3 月主持工作）

翟佳佳　2013 年 5 月—

黄倩倩　2018 年 9 月—

科　员：

于爱国　1987 年 7 月—1991 年 6 月

金凤宾　1991 年 2 月—2003 年 3 月

付绍集　1992 年 3 月—1992 年 6 月

齐红蕾　1993 年 3 月—2003 年 3 月

朱春波　1994 年 12 月—1995 年 12 月

陈素珍　1996 年 4 月—2003 年 5 月

张欣智　1997 年 5 月—2005 年 3 月

姜竹梅　1998 年 12 月—2003 年 3 月

姜艳秋　2001 年 8 月—2013 年 8 月

郭孝涛　2003 年 4 月—2011 年 3 月

翟佳佳　2006 年 12 月—2013 年 5 月

刘文虹　2009 年 6 月—2011 年 3 月

张延亮　2011 年 9 月—

张俊鹏　2012 年 12 月—2015 年 6 月

翟玉芝　2013 年 5 月—2015 年 12 月

姜迎东　2016 年 10 月—

曹翠娟（借调）2019 年 7 月—

农村综合改革办公室

主　任：

郭孝涛　2013 年 5 月—

基建财务科

科　长：

李桂江　1995 年 6 月—1997 年 9 月

徐桂华　1997 年 9 月—2003 年 4 月

陈　萍　2003 年 4 月—2011 年 3 月

齐红蕾　2011 年 3 月—2018 年 9 月

赵京伟　2018 年 9 月—

副科长：

陈素珍　2005 年 5 月—2007 年 8 月

范艳凤　2012 年 3 月—2014 年 5 月

科　员：

孙健美　1996 年 6 月—1997 年 9 月

张延亮　1997 年 9 月—2002 年 5 月

董秀华　2002 年 5 月—2006 年 6 月

范艳凤　2007 年 5 月—2012 年 3 月

黄倩倩　2009 年 8 月—2011 年 3 月

姜光明　2010 年 6 月—2016 年 6 月

张红晓　2011 年 3—9 月

刘杰章　2011 年 5 月—2012 年 12 月

董晓惠　2011 年 9 月—

刘启利　2013 年 6 月—

张俊鹏　2015 年 1 月—2016 年 6 月

孙延伟　2016 年 5 月—

贾钦利　2016 年 12 月—

信息中心

主　任：

王云贞　1998 年 4 月—2003 年 3 月

李吉松　2003 年 3 月—2005 年 5 月

史有志　2005 年 5 月—

科　员：

史有志　1997 年 6 月—2005 年 5 月

魏海峰　1998 年 6 月—2007 年 6 月

董晓惠　1998 年 6 月—2003 年 5 月

郑际美　2005 年 5 月—2013 年 5 月

刘会堂　2018 年 5 月—

代群英　2018 年 5 月—2019 年 12 月

政府采购监督科

科　长：

韩茂松　2016 年 6 月—

科　员：

郭春玲　2016 年 6 月—

高长喜　2016 年 6 月—

党建政策研究室

主　任：

张兴涛　2018 年 9 月—

副主任：

孙学珂　2018 年 9 月—

科　员：

张志臣　2018 年 9 月—

党建工作办公室

主　任：

徐维凯　2011 年 3 月—2018 年 9 月

副主任：

范海涛　2013 年 5 月—2018 年 9 月

科　员：

杨可京　2011 年 3 月—2011 年 9 月

范海涛　2011 年 3 月—2013 年 5 月

组织人事科

科　长：

徐维凯　2018 年 9 月—

副科长：

范海涛　2018 年 9 月—

科　员：

李　成　2018 年 9 月—

史志办公室

主　任：

王仁昌（借调）2017 年 11 月—

科　员：

张乃贵　2017 年 11 月—

第三章　二级机构

第一节　二级机构沿革

1986年，昌邑县财政局无二级机构。

2019年，市财政局下设二级机构7个：市财政票据服务中心、市国有资产运营中心、市社会保障服务中心、市财政预算评审中心、市政府购买服务中心、市国库集中支付中心、市政府与资本合作中心。

昌邑市财政票据服务中心

1991年6月，县税收财务物价大检查办公室（简称县大检办）由县税务局划转至县财政局（县编制委员会昌编发〔1991〕17号）。

1998年11月，市税收财务物价大检查办公室更名为市财政监督局（市机构编制委员会昌编办发〔1998〕15号）。

1985年8月，按照潍坊市财政局《关于开展财政驻厂员工作的通知》（潍财企字〔1985〕130号）规定，设立财政驻厂员。

2014年10月，市机构编制委员会（昌编办发〔2014〕40号）批准撤销财政驻厂员，原有职能、5名事业编制与在编工作人员等划转至市财政监督局。

2019年3月，市财政监督局行政职能划入市财政局，更名为市财政票据服务中心。

昌邑市国有资产运营中心

1992年，县编制委员会（昌编发〔1992〕13号）批准成立县经济开发投资公司，为全额拨款副科级事业单位。

2005年，市机构编制委员会（昌编发〔2005〕5号）批准成立市国有资产经营投资有限公司，为全额拨款正科级事业单位。

2016年，市机构编制委员会（昌编发〔2016〕9号）批准成立市基础设施资金管理中心。

2017年，市机构编制委员会（昌编发〔2017〕16号）批准成立市国有资产运营管理中心。

2019年3月，市机构编制委员会（昌编发〔2019〕1号）批准市国有资产运营管理中心更名为市国有资产运营中心，为全额拨款正科级事业单位，核定编制为10人。

昌邑市社会保障服务中心

1996年12月，市机构编制委员会（昌编发〔1996〕27号）批准成立市社会保障处，为副科级财政全额拨款事业单位，核定编制数5人。

2019年3月，市社会保障处更名为市社会保障服务中心。

1991年4月，县编制委员会（昌编发〔1991〕3号）批准成立县财政国债服务部，事业编制3人，为股级事业单位。

2003年9月，市财政国债服务部停止办理业务。

2014年10月，市机构编制委员会（昌编办发〔2014〕39号）批准撤销市财政国债服务部，原有职能、3名事业编制与在编工作人员等划转至市社会保障处。

昌邑市财政预算评审中心

2000年1月，市机构编制委员会（昌编办发〔1999〕15号）批准成立市投资评审咨询中心，为市财政局所属自收自支预算管理的股级事业单位，编制6人。

2003年4月，市投资评审咨询中心更名为昌邑财政投资评审中心（昌编办发〔2003〕3号）。

2008 年，市机构编制委员会批准昌邑财政投资评审中心为全额拨款事业单位。

2016 年 6 月，市机构编制委员会（昌编发〔2016〕55 号）批准昌邑财政投资评审中心更名为市财政预算评审中心。

昌邑市政府购买服务中心

2003 年 3 月，市机构编制委员会（昌编发〔2003〕6 号）批准成立市政府采购中心，为副科级事业单位，编制 5 人。

2016 年 6 月，市机构编制委员会（昌编发〔2016〕16 号）批准市政府采购中心更名为市政府购买服务中心，为市财政局所属公益性一类事业单位，副科级规格，财政拨款，核定事业编制 3 名，配备主任 1 名，不再设立内部机构。

昌邑市国库集中支付中心

2005 年 11 月，市国库集中支付中心成立，为副科级全额拨款事业单位，编制 6 人，与预算科合署办公。

昌邑市政府与社会资本合作中心

2016 年 6 月，市机构编制委员会（昌编发〔2016〕15 号）批准成立市政府与社会资本合作中心，为市财政局所属公益性一类事业单位，副科级规格，编制 4 人。

改制的二级机构 1 个：潍坊广安信有限责任会计师事务所。

潍坊广安信有限责任会计师事务所

1986 年 3 月，县财政局成立县会计专业技术职务改革办公室（临时机构）。

1987 年 9 月，县会计专业技术职务改革办公室更名为县会计师事务管理所。

1988 年 12 月，县会计师事务管理所更名为潍坊会计师事务所昌邑分所，实行潍坊和昌邑财政双重管理，人员属县财政局，业务归潍坊会计师事务所管理。

1996 年，潍坊会计师事务所昌邑分所升格为副科级事业单位，下设会计用品服务部，会计用品服务部后划归市经济开发投资公司管理。

1998 年 12 月，潍坊会计师事务所昌邑分所与市审计师事务所合并。

1999 年 12 月，按照上级要求与市财政局脱钩改制，分流人员。

2000 年 4 月，潍坊广安信有限责任会计师事务所成立。

撤销的二级机构 3 个：市预算外资金管理局、市国有资产管理办公室、市基层财政管理局。

昌邑市预算外资金管理局

1997 年 2 月，市机构编制委员会（昌编办发〔1997〕1 号）批准成立市预算外资金管理局，为正科级全民事业单位，挂靠市财政局，经费实行全额管理，执行行政工资，暂定编制 8 人，与市财政局综合计划科合署办公。

2001 年 3 月，撤销市预算外资金管理局。

昌邑市国有资产管理办公室

1990 年 4 月，县财政局成立国有资产管理股（昌编发〔1990〕2 号），编制 2 人。

1991 年 11 月，成立县国有资产管理局（昌编发〔1991〕38 号），为副科级行政单位，归口县财政局管理，编制 5 人。

1994 年 5 月，县国有资产管理局升格为正科级行政单位（昌编发〔1994〕8 号），挂靠县财政局，暂定编制 5 人。

2001 年 12 月，市政府（昌发〔2001〕28 号）批准，撤销市国有资产管理局，在市财政局内设立市国有资产管理办公室，正科级建制。

2019 年 3 月，市政府（昌发〔2019〕1 号）批准，市国有资产管理办公室行政职能划入市财政局，不再保留市国有资产管理办公室正科级架构。

昌邑市基层财政管理局

2002 年 8 月，市机构编制委员会（昌编发〔2002〕7 号）批准成立市农业税征收管理局，为正科级全额拨款事业单位，隶属市财政局管理，编制5人。

2009年11月，市农业税征收管理局更名为市基层财政管理局。

2019年3月，市基层财政管理局行政职能并入市财政局，撤销事业单位建制。

划出的二级机构2个：市住房公积金管理中心、市农业综合开发办公室。

昌邑市住房公积金管理中心

1993年4月，县编制委员会（昌编发〔1993〕6号）批准成立县住房资金管理中心，为股级全民事业单位，编制3人。

2005年3月，市机构编制委员会（昌编发〔2005〕6号）调整市住房资金管理中心建制级别，由股级调整为副科级。

2011年11月，市机构编制委员会《关于调整昌邑市住房公积金管理中心管理体制的通知》（昌编发〔2011〕12号），市住房资金管理中心更名为市住房公积金管理中心，为市政府直属正科级全额拨款事业单位，定编7名，配备主任1名、副主任2名。

昌邑市农业综合开发办公室

1988年12月，县黄淮海平原农业开发领导小组成立，下设办公室，为副科级事业单位，编制1人，隶属县农村工作委员会，与县农业区划办公室（简称县区划办）合署办公。

1989年11月，县黄淮海平原农业开发领导小组办公室单设（简称县黄淮海农开办），为正科级事业单位，编制3人，隶属县农业委员会。

1993年12月，撤销县区划办，县黄淮海农开办整体划归县农业委员会。

1997年4月，成立市农业综合开发办公室（简称市农开办），为正科级行政单位，编制6人，挂靠市农业办公室。同时，撤销市农业办公室内设的黄淮海农开办。

2002年，市农开办划归市政府办公室管理。

2005年，市农开办内设办公室、综合科、平原科、沿海科4个科室，实有在编人员9人。

2010年1月，市农开办并入市财政局。

2019年3月，市农开办划归市农业农村局。

第二节　二级机构职能

昌邑市财政票据管理中心

负责管理全市收费票据、罚没票据、内部往来票据，负责财政票据的发放、回收、监督、检查等工作。

昌邑市国有资产运营管理中心

承担市级行政事业单位存量和增量资产的运营管理，市级政府公益类投资项目的资源匹配以及投融资债务风险管理工作；负责根据全市经济发展和社会发展规划，参与政府投资项目的可行性论证；负责全市基础设施建设资金的管理和使用工作；负责承接和管理棚户区改造专项资金及组织协调重大投融资事项；承担市属国有企业的出资人、监管职能和绩效考核工作；负责代表市政府参与社会资本合作项目的出资工作；承办市委、市政府及市财政局和上级业务部门交办的其他事项。

昌邑市社会保障服务中心

承担市人力资源和社会保障、民政、卫生等方面的部门预算有关工作，拟订相关财政政策；提出所联系部门和单位的年度预算安排建议，审核其年度财务决算；会同有关部门管理市级财政社会保障和就业及医疗卫生支出、拟订有关资金（基金）财务管理制度；承担社会保险基金财政监管工作；编制市级社会保障预决算草案；汇总审核全市社会保险基金预决算草案。

昌邑市财政预算评审中心

负责对全市部门单位预算项目进行评审，研究提出支出标准，开展项目事后绩效评价工作；负责财政预算资金支持项目的资金拨付控制评审工作；负责财政因素投资项目的评估论证和专业咨询工作；承办市财政局交办的其他事项。

昌邑市政府购买服务中心

负责贯彻执行国家、省和潍坊市有关政府购买服务的法律、法规及政策规定，制订完善昌邑市政府购买服务制度措施；负责制订各类购买服务主体依法开展购买服务工作；负责参入实施政府购买服务绩效评价工作；承办市财政局交办的其他事项。

昌邑市国库集中支付中心

组织预算执行及分析预测；组织执行总预算会计、行政单位会计及政府会计制度；组织拟订国库管理制度、国库集中收付制度；管理市级财政和预算单位账户、财政决算及总会计核算；负责市级财政资金调度；承担国库现金管理的有关工作；牵头负责全市财政预算执行及市级部门预算执行有关工作；负责制订政府采购制度并监督管理，参与组织政府采购。

昌邑市政府与社会资本合作中心

负责全市政府与社会资本合作的规划指导和政策制度的拟订工作；负责全市项目的评估论证及项目库和专家的建设管理工作；负责提供金融支持，业务指导及相关政策咨询服务，全过程监督管理项目的实施工作；负责宣传培训、绩效评价和信息统计等工作。

第三节　二级机构人员

昌邑市财政票据服务中心

昌邑县税收财务物价大检查办公室

主　任：

姜奎芳　1991 年 6 月—1997 年 7 月

孙继刚　1997 年 7 月—1998 年 11 月

科　员：

张延亮　1991 年 6 月—1997 年 8 月

孙继刚　1991 年 7 月—1997 年 7 月

李桂江　1991 年 7 月—1995 年 6 月

郭孝涛　1991 年 7 月—1994 年 8 月

昌邑市财政监督局

局　长：

孙继刚　1998 年 11 月—2010 年 2 月

于爱国　2010 年 2 月—2019 年 4 月

副局长：

李吉松　2003 年 12 月—2019 年 1 月

李桂江　2007 年 8 月—2017 年 1 月

科　员：

刘云涛　1998 年 11 月—2019 年 3 月

滕晓辉　1999 年 12 月—2019 年 3 月

张延亮　2001 年 8 月—2005 年 5 月

谭爱梅　2001 年 11 月—2002 年 11 月

张欣智　2005 年 3 月—2019 年 3 月

李吉松　2005 年 3 月—2019 年 1 月

齐文盛　2005 年 5 月—2007 年 5 月

马兴志　2018 年 10 月—2019 年 3 月

昌邑市财政票据服务中心

主　任：

齐红蕾　2019 年 4 月—

昌邑市国有资产运营中心

昌邑市经济开发投资公司

负责人：

魏全江（兼）1992 年 9 月—1994 年 2 月

经　理：

范　民　1994 年 2 月—2008 年 8 月

王卫华　2008 年 8 月—2009 年 2 月

葛英虎　2009 年 2　月—2016 年 6 月

副经理：

王瑞波　1992 年 9 月—1994 年 1 月

谭金山　1996 年 12 月—2009 年 9 月

科　员：

李树东　1992 年 9 月—1995 年 8 月

王桂芬　1992 年 9 月—1995 年 3 月

徐德智　1993 年 3 月—1995 年 5 月

张伟民　1994 年 3 月—2009 年 6 月
齐文盛　1995 年 6 月—2008 年 9 月
曹兰萍　1995 年 9 月—2014 年 8 月
张正暄　1995 年 10 月—1997 年 4 月
陈贵波　1996 年 10 月—2016 年 7 月
梁国凤　1997 年 7 月—2010 年 5 月
王亚楠　2009 年 5 月—2016 年 7 月
陈　栋　2009 年 5 月—2016 年 7 月
马兴志　2011 年 3 月—2016 年 7 月
刘国成　2012 年 6 月—2016 年 7 月
宿胜国　2013 年 6 月—2016 年 7 月

昌邑市国有资产经营投资有限公司

经　理：
姜奎芳（兼）2005 年 3 月—2007 年 5 月
孙广阔　2007 年 5 月—2016 年 5 月

副经理：
姜竹梅　2005 年 3 月—2016 年 5 月

科　长：
马兴志　2012 年 3 月—2016 年 5 月
刘国成　2013 年 5 月—2016 年 5 月

昌邑市基础设施资金管理中心

主　任：
葛英虎　2016 年 5 月—2017 年 6 月
姜竹梅　2016 年 5 月—2017 年 6 月

科　员：
王亚楠　2016 年 5 月—2017 年 7 月
陈　栋　2016 年 5 月—2017 年 7 月
宿胜国　2016 年 5 月—2017 年 7 月
马兴志　2016 年 5 月—2018 年 10 月
刘国成　2016 年 5 月—2018 年 10 月
陈贵波　2016 年 5 月—2017 年 7 月

昌邑市国有资产运营管理中心

主　任：
葛英虎　2017 年 7 月—2019 年 3 月
姜竹梅　2017 年 7 月—2019 年 3 月

科　员：
王亚楠　2017 年 7 月—2019 年 3 月
陈　栋　2017 年 7 月—2019 年 3 月
宿胜国　2017 年 7 月—2019 年 3 月

昌邑市国有资产运营中心

科　员：
王亚楠　2019 年 3 月—
陈　栋　2019 年 3 月—
宿胜国　2019 年 3 月—

昌邑市社会保障服务中心

昌邑市社会保障处

主　任：
郭瑞玉　1996 年 12 月—2005 年 5 月
徐桂华　2005 年 5 月—2009 年 8 月
孙健美　2009 年 8 月—2012 年 3 月
徐桂华　2012 年 3 月—2017 年 9 月

副主任：
赵京伟　2011 年 3 月—2018 年 9 月
谢娅妮　2018 年 9 月—2019 年 3 月

科　员：
赵京伟　1996 年 12 月—2011 年 3 月
杜爱平　1998 年 12 月—2005 年 5 月
范艳凤　2005 年 12 月—2006 年 11 月
孙学珂　2006 年 11 月—2019 年 3 月
于友智　2007 年 7 月—2011 年 4 月
黄倩倩　2012 年 11 月—2018 年 9 月
于　雪　2018 年 9 月—2019 年 3 月

昌邑市社会保障服务中心

副主任：
谢娅妮　2019 年 3 月—

科　员：
孙学珂　2019 年 3 月—
于　雪　2019 年 3 月—

昌邑市财政国债服务部

科　长：
王瑞波　1991 年 4 月—1992 年 9 月

王学明　1992 年 9 月—2003 年 9 月

科　员：

郑晓燕　1991 年 7 月—1999 年 4 月

郭春玲　1991 年 7 月—2003 年 9 月

昌邑市财政预算评审中心

主　任：

褚瑞山　2000 年 1 月—2006 年 12 月

张　华（代理）2007 年 1—8 月

孙全兴　2007 年 8 月—2015 年 10 月

肖美先（代理）2015 年 10 月—2018 年 9 月

肖美先　2018 年 9 月—

副主任：

张　华　2005 年 5 月—2007 年 1 月

　　　　2007 年 8 月—2017 年 11 月

明坤祥　2006 年 12 月—2007 年 8 月

肖美先　2013 年 5 月—2015 年 10 月

科　员：

张　华　2000 年 1 月—2005 年 5 月

肖美先　2000 年 1 月—2013 年 5 月

付希丽　2000 年 1 月—2019 年 8 月

徐京菲　2000 年 1 月—

姜军英　2000 年 1 月—

杨西镇　2000 年 1 月—2018 年 9 月

董瑞娟　2002 年 3 月—2004 年 2 月

明坤祥　2003 年 11 月—2006 年 12 月

刘福波　2006 年 4 月—2009 年 3 月

郭　凯　2008 年 7 月—2009 年 2 月

王苏孝（借调）2009 年 6 月—2013 年 11 月

李　强　2017 年 12 月—

刘浩兵　2017 年 12 月—

昌邑市政府购买服务中心

昌邑市政府采购中心

主　任：

王卫华　2003 年 9 月—2008 年 8 月

徐云舟　2008 年 8 月—2011 年 3 月

金凤宾　2011 年 3 月—2016 年 6 月

副主任：

朱春波　2003 年 3 月—2007 年 8 月

明坤祥　2007 年 8 月—2008 年 8 月

韩茂松　2007 年 8 月—2008 年 8 月

采购一科科长：

韩茂松　2007 年 8 月—2016 年 6 月

副科长：

郭春玲　2013 年 5 月—2016 年 6 月

采购二科科长：

任在峰　2011 年 1 月—2016 年 6 月

副科长：

刘福波　2011 年 1—11 月

科　员：

郭春玲　2003 年 9 月—2013 年 5 月

董瑞娟　2004 年 3 月—2016 年 6 月

李聪琛　2005 年 9 月—2016 年 6 月

高长喜　2005 年 12 月—2016 年 6 月

任骁雁　2009 年 6 月—2011 年 8 月

孙延伟　2011 年 1 月—2016 年 5 月

李朝辉　2011 年 2 月—2016 年 6 月

王西波　2011 年 9 月—2012 年 11 月

张俊鹏　2012 年 2 月—2012 年 12 月

昌邑市政府购买服务中心

主　任：

金凤宾　2016 年 6 月—

科　员：

李聪琛　2016 年 6 月—

昌邑市国库集中支付中心

主　任：

付绍集　2006 年 5 月—2016 年 7 月

高凤鸣　2016 年 7 月—

副主任：

陈素珍　2007 年 8 月　2011 年 9 月

科　员：

王西波　2005 年 7 月—2007 年 9 月

　　　　2008 年 7 月—2011 年 5 月

昌邑市政府与社会资本合作中心

主　任：

任在峰　2016年6月—

科　员：

董瑞娟　2016年6月—

李朝辉　2016年6月—

潍坊广安信有限责任会计师事务所

所　长：

潘在校　1990年6月—1994年6月

梁瑞升　1994年6月—

党支部书记：

褚瑞山

副所长：

王卫华

会计用品服务部

负责人：

曹兰萍

昌邑市预算外资金管理局

局　长：

陈贵海（兼）1997年2月—2001年3月

副局长：

张青山　1997年2月—2001年3月

昌邑市国有资产管理办公室

国有资产管理股

股　长：

魏全江　1990年4月—1991年1月

陈　萍　1991年1—11月

科　员：

贾　岳　1991年4—11月

昌邑县国有资产管理局（副科级行政单位）

局　长：

空缺

副局长：

陈　萍　1991年11月—1994年5月

科　员：

贾　岳　1991年11月—1992年4月

郭孝涛　1994年1—5月

温胜利　1994年4—5月

昌邑市国有资产管理局（正科级行政单位）

局　长：

杨务珍　1997年1月—2001年12月

副局长：

魏全江　1996年3月—2001年12月（1995年8月—1996年3月担任负责人）

孙广阔　1999年1月—2001年12月

张青山　2001年3月—2001年12月

科　长：

陈　萍　1994年5月—1998年1月

温胜利　1995年9月—2001年12月

王云亭　1999年6月—2001年12月

科　员：

郭孝涛　1994年5月—1995年1月

于亚莉　1994年10月—2001年12月

葛英虎　1995年1月—2001年12月

王云亭　1999年1—6月

昌邑市国有资产管理办公室

主　任：

杨务珍　2001年12月—2004年6月

林明波　2004年6月—2017年8月

姜喜润　2017年8月—2019年2月

副主任：

魏全江　2001年12月—2002年8月

张青山　2001年12月—2006年5月

徐学义　2006年12月—2008年8月

张始训　2008年8月—2019年2月

陈　萍　2011年3月—2017年7月

科　长：

温胜利　2001年12月—2013年5月

王云亭　2001年12月—2018年5月

葛英虎　2007年8月—2009年2月

副科长：

郑晓燕　2013年5—7月

科　员：

葛英虎　2001年12月—2007年8月

于亚莉　2001年12月—2013年11月

翟玉芝　2011年6月—2013年5月

董秀华　2013年7月—2018年12月

刘国成　2018年10月—2019年2月

昌邑市基层财政管理局

昌邑市农业税征收管理局

局　长：

陈贵海　2003年3月—2007年5月

孙介甫　2007年5月—2009年11月

科　长：

徐云舟　2003年3月—2004年12月

王云贞　2003年4月—2009年11月

科　员：

范海涛　2003年3月—2004年12月

黄佳良（借调）2003年3月—2009年11月

翟玉芝　2003年3月—2005年12月

黄树明　2003年3月—2009年11月

代群英　2005年3—12月

于友智　2005年7月—2007年7月

孙学珂　2005年8月—2006年11月

范艳凤　2006年12月—2007年5月

马兴志　2007年1月—2009年11月

王西波　2007年9月—2008年6月

郝怀珠（借调）2009年5—11月

昌邑市基层财政管理局

局　长：

孙介甫　2009年11月—2016年12月

付绍集　2016年12月—2018年3月

副局长：

高凤鸣　2010年2月—2016年7月

齐红蕾　2012年3月—2019年3月

科　长：

王云贞　2009年11月—2011年9月

杨可京　2011年9月—2012年3月

杜爱平　2012年3月—2019年3月

副科长：

刘文虹　2011年3月—2019年3月

科　员：

黄佳良（借调）2009年11月—2016年6月

马兴志　2009年11月—2011年3月

黄树明　2009年11月—2019年3月

郝怀珠（借调）2009年11月—2011年5月

王西波　2011年5—8月

代群英　2011年11月—2018年5月

昌邑市住房公积金管理中心

昌邑市住房资金管理中心

主　任：

郑际美　1994年12月—2005年5月

于爱国　2005年5月—2010年2月

朱春波　2010年2月—2011年7月

副主任：

陈素珍　2003年5月—2005年5月

朱春波　2007年8月—2010年2月

昌邑市住房公积金资金管理中心

主　任：

魏全江　2011年7月—

副主任：

朱春波　2011年7月—

昌邑市农业综合开发办公室

主　任：

穆效彬　2010年1月—2019年3月

副主任：

辛世信　2010年1月—2019年3月

明坤祥　2012年3月—2014年6月

科　员：

李松岩　2010年1月—2019年3月

刘启利　2010年1月—2019年3月

唐寿栓　2010年1月—2019年3月　　马振联　2010年1月—2019年3月
王明杰　2010年1月—2019年3月　　付立奎　2010年1月—2019年3月

第四章　党群组织

第一节　中共地方基层组织

1986年，范立道担任县财政局党支部书记，闫维喜、王维杰为支部委员，有党员5人。局党支部开展整顿纪律、端正党风学习教育活动。

1987年，邵长奎担任县财政局党支部书记。局党支部开展“新时期共产党员如何发挥先锋模范作用”大讨论。

1989年，县财政局党支部运用正反典型进行党风党纪教育。

1990年，马春盛担任县财政局党支部书记。局党支部开展“学习党章、增强党性、端正学风”集中教育整顿活动。

1992年，县财政局党支部开展以反腐防变为主要内容的党员教育活动。

1994年，县财政局党支部开展“学党章、守纪律、作表率”活动。

1995年，市财政局党组成立。

1997年，市财政局党组书记马春盛任市政府市长助理兼财政局地税局党组书记。市财政局党组开展学习“廉洁勤政先进典型”活动。

1998年2月，闫成海担任市财政局党组书记。8月，张晓润担任局党组书记。局党组开展政策法规年活动。

1999年，市财政局党组开展思想教育整顿和社会主义教育活动。

2000年，市财政局党组开展警示教育活动。

2001年，市财政局党组开展“学党章、守纪律、正党风”活动。

2002年，市财政局党组开展“理想信念、廉政纪律”活动。

1990年，昌邑县财政局党支部成员合影。前排左起：王维杰、马春盛、邵长奎；后排左起：闫维喜、谢成合、姜奎芳、陈贵海　（照片提供：马春盛）

2003年，戚风乾担任市财政局党组书记。局党组开展“艰苦奋斗、廉洁从政、优化环境”活动。

2004年，市财政局党组开展“为民、务实、清廉”活动。

2005年，市财政局党组开展“廉洁奉公、执政为民”活动。

2007年，董凤杰担任市财政局党组书记。局党组获得昌邑市委“先进基层党组织”荣誉称号。

2008年，市财政局党组获得昌邑市委“先进基层党组织”荣誉称号。离退休老干部党支部成立，有离休干部1人，退休干部20人。印发《昌邑市财政局党风建设责任制实施方案》。

2009年，市财政局党组获得市委“党风廉政建设先进单位”荣誉称号。

2010年，市财政局党组下设市财政局党总支，有3个机关支部，1个离退休老干部支部，有党员92人。局党组开展“创先争优 强堡垒 做先锋”活动和“庆七一 佩党徽 温誓词”活动。

2011年，李友田担任市财政局党组书记。局党组开展争创“服务发展标兵科室”和“争做群众满意的机关干部”活动。实行党务公开。获得市委“先进基层党组织”荣誉称号。安排徐维凯到柳疃镇三官庙村挂职第一书记。

2012年，市财政局党组获得潍坊市委“创先争优先进基层党组织”荣誉称号。局党总支下设5个党支部，有党员120人。

2013年，印发《开展厉行勤俭节约反对铺张浪费专项行动工作方案》。市财政局党总支有7个党支部，有党员121人。安排徐维凯挂职围子街道梁部村，担任第一书记。

2014年，市财政局党组成立开展党的群众路线教育实践活动领导小组，印发《深入开展党的群众路线教育实践活动实施方案》。印发《关于基层党组织专题组织生活会和民主评议党员工作的实施方案》。获得潍坊市建设学习型党组织工作协调小组“学习型党组织”荣誉称号。

2015年，市财政局党组印发《关于开展“三严三实”专题教育工作方案》《创建全国文明城市工作实施方案》。市财政局党总支有8个党支部，有党员123人。安排徐维凯到石埠经济发展区流一村挂职第一书记。

2016年，市财政局党组通过“希望工程”“春蕾计划”，开展党员帮扶困难家庭学生活动，捐款捐物超过10万元。

2017年，许增贤担任市财政局党组书记。印发《关于开好2017年度党员干部民主生活会的实施方案》《关于开展“一强、三创、四提升”活动建设高效和谐机关的实施意见》《关于建立领导干部联系点工作制度的意见》。局党总支有7个党支部，有党员122人。安排徐维凯挂职北孟镇山西村第一书记。

2018年1月，市财政局党组利用手机信息平台、QQ群、微信群，建立党员学习平台。4月，印发《机关党建工作制度》，开展“思想作风建设年”活动。8月，开展“好人主义、圈子文化、码头文化等问题”专项治理活动，通过群众提、自己找、相互帮、集体议等方式，排查问题，立行立改。9月，市财政局党组为3位党员庆祝“政治生日”（入党纪念日），赠送生

2019年5月，昌邑市财政局机关党委成员合影。左起：范海涛、明坤祥、徐云舟、孙效治、姜喜润、张兴涛、张俊鹏 （摄影：张志臣）

日贺卡和生日礼物——《习近平谈治国理政》。市财政局党组获得潍坊市委“先进基层党组织”荣誉称号。

2019年1月，市财政局与奎聚街道城后社区结对共建。安排徐维凯挂职下营镇火道村第一书记。5月，市财政局机关党委成立，孙效治任党委书记，姜喜润任副书记，有党委委员5人，下设7个党支部，有党员108人。7月，组织党员干部到市渤海走廊革命斗争陈列馆，开展党性教育实践活动，传承“渤海走廊精神”。8月，申报“2019年度机关党建示范点”，提出“党建+”融合党建品牌，将党建业务与财政业务、文明创建、廉政建设、文化建设、互联网等工作融合。10月，组织党员干部与奎聚街道城北社区党员共同开展支部书记讲党课活动，第一期党课由市财政局机关第二党支部书记齐红蕾主讲，主题为《学习党史新中国史，进行自我革新》。12月，市财政局党组召开“不忘初心、牢记使命”主题教育专题民主生活会，全体党组成员参加；召开学习贯彻中共十九届四中全会精神宣讲报告会，全体干部职工参加，市委宣讲团成员、市财政局党组成员姜喜润作宣讲报告。

1986—2019年，昌邑县（市）财政局党组（党支部）成员由2—10人组成。

1986—2019年昌邑县（市）党组（党支部）书记及成员任职情况表

表1-3

时间	党组(党支部)书记	党组(党支部)成员
1986年1月—1987年2月	范立道	闫维喜　王维杰
1987年2月—1990年1月	邵长奎	王维杰　闫维喜　谢成合
1990年1月—1998年2月	马春盛	闫维喜(—1991年)　王维杰(—1992年)　赵美兰(1992—1995年)　徐淑兰(1995年—)　姜奎芳(1994年—)　陈贵海
1998年2月—1998年9月	闫承海	陈贵海　姜奎芳　徐淑兰　杨务珍
1998年9月—2003年2月	张晓润	杨务珍　陈贵海　姜奎芳　徐淑兰　孙介甫(1999年—)　孙广阔(2001年—)　魏全江(2002年—)
2003年2月—2007年9月	戚风乾	张晓润(—2003年)　杨务珍(—2004年)　陈贵海　林明波(2004年—)　姜奎芳　徐淑兰(—2005年)　魏全江　孙介甫　孙广阔　张青山(2005年—)
2007年9月—2011年1月	董凤杰	孙介甫　孙广阔　林明波　魏全江　穆效彬(2010年—)　张青山(—2008年)　徐学义(2008年—)　徐桂华(2008年—)
2011年1月—2017年1月	李友田	孙介甫　孙广阔　林明波　魏全江(—2014年)　穆效彬　徐云舟　徐学义　徐桂华　高凤鸣(2012年—)　明坤祥(2014年—)

续表

时间	党组(党支部)书记	党组(党支部)成员
2017年1月—2018年12月	许增贤	孙介甫(—2017年)　孙广阔　林明波　徐学义(—2017年)　徐桂华(—2017年)　穆效彬　徐云舟　高凤鸣　明坤祥　姜喜润
2019年1月—	孙效治	孙广阔　徐云舟　姜喜润　高凤鸣　明坤祥　穆效彬(—2019年)

第二节　群团组织

昌邑市财政局工会

市财政局工会主要围绕财政工作中心，根据党组和上级工会的工作部署，制订工会工作计划，开展工作；贯彻《中华人民共和国工会法》，维护职工合法权益，为群众说话办事，深入基层调查研究，听取职工意见、要求和建议，沟通领导与职工联系，做好上情下达，下情上传工作；履行职能，发挥工会自身特点和优势，协助党组做好职工思想政治教育工作，开展有益于精神文明和文化建设的各类活动，提高职工综合文化素质；履行民主参与职能，组织和代表职工参与民主管理和民主监督，发挥工会组织在民主监督渠道中的作用；按时召开工会会员大会，组织筹备工会委员会的选举工作，并向大会报告工作；落实职代会“四项职权”，负责职代会的筹备工作和会务工作，督查闭会后职代会各工作委员会日常工作的开展情况；履行维护职能、发挥工会桥梁纽带作用，促进职工工作、生活等改善，从源头上维护职工正当权益；组织群众文体活动，丰富职工文体生活，使职工在各项活动中陶冶情操，增长知识；加强工会组织自身建设，提高工会干部综合素质。做好新会员接收和工会基本知识教育；收缴、管理和合理使用工会经费；完成上级交办的其他工作。

1991年，姜奎芳获得昌邑县“劳动模范”称号。

2006年，付绍集获得昌邑市“劳动模范”称号。

2009年，高凤鸣获得昌邑市“劳动模范”称号。

2012年，组织干部职工参加首届潍坊市财税系统运动会。

2014年，组织干部职工参加昌邑市趣味运

2014年，昌邑市财政局工会会员在昌邑市趣味运动会上参加趣味运球比赛
（摄影：郝岩）

2018 年 2 月，失主到昌邑市财政局赠送锦旗感谢姜迎东（中）（摄影：张兴涛）

动会。

2018 年，开展服务群众“集中回访月”活动，把义务教育、基本医疗、居住环境、文化生活、社会治安等政策送到群众家中。2 月，市财政局职工姜迎东捡到一个棕色皮包，在原地等待失主半个多小时后，拨打“110”求助电话。皮包里有 10000 多元现金，还有银行卡、身份证、票据等重要物品。在公安民警帮助下，皮包物归原主。

2019 年，组织干部职工开展“慈心一日捐”活动，市地方粮食储备库、市城市规划技术服务中心等 10 家国有企业、事业单位共同捐款，募捐资金 4 万多元。

昌邑市财政局团支部

市财政局团支部在局党组和上级团委的领导下开展工作，关心团员青年，帮助他们解决工作、学习、生活中的问题，及时向党组织和上级团委汇报、请示工作；定期召开团员大会，及时传达贯彻党组织和上级团委的批示、会议精神，并加以落实；研究讨论上级团委的决议；组织大型重要活动，选举出席上级团代表大会代表，决定对团员的奖励和处分等重大问题；拟订团支部的工作报告，定期组织团员开展各种形式的教育活动，负责召集团员大会；做好团员的管理工作，建立团支部宣传版面，负责收缴团费。

2013 年 3 月，成立学雷锋志愿者服务队。

2017 年，市财政局团支部组织团员青年成立义工活动小组和青年志愿者服务队，开展“寻标对标提标达标”活动，组织召开青年干部座谈会，组织团员青年开展“比学赶超”活动等，丰富团员青年的业余生活。开展爱国主义、集体主义和社会主义教育，组织团员青年赴龙池镇、卜庄镇红色革命教育基地，接受思想洗礼，激发团员青年立足岗位、建功立业热情。通过“慈善一日捐”“青春扶贫、情暖昌城”活动，组织团员青年捐款，奉献爱心。组织团员青年参与“每周

2017 年 8 月，昌邑市财政局干部职工到饮马镇烈士陵园，举行集体加入昌邑义工组织仪式（摄影：张兴涛）

2019 年 4 月，昌邑市财政局开展"青春心向党·建功新时代"五四青年节主题活动（摄影：张兴涛）

一星"评选活动，多人榜上有名。成立交通志愿者服务队，参与创建全国文明城市，执勤 3360 人次，人均执勤超过 600 小时。利用休息日时间，组成义工巡城队，定期分区域展开宣传教育、卫生清扫、经营秩序维护、基础设施巡查集中行动，出动 1900 余人次。多次赴北孟镇山西村等贫困户家中走访及回访，赠送物资，了解实际困难，走访困难群众 60 多户。帮扶困难学生、残疾儿童、贫困青少年，捐款捐物，赠送书包、文具等用品。

2019 年 3 月，市财政局团支部组织团员青年到饮马镇博陆山，参加植树造林活动，建设"青年林"；参加"青春志愿行共创文明城"主题志愿服务活动，弘扬"奉献友爱互助进步"志愿精神，在车流量与人流量较大的北海路交通街路口设立文明交通岗，协助交警开展文明交通志愿行动。4 月，市财政局团支部参加第 36 届潍坊国际风筝会昌邑分会场千人风筝放飞比赛，荣获比赛二等奖。组织青年干部到下营镇火道村感受乡村振兴成果，开展"青春心向党·建功新时代"五四青年节主题活动。6 月，昌邑市团委举行 2019 年表彰活动，徐文煜获得"昌邑青年志愿服务之星"荣誉称号。潍坊市团委举办颁奖暨集中交流活动，任肖婧获得"潍坊青年志愿服务之星"荣誉称号。

市财政局团支部先后获得"青年文明号""昌邑市五四红旗团支部""潍坊市五四红旗团支部""山东省五四红旗团支部"等荣誉称号。

2017 年 3 月，昌邑市财政局开展三八妇女节系列活动，组织女职工体验红色文化（摄影：张兴涛）

昌邑市财政局机关妇女委员会

市财政局机关妇女委员会主要负责宣传、贯彻党的路线、方针、政策；教育、引导妇女增强自尊、自信、自立、自强精神，成为有理想、有道德、有文化、有纪律的新女性；完成市妇联部署的工作；组织本单位妇女活动，加强和其他单位妇委会及妇女组织之间的交流与合作；负责妇女学习培训、工作会议、人才培养和推荐、评比表彰等工作；带头并督促家人遵守廉政纪律，树立良好家风，当好“贤内助”。

2017 年 3 月，组织女职工到龙池镇参观学习，体验红色文化、乡村记忆和古村底蕴。5 月，开展“春蕾计划”助学结对活动，累计捐款 9600 元，帮助 24 名因家庭贫困而面临失学辍学的儿童重返校园。开展“争做好媳妇、好婆婆”活动。

2018 年 3 月，开展缅怀革命先烈、探访乡村建设主题活动，组织女职工到饮马镇烈士陵园，清扫园内沙土、碎石、枯草、落叶、垃圾、杂物，听取管理人员讲述革命故事和为烈士寻家的事迹。

2019 年，开展妇女干部在家当好“贤内助”，在单位争当红旗手活动。

第二编
财政体制

昌邑市财政管理体制服从中央财政的统一体制，总体上根据“统一领导、分级管理”原则，由高度集中管理到实行分级管理。1986—1993 年，实行“财政包干”财政管理体制。1994—2019 年，实行分税制模式，按照新老预算管理体制并行做法，执行“定额上缴加比例递增”与“上缴中央部分按确定基数部分返还”财政体制。

第一章　县级财政体制

第一节　财政包干管理体制

1985 年，为适应利改税后的新情况，全国总的财政体制改为“划分税种、核定收支、分级包干”。为适应新的财政体制，省政府确定昌邑县为试点单位，实行“总额分成加增长分成”的办法，即核定的总收入按 45% 分成，以 1984 年实际收入为基数，其增长部分，8% 以内按总额分成比例执行，超过 8%，在保证上缴中央 41% 后，全部留用。当年县财政收入同比增长 31.4%。

1986 年，昌邑县财政收入同比增长 14.1%，存在多年的赤字得到解决，为财政体制改革取得了一定经验。

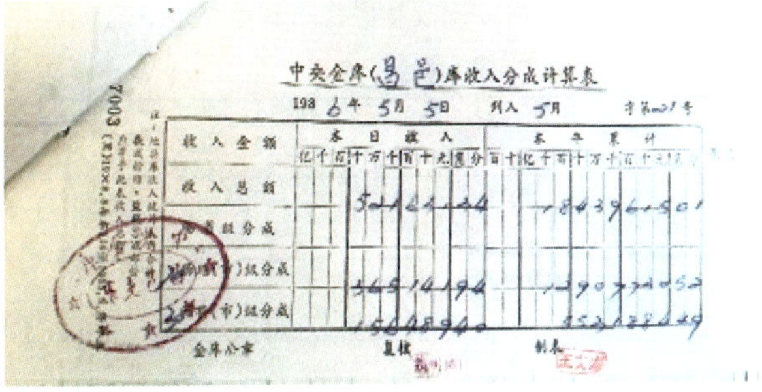

1986 年 5 月 5 日，中央金库昌邑支库税收收入分成计算表　（摄影：王仁昌）

1987 年，各种承包形式出现，昌邑县财政体制由原“总额分成”调整为“定额上缴加比例递增”的办法，即定收定支，收支余额为定额上缴。1987 年按收入基数的 5% 递增上缴，自 1988 年开始，按 1987 年递增后的上缴数额每年递增 8% 包干上缴，财政收入比上年增长 8% 以上至 15% 的部分，上缴潍坊市 30%，其余全留县。实行大包干体制，收入增长幅度越大好处越多，收入增长低于 8% 就要承担风险。

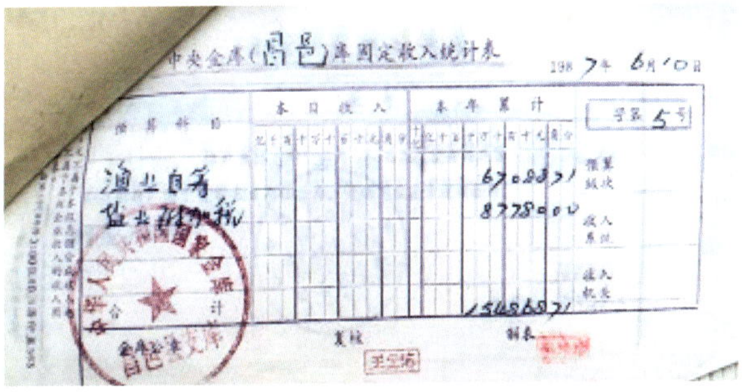

1987 年 6 月 10 日，国家金库昌邑县支库固定收入统计表　（摄影：王仁昌）

1988—1993 年，昌邑县级财政体制继续实行“定额上缴加比例递增”。

第二节　分税制财政体制

1994 年，昌邑市按照省财政厅要求，实行新型“分税制”财政体制。分税制采取“三分一返”的形式，即分支出、分收入、分设税务机构、实行税收返还。实行按税种划分收入办法，原属地方支柱财源的消费税和增值税的75%上划到中央，成为中央级固定收入。确定中央对地方的税收返还办法，以1993年为基期年，按分税后地方净上划中央的收入数额，确定中央对地方的税收返还基数。调整后，潍坊市核给昌邑的税收返还级数是5208万元，1994年税收返还数额是5476万元。

2002年，国家实施所得税收入划分办法改革，打破按企业隶属关系划分所得税收入分配的办法，实行企业所得税和个人所得税收入中央与地方共享。除少数特殊行业或企业外，绝大部分企业所得税和个人所得税（包括储蓄存款利息个人所得税）实行中央与地方按比例分享。对地方净上划中央的所得税定额返还地方。全市企业所得税基数共计2577万元，个人所得税基数共计2607万元，营业税基数共计2234万元。中央、省企业所得税基数为128万元。省级营业税基数共计327万元。中央、省下划地方企业所得税基数1495万元。营业税基数返还额185万元，个人所得税基数返还额1304万元。

2005年，省政府下发《关于印发〈山东省所得税和营业税收入分享改革〉的通知》和《山东省人民政府关于进一步加强县乡财政建设促进县域经济社会统筹协调发展的意见》，实行个人所得税收入省市共享。个人所得税收入包括个人所得税、储蓄存款利息个人所得税和个人所得税税款滞纳金、罚款收入。各级财政的具体分享比例为：中央分享60%，省级分享15%，市（县）以下分享25%。此次改革以2004年为基期，按照分享比例计算确定。市（县）以下上划的个人所得税收入大于省下划的差额部分，由省财政作为基数予以返还；市（县）以下上划的个人所得税收入小于省下划的差额部分，由市（县）作为基数上解省财政。全市企业所得税基数共计2905万元，个人所得税基数共计2607万元，营业税基数共计2234万元。中央、省企业所得税基数为128万元。省级营业税基数共计327万元。中央、省下划地方企业所得税基数1495万元。营业税基数返还额185万元，个人所得税基数返还额1590万元，企业所得税基数返还额1947万元。

2011年，昌邑市根据《财政部关于将预算外管理的收入纳入预算管理的通知》（财预〔2010〕88号）要求，预算外资金管理的收入（不含教育收费）全部纳入预算管理，在财政专户管理的高中以上学费、住宿费，高校委托培养费，党校收费，教育考试考务费，函大、电大、夜大及短训班培训费等作为本部门的事业收入，纳入财政专户管理，收缴比照非税收入收缴管理制度执行。纳入一般预算后，原执收单位为财政补助事业单位的，支出由同级财政安排；原执收单位为经费自理事业单位的，由同级财政通过安排其上级主管部门相关项目支出解决。预算外收入纳入预算管理后，取消全部预算外收支科目，将预算外专户收入科目全部调整为一般预算科目。

2013年7月，省政府决定调整省以下财政体制，理顺政府间分配关系，形成利益共享、风险共担、规范统一的财政分配制度。核定昌邑市改革基数-8592万元。

2013年省财政体制改革昌邑市基数核定情况表

表2-1 单位：万元

项　目	金　额
改革基数	-8592
省级下划共享收入	10958
市县上划共享收入	119372
其中：	—
营业税和所得税3税	—
营业税	33911

续表

项 目	金 额
省级	6782
市县	27129
企业所得税	16118
省级	3224
市县	12894
个人所得税	2539
省级	952
市县	1587
增值税和5个资源财产类小税	—
增值税	31272
省级	—
市县	31272
资源税	14329
房产税	2340
城镇土地使用税	10305
土地增值税	6086
契税	13430
附：潍坊市下划潍坊银行收入	323
营业税	284
城市维护建设税	25
印花税	3
教育费附加	11

注：若改革基数大于0，则市县上解；反之，则省级补助

2013年8月，昌邑市实行交通运输业和部分现代服务业营业税改征增值税（简称“营改增”）试点。涉及昌邑市企业608户，2012年度入库营业税1883万元。

市财政局对振兴运输有限公司等3户交通运输业一般纳税人调查测算，2011年度取得交通运输业营业收入4602万元，实际缴纳营业税138万元，预计营改增后缴纳营业税132万元。交通运输业税负略有下降。对于实行挂靠管理的交通运输一般纳税人企业，因较难取得有关燃料、修理费等增值税抵扣发票，营改增后税负会有所上升。

市财政局对昌邑海能电力设计有限公司等2户现代服务业一般纳税人进行调查测算，2011年度取得服务业营业收入1585万元，实际缴纳营业税79万元，预计营改增后缴纳营业税52万元。税负下降的主要原因是营改增前营业税率为5%，而“营改增”后增值税率为6%，只增加1%，但允许抵扣进项税额后，税负下降。实施营改增后，现代服务业纳税人的税负则将总体呈下降的态势，地税局营业税将减收。

营改增试点对昌邑市地方经济的影响：研发和技术服务、信息技术服务行业的税率从营业税的5%提高到增值税的6%，抵扣进项税额，总体税负下降。文化创意服务行业税负下降，给有较大影响力的文化创意产业发展繁荣创造机会。减少产业分工细化存在的重复征税因素，降低现代服务业的税负，下游环节制造业将自行提供所需专业性服务外包给上游现代服务业，促进产业升级和技术进步。基本消除现代物流企业重复征税问题。全市的小微企业创造60%的国内生产总值、50%的税收和80%的就业岗位，对应税服务年销售额低于500万元的按照小规模企业管理，改征增值税后，纳税人税率由原来营业税5%降为适用小规模征收率3%，小微企业税负下降幅度达到40%。

2016年5月，昌邑市根据《财政部 国家税务总局 中国人民银行关于全面推开营业税改征

增值税试点有关预算管理问题的通知》（财预〔2016〕74号）要求，全面实行营改增。对入库的原增值税、改征增值税和营业税，经税务、财政和人民银行国库部门三方核对，履行确认签章手续，由人民银行国库部门根据财政部门提供的“收入更正通知书”，按收入级次进行调库。

2016年5月昌邑市收入调库对账情况表

表2-2　　　　单位：万元

项　　目	金额
合计	15538
中央分享	7345
增值税	7345
其中：成品油新增增值税	304
地方分享	8193
增值税(不含营改增)	2347
营改增增值税	501
营业税	5345
中央下划	2499
地方上划	2923
上下调库	-424

2016年，省财政厅以2014年为基期，核定昌邑市营改增收入划分改革基数。

2014年昌邑市中央与地方分享增值税情况表

表2-3　　　　单位：万元

项　　目			金额
2014年全年	调整前	合计	191280
		中央分享	108364
		增值税	108364
		其中：成品油新增增值税	2896
		地方分享	82916
		增值税(不含营改增)	35156
		营改增增值税	3571
		营业税	44189
	调整后	合计	191280
		中央分享	95640
		地方分享	95640

续表

项　　目			金额
2014 年 5—12 月	调整前	合计	133067
		中央分享	76294
		增值税	76294
		其中：成品油新增增值税	1372
		地方分享	56773
		增值税	24974
		营改增增值税	1929
		营业税	29870
	调整后	合计	133067
		中央分享	66534
		地方分享	66534

2014—2017 年昌邑市增值税“五五分享”税收返还（上解）基数情况表

表 2-4　　单位：万元

<table>
<tr><td rowspan="3">项目</td><td colspan="8">2014年原体制</td></tr>
<tr><td rowspan="2">合计</td><td colspan="3">中央分享增值税</td><td colspan="4">地方分享增值税和营业税</td></tr>
<tr><td>小计</td><td>国内增值税</td><td>成品油新增增值税</td><td>小计</td><td>国内增值税</td><td>改征增值税（100%）</td><td>营业税（100%）</td></tr>
<tr><td>金额</td><td>191280</td><td>108364</td><td>105468</td><td>2896</td><td>82916</td><td>35156</td><td>3571</td><td>44189</td></tr>
<tr><td rowspan="3">项目</td><td colspan="4">2014年新体制</td><td rowspan="3" colspan="3">2014年电力企业上划省级增值税</td><td rowspan="3">2014年营业税虚收额</td></tr>
<tr><td rowspan="2">合计</td><td colspan="2">收入分享</td><td rowspan="2">原返还基数</td></tr>
<tr><td>中央级</td><td>地方级</td></tr>
<tr><td>金额</td><td>191280</td><td>95640</td><td>5640</td><td>-10815</td><td colspan="3">6240</td><td>3483</td></tr>
<tr><td rowspan="2">项目</td><td colspan="3">2016年5-12月营业税（含改征增值税）</td><td rowspan="2">2016年落实保基数政策超收营业税</td><td rowspan="2" colspan="2">扣减返还基数</td><td rowspan="2" colspan="2">加：2014年度电力企业国内增值税（25%×85%）</td></tr>
<tr><td>2014年5-12月基数</td><td>完成数</td><td>缺口额</td></tr>
<tr><td>金额</td><td>31799</td><td>20180</td><td>11619</td><td>—</td><td colspan="2">-2496</td><td colspan="2">1326</td></tr>
<tr><td rowspan="2">项目</td><td rowspan="2" colspan="3">2017年及以后年度营改增税收调整后返还基数</td><td colspan="5">调整后收入考核基数</td></tr>
<tr><td>小计</td><td colspan="2">原增值税（100%）</td><td colspan="2">原营业税（100%）</td></tr>
<tr><td>金额</td><td colspan="3">-11985</td><td>179167</td><td colspan="2">137280</td><td colspan="2">41887</td></tr>
</table>

第二章　乡镇财政体制

第一节　乡镇财政体制沿革

1986 年，县政府对乡镇实行 3 种财政管理体制。双台、南逄、下营 3 个乡镇实行“收入全留、定额补助、自求平衡”的财政管理体制：以支出基数大于收入基数部分作为县财政定额补助数，超收全归乡镇，短收乡镇负担；乡镇自行控制支出，保证平衡。都昌、柳疃、青乡、围子、石埠、饮马 6 个乡镇实行“定收定支、超收分成、短收分担”的财政管理体制：按照确定的收入基数和支出基数，实行收支两条线。其余 13 个乡镇实行“定收定支、定额补助、总额分成加超收分成”财政管理体制：总额分成比例为 30%，按收入基数计算分成收入，达不到支出基数部分作为县财政补助定额；完不成全年收入任务，按总额分成比例分担。

1987 年，县对乡镇实行 2 种财政管理体制。都昌、柳疃、青乡、围子、石埠、饮马 6 个乡镇实行“定收定支、超收分成、短收分担”的财政管理体制，按照确定的收入基数和支出基数，实行收支两条线。其余 16 个乡镇实行“定收定支、定额补助、总额分成加超收分成”的财政管理体制。

1988 年，所有乡镇实行“定收定支、超收分档分成、短收分担”的财政管理体制，以核定的各乡镇 1988 年收入任务为收入基数，支出指标作为支出基数，实行收支两条线。

1989—1992 年，乡镇全部实行“定收定支、增长分档分成、短收同比例扣减支出”的财政管理体制，体制一定两年。

1993 年，乡镇全部实行“定收定支、收支挂钩、超收分成、减收县乡两级负担、收支相抵后对上缴部分实行按比例留成奖励”的财政管理体制。

1994 年，昌邑市制订乡镇分税制改革实施方案，22 个乡镇全部实行分税制财政管理体制，具体内容是：将集体企业所得税、城建税、车船税、农业特产税、契税、水资源费等 6 个收入项目划归乡镇，作为乡镇固定收入，超收全留，短收自负；将其余工商各税作为上缴收入，实行超收市乡 7∶3 分成，短收 5∶5 负担。乡镇级财政支出项目为：支农生产、农林水事业费、城市维护费、文教卫生事业费、其他部门事业费、抚恤和社会救济费、行政管理费、公检法支出、价格补贴、其他支出。

1995 年，全面建立乡镇级金库，确定乡镇财政库款留成比例。

1996 年，对乡镇金库库款留解比例进行调整。新的体制从超收中给乡镇预留一定机动财力，原则上正常的增人增资由乡镇负担，重大政策性增支由市财政统一平衡补助。

1997 年，重新划分乡镇财政收支范围，核定收支基数。收入部分，在原来体制规定基础上，将在乡镇一级征收的农业税、农业税附加收入从市级收入下划为乡镇级地方收入。支出部分，将原在市级支出的乡镇公办教师经费、地税所经费、派出所干警警衔补贴下划为乡镇级支出。

1998—2001 年，重新划分市、乡镇（街道）两级财政收支范围。乡镇地方收入范围，在本乡镇范围内征收的各项税金按以下标准划分：营业税，个人所得税，乡镇（街道）企业、村办企业、私营企业所得税，“三资”企业所得税，城市维护建设税，车船税，房产税，屠宰税，除盐以外的其他资源税，土地使用税，印花税，投资方向调节税，农业特产税，契税，各项滞、补、罚收入。

乡镇（街道）级财政支出范围。由于分税制财政体制，重点是确定收入划分问题，各乡镇支出范围和内容基本没有变动，正常支出除乡镇（街道）公办教师经费上划市教委统一管理外，其他项目仍按原体制规定执行；城市维护费支出，按上年各乡镇（街道）城市维护建设税实际收入数确定各乡镇专项支出基数。

2002 年，乡镇（街道）收入范围在原体制划分基础上进行调整。市级以上单位查出乡镇（街道）范围内的稽查收入和各种违法违纪收入缴入市级的由市级下划乡镇（街道）。税收收入确定在市级的企业、单位，到市经济开发区投资兴办的企业、单位（原址在市经济开发区的除外），所实现的地方税收市、开发区实行 7：3 分成。企业应享受的税收优惠政策，按照“谁受益、谁负担”原则，市、开发区按收入分成同比例分担。凡市属企业、单位和乡镇（街道）联合投资，在乡镇（街道）新建、扩建的项目，所实现的地方税收市、乡镇按投资比例分成。根据原划分的收入范围，在乡镇（街道）辖区内（市经济开发区除外）收入级次列入市级收入的企业、单位，不论如何对外租赁、承包、新建、扩建或变更其名称等，其税收级次不变，缴纳的各项收入仍列入市级。凡实现的地方收入实行市、乡镇（街道）比例分成的，首先缴入市级国库，年终按分成比例通过体制进行财力返还。凡市属以上单位招商引资引进的落户在乡镇（街道）的项目，采取“一事一议”的办法确定税收入库级次。调整乡镇（街道）卫生院差额补助费，由原来的乡镇（街道）财政列支，改为由市级财政列支，以 2001 年财政体制下划基数调整。停止执行 1994 年市财政局《昌邑市乡镇分税制改革实施办法》中补助乡镇（街道）按自求平衡年限实行平均抵减的办法。以后仍需补助的乡镇（街道），每年按市政府下达的地方财政收入（剔除农业税）增长幅度计算的增收额的 50% 抵减补助，达不到市政府下达的增长幅度，按确定的增长幅度计算，增长幅度以上部分全留乡镇（街道）。对上缴的乡镇（街道），以后每年按市政府下达的地方财政收入（剔除农业税）增长幅度计算的增收额 5：5 分成，增长幅度以上部分全留乡镇（街道）。补助、上缴基数依据 2003 年乡镇（街道）补助、上缴数确定。

2003—2008 年，乡镇财政体制没有变化。

第二节　乡镇财政体制调整

2009 年，昌邑市为理顺乡镇（街道）财政体制，建立适应市场经济发展要求的收入增长和财力分配机制，推动公共财政体系与和谐社会建设，根据潍坊市政府《关于调整完善市以下财政体制的意见》（潍政发〔2006〕76 号）精神和实际情况，决定自 2009 年 1 月 1 日起，调整完善镇级财政体制。

调整收入基数

在维持乡镇（街道）现有收入范围及入库级次规定的基础上，以 2008 年为基期年，按 2008 年乡镇级 1—10 月份实际收入数为基础计算的全年收入额及 2009 年确定的指导性收入增幅，确定为乡镇级收入基数。

核定支出基数

在职人员经费，按 2009 年 1 月份的在编人数和现行标准核定；离退休人员的住房补贴、特需公用经费，按 2009 年 1 月份的人数和现行标准核定；民政优抚人员抚恤补助按 2009 年 1 月份的人数和现行执行标准核定；

退职、遗属人员补助按 2009 年 1 月份的人数和现行执行标准核定。2009 年上级出台的大额增资按确定的标准预留核定，零星增支按原下划基数核定。

由单位负担的各类保险：养老保险、医疗保险、失业保险、住房公积金、工伤保险、公务员医疗补助及大额医疗保险按现行规定基数及比例核定。

公用经费的核定：定额公务费，按在职人员人均每月 35 元核定；福利费、工会费，按现行标准核定。

对村级的补助，按税费改革转移支付的 20% 安排支出。

调整增收分享办法

自 2009 年 1 月 1 日起，乡镇（街道）继续执行市政府指导性收入增幅，对增幅以内增收部分，乡镇与市级实行 6∶4 分成的分享办法。鼓励增收，地方财政收入增长幅度以上部分全留乡镇（街道），市级不参与分成。

支持乡镇级经济持续发展

为保护乡镇（街道）既得利益，对因重新调整收入基数影响较大的乡镇（街道）给予一定财力返还，作为乡镇级机动财力，进入支出基数，保证乡镇级经济持续发展。

调整完善保障机制

继续实行在职干部职工工资统一代发。

保障离退休人员离退休金及时发放。从 2009 年 1 月份起，在职人员的单位负担的养老保险、医疗保险、失业保险、工伤保险由市财政统一上缴市社会保障局，确保离退休人员离退休金及时足额发放。

完善村级转移支付保障办法。对转移支付资金 20% 用于村级保障的资金，按照市政府《昌邑市村（居）主职干部固定补贴发放暂行办法》（昌政发〔2008〕20 号）要求，村主职干部固定补贴的 50% 部分，从 20% 转移支付资金中安排支付。

收支基数确定后，对上级后续出台的重大增资项目，市财政根据乡镇财力状况统一研究分担比例，零星增人增支由乡镇自行负担。

2010—2019 年，乡镇财政体制没有重大调整。

第三编

财政收入

昌邑县（市）经济发展历经企业内部制度改革、实施一步二步利改税、分税制改革、股份制改造、农村税费改革及取消农业税、农村产业结构调整等一系列重大改革，财政收入随之变化。1986—1996年，全县（市）财政收入主要包括财政预算内收入和财政预算外收入，财政预算内收入的主要来源为工商税收。1997—2005年，全市一般预算收入包括税收收入、专项收入和其他收入。2006—2019年，全市一般预算收入（一般公共预算收入）包括税收收入和非税收入。

1986年，全县财政预算内收入为4292万元。

1993年，全县财政预算内收入过亿元，为12088万元。

1994年，实行分税制改革，全市财政预算内收入不再包括上划中央的各项税收，取消对国有企业实行亏损补贴，完成财政预算内收入9031万元。

1995年，行政性收费及罚没收入纳入预算内收入，国有企业不再上缴利润，全市完成财政预算内收入10872万元。

1997年，部分原属预算外资金的政府性基金纳入预算管理，称政府基金预算收入，其他预算外资金仍称预算外收入，原财政预算内收入改称一般预算收入，全市完成一般预算收入16176万元。

1999年，全市一般预算收入过2亿元，为20009万元。

2002年，国家实行所得税和营业税分享改革，全市所得税收入比上年减少3986万元。实行农村税费改革，废除农村“三提五统”，改征农业税及农业税附加，增加农业税及农业税附加收入2789万元。

2003年，全市一般预算收入过3亿元，为31020万元。

2005年，全市一般预算收入过5亿元，为50039万元。

2006年，全面取消农业税，全市农业税收（尾欠收入）只有25万元。行政事业性收费收入和罚没收入首次纳入一般预算收入，全市行政事业性收费收入1581万元，罚没收入为4546万元。全市一般预算收入过6亿元，为60467万元。

2007年，国有资源（资产）有偿使用收入首次纳入一般预算收入，全市国有资源（资产）有偿使用收入622万元。全市一般预算收入过7亿元，为70434万元。

2009年，全市一般预算收入过9亿元，为95776万元。

2010年，全市一般预算收入过10亿元，为124222万元。

2011年，全市一般预算收入过15亿元，为158136万元。

2012年，一般预算收入改称一般公共预算收入，口径不变。全市一般预算收入过18亿元，为186618万元。

2013年8月，交通运输业和部分现代服务业营业税改征增值税（简称“营改增”），全市一般公共预算收入首次过20亿元，达到233957万元。

2014年，全市一般预算收入过25亿元，为251969万元。

2015年，全市一般预算收入过27亿元，为273326万元。

2016年5月，所有企业缴纳的营业税全部改征增值税，全市一般公共预算收入过29亿元，为299086万元。

2017年，全市一般预算收入过30亿元，为307943万元。

2018年，全市一般预算收入过31亿元，为317140万元。

2019年，全市一般公共预算收入过32亿元，为320932万元，是1986年全县财政预算内收入的74.77倍。

1986—1996 年昌邑县（市）财政预算内收入情况表

表 3-1

单位：万元

项目 年份	合计	工商税收	农业四税	企业所得税	国有企业所得税	国有企业上缴利润	国有企业亏损补贴	专项收入	其他收入
1986	4292	3652	379	383	62	6	-274	73	11
1987	4888	4247	389	269	12	27	-170	104	10
1988	6028	5174	537	316	38	15	-231	168	11
1989	6966	6185	439	233	52	16	-220	218	43
1990	7861	6886	568	330	11	2	-200	190	74
1991	8560	7521	579	250	14	28	-127	227	68
1992	9538	8293	748	221	3	27	-120	294	72
1993	12088	10778	807	186	4	50	-120	277	106
1994	9031	5130	1322	1677	—	11	—	307	584
1995	10872	6228	1231	2499	—	—	—	321	593
1996	13910	6866	1712	3694	—	—	—	974	664

1997—2005 年昌邑市一般预算收入情况表

表 3-2

单位：万元

项目 年份	合计	工商税收	农业四税	企业所得税	专项收入	其他收入
1997	16176	8560	1819	4754	—	1043
1998	18253	10238	1888	4500	700	927
1999	20009	11389	1814	2987	695	3124
2000	21852	11042	1762	3112	967	4969
2001	24869	13702	1999	5297	1237	2634
2002	26248	14406	4790	1311	1403	4338
2003	31020	16757	6114	956	1833	5360
2004	35669	19705	2708	1216	2087	9953
2005	50039	30542	6527	2390	2414	8166

2006—2019 年昌邑市一般预算（一般公共预算）收入情况表

表 3-3　　　　单位：万元

预算科目 \ 年份	2006	2007	2008	2009	2010
税收收入	49791	61061	68585	82706	110068
增值税	10183	13696	16802	13974	24517
其中：改征增值税	—	—	—	—	—
营业税	8215	12619	13875	14417	19532
企业所得税	4265	6309	6841	6025	5512
个人所得税	1492	1983	1853	1958	1947
资源税	9204	8971	7858	8839	10486
城市维护建设税	3778	4818	6058	5345	8563
房产税	665	941	861	1190	1368
印花税	434	606	905	1129	1577
城镇土地使用税	828	1213	3673	7334	7471
土地增值税	5703	4405	1752	4818	3595
车船税	348	261	545	771	980
耕地占用税	35	26	143	947	2671
契税	4639	5213	7419	15959	21849
农业税	2	—	—	—	—
环境保护税	—	—	—	—	—
非税收入	10676	9373	11034	13070	14154
专项收入	2819	3471	3711	3877	5639
行政事业性收费收入	1581	2158	1836	2741	1965
罚没收入	4546	2862	4597	5981	6131
国有资本经营收入	1431	—	—	—	—
国有资源（资产）有偿使用收入	—	622	590	71	119
其他收入	299	260	300	400	300
本年收入合计	60467	70434	79619	95776	124222

续表

预算科目 \ 年份	2011	2012	2013	2014	2015
税收收入	127325	136765	177831	201070	222772
增值税	28003	31272	34006	38727	39888
其中：改征增值税	—	—	—	3571	2175
营业税	23777	26845	39361	44189	42212
企业所得税	13393	12894	18868	21757	24670
个人所得税	2897	1587	2913	3896	4427
资源税	8922	14329	15243	27055	20681
城市维护建设税	10492	10551	11810	13189	14555
房产税	1638	2340	2621	3320	4087
印花税	2001	2365	2877	2979	2411
城镇土地使用税	7582	10305	16811	18364	32630
土地增值税	6798	6086	8169	14351	20426
车船税	1253	1485	1659	1766	2095
耕地占用税	3776	3276	1496	871	5718
契税	16793	13430	21997	10606	8972
农业税	—	—	—	—	—
环境保护税	—	—	—	—	—
非税收入	30811	49853	56126	50899	50554
专项收入	6261	6487	6184	8661	15343
行政事业性收费收入	12447	11414	16418	9389	12262
罚没收入	7426	7994	8011	8096	6389
国有资本经营收入	—	—	—	—	—
国有资源（资产）有偿使用收入	2925	22825	25059	24753	16560
其他收入	1752	1133	454	—	—
本年收入合计	158136	186618	233957	251969	273326

续表

预算科目＼年份	2016	2017	2018	2019
税收收入	204004	205629	224576	233340
增值税	70808	97688	93999	90343
其中：改征增值税	—	—	18235	20813
营业税	15075	—	—	—
企业所得税	21820	25674	24387	27548
个人所得税	3421	4837	4779	3057
资源税	25621	8059	20636	20041
城市维护建设税	14080	16055	24796	22358
房产税	3863	4343	4315	5917
印花税	2385	2758	3308	2092
城镇土地使用税	28302	27958	26926	25137
土地增值税	10086	6724	7504	14429
车船税	1876	2122	4299	2533
耕地占用税	779	2377	1281	8339
契税	5888	7034	7751	10389
农业税	—	—	—	—
环境保护税	—	—	595	1157
非税收入	95082	102314	92564	87592
专项收入	18809	16874	22160	26626
行政事业性收费收入	6464	3769	2073	6047
罚没收入	6308	13687	16518	26570
国有资本经营收入	—	—	—	—
国有资源（资产）有偿使用收入	63253	67973	51803	27296
其他收入	248	11	10	1053
本年收入合计	299086	307943	317140	320932

第一章　预算收入

第一节　农业税收

农业税制沿革

昌邑县（市）农业税收包括农业税、农业特产税、耕地占用税和契税4个税种。

昌邑县（市）计税常产基本上是在原来评定的常年产量基础上，参照近几年实际产量，采取民主协商、提高比例的方法调整。多年来实际执行的标准粮价格变化较大。

全县（市）农业税地方附加，执行省政府规定的比例。1986—2002年执行15%；2002年税费改革后执行40%，主要用于解决农村税费改革、取消村提留后村级经费的支出。

2002年，全面进行农村税费改革工作，全市核实计税土地面积105.1万亩，其中农业税计税面积101.7万亩、农业特产税计税土地面积3.4万亩。改革前，农民负担总额10247.7万元，其中乡统筹3740万元、村提留3790.1万元、农村教育集资886.4万元、农业税及附加1452.4万元、农业特产税355.6万元、屠宰税23.2万元，人均负担172元。改革后，农民负担总额7366.4万元，其中按核实的农业税计税常产量679千克，统一执行标准粮价格每千克1.1元，国家规定的农业税税率6%，征收的农业税是4564.5万元；按特产税面积3.4万亩和国家规定的税目税率征收特产税354.4万元；农业税附加按上级确定的附加比例为正税的40%征收1825.8万元；特产税附加按上级规定的塑料大棚蔬菜按正税的10%、其他特产税按正税的20%征收66.7万元；按照“均衡减负”“公平负担”和“权利与义务对等”的原则，向不承包土地或承包土地明显少于当地人平均水平的居民和不承包土地的渔民以及减负过大的村收取乡村公益事业金555万元。改革后，人均负担123.64元。改革前后相比人均减负48.36元，减负率28.1%，高于省和潍坊市减负率21%以上的要求。加上70岁以上老人免征新增农业税及附加，农村中的烈属、伤残军人、老复员军人、特困户、丧失劳动能力的残疾人等减负额585.8万元，减负总额达到3467.1万元，人均减负58.19元，减负率达33.83%。当年实际完成农业税收收入6457万元，其中包括农业税5745万元（含40%附加），农业特产税464万元（含20%附加），耕地占用税26万元，契税222万元。取消原来在农村收取的“三提五统”（三提指三项村级提留款：公积金、公益金和管理费；五统指五项乡镇统筹款：乡村两级办学、计划生育、民政优抚、民兵训练和修建乡村道路），农业税税率由税费改革前的15%改为6%，农业税计税价格由税费改革前的1.18元/千克改为1.10元/千克，农业税附加由税费改革前的15%改为40%。

2003年，全市实际完成农业税收收入7840万元，其中包括农业税5958万元（含40%附加），农业特产税1718万元（含20%附加），耕地占用税12万元，契税152万元。按照上级要求取消乡村公益事业金，减负555万元。农业特产税改征农业税后，减负204.2万元。

2004年，全市农业税税率由6%降低到3%。降低税率后，减轻农民负担2918万元，人均减负48.96元。加上取消乡村公益事业金和农业特产税改征农业税，减负总额7144.3万元，人均减负119.87元，减负率达69.69%。全市实际完成农业税收收入 3636 万元，其中包括农业税 3246 万元（含 40% 附加），耕地占用税 15 万元，契税 375 万元。

2005 年，全市总人口 67.8 万人，总耕地面积 134.3 万亩，其中农业人口 60.1 万人，农业税计税面积 108.3 万亩。根据上级规定，农业税税率由 3% 降到 1%，减少农业税正税 1495 万元，农业税附加 598 万元，减轻农民负担 2093 万元，农民负担减负总额达到 9237.3 万元，减负率达到 90.14%，人均累计减负 154.99 元。实际完成农业税收收入 6832 万元，其中包括农业税 1068 万元（含 40% 附加），耕地占用税 2563 万元，契税 3201 万元。

农业税

纳税人：在昌邑市行政区域内从事农业生产、有农业收入的单位和个人。

农业税收入的计算标准：种植粮食和薯类作物的收入按照粮食作物的常年产量计算。种植棉花、油料、烟叶、糖料、麻类、桑蚕作物的收入，参照经济作物的常年产量计算。这两种计算标准中所列的各项收入，一律按国家规定的具体折合比例，折合为主粮的收入。

常年产量：常年产量是根据当地土地的自然条件和一般经营情况所评定的正常年景下的农作物的产量。2002 年实行税费改革，按照 1994—1998 年主要农作物（小麦）5 年平均产量和规定的比例折算确定，平均常年产量 679 千克/亩。

税率：2002 年，农业税实行比例税率，全市执行 6%，国有农场以及有农业收入的机关团体、部队、企业、学校等税率执行 3%。

农业税计税价格：考虑粮食保护价格和市场价格等因素确定。2002 年，全市农业税计税价格为 1.10 元/千克。

农业税附加：2002 年以前，按照省政府规定的不同比例随同农业税一起进行征收。2002 年，征收 40% 的农业税附加，国有农场以及有农业收入的机关、团体、部队、企业、学校等不征收农业税附加。

应纳税额的计算：农业税应纳税额=计税地面积×常年产量×标准粮价格×税率。农业税附加=农业税应纳税额×附加比例。

征收期：根据农作物生产和收获情况，农业税一般分夏季（1 月 1 日—8 月 31 日）、秋季（9 月 1 日—12 月 31 日）两个征收期，2003 年，确定农业税改为全年征收，并由征粮改为征实。

征收方式：农业税以征收机关自征为主，也可委托粮食部门代扣代收农业税款，或者聘请农业税收助征员协助征收辖区内农业税收。为方便纳税人缴纳，市财政局在乡镇、村设立征收大厅、征收点。

取消时间：2006 年 1 月 1 日，全市取消农业税。

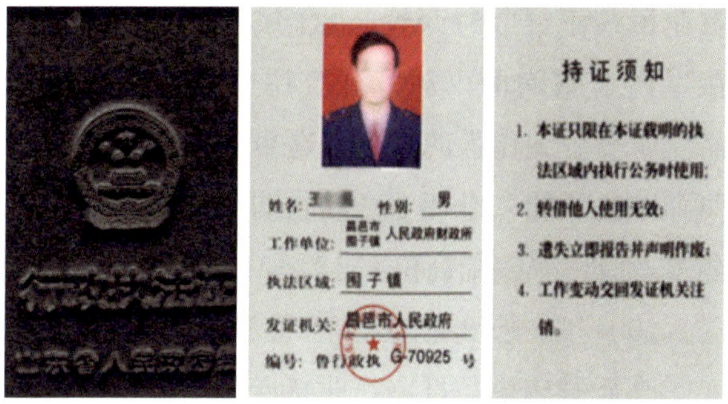

1998 年，昌邑市农业税收征收人员持有的“行政执法证”（摄影：王仁昌）

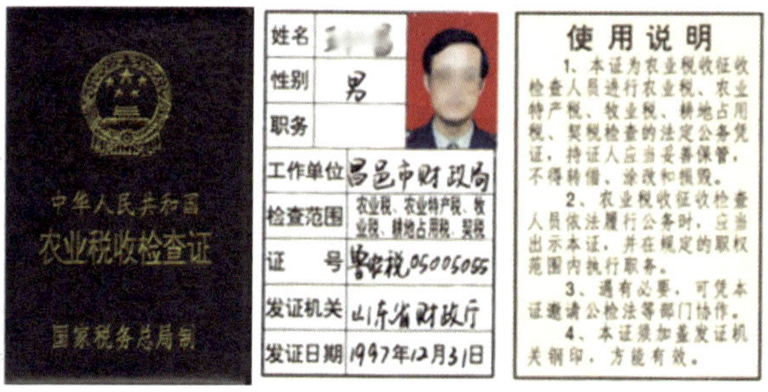

1997 年，昌邑市农业税收征收人员持有的“农业税收检查证”（摄影：王仁昌）

农业特产税

1990 年，昌邑县根据省及潍坊市的统一安

1998 年，昌邑市围子镇财政所人员到果园征收农业特产税
（照片提供：焦秋珍）

产品，概不征收农业税、农业特产税。

税率：农业特产品改征农业税，执行农业税税率 6%，随农业税征收 40% 附加，国有农场以及有农业收入的机关、团体、部队、企业、学校按 3% 的税率执行，不征收农业税附加。

排，征收农业特产税。

2002 年，对农业特产税减少应税项目（对大田中生产的西瓜、甜瓜、甜叶菊 3 个农产品改征农业税，不征收特产税），合并征税环节（对原在生产、收购两个环节征收特产税的应税特产品，属一个纳税人的，合并在生产环节征收，属两个纳税人的，维持生产和收购两个环节征收），调整适应税率，最高税率 10%，最低 5%。

2004 年，全市取消农业特产税，改为征收农业税。

改征的应税品目：农业特产税应税品目，包括水果、干果、芦笋、药材、花卉、苗木、塑料棚蔬菜、塑料棚瓜果、生姜、大蒜等园艺作物收入，水产品收入、林木产品收入、食用菌收入；园艺作物收入中的蚕茧改按桑叶征收农业税，毛茶改按茶青征收；贵重食品中的海参、鲍鱼、干贝、鱼唇、鱼翅并入水产品征收。

取消的项目：取消水产品收购环节农业特产税；对牲畜产品，不在土地上生产的农业特产品，零星、分散地块上生产的农业特

耕地占用税

昌邑县根据 1987 年 4 月 1 日国务院发布的《中华人民共和国耕地占用税暂行条例》，对占用耕地建房或从事非农业建设的单位和个人开征耕地占用税。

纳税人：全县占用耕地建房或者从事其他非农业建设的机关、部队、团体、企事业单位和公民个人为耕地占用税的纳税人（一般不包括外商投资企业、外国企业和外国人）。

征收范围：包括国家和集体所有的耕地，指用于种植农作物的土地，包括新开荒地、休闲地、轮歇地、草田轮作地；以种植农作物为主，间有零星果树、桑树或其他树木的土地。占用前三年内曾用于种植农作物的土地视为耕

1989 年，昌邑县柳疃、青乡、龙池 3 个财政所工作人员组成联合征税组，到东营胜利石油管理局征收耕地占用税（油井占地） （照片提供：齐新利）

地，占用鱼塘、园地、菜地及其他农业用地建房或从事其他非农业建设，视同占用耕地，其中园地包括苗圃、花圃、花园、桑园和其他种植经济林木的土地。占用已开发的从事种植、养殖的滩涂、草场、水面和林地以及盐场、晒场视同耕地。

计税依据：耕地占用税以纳税人实际占用耕地面积为计税依据，按规定税率一次性征收。

税率：占用耕地从事非农业建设4.3元/平方米；农村居民占用耕地建住宅2.15元/平方米；交通公路建设占用耕地1.5元/平方米；经批准临时占用耕地，超过1年的2.15元/平方米；超过2年的，从第3年起4.3元/平方米。

耕地占用税计算：纳税人应缴纳耕地占用税=实际批准占用耕地面积（平方米）×规定税率。

2011年3月，昌邑市耕地占用税征收管理职责划归地税部门。

契税

1987年，全县恢复征收契税，契税列入农业税收范畴。

1990年，按照财政部《关于加强契税工作的通知》规定和省财政厅有关要求，对1990年1月1日以后发生的房屋买卖行为，恢复征收契税。

1992年3月，执行财政部和潍坊市财政局有关规定，对经当地政府有关部门批准的行政、企事业单位，以预收售房款的方式集资建房、其房屋产权属于出资者个人所有，实际构成买房行为，依法征收契税。

1997年7月7日，国务院发布《中华人民共和国契税暂行条例》，1998年6月11日，省政府发布《山东省契税征收规定》。昌邑市贯彻落实上级精神，依法依规征收契税。

纳税人：在全市行政区域内转移土地、房屋权属，承受的单位和个人。

征收范围：包括国有土地使用权出让、土地使用权转让，房屋买卖、房屋赠予和房屋交换。

计税依据：国有土地使用权出让、土地使用权出售、房屋买卖，以成交价格作为契税计税依据。土地使用权赠予、房屋赠予，由征收机关参照土地使用权出售、房屋买卖的市场价格核定。土地使用权交换、房屋交换，为所交换土地使用权、房屋的价格差额。以划拨方式取得土地使用权应补缴的契税，应以补缴的土地使用权出让费用或者土地收益作为依据。

税率：3%。

应纳税额计算：应纳税额=计税依据×税率。

1999年，昌邑市执行省财政厅、省地税局转发财政部、国家税务总局《关于调整房地产市场若干税收政策的通知》，自8月1日起，对个人购买自用普通住宅，契税暂给予减半征收。对积压空置商品住房（限于1998年6月30日以前建成尚未售出的商品住房）销售时购房人应缴纳的契税在2000年底前予以免征。

2001年2月，市财政局委托市房产管理局代征市直房产契税。

2010年，昌邑市财政局工作人员在市行政审批服务大厅财政窗口办理契税业务　（摄影：郝岩）

2005 年，市财政局将契税、耕地占用税委托代征改为财政部门直接征收。

2011 年 3 月，契税由市地税部门负责征收管理。

1986—2005 年昌邑县（市）农业税征收情况表

表 3-4

年份	纳税单位（万户）	计税土地面积（万亩）	计税常产（万千克）	标准粮计税价格（元/千克）	依率计征（万元）
1986	14.95	111.7	8186.5	0.4526	882.5
1987	14.95	111.7	8077.0	0.4526	870.7
1988	14.95	111.7	8182.8	0.4526	882.1
1989	14.95	111.7	9052.7	0.4526	975.1
1990	15.8	111.7	9052.7	0.4526	974.7
1991	16.85	111.4	9023.0	0.4526	971.6
1992	16.85	111.3	9017.1	0.57	970.8
1993	17.1	111.2	9009.0	0.68	969.9
1994	17.2	111.1	9001.0	1	968.9
1995	17.2	110.9	8979.0	1	967.0
1996	17.36	110.8	8968.8	1.46	965.3
1997	17.36	110.8	8968.8	1.46	965.3
1998	17.2	110.8	8960.9	1.46	964.4
1999	17.1	110.1	8905.4	1.18	957.1
2000	17.4	110.2	8903.2	1.18	956.8
2001	17.4	110.2	8903.2	1.18	956.8
2002	15.9	101.7	69151.5	1.1	4148.5
2003	16.1	101.7	69139.1	1.1	4148.0
2004	15.73	107.1	73038.6	1.1	2190.2
2005	15.89	108.3	75794.3	1.1	757.8

1990—2003 年昌邑县（市）农业特产税征收情况表

表 3-5　　单位：万元

年份	应征税额			扣农业税			实际入库		
	合计	正税	附加	合计	正税	附加	合计	正税	附加
1990	98.4	98.4	—	76.0	76.0	—	22.4	22.4	—
1991	130.0	120.0	10.0	12.0	12.0	—	118.0	108.0	10.0
1992	109.8	99.8	10.0	—	—	—	109.8	99.8	10.0
1993	106.5	96.8	9.7	—	—	—	106.5	96.8	9.7
1994	198.9	198.9	—	37.6	37.6	—	161.3	161.3	—
1995	203.0	203.0	—	26.0	26.0	—	177.0	177.0	—
1996	276.4	276.4	—	26.7	26.7	—	249.7	249.7	—
1997	318.6	318.6	—	46.6	46.6	—	272.0	272.0	—
1998	373.7	373.7	—	45.3	45.3	—	328.4	328.4	—
1999	418.7	418.7	—	59.8	59.8	—	358.9	358.9	—
2000	548.4	548.4	—	58.2	58.2	—	490.2	490.2	—
2001	839.6	839.6	—	74.7	74.7	—	764.9	764.9	—
2002	464.1	438.5	25.6	—	—	—	464.1	438.5	25.6
2003	1718.3	1651.6	66.7	—	—	—	1718.3	1651.6	66.7

第二节　工商税收

1984 年 9 月，昌邑县按照财政部《国营企业第二步利改税试行办法》及有关税收条例（草案），明确增值税、营业税、盐税、资源税、国营企业所得税、国营企业调节税征收办法，暂缓开征城市维护建设税、房产税、土地使用税和车船使用税，屠宰税、烧油特别税、建筑税以及奖金税等仍按原规定征收。

这次税制改革将原工商税按照纳税对象划分为产品税、增值税、营业税和盐税；增加资源税、城市维护建设税、房产税、土地使用税和车船使用税；将第一步利改税设置的国营企业所得税和调节税加以改进。11 个税种从 1984 年 10 月 1 日起实施。作为保留税种的城市维护建设税、房产税、土地使用税、车船使用税陆续开征。

其后，税种多次变更，共有增值税、消费税、营业税、企业所得税、个人所得税、资源税、城镇土地使用税、房产税、城市维护建设税、耕地占用税、土地增值税、车辆购置税、车船税、印花税、契税、烟叶税、关税、船舶吨税、固定资产投资方向调节税等 19 个税种，其中 16 个税种由税务部门负责征收。2000 年，暂停征收固定资产投资方向调节税。关税和船舶吨税由海关部门征收，进口货物的增值税、消费税由海关部门代征。

第二章　非税收入

昌邑县（市）的非税收入包括预算外资金收入、专项收入、行政事业性收费收入、罚没收入、国有资本经营收入，国有资产（资源）有偿使用收入和其他收入等，是财政收入的重要组成部分。按照上级有关规定和实际情况进行征收和科目调整。

1986—2019 年昌邑县（市）非税收入一览表

表 3-6　　　　单位：万元

年度	金额
1986	73
1987	104
1988	168
1989	218
1990	190
1991	227
1992	294
1993	277
1994	307
1995	321
1996	974
1997	542
1998	700
1999	695
2000	967
2001	1237
2002	1403
2003	1833
2004	2087
2005	2414
2006	2819
2007	3471
2008	3711
2009	3877
2010	5639
2011	6261
2012	6487
2013	6184
2014	8661
2015	15343
2016	18809
2017	16874
2018	92564
2019	87592
合计	293323

第一节　预算外资金收入

1986 年 4 月，昌邑县落实国务院《关于加强预算外资金管理的通知》，纳入预算外资金管理的项目有：按国家规定管理的各项附加收入，行政事业单位自收自支的不纳入财政预算的资金，国营企业及其主管部门管理的各种专项资金，其他按照国家规定不纳入预算的各种收入。

1995 年 10 月，印发《昌邑市预算外资金管理办法》，把工交商、农林水、文教卫生、城市公用、公检法、劳动人事、公路交通、工商税务、技术监督、邮电等部门的事业性收入及其他各种预算外收入和未纳入预算管理的各种行政事业性收费收入纳入预算外收入管理范围。

1997 年 5 月，市财政局根据国务院《关于进一步加强预算外资金管理的决定》，组织专项工作组，对有预算外资金收入的行政事业性单位预算外资金和账户进行清理。

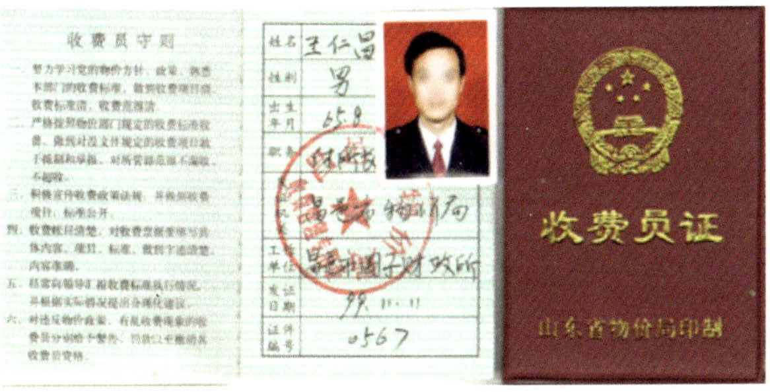

1999 年，昌邑市从事收费人员持有的“收费员证”

（摄影：王仁昌）

2000 年，实行“单位开票、银行收款、财政统管”的管理制度。

2004—2010 年，未纳入预算的行政事业性收费收入全部纳入财政专户管理，称预算外财政专户资金，收入来源主要是工业、交通通信、商粮贸、农林水、国土资源、城建、科学文化、教育、卫生、民政、人力资源和社会保障、公检法司、发展改革（物价）、工商、旅游、档案等部门的行政事业性收费收入。

2011—2019 年，未纳入预算的行政事业性收费收入改称财政专户资金，只有教育行政事业性收费收入，主要是普通高中和中等职业学校学费和住宿费收入。

财政部门管理的预算外资金

1986 年，昌邑县对预算外资金实行“专户储存、集中代管、财政审批、银行监督”的收支一条线管理办法。

1990 年，县财政局根据上级要求，清理全县行政事业单位资金和银行账户，对预算外资金实行“收支两条线”管理。

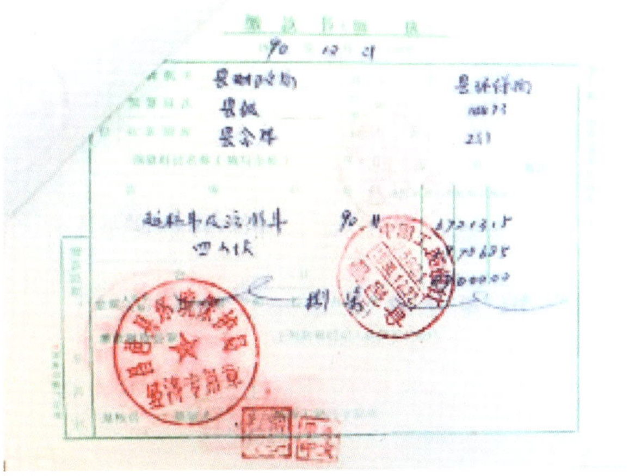

1990 年 12 月，昌邑县环境保护局缴款书

（摄影：王仁昌）

1993 年，全县实行核定预算外支出指标的管理办法。

1995 年，市财政局按照上级要求，行政事业性收费票据由行政财务科移交预算外资金管理科管理，国债发行开始逐步推向市场。

1997 年，对预算外资金改变所有权和使用权，纳入市级综合财政预算管理，实行“核定收支、收支挂钩、预算内外结合统筹安排、比例调控、结余留用”的管理体制。

2001 年 5 月，全面推行收费“票款分离”，实行“单位开票、银行收款、财政统管”的管理体制。

2004 年，为适应新的收入分配制度，深化综合财政预算改革，完善管理体制，昌邑市综合财政预算编制，实行“核定收支、比例调控、超收分成、结余留用”的管理体制。

行政事业单位管理的预算外资金

行政事业单位管理的预算外资金，主要分为两种，国家行政机关、司法机关和国家授权行使行政职能的单位，依据国家法律、法规、政策规定实施的行政性收费，按性质分为管理性收费、证明性收费和资源性收费；事业单位向社会提供有效服务，依照国家政策规定收取的事业性收费，按收费性质划分，主要是检测性服务，公共工程性、公益性和教育培训性收费。行政事业单位管理的预算外资金先后经历单位自收自支、财政代管、纳入预算或财政专户实行收支两条线管理三个阶段。

国营企业及其主管部门管理的预算外资金

国营企业预算外资金主要由基本折旧基金、更新改造资金、大修理基金、新产品试制基金、生产发展基金、职工福利基金和职工奖励基金 7 项组成，前 5 项是从成本费用中提取的，后 2 项是从企业税后留利中按规定比例分配形成的。前 5 项属于发展生产方面的基金，后 2 项属于职工消费性的基金。除此之外，不纳入预算内管理的全民所有制预算外企业的流动资金和固定资产净值亦为国营企业的预算外资金。主管部门集中收入是主管部门按照规定从本系统、所属企事业单位和社会团体提取的管理费及其他资金。1993 年，取消国营企业预算外资金。

第二节　政府性基金收入

1997 年之前，昌邑市财政收入按预算管理方式不同，划分为预算内收入和预算外收入，纳入政府预算内的收入一般称预算内财政收入，未纳入预算管理的收入称预算外资金。1997 年，昌邑市将部分原属预算外资金的政府性基金纳入预算管理，称政府性基金预算收入。

1997 年起，昌邑市财政纳入预算管理的基金有工业交通部门基金、商贸部门基金、文教部门基金、农业部门基金、其他部门基金、地方财政税费附加等。基金收入在各年度有所不同，如“文教部门基金”收入项，主要反映的是教育基金，在 2001 年及以前主要是农村教育基金，2005 年后即为地方教育基金。基金收入来源不同，“农业部门基金”主要是地方水利建设基金；“地方财政税费附加”主要是农业税附加和城市公用事业附加；“其他部门基金”主要是残疾人就业保障金、新型墙体材料专项基金、彩票公益金收入、土地有偿使用基金、国有土地收益基金、农业土地开发资金等。

1997 年，全市预算外收入与环保、水资源、教育费附加收入纳入预算内基金核算。全市基金收入 780 万元，其中教育费附加 75 万元 、排污费 323 万元、水资源 144 万元、农税附加 193 万元、盐税附加 45 万元。上年结余 297 万元，上级专款 59 万元。当年支出 804 万元，其中教育费附加支出 132 万元，环保支出 358 万元，水资源支出 67 万元，矿产资源费支出 54 万元，农税附加 193 万元。年终滚存结余 332 万元，其中水资源费 269 万元、教育费附加 18 万元、盐税附加 45 万元。

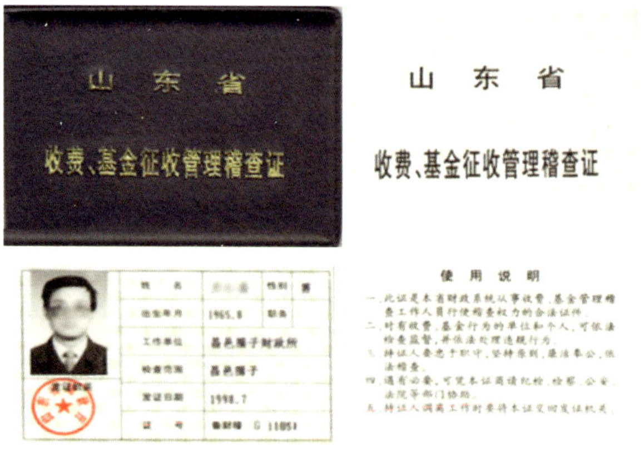

1998 年，昌邑市从事收费、基金征收管理人员持有的“收费、基金征收管理稽查证”　（摄影：王仁昌）

2019 年，全市政府性基金收入 118324 万元，其中国有土地使用权出让相关收入 92037 万元，城市基础设施配套费相关收入 5740 万元，污水处理费相关收入 912 万元，彩票公益金收入 849 万元，上级补助收入 1165 万元，债务（转贷）收入 17621 万元。政府性基金支出 104716 万元，其中国有土地使用权出让相关支出 80059 万元，城市基础设施配套费相关支出 4085 万元，污水处理费相关支出 912 万元，彩票公益金安排的支出 852 万元，上解上级支出 18 万元，调出资金 11146 万元，债务还本支出 7098 万元，上级补助专款支出 546 万元。年终结余 13608 万元。

农村教育基金

1984 年，昌邑县根据国务院《关于筹措农村学校办学经费的通知》，规定由乡政府征收教育费附加，按销售收入或其他适当办法计征。教育附加费由乡人民代表大会讨论通过后报县政府批准执行。

1986 年 10 月，执行省教育厅、省财政厅规定的农村教育费附加的征收范围和标准。征收范围是乡镇、村两级工商企业、运输业、建筑业、饮食服务业、农业（含林、牧、副、渔）等各种联合企业、个体企业、饮食服务业。征收标准是：乡镇企业、村办企业及联办的工商企业、运输业、建筑业、饮食服务业按上年利润的 2% 税前计征；个体企业按利润总额的 3% 税前计征；对农户控制在上年人均纯收入的 2% 以内。首先从村提留中缴纳，不足部分再向农户征收。全县开征农村教育附加，实行“乡征县管、统筹统支”的管理体制。根据当地农民人均纯收入的 1.8% 下达征收计划，由各乡镇政府组织，乡镇财政所负责征收，县财政局集中管理，并按用款计划拨给县教委安排中小学使用。

1991 年，落实省教委、省财政厅《关于对农村教育事业费附加实行全县统管的通知》。

1992 年，昌邑实行县级统管的管理办法，每年末由县教育局、县财政局根据规定编制下年度的征收计划，并经县教育事业费附加管理委员会审定后，报县政府批准，由乡镇政府组织实施。

1997 年，各乡镇征收的农村教育附加上缴市财政局，纳入政府基金预算管理。除拨给市教委 10% 外，其他连同预算内经费一起拨付给中小学，用于民办教师工资福利和农村中小学公用经费以及职业学校房屋维修等方面的支出。

2002 年 6 月，根据省委、省政府《山东省农村税费改革（试点）实施意见方案》，取消向农户征收农村教育费附加，农村教育费附加停征。

地方教育基金

2005 年，根据省政府办公厅《关于征收地方教育附加有关问题的通知》，征收地方教育附加。地方教育附加收入列政府基金预算收入科目。凡缴纳增值税、营业税、消费税（以下简称“三税”）的单位和个人，按照实际缴纳“三税”税额的 1% 缴纳地方教育附加。地方教育附加，按照“纳入预算、统筹安排、专款专用、结余结转”的原则管理和使用。地方教育附加主要用于中小学改善办学条件、农村义务教育阶段中小学公用经费等基层教育支出。管理和使用单位不得截留或挪用，不得用于职工福利和发放奖金。由教育部门按照部门预算的要求提出意见，报财政部门核定。其中 10% 用于职业教育，其他用于改善农村中小学办学条件和学校内部设施。

2010 年，根据省政府《关于调整地方教育费附加征收范围和标准有关问题的通知》，自 12 月 1 日起，按照新的征收范围和标准征收地方教育附加。征收标准为“三税”实际缴纳额的 2%，调整后的地方教育附加收入仍按原体制规定执行。地方教育附加收入列政府收支分类科目“非税收入”中“政府性基金收入”项。

地方水利建设基金

1997 年 10 月，根据省政府《山东水利建设基金筹集和使用管理办法》，建立县级水利建设基金。基金主要来源于两个方面：一是从收取的政府性基金（收费、附加）中提取 3%。应提取水利基金的政府性基金（收费、附加）项目包括公路养路费、公路建设基金、车辆通告费、公路运输管理费、公安和交通部门的驾驶员培训费、地方分成的电力建设基金、市场管理费、个体工商业管理费、征地管理费、市政建设配套费。二是按各级各类企业的销售收入、营业收入、业务收入的一定比例征收水利建设基金，第二产业的各类生产性企业按当年销售收入（或营业收入）的1‰征收，第三产业的各类流通、服务性企业按当年销售额（或营业额）的1‰征收，金融、保险部门及各类投资公司按当年销售收入的2‰征收。属县级收入范围的水利建设基金，50%纳入县级水利建设基金管理，30%缴入市级水利建设基金，20%缴入省级水利建设基金。同年省政府不再对各级各类企业征收水利建设基金。

2011年6月，根据省政府《山东省地方水利建设基金筹集和使用管理办法》，规定地方水利建设基金的来源渠道：从行政事业性收费和政府性基金（含专项收入，剔除教育收费、地方教育附加、教育费附加、水资源费、国有土地使用权出让收入等）收入中提取3%；全市行政区域内缴纳增值税、营业税、消费税（以下简称“三税”）的企事业单位和个体经营者，按照“三税”实际缴纳额的1%征收，生产企业出口自产货物免抵的增值税额，按规定征收地方水利建设基金；从中央对地方成品油价格和税费改革返还和转移支付资金中提取3%。从行政事业性收费和政府性基金中提取3%；以及从土地出让收益中提取的地方水利建设基金，按照行政事业性收费和政府性基金的入库级次，由财政部门划转，从中央对地方成品油价格和税费改革返还及转移支付资金中按照3%、从城市维护建设税中按15%提取的地方水利建设基金，由财政部门按现行预算管理制度足额计提，向缴纳“三税”的企事业单位和个体经营者征收的地方水利建设基金，由地方税务部门负责代收并就地缴入县级国库。年终财政部门按分成比例进行体制结算。

残疾人就业保障金

1995年8月，根据省政府《山东省分散按比例安置残疾人就业规定》，全市国家机关、社会团体、企事业单位、城乡集体经济组织，按不低于本单位在职职工总数的1.5%的比例安置残疾人就业。安置残疾人就业达不到规定比例的单位，按差额人数收缴残疾人就业保障金。每少安排一名残疾人，按统计部门公布的上年度本地职工平均工资额缴纳，企业、城乡集体经济组织缴纳的残疾人就业保障金从管理费中列支，国家机关、社会团体和事业单位缴纳的残疾人就业保障金从单位预算经费包干结余或收支结余中列支。残疾人就业保障金用于：补贴残疾人职业技术培训；奖励安置残疾人就业做出显著成绩的单位；扶持残疾人集体从业或个体经营；经财政部门批准，直接用于残疾人就业工作的其他开支。

2004年，企业缴纳的残疾人就业保障金由市地方税务局代征。

2004—2019年昌邑市残疾人就业保证金一览表

表3-7　　单位：万元

年度	金额
2004	21
2005	86
2006	165
2007	172
2008	258
2009	298
2010	349
2011	453
2012	447
2013	417
2014	519
2015	258
2016	264
2017	261
2018	266
2019	268
合计	4502

地方财政税费附加

中华人民共和国成立后，昌邑县（市）先后征收工商营业税附加、工商统一税附加、农业税附加、城市房地产税附加、工商所得税附加等。《中华人民共和国农业税条例》规定，省、自治区、直辖市为发展地方公益事业，可征收一般不超过纳税人应纳农业税额15%的地方附加。附加收入作为预算外收入由地方政府负责征收管理，归地方财政支配，用于城市维护和农村公益事业，不纳入国家预算管理。

1996年，昌邑市根据国务院《关于加强预算外资金管理的决定》，规定各项税费附加纳入地方财政预算，作为地方财政预算的固定收入，不再作为预算外资金。

1997年，农业税附加列入基金预算管理。

2001年，城市公用事业费列入基金预算管理。

其他政府性基金

自2000年起，昌邑市先后纳入政府性基金预算的还有国有土地使用权有偿使用收入、土地出让金、外贸发展基金、农业土地开发资金、新型墙体材料专项基金、彩票公益金收入等。

1998年昌邑市财政基金预算收支决算情况表

表3-8　　单位：万元

预算科目	决算数	预算科目	决算数
农业部门基金收入	—	农业部门基金支出	100
地方水利建设基金收入	—	地方水利建设基金支出	100
地方其他水利建设基金收入	—	其他水利基本建设支出	100
地方财政税费附加收入	230	地方财政税费附加支出	104
农牧业税附加收入	193	农牧业税附加支出	59
其他附加收入	37	其他附加支出	45
本年基金收入合计	230	本年基金支出合计	204

1999年昌邑市财政基金预算收支决算情况表

表3-9　　单位：万元

预算科目	决算数	预算科目	决算数
地方财政税费附加收入	224	商贸部门基金支出	12
农牧业税附加收入	179	外贸发展基金支出	12
其他附加收入	45	地方财政税费附加支出	95
		农牧业税附加支出	58
		其他附加支出	37
本年基金收入合计	224	本年基金支出合计	107

2000 年昌邑市财政基金预算收支决算情况表

表 3-10

单位：万元

预算科目	决算数	预算科目	决算数
土地有偿使用收入	357	商贸部门基金支出	18
国有土地使用权有偿使用收入	357	外贸发展基金支出	18
地方财政税费附加收入	243	其他部门基金支出	20
农牧业税附加收入	151	旅游发展基金支出	20
城镇公用事业附加收入	92	地方财政税费附加支出	44
		城镇公用事业附加支出	5
		其他附加支出	39
本年基金收入合计	600	本年基金支出合计	82

2001 年昌邑市财政基金预算收支决算情况表

表 3-11

单位：万元

预算科目	决算数	预算科目	决算数
土地有偿使用收入	250	商贸部门基金支出	86
国有土地使用权有偿使用收入	250	外贸发展基金支出	86
地方财政税费附加收入	221	土地有偿使用支出	218
农牧业税附加收入	116	耕地开发专项支出	218
其他附加收入	105	地方财政税费附加支出	172
		农牧业税附加支出	118
		其他附加支出	54
本年基金收入合计	471	本年基金支出合计	476

2002 年昌邑市财政基金预算收支决算情况表

表 3-12

单位：万元

预算科目	决算数	预算科目	决算数
土地有偿使用收入	250	商贸部门基金支出	54
国有土地使用权有偿使用收入	250	外贸发展基金支出	54
土地出让金	250	土地有偿使用支出	570
地方财政税费附加收入	65	耕地开发专项支出	570
其他附加收入	65	地方财政税费附加支出	56
		其他附加支出	56
本年基金收入合计	315	本年基金支出合计	680

2003 年昌邑市财政基金预算收支决算情况表

表 3-13

单位：万元

预算科目	决算数	预算科目	决算数
土地有偿使用收入	1710	商贸部门基金支出	22
国有土地使用权有偿使用收入	1710	外贸发展基金支出	22
土地出让金	1710	土地有偿使用支出	2218
地方财政税费附加收入	221	耕地开发专项支出	2218
其他附加收入	221	地方财政税费附加支出	65
国家电影事业发展专项资金收入	—	其他附加支出	65
本年基金收入合计	1931	本年基金支出合计	2305

2004 年昌邑市财政基金预算收支及结余情况表

表 3-14

单位：万元

预算科目	支出合计	上年结余	本年收入	上级补助收入
商贸部门基金收入	159	—	—	159
外贸发展基金收入	159	—	—	159
农业部门基金收入	75	75	—	—
地方水利建设基金收入	75	75	—	—
土地有偿使用收入	1893	252	962	679
国有土地使用权有偿使用收入	962	—	962	—
其他土地出让金	962	—	962	—
新增建设用地土地有偿使用费收入	679	—	—	679
其他部门基金收入	21	—	21	—
残疾人就业保障金收入	21	—	21	—
地方财政税费附加收入	827	713	114	—
农牧业税附加收入	404	404	—	—
城镇公用事业附加收入	87	87	—	—
其他附加收入	336	222	114	—
本年基金收入合计	2975	1040	1097	838

续表

预算科目	支出合计	本年支出	上解上级支出	年末结余
商贸部门基金支出	159	159	—	—
外贸发展基金支出	159	159	—	—
农业部门基金支出	—	—	—	75
地方水利建设基金支出	—	—	—	75
土地有偿使用支出	1790	1790	—	103
城市土地开发建设支出	653	653	—	—
耕地开发专项支出	1137	1137	—	—
其他部门基金支出	—	—	—	21
残疾人就业保障金支出	—	—	—	21
地方财政税费附加支出	66	66	—	761
农牧业税附加支出	—	—	—	404
城镇公用事业附加支出	—	—	—	87
其他附加支出	66	66	—	270
合计	2015	2015	—	960

2005 年昌邑市财政基金预算收支及结余情况表

表 3-15　　单位：万元

预算科目	合计	上年结余	本年收入	上级补助收入
商贸部门基金收入	105	—	—	105
外贸发展基金收入	105	—	—	105
文教部门基金收入	293	—	293	—
地方教育附加收入	293	—	293	—
农业部门基金收入	125	75	—	50
地方水利建设基金收入	125	75	—	50
地方其他水利建设基金收入	125	75	—	50
土地有偿使用收入	4169	103	2806	1260
国有土地使用权有偿使用收入	2909	103	2806	—
用于农业土地开发的土地出让金	18	—	18	—
其他土地出让金	2891	103	2788	—
新增建设用地土地有偿使用费收入	1260	—	—	1260

续表

预算科目	合计	上年结余	本年收入	上级补助收入
其他部门基金收入	86	21	65	—
残疾人就业保障金收入	86	21	65	—
地方财政税费附加收入	1715	761	954	—
农牧业税附加收入	404	404	—	—
城镇公用事业附加收入	860	87	773	—
其他附加收入	451	270	181	—
本年基金收入合计	6493	960	4118	1415
预算科目	支出合计	本年支出	上解上级支出	年末结余
商贸部门基金支出	105	105	—	—
外贸发展基金支出	105	105	—	—
文教部门基金支出	294	191	103	-1
地方教育附加支出	294	191	103	-1
农业部门基金支出	50	50	—	75
地方水利建设基金支出	50	50	—	75
其他水利基本建设支出	50	50	—	—
土地有偿使用支出	4021	4021	—	148
城市土地开发建设支出	2743	2743	—	—
耕地开发专项支出	1260	1260	—	—
农业土地开发支出	18	18	—	—
其他部门基金支出	15	15	—	71
残疾人就业保障金支出	15	15	—	71
地方财政税费附加支出	579	579	—	1136
农牧业税附加支出	—	—	—	404
城镇公用事业附加支出	465	465	—	395
其他附加支出	114	114	—	337
合计	5064	4961	103	1429

2006 年昌邑市财政基金预算收支及结余情况表

表 3-16　　单位：万元

预算科目	合计	上年结余	本年收入	上级补助收入
商贸部门基金收入	110	—	—	110
外贸发展基金收入	110	—	—	110
文教部门基金收入	1113	-1	542	572
地方教育附加收入	1113	-1	542	572
农业部门基金收入	111	75	—	36
地方水利建设基金收入	75	75	—	—
地方其他水利建设基金收入	75	75	—	—
森林植被恢复费收入	36	—	—	36
土地有偿使用收入	5773	148	4672	953
国有土地使用权有偿使用收入	4820	148	4672	—
其他土地出让金	4820	148	4672	—
新增建设用地土地有偿使用费收入	953	—	—	953
其他部门基金收入	165	71	94	—
残疾人就业保障金收入	165	71	94	—
地方财政税费附加收入	2419	1136	1283	—
城镇公用事业附加收入	1438	395	1043	—
其他附加收入	981	741	240	—
本年基金收入合计	9691	1429	6591	1671
预算科目	支出合计	本年支出	上解上级支出	年末结余
商贸部门基金支出	110	110	—	—
外贸发展基金支出	110	110	—	—
文教部门基金支出	1112	922	190	1
地方教育附加支出	1112	922	190	1
农业部门基金支出	36	36	—	75
地方水利建设基金支出	—	—	—	75
其他水利基本建设支出	—	—	—	—
森林植被恢复费支出	36	36	—	—
土地有偿使用支出	5597	5597	—	176

续表

预算科目	支出合计	本年支出	上解上级支出	年末结余
城市土地开发建设支出	4644	4644	—	176
耕地开发专项支出	953	953	—	—
其他部门基金支出	79	79	—	86
残疾人就业保障金支出	79	79	—	86
地方财政税费附加支出	1032	1032	—	1387
城镇公用事业附加支出	852	852	—	586
其他附加支出	180	180	—	801
合计	7966	7776	190	1725

2007年昌邑市财政基金预算收支及结余情况表

表3-17　　单位：万元

预算科目	合计	上年结余	本年收入	上级补助收入
中央对外贸易发展基金收入	262	—	—	262
地方教育附加收入	855	—	686	169
森林植被恢复费	68	—	—	68
地方水利建设基金收入	75	75	—	—
残疾人就业保障金收入	172	86	86	—
城市公用事业附加收入	1546	586	960	—
国有土地使用权出让金收入	14159	177	13982	—
地方新增建设用地土地有偿使用费收入	318	—	—	318
国有土地收益基金收入	55	—	55	—
农业土地开发资金收入	781	—	781	—
大中型水库移民后期扶持基金收入	1207	—	—	1207
其他政府性基金收入	1042	801	241	—
本年基金收入合计	20540	1725	16791	2024
预算科目	支出合计	本年支出	上解上级支出	年末结余
中央对外贸易发展基金支出	262	262	—	—
地方教育附加支出	821	581	240	34

续表

预算科目	支出合计	本年支出	上解上级支出	年末结余
森林植被恢复费支出	68	68	—	—
地方水利建设基金支出	—	—	—	75
残疾人就业保障金支出	41	41	—	131
城市公用事业附加支出	797	797	—	749
国有土地使用权出让金支出	13524	13524	—	635
新增建设用地土地有偿使用费支出	318	318	—	—
国有土地收益基金支出	—	—	—	55
农业土地开发资金支出	—	—	—	781
大中型水库移民后期扶持基金支出	1207	1207	—	—
其他政府性基金支出	560	560	—	482
合计	17598	17358	240	2942

2008 年昌邑市财政基金预算收支及结余情况表

表 3-18 单位：万元

预算科目	合计	上年结余	本年收入	上级补助收入
中央对外贸易发展基金收入	50	—	—	50
文化事业建设费收入	30	—	—	30
地方教育附加收入	1023	34	866	123
地方水利建设基金收入	75	75	—	—
残疾人就业保障金收入	258	131	127	—
城市公用事业附加收入	1849	749	1100	—
国有土地使用权出让金收入	22425	635	21674	116
新增建设用地土地有偿使用费收入	1826	—	—	1826
国有土地收益基金收入	993	55	938	—
农业土地开发资金收入	1299	781	518	—
大中型水库移民后期扶持基金收入	157	—	—	157

续表

预算科目	合计	上年结余	本年收入	上级补助收入
彩票公益金收入	194	—	45	149
其他政府性基金收入	723	482	241	—
本年基金收入合计	30902	2942	25509	2451
预算科目	支出合计	本年支出	上解上级支出	年末结余
中央对外贸易发展基金支出	50	50	—	—
文化事业建设费支出	30	30	—	—
地方教育附加支出	979	676	303	44
地方水利建设基金支出	—	—	—	75
残疾人就业保障金支出	66	66	—	192
城市公用事业附加支出	619	619	—	1230
国有土地使用权出让金支出	21266	21266	—	1159
新增建设用地土地有偿使用费支出	1826	1826	—	—
国有土地收益基金支出	—	—	—	993
农业土地开发资金支出	—	—	—	1299
大中型水库移民后期扶持基金支出	157	157	—	—
彩票事务	149	149	—	45
其他政府性基金支出	415	415	—	308
合计	25557	25254	303	5345

2009年昌邑市财政基金预算收支及结余情况表

表3-19　　单位：万元

预算科目	合计	上年结余	本年收入	上级补助收入
文化事业建设费收入	3	—	—	3
地方教育附加收入	1129	44	898	187
新增建设用地土地有偿使用费收入	1751	—	—	1751
地方水利建设基金收入	75	75	—	—
残疾人就业保障金收入	298	192	106	—
城市公用事业附加收入	2330	1230	1100	—

续表

预算科目	合计	上年结余	本年收入	上级补助收入
国有土地使用权出让金收入	109933	1159	108762	12
国有土地收益基金收入	6556	993	5563	—
农业土地开发资金收入	2965	1299	1666	—
大中型水库移民后期扶持基金收入	266	—	—	266
彩票公益金收入	579	45	148	386
城市基础设施配套费收入	—	—	—	—
小型水库移民扶助基金收入	—	—	—	—
其他政府性基金收入	571	308	263	—
收入合计	126456	5345	118506	2605
预算科目	支出合计	本年支出	上解上级支出	年末结余
文化事业建设费支出	3	3	—	—
地方教育附加支出	1089	688	401	40
新增建设用地土地有偿使用费支出	1751	1751	—	—
地方水利建设基金支出	—	—	—	75
残疾人就业保障金支出	65	65	—	233
城市公用事业附加支出	826	826	—	1504
国有土地使用权出让金支出	109081	109081	—	852
国有土地收益基金支出	1556	1556	—	5000
农业土地开发资金支出	2556	2556	—	409
大中型水库移民后期扶持基金支出	266	266	—	—
彩票事务	386	386	—	193
城市基础设施配套费支出	—	—	—	—
小型水库移民扶助基金支出	—	—	—	—
其他政府性基金支出	200	200	—	371
合计	117779	117378	401	8677

2010 年昌邑市财政基金预算收支及结余情况表

表 3-20　　单位：万元

预算科目	合计	上年结余	本年收入	上级补助收入
地方教育附加收入	1377	40	1265	72
文化事业建设费收入	23	—	—	23
残疾人就业保障金收入	349	233	111	5
大中型水库移民后期扶持基金收入	294	—	—	294
小型水库移民扶助基金收入	—	—	—	—
国有土地使用权出让金收入	133142	852	132131	159
城市公用事业附加收入	6164	1504	4660	—
国有土地收益基金收入	8750	5000	3750	—
农业土地开发资金收入	5401	409	4992	—
新增建设用地土地有偿使用费收入	4086	—	—	4086
森林植被恢复费	1	—	—	1
中央水利建设基金收入	40	—	—	40
地方水利建设基金收入	75	75	—	—
彩票公益金收入	533	193	138	202
其他政府性基金收入	—	371	—	—
收入合计	160611	8677	147047	4887
预算科目	支出合计	本年支出	上解上级支出	年末结余
地方教育附加支出	1316	850	466	61
文化事业建设费支出	23	23	—	—
残疾人就业保障金支出	82	82	—	267
大中型水库移民后期扶持基金支出	294	294	—	—
小型水库移民扶助基金支出	5	5	—	—
国有土地使用权出让金支出	124587	124587	—	8555
城市公用事业附加支出	3981	3981	—	2183
国有土地收益基金支出	4549	4549	—	4201
农业土地开发资金支出	—	—	—	5401
新增建设用地土地有偿使用费支出	4086	4086	—	—
森林植被恢复费支出	1	1	—	—

续表

预算科目	支出合计	本年支出	上解上级支出	年末结余
中央水利建设基金	40	40	—	—
地方水利建设基金支出	—	—	—	75
彩票事务	250	250	—	283
其他政府性基金支出	231	231	—	140
合计	139445	138979	466	21166

2011 年昌邑市财政基金预算收支及结余情况表

表 3-21　　单位：万元

预算科目	合计	上年结余	本年收入	上级补助收入	调入资金
地方教育附加收入	3296	61	3000	235	—
大中型水库移民后期扶持基金收入	237	—	—	237	—
残疾人就业保障金收入	453	267	186	—	—
国有土地使用权出让收入	236560	8555	227941	64	—
城市公用事业附加收入	3383	2183	1200	—	—
国有土地收益基金收入	14512	4201	10311	—	—
农业土地开发资金收入	17778	5401	12377	—	—
新增建设用地土地有偿使用费收入	3564	—	—	3564	—
城市基础设施配套费收入	3095	—	3095	—	—
育林基金收入	27	—	27	—	—
森林植被恢复费	5	—	—	5	—
中央水利建设基金收入	50	—	—	50	—
地方水利建设基金收入	2305	75	1122	260	848
散装水泥专项资金收入	151	—	151	—	—
新型墙体材料专项基金收入	1059	—	979	80	—
彩票公益金收入	955	283	27	645	—
其他政府性基金收入	140	140	—	—	—
收入合计	287570	21166	260416	5140	848

续表

预算科目	支出合计	本年支出	上解上级支出	年末结余	
地方教育附加安排的支出	3148	2098	1050	148	
大中型水库移民后期扶持基金支出	237	237	—	—	
残疾人就业保障金支出	194	194	—	259	
国有土地使用权出让收入安排的支出	210703	210703	—	25857	
城市公用事业附加安排的支出	721	721	—	2662	
国有土地收益基金支出	10710	10710	—	3802	
农业土地开发资金支出	718	718	—	17060	
新增建设用地有偿使用费安排的支出	3564	3564	—	—	
城市基础设施配套费安排的支出	2795	2795	—	300	
育林基金支出	23	23	—	4	
森林植被恢复费安排的支出	5	5	—	—	
中央水利建设基金支出	50	50	—	—	
地方水利建设基金支出	665	260	405	1640	
散装水泥专项资金支出	45	—	45	106	
新型墙体材料专项基金支出	80	80	—	979	
彩票公益金安排的支出	679	679	—	276	
其他政府性基金支出	—	—	—	140	
合计	234337	232837	1500	53233	

2012 年昌邑市财政基金预算收支及结余情况表

表 3-22　　　　单位：万元

预算科目	合计	上年结余	本年收入	上级补助收入	调入资金
地方教育附加收入	3582	148	3019	415	—
文化事业建设费收入	16	—	—	16	—
大中型水库移民后期扶持基金收入	109	—	—	109	—
残疾人就业保障金收入	447	259	166	22	—
国有土地使用权出让收入	316310	25857	288998	1455	—
城市公用事业附加收入	4512	2662	1850	—	—
国有土地收益基金收入	19730	3802	15928	—	—
农业土地开发资金收入	25261	17060	8201	—	—

续表

预算科目	合计	上年结余	本年收入	上级补助收入	调入资金
新增建设用地土地有偿使用费收入	2926	—	—	2926	—
城市基础设施配套费收入	4105	300	3805	—	—
育林基金收入	45	4	41	—	—
森林植被恢复费	82	—	2	80	—
地方水利建设基金收入	7320	1640	2037	2060	1583
散装水泥专项资金收入	274	106	168	—	—
新型墙体材料专项基金收入	1829	979	850	—	—
彩票公益金收入	823	276	166	381	0
其他政府性基金收入	140	140	—	—	—
收入合计	387511	53233	325231	7464	1583
预算科目	支出合计	本年支出	上解上级支出	年末结余	
地方教育附加安排的支出	3437	2376	1061	145	
文化事业建设费安排的支出	16	16	—	—	
大中型水库移民后期扶持基金支出	109	109	—	—	
残疾人就业保障金支出	353	353	—	94	
国有土地使用权出让收入安排的支出	276347	276347	—	39963	
城市公用事业附加安排的支出	2425	2425	—	2087	
国有土地收益基金支出	16796	16796	—	2934	
农业土地开发资金支出	937	937	—	24324	
新增建设用地土地有偿使用费安排的支出	2926	2926	—	—	
城市基础设施配套费安排的支出	3094	3094	—	1011	
育林基金支出	30	30	—	15	
森林植被恢复费安排的支出	80	80	—	2	
地方水利建设基金支出	5146	4097	1049	2174	
散装水泥专项资金支出	127	76	51	147	
新型墙体材料专项基金支出	378	378	—	1451	
彩票公益金安排的支出	506	506	—	317	
其他政府性基金支出	—	—	—	140	
合计	312707	310546	2161	74804	

2013 年昌邑市财政基金预算收支及结余情况表

表 3-23　　单位：万元

预算科目	合计	上年结余	本年收入	上级补助收入	调入资金
地方教育附加收入	4197	145	3757	295	—
文化事业建设费收入	4	—	—	4	—
大中型水库移民后期扶持基金收入	561	—	—	561	—
小型水库移民扶助基金收入	15	—	—	15	—
残疾人就业保障金收入	417	94	300	23	—
国有土地使用权出让收入	350392	39963	308614	1815	—
城市公用事业附加收入	5887	2087	3800	—	—
国有土地收益基金收入	7352	2934	4418	—	—
农业土地开发资金收入	25999	24324	1675	—	—
新增建设用地土地有偿使用费收入	11586	—	—	11586	—
城市基础设施配套费收入	3450	1011	2439	—	—
育林基金收入	75	15	60	—	—
森林植被恢复费	19	2	5	12	—
中央水利建设基金收入	30	—	—	30	—
地方水利建设基金收入	6956	2174	2337	673	1772
散装水泥专项资金收入	355	147	208	—	—
新型墙体材料专项基金收入	2355	1451	904	—	—
彩票公益金收入	1602	317	685	600	—
其他政府性基金收入	402	140	—	262	—
收入合计	421654	74804	329202	15876	1772
预算科目	支出合计	本年支出	上解上级支出	年末结余	
地方教育附加安排的支出	4196	2627	1569	1	
文化事业建设费安排的支出	4	4	—	—	
大中型水库移民后期扶持基金支出	561	561	—	—	
小型水库移民扶助基金支出	15	15	—	—	
残疾人就业保障金支出	203	203	—	214	
国有土地使用权出让收入安排的支出	284613	284613	—	65779	
城市公用事业附加安排的支出	2663	2663	—	3224	

续表

预算科目	合计	本年支出	上解上级支出	年末结余	
国有土地收益基金支出	4525	4525	—	2827	
农业土地开发资金支出	23200	23200	—	2799	
新增建设用地土地有偿使用费安排的支出	11586	11586	—	—	
城市基础设施配套费安排的支出	189	189	—	3261	
育林基金支出	15	15	—	60	
森林植被恢复费安排的支出	12	12	—	7	
中央水利建设基金支出	30	30	—	—	
地方水利建设基金支出	6052	4742	1310	904	
散装水泥专项资金支出	94	32	62	261	
新型墙体材料专项基金支出	69	69	—	2286	
彩票公益金安排的支出	818	818	—	784	
其他政府性基金支出	262	262	—	140	
合计	339107	336166	2941	82547	

2014 年昌邑市财政基金预算收支及结余情况表

表 3-24　　单位：万元

预算科目	合计	上年结余	本年收入	上级补助收入	调入资金
地方教育附加收入	4243	1	4158	84	—
文化事业建设费收入	9	—	—	9	—
大中型水库移民后期扶持基金收入	287	—	—	287	—
残疾人就业保障金收入	519	214	274	31	—
政府住房基金收入	3	—	3	—	—
国有土地使用权出让收入	166404	65779	100625	—	—
城市公用事业附加收入	4424	3224	1200	—	—
国有土地收益基金收入	19230	2827	16403	—	—
农业土地开发资金收入	11772	2799	8936	37	—
新增建设用地土地有偿使用费收入	4009	—	—	4009	—
城市基础设施配套费收入	5870	3261	2609	—	—
育林基金收入	121	60	61	—	—

续表

预算科目	合计	上年结余	本年收入	上级补助收入	调入资金
森林植被恢复费	37	7	—	30	—
地方水利建设基金收入	9257	904	2322	4053	1978
散装水泥专项资金收入	434	261	158	15	—
新型墙体材料专项基金收入	2774	2286	488	—	—
彩票公益金收入	2253	784	476	993	—
其他政府性基金收入	1147	140	—	1007	—
收入合计	232793	82547	137713	10555	1978
预算科目	支出合计	本年支出	上解上级支出	年末结余	
地方教育附加安排的支出	4242	2526	1716	1	
文化事业建设费安排的支出	9	9	—	—	
大中型水库移民后期扶持基金支出	287	287	—	—	
残疾人就业保障金支出	300	300	—	219	
政府住房基金支出	—	—	—	3	
国有土地使用权出让收入安排的支出	98988	98988	—	67416	
城市公用事业附加安排的支出	2746	2746	—	1678	
国有土地收益基金支出	17831	17831	—	1399	
农业土地开发资金支出	5426	5426	—	6346	
新增建设用地土地有偿使用费安排的支出	4009	4009	—	—	
城市基础设施配套费安排的支出	4674	4674	—	1196	
育林基金支出	20	20	—	101	
森林植被恢复费安排的支出	30	30	—	7	
地方水利建设基金支出	8358	6909	1449	899	
散装水泥专项资金支出	94	46	48	340	
新型墙体材料专项基金支出	301	301	—	2473	
彩票公益金安排的支出	1060	1060	—	1193	
其他政府性基金支出	1007	1007	—	140	
合计	149382	146169	3213	83411	

2015 年昌邑市财政基金预算收支情况表

表 3-25

单位：万元

预算科目	合计	上年结余	本年收入	上级补助收入	债务（转贷）收入	调入资金
大中型水库移民后期扶持基金收入	307	—	—	307	—	—
政府住房基金收入	3	3	—	—	—	—
国有土地使用权出让收入	89057	61904	25790	63	1300	—
城市公用事业附加收入	4678	1678	3000	—	—	—
国有土地收益基金收入	3047	1399	1648	—	—	—
农业土地开发资金收入	29705	6346	322	37	—	23000
新增建设用地土地有偿使用费收入	4795	—	—	4795	—	—
城市基础设施配套费收入	5198	1196	4002	—	—	—
污水处理费收入	880	—	880	—	—	—
水土保持补偿费收入	34	—	34	—	—	—
散装水泥专项资金收入	487	340	130	17	—	—
新型墙体材料专项基金收入	2951	2473	478	—	—	—
旅游发展基金收入	90	—	—	90	—	—
彩票公益金收入	2338	1193	287	858	—	—
其他政府性基金收入	6879	6879	—	—	—	—
收入合计	150449	83411	36571	6167	1300	23000
预算科目	合计	本年支出	上解上级支出	调出资金		
大中型水库移民后期扶持基金支出	307	307	—	—		
政府住房基金相关支出	3	—	—	3		
国有土地使用权出让相关支出	89057	24185	—	64872		
城市公用事业附加相关支出	4678	4678	—	—		
国有土地收益基金相关支出	3047	1970	—	1077		
农业土地开发资金相关支出	29705	3042	—	26663		
新增建设用地土地有偿使用费相关支出	4795	4795	—	—		
城市基础设施配套费相关支出	5198	1819	—	3379		
污水处理费相关支出	880	465	—	415		
水土保持补偿费安排的支出	34	—	—	34		
散装水泥专项资金相关支出	487	32	39	416		

续表

预算科目	合计	本年支出	上解上级支出	调出资金		
新型墙体材料专项基金相关支出	2951	143	—	2808		
旅游发展基金支出	90	90	—			
彩票公益金相关支出	2338	1037	—	1301		
其他政府性基金相关支出	6879		—	6879		
支出合计	150449	42563	39	107847		

2016 年昌邑市财政基金预算收支情况表

表 3-26　　单位：万元

预算科目	合计	本年收入	上级补助收入	债务（转贷）收入	
国家电影事业发展专项资金收入	7	—	7	—	
大中型水库移民后期扶持基金收入	462	—	462	—	
国有土地使用权出让收入	84228	56828	—	27400	
城市公用事业附加收入	2800	2800	—	—	
国有土地收益基金收入	2894	2894	—	—	
农业土地开发资金收入	593	554	39	—	
新增建设用地土地有偿使用费收入	2665	—	2665	—	
城市基础设施配套费收入	914	914	—	—	
污水处理费收入	897	897	—	—	
散装水泥专项资金收入	102	102	—	—	
新型墙体材料专项基金收入	668	668	—	—	
旅游发展基金收入	23	—	23	—	
彩票公益金收入	1056	265	791	—	
收入合计	97309	65922	3987	27400	
预算科目	合计	本年支出	上解上级支出	调出资金	债务还本支出
国家电影事业发展专项资金相关支出	7	7	—	—	—
大中型水库移民后期扶持基金支出	462	462	—	—	—
国有土地使用权出让相关支出	84228	58303	24	8401	17500
城市公用事业附加相关支出	2800	2800	—	—	—
国有土地收益基金相关支出	2894	—	—	2894	—

续表

预算科目	合计	本年支出	上解上级支出	调出资金	债务还本支出
农业土地开发资金相关支出	593	39	—	554	—
新增建设用地土地有偿使用费相关支出	2665	2665	—	—	—
城市基础设施配套费相关支出	914	914	—	—	—
污水处理费相关支出	897	263	—	634	—
散装水泥专项资金相关支出	102	—	30	72	—
新型墙体材料专项基金相关支出	668	318	—	350	—
旅游发展基金支出	23	23	—	—	—
彩票公益金相关支出	1056	954	—	102	—
支出合计	97309	66748	54	13007	17500

2017 年昌邑市财政基金预算收支情况表

表 3-27 单位：万元

预算科目	合计	本年收入	上级补助收入	债务（转贷）收入	
国家电影事业发展专项资金收入	34	—	34	—	
大中型水库移民后期扶持基金收入	302	—	302	—	
国有土地使用权出让收入	150430	49930	—	100500	
城市公用事业附加收入	1718	1718	—	—	
国有土地收益基金收入	1777	1777	—	—	
农业土地开发资金收入	455	455	—	—	
城市基础设施配套费收入	12387	12387	—	—	
污水处理费收入	668	668	—	—	
新型墙体材料专项基金收入	587	587	—	—	
彩票公益金收入	1089	478	611	—	
收入合计	169447	68000	947	100500	
预算科目	合计	本年支出	上解上级支出	调出资金	债务还本支出
国家电影事业发展专项资金相关支出	34	34	—	—	—
大中型水库移民后期扶持基金支出	302	302	—	—	—
国有土地使用权出让相关支出	150430	47969	100	4561	97800
城市公用事业附加相关支出	1718	1440	—	278	—

续表

预算科目	合计	本年支出	上解上级支出	调出资金	债务还本支出
国有土地收益基金相关支出	1777	—	—	1777	—
农业土地开发资金相关支出	455	94	—	361	—
城市基础设施配套费相关支出	12387	3584	—	8803	—
污水处理费相关支出	668	668	—	—	—
新型墙体材料专项基金相关支出	587	289	—	298	—
彩票公益金相关支出	1089	815	—	274	—
支出合计	169447	55195	100	16352	97800

2018年昌邑市政府性基金预算收支情况表

表3-28　　　　　　　　　　　　　　　　　　　　　　　　　　单位：万元

收入项目	合计	本年收入	上级补助收入	债务（转贷）收入	支出项目	合计	本年支出	上解上级支出	调出	债务还本支出
国家电影事业发展专项资金收入	38	—	38	—	国家电影事业发展专项资金支出	38	38	—	—	—
大中型水库移民后期扶持基金收入	295	—	295	—	大中型水库移民后期扶持基金支出	295	295	—	—	—
国有土地使用权出让相关收入	69618	36647	1571	31400	国有土地使用权出让相关支出	69618	44074	21	3923	21600
国有土地收益基金相关收入	2388	2388	—	—	国有土地收益基金相关支出	2388	—	—	2388	—
农业土地开发资金收入	571	571	—	—	农业土地开发资金支出	571	—	—	571	—
城市基础设施配套费收入	5264	5264	—	—	城市基础设施配套费收入	5264	2239	—	3025	—
污水处理费收入	942	942		—	污水处理费支出	942	—	—	942	—
彩票公益金收入	1430	512	918	—	彩票公益金支出	1430	1118	—	312	—
其他政府性基金相关收入	209	209	—	—	其他政府性基金相关支出	209	—	—	209	—
收入合计	80764	46533	2831	31400	支出合计	80764	47773	21	11370	21600

2019 年昌邑市政府性基金预算收支及结余情况表

表 3-29

单位：万元

收入项目	合计	本年收入	上级补助收入	债务（转贷）收入	支出项目	合计	本年支出	上解上级支出	调出资金	债务还本支出	年终结余
国家电影事业发展专项资金相关收入	54	—	54	—	国家电影事业发展专项资金相关支出	54	54	—	—	—	—
旅游发展基金收入	1	—	1	—	旅游发展基金支出	1	1	—	—	—	—
大中型水库移民后期扶持基金收入	460	—	460	—	大中型水库移民后期扶持基金支出	460	460	—	—	—	—
国有土地使用权出让相关收入	109658	92037	—	17621	国有土地使用权出让相关支出	98321	80059	18	11146	7098	11337
城市基础设施配套费相关收入	5740	5740	—	—	城市基础设施配套费相关支出	4085	4085	—	—	—	1655
污水处理费相关收入	912	912	—	—	污水处理费相关支出	912	912	—	—	—	—
国家重大水利工程建设基金相关收入	31	—	31	—	国家重大水利工程建设基金相关支出	31	31	—	—	—	—
彩票公益金收入	1468	849	619	—	彩票公益金安排的支出	852	852	—	—	—	616
收入合计	118324	99538	1165	17621	支出合计	104716	86454	18	11146	7098	13608

第三节 行政性收费和罚没收入

1995 年，“罚没收入”从“其他收入”项中分离，行政性收费和罚没收入在财预算政收入中单设类级科目，行政性收费主要包括司法、公安、交通、民政、工商、劳动、海关和其他行政单位的行政性收费；罚没收入主要有公安、检察院、法院、海关、行政、交通、卫生、工商、质量技术监督、物价、烟草、食品药品监督等单位罚没收入和其他单位罚没收入及追回赃款赃物变价款收入。

行政性收费

1994 年，昌邑市根据财政部《关于行政性收费纳入预算管理有关问题的通知》、省财政厅《关于行政性收费纳入预算管理有关问题的通知》，将行政性收费纳入预算管理。

1995 年，在财政收入中设置“罚没收入、行政性收费”类级科目。

1997 年，将“行政性收费”纳入财政预算收入。一般预算收入中占比重比较大的行政性收费项目主要是：公安、国土、建设、卫生、食品药品监督、民政、农业、水利、税务、工商行政管理、人口和计划生育、林业、法院、质量技术监督、检验检疫和财政等部门的行政性收费。

罚没收入

1995年，昌邑市根据财政部《关于下达行政收费、罚没收入实行预算管理实施办法的通知》，罚没收入全部纳入预算，如数上缴财政。除国家另有规定外，一律由执罚单位按规定就地上缴国库。财政收入设立“罚没收入、行政性收费”类级科目。

1996年，市财政局制定一系列规章制度，实施罚款决定机关与收缴罚款机构分离，各类罚款由银行代收。

其他收入

1985年，昌邑县规费收入有公安、司法、民政、工商、卫生、交通、劳动、农业、林业、水产、专利、专卖、外事等部门收取的手续费、证件工本费、登记费、注册费、签证费、诉讼费、公证费、监理费、管理费、处理费、调解费、经济合同费、检疫费、审验费、检测费、检定费等。“征收排污费收入”列为“专款收入类”。

1990年，“教育费附加收入”列入“专款收入类”。

1995年，财政收入中的规费收入纳入一般预算管理的“罚没收入、行政性收费”类。

2003年，国库存款利息收入列“其他收入类”。

2007年，“国有资源（资产）有偿使用收入”作为非税收入列“其他收入类”统计。

第四节　专项收入

1985年，专项收入从“其他收入”类分出，设“专款收入”（后改为“专项收入”）。

1990年，县财政局专项收入主要是“排污费收入”和“水资源费收入”，个别年度有粮食调拨经营费收入列“专项收入类”。

排污费收入

1993年，昌邑县要求企业、事业单位排放超标污染物、向水体排放污染物，按规定缴纳排污费；同时明确超标废水、噪声、废气和废渣的收费标准及向水体排放污染物的收费标准。

1994年，执行省物价局、省财政厅、省环保局规定，将不超过国家和地方规定排放标准的按每吨0.03元计征排污费调整为按每吨0.04元计征排污费。

2003年，按照国家计委、财政部、国家环保总局、国家经贸委《排污费征收标准管理办法》要求，规定环境保护部门向排污者征收的排污费项目包括污水排污费、废气排污费、固体废物及危险废物排污费和噪声超标排污费。按照财政部、国家环保总局《排污费资金收缴使用管理办法》要求，规定排污费资金纳入财政预算，作为环境保护专项资金管理，全部用于环境污染防治。排污费资金的收缴、使用实行收支两条线管理，排污费按月或者按季属地化收缴。装机容量30万千瓦以上的电力企业的二氧化硫排污费，由省环境保护行政主管部门核定和收缴，其他排污费由县级或市级政府环境保护行政主管部门核定和收缴。排污费的10%作为中央预算收入缴入中央国库，90%作为地方预算收入缴入地方国库。排污者在规定的期限内未足额缴纳排污费的，由收缴部门责令其限期缴纳，并从滞纳之日起加收2‰的滞纳金。

水资源费收入

2002年，按照省政府《山东省水资源费征收使用管理办法》要求，对水资源费实行收支两条线管理，专款专用，不得挪用。执行省物价局、省财政厅、省水利厅《关于发布全省十七市水资源费收费标准的通知》，确定水资源费的征收标准为：从河流、湖泊、水库取水，每立方米征收0.35元；从地下水源取水，每立方米征收0.8元。

2006年，落实国务院《取水许可和水资源费征收管理条例》，将水资源费全额纳入财政预算管理。

2009年，执行财政部、国家发展改革委、水利部《水资源费征收使用管理办法》，将水资源费收入列入专项收入类。

2016年，根据国家发展改革委、财政部、水利部《关于水资源费征收标准有关问题的通知》和省物价局、省财政厅、省水利厅《关于加快推进水资源费标准调整工作的通知》要求，确定水资源费的征收标准为：地表水每立方米征收0.4元、地下水每立方米征收1.5元。

1997—2019年昌邑市行政性收费、罚没收入与排污费收入情况表

表3-30　　　　单位：万元

年度	行政性收费	罚没收入	排污费收入
1997	417	324	323
1998	490	281	385
1999	515	495	422
2000	406	962	420
2001	450	963	490
2002	640	849	501
2003	1102	1113	550
2004	2721	3295	473
2005	1889	2840	464
2006	1581	4546	542
2007	2158	2862	527
2008	1836	4597	467
2009	2741	5981	785
2010	1965	6131	871
2011	12447	7426	804
2012	11414	7994	641
2013	16418	8011	415
2014	9389	8096	965
2015	12262	6389	540
2016	6464	6308	896
2017	3769	13687	1002
2018	2073	16518	942
2019	6047	26570	912
合计	99194	136238	14337

第三章　上级补助收入

第一节　专项补助收入

2007年，昌邑市争取上级资金1813.61万元，其中中央专项资金1760.61万元，省级专项资金53万元。包括下营港建设项目中央补助480万元、城西污水处理厂水体污染防治项目中央补助500万元、小麦良种繁育基地项目中央补助170万元、市农机局现代化农机装备项目中央补助120万元、市检察院办案技术用房中央补助100万元、乡镇自然灾害重建项目中央补助90万元、沿海防护林中央补助58万元、小城镇规划编制项目省级补助25万元等15个项目。

2008—2010年，争取中央投资扩大内需项目55个，到位上级专项资金9083.5万元。其中中央投资8806.5万元，省财政配套资金277万元，主要用于农村民生工程和农村基础设施、医疗卫生教育文化等社会事业发展、生态环境工程、保障性安居工程、重大水利建设工程、企业技术改造项目等领域。市级财政落实配套资金3949万元，配套资金到位率100%。

中央扩大内需第一批资金1507万元，主要用于山东海天生物化工有限公司海水直接利用、标准粮田建设、2008年沿海防护林、卜庄镇中心卫生院、新海路—利渔村农村公路建设等10个项目。

中央扩大内需第二批资金2792万元，主要用于中央商务区改造、农村饮水安全、防潮堤建设、大中型沼气池建设、市人民医院病房楼项目、同大海岛新材料公司生态超纤高仿真面料升级改造项目、乡村道路建设等17个项目。

中央扩大内需第三批资金344万元，主要用于农村饮水安全、动物防疫站建设、水生动物疫病防治站、北孟镇中心卫生院4个项目。

中央扩大内需第四批资金394万元，主要用于饮马镇节水灌溉示范项目、2009年沿海防护林工程、市计划生育服务站建设及设备购置、市龙信棉花加工有限公司改扩建等5个项目。

中央扩大内需第五批资金3769.5万元，主要用于农产品质量安全检验检测站建设、农村饮水安全工程、生猪标准化规模养殖场建设、2010年沿海防护林工程、山东海天生物化工有限公司制碱余热综合利用、潍河入海口防潮堤工程、市人民检察院技侦用房建设、印染企业污水处理技改、乡镇卫生院改扩建等19个项目。

2011年，市财政局争取上级资金5759.8万元，其中中央专项资金4912万元，省级专项资金797.8万元，潍坊市级资金50万元。包括第二批农村饮水安全工程中央补助668万元、省级配套401万元、市职业教育中心实训楼中央补助600万元、新增千亿斤粮食产能规划田间工程中央补助1800万元、省级配套135万元、2011年沿海防护林工程中央补助150万元、潍河入海口防潮坝工程中央补助300万元、市亿兴化工有限公司技术改造项目中央补助290万元等16个项目。

2012年，市财政局争取上级资金3625.5万元，其中中央专项资金2865.9万元，省级专项资金759.6万元。包括2012年农村饮水安全工程中央补助596万元、省级配套358万元、市公安局看守所扩建工程中央补助360万元、省级配套180万元、优质棉花生产示范基地建设项目中央补助315万元、生猪标准化养殖场建设项目中央补助260万元、2012年防护林工程中央补助300万元、中国对虾良种场建设项目中央补助200万元、100吨级渔政船建造项目中央补助400万元、乡镇卫生院建设项目中央补助250万元、省级配套21万元等15个项目。

2013年，市财政局争取上级资金4679.53万元，其中中央专项资金3183.93万元，省级专项资金1495.6万元。包括市人民法院审判法庭建设项目中央补助770万元、省级配套385万元、市人民医院急救中心建设项目中央补助85万元、省级配套28万元、2013年农村饮水安全工程中央补助373万元、省级配套222万元、2013年全国新增千亿斤粮食产能规划田间工程中央补助1300万元、省级配套165万元、2013年防护林工程中央补助150万元、优质棉花生产示范基地建设项目中央补助155万元、2013年生猪标准化养殖场建设项目中央补助140万元、石埠前史家村建筑用石料废弃采石矿矿山复绿项目省级补助600万元、柳疃镇扬水站工程省级补助90万元等14个项目。

2014年，市财政局争取上级资金10331.46万元，其中中央专项资金8291.46万元，省级专项资金2040万元。包括2014年农村饮水安全工程中央补助1022万元、省级配套606万元、第二生活垃圾处理场工程中央补助1080万元、2014年全国新增千亿斤粮食产能规划田间工程中央补助3000万元、南水北调续建工程昌邑市供水单元工程中央补助400万元、省级配套820万元、市杨金华纺织有限公司节能改造项目中央补助240万元、潍坊东元连海化工有限公司苦卤回收再利用项目中央补助1000万元、潍河防潮蓄水闸建设项目中央补助1227万元、省级配套614万元、2014年生猪标准化养殖场建设项目中央补助165万元、林业有害生物综合防控体系建设项目中央补助66.46万元等12个项目。

2015年，市财政局争取上级资金2624.4万元。包括2015年全国新增千亿斤粮食产能规划田间工程中央补助2400万元、2015年防护林工程中央补助192万元、林业有害生物综合防控体系检疫除害处理场建设项目中央补助32.4万元，共3个项目。

2016年，市财政局争取上级资金310万元。包括2016年国家重点防护林工程中央补助50万元、姜家大湾（公园道壹号）保障性安居工程配套基础建设项目中央补助260万元，共2个项目。

2017年，市财政局争取上级资金2027.05万元，其中中央专项资金760万元，省级专项资金890万元，潍坊市级资金377.05万元。包括龙池镇齐西村传统村落保护项目中央补助300万元、市益民种畜有限公司大型沼气工程中央补助300万元、2017年安居工程中央补助160万元、2017年省级城镇化重点示范镇（柳疃镇）建设项目省级补助500万元、山东宏大生姜市场有限公司农产品物流园项目省级补助170万元、绿色建筑示范项目省级补助80万元、乡镇农村社区服务中心建设项目潍坊市级补助377.05万元等9个项目。

2018年，市财政局争取上级资金6518.35万元，其中中央专项资金3460万元，省级专项资金1155.32万元，潍坊市级资金1903.03万元。包括2018年省级城镇化重点示范镇（柳疃镇）建设项目省级补助500万元、胶济铁路沿线环境综合治理项目省级补助31万元、拆违拆临活动潍坊市级奖励资金49万元、北孟镇中心镇区基础设施提升工程项目省级补助520万元、胶济客专绿化美化工程项目潍坊市级补助568万元、都昌街道棚户区改造项目国家补助3460万元、济青高铁沿线环境综合整治和绿化美化工程项目潍坊市级补助954万元、2018年度农村社区服务中心建设潍坊市级奖补资金 332.03 万元、2018 年度省级清洁取暖补助资金 104.32 万元，共 9 个项目。

2019 年，市财政局争取上级资金 2653.75 万元，其中中央专项资金 1279 万元，省级专项资金 1374.75 万元。包括龙港·育秀园 A 区一期项目国家补助 840 万元、梨花水镇配套基础设施建设项目省级补助 450 万元、森林资源管护项目国家补助 49 万元、天和名苑二期 A 区项目国家补助 110 万元、合流制管网项目省级补助 228 万元、铁路沿线环境治理项目省级补助 82.48 万元、2019 年农村清洁取暖项目省级补助 534.27 万元、建筑节能与绿色发展项目省级补助 80 万元、生态健康医养综合体 PPP 项目国家补助 80 万元、市新好牧业有限公司生猪规模化养殖场建设项目国家补助 200 万元，共 10 个项目。

第二节　转移支付收入

转移支付包括一般性转移支付和专项转移支付。

1994 年，国家开始试行财政转移支付制度。

1998 年，国家建立转移支付制度，并按照逐步实现基本公共服务均等化的目标不断完善。省对县财政转移支付的主要形式是财力性转移支付和专项转移支付。

2009 年，国家规范财政转移支付制度，将转移支付简化为一般性转移支付、专项转移支付两类。一般性转移支付包括原财力性转移支付项目，主要是将补助数额相对稳定、原列入专项转移支付的教育、社会保障和就业、公共安全、一般公共服务等支出，改为一般性转移支付。

1998—2008 年，昌邑市财政转移支付收入共计 95128 万元。

1998—2008 年昌邑市上级转移支付收入一览表

表 3-31　　单位：万元

年　度	金　额
1998	1184
1999	1713
2000	1794
2001	1855
2002	4488
2003	4455
2004	7686
2005	10150
2006	13561
2007	21173
2008	27069
合计	95128

一般性转移支付

2009 年前，一般性转移支付称财力性转移支付，2009 年始改称一般性转移支付。一般性转移支付（财力性转移支付）为无条件拨款，包括均衡性转移支付补助（2009 年前称一般性转移支付补助）、农村税费改革转移支付、调整工资转移支付和缓解县乡财政困难转移支付等。昌邑市的一般性转移支付收支数额逐年增加，呈明显增长态势。

2009—2019 年，昌邑市一般性转移支付收入共计 478354 万元，其中 2019 年一般性转移支付收入达到 106398 万元，是 2009 年一般性转移支付收入的 8.3 倍。

2002 年，《山东省农村税费改革转移支付办法》对各市安排转移支付补助，弥补各地因取消乡镇统筹、降低农业特产税税率、取消屠宰税减收、调整村提留提取办法等所减少的财力。昌邑市农村税费改革转移支付补助收入 2100 万元，2003—2006 年每年补助 2045 万元。

2004 年，全省有步骤地降低农业税税率，省财政厅相应开始安排农村税费改革转移支付补助。昌邑市取消农业特产税、降低农业税税率转移支付补助收入 2453 万元。

是年，省财政厅安排调整工资转移支付，采取向欠发达地区倾斜、重点补助县乡两级的办法，凡人均可用财力低于全省平均水平的市，由省财政按财政困难程度分别给予不同比例的补助。

2004—2005 年，全市调整工资转移支付每年补助收入 252 万元。

2005 年，全市取消农业特产税、降低农业税税率转移支付补助收入 3784 万元。

2006 年，全市取消农业特产税、降低农业税税率转移支付补助收入 4705 万元，调整工资转移支付补助收入 1184 万元。

2007 年，省财政厅将农村税费改革转移支付与取消农业特产税降低农业税税率转移支付合二为一为农村税费改革补助，全市农村税费改革补助收入 6755 万元。

2007—2013 年，全市调整工资转移支付补助收入每年 2456 万元。

2008—2013 年，全市农村税费改革补助收入每年 5667 万元。

2014 年，省财政厅将农村税费改革补助与调整工资转移支付补助合并称为固定数额补助，全市固定数额补助收入 8123 万元。

2015—2019 年，全市固定数额补助收入分别为 8123 万元、8035 万元、8035 万元、8035 万元、8038 万元。

2009—2013 年昌邑市一般性转移支付情况表

表 3-32　　单位：万元

年　度	2009	2010	2011	2012	2013
一般性转移支付收入合计	12755	16925	26751	26771	33232
均衡性转移支付补助收入	—	—	484	—	—
调整工资转移支付补助收入	2456	2456	2456	2456	2456
农村税费改革补助收入	5667	5667	5667	5667	5667
县级基本财力保障机制奖补资金收入	694	704	846	—	—
结算补助收入	-2363	-2723	1270	-2218	1654
企事业单位预算划转补助收入	-3	118	118	118	118
工商部门停征两费转移支付收入	—	2	—	—	—
一般公共服务转移支付收入	—	1448	1	1	—
公共安全转移支付收入	1345	—	1722	1859	1817
教育转移支付收入	2202	4219	3794	3504	4008
社会保障和就业转移支付收入	—	—	2760	5076	6182

续表

年　　度	2009	2010	2011	2012	2013
医疗卫生转移支付收入	—	—	6191	6622	7689
农林水转移支付收入	—	496	1120	950	1105
产粮(油)大县奖励资金收入	—	—	—	1968	1824
重点生态功能区转移支付收入	—	—	—	484	484
其他一般性转移支付收入	2757	4538	322	284	228

2014—2019 年昌邑市一般性转移支付情况表

表 3-33　　单位：万元

年度	2014	2015	2016	2017	2018	2019
一般性转移支付收入合计	43817	50985	54269	50921	55530	106398
均衡性转移支付收入	—	—	764	944	1464	2020
革命老区及民族和边境地区转移支付收入	—	—	103	367	484	567
县级基本财力保障机制奖补资金收入	1205	456	24	1034	606	997
结算补助收入	-1092	-1099	83	3010	3519	3119
企业事业单位划转补助收入	118	118	118	185	207	207
基层公检法司转移支付收入	1839	1947	1901	2015	1917	1894
义务教育等转移支付收入	4482	4767	4915	3756	4191	5600
基本养老保险和低保等转移支付收入	11278	13670	12705	8380	9445	—
新型农村合作医疗等转移支付收入	10759	11985	13171	43	—	—
农村综合改革转移支付收入	1687	1463	2582	2031	2222	—
产粮(油)大县奖励资金收入	1909	1827	1807	1744	1730	1634
重点生态功能区转移支付收入	675	675	675	623	623	623
固定数额补助收入	8123	8123	8035	8035	8035	8038
其他一般性转移支付收入	2834	7053	7386	18754	21087	81699

专项转移支付

专项转移支付专款专用，地方按照上级规定的用途使用，无权自主安排。

2009—2019 年，全市获得上级专项转移支付收入 38.2 亿元，主要用于农林水利、节能环保、交通运输、海洋管理事务、住房保障等事关民生领域的经济、社会事业发展项目支出。

2009—2019 年昌邑市专项转移支付收入一览表

表 3-34　　单位：万元

年度	金额
2009	17624
2010	26582
2011	39992
2012	45441
2013	46825
2014	40234
2015	26301
2016	29776
2017	40897
2018	53341
2019	15019
合计	382032

第四编
财政支出

按照资金管理方式，1986—1997 年，昌邑县（市）财政支出分为财政预算内支出和财政预算外支出，财政预算内支出是财政支出的主体。1997—2011 年，部分政府性基金纳入预算管理，财政支出分为一般预算支出、政府性基金支出、预算外资金支出。2012 年，一般预算支出改称一般公共预算支出。

1986 年，全县财政预算内支出 2495 万元。财政预算内支出过百万的项目有：农林水利部门事业费支出 145 万元，文教卫生事业费类 1078 万元，抚恤和社会福利救济费类 213 万元，行政管理费类 359 万元，价格补贴支出 169 万元，其他支出 200 万元。

1989 年，全县财政预算内支出 4832 万元。比 1988 年增长较大的项目有：文教卫生事业费支出 1918 万元，增长 25.6%；抚恤和社会福利救济费支出 390.6 万元，增长 46.9%；公检法支出 240.8 万元，增长 60.2%。

1994 年，全市财政预算内支出过 1 亿元，达到 10011 万元。比 1993 年增长超过 50% 的项目有：农林水事业费支出 546 万元，增长 55.8%；文教卫生事业费支出 4948 万元，增长 55.2%；其他部门事业费支出 625 万元，增长 60%。

1998 年，全市一般预算支出过 2 亿元，为 20171 万元。财政支出过千万的项目有：文教卫生事业费类 7880 万元，行政管理费类 2865 万元，其他支出 2204 万元。

2002 年，全市一般预算支出过 3 亿元，为 33431 万元，其中抚恤和社会救济事业费支出 1424 万元，比 2001 年增长 68.1%。

2005 年，全市一般预算支出过 5 亿元，为 65048 万元，其中医疗卫生支出 3077 万元，比 2004 年增长 59.8%，主要是农村新型合作医疗增加支出。

2008 年，全市一般预算支出过 10 亿元，为 106462 万元，其中文化体育与传媒支出 820 万元，比 2007 年增长 47.2%。

2011 年，全市一般预算支出过 20 亿元，为 221078 万元，其中城乡社区支出 10383 万元，比 2010 年增长 60.2%；国土海洋气象等支出 3130 万元，比 2010 年增长 293.2%，金融支出 645 万元，比 2010 年增长 862.7%。

2014 年，全市一般公共预算支出过 30 亿元，为 311156 万元，比 2013 年增长超过 100% 的项目有：城乡社区支出 33845 万元，增长 144.1%，主要是财政部代理发行 2014 年地方政府债券支出列入该项增加支出；交通运输支出 9069 万元，增长 140.6%；粮油物资储备支出 311 万元，增长 1144%。

2015 年，全市一般公共预算支出过 40 亿元，为 421786 万元，比 2014 年增长超过 100% 的项目有：节能环保支出 29061 万元，增长 188.6%，主要是污水处理费增加；城乡社区支出 85460 万元，增长 152.5%，主要是基础设施建设投入增加；国土海洋气象等支出 4437 万元，增长 290.7%，主要是上级专款增加。

2017 年，全市一般公共预算支出 406138 万元，由于上级专款增加，比 2016 年增幅较大的项目有：科学技术支出 1293 万元，增长 93%；节能环保支出 9044 万元，增长 90.2%；资源勘探信息等支出 2385 万元，增长 260.3%；国土海洋气象等支出 7116 万元，增长 132.8%。

2019 年，全市一般公共预算支出为 443383 万元。财政支出过亿元的项目有：一般公共服务支出 4.2 亿元，公共安全支出 2.1 亿元，教育支出 10 亿元，社会保障和就业支出 6.7 亿元，医疗卫生与计划生育支出 3.1 亿元，节能环保支出 1.2 亿元，城乡社区支出 6.8 亿元，农林水支出 4.8 亿元，债务付息支出 1.8 亿元。

表 4-1

1986—1996 年昌邑县（市）财政预算内支出情况表

单位：万元

年份	合计	科技三项费用类	支援农村生产支出类	农林水利部门事业费	工交商等部门事业费	城市维护费	城镇青年就业经费类	文教卫生事业费类	科学事业费类	其他部门的事业费类	抚恤和社会福利救济费类	行政管理费类	公检法支出类	价格补贴支出	环保水资源支出	教育费附加支出	简易建筑费支出类	专款支出类	企业挖潜改造资金类	地质勘探费类	农业综合开发支出类	其他支出
1986	2495	4	42	145	6	72	3	1078	5	100	213	359	61	169	38	—	—	—	—	—	—	200
1987	3083	4	125	196	9	156	4	1271	6	109	247	369	64	190	89	—	—	—	—	—	—	244
1988	3931	3	248	263	7	111	2	1536	10	142	270	446	150	203	125	—	—	—	—	—	—	415
1989	4832	3	257	215	18	180	5	1918	11	262	391	493	241	209	160	—	—	—	—	—	—	469
1990	5550	3	548	245	24	229	5	2128	12	347	416	578	278	247	209	13	—	—	—	—	—	268
1991	5869	3	628	256	10	182	8	2363	14	408	431	598	334	108	120	46	—	—	—	—	—	360
1992	6937	3	530	292	21	227	10	2815	13	526	459	751	344	379	—	—	20	266	—	—	—	281
1993	8401	2	779	306	26	242	—	3129	18	439	437	1079	342	434	—	—	—	216	202		—	750
1994	10011	92	570	546	58	341	—	4948	14	625	550	1537	461	195	—	—	—	259	—	—	—	-185
1995	12346	91	548	490	41	562	—	5188	17	599	529	1859	526	91	—	—	5	304	300	2	603	591
1996	15831	423	246	626	42	715	—	6627	17	794	453	2213	783	185	—	—	80	945	1	—	441	1077

1997—2005 年昌邑市一般预算支出情况表

表 4-2

单位：万元

年份	合计	科技三项费用类	支援农村生产支出类	农林水利部门事业费	工交商等部门事业费	城市维护费	支援不发达地区支出	文教卫生事业费类	科学事业费类	其他部门的事业费类	抚恤和社会福利救济费类	行政管理费类	公检法支出类	基本建设支出	简易建筑费支出类	专款(专项)支出类	企业挖潜改造资金类	农业综合开发支出类	税务统计财政审计等部门事业费	行政事业单位离退休经费	政策性补贴支出	社会保障补助支出	其他支出
1997	17911	176	244	890	39	528	—	7559	18	—	461	2902	—	—	30	611	604	369	710	142	60	—	1499
1998	20171	334	788	987	56	775	—	7880	36	—	480	2865	985	—	—	617	10	752	711	108	120	463	2204
1999	21068	437	502	1017	51	809	40	9186	38	—	680	3219	1325	—	—	522	128	766	410	126	70	167	1575
2000	23655	401	375	1050	37	1107	30	10833	14	—	740	3517	1565	—	—	1041	256	982	439	73	30	162	1003
2001	26608	440	431	1121	36	1589	—	11823	8	—	847	3715	1856	—	—	1013	83	1064	433	73	—	240	1836
2002	33431	555	634	1564	55	1627	—	14756	15	575	1424	5362	1953	—	—	1195	278	806	—	75	30	484	2043
2003	38199	273	—	4431	61	1827	—	15315	10	761	1511	5002	2097	62	—	1338	656	—	—	69	70	657	4059
2004	47778	314	—	2912	195	2256	—	16370	11	889	1470	5889	2626	—	—	2433	79	—	—	72	50	522	11690
2005	65048	516	—	4345	315	3272	—	18955	13	1249	1792	7757	3033	—	—	3357	8993	—	—	90	20	785	10566

2006 年昌邑市一般预算支出情况表

表 4-3　　　　单位：万元

预算科目	决算数
基本建设支出	2
企业挖潜改造资金	8249
地质勘探费	—
科技三项费用	653
流动资金	—
农业支出	3729
林业支出	202
水利和气象支出	961
工业交通等部门的事业费	278
流通部门事业费	—
文体广播事业费	2629
教育支出	17023
科学支出	117
医疗卫生支出	3077
其他部门的事业费	1179
抚恤和社会福利救济	2434
行政事业单位离退休支出	82
社会保障补助支出	1264
国防支出	—
行政管理费	8625
外交外事支出	—
武装警察部队支出	—
公检法司支出	4382
城市维护费	4119
政策性补贴支出	544
支援不发达地区支出	—

续表

预算科目	决算数
海域开发建设和场地使用费支出	—
车辆税费支出	—
债务利息支出	—
专项支出	3347
其他支出	15600
总预备费	—
本年支出合计	78496

2007—2008年昌邑市一般预算支出情况表

表4-4　　单位：万元

预算科目　年份	2007	2008
一般公共服务	13432	13850
外交	—	—
国防	13	25
公共安全	5441	6529
教育	25573	28655
科学技术	865	1059
文化体育与传媒	567	820
社会保障和就业	6091	6229
医疗卫生	5097	7492
环境保护	1361	943
城乡社区事务	2111	2964
农林水事务	8048	10016
交通运输	—	—
工业商业金融等事务	6322	4723
其他支出	18735	23157
本年支出合计	93656	106462

2009 年昌邑市一般预算支出情况表

表 4-5 单位：万元

预算科目	决算数
一般公共服务	16162
外交	—
国防	35
公共安全	8806
教育	33330
科学技术	1052
文化体育与传媒	895
社会保障和就业	7571
医疗卫生	9375
环境保护	4915
城乡社区事务	6218
农林水事务	15238
交通运输	673
采掘电力信息等事务	3816
粮油物资储备管理等事务	1702
金融监管支出	—
地震灾后恢复重建支出	—
预备费	—
国债还本付息支出	—
其他支出	26909
本年支出合计	136697

2010—2019 年昌邑市一般预算（一般公共预算）支出情况表

表 4-6　　　　　　　　　　　　　　　　　　　　　　　　　　　单位：万元

预算科目＼年份	2010	2011	2012	2013	2014
一般公共服务支出	17270	22981	29877	38750	39383
外交支出	—	—	—	—	—
国防支出	4	60	7	10	4
公共安全支出	8067	9799	11551	13371	13014
教育支出	38134	60577	68411	76597	81306
科学技术支出	1152	1859	1268	2209	1446
文化体育与传媒支出	1133	1744	1619	1922	2248
社会保障和就业支出	8942	16843	20219	22346	23015
医疗卫生与计划生育支出	13077	18603	22178	21977	31794
节能环保支出	5830	6417	9657	8330	10068
城乡社区支出	6480	10383	9101	13866	33845
农林水支出	20082	29610	33261	34505	38558
交通运输支出	2923	3089	3325	3770	9069
资源勘探信息等支出	1181	1456	2783	1886	2827
商业服务业等支出	3915	4556	1825	1141	738
金融支出	67	645	131	100	—
援助其他地区支出	—	—	319	588	659
国土海洋气象等支出	796	3130	813	2814	1145
住房保障支出	9134	5268	8017	5611	5562
粮油物资储备支出	198	—	50	25	311
其他支出	27053	24058	26976	33114	16493
债务付息支出			118	94	71
债务发行费用支出	—	—	—	—	—
本年支出合计	165438	221078	251506	283026	311556

续表

预算科目 \ 年份	2015	2016	2017	2018	2019
一般公共服务支出	44777	27285	30497	36409	41754
外交支出	—	—	—	—	—
国防支出	5	5	23	6	38
公共安全支出	15151	17104	20370	19564	21487
教育支出	94139	86035	95517	95741	100402
科学技术支出	551	670	1293	1008	2144
文化体育与传媒支出	2582	2638	2633	4542	5201
社会保障和就业支出	27045	42849	54047	58780	67020
医疗卫生与计划生育支出	36747	35292	30278	33162	31378
节能环保支出	29061	4755	9044	12466	12067
城乡社区支出	85460	75171	75627	87644	67948
农林水支出	68932	43777	46481	47515	47905
交通运输支出	1308	6694	7693	7346	3517
资源勘探信息等支出	1341	662	2385	6676	8117
商业服务业等支出	838	1706	789	774	230
金融支出	—	—	8	20	1791
援助其他地区支出	711	769	820	925	949
国土海洋气象等支出	4437	3057	7116	2743	6474
住房保障支出	5445	8377	12554	17071	3184
粮油物资储备支出	37	385	3	1738	1118
其他支出	2889	3899	—	—	2571
债务付息支出	330	5285	8960	12778	18088
债务发行费用支出	—	—	—	—	—
本年支出合计	421786	366415	406138	446908	443383

第一章　经济建设支出

第一节　基本建设支出

昌邑市的基本建设支出是用于新建、扩建、改建、恢复各种生产性或非生产性固定资产的资金支出。生产性支出包括工业建设、建筑业建设、农林水利气象建设、地区资料勘探建设、运输邮电建设、商业和物资供应建设等支出；非生产性支出包括住宅、文教卫生、科学研究和综合技术服务事业以及机关团体等房屋建设的支出。

1995年9月1日，市财政局根据财政部、中国人民建设银行《关于财政部收回原委托中国人民建设银行代行的财政职能的通知》和省财政厅、潍坊市财政局有关文件精神，从建行收回委托建行代行的财政职能。

1995年，市财政局批复新建、改扩建项目21个，总投资额4039万元，交付使用固定资产1747万元，在建工程2292万元。

1997年，批复新建、改扩建项目55个，其中经营性建设项目24个、非经营性建设项目31个，总投资额8924万元（包含国家预算拨款130万元）。项目包括市城市信用社办公楼1311万元、市博物馆673万元、市电业公司宿舍楼综合楼1052万元、市公路局综合楼384万元、市教委宿舍楼260万元、市第二实验小学教学楼371万元等。

1998年，批复新建、改扩建项目55个，其中经营性建设项目16个、非经营性建设项目39个，总投资额6458万元。项目包括市法院宿舍楼综合楼211万元、市防疫站宿舍楼331万元、市第一中学教学楼140万元、市交警大队综合楼356万元、市抽纱厂1229万元、市盐业公司宿舍楼507万元、市机关服务中心宿舍楼278万元、市教师公寓260万元等。

1999年，批复新建、改扩建项目47个，其中经营性建设项目5个、非经营性建设项目42个，总投资额9302万元。项目包括市人民法院宿舍楼434万元、交通街宿舍楼500万元、市北海防潮堤工程720万元、市新华书店宿舍楼361万元、市畜牧局无规定动物疫病区工程63万元、市人民医院综合楼847万元、市第一中学科教楼260万元、市实验中学综合楼215万元等。

2000年，批复新建、改扩建项目22个，其中经营性建设项目5个、非经营性建设项目17个，总投资额17342万元（包含国债2844.47万元）。项目包括市看守所宿舍楼综合楼693万元、市潍河西防潮堤工程230万元、市防疫站办公楼185万元、市人民医院病房楼480万元、市第二中学宿舍楼综合楼3643万元、市电业总公司农村电网改造9002万元等。

2001年，批复新建、改扩建项目15个，其中经营性建设项目1个、非经营性建设项目14个，总投资额5740万元。项目包括市电业总公司农村电网改造3031万元、市第一中学学生宿舍260万元、市火化场项目980万元等。

2002年，批复新建、改扩建项目11个，其中经营性建设项目2个、非经营性建设项目9个，总投资额6775万元（包含国家专项资金180万元）。项目包括市林业局林木良种基地建设120万元、市电业总公司二期农网改造4840万元等。

2003年，批复新建、改扩建项目24个，其中经营性建设项目3个、非经营性建设项目21个，总投资额1935万元（包含国债资金补助383万元）。项目包括市教学研究室网络管理中心建设109万元、岞山镇西夏湾小学建设13.05万元、市自来水公司管网改扩建工程及深水井等配套工程720万元、市沿海防护林项目212万元、永大路项目300万元、市文山中学科技楼307万元、人畜饮水工程86万元、市公安局治安拘留所200万元等。

2004年，批复新建、改扩建项目11个，其中经营性建设项目2个、非经营性建设项目9个，总投资额1686万元（包含国债资金补助100万元）。项目包括市第一中学学生宿舍楼300万元、市外国语学校学生公寓188万元、都昌街道乡村道路工程286万元、永大路项目847万元等。

2005年，批复新建、改扩建项目11个，其中经营性建设项目6个、非经营性建设项目5个，总投资额4596万元（包含国债资金补助240万元）。项目包括市水利局林纸一体化实验项目295万元、库区移民村建设13万元、市发展与改革局农村公路建设1163万元、城区给水管道工程2241万元等。

2006年，批复新建、改扩建项目13个，其中经营性建设项目1个、非经营性建设项目12个，总投资额4111万元（包含国债资金补助610万元）。项目包括沿海防护林项目37万元、2006年度人畜饮水工程110万元、潍河西堤加固治理工程200万元、市人民法院北孟法庭项目323万元、丈岭镇鱼池湖蓄水拦河闸工程135万元、柳疃镇小城镇建设工程921万元、市农业机械管理局优良工程现代化装备推进项目496万元、优质小麦良种繁育基地与农业有害生物预警与区域控制站项目752万元等。

2007年，批复新建、改扩建项目19个，均为非经营性建设项目，总投资额1964.12万元。项目包括市水利局农村安全饮水项目151万元、下营港沿海防潮堤道路工程20万元、2007年度沿海防护林项目58万元、市人民检察院办案用房和专业技术用房工程100万元、下营渔港扩建工程480万元、市委组织部村级组织活动场所项目206万元等。

2008年，批复新建、改扩建项目44个，其中经营性建设项目4个、非经营性建设项目40个，总投资额8367.75万元（包含中央财政资金1507万元）。项目包括2008年沿海防护林项目258万元、2008年饮水安全项目372万元、市农业局标准粮田建设项目400万元、市农业局沼气建设项目123.15万元、市县级动物监督设施及生猪标准化养殖场建设和生猪扩繁场建设项目248.6万元、市建设局水体污染防治项目1643万元，以及围子镇、柳疃镇、夏店镇、龙池镇、石埠镇、流河乡卫生院改造等。

2009年，批复新建、改扩建项目48个，其中经营性建设项目5个、非经营性建设项目43个，总投资额10592.29万元（包含中央财政资金3530万元），项目包括2009年标准粮田建设项目450万元、市畜牧局2009年生猪标准化规模养殖场及乡镇兽医站基础设施建设项目250万元、饮马镇道路及节水灌溉项目438.24万元、龙池镇道路建设项目258.54万元、2009年扩大内需饮水安全及潍河海堤建设1590万元、2009年沿海防护林项目543万元、围子镇道路建设项目263万元、柳龙路建设项目600万元、市人民医院内科病房楼建设项目2460万元、潍河下游小龙河治理项目231万元、卜庄镇道路建设项目528万元、中央商务区改造项目337万元等。

2010年，批复新建、改扩建项目10个，其中经营性建设项目1个、非经营性建设项目9个，总投资额7426.79万元（包含中央资金

3769.5万元）。项目包括2010年沿海防护林项目350万元、2010年农村饮水安全及潍河入海口防潮堤工程2323万元、市人民检察院技侦用房建设项目160万元、龙池镇卫生院改建项目115万元、饮马镇卫生院门诊建设项目160万元、山东同大海岛新材料股份有限公司生态超纤高仿真面料升级改造项目600万元等。

2011年，拨付工程资金31702万元，主要包括新206国道路灯建设项目，滨海（下营）开发区新区道路、排水、路灯建设工程，双石路等道路及排水工程，院校街潍河大桥建设工程，北海路（双石路—柳疃）段两侧绿化提升工程，滨河公园内道路建设工程，国道206线金口大桥景观工程，潍水一号综合楼工程，昌邑北部水网南一横沿线关节工程，丰产河橡胶坝工程，文化中心、文化公园、会议中心、金口大桥灯光亮化工程，昌邑市保障性住房一期、二期工程等招标及评审工程。

2012年，批复新建、改扩建项目19个，其中经营性建设项目3个、非经营性建设项目16个，总投资额8268.9万元（包含中央财政资金2600.9万元）。项目包括下营镇卫生院建设项目500万元、市卫生监督大队业务用房建设项目255万元、100吨级渔政船800万元、2012年沿海防护林工程600万元、中国对虾良种场建设项目356.5万元、柳疃镇辛安引水工程530万元、市公安局看守所扩建项目1213万元、奎聚社区卫生服务中心业务用房改造项目230万元、2012年农村饮水安全工程1604万元等。

2013年，拨付工程资金66753万元，用于第二生活垃圾处理场新建，育秀学校新校区建设，城区双石路、滨河西路、西环路等20条道路路灯新建，滨海（下营）经济开发区5条道路路灯新建，城区7条道路改造及排水，永宁路与会议中心广场绿化，院校西街等四条道路绿化，潍坊滨海产业园海惠一路道路及排水建设，大闸路拓宽改建，柳疃项目区道路改建等招标及评审工程。

2014年，拨付工程资金65194万元，用于市妇幼保健院新建门诊楼及配套，堤河河道生态修复，第二生活垃圾处理场污水处理系统（渗沥液处理站），院校街潍河大桥亮化，城区道路及排水，市会议中心南广场道路及排水，人防物资储备库建设，永大东路等3条道路排水，新昌路、滨河东路、同大街等道路亮化，厫卜路、昌平路、东环路挖补维修等招标及评审工程。

2015年，拨付工程资金65410万元，用于丰产河人工湿地修复建设，泿河生态修复，公共自行车租赁系统建设，北海路、南苑东街、城里东街道路及排水，院校东街（潍河大桥—下小路）道路两侧绿化，G309荣兰线石埠至潍坊奎文段改建昌邑段改建，市会议中心南侧立面及广场灯光亮化，新村中学片区电力线路改造等招标及评审工程。

2016年，拨付工程资金72170万元，用于蒲河河道生态修复，王士义沟水体整治，胶莱河大堤水毁段抢险，饮马镇道路建设，应急水源地建设，城区公园、潍水风情湿地公园绿地设施维修，城区绿地新增、补植，市第一实验小学教学楼建设，市第二实验小学教学楼建设，市实验中学校区迁建等招标及评审工程。

2017年，拨付工程资金44000万元，用于凤鸣学校校区新建，灶朱路（柳疃—李家埠）段道路大修，应急抗旱水源、围子热源厂供热管线沿线道路施工，新建货运汽车专用停车场，2017年创建全国文明城市活动市政设施维修，城区部分道路路灯地下设施改造等招标及评审工程。

2018年，拨付工程资金43032万元，用于市文化中心、市职教中心新校区、城建道路及排水、创建文明城市及城市管理提升年活动市政设施维修、育秀学校等招标及评审工程。

2019年，拨付工程资金41491万元，用于永大东路等3条道路排水、平安街与石化路交叉口雕塑制作安装、宝通东街昌邑段绿化、北胶新河贾家庄大桥维修、蒲河治理等招标及评审工程。

第二节　自筹基本建设支出

1992年，昌邑县为控制非生产性消费支出，制订《昌邑县基本建设投资管理暂行规定》，明确非生产性自筹基建资金的范围及审批程序，凡进行非生产自筹基建的单位，自筹资金按工程预算的70%存入县财政基建专户，在财政审查资金合理合法后，出具资金证明，到县计划委员会办理计划审批手续。县委、县政府决定兴建北部沿海供水工程，采取乡镇集资、财政投资、银行贷款等办法，总投资5000余万元，分两期进行建设。4月，北部沿海供水工程第一期工程开工，投资2500万元。全年水资源费支出59.3万元，主要用于第二水源地开发和建设。

1993年，筹集资金安排专款130多万元，用于北海公园建设；为解决县城及北部乡镇群众吃水，筹集资金建设第二水源地。

1994年，市财政局投资200万元，争取上级专款15万元，筹集预算外资金280万元，用于第二水源地建设；筹资370万元，用于北海公园建设；专项筹资420万元，用于城区路道修建与改造。

1995年，市财政局筹资2478万元，用于城区道路修建、北海公园和昌邑宾馆建设。根据“三山一城两园一馆”（即峡山、青山、文山，县城，北海公园、北海月牙湖公园，博物馆）总体规划，投资170万元，用于市博物馆建设。投资40万元，用于第二水源地和供水工程建设。1月，自来水输送到柳疃、青乡、下营3镇77个村庄，受益人口8万人。6月，北部沿海供水工程第二期工程开工。

1996年，北部沿海供水工程竣工，对卜庄、东冢、龙池3个乡镇、110个村庄、14万人口实行供水。青年路和市招待所改造、市博物馆、市老干部活动中心和北海公园二期工程建设等，投入资金3000多万元。

1998—1999年，投资500万元，打深水井3眼，铺设配水管线50千米，对咸淡水分界线附近的夏店、双台2个乡的30个村庄3万余人实行供水。至此，北部沿海供水工程使217个村庄25万余人受益。

2000年，取消自筹资金基本建设项目。

第二章　农村经济事业支出

昌邑县（市）农村经济事业支出主要包括农、林、水、气象等部门事业费、支援农村生产支出、农业综合开发等方面的支出。昌邑市财政部门立足产粮大县实际，注重农村经济，加大财力支持和投入，保障农村经济发展。

第一节　农林水支出

科目设置与调整

农林水支出涵盖农、林、水、气象等部门事业费、支援农业生产支出、农业综合开发支出。

农林水气象等部门事业费，主要是农业、林业、水利、农机、水产、畜牧、气象等有关部门用于发展各项事业的经费。从农林水气象等部门事业费支出结构看，主要包括两部分：一是个人经费，即各级事业单位的人员工资、社会保险、福利费等；二是公用经费，即各事业单位的办公费、工会费、福利费等。

1986年，设置支援农村生产支出类。

1987年，增设土地管理事业费支出科目。

1989年，土地管理事业费出现列支。

1995年，农业发展专项资金支出改称“农业综合开发支出”。

1997年，发展粮食生产专项资金支出改称“粮食自给工程资金”。

2003年，财政支出科目调整，将农林水气象等部门事业费与支援农业生产支出、农业综合开发支出合并调整为农业支出、林业支出、水利气象支出三大类。

农业支出是用于种植、畜牧、水产、农机等方面的财政支出。实行政府收支分类改革后，农业支出成为新科目农林水事务类下的款级科目，将原科目其他涉农支出事项纳入，包括行政运行、一般行政管理事务、事业运行、技术推广、技能培训、病虫害控制、农产品质量安全、耕地地力保护、渔业及水域保护、农业资源调查和区划、灾害救助、稳定农民收入补贴、农业结构调整补贴、农业生产资料补贴、农业生产保险补贴、农民合作经济组织、农产品加工与促销、农村公益事业、农业产业化、农业资源保护、农村能源综合建设、农村饮水、村级组织支出补助、农村道路建设等支出项目。

林业支出主要用于发展林业生产、保护和开发林木资源等，包括行政运行、事业运行、林业防火经费等。

水利和气象科目包括行政运行、水利技术推广、防汛抗旱、水文水质水土水资源管理、水利建设、南水北调工程管理等款级支出科目。

2007年，实行政府收支分类改革后，设置农林水事务支出，该类支出包含农林水方面的几乎所有支出，分设农业、林业、水利、南水北调、扶贫、农业综合开发、其他农林水事务支出7款。

2019年，政府收支分类科目设置“农林水事务”支出，该类支出包含农林水方面的支出，分设农业、林业和草原、水利、南水北调、扶贫、农业综合开发、农村综合改革、普惠金融发展支出、目标价格补贴、其他农林水支出10款。

支出情况

1986年，农林水利部门事业费支出为145万元，支援农村生产支出为42万元。

1991年，农林水利部门事业费支出为256万元，是1986年的1.8倍；由于加大农业投入，支援农村生产支出达到628万元，是1986年的15倍。

1995年，农业综合开发单列科目，支出603万元。

1996—2000年，农林水利部门事业费分别为626万元、890万元、987万元、1017万元、1050万元；支援农村生产支出分别为246万元、244万元、788万元、502万元、375万元；农业综合开发支出分别为441万元、369万元、752万元、766万元、982万元。

2001—2005年，农林水利部门事业费支出分别为1121万元、1564万元、4431万元、2912万元、4345万元。

2001—2002年，支援农村生产支出分别为431万元、634万元；农业综合开发支出分别为1064万元、806万元。

2006年，农业支出3729万元，林业支出202万元，水利和气象支出为961万元。

2007—2010年，农林水事务支出分别为8048万元、10016万元、15238万元、20082万元。

2011—2015年，农林水事务支出逐年增加，分别为29610万元、33261万元、34505万元、38558万元、68932万元。

2009年—2012年，连续实施4年现代农业生产发展资金优质鱼项目，投入财政资金5940万元，通过实施标准化池塘开发工程、工厂化养殖示范园项目等，提升现代渔业发展水平，增加渔民收入。

2016—2019年，农林水事务支出分别为43777万元、46481万元、47515万元、47905万元。

第二节　城乡社区事务支出

2007年，政府收支分类科目设置城乡社区事务支出科目，是农村经济事业支出的组成部分，包括城乡社区管理事务支出、公共设施支出、环境卫生支出等。

2007—2010年，城乡社区事务支出逐年增加，分别为2111万元、2964万元、6218万元、6480万元。

2011—2015年，由于城乡社区基础设施投入增长，城乡社区事务支出分别为10383万元、9101万元、13866万元、33845万元、85460万元。

2016—2019年，城乡社区事务支出分别为75171万元、75627万元、87644万元、67948万元。

第三章　社会事业支出

第一节　教育支出

科目设置与调整

教育支出主要包括教育行政费和学校经费。学校经费主要包括教师工资、补助工资、福利费、离退休人员工资及补助、人民助学金、公务费、设备购置费、基建、维修费等项目。教育支出是财政文教科学卫生事业费类中最主要支出科目。

1986—1997年，教育事业费支出先后在文教科学卫生事业费和文教卫生事业费类级科目下设款级科目列支。

1998年，单独设教育事业费类级预算科目，支出科目略有调整，增加技工学校经费科目，取消民办教师补助费科目。

2003年，教育事业费改为教育支出，下设普通教育、职业教育、成人教育、广播电视教育、留学教育、特殊教育、教师进修及干部教育等款级预算支出科目。

2007年，实行政府收支分类改革，教育支出分设10款：教育管理事务、普通教育、职业教育、成人教育、广播电视教育、留学教育、特殊教育、教师进修及干部继续教育、教育附加及基金支出、其他教育支出。其中教育管理事务、普通教育、职业教育、特殊教育是主要支出款项。

2019年，政府收支分类科目中，教育支出分设10款：教育管理事务、普通教育、职业教育、成人教育、广播电视教育、留学教育、特殊教育、进修及培训、教育费附加安排的支出、其他教育支出。

支出情况

1985年，按照《中共中央关于教育体制改革的决定》提出的教育经费“两个增长”（即中央和地方政府教育拨款的增长要高于财政经常性收入的增长，并按在校学生人数平均的教育费用逐步增长）要求，拨付教育经费。7月，国家改革工资制度，将原来的等级工资制改为结构工资制，教师除基本工资、职务工资、工龄工资外，享受教龄补贴、班主任津贴。

1986年，教育事业费支出740.2万元，增长11.6%。

1987年，教育事业费支出1258.8万元，增长18.9%。

1990年，教育事业费支出1361.3万元，比上年增长8.1%。如果包括各项附加和筹集资金安排的校舍改造专款，增长幅度还要大。

1991年，教育事业费支出1562万元，增长14.7%，增支200.7万元，基本做到教师工资和学生人均公用经费逐年增长。

1992年，教育事业费支出1811.3万元，增长23%，确保上级出台的政策性人员增资项目及时兑现，财政专项投资改善中小学设施及党校等各类学校的教学条件，教育附加费收入专项用于国办中小学的校改支出43万元。

1993年，教育事业费增长19.2%。财政专项投资20万元，改善聋哑学校教学设施及办公条件，对辛置中学搬迁投资50万元。

1994年，文教卫生事业费支出4927万元，其中教育事业费支出3873万元，比上年实际增长69.1%，增支1583万元。主要原因：一是工资套改增资1480万元；二是大中专学生分配增人增资及离退休提高补助等增加支出68万元；三是民办教师转公办（简称民转公）、转合同制130人，增人增支20.2万元；四是财政专项投资95万元，用于市一中教师宿舍楼建设、市聋哑学校教学楼附属工程建设。

1995年，教育事业费支出4046万元，同口径比上年增长12%，增支433万元。主要是大中专学生分配增人增资、离退休人员增加工资、支付退休安家费、教师晋升职称提资、预留提资等增加支出。

1996年，教育事业费支出5247万元，比上年增长29.7%，增支1201万元。主要是增人增资增加支出。

1997年，教育事业费支出6148万元，比上年增长17.2%，主要是大中专学生分配等增人增资增加支出。

1998年，教育事业费支出6365万元，比上年增长3.5%，增支217万元。

1999年，教育事业费支出7520万元，比上年增长18.1%，增支1155万元，主要是新增工资支出。

2000年，教育事业费支出9085万元，比上年增长20.8%，增支1565万元，主要用于民转公等增人增资支出。

2001年，教育事业费支出9972万元，比上年增长9.8%，增支887万元。

2002年，教育事业费支出11947万元，比上年增长19.8%。

2003年，教育支出13633万元，比上年增长8.92%。

2004年，教育支出16172万元，比上年增长9.3%。

2005年，教育支出17023万元，比上年增长15.7%。

2006年，昌邑市被选为山东省3处试点单位之一，参与农村义务教育经费保障机制改革试点工作。改革工作主要内容包括：全部免除农村义务教育阶段学生学杂费，对贫困家庭学生免费提供教科书并补助寄宿生生活费；提高农村义务教育阶段中小学公用经费保障水平；建立农村义务教育阶段中小学校舍维修改造长效机制；巩固和完善农村中小学教师工资保障机制。是年，全市实施农村义务教育经费保障机制改革试点，“两免一补”工作全面展开，投入资金670万元，为农村义务教育学生免除学杂费，对农村贫困家庭、享受城市最低生活保障政策家庭、义务教育阶段的学生免费提供教科书、补助寄宿生生活费，受益学生达5.6万人。

2007年，教育支出25573万元，比上年增长50.2%。

2008年，教育支出完成28655万元，比上年增长12.1%。作为首批试点单位，有8处学校参与农村中小学“两热一暖一改（热水、热饭、取暖、改厕）”即“211工程”试点工作。省财政厅、省教育厅到昌邑市实地调研工程建设情况，召开现场工作会，向全省推广昌邑经验。

2009年，投入资金3501万元，推进义务教育经费保障机制改革。

2010年，投入资金4083万元，免除城乡义务教育阶段学生学杂费，提高农村中小学公用经费标准，对农村贫困家庭、享受城市最低生活保障政策家庭、义务教育阶段的学生免费提供教科书、补助寄宿生生活费。投入资金993万元，推进义务教育债务化解工作。

2011年，提高农村中小学生均公用经费标准。预算内教育投入60577万元，比上年增长40.37%。

2012年，教育支出68411万元，比上年增长12.93%，占财政总支出的比重达到25.67%。

2013年，教育支出76597万元，比上年增长12.0%，占财政总支出的比重达到27.1%。

2014年，教育支出81306万元，比上年增长6.1%。

2015年，教育支出94139万元，比上年增长15.8%。

2016年，教育支出86035万元，不断完善覆盖城乡的义务教育经费保障机制，提高农村中小学公用经费标准，解决城镇中小学大班额问题，免除城乡义务教育阶段学生学杂费，对农村贫困家庭、享受城市最低生活保障政策家庭义务教育阶段的学生免费提供教科书、补助寄宿生生活费。

2017年，教育支出95517万元，改善义务教育办学条件，解决城镇普通中小学“大班额”（每个班56人以上）问题，提高城乡义务教育学校公用经费保障水平。对农村家庭经济困难寄宿生发放生活费补助，免除建档立卡家庭经济困难学生学费，落实各项学生资助政策经费，惠及家庭经济困难学生11760人。

2018年，教育支出完成95741万元。

2019年，教育支出完成100402万元。

第二节　科学技术支出

科目设置与调整

1986年，政府收支分类科目设置科技三项费用类。

2007年，政府收支分类科目设置科学技术支出科目，至2019年无变化。

支出情况

1986—1990年，科技三项费用类支出分别为4万元、4万元、3万元、3万元、3万元。

1991—1993年，科技三项费用类支出分别为3万元、3万元、2万元。

1994年，科技三项费用类支出大幅增加，达92万元，比上年增长4500%。

1995年，科技三项费用类支出为91万元。

1996年，科技三项费用类支出首次过100万元，达423万元，比上年增长354.9%。

1997—2000年，科技三项费用类支出分别为176万元、334万元、437万元、401万元。

2001—2005年，科技三项费用类支出分别为440万元、555万元、273万元、314万元、516万元。

2006年，科技三项费用类支出分别为653万元。

2007年，科学技术支出为865万元。

2008年，科学技术支出首次过1000万元，达1059万元，比上年增长22.4%。

2009—2010年，科学技术支出分别为1052

万元、1152 万元。

2011—2012 年，科学技术支出分别为 1859 万元、1268 万元。

2013 年，科学技术支出首次过 2000 万元，达 2209 万元，比上年增长 74%。

2014—2015 年，科学技术支出分别为 1446 万元、551 万元。

2016—2019 年，科学技术支出分别为 670 万元、1293 万元、1008 万元、2144 万元。

第三节　文化旅游体育与传媒支出

科目设置与调整

2006 年，政府收支分类科目设置文体广播事业费支出科目。

2007 年，政府收支分类科目设置文化体育与传媒支出科目。

2019 年，政府收支分类科目设置文化旅游体育与传媒支出科目。

支出情况

2006 年，文体广播事业费支出为 2629 万元。

2007—2010 年，文化体育与传媒支出为 567 万元、820 万元、895 万元、1133 万元。

2011—2012 年，文化体育与传媒支出分别为 1744 万元、1619 万元、1922 万元、2248 万元、2582 万元。

2016—2018 年，文化体育与传媒支出分别为 2638 万元、2633 万元、4542 万元。

2019 年，文化旅游体育与传媒支出为 5201 万元。

第四节　卫生健康支出

科目设置与调整

1986 年，用于卫生方面的事业费支出在“文教科学卫生事业费类”下设卫生事业费和公费医疗经费款级科目予以反映。卫生事业费包括各类医院经费、卫生院补助费、防治防疫事业费、药品检验机构经费、妇幼保健经费、科学研究费、中等专业学校经费、干部训练费、合作医疗补助费、托儿所经费、处理群众医疗欠费基金及其他卫生事业费。公费医疗是政府通过医疗卫生部门按规定向国家工作人员提供免费医疗及预防服务的一项福利性制度，享受范围是国家行政事业单位的工作人员，离休、退休人员及在乡二等乙级以上的伤残军人。按照国家规定享受公费医疗待遇人员的公费医疗经费，1979 年前在卫生事业费中列支，1979 年起设公费医疗经费款级科目单独列报。

1987 年，中医院经费从卫生事业费中划出，设中医事业费款级科目。卫生经费支出在文教卫生事业费类级科目中设卫生事业费、中医事业费和公费医疗经费 3 个款级科目。中医事业费虽设科目，但直到 1991 年方有列支。

1996 年，卫生经费从“文教卫生事业费类”析出，单设卫生经费类级科目。卫生经费类下仍设卫生事业费、中医事业费和公费医疗经费 3 个款级科目。

1999 年，药品检验机构经费改为药品监督管理事业费。

2000 年，公费医疗经费款级科目改称行政事业单位医疗经费。

2003 年，卫生经费类级科目改称医疗卫生支出类，下设卫生、中医、食品和药品监督管理、行政事业单位医疗支出 4 个款级科目。卫生支出下设医院、城市社区卫生服务、乡镇卫生院、防治防疫、妇幼保健、干部培训、农民医疗、处理医疗欠费等项级科目。中医支出，主要包括中医院经费、集体医疗机构补助费、中等专业学校经费、干部培训费、处理群众医疗欠费基金等。行政事业单位医疗经费款下设行政单位医疗经费、事业单位医疗经费、公务员医疗补助经费、其他经费4个项级科目。

2007年，政府收支分类改革，在支出功能分类中设医疗卫生类级科目。分设10款：医疗卫生管理事务、医疗服务、社区卫生服务、医疗保障、疾病预防控制、卫生监督、妇幼保健、农村卫生、中医药、其他医疗卫生支出。

2009年，增设食品和药品监督管理事务款级科目。

2010年，对款级科目进行调整，撤销医疗服务、社区卫生服务、疾病预防控制、卫生监督、妇幼保健、农村卫生，改设公立医院、基层医疗卫生机构、公共卫生。调整后的款级科目为：医疗卫生管理事务、公立医院、基层医疗卫生机构、公共卫生、医疗保障、中医药、食品和药品监督管理事务、其他医疗卫生支出。

2019年，政府收支分类科目中，卫生健康支出款级科目共13类：卫生健康管理事务、公立医院、基层医疗卫生机构、公共卫生、中医药、计划生育事务、行政事业单位医疗、财政对基本医疗保险基金的补助、医疗救助、优抚对象医疗、医疗保障管理事务、老龄卫生健康事务、其他卫生健康支出。

支出情况

2004年，市直单位281名离休人员及二等乙级以上革命伤残军人公费医疗支出100万元；破产及困难企业247名离休人员，财政负担医疗费统筹资金99.6万元。

2005年，全市享受公费医疗待遇的人员632人，支出200多万元。

2006年，全市享受公费医疗待遇的人员517人，其中市直机关事业单位离休人员及二等乙级以上革命伤残军人及武警、消防官兵273人，破产及困难企事业单位离休人员244名，安排公费医疗经费260万元。

2007年，全市新型农村合作医疗试点全面展开，当年支出资金1290万元。

2008年，依照《昌邑市城镇居民基本医疗保险暂行办法》，开始实施城镇居民医疗保险，全年支出15.1万元。

2009年，按照每人6元的标准，将政府购买城市社区公共卫生服务所需资金列入年初财政预算，争取上级公共卫生专项补助资金348万元。按照“合理布局、方便群众、政府主导、社会参与”的原则，优化农村卫生资源配置，根据项目规划和进度，落实项目资金，确保项目实施。新建、扩建村卫生室130处，业务用房面积达到12336平方米，设备配置达1160台（件）。实行一类疫苗免费接种，所需经费由财政负担，全年支出资金22.5万元。

2010年3月，昌邑市被确定为基本药物制度试点县，10处乡镇卫生院和8处社区卫生服务机构全部停止购进基本药物目录以外的其他药物，全部配备使用基本药物，按购进价格实行零差率销售。实施农村卫生室服务能力提升工程，支出资金72.5万元，新建、扩建村卫生室60处，业务用房面积达到5045平方米，设备配置达564台（件）。全市专项医疗支出资金1127万元。

2011年，全市药品“零差价”支出资金1445万元，离休人员医疗统筹费每人每年1万元、支出资金301.9万元，基本公共卫生服务人均补助标准为25元、支出1401.12万元，基层医疗卫生机构基础设施改造支出资金200.79万元。

2012年，全市政府购买基本公共卫生服务补助标准每人每年25元、支出资金1029.9万元，农村孕产妇住院分娩、孕期妇女补服叶酸支出资金180.9万元，基本药物制度支出资金1764万元。

2013年，全市基本药物制度支出资金1421.1万元，公立医院改革支出415万元，基本公共卫生服务补助资金支出1810.5万元。

2014年，全市基本药物制度支出资金1760万元，公立医院改革支出资金807万元，基本公共卫生服务补助资金支出2055万元。

2015年，全市基本药物制度支出资金1829万元，公立医院改革支出资金1231.7万元，基本公共卫生服务、重大公共卫生服务、专业公共卫生机构人员经费、公用经费和业务经费等方面支出4409.78万元。

2016年，全市拨付计划生育家庭特别扶助金589.5万元，失独家庭一次性抚慰金38万元，基本药物制度支出资金2779.7万元，公立医院改革支出资金1066.5万元，基本公共卫生服务、重大公共卫生服务、专业公共卫生机构人员经费、公用经费和业务经费等方面支出5185万元。

2017年，全市基本药物制度支出资金2672.2万元，公立医院改革支出资金1229万元，基本公共卫生服务、重大公共卫生服务、专业公共卫生机构人员经费、公用经费和业务经费等方面支出4871万元，农村部分计划生育家庭奖励扶助支出3282.8万元，特别扶助金支出625.4万元，计生弱势困难家庭帮扶救助资金10万元，失独家庭一次性抚慰补助金33万元，农村独生子女父母奖励费154.83万元，村级计生主任工资452.9万元，破产、困难和劳动托管企业退休职工独生子女父母一次性养老补助金支出645.47万元，补助393人。

2018年，全市基本药物制度支出资金2568.7万元，公立医院改革支出资金1290万元，基本公共卫生服务支出3225万元，重大公共卫生服务支出471万元，农村部分计划生育家庭奖励支出3704.57万元，城镇其他居民独生子女父母奖励支出37.24万元，计划生育家庭特别扶助金支出690万元，失独家庭一次性抚慰补助金支出49.75万元，农村独生子女父母奖励费支出126.7万元，村级计生主任工资支出456万元，破产、困难和劳动托管企业退休职工独生子女父母一次性养老补助县级预算安排760万元。

2019年，全市基本药物制度支出资金2666万元，基本公共卫生服务支出4054万元，农村部分计划生育家庭奖励支出3857.9万元，城镇其他居民独生子女父母奖励支出39.6万元，计划生育家庭特别扶助金支出921.6万元，失独家庭一次性抚慰补助金支出41.7万元，农村独生子女父母奖励费、村级计生主任工资支出582.7万元，破产、困难和劳动托管企业退休职工独生子女父母一次性养老补助县级预算安排资金760万元。

第四章　社会保障和就业支出

社会保障和就业支出包括抚恤和社会福利救济、安置、离休费、退休退职费、社会救济、自然灾害经济事业费、社会保障补助支出、其他民政事业费等。

1985年，增设其他民政事业费款级科目。

1996年，社会保障方面的支出通过社会福利救济费类和行政事业离退休人员支出类级科目反映。

1998年，设抚恤和社会福利救济、行政事业单位离退休支出、社会保障补助支出3个类级支出科目，反映社会保障方面的支出情况。

2007年，政府收支分类改革后，支出功能分类设社会保障和就业支出类级科目反映社会保障支出情况。

2010年，将“社会保障和就业”类下的“保障性住房支出”“城乡社区事务”类下的“城乡社区住宅”，以及“其他支出”类下的“住房改革支出”分别调出，新增“住房保障支出”类，集中反映政府用于住房方面的支出。

2019年，政府收支分类科目设置社会保障和就业支出。

第一节 抚恤和社会福利救济支出

科目设置与调整

1985年，抚恤和社会福利救济费包括抚恤事业费、社会救济福利事业费、自然灾害救济事业费。

1996—1998年，行政事业离退休人员支出、社会保障补助支出先后从社会救济福利事业费类支出析出，单独列支。

1999年，抚恤和社会福利救济费类支出下设抚恤事业费、军队移交地方安置的离退休人员费用、社会救济福利事业费、自然灾害救济事业费、其他民政事业费等款级科目。

2001年，城镇社会救济费改为城市居民最低生活保障支出。

2003年，将抚恤和社会福利救济支出下设款级科目调整为抚恤、安置、城市居民最低生活保障、农村及其他社会救济、社会福利、其他民政、残疾人事业、自然灾害生活救助。

2004年，最低生活保障款级支出科目改为城市最低生活保障款。

2007年，政府收支分类改革，支出功能分类中撤销抚恤和社会福利救济支出科目，有关列支在“社会保障和就业”类中反映。

支出情况

1987年以后，中央财政多次提高优抚对象抚恤补助标准，优抚对象经费逐年增长，提高的频率和幅度基本与行政事业单位人员增资一致。

2001年，昌邑市按照山东省调整一次性抚恤金发放办法，国家机关（含民主党派、人民团体）工作人员、人民警察因公牺牲或病故后，一次性抚恤金由死者生前所在单位发放，发放标准和计算办法仍按民政部、财政部的有关规定执行，列抚恤金科目。

2004年，全市发放城市低保和农村低保资金243万元，保障困难群体基本生活需要。落实失业保险政策，投入资金269万元，用于失业职工、就业困难人员生活医疗补助、就业援助等。

2005年，全市发放城市低保和农村低保资金208万元，发放再就业补助资金450多万元。

2006年，全市城市居民最低生活保障标准提高到每人每月180元，发放城市低保和农村低保资金221万元。拨付农村五保供养及敬老院建设资金160万元。

2007年，全市发放城市低保和农村低保资金256万元，拨付城镇退役士兵自谋职业一次性经济补助117.8万元。

2008年，全市城市居民最低生活保障标准提高到每人每月220元，农村最低生活保障水平提高到每人每年1000元，发放城乡低保资金472万元。拨付城镇退役士兵自谋职业一次性经济补助149万元。

2009年，全市城市居民最低生活保障标准提高到每人每月260元，农村最低生活保障水平提高到每人每年1200元，发放城乡低保资金671万元。拨付城镇退役士兵自谋职业一次性经济补助138万元。拨付社会保险补贴资金810万元，对28处困难企业的10537人进行社会保险补贴，减轻企业负担，稳定就业形势。

2010年，全市发放城市低保和农村低保资金1039.7万元，农村五保供养资金134.3万元。

2011年，全市城市居民最低生活保障标准提高到每人每月330元，农村最低生活保障水平提高到每人每年1800元，发放城乡低保资金2018.3万元。发放医疗救助资金200.5万元。为36名孤儿发放孤儿基本生活费40.13万元。

2012年，全市发放城市低保和农村低保资金2706.4万元，农村五保供养资金127.9万元。为49

名孤儿发放孤儿基本生活费30.4万元。发放农村籍部分退役士兵老年生活补助239.46万元。发放烈士子女定期生活补助资金45.3万元，补助194人。

2013年，全市城市居民最低生活保障标准提高到每人每月410元，农村最低生活保障水平提高到每人每年2400元，发放城乡低保资金2528.3万元。农村五保供养资金168.5万元。发放自主就业退役士兵一次性经济补助512.1万元。

2014年，全市城市居民最低生活保障标准提高到每人每月450元，农村最低生活保障水平提高到每人每年2900元，发放城乡低保资金2134万元。农村五保供养资金159万元。发放城乡低保、农村五保免费电量款206万元。

2015年，全市城市居民最低生活保障标准提高到每人每月480元，农村最低生活保障水平提高到每人每年3300元，发放城乡低保资金1702万元。发放农村五保供养资金176万元。发放城乡低保、农村五保免费电量款62.3万元。发放自主就业退役士兵一次性经济补助518.4万元。

2016年，全市城市居民最低生活保障标准提高到每人每月500元，农村最低生活保障水平提高到每人每年3700元，发放城乡低保资金1728万元。发放城乡低保、农村五保免费电量款56.3万元。发放困难残疾人生活补贴和重度残疾人护理补贴496.5万元。发放自主就业退役士兵一次性经济补助428.4万元。发放退役士兵自谋职业一次性经济补助47万元。

2017年，全市城市居民最低生活保障标准提高到每人每月510元，农村最低生活保障水平提高到每人每年4100元，发放城乡低保资金1710.7万元。发放城乡低保、农村五保免费电量款51.4万元。发放困难残疾人生活补贴和重度残疾人护理补贴596.3万元。

2018年，全市农村低保资金支出1417.6万元，城镇低保资金支出103.1万元。残疾人两项补贴支出资金610.1万元。

2019年，全市农村低保资金支出1435万元，城镇低保资金支出78.8万元。残疾人两项补贴支出资金1041.8万元。

第二节　行政事业单位离退休支出

科目设置与调整

离休费是由民政部门归口管理，组织、人事部门管理的离休人员的离休费、离休人员其他费用及直接管理离休干部的事业单位经费。退休退职费是民政部门归口管理的退休人员的退休金和按制度规定可以开支的退休人员其他费用及发放退职金的退职人员的生活费、副食品价格补贴等。

1984年，昌邑县在社会救济福利事业费类支出中增加离休费项目，支出逐年增加。

1996年，昌邑市执行财政部《关于行政事业单位离退休经费归口管理有关问题的通知》，将行政事业单位离退休经费划归社会保障部门管理，行政事业离退休人员支出从社会救济福利事业费类支出析出，设“行政事业离退休经费类”单独反映，下设行政单位离退休经费、公检法部门离退休经费、事业单位离退休经费3个款级项目。

2006年，行政事业单位离退休支出包括实行归口管理的行政事业单位离退休经费。

2007年，行政事业单位离退休支出成为社会保障和就业类支出的款级科目。

支出标准

1978年6月，昌邑县按照《国务院关于安置老弱病残干部的暂行办法》和《国务院关于工人退休、退职的暂行办法》，执行机关事业单位干部、工人退休的条件、安置、待遇和优抚等规定。

随着行政事业单位工资制度改革深入，昌邑县（市）在机关事业单位工作人员调整工资的同时，离退休（职）人员均相应增加离退休（职）费，行政事业单位离退休人员待遇水平逐步提高。

1986—2005年，按照办理离退休手续的时间先后、职务级别高低和规定标准，多次提高各级党委、人大、政府、政协、法院、检察院、人民团体机关和各类事业单位离退休人员和退职人员的待遇，频率和幅度与在职人员基本一致。

1988年、1994年、2001年三次提高离休人员护理费标准并扩大发放范围。经费渠道为：凡未参加养老保险社会统筹的，按发放离休费的渠道列支。参加养老保险社会统筹的，从统筹基金中支付；护理费未纳入统筹项目的，仍由所在单位支付。

其他补助。1989年9月30日前办理离退休手续的国家机关、事业单位人员，未参加1985年工资改革的离休干部，每人每月增发生活补贴15元，退休人员每人每月增发生活补贴10元。自1989年1月起，对国家机关、事业单位的退休人员，每人每月发给交通补贴5元，所需经费从行政事业经费中列支。自1988年1月起，对国家机关、事业单位离退休干部，按每人每年60元的标准安排活动经费，用于订阅报刊、购买文体活动用品、召开座谈会、看望住院病人、节日慰问活动等项开支。

1996年，昌邑市执行财政部《关于行政事业单位离退休经费归口管理有关问题的通知》，将行政事业单位离退休经费划归社会保障部门管理，将在行政管理费、公检法支出、有关事业费中列支的离退休人员经费（包括人员待遇经费、公用经费）以及管理机构经费，按照离退休实有人数、政策规定的离退休金和各种补贴的范围、标准，以及上年度离退休人员具体开支项目实际支出水平，比照行政事业单位在职人员支出水平的办法，分别划转人员经费、公用经费和管理机构经费指标。离退休经费统一使用行政事业单位离退休经费类预算科目核算。

从2005年8月1日起，完善县乡机关事业单位养老保险统筹机制，做到统筹比例统一，发放渠道统一，工资标准统一。

2006年，昌邑市工资制度改革时规定，2006年6月30日前已办理离退休手续和已到达离退休年龄的人员（按规定经组织批准留任的除外），按本人计发离退休费的职务，从2006年7月1日起增加离退休费。

2008年1月，根据《昌邑市规范市直机关公务员津贴补贴实施方案》规定，在机关公务员津贴补贴规范提高的同时，机关离退休人员的津贴补贴项目进行规范提高。

2010年10月18日，市纪委、市委组织部、市监察局、市财政局、市人力资源和社会保障局、市审计局印发《关于调整机关和事业单位津贴补贴标准的通知》，调整机关事业单位离退休人员补贴标准。

2015年6月2日，市委组织部、市监察局、市财政局、市人力资源和社会保障局、市审计局印发《关于调整机关和事业单位津贴补贴标准的通知》，机关事业单位2014年11月30日前已办理离退休手续和已达到离退休年龄的人员（按国家有关规定经批准留任的除外），调整津贴补贴。

2015年6月26日，市人力资源和社会保障局、市财政局《关于调整机关事业单位工作人员基本工资标准和增加机关事业单位离退休人员离退休费有关的通知》，机关事业单位2014年9月30日前已办理离退休手续和已达到离退休年龄的人员（按国家有关规定经批准留任的除外），从2014年10月1日起增加离退休费。

2016年12月5日，市人力资源和社会保障局、市财政局《关于调整机关事业单位工作人员基本工资标准和增加机关事业单位离休人员离休费有关的通知》，增加机关事业单位离休人员离休费，从2016年7月1日起执行。

2018年12月25日，市委组织部、市人力资源和社会保障局、市财政局《关于转发做好全市机关事业单位工作人员基本工资标准调整和增加机关事业单位离休人员离休费工作的通知》，增加机关事业单位离休人员离休费，从 2018 年 7 月 1 日起执行。

第三节　社会保障补助支出

科目设置与调整

社会保障补助支出主要用于社会保险基金的补助以及就业、企业关闭破产、社会保险经办机构等方面的开支。

20 世纪 80 年代，昌邑县设城镇人口下乡经费类级支出科目，后改称城镇青年就业补助费，反映用于安置城镇待业青年就业和劳动服务公司经费补助等支出。

1994 年，昌邑市取消城镇青年就业经费类级科目，改为款级科目，并入其他支出。

1997 年，城镇青年就业补助费更名为城镇就业补助费。

1998 年，设社会保障补助支出类级科目，将城镇就业补助费款转入，下设帮困解困资金、财政对社会保险基金的补贴支出、社会保险经办机构经费、城镇就业补助费、下岗职工基本生活补助等款级科目，反映各级政府安排的组织城镇失业人员和困难企业下岗职工就业和再就业的补助费用。

2005 年，社会保障补助支出下设社会保险基金补助、就业补助、国有企业关闭破产补助、社会保险经办机构等款级科目。

2007 年，政府收支分类改革后，支出功能分类中撤销社会保障补助支出科目，有关列支在"社会保障和就业"等类中反映。

支出标准

20 世纪 90 年代，部分国有企业经营困难，下岗职工增加，部分企业下岗职工生活困难。昌邑市根据中共中央、国务院要求，设立帮困资金，用于解决收入低于当地最低生活费标准、确无其他收入来源的特困职工的生活补助，实施再就业工程与解困工作相结合。

1998—2006 年，社会保障补助支出逐年增长。从支出构成看，社会保险基金补助、就业补助、国有企业下岗职工补助和社会保险经办机构为主要列支款项。

2019 年，昌邑市按照省、潍坊市关于开展民生综合保险工作实施意见精神，以每户 3 元/年、每人 3 元/年的标准，安排财政资金 233.6 万元，为居民免费加入灾害民生综合保险。

第四节　社会保障和就业支出与住房保障支出

科目设置与调整

2007 年，政府收支分类改革后，支出功能分类中的社会保障和就业支出类级科目分设 17 款：社会保障和就业管理事务、民政管理事务、财政对社会保险基金的补助、补充全国社会保障基金、行政事业单位离退休、企业关闭破产补助、就业补助、抚恤、退役安置、社会福利、残疾人事业、城市居民最低生活保障、其他城镇社会救济、农村社会救济、自然灾害生活救助、红十字事业、其他社会保障和就业支出。

2009 年，"社会保障和就业"类下新增"保障性住房支出"款。社会保障和就业管理事务改称"人力资源和社会保障管理事务"。

2010 年，将"社会保障和就业"类下的"保障性住房支出""城乡社区事务"类下的"城乡社区住宅"，以及"其他支出"类下的"住房改革支出"分别调出，新增"住房保障支出"类，集中反映政府用于住房方面的支出，下设保障性住房支出、住房改革支出和城乡社区住宅 3 款。

2011 年，保障性住房支出改称"保障性安居工程支出"。

2019 年，政府收支分类科目中，社会保障和就业支出类款级科目分设 20 款：人力资源和社会保障管理事务、民政管理事务、补充全国社会保障基金、行政事业单位离退休、企业改革补助、就业补助、抚恤、退役安置、社会福利、残疾人事业、红十字事业、最低生活保障、临时救助、特困人员救助供养、补充道路交通事故社会救助基金、其他生活补助、财政对基本养老保险基金的补助、财政对其他社会保险基金的补助、退役军人管理事务、其他社会保障和就业支出。

支出情况

2010—2019 年，全市住房保障支出累计 80223 万元，占同期财政一般公共预算支出总额的 2.42%。其中，保障性安居工程支出 21344 万元，占住房保障支出总额的 26.61%。

第五节　政策性补贴支出

科目设置与调整

改革开放以后，国家多次提高粮食、棉花等农副产品或原料产品收购价格，为稳定物价、保障城市居民生活，国家控制此类产品销售价格，使得某些时期粮食、棉花等产品的收购价格高于销售价格。为避免商品流通企业发生亏损，国家以价格补贴形式对相关企业给予补贴。

1985 年，财政预算支出设价格补贴类支出科目。

1997 年，价格补贴支出改为政策性补贴支出。政策性补贴支出主要反映因国家政策导致企业生产经营出现困难时国家给予的价格补贴、经费费用补贴和企业亏损补贴。有少量对居民个人的补贴，如市镇居民肉食价格补贴等。政府收支分类改革后，支出功能分类中取消此支出科目。

支出情况

1985—1996 年，价格补贴项目、范围和标准，国家根据每年经济发展形势和生产、消费等情况随时进行调整，有些补贴项目的执行时间只有两年甚至一年。随着社会主义市场经济体制不断完善，农副产品等价格逐步放开，国家对流通企业的价格补贴支出逐步减少。国家逐步采取对生产单位和个体直接补贴的方式，调动生产积极性。

1997 年，价格补贴支出改为政策性补贴支出后，主要用于粮食（包括部分油料）和副食品的补贴。1997 年以后，基本无列支。

2010—2019 年昌邑市住房保障与保障性安居工程支出情况表

表 4-7　　单位：万元

年份＼项目	住房保障支出	保障性安居工程支出
2010	9134	302
2011	5268	1305
2012	8017	3831
2013	5611	1148
2014	5562	1100
2015	5445	639
2016	8377	567
2017	12554	3316
2018	17071	6355
2019	3184	2781
合计	80223	21344

第五章　行政政法与一般公共服务支出

第一节　一般公共服务支出

科目设置与调整

1986—2006年，预算科目为行政管理费类。

2007年，行政管理费改为一般公共服务支出。

支出情况

1986—1990年，全县行政管理费类支出分别为：359万元、369万元、446万元、493万元、578万元。

1991—1995年，全县（市）行政管理费类支出分别为：598万元、751万元、1079万元、1537万元、1859万元。

1996—2000年，全市行政管理费类支出分别为：2213万元、2902万元、2865万元、3219万元、3517万元。

2001—2005年，全市行政管理费类支出分别为：3715万元、5362万元、5002万元、5889万元、7757万元。

2006—2010年，全市一般公共服务支出（行政管理费类）分别为：8625万元、13432万元、13850万元、16162万元、17270万元。

2011—2015全市一般公共服务支出分别为：22981万元、29877万元、38750万元、39383万元、44777万元。

2016—2019年，全市一般公共服务支出分别为：27285万元、30497万元、36409万元、41754万元。

第二节　公共安全支出

科目设置

1986年以前，公检法司支出为行政管理费类级科目下的款级科目。

1986年公检法支出从行政管理费类析出，单独设类反映。

2007年，政府收支分类改革后，撤销公检法支出科目，设公共安全类级科目，公检法支出情况通过公共安全类级科目反映。

公共安全支出包括11个项目：武装警察部队、公安、国家安全、检察、法院、司法、监狱、强制隔离戒毒、国家保密、缉私警察、其他公共安全支出。

支出情况

1986年，全县公检法支出61万元。

1987年，全县公检法支出64万元，比上年增长4.9%。

1988年，全县公检法支出150万元，比上年增加134%。

1989年，全县公检法支出240.8万元，比上年增长60.2%。主要是适应改革形势的需要，公检法部门人员增加，工资待遇提高，办案设备升级，交通工具增加，经费开支增大。

1990年，全县公检法部门支出277.6万元，比上年增长15.3%。优先保证公检法经费是治理整顿和社会安定的需要，改进公检法部门装备和办案条件，提高打击犯罪和维护社会治安办案效率。增加设施维修和专项办案经费40多万元，新建监狱及配套设施投资20万元，扩建审判厅

20万元，县检察院住房维修和城区分局开办费13万元。

1991年，全县公检法部门支出296.1万元，比上年实际增长6.7%，主要是适当增加修缮费和办案经费。

1992年，全县公检法支出279.7万元，同口径比上年增长9.3%，除保证人员经费外，增加办案费用支出。

1993年，全县公检法支出333万元，比上年增长19.06%，除保证人员经费外，增加办案费用支出，安排专款50多万元用于县检察院办公楼建设。

1994年，全市公检法支出433万元，比上年实际增长33%，增支110万元。主要是调整工资增支96万元及解决办公费超支等。

1995年，全市公检法支出508万元，同口径比上年增长24.9%，增支104.3万元。主要是公检法部门增人增资及服装费、解决办案经费超支和预留提资等。

1996年，全市公检法支出783万元，比上年增长48.9%，增支257万元。主要是公检法部门增加警衔补贴和三项增资及开展“严打”（依法严厉打击刑事犯罪分子活动）等增加支出。

1997年，全市公检法支出1068万元，比上年增长36.4%，增支285万元。主要是公检法部门行政性收费收入纳入预算管理，增加行政性收费支出以及增加办案补助等。

1998年，全市公检法支出985万元，剔除公检法部门行政性收费收入纳入预算管理因素后，与上年持平。

1999年，全市公检法支出1325万元，比上年增长34.5%，增支340万元。主要用于增资和办案费等支出。

2000年，全市公检法支出1565万元，比上年增长18.1%，增支240万元。主要用于增加办案费和增资等支出。

2001年，全市公检法支出1856万元，比上年增长18.6%，增支291万元。

2002年，全市公检法支出1953万元，比上年增长5.2%。

2003年，全市公检法支出2097万元，比上年增长7.4%。

2004年，全市公检法支出2626万元，比上年增长34.76%。

2005年，全市公检法支出3033万元，比上年增长15.5%。

2006年，全市公检法司支出4382万元，比上年增长44.5%。

2007年，全市公共安全支出5441万元，比上年增长7.9%。

2008年，全市公共安全支出6529万元，比上年增长20.8%。

2009年，全市公共安全支出8806万元，比上年增长34.88%。

2010年，全市公共安全支出8067万元，比上年下降8.39%。

2011年，全市公共安全支出9799万元，比上年增长17.88%。

2012年，全市公共安全支出11551万元，比上年增长17.88%。

2013年，全市公共安全支出13371万元，比上年增长15.8%。

2014年，全市公共安全支出13014万元，比上年下降2.7%。

2015年，全市公共安全支出15151万元，比上年增长16.4%。

2016年，全市公共安全支出17104万元，比上年增长12.9%。

2017年，全市公共安全支出20370万元，比上年增长19.1%。

2018年，全市公共安全支出19564万元，比上年减少4%。

2019年，全市公共安全支出21487万元，比上年增长2.8%。

第三节　节能环保支出

科目设置

2007年，政府收支分类科目首次设置环境保护支出科目。

2010年，政府收支分类科目设置节能环保支出科目。

支出情况

2007—2009年，全市环境保护支出分别为1361万元、943万元、4915万元。

2010年，全市节能环保支出为5830万元。

2011—2015年，全市节能环保支出从6417万元增加到29061万元。

2016—2019年，全市节能环保支出分别为4755万元、9044万元、12466万元、12067万元。

第四节　交通运输支出

科目设置

1986年，政府收支分类科目设置工交商等部门事业费，包含交通运输支出。

2006年，政府收支分类科目设置工业交通等部门事业费。

2007年，政府收支分类科目设置交通运输支出科目，昌邑市未单列。

2009年，开始单列交通运输支出。

支出情况

2009—2010年，全市交通运输支出分别为673万元、2923万元。

2011—2015年，全市交通运输支出分别为3089万元、3325万元、3770万元、9069万元、1308万元。

2016—2019年，全市交通运输支出分别为6694万元、7693万元、7346万元、3517万元。

第五节　资源勘探信息等支出

科目设置与调整

2009年，政府收支分类科目设置采掘电力信息等事务支出。

2010年，政府收支分类科目设置资源勘探信息等支出。

支出情况

2009年，全市采掘电力信息等事务支出为3816万元。

2010年，全市资源勘探信息等支出为1181万元。

2011—2015年，全市资源勘探信息等支出分别为1456万元、2783万元、1886万元、2827万元、1341万元。

2016—2019年，全市资源勘探信息等支出分别为662万元、2385万元、6676万元、8117万元。

第六节　国土海洋气象等支出

科目设置与调整

2010年，新增“国土资源气象等事务”类级支出科目，反映政府用于国土资源、海洋、测绘、地震、气象等公益服务事业方面的支出。下设国土资源事务、海洋管理事务、测绘事务、地震事务、气象事务5个款级支出科目。

2014年，“国土资源气象等事务”类级支出科目改为“国土海洋气象等支出”。

支出情况

2010—2019年，国土海洋气象等支出累计32525万元，占同期财政一般公共预算支出总额的0.98%。其中国土资源事务支出共计14068万元，占同期国土海洋气象等支出类总额的43.25%，主要为行政运行支出、国土资源规划及管理、国土整治、矿产资源补偿费支出和矿产资源专项收入安排的支出。

2010—2019年昌邑市国土海洋气象等支出情况表

表4-8　　单位：万元

年份＼项目	国土海洋气象等支出	国土资源事务支出
2010	796	323
2011	3130	1294
2012	813	528
2013	2814	1218
2014	1145	283
2015	4437	1167
2016	3057	990
2017	7116	4477
2018	2743	2564
2019	6474	1224
合计	32525	14068

第五编
财政管理

财政管理是财政部门的经常性工作，贯穿财政工作始终，覆盖财政领域和财政过程，财政计划编制、执行与财政决算，制定和执行财政政策及法规，规范财政关系及运行，决定财政工作整体水平和最终成效，制约财政改革效应和财政职能发挥，影响财政经济状况和运行机制，包括预算管理、非税收入资金管理、财务管理、国有资产管理等。

第一章 预算管理

第一节 预算编制与调整

1986年，潍坊市对昌邑县采取收入包干财政体制。县财政局在编制年度财政预算时规定，对各单位的经费超支，县财政不予弥补，所超支的经费，从各单位1987年指标中扣还。压缩设备购置费和严格控制社会集团购买力；压缩会议经费，严格控制基本建设支出。对所有需要追加的支出，不论数额大小，坚持县长办公会统一研究，由县长“一支笔”审批制度。

1987年，全县安排参与分成收入4693万元，按照省对昌邑县的财政体制，总额分成比例为46%，地方应分成2158.8万元。按上年收入增长9.3%安排支出预算。地方“灶内”共计可用财力2004.5万元。本着保工资和最低维持费的原则，安排2004.5万元，比上年实际支出增加38.9万元，增长2%。

1988年，潍坊市对昌邑县采取收入包干的财政体制，“灶内”收支不缴不补，自求平衡。

1989年，财政预算内收入预算为6723万元。在预算执行中，根据上级规定进行调整：预算调节基金调减任务77万元、农业税因灾减免收入任务64万元、上级调增耕地占用税231.7万元，调整后财政预算内收入预算为6813.7万元。

1990年，财政支出安排原则是：保贡献、保工资、农业适当增加，教育、科技原则上维持1989年水平；公检法和地方武警按全国平均水平增长，保证必需的人口普查经费。其他支出一律压减5%。按照现行“定额上缴加比例递增”财政体制算账，参与分成收入计划7326万元，可用财力4417.1万元。财政预算内支出预算安排4417.1万元，比上年实际增长16.7%，坚持量入为出，收支平衡。

1991年，昌邑县按照《国家预算管理条例》，实行“定额上缴加比例递增”的预算管理体制。按体制规定包干上缴3316万元，增长超8%部分上缴57.3万元，中央借调52万元，向中央做贡献102万元，向中央新贡献69万元，上解合计3596.3万元，比上年实际上解增长11.5%。当年“灶内”可用财力，按参与分成收入计划8109万元计算，扣除上解3596.3万元，留用4512.7万元。由于上级出台的政策性增支因素较多，如离退休人员提高生活费待遇，新办离退休人员提高建房费标准，预留粮油提价后行政事业人员价格补贴和其他一些必办项目的配套费等，因此动用上年县级结余10万元，共计可用财力4612.7万元。财政预算内支出预算安排4612.7万元，比上年实际支出增长6.5%。

1992年，全县财政预算内收入预算为9245万元。在预算执行中，根据上级规定进行调整：农业税增收133.8万元、农业税因灾减免15万元、盐税调减任务225万元、国营企业上缴任务调减50万元、增加个体集贸税收300万元，调整后财政预算内收入预算为9388.8万元。

1993年，全县财政预算内收入为10665万元，后调整为12000万元，实际完成12088万元；财政预算内支出为5667万元，调整预算内支出为6509万元，实际支出为8401万元。

1994年，县财政局编制年度本级决算汇总乡镇级决算，提请县人民代表大会审查和批准。县人民代表大会及常务委员会对县级和乡镇级政府预算、决算进行监督，维护财政预决算严肃性。预算管理是发挥国家预算在国民经济收入分配和再分配作用的重要手段。财政预算是一个收支计划，在实际执行过程中，由于各种情况的变化，县财政局按规定进行必要的预算调整，组织新的预算平衡。由于国家实行分税制财政体制改革，昌邑县（市）财政收入下降，加上工资改革，财政供给人员和教师工资上调，财政收支矛盾加剧。财政预算内收入为6860万元，后调整为8949万元，地方级收入完成9031万元；财政预算内支出为8307万元，调整预算内支出为8590万元，实际支出为10011万元。

1995年，全市财政预算内收入为10095万元，后调整为10500万元，收入完成10872万元；财政预算内支出为8725万元，调整预算内支出为9819万元，实际支出为12346万元。

1996年，全市预算编制的指导思想是按照“九五”计划确定的经济工作指导方针，深化财税体制改革，狠抓财政收入，加强财源建设，保证必需，力求平衡。完成财政总收入20403万元，首次突破2亿元大关。年终和上级财政部门进行体制结算后，当年收支相抵结余2万元。连续10年实现财政收支平衡。

1997年，县乡两级分别编制预算，乡镇级预算由乡镇自行编制。按照分税制财政体制原则，重新划分乡镇财政收支范围，核定收支基数。收入部分，在原来体制规定基础上，将在乡镇一级征收的农业税、农业税附加收入从市级收入下划为乡镇级地方收入。支出部分，将原在市级支出的乡镇公办教师经费、地税所经费、派出所干警的警衔补贴下划为乡镇级支出。

1998年，推行综合财政预算，确立将预算内资金与预算外资金有机结合的综合财政预算管理模式，对预算内、外财力统一安排，对预算管理的行政事业单位定编、定员、定额安排预算内支出，按照统一标准和口径核定事业费支出预算。地方财政预算19228万元，预算调整为18252万元，实际完成18253万元；地方“灶内”支出预算16642万元，预算调整为15630万元，实际完成15630万元。

1999—2000年，实行分税制体制改革，重新划分市、乡镇（街道）两级财政收支范围。

2001年，继续实行分税制体制改革。

2002年，根据上级财税工作会议精神和分税制财政体制规定，实行市乡收支分开，自求平衡，收入积极稳妥，支出确保重点。财政总收入安排42000万元，比上年实际增长10%，增收3818万元。灶内总支出安排24273万元，比上年增长18.2%，增支3746万元。其中市直安排灶内支出12798万元，与当年地方“灶内”可用财力12298万元相比，缺口500万元，需从政府调控的预算外资金中调入500万元弥补，确保当年收支平衡。乡镇级安排灶内支出11475万元，与当年地方“灶内”可用财力11475万元相比，当年收支平衡。当年，对年初安排的地方财政收支预算进行相应调整。地方收入调整后分级次情况是：市级13280万元，乡镇级12958万元。调整后“灶内”总支出为28293万元，其中市级11998万元、乡镇级16295万元。

2003年，深化部门预算改革，在市直40多个部门开展改革，细化部门、单位收支项目，全面反映部门预算内、外收支状况，增强预算编制执行的科学性、计划性和透明度。

2004年，财政总收入预算为57300万元。在预算执行中，根据上级政策进行调整：农业税税率降低3个百分点、企业出口货物退增值税实行中央与地方共同负担等，调整后财政总收入预算为52426万元。

2005年，财政总收入预算为66379万元。在预算执行中，根据上级政策进行调整：农业税税率降低2个百分点，企业出口货物退增值税实行中央与地方75∶25改为92.5∶7.5负担，个人所得税实行中央、省、市（县）三级分享等，调整后财政总收入预算为77012万元。

2006年，深化部门预算改革，完善部门基本支出费用定额预算管理体系；加强行政事业单位资产、人员等在内的基础数据收集、管理和利用工作，科学、合理地制定定额标准，深化“收支两条线”改革，推进综合预算编制工作。

2007年，市财政局调整完善政府预算科目体系，按照新的政府收支分类科目编制年度财政预算，增强预算编制执行透明度。

2008年，市财政局对部门预算编制原则、收入预算编制、支出预算编制、部门预算编制程序、部门预算编制纪律、编报时间等都作出具体规定。

2009年，严格控制预算追加和一般性开支，行政事业单位公用费用一律压减5%，降低行政运行成本。

2010—2012年，按照“财政收入平稳增长、支出扎实稳妥”的方针编制财政预算。为完善部门预算编制，实行“个人经费按实际、公用经费按定额、专项经费按财力”的原则，细化财政支出项目，提高预算编制质量。

2013年，全市财政总收入安排374739万元，增长16.83%。其中一般公共预算收入安排216477万元，同比增长16.00%。财政总支出安排278826万元，同比增长19.28%。其中一般公共预算支出安排228118万元，同比增长14.78%，与地方财力228118万元相抵，收支平衡。

2014年，全市财政总收入安排454654万元，同比增长16.0%。其中一般公共预算收入安排271390万元，同比增长16.0%。财政总支出安排313849万元，同比增长12.6%。其中一般公共预算支出安排262640万元，同比增长15.2%。一般公共预算支出与地方财力相抵，收支平衡。市级一般公共预算支出安排202152万元，镇街区一般公共预算支出安排60488万元。

2015年，全市财政总收入安排469048万元，同比增长9.9%。其中一般公共预算收入安排277166万元，同比增长10%。财政总支出安排327526万元，同比增长5.1%。其中一般公共预算支出安排287292万元，同比增长5.9%。地方财力287292万元，一般公共预算支出与地方财力相抵，收支平衡。市级一般公共预算支出安排227333万元，镇街区一般公共预算支出安排59959万元。

2016年，全市财政总收入安排502221万元，同比增长9.5%。其中一般公共预算收入安排297925万元，同比增长9%：市级安排189747万元，同比增长7.6%；镇街区安排108178万元，同比增长11.6%。一般公共预算支出安排324395万元，同比下降23.1%：地方支出安排298094万元，同比下降24.6%，主要是上年政府性基金结转调入一般公共预算，该年无此因素导致。地方支出与地方财力相抵，收支平衡。市级地方支出安排220537万元，镇街区地方支出安排77557万元。

2017年，全市财政总收入安排514680万元，同口径比上年增长7.3%。一般公共预算收入安排329437万元，同口径比上年增长8.5%。其中市级安排235648万元，比上年增长6.0%；镇街区安排93789万元，比上年增长15.4%。一般公共预算支出安排356827万元，比上年下降2.6%。其中市级支出安排296942万元，镇街区支出安排 59885 万元。一般公共预算支出与总财力相抵，收支平衡。

2018 年，全市财政总收入安排 537828 万元，同比增长 6.5%。一般公共预算收入安排 327959 万元，比上年增长 6.5%。一般公共预算支出安排 358209 万元，同比增长 4.6%。一般公共预算支出与总财力相抵，收支平衡。

2019 年，全市一般公共预算收入安排 328240 万元，同口径增长 3.5%。一般公共预算支出安排 387756 万元，同口径增长 3%。

第二节　财政决算

1986 年，昌邑县实行“定额上缴加比例递增”的大包干财政体制，财政决算预算内收入为 4292 万元，剔除年初未列入预算的征收排污费收入 73.2 万元，完成收入预算的 101.1%，按可比口径计算，比上年收入增长 14.1%，增收 531 万元。

1987 年，全县财政决算预算内收入为 4888 万元，比上年增加收入 596 万元，完成收入预算的 101.2%，按可比口径计算，比上年收入增长 13.9%。

1988 年，全县财政决算预算内收入为 6028.2 万元，比上年增加 23.3%，其中参与分成收入 5559.6 万元，完成收入预算的 109.8%。

1989 年，财政体制实行“定额上缴加比例递增”的大包干办法，财政预算执行结果，财政预算内收入 6966 万元，财政预算内支出 4832.2 万元，当年结余 83.1 万元，农发资金结转 60 万元，净结余 123.1 万元，累计结余 326.7 万元。

1990 年，全县财政预算内收入完成 7860.9 万元，财政总支出完成 5550.3 万元，按照现行财政体制计算，收支相抵后累计结余 216.8 万元。

1991 年，全县财政预算内收入完成 8560.3 万元，财政预算内支出完成 5869 万元，比上年实际增长 5.7%；按照现行财政体制计算，收支相抵后累计结余 219 万元，其中当年结余 2 万元，实现收支平衡、略有结余的奋斗目标。

1992 年，全县财政预算内收入完成 9538 万元，超额完成年度预算。财政预算内支出完成 6937 万元，收支相抵，当年净结余 1 万元。

1993 年，全县财政预算内收入完成 12088 万元，超额完成年度预算计划，进入财政收入亿元县行列。财政预算内支出 8401 万元，在保证及时拨付经费和上级出台新的政策性增支的同时，保证了农业科技和文教卫生等各项社会事业发展需要。同时，为适应下年度财税体制改革，增设预算周转金 400 万元。最终预算执行结果当年收支相抵，结余 2 万元。

1994 年，国家实行分税制财政体制改革，建立分税制财政体制新框架。全市完成财政预算内收入 9031 万元，财政预算内支出完成 10011 万元，其中列支上级专项拨款 678 万元，年终和上级财政部门进行体制结算后当年收支相抵，结余 58 万元。

1995 年，全市完成财政预算内收入 10872 万元，超额完成年度预算计划，财政预算内支出完成 12346 万元，其中地方支出 10870 万元，列支上级专项拨款 807 万元，列支上年结转固定支出 669 万元。年终和上级财政部门进行体制结算后当年收支相抵，结余 2 万元。

1996 年，全市财政预算内收入完成 13910 万元，超额完成年度预算计划，财政预算内支出完成 15831 万元，其中地方支出 13908 万元，列支上级专项拨款 1340 万元，列支上级专项补助 583 万元。年终和上级财政部门进行体制结算后当年收支相抵，结余 2 万元。连续 10 年实现财政收支平衡，受到省政府和潍坊市政府表彰。

1997 年，全市财政总收入完成 24399 万元，其中一般预算收入完成 16176 万元，比上年增长 20.2%，增收 2808 万元，超额完成年度预算计划。一般预算支出完成17911万元，其中地方支出16467万元、列支上级专项拨款1147万元、列支上级专项补助297万元。年终和上级财政部门进行体制结算后当年收支相抵，结余2万元。连续11年实现财政收支平衡。

1998年，全市财政总收入完成27271万元，比上年增长11.8%，其中一般预算收入完成18253万元，比上年增长9.2%。一般预算支出完成20171万元，比上年增长12.6%，年终和上级财政部门进行体制结算后当年收支相抵，结余3万元。

1999年，全市财政总收入完成30592万元，比上年增长11.2%，其中一般预算收入完成20009万元，比上年增长9.6%。一般预算支出完成21068万元，比上年增长4.4%，年终和上级财政部门进行体制结算后，当年结余2万元。

2000年，全市财政总收入完成33529万元，比上年增长9.6%，其中一般预算收入完成21852万元，比上年增长11%。一般预算支出完成23655万元，比上年增长12.3%，年终和上级财政部门进行体制结算后，当年结余3万元。

2001年，全市财政总收入完成38182万元，比上年增长15.1%。其中一般预算收入完成24869万元，比上年增长13.8%。一般预算支出完成26608万元，比上年增长12.5%。年终与上级财政部门结算后，当年结余2万元，实现财政收支平衡、略有结余的奋斗目标。

2002年，全市财政总收入完成45080万元，同比增长16.9%。其中一般预算收入完成26248万元，同比增长29.6%。一般预算支出完成33431万元，同比增长25.6%。年终与上级财政部门结算后，当年结余2万元。

2003年，全市一般预算收入完成31020万元，同比增长18.2%；一般预算支出完成38199万元，同比增长14.3%。年终与上级财政部门结算后，实现财政收支平衡、略有结余的奋斗目标。

2004年，全市财政总收入56679万元，完成预算的108.11%，按相同口径比上年增长23.75%，其中一般预算收入35669万元，完成预算的118.67%，同比增长35.5%；一般预算支出47778万元，比上年增长25.1%。年终与上级财政部门结算后，当年结余2万元。

2005年，全市财政总收入完成88827万元，完成调整预算的115.3%，同比增长56.72%，其中一般预算收入50039万元，完成调整预算的117.9%，同比增长40.29%；一般预算支出65048万元，同比增长36.1%，其中“灶内”支出54931万元，同比增长35.6%。

2006年，全市财政总收入完成111866万元，占预算的102.5%，同口径与上年比较增长27%；一般预算支出完成78496万元，同比增长20.7%，其中“灶内”支出完成65779万元，同比增长19.7%。

2007年，全市财政总收入预计完成141091万元，占预算的106%，比上年同比增长26.1%。一般预算支出完成93656万元，同比增长14.7%，其中市级支出完成58608万元，同比增长15.8%；乡镇级支出完成31392万元，同比增长12.6%。

2008年，全市财政总收入完成160254万元，比上年同比增长13.4%。一般预算支出完成106462万元，同比增长19.5%。

2009年，全市财政总收入完成181053万元，比上年同比增长12.98%，其中一般预算收入完成95776万元，同比增长20.29%。一般预算支出完成136697万元，同比增长28.40%。

2010年，全市财政总收入完成225556万元，比上年同比增长24.58%，其中一般预算收入完成124222万元，同比增长29.70%。地方财政收入分级次市级完成86193万元，同比增长23.92%；镇街区完成38029万元，同比增长

35.52%。一般预算支出完成165438万元，同比增长21.03%。

2011年，全市财政总收入完成286307万元，比上年同比增长26.93%，其中一般预算收入完成158136万元，同比增长27.30%。一般预算支出完成221078万元，同比增长33.63%。

2012年，全市财政总收入完成320746万元，比上年同比增长12.03%，其中一般公共预算收入完成186618万元，同比增长18.01%。财政总支出完成251506万元，同比增长13.76%，其中一般公共预算支出206065万元，同比增长13.79%。

2013年，全市财政总收入完成391825万元，比上年同比增长22.0%，其中一般公共预算收入完成233957万元，同比增长18.2%。财政总支出完成283026万元，同比增长12.5%，其中一般公共预算支出236201万元，同比增长14.6%。

2014年，全市财政总收入完成426605万元，比上年同比增长8.9%，其中一般公共预算收入完成251969万元，同比增长7.7%。财政总支出完成311556万元，同比增长10.1%，其中一般公共预算支出271322万元，同比下降1.1%。

2015年，全市财政总收入完成458625万元，比上年同比增长7.5%，其中一般公共预算收入完成273326万元，同比增长8.5%。一般公共预算支出完成421786万元，同比增长35.4%。

2016年，全市财政总收入完成479752万元，同口径比上年增长4.6%。一般公共预算收入完成299086万元，同口径比上年增长5.8%。加上中央税收返还收入7747万元、转移支付补助84045万元、地方政府一般债券转贷收入107171万元、调入资金42054万元，财力总计540103万元。一般公共预算支出完成366415万元，同比下降13.1%。加上上解中央、省及潍坊市支出64763万元、安排预算稳定调节基金1754万元、债务还本支出107171万元，支出总计540103万元。

2017年，全市财政总收入完成505004万元，同口径比上年增长5.2%。一般公共预算收入完成307943万元，同比增长5.8%。加上中央税收返还收入3318万元、转移支付补助91818万元、地方政府一般债券转贷收入119090万元、调入预算稳定调节基金2165万元、调入资金61585万元，财力总计585919万元。一般公共预算支出完成406138万元，同比增长10.8%。加上体制上解支出29255万元、专项上解支出31436万元、债务还本支出119090万元，支出总计585919万元。

2018年，全市一般公共预算收入完成317140万元，同口径增长3.5%。加上返还性收入3318万元、转移支付收入108871万元、债务转贷收入166968万元、调入资金85397万元，共计681694万元。一般公共预算支出完成446908万元，同比增长10%。加上体制上解支出29826万元、专项上解支出37958万元、债务还本支出167002万元，共计681694万元。

2019年，全市一般公共预算收入完成320932万元，同口径增长1.2%。加上返还性收入3318万元、一般性转移支付收入106398万元、债务转贷收入32192万元、调入资金77472万元，共计555337万元。一般公共预算支出完成443383万元，比上年同比减少0.79%。加上体制上解支出37075万元、专项上解支出42628万元、债务还本支出32192万元，年终结余59万元，共计555337万元。

1986—2019 年昌邑县（市）财政预算内（一般公共预算）收支决算情况表

表 5-1　　单位：万元

项目 年份	财政收入	比上年增加	比上年增长%	财政支出	比上年增加	比上年增长%
1986	4292	531	14.1	2495	686	37.9
1987	4888	596	13.9	3083	588	23.6
1988	6028	1140	23.3	3931	848	27.5
1989	6966	938	15.6	4832	901	22.9
1990	7861	895	12.8	5550	718	14.9
1991	8560	699	8.9	5869	319	5.7
1992	9538	978	11.4	6937	1068	18.2
1993	12088	2550	26.7	8401	1464	21.1
1994	9031	-3057	-25.3	10011	1610	19.2
1995	10872	1841	20.4	12346	2335	23.3
1996	13910	3038	27.9	15831	3485	28.2
1997	16176	2266	16.3	17911	2080	13.1
1998	18253	2077	12.8	20171	2260	12.6
1999	20009	1756	9.6	21068	897	4.4
2000	21852	1843	9.2	23655	2587	12.3
2001	24869	3017	13.8	26608	2953	12.5
2002	26248	1379	5.5	33431	6823	25.6
2003	31020	4772	18.2	38199	4768	14.3
2004	35669	4649	15.0	47778	9579	25.1
2005	50039	14370	40.3	65048	17270	36.1
2006	60467	10428	20.8	78496	13448	20.7
2007	70434	9967	16.5	93656	15160	19.3
2008	79619	9185	13.0	106462	12806	13.7
2009	95776	16157	20.3	136697	30235	28.4
2010	124222	28446	29.7	165438	28741	21.0
2011	158136	33914	27.3	221078	55640	33.6

续表

项目 年份	财政收入	比上年增加	比上年增长%	财政支出	比上年增加	比上年增长%
2012	186618	28482	18.0	251506	30428	13.8
2013	233957	47339	25.4	283026	31520	12.5
2014	251969	18012	7.7	311556	28530	10.1
2015	273326	21357	8.5	421786	110230	35.4
2016	299086	25760	9.4	366415	-55371	-13.1
2017	307943	8857	3.0	406138	39723	10.8
2018	317140	9197	3.0	446908	40770	10.0
2019	320932	3792	1.2	443383	-3525	-0.8

1998 年昌邑市一般预算收支决算情况表

表 5-2　　单位：万元

预算科目	决算数	预算科目	决算数
本年收入	18253	本年支出	20171
上级补助收入	7293	上解上级支出	5374
税收返还补助	6109	原体制上解	5160
原体制补助	—	专项上解	214
专项补助	1756	计划单列市上解省支出	—
转移支付补助	—		
股票售表收入上解上级返还补助	—		
增发国债补助	—		
各项结算补助	-593		
调整收入任务增加或减少补助	21		
其他补助	—		
省补助计划单列市收入	—		
		增设预算周转金	—
地方向国外借款收入	—	地方向国外借款安排的支出	—
		地方向国外借款还本付息支出	—
国债转贷收入	—	国债转贷收入安排的支出	—

续表

预算科目	决算数	预算科目	决算数
		国债转贷收入结余	—
上年结余收入	1111	调出资金	—
调入其他资金	—	年终滚存结余	1112
其中：	—	其中：市、地（县、市、区）本级	—
		减：结转下年的支出	666
		其中：市、地（县、市、区）本级	—
		净结余	446
		其中：市、地（县、市、区）本级	—
总　　计	26657	总　　计	26657

1999 年昌邑市一般预算收支决算情况表

表 5-3　　单位：万元

预算科目	决算数	预算科目	决算数
本年收入	20009	本年支出	21068
上级补助收入	8160	上解上级支出	6721
税收返还补助	6447	原体制上解	5418
原体制补助	—	专项上解	1303
专项拨款补助	2048	计划单列市上解省支出	—
转移支付补助	240		
股票售表收入上解中央返还补助	—		
增发国债补助	—		
增加工资上级补助	—		
各项结算补助	-599		
调整收入任务增加或减少补助	24		
其他补助	—		
省补助计划单列市收入	—		
		增设预算周转金	—
地方向国外借款收入	—	地方向国外借款安排的支出	—
		地方向国外借款还本付息支出	—

续表

预算科目	决算数	预算科目	决算数
国债转贷收入	955	国债转贷收入安排的支出	955
国债转贷资金上年结余	—	国债转贷收入结余	—
上年结余收入	1112	调出资金	—
调入其他资金	—	年终滚存结余	1492
其中：		其中：市（地）本级	—
		减：结转下年的支出	1044
		其中：市（地）本级	—
		净结余	448
		其中：市（地）本级	—
总　　计	30236	总　　计	30236

2000 年昌邑市一般预算收支决算情况表

表 5-4　　　　单位：万元

预算科目	决算数	预算科目	决算数
本年收入	21852	本年支出	23655
上级补助收入	8355	上解上级支出	6646
税收返还补助	6561	原体制上解	5689
原体制补助	—	专项上解	957
专项拨款补助	2018	计划单列市上解省支出	—
转移支付补助	—		
增发国债补助	—		
增加工资中央补助	—		
各项结算补助	-638		
调整收入任务增加或减少补助	44		
其他补助	370		
省补助计划单列市收入	—		
		增设预算周转金	—
地方向国外借款收入	—	地方向国外借款安排的支出	—
		地方向国外借款还本付息支出	—
国债转贷收入	1450	国债转贷收入安排的支出	1450

续表

预算科目	决算数	预算科目	决算数
国债转贷资金上年结余	—	国债转贷收入结余	—
上年结余收入	1552	调出资金	75
调入其他资金	—	年终滚存结余	1383
其中：	—	其中：市本级	—
		减：结转下年的支出	932
		其中：市本级	—
		净结余	451
		其中：市本级	—
总　　计	33209	总　　计	33209

2001 年昌邑市一般预算收支决算情况表

表 5-5　　单位：万元

预算科目	决算数	预算科目	决算数
本年收入	24869	本年支出	26608
上级补助收入	8763	上解上级支出	7067
税收返还补助	6908	原体制上解	5973
原体制补助	—	专项上解	1094
专项拨款补助	1845	计划单列市上解省支出	—
过渡期转移支付补助	—		
民族地区转移支付补助	—		
中小学教师工资转移支付补助	—		
增发国债补助	—		
增加工资上级补助	—		
艰苦边远地区津贴补助	—		
各项结算补助	-698		
调整收入任务增加或减少补助	300		
其他补助	408		
省补助计划单列市收入	—		
		增设预算周转金	—

续表

预算科目	决算数	预算科目	决算数
地方向国外借款收入	—	地方向国外借款安排的支出	—
		地方向国外借款还本付息支出	—
国债转贷收入	—	国债转贷收入安排的支出	—
国债转贷资金上年结余	—	国债转贷收入结余	—
上年结余收入	1633	调出资金	—
调入其他资金	—	年终滚存结余	1590
其中：	—	其中：市本级	—
		减：结转下年的支出	1137
		其中：市本级	—
		净结余	453
		其中：市本级	—
总　　计	35265	总　　计	35265

2002 年昌邑市一般预算收支决算情况表

表 5-6　　单位：万元

预算科目	决算数	预算科目	决算数
本年收入	26248	本年支出	33431
上级补助收入	14855	上解上级支出	7474
税收返还补助	7163	原体制上解	6272
所得税基数返还补助	3019	专项上解	1202
营业税基数返还补助	185		
原体制补助	—	计划单列市上解省支出	—
上级专项补助	2447		
一般性转移支付补助	460		
民族地区转移支付补助	—		
农村税费改革转移支付补助	2100		
其中：中小学教师工资转移支付补助	—		
增发国债补助	—		
增加工资上级补助	—		
各项结算补助	-706		

续表

预算科目	决算数	预算科目	决算数
调整收入任务增加或减少补助	140		
其他补助	47		
省补助计划单列市收入	—	增设预算周转金	—
国债转贷收入	968	拨付国债转贷资金数	968
国债转贷资金上年结余	—	国债转贷资金结余	—
上年结余收入	1590	调出资金	—
调入其他资金	—	年终结余	1788
其中：	—	其中：市本级	—
		减：结转下年的支出	1333
		其中：市本级	—
		净结余	455
		其中：市本级	—
总　　计	43661	总　　计	43661

2003 年昌邑市一般预算收支决算情况表

表 5-7　　单位：万元

预算科目	决算数	预算科目	决算数
本年收入	31020	本年支出	38199
上级补助收入	15705	上解中央支出	7773
消费税和增值税税收返还	7554	原体制上解	6586
所得税基数返还	3511	专项上解	1187
营业税基数返还补助	185	计划单列市上解省支出	—
原体制补助	—		
专项补助	2377		
一般性转移支付补助	540		
民族地区转移支付补助	—		
农村税费改革转移支付补助	2045		
其中：中小学教师工资转移支付补助	—		
增发国债补助	—		

续表

预算科目	决算数	预算科目	决算数
调整工资转移支付补助	—		
结算补助	-843		
农业税灾歉减免及企事业单位预算划转补助	30		
其他补助	306		
省补助计划单列市收入	—	增设预算周转金	—
国债转贷收入	440	拨付国债转贷资金数	440
国债转贷资金上年结余	—	国债转贷资金结余	—
国债转贷转补助	—		
上年结余收入	1788	调出资金	—
调入资金	—	年终结余	2541
其中：1. 预算外调入	—	其中：市本级	—
2. ……	—	减：结转下年的支出	2085
		其中：市本级	—
		净结余	456
		其中：市本级	—
总　　计	48953	总　　计	48953

2004 年昌邑市一般预算收支决算情况表

表 5-8　　单位：万元

预算科目	决算数	预算科目	决算数
本年收入	35669	本年支出	47778
上级补助收入	20069	上解上级支出	7955
消费税和增值税税收返还	8008	原体制上解	6915
所得税基数返还	3511	专项上解	1040
营业税基数返还补助	185	计划单列市上解省支出	—
出口退税基数返还	679		
原体制补助	—		
专项补助	2770		

续表

预算科目	决算数	预算科目	决算数
一般性转移支付补助	260		
民族地区转移支付补助	—		
农村税费改革转移支付补助	2045		
其中：中小学教师工资转移支付补助	—		
取消农业特产税降低农业税率转移支付补助	2453		
增发国债补助	—		
调整工资转移支付补助	252		
结算补助	-433		
农业税灾歉减免及企事业单位预算划转补助	90		
其他补助	249		
省补助计划单列市收入	—	增设预算周转金	—
国债转贷收入	—	拨付国债转贷资金数	—
国债转贷资金上年结余	—	国债转贷资金结余	—
国债转贷转补助	—		
上年结余收入	2541	调出资金	—
调入资金	—	年终结余	2546
其中：1. 预算外调入	—	其中：市本级	—
2. ……	—	减：结转下年的支出	2088
		其中：市本级	—
		净结余	458
		其中：市本级	—
总计	8279	总计	58279

2005 年昌邑市一般预算收支决算情况表

表 5-9　　单位：万元

预算科目	决算数	预算科目	决算数
本年收入	50039	本年支出	65048
免抵未调库归还收入	547	上解上级支出	8616
上级补助收入	22670	原体制上解	7261
消费税和增值税税收返还	8798	专项上解	670

续表

预算科目	决算数	预算科目	决算数
所得税基数返还	3537	出口退税专项上解	685
营业税基数返还	185	计划单列市上解省支出	—
原体制补助	—		
专项补助	4146		
一般性转移支付补助	—		
民族地区转移支付补助	—		
调整工资转移支付补助	252		
农村税费改革转移支付补助	2045		
其中：中小学教师工资转移支付补助	—		
取消农业特产税降低农业税率转移支付补助	3784		
缓解县乡财政困难转移支付补助	605		
其中：保障性转移支付	—		
激励性转移支付	605		
增发国债补助	—		
结算补助	-1136		
农业税灾歉减免及企事业单位预算划转补助	15		
其他补助	439	增设预算周转金	—
省补助计划单列市收入	—		
国债转贷收入	454	拨付国债转贷资金数	454
国债转贷资金上年结余	—	国债转贷资金结余	—
国债转贷转补助	—		
上年结余收入	2546	调出资金	—
调入资金	—	年终结余	2138
其中：1. 预算外调入	—	其中：市本级	—
2. ……	—	减：结转下年的支出	1680
		其中：市本级	—
		净结余	458
		其中：市本级	—
总　　计	76256	总　　计	76256

2006年昌邑市一般预算收支决算情况表

表5-10　　单位：万元

预算科目	决算数	预算科目	决算数
本年收入	60467	本年支出	78496
上级补助收入	26793	上解上级支出	9233
消费税和增值税税收返还	9510	原体制上解	7624
所得税基数返还	3537	专项上解	665
营业税基数返还	185	出口退税专项上解	944
原体制补助	—	计划单列市上解省支出	—
专项补助	5642		
一般性转移支付补助	—		
民族地区转移支付补助	—		
调整工资转移支付补助	1184		
农村税费改革转移支付补助	2045		
其中：中小学教师工资转移支付补助	—		
取消农业特产税降低农业税率转移支付补助	4705		
缓解县乡财政困难转移支付补助	407		
农村义务教育补助收入	—		
增发国债补助	—		
结算补助	-1351		
企事业单位预算划转补助	—	增设预算周转金	—
其他补助	929		
省补助计划单列市收入	—		
		拨付国债转贷资金数	234
国债转贷收入	234	国债转贷资金结余	—
国债转贷资金上年结余	—		
国债转贷转补助	—		
		调出资金	—
上年结余收入	2138	年终结余	1669
调入资金	—	其中：市本级	—
其中：1. 预算外调入	—	减：结转下年的支出	1211
2. 基金调入	—	其中：市本级	—
3. ……	—	净结余	458
		其中：市本级	—
总　　计	89632	总　　计	89632

2007 年昌邑市一般预算收支决算情况表

表 5-11　　　　　　　　　　　　　　　　　　　　　　　　　　单位：万元

预算科目	决算数	预算科目	决算数
本年收入小计	70434	本年支出小计	93656
返还性收入	14509	财力性转移支付	9278
增值税和消费税税收返还收入	10842	体制上解支出	7853
所得税基数返还收入	3537	出口退税专项上解支出	1425
营业税基数返还收入	185	专项转移支付	1614
中央四大部门企业税收返还收入	-55	专项上解支出	1614
财力性转移支付收入	11952	其中：粮食风险基金上解支出	616
体制补助收入	—	收入分享体制上解支出	966
一般性转移支付补助收入	—	计划单列市上解省支出	—
民族地区转移支付补助收入	—		
调整工资转移支付补助收入	2456		
农村义务教育补助收入	1766		
农村税费改革补助收入	6755		
缓解县乡困难转移支付补助收入	577		
结算补助收入	-1351		
企事业单位预算划转补助收入	—		
其他财力性转移支付收入	1749		
专项转移支付收入	9221		
专项补助收入	9221		
增发国债补助收入	—		
省补助计划单列市收入	—		
		增设预算周转金	—
国债转贷收入	—	拨付国债转贷资金数	—
国债转贷资金上年结余	—	国债转贷资金结余	—
国债转贷转补助	—		
上年结余	1669	调出资金	—
调入资金	435	年终结余	3672
1.政府性基金调入	—	其中：本级	—
2.预算外调入	—	减：结转下年的支出	3214
3.其他调入	435	其中：本级	—
		净结余	458
		其中：本级	—
总　　计	108220	总　　计	108220

2008 年昌邑市一般预算收支决算情况表

表 5-12　　　　单位：万元

预算科目	决算数	预算科目	决算数
本年收入合计	79619	本年支出合计	106462
上级补助收入	41890	上解上级支出	14894
返还性收入	14821	财力性转移支付	9561
增值税和消费税税收返还收入	11245	体制上解支出	8089
所得税基数返还收入	3455	出口退税专项上解支出	1472
其他税收返还收入	1	21 专项转移支付	5333
财力性转移支付收入	13209	专项上解支出	5333
体制补助收入	—	计划单列市上解省支出	—
一般性转移支付补助收入	—		
民族地区转移支付补助收入	—		
调整工资转移支付补助收入	2456		
义务教育补助收入	1994		
农村税费改革补助收入	5667		
缓解县乡困难转移支付补助收入	1396		
结算补助收入	-1354		
企事业单位预算划转补助收入	—		
农村义务教育化债补助收入	—		
资源枯竭型城市转移支付补助收入	—		
其他财力性转移支付收入	3050		
专项转移支付收入	13860		
专项补助收入	13860		
增发国债补助收入	—		
地震灾后恢复重建补助收入	—		
省补助计划单列市收入	—		
		增设预算周转金	—
		国债转贷收入	—
拨付国债转贷资金数	—	国债转贷资金上年结余	—
国债转贷资金结余	—	国债转贷转补助	—

续表

预算科目	决算数	预算科目	决算数
上年结余	3672		
调入预算稳定调节基金	—	安排预算稳定调节基金	—
调入资金	872	调出资金	—
1. 政府性基金调入	—	年终结余	4697
2. 国有资本经营预算调入	—	其中：本级	—
3. 预算外调入	—	减：结转下年的支出	4239
4. 其他调入	872	其中：本级	—
地震灾后恢复重建调入资金	—	净结余	458
预算稳定调节基金调入	—	其中：本级	—
预算外资金调入	—		
总　　计	126053	总　　计	126053

2009 年昌邑市一般预算收支决算情况表

表 5-13　　单位：万元

预算科目	决算数	预算科目	决算数
本年收入合计	95776	本年支出合计	136697
上级补助收入	45682	上解上级支出	15212
返还性收入	15303	一般性转移支付	9868
增值税和消费税税收返还收入	11245	体制上解支出	8332
所得税基数返还收入	3455	出口退税专项上解支出	1536
成品油价格和税费改革税收返还收入	482	成品油价格和税费改革专项上解支出	—
其他税收返还收入	121	专项转移支付	5344
一般性转移支付收入	12755	专项上解支出	5344
体制补助收入	—	计划单列市上解省支出	—
均衡性转移支付补助收入	—		
民族地区转移支付补助收入	—		
调整工资转移支付补助收入	2456		
农村税费改革补助收入	5667		
县级基本财力保障机制奖补资金收入	694		

续表

预算科目	决算数	预算科目	决算数
结算补助收入	-2363		
化解债务补助收入	—		
资源枯竭型城市转移支付补助收入	—		
企事业单位预算划转补助收入	3		
成品油价格和税费改革转移支付补助收入	—		
村级公益事业“一事一议”奖励资金收入	—		
工商部门停征两费转移支付收入	—		
一般公共服务转移支付收入	—		
公共安全转移支付收入	1345		
教育转移支付收入	2202		
社会保障和就业转移支付收入	—		
其他一般性转移支付收入	2757		
专项转移支付收入	17624		
专项补助收入	17624		
增发国债补助收入	—		
地震灾后恢复重建补助收入	—		
省补助计划单列市收入	—		
财政部代理发行地方政府债券收入	—	财政部代理发行地方政府债券还本	—
转贷财政部代理发行地方政府债券收入	3000	转贷财政部代理发行地方政府债券支出	—
增设预算周转金	—		
国债转贷收入	—	拨付国债转贷资金数	—
国债转贷资金上年结余	—	国债转贷资金结余	—
国债转贷转补助	—		
上年结余	4697		
调入预算稳定调节基金	—	安排预算稳定调节基金	—
调入资金	3351	调出资金	—
1.政府性基金调入	—	年终结余	597
2.国有资本经营预算调入	—	其中：本级	796
3.预算外调入	—	减：结转下年的支出	139

续表

预算科目	决算数	预算科目	决算数
4.其他调入	3351	其中：本级	139
地震灾后恢复重建调入资金	—	净结余	458
预算稳定调节基金调入	—	其中：本级	657
预算外资金调入	—		
收入总计	152506	支出总计	152506

2010 年昌邑市一般预算收支决算情况表

表 5-14　　单位：万元

预算科目	决算数	预算科目	决算数
本年收入合计	124222	本年支出合计	165438
上级补助收入	58810	上解上级支出	18823
返还性收入	15303	一般性转移支付	10380
增值税和消费税税收返还收入	11245	体制上解支出	8582
所得税基数返还收入	3455	出口退税专项上解支出	1798
成品油价格和税费改革税收返还收入	482	成品油价格和税费改革专项上解支出	—
其他税收返还收入	121	专项转移支付	8443
一般性转移支付收入	16925	专项上解支出	8443
体制补助收入	—	计划单列市上解省支出	—
均衡性转移支付补助收入	—		
民族地区转移支付补助收入	—		
调整工资转移支付补助收入	2456		
农村税费改革补助收入	5667		
县级基本财力保障机制奖补资金收入	704		
结算补助收入	-2723		
化解债务补助收入	—		
资源枯竭型城市转移支付补助收入	—		
企业事业单位划转补助收入	118		

续表

预算科目	决算数	预算科目	决算数
成品油价格和税费改革转移支付补助收入	—		
工商部门停征两费转移支付收入	—		
一般公共服务转移支付收入	2		
公共安全转移支付收入	1448		
教育转移支付收入	4219		
社会保障和就业转移支付收入	—		
医疗卫生转移支付收入	—		
农林水转移支付收入	496		
其他一般性转移支付收入	4538		
专项转移支付收入	26582		
地震灾后恢复重建补助收入	—		
省补助计划单列市收入	—		
财政部代理发行地方政府债券收入	—	财政部代理发行地方政府债券还本	—
转贷财政部代理发行地方政府债券收入	1100	转贷财政部代理发行地方政府债券支出	—
增设预算周转金	—		
国债转贷收入	—	拨付国债转贷资金数	—
国债转贷资金上年结余	—	国债转贷资金结余	—
国债转贷转补助	—		
上年结余	597		
调入预算稳定调节基金	—	安排预算稳定调节基金	—
调入资金	204	调出资金	—
1.政府性基金调入	—	年终结余	672
2.国有资本经营预算调入	—	其中：本级	672
3.预算外调入	—	减：结转下年的支出	214
4.其他调入	204	其中：本级	214
地震灾后恢复重建调入资金	—	净结余	458
预算稳定调节基金调入	—	其中：本级	458
预算外资金调入	—		
收入总计	184933	支出总计	184933

2011 年昌邑市一般预算收支决算情况表

表 5-15　　单位：万元

预算科目	决算数	预算科目	决算数
本年收入合计	158136	本年支出合计	221078
上级补助收入	82046	上解上级支出	21972
返还性收入	15303	一般性转移支付	11078
增值税和消费税税收返还收入	11245	体制上解支出	8839
所得税基数返还收入	3455	出口退税专项上解支出	2239
成品油价格和税费改革税收返还收入	482	成品油价格和税费改革专项上解支出	—
其他税收返还收入	121	专项转移支付	10894
一般性转移支付收入	26751	专项上解支出	10894
体制补助收入	—	计划单列市上解省支出	—
均衡性转移支付收入	484		
民族地区转移支付补助收入	—		
调整工资转移支付补助收入	2456		
农村税费改革转移支付收入	5667		
县级基本财力保障机制奖补资金收入	846		
结算补助收入	1270		
化解债务补助收入	—		
资源枯竭型城市转移支付补助收入	—		
企业事业单位划转补助收入	118		
成品油价格和税费改革转移支付补助收入	—		
工商部门停征两费转移支付收入	—		
一般公共服务转移支付收入	1		
公共安全转移支付收入	1722		
教育转移支付收入	3794		
社会保障和就业转移支付收入	2760		
医疗卫生转移支付收入	6191		
农林水转移支付收入	1120		
产粮（油）大县奖励资金收入	—		
其他一般性转移支付收入	322		

续表

预算科目	决算数	预算科目	决算数
专项转移支付收入	39992		
地震灾后恢复重建补助收入	—		
省补助计划单列市收入	—		
财政部代理发行地方政府债券收入	—	财政部代理发行地方政府债券还本	—
转贷财政部代理发行地方政府债券收入	1000	转贷财政部代理发行地方政府债券支出	—
增设预算周转金	—		
国债转贷收入	—	拨付国债转贷资金数	—
国债转贷资金上年结余	—	国债转贷资金结余	—
国债转贷转补助	—		
上年结余	672		
调入预算稳定调节基金	—	安排预算稳定调节基金	—
调入资金	2604	调出资金	848
1.政府性基金调入	—	年终结余	560
2.国有资本经营预算调入	—	其中：本级	759
3.财政专户管理资金调入	—	减：结转下年的支出	102
4.其他调入	2604	其中：本级	102
地震灾后恢复重建调入资金	—	净结余	458
预算稳定调节基金调入	—	其中：本级	657
收入总计	244458	支出总计	244458

2012 年昌邑市一般公共预算收支决算情况表

表 5-16　　单位：万元

预算科目	决算数	预算科目	决算数
本年收入合计	186618	本年支出合计	251506
上级补助收入	87515	上解上级支出	24432
返还性收入	15303	一般性转移支付	11976
增值税和消费税税收返还收入	11245	体制上解支出	9104
所得税基数返还收入	3455	出口退税专项上解支出	2872
成品油价格和税费改革税收返还收入	482	成品油价格和税费改革专项上解支出	—

续表

预算科目	决算数	预算科目	决算数
其他税收返还收入	121	专项转移支付	12456
一般性转移支付收入	26771	专项上解支出	12456
体制补助收入	—	计划单列市上解省支出	—
均衡性转移支付收入	—		
民族地区转移支付补助收入	—		
调整工资转移支付补助收入	2456		
农村税费改革转移支付收入	5667		
县级基本财力保障机制奖补资金收入	—		
结算补助收入	-2218		
化解债务补助收入	—		
资源枯竭型城市转移支付补助收入	—		
企业事业单位划转补助收入	118		
成品油价格和税费改革转移支付补助收入	—		
工商部门停征两费转移支付收入	—		
一般公共服务转移支付收入	1		
公共安全转移支付收入	1859		
教育转移支付收入	3504		
社会保障和就业转移支付收入	5076		
医疗卫生转移支付收入	6622		
农林水转移支付收入	950		
产粮（油）大县奖励资金收入	1968		
重点生态功能区转移支付收入	484		
其他一般性转移支付收入	284		
专项转移支付收入	45441		
地震灾后恢复重建补助收入	—		
省补助计划单列市收入	—		
接受其他地区援助收入	—	援助其他地区支出	—
债务收入	—	债券还本支出	3000

续表

预算科目	决算数	预算科目	决算数
债券转贷收入	1000	债券转贷支出	—
		增设预算周转金	—
国债转贷收入	—	拨付国债转贷资金数	—
国债转贷资金上年结余	—	国债转贷资金结余	—
国债转贷转补助	—		
上年结余	560		
调入预算稳定调节基金	—	安排预算稳定调节基金	—
调入资金	5366	调出资金	1583
1.政府性基金调入	—	年终结余	538
2.国有资本经营预算调入	—	其中：本级	737
3.财政专户管理资金调入	—	减：结转下年的支出	80
4.其他调入	5366	其中：本级	80
地震灾后恢复重建调入资金	—	净结余	458
预算稳定调节基金调入	—	其中：本级	657
收入总计	281059	支出总计	281059

2013年昌邑市一般公共预算收支决算情况表

表5-17　　　　　　　　　　　　　　　　　　　　　　单位：万元

预算科目	决算数	预算科目	决算数
本年收入合计	233957	本年支出合计	283026
上级补助收入	95360	上解上级支出	44670
返还性收入	15303	一般性转移支付	27639
增值税和消费税税收返还收入	11245	体制上解支出	24511
所得税基数返还收入	3455	出口退税专项上解支出	3128
成品油价格和税费改革税收返还收入	482	成品油价格和税费改革专项上解支出	—
其他税收返还收入	121	专项转移支付	17031
一般性转移支付收入	33232	专项上解支出	17031
体制补助收入	—	计划单列市上解省支出	—
均衡性转移支付收入	—		

续表

预算科目	决算数	预算科目	决算数
革命老区及民族和边境地区转移支付收入	—		
调整工资转移支付补助收入	2456		
农村税费改革转移支付收入	5667		
县级基本财力保障机制奖补资金收入	—		
结算补助收入	1654		
化解债务补助收入	—		
资源枯竭型城市转移支付补助收入	—		
企业事业单位划转补助收入	118		
成品油价格和税费改革转移支付补助收入	—		
工商部门停征两费转移支付收入	—		
基层公检法司转移支付收入	1817		
义务教育等转移支付收入	4008		
基本养老保险和低保等转移支付收入	6182		
新型农村合作医疗等转移支付收入	7689		
村级公益事业奖补等转移支付收入	1105		
产粮（油）大县奖励资金收入	1824		
重点生态功能区转移支付收入	484		
其他一般性转移支付收入	228		
专项转移支付收入	46825		
地震灾后恢复重建补助收入	—		
省补助计划单列市收入	—		
接受其他地区援助收入	—	援助其他地区支出	—
债务收入	—	债券还本支出	1100
债券转贷收入	—	债券转贷支出	—
		增设预算周转金	—
国债转贷收入	—	拨付国债转贷资金数	—
国债转贷资金上年结余	—	国债转贷资金结余	—
国债转贷转补助	—		

续表

预算科目	决算数	预算科目	决算数
上年结余	538		
调入预算稳定调节基金	—	安排预算稳定调节基金	—
调入资金	1171	调出资金	1772
1.政府性基金预算调入	—	年终结余	458
2.国有资本经营预算调入	—	其中：本级	583
3.财政专户管理资金调入	—	减：结转下年的支出	—
4.其他调入	1171	其中：本级	—
地震灾后恢复重建调入资金	—	净结余	458
预算稳定调节基金调入	—	其中：本级	583
收入总计	331026	支出总计	331026

2014 年昌邑市一般公共预算收支决算情况表

表 5-18　　　　　　　　　　　　　　　　　　　　　　　　单位：万元

预算科目	决算数	预算科目	决算数
本年收入合计	251969	本年支出合计	311556
上级补助收入	99354	上解上级支出	48759
返还性收入	15303	一般性转移支付	30981
增值税和消费税税收返还收入	11245	体制上解支出	27853
所得税基数返还收入	3455	出口退税专项上解支出	3128
成品油价格和税费改革税收返还收入	482	成品油价格和税费改革专项上解支出	—
其他税收返还收入	121	专项转移支付	17778
一般性转移支付收入	43817	专项上解支出	17778
体制补助收入	—	计划单列市上解省支出	—
均衡性转移支付收入	—		
革命老区及民族和边境地区转移支付收入	—		
县级基本财力保障机制奖补资金收入	1205		
结算补助收入	-1092		
化解债务补助收入	—		
资源枯竭型城市转移支付补助收入	—		
企业事业单位划转补助收入	118		

续表

预算科目	决算数	预算科目	决算数
成品油价格和税费改革转移支付补助收入	—		
基层公检法司转移支付收入	1839		
义务教育等转移支付收入	4482		
基本养老保险和低保等转移支付收入	11278		
新型农村合作医疗等转移支付收入	10759		
农村综合改革转移支付收入	1687		
产粮（油）大县奖励资金收入	1909		
重点生态功能区转移支付收入	675		
固定数额补助收入	8123		
其他一般性转移支付收入	2834		
专项转移支付收入	40234		
省补助计划单列市收入	—		
接受其他地区援助收入	—	援助其他地区支	—
债务收入	—	债券还本支出	1000
债券转贷收入	8000	债券转贷支出	—
		增设预算周转金	—
国债转贷收入	—	拨付国债转贷资金数	—
国债转贷资金上年结余	—	国债转贷资金结余	—
国债转贷转补助	—		
上年结余	458		
调入预算稳定调节基金	—	安排预算稳定调节基金	—
调入资金	3970	调出资金	1978
1.政府性基金预算调入	—	年终结余	458
2.国有资本经营预算调入	—	其中：本级	583
3.财政专户管理资金调入	—	减：结转下年的支出	—
4.其他调入	3970	其中：本级	—
		净结余	458
		其中：本级	583

2015 年昌邑市一般公共预算收支决算情况表

表 5-19　　　　单位：万元

预算科目	决算数	预算科目	决算数
本年收入合计	273326	本年支出合计	421786
上级补助收入	92589	上解上级支出	57799
返还性收入	15303	一般性转移支付	33340
增值税和消费税税收返还收入	11245	体制上解支出	30212
所得税基数返还收入	3455	出口退税专项上解支出	3128
成品油价格和税费改革税收返还收入	482	成品油价格和税费改革专项上解支出	—
其他税收返还收入	121	专项转移支付	24459
一般性转移支付收入	50985	专项上解支出	24459
体制补助收入	—	计划单列市上解省支出	—
均衡性转移支付收入	—		
革命老区及民族和边境地区转移支付收入	—		
县级基本财力保障机制奖补资金收入	456		
结算补助收入	-1099		
化解债务补助收入	—		
资源枯竭型城市转移支付补助收入	—		
企业事业单位划转补助收入	118		
成品油价格和税费改革转移支付补助收入	—		
基层公检法司转移支付收入	1947		
义务教育等转移支付收入	4767		
基本养老保险和低保等转移支付收入	13670		
新型农村合作医疗等转移支付收入	11985		
农村综合改革转移支付收入	1463		
产粮（油）大县奖励资金收入	1827		
重点生态功能区转移支付收入	675		
固定数额补助收入	8123		
其他一般性转移支付收入	7053		
专项转移支付收入	26301		
省补助计划单列市收入	—		

续表5-19

预算科目	决算数	预算科目	决算数
接受其他地区援助收入	—	援助其他地区支出	—
债务（转贷）收入	138227	债务还本支出	137727
		增设预算周转金	—
		拨付国债转贷资金数	—
国债转贷收入	—	国债转贷资金结余	—
国债转贷资金上年结余	—		
国债转贷转补助	—		
上年结余	458		
调入预算稳定调节基金	—	安排预算稳定调节基金	46
调入资金	112758	调出资金	—
1.政府性基金调入	107847	年终结余	—
2.国有资本经营调入	—	其中：本级	—
3.其他调入	4911	减：结转下年的支出	—
		其中：本级	—
		净结余	—
		其中：本级	—
收入总计	617358	支出总计	617358

2016 年昌邑市一般公共预算收支决算情况表

表 5-20　　单位：万元

预算科目	决算数	预算科目	决算数
一般公共预算收入	299086	一般公共预算支出	366415
上级补助收入	91792	补助下级支出	—
返还性收入	7747	返还性支出	—
增值税和消费税税收返还收入	3689	增值税和消费税税收返还支出	—
所得税基数返还收入	3455	所得税基数返还支出	—
成品油价格和税费改革税收返还收入	482	成品油价格和税费改革税收返还支出	—
其他税收返还收入	121	其他税收返还支出	—
一般性转移支付收入	54269	一般性转移支付支出	—

续表

预算科目	决算数	预算科目	决算数
体制补助收入	—	体制补助支出	—
均衡性转移支付收入	764	均衡性转移支付支出	—
老少边穷转移支付收入	103	老少边穷转移支付支出	—
县级基本财力保障机制奖补资金收入	24	县级基本财力保障机制奖补资金支出	—
结算补助收入	83	结算补助支出	—
企业事业单位划转补助收入	118	企业事业单位划转补助支出	—
基层公检法司转移支付收入	1901	基层公检法司转移支付支出	—
义务教育等转移支付收入	4915	义务教育等转移支付支出	—
基本养老保险和低保等转移支付收入	12705	基本养老保险和低保等转移支付支出	—
新型农村合作医疗等转移支付收入	13171	新型农村合作医疗等转移支付支出	—
农村综合改革转移支付收入	2582	农村综合改革转移支付支出	—
产粮（油）大县奖励资金收入	1807	产粮（油）大县奖励资金支出	—
重点生态功能区转移支付收入	675	重点生态功能区转移支付支出	—
固定数额补助收入	8035	固定数额补助支出	—
其他一般性转移支付收入	7386	其他一般性转移支付支出	—
专项转移支付收入	29776	专项转移支付支出	—
下级上解收入	—	上解上级支出	64763
体制上解收入	—	体制上解支出	32745
出口退税专项上解收入	—	出口退税专项上解支出	3128
成品油价格和税费改革专项上解收入	—	成品油价格和税费改革专项上解支出	—
专项上解收入	—	专项上解支出	28890
调入资金	42008	调出资金	—
政府性基金调入	13007		
国有资本经营调入	—		
其他调入	29001		
债务收入	—	债务还本支出	107171
地方政府债务收入	—	地方政府一般债务还本支出	107171
一般债务收入	—	地方政府一般债券还本支出	—

续表

预算科目	决算数	预算科目	决算数
地方政府一般债券收入	—	地方政府向外国政府借款还本支出	—
地方政府向外国政府借款收入	—	地方政府向国际组织借款还本支出	33
地方政府向国际组织借款收入	—	地方政府其他一般债务还本支出	107138
债务转贷收入	107171	债务转贷支出	—
地方政府一般债务转贷收入	107171	地方政府一般债券转贷支出	—
地方政府一般债券转贷收入	107171	地方政府向外国政府借款转贷支出	—
调入预算稳定调节基金	46	安排预算稳定调节基金	1754
		年终结余	—
		减：结转下年的支出	—
		净结余	—
收入总计	540103	支出总计	540103

2017 年昌邑市一般公共预算收支、转移性收支决算情况表

表 5-21 单位：万元

预算科目	决算数	预算科目	决算数
一般公共预算收入	307943	一般公共预算支出	406138
上级补助收入	95136	补助下级支出	—
返还性收入	3318	返还性支出	—
所得税基数返还收入	3455	所得税基数返还支出	—
成品油税费改革税收返还收入	482	成品油税费改革税收返还支出	—
增值税税收返还收入	10784	增值税税收返还支出	—
消费税税收返还收入	461	消费税税收返还支出	—
增值税“五五分享”税收返还收入	-11985	增值税“五五分享”税收返还支出	—
其他税收返还收入	121	其他税收返还支出	—
一般性转移支付收入	50921	一般性转移支付支出	—
体制补助收入	—	体制补助支出	—
均衡性转移支付收入	944	均衡性转移支付支出	—
县级基本财力保障机制奖补资金收入	1034	县级基本财力保障机制奖补资金支出	—
结算补助收入	3010	结算补助支出	—
企业事业单位划转补助收入	185	企业事业单位划转补助支出	—
基层公检法司转移支付收入	2015	基层公检法司转移支付支出	—

续表

预算科目	决算数	预算科目	决算数
城乡义务教育转移支付收入	3756	城乡义务教育转移支付支出	—
基本养老金转移支付收入	8380	基本养老金转移支付支出	—
城乡居民医疗保险转移支付收入	43	城乡居民医疗保险转移支付支出	—
农村综合改革转移支付收入	2031	农村综合改革转移支付支出	—
产粮（油）大县奖励资金收入	1744	产粮（油）大县奖励资金支出	—
重点生态功能区转移支付收入	623	重点生态功能区转移支付支出	—
固定数额补助收入	8035	固定数额补助支出	—
贫困地区转移支付收入	367	贫困地区转移支付支出	—
其他一般性转移支付收入	18754	其他一般性转移支付支出	—
专项转移支付收入	40897	专项转移支付支出	—
下级上解收入	—	上解上级支出	60691
体制上解收入	—	体制上解支出	29255
专项上解收入	—	专项上解支出	31436
调入资金	61585	调出资金	—
从政府性基金调入	16352		
从其他资金调入	45233		
债务收入	—	债务还本支出	119090
地方政府债务收入	—	地方政府一般债务还本支出	119090
一般债务收入	—	地方政府一般债券还本支出	—
地方政府向国际组织借款收入	—	地方政府其他一般债务还本支出	119090
债务转贷收入	119090	债务转贷支出	—
地方政府一般债务转贷收入	119090	地方政府一般债券转贷支出	—
地方政府一般债券转贷收入	119090	地方政府向外国政府借款转贷支出	—
调入预算稳定调节基金	2165	补充预算稳定调节基金	—
		待偿债置换一般债券结余	—
		年终结余	—
		减：结转下年的支出	—
		净结余	—
收入总计	585919	支出总计	585919

2018 年昌邑市一般公共预算收支、转移性收支决算情况表

表 5-22　　单位：万元

预算科目	决算数	预算科目	决算数
一般公共预算收入	317140	一般公共预算支出	446908
上级补助收入	112189	补助下级支出	—
返还性收入	3318	返还性支出	—
所得税基数返还收入	3455	所得税基数返还支出	—
成品油税费改革税收返还收入	482	成品油税费改革税收返还支出	—
增值税税收返还收入	10784	增值税税收返还支出	—
消费税税收返还收入	461	消费税税收返还支出	—
增值税“五五分享”税收返还收入	-11985	增值税“五五分享”税收返还支出	—
其他返还性收入	121	其他返还性支出	—
一般性转移支付收入	55530	一般性转移支付支出	—
体制补助收入	—	体制补助支出	—
均衡性转移支付收入	1464	均衡性转移支付支出	—
县级基本财力保障机制奖补资金收入	606	县级基本财力保障机制奖补资金支出	—
结算补助收入	3519	结算补助支出	—
资源枯竭型城市转移支付补助收入	—	资源枯竭型城市转移支付补助支出	—
企业事业单位划转补助收入	207	企业事业单位划转补助支出	—
成品油税费改革转移支付补助收入	—	成品油税费改革转移支付补助支出	—
基层公检法司转移支付收入	1917	基层公检法司转移支付支出	—
城乡义务教育转移支付收入	4191	城乡义务教育转移支付支出	—
基本养老金转移支付收入	9445	基本养老金转移支付支出	—
城乡居民医疗保险转移支付收入	—	城乡居民医疗保险转移支付支出	—
农村综合改革转移支付收入	2222	农村综合改革转移支付支出	—
产粮（油）大县奖励资金收入	1730	产粮（油）大县奖励资金支出	—
重点生态功能区转移支付收入	623	重点生态功能区转移支付支出	—
固定数额补助收入	8035	固定数额补助支出	—
革命老区转移支付收入	—	革命老区转移支付支出	—
民族地区转移支付收入	—	民族地区转移支付支出	—
边疆地区转移支付收入	—	边疆地区转移支付支出	—

续表

预算科目	决算数	预算科目	决算数
贫困地区转移支付收入	484	贫困地区转移支付支出	—
其他一般性转移支付收入	21087	其他一般性转移支付支出	—
专项转移支付收入	53341	专项转移支付支出	—
一般公共服务	133	一般公共服务	—
外交	—	外交	—
国防	6	国防	—
公共安全	1070	公共安全	—
教育	420	教育	—
科学技术	571	科学技术	—
文化体育与传媒	572	文化体育与传媒	—
社会保障和就业	933	社会保障和就业	—
医疗卫生与计划生育	281	医疗卫生与计划生育	—
节能环保	2686	节能环保	—
城乡社区	1331	城乡社区	—
农林水	28455	农林水	—
交通运输	6466	交通运输	—
资源勘探信息等	1730	资源勘探信息等	—
商业服务业等	666	商业服务业等	—
金融	20	金融	—
国土海洋气象等	2173	国土海洋气象等	—
住房保障	5825	住房保障	—
粮油物资储备	3	粮油物资储备	—
其他收入	—	其他支出	—
下级上解收入	—	上解上级支出	67778
体制上解收入	—	体制上解支出	29820
专项上解收入	—	专项上解支出	37958
待偿债置换一般债券上年结余	—		
上年结余	—		

续表

预算科目	决算数	预算科目	决算数
调入资金	85397	调出资金	—
从政府性基金预算调入	11370		
从国有资本经营预算调入	—		
从其他资金调入	74027		
债务收入	—	债务还本支出	167002
地方政府债务收入	—	地方政府一般债务还本支出	167002
一般债务收入	—	地方政府一般债券还本支出	47409
地方政府一般债券收入	—	地方政府向外国政府借款还本支出	—
地方政府向外国政府借款收入	—	地方政府向国际组织借款还本支出	18
地方政府向国际组织借款收入	—	地方政府其他一般债务还本支出	119575
地方政府其他一般债务收入	—		
债务转贷收入	166968	债务转贷支出	—
地方政府一般债务转贷收入	166968	地方政府一般债券转贷支出	—
地方政府一般债券转贷收入	166968	地方政府向外国政府借款转贷支出	—
地方政府向外国政府借款转贷收入	—	地方政府向国际组织借款转贷支出	—
地方政府向国际组织借款转贷收入	—	地方政府其他一般债务转贷支出	—
地方政府其他一般债务转贷收入	—		
国债转贷收入	—	增设预算周转金	—
国债转贷资金上年结余	—	拨付国债转贷资金数	—
国债转贷转补助数	—	国债转贷资金结余	—
调入预算稳定调节基金	—	补充预算稳定调节基金	6
接受其他地区援助收入	—	援助其他地区支出	—
接受其他省（自治区、直辖市、计划单列市）援助收入	—	援助其他省（自治区、直辖市、计划单列市）支出	—
接受省内其他地市（区）援助收入	—	援助省内其他地市（区）支出	—
接受市内其他县市（区）援助收入	—	援助市内其他县市（区）支出	—
省补助计划单列市收入	—	计划单列市上解省支出	—
计划单列市上解省收入	—	省补助计划单列市支出	—
		待偿债置换一般债券结余	—

续表

预算科目	决算数	预算科目	决算数
		年终结余	—
		减：结转下年的支出	—
		净结余	—
收入总计	681694	支出总计	681694

2019年昌邑市一般公共预算收支、转移性收支决算情况表

表5-23　　单位：万元

预算科目	决算数	预算科目	决算数
一般公共预算收入	320932	一般公共预算支出	443383
上级补助收入	124735	补助下级支出	—
返还性收入	3318	返还性支出	—
所得税基数返还收入	3455	所得税基数返还支出	—
成品油税费改革税收返还收入	482	成品油税费改革税收返还支出	—
增值税税收返还收入	10784	增值税税收返还支出	—
消费税税收返还收入	461	消费税税收返还支出	—
增值税“五五分享”税收返还收入	-11985	增值税“五五分享”税收返还支出	—
其他返还性收入	121	其他返还性支出	—
一般性转移支付收入	106398	一般性转移支付支出	—
体制补助收入	—	体制补助支出	—
均衡性转移支付收入	2020	均衡性转移支付支出	—
县级基本财力保障机制奖补资金收入	997	县级基本财力保障机制奖补资金支出	—
结算补助收入	3119	结算补助支出	—
资源枯竭型城市转移支付补助收入	—	资源枯竭型城市转移支付补助支出	—
企业事业单位划转补助收入	207	企业事业单位划转补助支出	—
成品油税费改革转移支付补助收入	—	成品油税费改革转移支付补助支出	—
基层公检法司转移支付收入	—	基层公检法司转移支付支出	—
城乡义务教育转移支付收入	471	城乡义务教育转移支付支出	—
基本养老金转移支付收入	—	基本养老金转移支付支出	—
城乡居民基本医疗保险转移支付收入	—	城乡居民基本医疗保险转移支付支出	—
农村综合改革转移支付收入	—	农村综合改革转移支付支出	—

续表

预算科目	决算数	预算科目	决算数
产粮（油）大县奖励资金收入	1634	产粮（油）大县奖励资金支出	—
重点生态功能区转移支付收入	623	重点生态功能区转移支付支出	—
固定数额补助收入	8038	固定数额补助支出	—
革命老区转移支付收入	—	革命老区转移支付支出	—
民族地区转移支付收入	—	民族地区转移支付支出	—
边境地区转移支付收入	—	边境地区转移支付支出	—
贫困地区转移支付收入	567	贫困地区转移支付支出	—
一般公共服务共同财政事权转移支付收入	—	一般公共服务共同财政事权转移支付支出	—
外交共同财政事权转移支付收入	—	外交共同财政事权转移支付支出	—
国防共同财政事权转移支付收入	—	国防共同财政事权转移支付支出	—
公共安全共同财政事权转移支付收入	1894	公共安全共同财政事权转移支付支出	—
教育共同财政事权转移支付收入	5128	教育共同财政事权转移支付支出	—
科学技术共同财政事权转移支付收入	—	科学技术共同财政事权转移支付支出	—
文化旅游体育与传媒共同财政事权转移支付收入	549	文化旅游体育与传媒共同财政事权转移支付支出	—
社会保障和就业共同财政事权转移支付收入	17118	社会保障和就业共同财政事权转移支付支出	—
卫生健康共同财政事权转移支付收入	7387	卫生健康共同财政事权转移支付支出	—
节能环保共同财政事权转移支付收入	1651	节能环保共同财政事权转移支付支出	—
城乡社区共同财政事权转移支付收入	—	城乡社区共同财政事权转移支付支出	—
农林水共同财政事权转移支付收入	17540	农林水共同财政事权转移支付支出	—
交通运输共同财政事权转移支付收入	1339	交通运输共同财政事权转移支付支出	—
资源勘探信息等共同财政事权转移支付收入	—	资源勘探信息等共同财政事权转移支付支出	—
商业服务业等共同财政事权转移支付收入	—	商业服务业等共同财政事权转移支付支出	—
金融共同财政事权转移支付收入	—	金融共同财政事权转移支付支出	—
自然资源海洋气象等共同财政事权转移支付收入	13247	自然资源海洋气象等共同财政事权转移支付支出	—
住房保障共同财政事权转移支付收入	1759	住房保障共同财政事权转移支付支出	—
粮油物资储备共同财政事权转移支付收入	—	粮油物资储备共同财政事权转移支付支出	—
其他共同财政事权转移支付收入	48	其他共同财政事权转移支付支出	—
其他一般性转移支付收入	21062	其他一般性转移支付支出	—
专项转移支付收入	15019	专项转移支付支出	—
一般公共服务	116	一般公共服务	—

续表

预算科目	决算数	预算科目	决算数
外交	—	外交	—
国防	5	国防	—
公共安全	162	公共安全	—
教育	283	教育	—
科学技术	1769	科学技术	—
文化旅游体育与传媒	263	文化旅游体育与传媒	—
社会保障和就业	84	社会保障和就业	—
卫生健康	87	卫生健康	—
节能环保	5228	节能环保	—
城乡社区	761	城乡社区	—
农林水	1594	农林水	—
交通运输	1263	交通运输	—
资源勘探信息等	714	资源勘探信息等	—
商业服务业等	135	商业服务业等	—
金融	3	金融	—
自然资源海洋气象等	324	自然资源海洋气象等	—
住房保障	950	住房保障	—
粮油物资储备	600	粮油物资储备	—
其他收入	678	其他支出	—
下级上解收入	—	上解上级支出	79703
体制上解收入	—	体制上解支出	37075
专项上解收入	—	专项上解支出	42628
待偿债置换一般债券上年结余	—		
上年结余	—		
调入资金	77472	调出资金	—
从政府性基金预算调入	11146		
从国有资本经营预算调入	875		
从其他资金调入	65451		
债务收入	—	债务还本支出	32192
地方政府债务收入	—	地方政府一般债务还本支出	32192

续表

预算科目	决算数	预算科目	决算数
一般债务收入	—	地方政府一般债券还本支出	32192
地方政府一般债券收入	—	地方政府向外国政府借款还本支出	—
地方政府向外国政府借款收入	—	地方政府向国际组织借款还本支出	—
地方政府向国际组织借款收入	—	地方政府其他一般债务还本支出	—
地方政府其他一般债务收入	—		
债务转贷收入	32192	债务转贷支出	—
地方政府一般债务转贷收入	32192	地方政府一般债券转贷支出	—
地方政府一般债券转贷收入	32192	地方政府向外国政府借款转贷支出	—
地方政府向外国政府借款转贷收入	—	地方政府向国际组织借款转贷支出	—
地方政府向国际组织借款转贷收入	—	地方政府其他一般债务转贷支出	—
地方政府其他一般债务转贷收入	—		
国债转贷收入	—	补充预算周转金	—
国债转贷资金上年结余	—	拨付国债转贷资金数	—
国债转贷转补助数	—	国债转贷资金结余	—
动用预算稳定调节基金	—	安排预算稳定调节基金	—
接受其他地区援助收入	—	援助其他地区支出	—
接受其他省（自治区、直辖市、计划单列市）援助收入	—	援助其他省（自治区、直辖市、计划单列市）支出	—
接受省内其他地市（区）援助收入	—	援助省内其他地市（区）支出	—
接受市内其他县市（区）援助收入	—	援助市内其他县市（区）支出	—
省补助计划单列市收入	—	计划单列市上解省支出	—
计划单列市上解省收入	—	省补助计划单列市支出	—
		待偿债置换一般债券结余	—
		年终结余	59
		减：结转下年的支出	59
		净结余	—
收入总计	555337	支出总计	555337

第二章　非税收入资金管理

第一节　预算外资金管理

1986年，县财政局为平衡社会财力，发挥预算外资金在经济建设中的作用，在所有权不变情况下，对行政事业单位管理的预算外资金采取由财政部门专户储存、计划管理、财政审批、银行监管的方式；对国营企业及主管部门的预算外资金，实行计划管理、政策引导的方式，对个别项目，适当代管一部分。

1992年3月，县政府制订《昌邑县预算外资金管理办法》，对四种预算外资金实行专户集中代管：实行自收自支管理的企业主管部门的各种预算外资金、行政事业单位的全部预算外资金、各企事业单位的部分预算外资金、邮电管理通信建设附加费留成。明确规定凡属管理范围的预算外资金，在所有权使用权不变的情况下，实行“专户储存、集中代管、计划控制、财政审批、银行监督”的管理办法，对预算外资金实行收支两条线管理。

1995年10月，市政府印发《昌邑市预算外资金管理办法》，将预算外资金收支全部纳入财政收支计划统一管理，与财政预算资金统筹安排。在资金支配权、使用权不变前提下，实行“财政专户储存、计划管理、财政审批、银行监督”的管理方式。各行政事业单位预算外资金实行“收支两条线”管理，只能按照规定在一家银行开设收入和支出两个账户。收入账户只存不支，支出账户除财政拨入资金外只支不存。财政部门对专户储存的预算外间歇资金在保证单位正常使用前提下，可在一定限额内进行统筹有偿使用，以充分发挥资金使用效益。

1996年，执行国务院《关于加强预算外资金管理的决定》，将按国家规定收取的各项税费附加统一纳入地方财政预算，作为政府性基金管理。用于乡镇政府开支的乡自筹和乡统筹资金仍作为预算外资金管理。

1997年4月，市政府印发《昌邑市市级预算外资金管理实施办法》，明确市预算外资金管理局具体负责预算外资金的管理运作，坚持“核定收支、量入为出、综合平衡、略有结余”的原则，根据资金性质和不同管理阶段，分别实行不同管理方式：一是对一般性的行政事业性收费分别不同阶段实行“核定收支、收支挂钩、预算内外结合统筹安排、比例调控、结余留用”和“核定收支计划、收入全额上解、支出统筹安排、结余政府调控使用”的管理体制。二是对用于公共工程和社会公共事业的各种专项基金、附加和收费，实行“核定收支计划、支出专款专用、政府合理运筹”的管理体制。三是对各种社会保障性资金，实行“收入全部上解、收支挂钩、专款专用、滚动增值”的管理体制。同时明确综合财政预算经市政府批准，财政部门下达年初计划，独立执行。

2000年，市财政局对市直106个行政事业单位开征的收费、基金项目，全面实行“票款分离”管理方式，实行“单位开票、银行收款、财政统管”的管理制度。在预算外资金支出上，加大财政监管力度，人员经费与预算内一个标准定支出，公用支出按一个口径核定，大宗支出项目财政审核、政府审批，禁止乱发奖金、实物、私设小金库等违法违纪行为。

2001年，市财政局全面实施预算外资金收缴"票款分离"制度，取消单位收入过渡户，建立"单位开票、银行收款、财政统管、社会监督"约束机制，预算外资金上缴财政专户率达到100%。清理整顿行政事业性收费，将条件成熟的行政事业性收费全部纳入预算管理，规范财政收支行为。对实行预算外资金收支脱钩管理的部门原用预算外资金安排的支出，通过财政预算拨款予以保障。

2002年，实施"票款分离"制度，抓好"以票管费"和账户管理工作，清理整顿收费项目，对行政事业性收费逐步实行收支脱钩管理，切断收费单位与收费资金的经济利益关系。加强对票据申领环节监控，保证单位预算外资金及时足额纳入财政专户。

2003年2月，市政府办公室转发《昌邑市财政局关于深化收支两条线改革，进一步加强财政管理的意见》，落实"票款分离"制度。为改进事业单位财务管理，市财政局以部门预算改革为核心，对市直行政事业单位进行预算改革。通过强化"票款分离"、以票管费等措施，细化部门收支项目。根据省、潍坊市关于预算外资金实行"收支两条线"和"票款分离"规定，对行政事业单位银行账户进行集中治理整顿，共撤销各类行政事业单位银行账户125个。市财政局印发《关于启用"山东省非税收入征管系统"有关问题的通知》，从2004年起，对体现政府职能的非税收入征缴，全部纳入非税收入系统，同时将政府土地出让金纳入财政管理。

第二节　非税收入预算管理

2004年，税收以外的财政性资金统一称非税收入，非税收入主要是行政事业性收费和罚没收入，大多纳入预算管理。市财政局启用"非税收入征管系统"，重新界定"收支两条线"管理范围，将体现政府职能的行政事业性收费政府基金、包括城市经营收入、国有资产出租经营收入、捐赠捐献收入等在内的11项财政性资金全部纳入"收支两条线"管理，全面实行"票款分离"。重新编审系统收费项目库，对106个行政事业单位的收费进行审核梳理，将原系统中上级明文规定取消或转为经营服务性收入的28项收费予以剔除。

2005年4月，印发《关于加强政府非税收入管理的意见》，调整纳入财政管理的收入项目，明确非税收入减免程序，规范行政事业收费票据使用管理。将大部分非税收入项目纳入一般预算收入管理，其他非税收入仍纳入财政专户管理，作为预算外资金统计。5月，市政府印发《关于加强政府非税收入管理的通知》，理顺分配关系，规范政府非税收入。

2006年，转发《关于申报非税收入执收编码的紧急通知》《关于启用山东省非税收入征管系统的有关问题的通知》和《关于启用非税收入征管系统有关银行代收问题的通知》。全市非税收入完成25311万元。

2007年2月，市政府印发《昌邑市非税收入实施细则》，对非税收入管理范围和内容、年度计划管理、征收减免程序、票据管理、违规处罚等方面作出明确规定。3月，为贯彻"清费、治乱、减负"的方针，理顺行政事业单位收费政策，市财政局与物价部门对收费项目进行年度清理，取消义务教育杂费、车船使用税证工本费等收费项目3个。全市非税收入完成36144万元。

2008年，推行非税收入"无缝隙"管理，严格实行"票款分离"和"收支两条线"，将土地收益基金、农业开发资金、土地出让金净收益全部纳入政府基金预算，建立"征、管、查"一体化非税收入征管机制，非税收入完成54531万元。4月，市政府印发《关于下达2008年市级预算外资金收入预算及政府调控计划的通知》。

2009年，市财政局对列入清理范围的174项行政事业性收费进行清理，对保留征收的各项行政事业性收费特别是政府性基金，加大管理力度，严格规范减免，杜绝跑冒滴漏。对增收潜力较大的项目，如污水处理费、水资源费、城市基础设施配套费等加强收缴征管。全市实现非税收入148342万元，其中土地出让收入115991万元。

2010年，推行非税收入“无缝隙”管理，深化“征、管、查”一体化非税收入征管机制，修订完善《昌邑市城市基础设施配套费征收管理办法》，提高征收标准，扩大征收范围，规范清理减免政策。提高矿产资源补偿费、探矿权价款征收标准。全市完成国有（资产）资源有偿使用收入3438万元，实现非税收入189877万元，其中土地出让收入140872万元。

2011年，根据2010年《财政部关于将预算外资金管理的收入纳入预算管理的通知》要求，除教育收费纳入财政专户管理外，其他预算外资金全部纳入预算管理。全年实现非税收入295436万元，其中土地出让收入250629万元。

2012年，开展“非税收入宣传月”活动，坚持以票管收、源头控收，规范非税收入管理。全市实现非税收入357739万元，其中土地出让收入316042万元。

2013年，开展“非税收入宣传月”活动。全市实现非税收入366732万元，其中土地出让收入317125万元。

2014年，随着城市建设规模初步形成，国家对房地产市场进行调控效果开始显现，土地成交量减少。全市实现非税收入173863万元，其中土地出让收入127814万元。

2015年，市财政局贯彻财政部、国家发展改革委《关于减免养老和医疗机构行政事业性收费有关问题的通知》《关于取消、停征和免征一批行政事业性收费的通知》和财政部、国家税务总局《关于对小微企业免征有关政府性基金的通知》有关规定，大幅取消和降低政府行政事业性收费和政府性基金，土地成交量走向正常。全市实现非税收入85699万元，其中土地出让收入29467万元。

2016—2019年，贯彻执行国务院减费降税政策，鼓励中小企业发展，实现非税收入分别为105455万元、107059万元、92564万元、87592万元。

第三章　财务管理

市财政部门加强对会计、农业、企业、行政事业、社会保障、经济建设、国库集中支付等方面的财务管理，逐步形成健全的财务管理体系。

第一节　会计事务管理

1986年3月，县会计专业技术职务改革办公室（临时机构）成立。

1987年9月，县会计事务管理所成立。

1988年12月，县财政局设立山东潍坊会计师事务所昌邑分所，实行潍坊和昌邑财政双重管理，人员属县财政，业务归潍坊会计师事务所管理。主要业务范围有会计管理、会计职称评定、会计证验证、会计咨询、财会人员培训、推广会计电算化、企业验资、办理资产评估、基建工程预决算审查、代拟工程标底、税务及其他咨询业务。

1992年，制订《昌邑县会计人员管理实施意见》《昌邑县会计人员档案管理办法》，建立全县会计人员卡片档案。

1994年10月，县财政局全面检查会计人员卡片档案，督促各单位按时填报《昌邑市会计人员增减变动季报表》。

1996年，山东潍坊会计师事务所昌邑分所升格为副科级事业单位。12月，山东潍坊会计师事务所昌邑分所承担的财会人员培训、会计职称考试、会计证审验、推广会计电算化业务交由市财政局企财科管理。

1998年，山东潍坊会计师事务所昌邑分所与昌邑市审计师事务所合并。

1999年，山东潍坊会计师事务所昌邑分所脱钩改制。

2000年4月，潍坊广安信有限责任会计师事务所成立，从市财政局分离。

2009年12月1日，市会计协会在昌邑宾馆召开成立大会，省财政厅会计处副处长王永振，潍坊市财政局副局长王志刚，《会计之友》杂志社社长冯秀帼，《财会信报》社副社长卢刚，《财会信报》社新闻中心主任徐微微，市委常委、市政府常务副市长李中福，市政府党组成员、市财政局局长董凤杰等领导出席会议。按照协会章程，大会选举市财政局副局长魏全江为会长，市审计局、市国税局、市地税局、中国人民银行昌邑支行分管领导为副会长，市财政局企财科科长高凤鸣为秘书长。

2014年1月，潍坊市财政局将代理记账机构审批权限下放到各县市区。

2015年1月，根据机构改革要求，代理记账机构审批权限合并到市行政审批服务局。6月，按照中共中央办公厅、国务院办公厅《关于党政机关领导干部不兼任社会团体领导职务的通知》，市会计协会所有兼职领导干部均辞去协会职务，市会计协会按照有关规定注销。

2019年，市财政局组织会计人员网上继续教育培训，选定山东财经大学会计培训学院对会计人员进行会计继续教育培训，完成培训会计人员2802人。4月20日—6月30日，市财政局根据省财政厅《关于开展会计人员信息采集工作的通知》要求，组织集中开展会计人员信息采集工作，采集并审核通过2487人，服务实现“零跑腿”。

企业会计管理

1989年，县财政局完善企业财务管理，开展“抓基础、达标准、上等级”活动，达标单位68个，占总数的51.1%，推荐升级单位8个，占总数的6%。征订标准账册200多箱，实现账、册、单、证标准化、规范化。

1993年，县财政局制定具体措施，贯彻实施新的企业财务制度，组织9期培训班，对1152名企业会计人员进行培训。组织力量，深入40多个预算内国有企业进行检查指导，帮助建立新账，完成财务核算制转换。

1998年，市财政局按照《会计基础工作规范化考核实施办法》要求，把整顿会计工作秩序和提高基层会计业务水平作为工作重点，对会计工作考核验收。对乡镇企业会计人员建立档案，实行乡镇企业会计人员持证上岗制度，提高基层会计人员的财务管理水平。即时转发财政部颁发的8项具体会计准则和股份有限公司会计制度。

2000年，市财政局组织企业财务人员学习培训《企业会计制度》，并纳入继续教育学习内容。

2005年，《企业会计制度》在市属国有企业中执行。

2006年，市财政局分层次对会计人员进行《企业会计准则》培训。

2007年，市政府办公室印发《昌邑市企业纳税考核奖励办法》，市财政局组织2006年度全市重点企业纳税考核，了解并掌握重点企业财务信息。组织潍坊市会计领军人物报名和参赛工作，报名人数、参赛人数、笔试合格人数3项指标均居潍坊市县、市、区第1位。经过笔试、面试、考察、政审，有3人被认定为“潍坊市会计领军人物”（潍坊市30名）。

2018年6月，昌邑市举办2018年重点纳税企业财务总监培训班，图为市财政局领导为优秀学员颁奖（摄影：郝岩）

2009年，市财政局与市工商局、市国税局、市地税局、中国人民银行昌邑支行联合印发《关于规范会计代理记账工作的实施意见》，抽调人员组成联合调查组，摸清会计代理记账人员实际情况，建立“会计代理记账档案”，督促并要求所有会计代理记账机构和代理记账人员，限期到财政部门办理核准手续，到工商部门办理营业执照。市财政、工商、国税、地税、银行等部门对会计代理记账情况实现联网管理，非法执业的会计代理记账机构和会计记账人员，国税、地税部门不予受理办税事宜；工商部门不予办理营业执照年检；银行部门不予办理开户等金融业务；财政部门不予办理会计从业资格证书年检和换证，不予受理政策性补贴，不予认可会计决算数据。

2000年，落实《会计账簿监管暂行办法》，在行政事业单位和规模以上企业全部实行账簿监管，对实行会计账簿监管的单位进行会计账簿年度审验。

2018年6月，市财政局牵头组织首届重点纳税企业财务总监培训班，共培训全市前100名纳税企业财务会计人员140余人。9月，市财政局59名业务骨干到山东财经大学继续教育学院学习新政府会计制度。10月，市财政局在市会议中心举办行政事业单位政府会计准则制度培训班，共320人参加。

2019年，市财政局组织119家行政事业单位内部控制网上填报工作，规范行政事业单位内控体系。组织会计人员报名参加高级会计师评审和潍坊市会计骨干（后备）人才及会计专家库考选。

会计从业资格管理

1991年，组织施行会计证制度，按照上级要求，对会计证申报表进行审核，为符合条件的财会人员颁发会计证。逐一登记造册，建立财会人员档案。

1992年，制订《昌邑县会计人员管理实施意见》《昌邑县会计人员档案管理办法》，建立会计人员卡片档案。

1993年，执行会计证年检制度，未经年检的会计证视为无效证件。

1994年，市财政局为会计人员颁发会计证，改变无证上岗、专业人员不专的状况。10月，检查单位会计人员档案情况，填报《昌邑市会计人员增减变动季报表》，对会计人员实行动态管理。

1997年，对1987年版会计证进行换发，并实行登记、注册、年检制度。建立实行微机管理会计人员档案，完成会计人员档案填报审核工作。按照文件规定的条件和要求，对会计人员的申请进行审查，完成合格会计人员旧证回收和新证换发工作。

1997 年，昌邑市财政局换发的“会计从业资格证书”（摄影：王仁昌）

1998 年，实行会计证考试制度，对不具备直接申请会计证书人员，经考试合格后发证，考试每年进行 1 次。对乡镇企业会计人员建立档案，实行乡镇企业会计人员持证上岗制度。

2000 年 5 月，对所有在岗会计人员基本情况、会计人员管理情况进行普查。

2002 年，将会计证换发为会计从业资格证书。对持证会计人员纳入微机管理，统一建立会计从业人员档案，对年检不合格者，注销其资格。

2006 年，组织换发 2005 年版会计从业资格证。

2007 年，根据《山东省会计人员继续教育暂行办法》规定，会计继续教育范围为所有会计从业人员。市财政局组织会计从业人员进行继续教育培训，继续教育成绩纳入会计从业资格证管理。组织会计从业资格考试报名 525 人，报名人数为 2006 年的 3 倍，为方便考生就近参加考试，请示潍坊市财政局，增设昌邑考点。

2011 年，组织 4 期会计从业资格考试，参加人员共计 600 余人。全市共办理会计从业资格证申领 463 本，会计从业资格证调转 186 件，会计从业资格老证换新证 45 件，补发证 21 件，会计人员继续教育登记 2698 件，会计人员信息采集 3175 件。

2012 年，组织 3 期会计从业资格考试，参加人员共计 500 余人。共办理“会计从业资格证书”申请、办证、变更、调转等各类许可事项 1334 件，其中当场办理即办件 685 件，承诺件办理 649 件。办结时间比法定时限提高 35%，按时办结率到达 100%。

2013 年，实行无纸化考试，会计从业资格 3 科必须同时考过方可有效，取消所有免考政策，组织 3 期会计从业资格考试，参加人员共计 500 余人。

2014 年，财政部下发全国会计资格考试大纲（修订）。

2017 年 1 月，山东省（不含青岛市）会计从业资格考试暂缓进行。

2012—2019 年，市财政局开展农村财会人员财政支农政策培训工作，对培训合格的财会人员颁发合格证书，加强规范化管理。

会计职称管理

1989 年，县会计专业技术职务评审委员会成立，负责会计人员专业技术职务评审，建立会计专业技术人员档案。开展国营企业、县以上集体企业、全民事业单位干部和以工代技人员会计职称评审，评定会计师 76 人，助理会计师 361 人，会计员 489 人。

1991 年，县财政局和县人事局共同评审会计职称。

1992 年，会计专业技术资格实行全国统一考试制度，考试合格取得会计专业技术资格证书，不再进行相应会计职务资格评审。县会计专业技术资格考试办公室成立，设在县会计师事务所，陈贵海任主任，范新道（县职改办副主任）、姜奎芳、潘在校任副主任。

1993 年 6 月，县会计专业技术资格考试办公室公布 1992 年度会计专业技术资格甲种考试合格人员名单，其中会计师 14 人，助理会计师 21 人，会计员 183 人。

2005 年，全市会计系列专业技术人员 1006 人，其中高级会计师 1 人，会计师 152 人，助理会计师和会计员 853 人。拥有大学、大专、中专和其他学历的分别为 112 人、178 人、651 人、65 人。

2006 年，市财政局有高级会计师资格 4 人：魏全江、徐桂华、陈萍、郑晓燕。

2006 年 11 月，昌邑市财政系统高级职称人员及相关人员到厦门国家会计学院参加“高级财经人员培训班”合影　（照片提供：郑晓燕）

2011 年，组织会计专业高级技术资格报名人数 4 人，有 2 名通过笔试并参加评审。组织初级专业人员报名 274 人，中级专业人员报名人数 83 人。

2012 年，组织会计专业高级技术资格报名人数 5 人。

2013 年，组织会计专业高级技术资格报名人数 1 人，中级职称报名人数 230 人。

2017 年，组织会计专业高级职称报名人数 34 人，中级职称报名人数 248 人。推荐潍坊会计领军人才 3 名。

2018 年，组织会计人员报名参加高级会计师评审和 2018 年度潍坊市会计骨干（后备）人才及会计专家库考选。

2019 年，组织会计系列初级技术资格考试报名，指导 5 名通过 2018 年高级会计师笔试的会计人员准备评选材料，及时上传上报。5 名会计人员通过省财政厅评审认定，取得高级会计师资格。

贯彻落实《会计法》

1985 年 1 月 21 日，第六届全国人民代表大会常务委员会第九次会议通过《中华人民共和国会计法》（以下简称《会计法》）。

1986—1992 年，昌邑县（市）财政局采取印制宣传册、组织培训班等多种形式宣传《会计法》。

1994 年，市财政局面向社会开展《会计法》宣传活动，开展送法进厂、送法到乡镇、送法到基层的“三送”活动；征订会计法规以及《财政》《山东财政》杂志近千份，印发学习材料 1000 份，提高《会计法》宣传普及率。

2005 年，组织“纪念《会计法》实施 20 周年有奖征文暨 2005 年会计学会优秀论文评选征文”活动，开展会计工作先进集体和先进个人评选活动。

2007 年 9 月，潍坊市财政局举办“正源和信杯”会计知识大赛，市财政局和市职业中专两只参赛队伍参赛。最终市财政局代表队取得潍坊市第二名。组织参加全国会计知识大赛第一赛程网上答题，参赛率为 130%（许多未取得会计从业资格证书的会计人员参加答题），超出潍坊市平均水平 20 个百分点，列潍坊市县、市、区第一位。

2008 年 4 月，在潍坊市会计工作会议上，昌邑市被潍坊市财政局授予“2007 年度会计管理工作先进县（市）”和“2007 年度会计领军人物组织考选工作先进县（市）”。

2017 年 12 月，举办专题培训班，组织行政、企事业单位会计人员专题学习《会计法》。

第二节　农业财务管理

涉农资金管理

1991 年，全县较大规模的种鸡场有十六处，由于缺少祖代种鸡场，养鸡业受到限制，县财政局投入县种畜场资金 80 万元，建成年供 13 万套种鸡的祖代种鸡场。

1992 年，县财政局争取省、潍坊市财政部门无偿资金 309 万元，用于乡镇农田基本建设和人畜吃水工程、医疗卫生部门等事业单位增加设施设备、公检法部门改善办案设施等。筹集发放有偿资金 156 万元，扶持 18 个事业单位创办经济实体，上项目 26 个。

1993 年，县财政局投放支农周转金和扶持企业周转金 2300 多万元，扶持骨干企业。争取省、潍坊市财政部门无偿资金 344 万元，用于乡镇农田水利基本建设和人畜吃水工程。

1997 年，市财政局投入资金 616 万元，扶持高产高效农业园、农业科技园等建设。

2009 年，对能繁母猪和优质后备母牛养殖农户给予直接补贴，补贴资金达 506 万元。投入美国白蛾、禽流感、口蹄疫等疫病防治资金 196 万元。

2010 年，投资 102 万元进行病险水库除险加固和骨干河道治理，投资 1800 万元实施小型农田水利工程重点建设项目，投入农村沼气建设扶持资金 145 万元。

2011 年，投资 2650 万元实施小型农田水利工程重点建设项目，投入农村沼气建设扶持资金 50 万元。

2014 年，推进“百镇建设示范行动”示范镇工作，拨付柳疃镇上级补助资金 800 万元，拨付石埠经济发展区、饮马镇上级补助资金 800 万元。

2018 年，全市无害化厕所改造 15000 户，财政补助标准为每户 900 元，上级财政补助资金到位 893.15 万元，本级安排补助资金 450 万元。改厕任务完成并通过潍坊市级验收，市财政局支付改厕资金 877.5 万元。根据市政府关于农村改厕后续粪便处理的实施意见，市财政局对改厕后粪便处理费用按照每年每户 30 元标准进行补助，拨付 118 万元。

2016—2019 年，市财政局按照上级关于扶贫工作的方针、政策和部署，落实上级各项扶贫政策，争取财政专项扶贫资金 3391 万元，用于相关镇街区实施产业扶贫项目、发放扶贫雨露计划及扶贫办建档立卡经费等。

2019 年，市财政局根据市政府办公室《关于加快推进涉农资金统筹整合的实施意见》，按照职能部门制定的建设标准和有关规定进行评审，科学配置资金，提出资金拨付建议。统筹整合的涉农资金主要包括农业基础设施建设和生产发展、农村基础设施建设和生态环境保护、乡村组织建设和文化建设等方面的专项资金。

2019 年昌邑市涉农资金统筹整合项目情况表

表 5-24

单位：万元

序号	业务主管部门	项目名称	资金级别	指标文号	金额
1	昌邑市畜牧业发展中心	高产优质苜蓿示范基地	中央	潍财农整指〔2019〕34 号	120
2	昌邑市畜牧业发展中心	2019 年国家生猪调出大县奖励资金	中央	潍财农整指〔2019〕47 号 潍财农整指〔2019〕61 号	353
3	昌邑市畜牧业发展中心	养殖环节病死猪无害化处理补助	中央	潍财农整指〔2018〕7 号 潍财农整指〔2019〕30 号	728.44

续表

序号	业务主管部门	项目名称	资金级别	指标文号	金额
4	昌邑市畜牧业发展中心	动物防疫等补助经费(协管员补助)	中央、市、县	潍财农整指〔2018〕7 号 潍财农整指〔2019〕8 号 潍财农整指〔2019〕34 号	226.27
5	昌邑市畜牧业发展中心	奶牛家庭牧场省级改造	中央	潍财农整指〔2019〕34 号	20
6	昌邑市畜牧业发展中心	一级种猪场补助	中央	潍财农整指〔2019〕34 号	31
7	昌邑市发改局	2017 年千亿斤粮食生产能力规划项目上级、县级资金	市、县	潍财农整指〔2019〕2 号	750
8	昌邑市规划局	乡村规划设计项目	省	潍财农整指〔2019〕24 号	700
9	昌邑市海洋与渔业局	2019 年基层农技推广资金(渔业)	中央	潍财农整指〔2018〕7 号	30
10	昌邑市海洋与渔业局	中央渔业成品油价格改革财政补助。	中央	潍财农整指〔2019〕46 号	890
11	昌邑市海洋与渔业局	2019 年增殖放流项目	省	潍财农整指〔2019〕1 号	1500
12	昌邑市环卫中心	城乡环卫一体化日常保洁及垃圾收集清运、垃圾桶购置费用	县	县级资金	673
13	昌邑市环卫中心	无害化厕所改造项目	省、市、县	潍财农整指〔2019〕1 号	534.69
14	昌邑市环卫中心	2019 年厕所革命	中央	潍财农整指〔2019〕54 号	141
15	昌邑市林业发展中心	林业有害生物防治	潍坊市	潍财农整指〔2019〕28 号	13
16	昌邑市林业发展中心	林业贷款贴息项目	中央	潍财农整指〔2019〕48 号	6
17	昌邑市林业发展中心	森林村居奖励资金项目	潍坊市	潍财农整指〔2019〕2 号	20
18	昌邑市农业农村局	农业资源及生态保护补助资金	中央	潍财农整指〔2018〕7 号	10
19	昌邑市农业农村局	基层农技推广资金(种植业)	中央	潍财农整指〔2018〕7 号	70
20	昌邑市农业农村局	新型职业农民培训	中央	潍财农整指〔2018〕7 号	90
21	昌邑市农业农村局	信息进村入户	中央	潍财农整指〔2018〕7 号	132
22	昌邑市农业农村局	2019 年 4.2 万亩高标准农田建设项目	中央、省	潍财农整指〔2019〕30 号 潍财农整指〔2019〕1 号	5460
23	昌邑市农业农村局	地理标志农产品保护	中央	潍财农整指〔2019〕34 号	100
24	昌邑市农业农村局	乡村振兴齐鲁样板示范区	中央	潍财农整指〔2019〕34 号	100
25	昌邑市农业农村局	乡村振兴齐鲁样板示范区	省	潍财农整指〔2019〕1 号	500
26	昌邑市农业农村局	2019 年潍水田园综合体项目	中央	潍财农整指〔2019〕34 号	2000

续表

序号	业务主管部门	项目名称	资金级别	指标文号	金额
27	昌邑市农业农村局	创建省级现代农业产业园	中央	潍财农整指〔2019〕38 号	1500
28	昌邑市农业农村局	农村公益事业财政奖补资金	中央	潍财农整指〔2019〕44 号	461
29	昌邑市农业农村局	农村人居环境相关的农村公益事业建设	中央	潍财农整指〔2019〕52 号	79
30	昌邑市农业农村局	美丽乡村建设资金	中央	潍财农整指〔2019〕44 号	280
31	昌邑市农业农村局	农业生产救灾	中央	潍财农整指〔2019〕53 号	200
32	昌邑市农业农村局	"温比亚"台风农业设施修复重建贷款贴息(都昌街道肖家埠村肖晶晶)	省、市	潍财农整指〔2019〕59 号 潍财农整指〔2019〕63 号	0.71
33	昌邑市农业农村局	其他涉农项目资金,用于农业有害生物防控、农民技术培训和乡村振兴人才院所招引	省、市	潍财农整指〔2019〕2 号 潍财农整指〔2019〕24 号	207.83
34	昌邑市农业农村局	2019 年田园综合体贷款贴息工作(山东潍水田园农业发展有限公司)	潍坊市	潍财农整指〔2019〕60 号	300
35	昌邑市农业农村局	2019 年农业"新六产"发展主体贷款贴息工作	潍坊市	潍财农整指〔2019〕56 号	40
36	昌邑市农业农村局	农业发展资金	中央	潍财农整指〔2019〕31 号	53
37	昌邑市农业农村局	农作物病虫害防治	中央	潍财农整指〔2019〕16 号	48
38	昌邑市各镇街区	10 个镇街区村庄清洁行动攻坚月活动奖补	省	潍财农整指〔2019〕1 号	842.85
39	昌邑市水利局	潍河昌邑段防汛应急工程、汛前水利设施修复重建工程及城东橡胶坝坝袋及闸门更换等其他与灾后重建相关	省、市、县	潍财农整指〔2018〕5 号 潍财农整指〔2019〕14 号 潍财农整指〔2019〕25 号 债券资金 12500 万元	15764
40	昌邑市水利局	大中型水库移民后期扶持资金(基金)	中央	潍财农整指〔2018〕7 号	200
41	昌邑市水利局	人畜应急供水工程建设	中央	潍财农整指〔2019〕27 号	30
42	昌邑市水利局	国家重大水利工程建设基金(三峡工程后续工作)	中央	潍财农整指〔2019〕40 号	30.67
43	昌邑市水利局	大中型水库移民后期扶持基金	中央	潍财农整指〔2019〕40 号	50
44	昌邑市水利局	水利救灾	中央	潍财农整指〔2019〕53 号	100

续表

序号	业务主管部门	项目名称	资金级别	指标文号	金额
45	昌邑市委组织部	乡村振兴服务队进驻村补助项目(龙池镇瓦东村、龙北村、齐西村;柳疃镇西付村、太平集村、常家庄村),每村每年 10 万元	潍坊市	潍财农整指〔2019〕2 号	60
46	昌邑市委组织部	村级组织运转保障经费	省	潍财农整指〔2018〕6 号	670
47	昌邑市委组织部	村级组织运转经费市级奖补	潍坊市	潍财农整指〔2019〕55 号	223
48	昌邑市公安局	警务助理、网格员工作补助	潍坊市	潍财农整指〔2019〕6 号	77.88
49	昌邑市文化旅游局	公共文化服务体系项目	中央	潍财农整指〔2018〕1 号	92
50	市现代农业发展中心	合作社及家庭农场	中央	潍财农整指〔2019〕34 号	28
51	市现代农业发展中心	2019 年粮食烘干机械购置财政补助	省	潍财农整指〔2019〕1 号	200
52	市现代农业发展中心	深松作业	中央	潍财农整指〔2018〕7 号	30
53	昌邑市住建局	饮马镇梨花小镇项目	潍坊市	潍财农整指〔2019〕2 号	100
54	昌邑市住建局	柳疃西付省级美丽村居试点项目	省	潍财农整指〔2019〕1 号	750
55	昌邑市住建局	农村危房改造资金	中央	潍财农整指〔2018〕2 号	6.03
56	昌邑市交通局	2019 年车辆购置税收入补助地方用于一般公路建设项目	中央	潍财农整指〔2018〕8 号	1263
57	昌邑市扶贫办	产业扶贫项目	省、市、县	潍财农整指〔2019〕17 号 潍财农整指〔2018〕4 号 潍财农整指〔2019〕7 号 潍财农整指〔2019〕10 号	729
58	昌邑市扶贫办	雨露计划	省	潍财农整指〔2018〕4 号	18.3
59	共青团昌邑市委	金晖助老	省	潍财农整指〔2018〕4 号	3
			县	县级资金	1.5
60	昌邑市扶贫办	建档立卡经费 10.5 万元、宣传奖励资金 5 万元、雨露计划结余资金 1.1 万元,用于扶贫办经费支出	省	潍财农整指〔2018〕4 号	11.6
			潍坊市	潍财农整指〔2019〕10 号	5
61	昌邑市农业农村局	潍坊市级田园综合体奖补项目(石埠山东潍水田园综合体)	潍坊市	潍财农整指〔2019〕2 号	100

续表

序号	业务主管部门	项目名称	资金级别	指标文号	金额
62	昌邑市农业农村局	2019年潍水田园综合体项目	省、市	潍财农整指〔2019〕1号 潍财农整指〔2019〕24号	1200
63	昌邑市农业农村局	潍坊市级田园综合体奖补项目(饮马山阳文旅田园综合体)	潍坊市	潍财农整指〔2019〕2号	100
64	昌邑市龙池镇政府	2018年乡村连片治理	潍坊市	潍财农整指〔2019〕2号	800
65	昌邑市农业农村局	2018年度潍坊市级美丽宜居村庄示范村项目(龙池镇北白塔村)	潍坊市	潍财农整指〔2019〕2号	50
66	昌邑市农业农村局	2018年度潍坊市级美丽宜居村庄示范村项目(北孟镇葛七村)	潍坊市	潍财农整指〔2019〕2号	50
67	昌邑市农业农村局	2018年围子街道乡村连片治理项目	潍坊市	潍财农整指〔2019〕2号	500
68	昌邑市农业农村局	2018年卜庄镇乡村连片治理项目	潍坊市	潍财农整指〔2019〕2号	500
69	昌邑市卜庄镇政府	昌邑市卜庄镇省级耕地保护工作突出的乡镇激励资金项目	省	潍财农整指〔2019〕15号	100
—	—	合计	—	—	43053.77

农业综合开发资金管理

昌邑是全国首批参加农业综合开发的县市之一，农业综合开发项目分土地治理项目和产业化经营项目两类，实行“国家引导、配套投入、民办公助、滚动开发”投入机制，采取中央与地方财政按一定比例配套投入的方式。

2003年，市财政局印发《昌邑市农业综合开发资金管理办法》，规范农业综合开发资金管理，用统一账户管理、统一拨付渠道、统一预算定额、统一报账手续、统一会计核算的“五个统一”规范报账流程。

土地治理项目是应用工程措施和生物措施，改良土地不良性状，提高土地利用率和生产率，以利于集约经营。1986—2019年，投入各类资金19255万元，其中各级财政资金投入16629万元，共开发、治理土地面积39557公顷。其中改造中低产田22000公顷，改造盐碱地333公顷，建设高标准农田4000公顷。

产业化经营项目是通过对农业产业化龙头企业等经营主体的扶持，延长农业产业化链条，推进农业和农村经济结构的战略性调整。1993—2019年，投入各类资金19595万元，其中各级财政资金投入3316万元、企业贷款5453万元、企业自筹资金10826万元，对苗木、蔬菜、水产、畜牧、饲料加工等多个产业进行扶持，共实施项目34个。

潍坊丰瑞农业科技有限公司项目

潍坊丰瑞农业科技有限公司是柳疃镇民营农业企业，2015年1月成立，拥有固定资产8000多万元，员工126人，按照“政府引导，企业投入，财政扶持，市场化运营”的思路，以企业投资为主，农业综合开发资金支持，公司规模不断扩大，龙头带动作用日益增强。建设了为农服务中心，构筑起为农服务综合平台，成为农业社会

2019年6月，潍坊丰瑞农业科技有限公司修建的水库一角　（摄影：王仁昌）

化服务典型。该公司通过实施“种养加一体、一二三产业融合发展”，探索“龙头企业+合作社+基地+农户”组织模式，在农业综合开发资金支持下，创办农业专业合作社，开展耕、种、管、收、储、加、销实体化全程社会化服务，土地流转、托管服务面积达到4533公顷，涉及周边15个村庄，1万余农民，带动农民增收近1.2亿元，成为农业综合开发支持社会化服务样板企业。

昌邑潍水田园综合体建设省级试点项目

2017年，中央一号文件提出新概念“田园综合体”。7月，昌邑潍水田园综合体经过公开竞争立项、专家评审，被确定为山东省唯一省级田园综合体建设试点项目，同时被列入潍坊市、昌邑市“品质城市”建设重大支撑项目。项目建设周期为3—5年，累计获得各级财政资金1.7亿元。项目西依潍河，南北分别为青山、博陆山（即一河两山），规划面积20平方千米，总投资50亿元，建设核心区域、生态景观区域、辐射带动区域三大板块。其中核心区域规划433公顷，投资16亿元。11月18日，项目开工，流转土地200公顷；道路硬化亮化、园区迎宾门等基础设施全部开工，占地1.2万平方米的高科农业展示中心基本建成（总投资2680万元，建设钢架玻璃光伏结构大棚2座），完成占地2.7公顷太极湖，造山工程、景观植物栽植等工程开始施工；南区森林公园开工建造，土地平整完成26.7

2017年，潍水田园综合体齐鲁智农谷数科展示中心外景　（摄影：王明杰）

2012年，昌邑市财政局工作人员到围子大集宣传惠农政策　（摄影：王仁昌）

公顷，植树造林完成量8000余棵。

惠民资金管理

粮食直补　1994年，昌邑市建立粮食风险基金，主要用于地方储备粮利息、费用补贴和粮食政策性挂账利息补贴。粮食风险基金不足部分由预算安排。

2003年，中央把以往对种粮农民的间接补贴改为直接补贴。昌邑市采取与农业税挂钩，“即征即补”抵顶农业税的补贴办法，对种粮农民实施直接补贴。各乡镇财政所向农民发放税费改革政策卡，向农户开具粮食补贴通知书。凭粮食补贴通知书等额抵顶应缴农业税，加强在办理环节中的管理，既使种粮农民得到补贴，又使国家剩余税款安全入库。

2004年，根据中共中央、国务院《关于促进农民增加收入若干政策的意见》精神，加大对“三农”的支持和对粮食直补资金管理力度，粮食直补资金由市财政部门拨付至各乡镇农村信用社，由农村信用社通过“齐鲁惠农一本通”拨入农户直补账户，确保粮食直补资金安全到位。

2005年，市财政局将各项惠农补贴，全部纳入省财政涉农补贴系统，通过“齐鲁惠农一本通”直接发放到农民手中。

2006年3月，市财政局、市农业局印发《昌邑市2006年对种粮农民实行直接补贴实施方案》的通知，要求各乡镇和管委会，与所辖行政村全部签订“粮食直补工作责任状”，各乡镇长与村委会主任分别在责任状上签字，确保各项政策落实和补贴资金到户。

2007—2019年，市财政局通过“齐鲁惠农一本通”直接发放粮食直补款，无论农户金额大小，一律不得发放现金。

农资综合直补　2006年，昌邑市实行农资综合直补。

2007—2008年，按照小麦种植面积核定数据与上级规定补贴标准发放。市财政局加强对农资综合直补资金的管理，全部通过“齐鲁惠农一本通”直接兑付到农户手中。

2009—2019年，落实粮食直补和农资综合补贴以及种粮大户补贴政策，规范操作程序，明确部门责任，加大监督力度，确保资金安全兑付到种粮农民手中。

2008年，昌邑市围子街道西辛村委干部张贴“小麦种植面积公开榜”　（摄影：王仁昌）

2004—2019年昌邑市粮食直补与农资综合补贴情况表

表5-25

年份	面积（万亩）	粮食直补		综合补贴		受益户数（万户）
		标准(元/亩)	金额(万元)	标准(元/亩)	金额(万元)	
2004	55.48	13	721.24	—	—	12.9
2005	65.54	13	852.02	—	—	14.66
2006	63.47	14	888.58	14.2	901.00	13.1
2007	57.49	14	804.86	30.5	1754.00	12.5
2008	52.59	14	736.26	65.2	3428.00	10.06
2009	55.65	14	779.1	69.97	3893.72	10.08
2010	63.12	14	883.65	69.15	4364.62	10.38
2011	54.74	14	766.41	84.45	4623.09	9.11
2012	62.07	14	868.94	86	5337.79	9.79
2013	63.33	14	886.62	111	7029.60	9.66
2014	60.26	14	843.68	111	6689.20	9.05
2015	65.47	14	916.58	111	7267.17	8.94
2016	61.81	14	865.34	111	6860.91	8.55
2017	62.67	14	877.38	111	6956.37	8.63
2018	66.13	14	925.82	111	7340.43	8.96
2019	66.24	14	927.36	111	7352.64	8.99

家电下乡

2007年12月1日起，昌邑市开展家电下乡财政补贴工作。家电下乡财政补贴的家电品种为彩电、冰箱、手机、洗衣机四类，后来增加电脑、热水器、空调、微波炉、电磁炉。家电下乡产品最高限价如下：彩电3500元，冰箱（含冰柜）2500元，手机1000元，洗衣机2000元，壁挂式空调2500元，落地式空调4000元，储水式电热水器1500元，燃气热水器2500元，太阳能热水器4000元，电脑3500元，微波炉1000元，电磁炉600元。享受补贴的每类家电下乡产品每户农民限购2台（件）。

2010年4月，昌邑市启动家电下乡直补，由乡镇财政所发放补贴资金到购买人的“惠农一本通”账户，改为销售网点当场向购买人垫付补贴资金，购买人持身份证及户口簿购买下乡产品后，直接申报补贴资金。

根据上级统一部署安排，昌邑市家电下乡政策于2011年11月30日结束。2012年3月1日零时起，财政部门在信息系统中的审核兑付功能关闭。

汽车摩托车下乡

补贴对象：2009年3月1日—12月31日，将三轮汽车或低速货车报废并换购轻型载货车（以下简称换购轻型载货车）的农民。每户限补贴一辆，且报废车辆车主与新购车辆车主为同一农民。2009 年 3 月 1 日—12 月 31 日，购买 1.3 升及以下排量微型客车的农民，每户限补贴一辆。2009 年 2 月 1 日—2013 年 1 月 31 日，购买摩托车的农民，每户限补贴两辆。

补贴比例及金额：三轮汽车或低速货车报废并换购轻型载货车，按换购轻型载货车销售价格的 10% 给予补贴，单价 5 万元以上的，实行定额补贴，每辆补贴 5000 元。报废三轮汽车或低速货车实行定额补贴，报废三轮汽车每辆给予补贴 2000 元，报废低速货车每辆给予补贴 3000 元。购买微型客车，按销售价格的 10% 给予补贴，单价在 5 万元以上的，实行定额补贴，每辆补贴 5000 元。购买摩托车，按销售价格的 13% 给予补贴，单价在 5000 元以上的，实行定额补贴，每辆补贴 650 元。

昌邑市家电下乡补贴资金清算情况表

表 5-26　　单位：台、元

清算类型		合计	彩电	冰箱（含冰柜）	手机	洗衣机	电脑
按13%比例	补贴数量	112596	33527	50447	905	22019	5698
	销售额	213488768	74255934	93777052	706393	25703269	19046120
	补贴金额	27753540	9653271	12191017	91831	3341425	2475996
	中央财政应负担补贴金额	22202832	7722617	9752813	73465	2673140	1980796
定额补贴	补贴数量	20120	8379	5152	17	995	5577
	销售额	79220979	39041466	15038777	24320	2646221	22470195
	补贴金额	8284185	3812445	1673750	2210	258700	2537080
	中央财政应负担补贴金额	6627348	3049956	1339000	1768	206960	2029664
补贴金额总计：		36037725	13465716	13864767	94041	3600125	5013076
其中：中央财政		28830180	10772573	11091813	75233	2880100	4010460

清算类型		合计	电磁炉	微波炉	空调		
					小计	壁挂式	落地式
按13%比例	补贴数量	12017	73	1406	10538	7328	3210
	销售额	31672553	24037	929011	30719505	18038496	12681009
	补贴金额	4117432	3125	120771	3993536	2345004	1648531
	中央财政应负担补贴金额	3293946	2500	96617	3194829	1876004	1318825
定额补贴	补贴数量	7643	—	33	7610	4617	2993
	销售额	28782035	—	47846	28734189	13700617	15033572
	补贴金额	3061175	—	4290	3056885	1500525	1556360
	中央财政应负担补贴金额	2448940	—	3432	2445508	1200420	1245088

续表

清算类型	合计	电磁炉	微波炉	空调		
				小计	壁挂式	落地式
补贴金额总计：	7178607	3125	125061	7050421	3845529	3204891
其中：中央财政	5742886	2500	100049	5640337	3076424	2563913

清算类型		合计	电动自行车	热水器			
				小计	太阳能	储水式	燃气
按13%比例	补贴数量	23400	1944	21456	20041	1414	1
	销售额	56847712	3830550	53017162	51536430	1479933	799
	补贴金额	7390203	497972	6892231	6699736	192391	104
	中央财政应负担补贴金额	5912162	398377	5513785	5359789	153913	83
定额补贴	补贴数量	2786	2659	127	45	82	—
	销售额	5996051	5650110	345941	202955	142986	—
	补贴金额	730210	691340	38870	22880	15990	—
	中央财政应负担补贴金额	584168	553072	31096	18304	12792	—
补贴金额总计：		8120413	1189312	6931101	6722616	208381	104
其中：中央财政		6496330	951449	5544881	5378093	166705	83

昌邑市汽车下乡（微型车辆）补贴资金清算情况表

表 5-27　　　　单位：辆、元

补贴类别		总计	微型客车	轻型载货车	微型载货车
按10%比例	补贴数量	5072	3284	1608	180
	销售额	169846016	109867021	54595332	5383663
	补贴金额	16984001	10986102	5459533	538366
	中央财政应负担补贴金额	13587202	8788882	4367627	430693
5000元	补贴数量	473	117	356	—
定额	销售额	31190933	6549366	24641567	—
	补贴金额	2365000	585000	1780000	—
	中央财政应负担补贴金额	1892000	468000	1424000	—
补贴金额合计		19349002	11571102	7239533	538366
中央财政应负担		15479201	9256882	5791626	430693

昌邑市摩托车下乡补贴资金清算情况表

表 5-28　　单位：辆、元

清算类型		总计
按13%比例	补贴数量	3994
	销售额	17392181
	补贴金额	2260984
	中央财政应负担补贴金额	1808787
650元定额补贴	补贴数量	9210
	销售额	49335683
	补贴金额	5986500
	中央财政应负担补贴金额	4789200
补贴金额总计		8247484
其中：中央财政负担		6597987

家电以旧换新

2009 年 6 月，昌邑市开展家电以旧换新工作。凡在昌邑市行政区内注册登记具有法人资格或具有昌邑市户口，在规定时间内交售旧家电并购买新家电的单位和个人（以下简称购买人），在购买新家电时可享受家电补贴。交售旧家电与购买新家电的单位和个人必须一致。已享受“家电下乡”补贴政策的新家电不得重复享受以旧换新补贴。

以旧换新补贴家电产品范围：电视机、电冰箱（含冰柜）、洗衣机、空调、电脑。

补贴标准：按新家电销售价格的 10% 给予补贴，补贴上限为：电视机 400 元/台，冰箱（含冰柜）300 元/台，洗衣机 250 元/台，空调 350 元/台，电脑 400 元/台。

补贴期限：2009 年 6 月 1 日—2010 年 5 月 31 日。

全市家电以旧换新累计兑付补贴资金 1699 万元。

农机购置补贴

2007 年，昌邑市开始落实农机购置补贴政策，实行自主购机、定额补贴、先购后补、县级结算、直补到卡（户）。补贴范围逐年扩大，补贴金额上限逐年增加。

补贴对象：从事农业生产的个人和农业生产经营组织，其中农业生产经营组织包括农村集体经济组织、农民专业合作经济组织、农业企业和其他从事农业生产经营的组织。

2018 年补贴机具种类范围：耕整地机械、种植施肥机械、田间管理机械、收获机械、收获后处理机械、农产品初加工机械、排灌机械、畜牧机械、水产机械、农业废弃物利用处理设备、农田基本建设机械、设施农业设备、动力机械和其他机械等 14 大类 29 小类 60 个品目的机具。

补贴标准：总体上实行定额补贴，补贴额原则上依据同档产品上年市场销售均价比例不超过 30% 测算，对实际补贴比例异常的产品，视情况在定额补贴基础上实行定比控制。一般补贴机具单机补贴额原则上不超过 5 万元；挤奶机械、烘干机单机补贴额不超过 12 万元；100 马力以上拖拉机、高性能青饲料收获机、大型免耕播种机、大型联合收割机单机补贴额不超过 15 万元；200

马力以上拖拉机单机补贴额不超过25万元；大型棉花采摘机单机补贴额不超过60万元。农业生产个人每户享受补贴资金最高上限为100万元，农业生产经营组织享受补贴资金最高上限为500万元。

2007—2019年昌邑市农机购置补贴情况表

表5-29

年份	补贴金额（万元）	补贴数量（台）
2007	150	244
2008	320	245
2009	715	787
2010	780	1190
2011	1050	2101
2012	1130	1140
2013	1250	523
2014	1470	518
2015	1553	662
2016	1835	786
2017	1200	684
2018	1101	473
2019	901	723
总计	13455	10076

一事一议财政奖补资金管理

2009年12月，省财政厅、省农业厅印发《关于做好2009年村级公益事业建设一事一议财政奖补试点项目申报工作的通知》，确定在昌邑等6个县（市），开展村级公益事业建设一事一议财政奖补试点工作。昌邑市制订《昌邑市村级公益事业建设一事一议财政奖补试点工作实施方案》，选取100个村进行村级公益事业建设一事一议财政奖补试点，试点项目主要是村内道路硬化和村民排水渠修建，项目总投资2903.7万元，村民筹资筹劳总额1023.7万元，村集体及社会投入958万元，争取省级财政奖补资金210万元。

2010—2013年，共计实施奖补项目634个，项目涉及村内道路、排水渠、垃圾收集点、饮水管线、村内照明、公共活动场所、村内绿化等内容，共计争取上级财政奖补资金4571万元。

2011年1月，省财政厅、省农业厅印发《关于进一步做好村级公益事业建设一事一议财政奖补工作的通知》，对奖补范围和标准进行修改，将奖补标准调整为：在坚持村民一事一议筹资筹劳上限控制的前提下，各级政府财政按不低于筹资筹劳总额50%的比例给予奖补。各级政府财政奖补资金，中央和省级财政承担的比例不低于40%，其余奖补资金由设区市和县乡级财政承担。

2013年3月，省财政厅印发《山东省村级公益事业建设一事一议财政奖补“乡村连片治理”试点实施方案》，确定有选择地开展村级公益事业建设一事一议财政奖补“乡村连片治理”试点。柳疃镇徐家庄、闫家庵、长胡同等10个村被纳入省第一批27个“乡村连片治理”试点项目之一。昌邑市制订《2013年村级公益事业建设一事一议财政奖补“乡村连片治理”项目工作实施方案》，成立村级公益事业建设一事一议财政奖补“乡村连片治理”试点工作领导小组。12月，柳疃镇“乡村连片治理”试点工作在省财政厅对27个试点项目的综合考评中获得第2名，试点做法和经验在各地市推广。潍坊市“乡村连片治理”试点工作现场会在昌邑市召开。柳疃镇“乡村连片治理”试点项目估算投资2525万元，实际审定投资总额2652.1万元，主要通过群众投工投劳、村集体投入、社会捐赠、上级财政扶持、政府奖励补助的方式完成。其中省级财政奖补资金700万元，潍坊市财政安排补助资金400万元，昌邑市财政安排配套资金500万元，柳疃镇财政投入127.1万元，其余925万元资金通过村级投入、筹资筹劳、社会捐赠等方式解决。

2014 年，石埠经济发展区北村、东村、西村、张家村、李范村、葛西村、葛东村、前村、付家庄、晴埠村等 10 个村庄纳入省第二批“乡村连片治理”试点，项目当年完成，受益群众 2702 户，计 9977 人，预算总投资 2585 万元，项目决算总投资 2618.5 万元。其中省级专项资金 1000 万元，市级财政投入资金 300 万元，县级财政投入资金 200 万元，发展区财政奖励补助 189.5 万元，其余 925 万元通过村级投入、筹资筹劳、社会捐赠等方式解决。

2015 年，潍坊市决定集中资金开展市级“乡村连片治理”和“美丽乡村”建设试点，2015—2016 年，连续两年在都昌街道和饮马镇进行市级“乡村连片治理”试点，在饮马山阳村、卜庄大陆村以及石埠东南元村、晴埠村、付家庄村进行“美丽乡村”建设试点。

2017 年，北孟镇市级“先建后补”“乡村连片治理”项目经潍坊市级考评验收，获批财政奖补资金 720 万元。

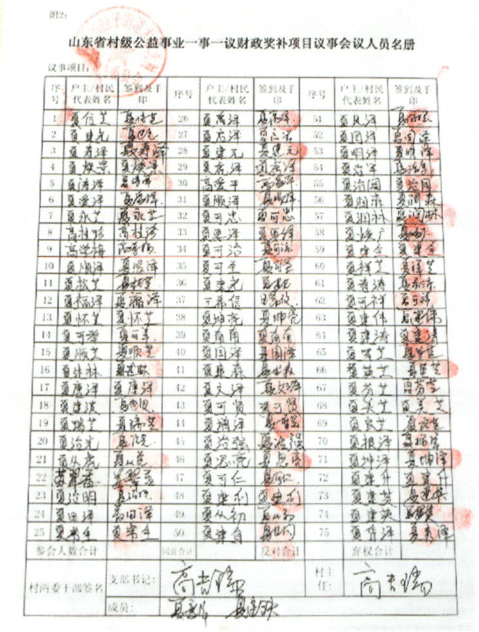
山东省村级公益事业一事一议财政奖补项目议事会议人员名册

2013 年，围子街道大章西村一事一议财政奖补项目议事会议人员签名表　（摄影：王仁昌）

2018 年，北孟镇、龙池镇“乡村连片治理”试点项目通过市级绩效考评验收，卜庄镇、围子街道两个试点项目建设完成。根据潍坊市委农工办《关于报送 2018 年度省级美丽乡村示范村备选村的通知》要求，确定龙池镇西白塔村、北白塔村、石埠经济发展区西孙家薛庄村、埠头村等 4 个村，作为 2018 年省级美丽乡村创建示范村。4 个示范村共投资 1008 万元，其中争取省级补助资金 400 万元，地方财政 313.3 万元，村级投入 294.7 万元。

普惠制一事一议财政奖补项目共计投资 4260.9 万元，其中市乡财政投资 867.8 万元，项目村筹资 273.1 万元，项目共计涉及 4 个乡镇（街办），28 个行政村，受益村民达 27739 人。全部项目建设完成，项目支出 1501.5 万元。

2019 年，涉农项目整合，一事一议财政奖补资金项目不再单列。

2009—2018 年昌邑市一事一议财政奖补资金支出一览表

表 5-30　　单位：万元

年度	金额
2009	210
2010	1037
2011	4570
2012	4600
2013	4700
2014	2576
2015	2272
2016	1963
2017	3376
2018	1008
合计	26312

第三节　企业财务管理

企业财务基础管理

1986年，县财政局对新上项目还款有困难或因其他客观原因造成困难的企业，给予减免税照顾。

1988年，昌邑县在企业承包基础上，把企业承包与经济核算融为一体，使广大职工直接参入核算，把职工的切身利益与增产节约联系在一起，调动职工生产积极性。

1989年，按照国务院《关于深化企业改革，增强企业活力的若干规定》和省政府《关于进一步加快和深化企业改革若干问题的规定》，昌邑县对国营企业继续实行经营承包责任制（1987—1990年第一轮经营承包，1991—1994年第二轮经营承包）。在企业实行经营承包中，县政府与经营承包者签订“企业经营承包责任制”和“对国有资产保值增值责任指标”。企业全部实行利改税，按照《中华人民共和国企业所得税法》，缴纳企业所得税后利润全部留给企业。企业改制后，全部执行财政部《企业财务通则》《企业会计准则》和《企业财务会计报告条例》，实行资本权属清晰、财务关系明确、符合法人治理结构要求的财务管理体制。

1990年，县财政局制订《关于全民所有制企业经营承包责任制有关财务问题的意见》，规定在一定范围内进行企业缴纳所得税以后的利润承包，税后还贷；适当调增企业上缴利润基数和递增比例，确保国家财政收入稳定增长；建立承包风险基金，试行风险抵押承包办法；取消利润还贷提两金（职工福利基金、奖励基金）的办法；严格承包期终结检查和清算，兑现承包合同；强化企业监督和管理，克服企业短期行为。经营承包到期后，经营承包责任制和国有资产保值增值指标同时进行考核。

1991年，县财政局制订《关于进一步加强企业财务工作的通知》和《关于进一步加强企业财务管理工作的实施意见》，就健全财务管理机构，提高财务管理人员素质，强化财务检查监督，完善财务管理制度及违纪处罚等问题作出明确规定，规范和完善企业财务管理工作。

1992年，为控制消费基金的不合理增长，管好用好五项基金（生产发展基金、大修理基金、固定资产折旧基金、职工福利基金、职工奖励基金），县财政局印发《关于修订国营企业五项基金的几项试行规定》。

1993年，县财政局印发《关于明确股份（合作）制改造试点企业中国有资产管理问题的通知》，保护国有资产不受侵害，配合有关部门，对实行股份制改造合资企业进行资产评估，防止国有资产流失。

1994年，市财政局印发《企业周转金的筹集和使用管理办法》。

1995年，市财政局印发《关于统一股份制改造试点企业有关会计处理办法的通知》，统一企业在改制过程中发生会计业务处理方法。

1996年，市财政局制订《行业财会考评制度》，促使企业提高财务管理水平。

1997年，市财政局按照《企业会计制度》《企业财务通则》规定，帮助企业制订《内部财务管理制度》。

2001年，市财政局印发《关于加强企业内部财务管理与控制的指导意见》《关于进一步加强企业会计报表编报工作的通知》和《企业财务会计报告考核办法》，要求国有企业结合本单位实际，制订《企业内部财务管理办法》，规范企业财务行为。

2005年，企业统一执行《企业会计制度》。

2006年，企业统一执行《企业会计准则》。

2009年，市财政局会同市国税局、市地税局制订《关于加强企业财务会计核算管理的规定》，从财务会计人员管理、账簿、凭证管理、会计核算管理、会计信息报送、违规处理等多个方面进行规范要求，从原材料购进、入库、领用、亏耗和产成品出库、货款结算等多个环节提出一整套制约措施，保护税基不受侵蚀，保障财政收入稳定增长。

2010年，市财政局制订《工业发展专项资金使用管理暂行办法》。

2014年，市财政局为鼓励发明创造，激励技术创新，加快昌邑市专利技术产业化步伐，增强自主创新能力，制订《昌邑市专利补助资金管理办法》，设立专利专项基金，建立完善知识产权激励和保障机制，设立专利补助及科技创新专项资金150万元，引导扶持企业提高自主创新能力，推进企业发展提质增效。

争取资金扶持企业发展

2006年7月6日，省财政厅在济南市召开2006年省级区域经济协调发展示范县招标会，昌邑市以满分（50分）成绩获得第一名（第二名得26分，入围的最后一名即第十二名得5分），成功申报为省级区域经济协调发展示范县，获得省、潍坊市财政扶持资金支持。8月，省财政厅下达昌邑市省级2006年度区域经济协调发展专项资金300万元。潍坊市财政局和昌邑市财政局分别配套225万元，重点扶持3个项目：昌邑汉盈医药科技有限公司医药中间体研发及成果转化项目，财政投入资金342万元，拉动企业自筹和银行贷款5000万元，项目按期投产，该产品在国内的市场占有率达到60%。昌邑灶户盐化有限公司二次提溴新技术推广应用项目，财政投入资金114万元，拉动企业自筹和银行贷款1000万元，项目按期投产，填补国内在此领域的空白。昌邑海能化学有限公司12万吨离子膜烧碱项目，财政投入资金294万元，拉动企业自筹和银行贷款3.07亿元，项目按期投产。

2007年，对现有成长性好、发展潜力大、科技含量高、市场竞争力强的重点企业，在政策、资金、智力等方面进行重点扶持，共向上级争取各种扶持资金达4695万元。

2009年，向上级申报有关节能减排、技术创新、淘汰落后产能、环境保护、关闭小企业、安全生产、招商引资、外经外贸等各种项目40多个，涉及资金7000多万元，到位资金2000多万元。

2011年，向上级申报有关中小企业发展、进口贴息、淘汰落后产能、对外经济技术合作、专利补助、生态补偿、省级环保、现代服务业发展、农村现代流通服务体系建设、交通建设、“山东半岛蓝色经济区、黄河三角洲高效生态区”专项资金等各类项目40个，申请资金2.5亿元，实际到位资金1.8亿元。

2012年，争取上级专项资金各类项目31个，申请资金1.02亿元，实际到位资金2260.28万元。

2013年，申请企业专项资金各类项目24个，申请资金1.21亿元，实际到位资金1828.56万元。

2014年，向上级申报有关中小企业发展、进口贴息、淘汰落后产能、对外经济技术合作、专利补助、现代服务业发展、农村现代流通服务体系建设、交通建设、区域战略推进专项资金等各类项目20余个，申请资金接近2亿元，落实到位资金7268万元。为昌邑石化有限公司以及山东和田旺生物科技有限公司争取区域战略推进专项资金1700万元；为柳疃棉纺织品股份有限公司争取潍坊市服务业发展引导资金扶持项目补助资金80万元；为山东宏大生姜市场有限公司、昌邑滨海建设投资有限责任公司争取中央商贸流通专项资金600万元。争取2014年海洋经济创新发展区域示范专项资金1200万元，用于支持昌邑市海昱水产养殖有限公司、昌邑市明兴饲料有限责任公司、昌邑浩源养殖有限公司海洋养殖等项目建设。

2015 年，向上级部门申请区域战略推进项目、海洋经济创新项目、城镇污水管网项目、农村公路建设项目 30 余个，申请资金近亿元，落实到位资金 5300 万元。

2016 年，争取并拨付环保和大气、水污染专项资金 595 万元；安全生产资金 40 万元、中小企业发展资金 41 万元；争取中央服务业发展专项资金 240 万元，拨付 160 万元；争取城镇化建设类资金 1137 万元；争取潍坊市矿山地质环境治理项目补助资金专项资金 295 万元；争取上级外经贸专项资金 734 万元，支持企业出口信用保险保费补贴、开拓国际新兴市场等；拨付海盈外贸综合服务平台建设补助本级预算安排资金 150 万元，设立退税周转金 300 万元，用于该平台开展垫付外贸企业出口退税。

2017 年，落实科技型中小企业发展、人才引进、传统产业创新、粮库智能升级、机器人技术改造、新能源城市公交车补贴、化工转型升级循环经济、环境污染防治、外经贸转型升级发展等上级专项资金 2442 万元。

2018 年，向上对接争取资金 59 笔，争取上级专项资金 2.2 亿元，落实各类扶持企业发展资金 9800 余万元。

2019 年，向上级申报 11 批次 49 个项目，申请项目资金 3.3 亿元，争取到位各类项目资金 1.35 亿元。

助推新旧动能转换

2013 年，市财政局引进天宇药业项目，落户下营项目区，总投资 6 亿元，占地 380 亩，年产 3550 吨原料药等产品。其后项目在建设过程中遭遇“瓶颈”制约，处于“延期”状态。市财政局进行“二次招商”，三次赶赴浙江省台州市与投资方协商。2018 年项目恢复建设，并增加投资 1 亿元。

2018 年 5 月，锋泾（中国）建材集团有限公司投资的建筑胶粘剂项目在龙池镇签约。该项目是市财政局招商引资成果，年产聚氨酯泡沫填缝剂 1 亿支、硅酮密封胶 3 万吨、干粉砂浆 20 万吨、氯化石蜡 6 万吨。

11 月，山东玉柴控股发展有限公司与北京启迪清洁能源科技有限公司、天津启迪简石清洁能源投资管理中心签订玉柴启迪基金。

12 月，山东成泰控股有限公司与北京洪泰同创投资管理有限公司、青岛洪泰兴鲁资产管理有限公司在北京签订山东新旧动能转换洪泰齐鲁新能源产业母基金合作协议。山东新旧动能转换洪泰齐鲁新能源产业母基金规模 100 亿元，其中山东成泰控股有限公司出资 29.5 亿元，匹配山东新旧动能转换引导基金 20 亿元。

2019 年，洪泰齐鲁新能源产业母基金首期出资 10 亿元全部出资完毕。根据约定，基金首期

2018 年 1 月，昌邑市财政局招商团队到广西玉柴集团“点对点”对接

（摄影：张兴涛）

募集的资金投向市成泰化工催化剂项目 3.55 亿元，已投放到位，项目开始建设。根据协议约定出资比例，市成泰化工催化剂项目需匹配新旧动能转换引导基金 0.71 亿元，其中市本级匹配引导基金份额 2367 万元，根据省新旧动能转换引导基金出资办法按时出资。

昌邑市第三支新旧动能转换基金山东省新旧动能转换浩信汽车零部件项目基金组织申报，由山东浩信机械有限公司和山东新嘉股权投资管理股份有限公司发起，申请省新旧动能转换引导基金参入，基金规模 3 亿元，投资领域为山东浩信昌盛汽车零部件智能制造有限公司相关项目。

支持总部经济（分支机构）工作

2013 年，申报 21 户企业类总部（分支机构），潍坊市统计局、潍坊市财政局组织的考核认定小组，认定昌邑市引进和发展企业总部（分支机构）2 家：山东泰森食品有限公司、联合环境水务（昌邑）有限公司。

2016 年，推进降低企业税费负担政策，牵头汇总引进企业总部（分支机构）认定工作。

2018 年，申报总部（分支机构）企业 31 家，注册资本 5.5 亿元，投资额 37.7 亿元，全部为在建工程。

2019 年，认定总部经济（分支机构）企业 19 家，全部为在建项目，项目投资总额 8.33 亿元，超额完成年度工作目标。

扶持公益环保事业

2007 年，昌邑市排污费支出 686 万元，市城西、城北两个污水处理厂服务费支出 924 万元。

2009 年，财政预算安排节能专项资金 80 万元，安排环境保护以奖代补专项资金 120 万元，兑付公交车、出租车、渔船、农村客运成品油补贴资金 624.1 万元。

2010 年，财政预算安排节能专项资金 90 万元，安排环境保护以奖代补专项资金 150 万元，拨付市城西污水处理厂改造提升工程财政扶持资金 300 万元。

2011 年，拨付环境保护以奖代补 11 个项目资金 120 万元，安排 95 万元节能专项资金。市城北、城西两污水处理厂的污水处理费拨款共计拨付 3367 万元。兑付石油价格改革财政补贴资金 3212.63 万元。

2012 年，拨付上级交通补助专项资金 1864 万元。

2013 年，监管上级交通补助专项资金 5036 万元，涉及专款文件 10 份，新建、改造、养护公路项目共计 146 个。

2014 年，兑付石油价格改革财政补贴资金 2904.25 万元，拨付 210 辆黄标车车主黄标车提前淘汰补贴资金 207.32 万元。

2015 年，审核通过黄标车提前淘汰车辆 668 辆，发放黄标车提前淘汰补贴 575.4 万元。审核通过“黄改绿”车辆 332 辆，发放“黄改绿”补贴 386.54 万元。实行“先建后补、以奖代补”政策，对禁燃区内拆除燃煤锅炉给予补贴 288 万元。

2016 年，争取并落实公路交通类资金 5939 万元，用于宝通街东延伸工程建设、新建改造农村公路、推进村级公路网化示范县道路建设。

2017 年，拨付 2016 年度老年人等特殊人群优惠乘公交车财政补贴 80 万元。

2018 年，落实村级公路网化工程 389.6 千米建设，依照程序拨付上级资金 7788 万元。兑付成品油补贴资金 1294.07 万元，用于农村道路客运、城市公交车、出租车、渔船成品油价格改革。拨付上级石油价格改革财政补贴资金 2426 万元；拨付城北、城西两污水处理厂的污水处理费本级预算安排资金 7167 万元；拨付农村公路安全生命防护工程本级预算安排资金 215.95 万元。修订完善“煤改气”“油改气”财政补贴政策，落实黄标车提前淘汰补贴政策，拨付补贴资金 139.25 万元。推广型煤 71028 吨，炉具 7437

台，审核、拨付散煤清洁化治理资金 1628 万元。拨付东城热力供热亏损 281 万元。拨付城北、城西两污水处理厂的污水处理费 8000 余万元，拨付污泥处置费用 1300 余万元。

2019 年，昌邑市投入资金 8617 万元，用于居民生活污水处理、空气污染治理、水源地保护、清洁煤推广以及农村人居环境整治等方面。拨付财政资金 5000 多万元，用于城乡交通道路建设。拨付北孟镇塔耳堡山矿坑恢复治理项目 240 万元，市青山秀水旅游区废弃花岗岩矿矿山复绿项目 279.2 万元。

落实“粮食安全昌邑市长责任制”

2011 年，拨付市地方储备库政策性粮油补贴 315.39 万元，其中地储粮油费用补贴 120 万元，利息补贴 167.97 万元，地储粮轮换费用 15.42 万元，地储油轮换费用 6.4 万元，地储油轮换价差亏损 5.6 万元。从粮食风险金中拨付市国有粮食购销企业 2005 年审计政策性财务挂行贷款利息金额 106.94 万元。从地方预算内拨付 1998 年审计政策性财务挂行贷款利息尾数金额 3154.22 元。

2016 年，监管产粮油大县奖励资金 1807 万元，监管粮食风险基金 382 万元，用于储备粮利费补贴和政策性财务挂行贷款贴息，兑付 2015 年度棉花目标价格改革补贴 516 万元，争取并拨付粮食应急体系专项资金 250 万元。

2017 年，从粮食风险金内拨付粮油储备和轮换及政策性挂账贴息 198.05 万元、粮食应急体系建设资金 11 万元、“粮安工程”（即实施粮食收储、供应安全保障工程）粮库修建及智能化改造 71 万元。

2018 年，完成新增地方储备粮库存 500 万千克任务，拨付粮油存储、轮换费用及挂账贴息 394.2 万元。

2019 年，在地方储备粮 1300 万千克基础上新增加粮食储备 500 万千克，对原储备粮油按计划及时完成新旧粮油储备轮换任务，对地储库基础设施进行更新改造，共计投入资金 553 万元，其中地方粮油储备投入 330 万元。

企业财务信息网络建设

2007 年，昌邑市财政网络重点监管企业户数为 68 户。

2009 年，扩大信息采集面，掌握的企业实交税金数额占到辖区内所有企业实交税收总额的 75%，企业财务信息财政监管覆盖户数达到 155 户，列潍坊市各县、市、区第一名。

2011 年，企业财务信息采集监管范围户数 171 户。

2016 年，落实企业财务信息网络建设，配合企业建立健全内部财务管理制度，企业财务信息月报户数 106 家，年终决算户数 60 家。

2018 年，为 60 余家外经贸企业申报国际市场投资项目、企业走出去投保项目、出口信用保险项目、公共海外仓项目、电子商务示范基地项目、境外展览项目、商标注册项目，争取外经贸发展资金 630 余万元。

2019 年，完善基金项目库，全面对接市内企业，筛选并向潍坊市财政局基金办推荐项目 22 个，将玉柴项目、龙池泰康养老项目、下营华夏对虾等项目纳入项目库并推荐到潍坊。发展电子商务工作，为潍坊海盈互联商务有限公司报项目，争取上级补助资金 150 万元。拨付各类奖补和扶持资金 1.06 亿元，分别用于企业高新技术改造、对外经贸发展、智能产业扶持、中小企业培育、企业挂牌改制等领域。

第四节　行政事业财务管理

行政事业单位财务基本管理

行政事业单位经费一直纳入财政预算管理，财务管理执行国家统一的规章制度。1988 年以后，县财政局先后制订一系列规章制度，不断创新管理方法，逐步规范行政事业财务管理。

1988年，建立和完善行政事业单位管理制度，充实完善《行政经费开支管理办法》，对行政事业单位实行“限额拨款、超支不补、结余留用”管理体制，制订对临时追加预算外专项资金实行跟踪反馈的管理办法，对事业单位周转金制订专门管理办法，对罚没收入纳入预算外资金管理，对能源交通建设基金等制订管理制度。对县直行政事业单位的预算外资金全部实行代管。

1989年，对行政事业单位实行定员定额包干管理，对医疗费、计划生育业务费分别制订管理办法。在行政事业单位实行建立社会集体购买力辅助账制度。

1990年，充实完善《行政事业单位经费管理办法》《会议审批制度》《关于县直机关汽车维修管理办法》等规章制度。对行政事业单位经费管理采取“经费包干、限额拨款”的管理方法；对没有收入的事业单位，实行“全额包干、结余留用、超支不补”的管理办法；对有收入但不能全部抵补事业支出的单位，实行“定额补助、包干使用、以收抵支、自求平衡”的管理办法。制订《事业单位实行企业化管理实施意见》，对有收入的事业单位探索企业化管理，走以业养业的路子。

1991年，修订《昌邑县行政事业单位财务管理办法》《会议审批制度》等财务管理制度，对行政经费继续实行“经费包干、限额拨款”和“计划管理、总额控制、专项审批、单位建账、定期报表”的管理方法，把行政事业单位所有经费，均纳入财政，实行计划管理。

1992年，制订《昌邑县预算外资金管理办法》，对行政事业单位代管范围内的预算资金，实行“专户储存、集中代管、计划控制、财政审批、银行监督”的管理办法。修订《昌邑县行政事业单位财务管理试行办法》，把事业单位划分为全额预算管理、差额预算管理、自收自支管理三种管理形式。对完全公益性事业（如图书馆、体育馆、文物保护等单位）实行全额预算管理；对半公益性事业（如广播电视事业、非基础教育事业等单位）实行差额预算管理；对完全非公益事业（如招待所、各种培训中心等单位）推向市场，实行自收自支管理。

1993年，县财政局、县编办印发《关于在机构改革中加强行政事业单位财务管理和国有资产管理工作的意见》，保证行政事业单位各项资产的安全与完整。

1994年，印发《关于对行政性收费收入实行预算管理的暂行规定》。

1995年，印发《昌邑市行政事业单位财务管理暂行办法》，组织有关人员对行政事业单位进行专项清查。制订实施《昌邑市车辆管理制度》《经费开支制度》等。

1996年，印发《昌邑市行政事业性收费管理办法》《昌邑市经费开支标准制度》，实行经费开支“申请、转报、审批、划拨”四分离，加强经费支出管理。

1997年，印发《昌邑市直行政事业单位预算外资金考核暂行办法》。

1998年，印发《关于加强行政事业单位经费管理的暂行规定》，由财政部门代编单位支出预算，实行微机化操作、数据库档案管理，编制结果公开，并反馈到单位。

1999年，印发《关于加强行政事业单位财政管理工作的若干规定》，全面实施“收支统管”和“零基预算”的编制方法。制订《车辆保险办法》，采取燃油采购招标，车辆定点维修等管理办法；对会议召开场所，来宾接待标准和场所都作出明确规定。原由乡镇管理的乡镇派出所经费上划为市公安局统一核算，人员经费由市财政局管理。

2000年，建立人员工资档案库、单位编制数据库，定员定额核支出。市直行政事业单位收费、基金项目全面实行“票款分离”管理方式，即“单位开票、银行收款、财政统管”的管理制度。印发《昌邑市市直行政事业单位财政统一发放工资暂行办法》，实施工资专户银行代发制度，对行政事业单位在编人员工资统一由市财政局在各专业银行设户、定点发放，实行国库集中支付。

2001年，实行综合财政预算，将行政事业单位预算内外资金统筹安排，调剂使用；对行政事业单位公用经费和超编人员经费进行适当压减，定编定员定额核支出，实行经费包干管理，严控追加临时预算；在市直党政机关和教育部门实行财政统一发放工资制度，对工资性资金实行专户管理、封闭运行。全面实施预算外资金收缴“票款分离”制度，取消单位收入过渡户，建立“单位开票、银行收款、财政统管、社会监督”的约束机制。

2002—2004年，完善“票款分离”管理办法，加强对票据申领环节监控，保证单位预算外资金及时足额纳入财政专户。

2005年，市财政局设立集中支付结算中心，制订《昌邑市集中支付结算管理实施办法》，对行政单位的政府性资金实行集中核算，实行一个账户出入资金，一本总账核算收支，一套财务报表反映资金动态，实现全过程监管。完善行政事业单位预算约束机制，全面推行非税收入征管系统，强化票据监管和账户清理检查，规范预算内外资金申请、审核、拨付工作流程，全面推进国库集中支付改革和行政事业单位国有资产管理体制改革。

2006年6月，印发《关于建设节约型机关的实施意见》。

2007年，制订《昌邑市政府非税收入实施细则》，强化以票管费，规范土地等国有资源性收入和行政事业单位国有产权、股权收益的收缴。完善国库集中支付资金监管程序，对政府采购项目资金、义务教育资金和涉农补贴资金实行国库集中支付，提高资金支付效率和使用效益。

2008年，推行“回访复查”制度，集中检查部分行政事业单位的财务收支情况和各级财政专项资金的使用情况，对资金管理、账务处理等方面存在的问题进行纠正，规范财经秩序。

2009年，加强部门预算管理，严格控制预算追加和一般性开支，行政事业单位公用经费一律压减5%。对文教、卫生和支农等专项资金，规范资金流程，强化会计核算，严格实行国库集中支付、报账提款和背书管理制度。

2010年，推行非税收入“无缝隙”管理，实行“票款分离”和“收支两条线”，建立“征、管、查”一体化非税收入征管机制。

2011年6月，开展公务用车问题专项治理工作，成立公务用车问题专项治理工作领导小组，办公室设在市财政局行财科。

2012年7月，根据《山东省人民政府办公厅转发省财政厅、发展改革委〈关于清理化解山东省政法机关基础设施建设债务的实施意见〉的通知》，对市法院、检察院、公安机关、司法机关、国家安全机关及上述部门的直属、派出机构2009年年底前建成投入使用的政法机关办公、业务和技术用房建设项目拖欠债务进行清理统计，制订《昌邑市关于清理化解政法机关基础设施建设债务的实施方案》。审核认定政法机关基础设施建设债务874万元，化债402万元，占全部上报债务的46%。

2013年，对各单位年内追加的临时预算，严格按照有关规定及标准审核，杜绝不应由财政负担的支出，控制财政支出不合理增长。审核批复单位临时预算共计424份，批复资金44086.7万元。

2014年，根据省政府《关于改革完善市县食品药品工商质监管理体制的意见》，工商局与质量监督局由省以下垂直管理改为地市政府分级管理，所需经费纳入同级财政预算。根据《昌邑市

2014年市直部门预算报表编制说明及基本支出定额标准》，确定2014年支出预算，确保工商、质监工作正常开展。

2016年，对公务用车燃修费按车改后核定的公务用车数辆进行安排，核定预算内负担车辆69辆，其中市常委部门按每辆2万元标准核定，其他单位按每辆1.8万元标准核定。根据省财政厅《关于做好2017—2018年度山东省党政机关会议定点场所政府采购工作的通知》，与市新嘉大酒店、市翰林酒店、昌邑宾馆续签《2017—2018年度党政机关会议定点场所协议书》，确定三家定点会议场所。

2018年，根据市政府发放住宅取暖费补贴和增资等有关规定，审核并足额拨付相关经费，保障增资政策落实。

2019年，严格控制国内差旅费、因公临时出国（境）费、公务接待费、公务用车购置及运行费、会议费、培训费等支出，建立预算执行全过程动态监控机制，完善预算执行管理办法，建立健全预算绩效管理体系，增强预算执行的严肃性。

票据管理

昌邑市按照省政府票据管理办法，票据管理与所收资金管理结合，实行源头控制。

1991年，县财政局印发《关于加强行政事业性收费票据管理的有关规定》，行政事业性收费单位一律使用财政部门统一印制的行政事业性收费票据。

1993年，规定行政事业收费必须使用由省级以上财政部门统一印制的收费票据或监制的专用票据，建立以25种“专业票据为辅助、通用票据、定额票据并存”的票据管理体系。

1994年，制订《昌邑市行政性、事业性收费票据管理暂行办法》，对行政事业性收费票据实行统一管理。

1995年，印发《昌邑市行政事业性收费票据管理办法》，实行“收费许可证”制度。

1997年，印发《关于对行政事业性收费票据实行审验结报单制度的通知》，完善票据管理制度。

2001年，市财政局转发省财政厅《关于进一步加强收费票据管理等有关问题的通知》，建立定期报送、收费、罚没票据使用计划制度，实行新的票据结算办法，具体规定罚没票据管理问题等。

2011年，市政府印发《关于在全市行政事业单位实行财务支出票据集中审验制度的意见》。

2012年，推进行政事业单位票据集中审验制度，从市财政、国税、地税、农业部门抽调人员，组成“财务支出票据集中审验办公室”，实行“先审验后入账”。

2013年，行政、事业单位购领收费票据必须持收费许可证和收费文件到市财政局办理准购证，凭准购证购领票据，实行“凭证领购、分次限量、验旧购新”的领购制度。收费票据分统一票据和专用票据，收费票据实行财政统一印制、分级核发、分级管理，专人负责收费票据的审核、入库、保管、购领、登记、缴验、稽查等工作。

2015年，收费票据实行电脑网络化管理，财政统一印制、分级核发、分级管理。

2016—2019年，制订岗位责任制，收费票据管理工作精细化、规范化。

工资管理

1985年，按照国务院规定，改革工资制度，将等级工资制度改为以职务工资为主要内容的结构工资制。工资由基础工资、职务工资、工龄津贴和奖励工资四部分组成。分为正处、副处、正科、副科、科员、办事员六个级别，昌邑县执行六类地区工资标准。

1989年，机关、事业单位进行工资调整。参加普调人数为11046人，同时为1821名离退休人员适当提高离退休费。

1993年10月，机关和事业单位现行工资制度进行改革，将工资分为基本工资、补贴、特殊岗位补贴三大部分，机关和事业单位执行不同的工资标准：机关行政管理人员执行职级工资制，技术工人执行岗位技术等级工资制，普通工人执行岗位工资制；事业单位划分为全额拨款事业单位、差额拨款事业单位和自收自支事业单位三种类型，其行政管理人员执行职员职务等级工资制，专业技术人员执行专业技术职务等级工资制，技术工人执行技术等级工资制，普通工人执行等级工资制。参加工资制度改革的共15060人，其中离退休人员2143人。通过工资改革，建立正常增资机制，主要包括晋升工资档次、晋升级别工资和调整工资标准。

1998年，昌邑市对级别工资的晋升做出新规定，机关工作人员晋升职务后，原级别已经在新任职务对应级别以内的，可在年度考核基础上，以新任职务和晋升职务时的工作年限，重新确定级别工资。重新确定级别工资后，符合年度考核为称职以上，达到上一级别工作年限条件的，可再晋升一级级别工资。执行职级工资制人员，年度考核连续三年为优秀或连续五年为称职以上，期间未升过级别工资，可从下一年1月起晋升一级级别工资。

2006年7月，昌邑市按照国务院部署进行新一轮工资制度改革，在公务员登记管理基础上进行，列入公务员法实施范围的机关和经批准参照公务员法管理的单位实行公务员职级工资制，其他事业单位实行岗位绩效工资制。机关公务员实行职级工资制，把基本工资结构由职务工资、级别工资、基础工资、工龄工资四项简化为职务工资、级别工资两项；机关技术工人实行岗位技术等级工资制，基本工资由技术等级工资和岗位工资组成；机关普通工人实行岗位工资制，岗位工资为基本工资。事业单位管理人员、专业技术人员、技术工人和普通工人统一执行岗位绩效工资制，包括岗位工资、薪级工资、绩效工资和津贴补贴四部分，其中岗位工资和薪级工资为基本工资。

2010年，国家公务员晋升级别和级别工资档次、机关工人晋升岗位工资档次、事业单位工作人员正常增加薪级工资。

2015年，国家公务员晋升级别和级别工资档次、机关工人晋升岗位工资档次、事业单位工作人员正常增加薪级工资。

2016年7月1日起，调整机关事业单位工作人员基本工资标准，将部分规范津贴补贴纳入基本工资。将部分规范津贴补贴纳入基本工资后，按照规范津贴补贴纳入额度的40%和60%，分别减少各职务层次工作性津贴和生活性补贴标准。调整事业单位工作人员基本工资标准，将部分绩效工资纳入基本工资。将部分绩效工资纳入基本工资后，按照规定的绩效工资纳入额度，分别相应减少各岗位等级基础性绩效工资标准。

2018年7月1日起，调整机关事业单位工作人员基本工资标准。

规范津贴补贴

2005年10月，机关事业单位在职人员发放第四次职务补贴。

2008年1月，根据《关于印发〈昌邑市规范市直机关公务员津贴补贴实施方案〉的通知》规定，对机关公务员津贴补贴进行规范，统一归并为工作性津贴和生活性补贴，并提高标准。事业单位的津贴补贴暂不进行规范，参照机关有关政策相应增加补贴，即第五次职务补贴。事业单位在职人员的第二次职务补贴标准进行调整，各职务层次不再区分工作年限，统一调整到本职务的最高标准。

2009年1月，机关单位提高工作性津贴和生活性补贴。事业单位补贴项目仍不进行归并，只是相应提高标准，即第六次职务补贴。

2010年10月18日，市纪委、市委组织部、市监察局、市财政局、市人力资源和社会保障局、市审计局《关于调整机关和事业单位津贴补贴标准的通知》规定，调整机关工作人员工作性津贴和生活性补贴标准，事业单位增加岗位补贴标准。

2015年6月2日，市委组织部、市监察局、市财政局、市人力资源和社会保障局、市审计局《关于调整机关和事业单位津贴补贴标准的通知》规定，2014年12月1日起调整机关单位工作性津贴和生活性补贴标准，调整事业单位工作人员基础性绩效工资、奖励性标准。

工资统一发放

2000年，按照省政府办公室“党政群机关、公检法单位和财政给予补助人员经费的事业单位，由财政统一发放工资。在具体实施上可先在党政机关、公检法单位实行，然后逐步扩大到财政补助人员经费的事业单位”的要求，制订《昌邑市市直行政事业单位财政统一发放工资暂行办法》，实施工资专户银行代发制度，行政事业单位在编人员工资统一由市财政局在各专业银行设置专户、定点发放，实行国库集中支付。第一批先在市直部分单位试行代发工资。市财政局将工资款项，每月10日前直接拨付到定点银行，委托银行在3个工作日内，将行政事业单位干部职工工资划转到每个人的工资账户中，并生成工资单，实行社会化发放。

2001年，在市直党政机关和市直教育部门实行财政统一发放工资制度，工资性资金实行专户管理、封闭运行。

2002年，建立工资发放保障约束机制，市直党政机关、事业单位和在职教师工资全部实行市财政统一代发。

2012—2019年，市直行政事业单位人员、乡镇（街道）行政事业人员、在职教师工资全部实行市财政统一代发，应该由个人承担的个人所得税、社会养老保险金、住房公积金、失业保险金等全部由市财政局扣缴。

第五节　社会保障财务管理

医疗费资金管理

公费医疗　1989年，县政府制订《关于加强公费医疗管理的试行办法》，对公费医疗经费定额、管理办法、转诊及报销作出规定。

1992年，改革公费医疗管理办法，实行医疗费用定额管理，超支部分由个人按比例负担。将公费医疗费分为定额内支出与定额外支出两部分，定额内支出由个人和财政共同负担，定额外支出由个人、单位、定点医院和财政分担。

1994年，市政府制订《昌邑市公费医疗管理办法》。

1996年，改革完善公费医疗管理办法，对部分单位实行公费医疗包干，剔除不属于享受公费医疗的单位。

2001年，取消在职在编人员公费医疗，实行医疗保险政策。

2010年1月，取消原公费医疗管理办法，将原实行公费医疗管理的镇（街）和市直机关、事业单位离休人员全部纳入统筹范围，与原实行统筹管理的企业、自收自支事业单位离休人员一并由社会保险经办机构统一管理。新办法对医疗费统筹标准和统筹费管理等问题作出规定，统筹标准由原来的每人每年7500元提高至10000元。

新型农村合作医疗　2004年，按照国家“先行试点、取得经验、逐步推广”的要求，根据各乡镇不同的自然条件和经济发展状况，昌邑市选择柳疃、卜庄、峠山三乡镇进行新型农村合作医疗试点，参保农民5万人，累计筹集新型农村合作医疗基金70万元，其中财政筹措20万元（县级财政15万元、潍坊市级财政5万元），个人缴费50万元。全年支出44万元，有3万参合农民获得相应补助。

2005年，在原三个试点乡镇基础上，新型农村合作医疗试点乡镇增加到七处，参合人数增加到18.4万人，市级财政支出资金92万元。

2006年，昌邑市被确定为新型农村合作医疗省级试点县，新型农村合作医疗试点乡镇增加到15处，参合人数超过42万人，参合率达到75%，地方财政补助资金504万元，省、潍坊市补助资金756万元，累计为参合农民报销医疗费用1270万元，受益群众20万多人次。新型农村合作医疗计算机网络管理系统安装调试完毕，1月1日起正式上线运行。印发《关于进一步加强新型农村合作医疗资金管理的通知》，实行资金收支分离、管用分离、用拨分离的管理模式，保证新型农村合作医疗资金的安全、完整及保值增值。

2007年，昌邑市试点方案获得上级批复，政府补助标准每人每年40元，其中地方财政补助标准为每人每年16元。全市支出资金1290万元，参加新型农村合作医疗的人数达到49万人，参合率达到87%。

2008年，全市参加新型农村合作医疗的人数44.2万人，参合率达到95.4%，补助标准为每人每年60元，其中地方财政补助标准为每人每年24元，全年新型农村合作医疗支出2747万元。

2009年，新型农村合作医疗参合人数达到47.2万人，全年支出资金4554万元，受益58万人次。

2010年，新型农村合作医疗政府补助标准为每人每年120元。

2011年，收缴新农合个人筹资款2287.42万元，参合农民达到45.7万人，参合率达到100%。政府补助标准为每人每年补助200元，支出资金10927.5万元。

2012年，昌邑市制订《昌邑市新型农村合作医疗管理工作实施办法》，规定在市内医疗机构中全面推行“先诊疗、后付费”服务模式，对符合条件的患者全部实行住院“零押金”、出院“一站式结算”。市内一级定点医疗机构，起付线以上部分的政策范围内住院费用报销比例为85%，其中实施基本药物制度的市内一级定点医疗机构住院报销比例为90%。市内二级定点医疗机构，起付线以上至5万元部分的政策范围内住院费用报销比例为70%，5万元以上部分为75%。新型农村合作医疗财政补助标准为每人每年240元，县级配套资金支出5453万元。

2013年，收缴新农合个人筹资款3177万元，参合农民达到416676人，参合率达到100%。政府补助标准为每人每年280元，新农合资金支出15589.5万元。

2014年，收缴新农合个人筹资款3439万元，参合农民达到400326人，参合率达到100%。政府补助标准为每人每年320元。支出新农合大病保险资金1401万元。5月1日，新型农村社会合作医疗与城镇居民基本医疗保险并轨，统称居民基本医疗保险。

医疗保险　医疗保险包括基本医疗保险、大额医疗救助、公务员医疗补助。基本医疗保险由用人单位和职工个人共同缴纳。用人单位以本单位在职职工上年度工资总额为缴费基数，按6%的比例缴纳；职工个人以本人上年度工资总额为基数，按2%的比例缴纳；大额医疗救助金按每人每月6元的标准筹集，由个人缴纳。国家公务员医疗补助经费按用人单位工资总额的3%筹集。

2005年，昌邑市完善乡镇医疗保险负担机制，设立专项转移支付资金，对农村中小学教师应由乡镇负担的2%部分予以补助。对城镇干部职工所缴纳的大额医疗救助金实行商业再保险，将社会统筹基金最高支付限额3万—8万元调至15万元，提高参保人员医疗保障水平，发挥大额医疗救助制度作用。

2008年7月，市政府印发《昌邑市城镇居民基本医疗保险暂行办法》，规定医疗保险的管理和基本监督，市劳动和社会保障局、市财政局、市卫生局、市教育局印发《昌邑市城镇居民基本医疗保险实施细则》。城镇居民医疗保险参保人数10663人，全年城镇居民医疗保险支出15.1万元。

2009年，城镇居民医疗保险参保人数达到12211人，筹集保险基金183万元，其中个人参保交费69万元，政府补助114万元。全年为参保城镇居民拨付医疗补偿资金157万元，受益866人次。

2010年，城镇居民医疗保险补助标准为每人每年120元，参保人数达到48756人。

2011年，城镇居民医疗保险补助标准为每人每年200元。

2012年，城镇居民医疗保险补助标准为每人每年240元，县级配套资金支出633万元。

2013年，城镇居民基本医疗保险补助标准为每人每年280元，县级配套支出资金839万元。

2014年，居民基本医疗保险补助标准为每人每年320元。

2015年，居民基本医疗保险财政补助标准为每人每年380元，县级预算支出资金9130万元。

2016年，居民基本医疗保险财政补助标准为每人每年420元，县级预算支出资金9650万元。

2017年，居民基本医疗保险财政补助标准为每人每年450元，县级预算支出资金10920万元。

2018年，居民基本医疗保险财政补助标准为每人每年490元，县级预算支出资金11880万元。

2019年，全市居民医疗保险参保人数已达到441475人，其中一档按180元标准缴费216568人，二档按310元标准缴费224907人，共筹集2019年度个人缴纳资金10873万元。县级财政配套补助资金8405.68万元。

抚恤与优抚金管理

1986年，县财政局对未享受定期定量补贴的在乡复员军人，实行定期定量补贴。

1987年3月，在乡特一等残废军人护理标准按照每人每月51元执行。

1989年1月，提高“三属”（即军属、烈属、遗属）定期抚恤金标准，平均每人每月增加15元。

1991年，提高在乡革命伤残人员抚恤标准。

1993年，提高国家机关工作人员牺牲病故遗属生活困难补助标准。8月，提高“三属”定期抚恤标准，每人每月增加10元。

1994年，提高“三属”定期抚恤标准，每人每月增加10元。提高在乡复员军人定期定量补助标准，每人每月提高5元，最低标准达到30元。

1995—2003年，抚恤与优

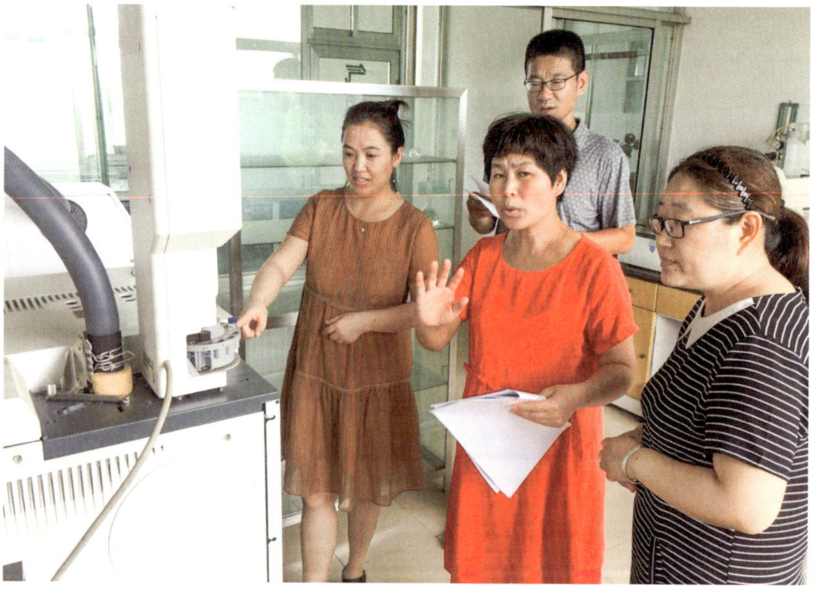

2017年4月，昌邑市财政局工作人员到昌邑市疾控中心实验室验收项目
（照片提供：赵京伟）

待金按照国家规定的标准执行，全额纳入财政预算管理，按时发放。

2004年，提高企业军转干部生活补助标准，为350名企业军转干部（其中养老金达不到标准的退休军转干部297人）支付生活补助差额99万元，补缴历年欠缴养老金、补发工资1651人次。

2005年，残疾军人等级由原来的“四等六级”调整为“一至十级”，提高部分优抚对象抚恤补助标准，取消伤残军人原来的抚恤金和保健金“在乡”和“在职”区别，实现等级相同，待遇相同。

2006年，按照在岗职工平均工资和退休职工平均养老金，提高企业在岗和退休军转干部差额补助标准。对企业447名军转干部（其中350名退休干部）现有工资水平进行核对，核算出所需差额补助资金，发放军转干部补助96万元、工资补差等121万元。

2008年，调整企业军转干部差额补助标准，为380名企业军转干部发放差额补助和生活补助260万元。给经审核停产、破产等特困企业欠缴的军转干部补缴各种保险费4万元。

2009年3月，市政府印发《昌邑市抚恤定补优抚对象医疗保障实施办法》。5月，印发《昌邑市抚恤定补优抚对象医疗保障实施细则》。

2012年，印发《关于优抚对象抚恤补助金集中管理统一发放意见》。

2014年，发放义务兵家属优待金788.9万元，其中市直发放81.3万元、镇（街道）发放707.6万元；拨付农村优抚对象抚恤和生活补助1515万元；拨付老兵生活补助资金181万元，补助2871人；拨付烈士子女生活补助金30万元，补助196人；拨付自主就业退役士兵一次性经济补助249人、607.5万元，其中市直29人、75.15万元，镇（街道）220人、532.35万元；拨付自谋职业一次性经济补助166.9万元，补助20人。提高一至四级残疾军人护理费标准。因战、因公一至二级残疾军人护理费每人每月为1698元，比原来基础上每月增加258元，因战、因公三至四级残疾军人护理费每人每月1358元，比原来基础上每月增加208元，因病一至四级残疾军人护理费每人每月1019元，比原来基础上每月增加159元。提高优抚对象门诊补助标准及住院补助比例，一至六级残疾军人，60周岁以上的（含60周岁）每人每年门诊补助由1000元提高到1500元，60周岁以下的每人每年门诊补助由800元提高到1200元。参加居民基本医疗保险的七至十级残疾军人、“三属”、老复员军人每人每年门诊补助由120元提高到200元；带病回乡退伍军人、参战涉核退役人员，每人每年门诊补助由60元提高到100元。七至十级残疾军人、“三属”、老复员军人住院补助比例由35%提高到75%；每人每年医疗补助金额累计不超过3万元。带病回乡退伍军人、参战涉核退役人员住院补助比例由15%提高到65%，每人每年医疗补助金额累计不超过1.5万元。

2017年，拨付义务兵家属优待金948.9万元，其中市直发放68.5万元、镇（街道）发放880.4万元；拨付农村优抚对象抚恤和生活补助1977.8万元；拨付老兵生活补助资金515.8万元，补助3137人；拨付烈士子女生活补助金76.7万元，补助179人；拨付自主就业退役士兵一次性经济补助208人589.3万元，其中市直21人、63.5万元，镇（街道）187人、525.8万元。提高一至四级残疾军人护理费标准，因战、因公一至二级残疾军人护理费每人每月为2294元，比原来基础上每月增加356元，因战、因公三至四级残疾军人护理费每人每月1835元，比原来基础上每月增加285元，因病一至四级残疾军人护理费每人每月1376元，比原来基础上每月增加213元。拨付退役士兵安置和权益保障资金1357.7万元。

2018年，拨付义务兵家属优待金930.8万元，其中市直发放109.5万元、镇（街道）发放821.3万元；兑现农村优抚对象抚恤和生活补助2113.5万元；老兵生活补助资金670.3万元，补助3253人；烈士子女生活补助金91.6万元，补助177人；自主就业退役士兵一次性经济补助252人、549.7万元，其中市直20人、41万元，镇（街道）232人、508.7万元。拨付军转干部接收资金766.7万元。拨付军队移交政府的离退休人员安置经费701.9万元。对选择三项保险的退役士兵进行补贴，兑现资金240万元，补贴329人。

2019年，拨付义务兵家属优待金、农村优抚对象抚恤和生活补助、农村籍部分退役士兵老年生活补助、烈士子女生活补助及退役士兵自主就业一次性补助等资金2879万元；拨付自主就业退役士兵一次性经济补助216人，共计489万元；拨付军转干部接收资金672万元；拨付军队移交政府的离退休人员安置经费640万元。

社保资金管理

1997年10月，昌邑市实施《农村最低生活保障暂行办法》和《城镇居民最低生活保障暂行办法》，农村低保标准为每人每年660元，所需资金采取市、乡、村三级按3：3：4比例负担的办法。城镇低保标准为2人以上户每人每月95元，单人户105元，所需资金由市财政负担。

1998年5月，机关事业单位离退休人员待遇项目进行简化归并和归类管理。8月，实施《农村社会养老保险基金管理暂行办法》，在国有专业银行，开设"社会保障基金财政专户"，将农村社会养老保险基金纳入社会保障基金财政专户，专项管理，专款专用。

2000年1月，失业保险基金纳入财政专户，实行收支两条线，专项管理，专款专用。7月，对国有企业下岗职工基本生活保障金、失业保险基金、基本养老保险基金和城市居民最低生活保障资金进行专项检查。10月，公费医疗制度进行改革，实施《城镇职工基本医疗保险办法》，将机关单位纳入保险范围。

2002年1月，事业、企业单位纳入城镇职工基本医疗保险范围。5月，离休干部离休费统筹项目统一从统筹基金中按月支付，实行社会化发放。

2003年3月，实施《昌邑市企事业单位离休人员医疗费统筹管理暂行办法》，离休人员医疗费缴纳标准为每人每年5500元。完善《农村最低生活保障暂行办法》和《城镇居民最低生活保障暂行办法》，农村低保标准由每人每年660元提高到800元，所需资金采取市、乡、村三级按3：3：4比例负担的办法。城镇低保标准为每人每月150元，所需资金由市财政负担。10月，调整农村低保资金负担比例，由市、乡、村三级3：3：4比例改为市、乡镇（街道）按5：5的比例，取消村级负担。12月，市政府制订《昌邑市公务员医疗补助暂行办法》《昌邑市城镇职工大额医疗保险暂行办法》，医疗补助经费按补助范围人员工资总额的2.5%筹集，纳入财政单独的社会保障基金专户管理，由市财政部门按季度向医疗保险经办机构拨款；大额医疗保险筹集标准为每人每年60元。

2005年4月，企业职工生育保险基金纳入社会保障基金财政专户，专项储存，专款专用。8月，建筑企业养老保障金纳入财政专户管理。对享受公费医疗待遇的632人的医疗费支出实行分类管理，超支部分由财政、人民医院与单位按4：4：2的比例负担。对破产及困难企业离休人员的医疗费实行由医保处按每人每年5500元的标准进行社会化统筹，财政按比例负担。

2006年，通过财政预算安排、争取上级专项资金补助、调剂使用失业保险基金结余等方式筹集就业补助资金500万元，拨付破产企业职工三项保险金160多万元、破产企业救助金58万元、社会保险补贴 17 万元，拨付破产企业临时管理办公室公益性岗位资金 26 万元，拨付人力资源市场配套设施费 16 万元、职业培训费 15 万元、职业介绍补贴费 25 万元。

2019 年 5 月，昌邑市财政局工作人员到奎聚街道走访贫困户 （摄影：张兴涛）

2008 年，市财政局与劳动、卫生部门组成检查组，对市社会保险事业管理局、市劳动就业办、市新型农村合作医疗办公室管理的养老、失业、医疗、新农合等基金的收缴管理及使用情况进行检查。社保基金财政专户收入 47110 万元，支出 37531 万元，结余 9579 万元，滚存结余 26860 万元。

2017 年，完善政府灾害救助保险保障体系，实行民生综合保险，标准为每人每年保费 2 元，每户每年保费 2 元，所需资金由财政负担，拨付资金 160.04 万元。落实破产、困难和劳动托管企业退休职工独生子女父母一次性养老补助政策，按规定将经费纳入财政预算，拨付一次性养老补助金 645.47 万元，补助 393 人。

2018 年，实施就业困难人员社会保险补贴、公益性岗位补贴等就业援助政策，拨付各类就业资金 2305 万元。

2019 年，执行社保费率降低政策，企业养老保险企业负担部分降低至 16%，减少基本养老保险保费收入 5370 万元，企业养老保险实行潍坊市级统筹；机关事业单位养老保险单位缴纳部分由 20% 降低至 16%，减少基本养老保险费收入 3565 万元。

农村社会养老保险金管理

2010 年，市政府印发《昌邑市新型农村社会养老保险试点暂行办法》，规定新农保基金由个人缴费、集体补助、政府补贴构成。采取按年缴费的方式。缴费标准设为每年 100 元、200 元、300 元、400 元、500 元、700 元、900 元、1200 元 8 个档次，参保人自主选择档次缴费。已年满 60 周岁的参保人，不需缴费，可以按月领取基础养老金，基础养老金标准为每人每月 55 元。新农保基金单独设立银行账户，单独记账、核算，纳入社会保障基金财政专户，实行收支两条线管理，专款专用，任何单位和个人不得挤占、挪用基金，基金结余按国家有关规定实现保值增值。为确保农村养老金及时、准确、安全、足额发放到位，每个村（居）配备 1 名金融代办员，为每名养老金领取者发放银行卡。

2012 年 10 月，基础养老金标准提高到 60 元。

2013 年，新农保与城镇居民社会养老保险合并，称为城乡居民社会养老保险，不再区分城市户籍和农村户籍，只要没有参加城镇职工养老保险，符合参保条件就可以参加城乡居民养老保险，符合领取待遇条件就可以领取城乡居民养老保险待遇，两种户籍缴费、领取待遇的条件和规则相同。

第六节 经济建设财务管理

拆迁补偿资金管理

2005年，市政府成立拆迁补偿联合工作组，由相关主管部门牵头，物价、农业、林业、征收办公室、财政、相关乡镇共同对拆迁土地地面附着物进行清点评估。共拨付拆迁补偿资金1775万元，包括潍胶路新建、潍河风光带、下小路拓宽、昌灶路改造、百货大楼等拆迁项目。

2006年，共拨付拆迁补偿资金4429万元，包括王士义沟治理工程、金口橡胶坝工程、荣乌高速项目、城北污水处理厂工程等拆迁项目。

2007年，共拨付拆迁补偿资金1014万元，包括文山中学片区、2007年基础设施北扩配套工程、汽车总站、引潍入漩及绿博园建设工程、昌灶路北段拓宽等拆迁项目。

2008年，共拨付拆迁补偿资金21916万元，包括文山片区土地储备、下小路拓宽、堤河清淤工程、柳疃项目区、中央商务区、市公共服务中心片区等拆迁项目。

2009年，共拨付拆迁补偿资金5255万元，包括小龙河治理、新建文化中心及市民广场、柳疃项目区2009年基础设施建设等拆迁项目。

2010年，共拨付拆迁补偿资金8789万元，包括交通街西段（都昌路—石化路）两侧绿化项目、柳疃项目区建设盐田清除、新海路拓宽工程、206国道昌邑城区改线工程、潍坊万宝矿业有限公司采选工程项目等拆迁项目。

2011年，共拨付拆迁补偿资金11271万元，包括单家、黑埠、建设三村政府储备用地项目，辛三社区政府储备用地项目，永宁路（206国道—北褚村）建设项目，昌邑市保障性住房项目，2011年潍河生态治理工程，下小路（309国道以南）拓宽工程，城市金典小区建设用地项目，气象观测业务用房项目等拆迁项目。

2012年，共拨付拆迁补偿资金11975万元，包括特殊教育学校新校建设项目，政府收储辛三、南庄、中庄、北庄等村储备用地项目，政府收储五里、石臼、单家三村储备用地项目，国家级苗木交易市场建设项目，院校东街（潍河以东—下小路）段建设项目，潍水中学及商住小区建设用地项目，昌南水厂净化水厂建设用地项目等拆迁项目。

2013年，共拨付拆迁补偿资金15826万元，包括育秀学校新校区建设、第二生活垃圾处理场新建项目、下小路义气镇段拆迁项目、大闸路拓宽改建项目、政府收储李家埠储备用地项目等拆迁项目。

2014年，共拨付拆迁补偿资金6900万元，包括山东半岛绿色物流城建设用地项目、北一环排水工程、堤河河道生态修复工程沿线拆迁等拆迁项目。

2015年，共拨付拆迁补偿资金10327万元，包括宝通街新建工程沿线拆迁、丰产河人工湿地修复工程沿线拆迁、浞河生态修复工程沿线拆迁等拆迁项目。

2016年，共拨付拆迁补偿资金7492万元，包括潍河堤顶路建设工程沿线拆迁、济青高铁昌邑段沿线拆迁、宫甲路丁庄路建设工程沿线拆迁、王士义沟水体整治工程拆迁等拆迁项目。

2017年，拆迁工作由市财政局牵头，各部门联合参加，乡镇或主管部门聘请中介机构进行评估。每年拨付的补偿资金包括已占用土地补偿和新拆迁项目地面附着物补偿。共拨付拆迁补偿资金18427万元，包括潍莱高铁昌邑段沿线拆迁、山东环境工程职业学院建设用地拆迁、文山森林公园建设用地拆迁、庄头片区棚户区改造用地拆迁、都昌棚户区改造用地拆迁、智能工业园（围子街办）建设用地拆迁、蒲河河道生态修复工程沿线拆迁、公安局围子消防站建设用地拆迁等拆迁项目。

2018年，共拨付拆迁补偿资金10349万元，包括潍河生态长廊绿化、高铁新城片区、济青高速两侧绿化等拆迁工程。

2019年，共拨付拆迁补偿资金11130万元，包括文山森林公园、昌邑市人武部民兵训练基地、生活垃圾焚烧发电项目、潍河昌邑段防汛应急工程、同大街改造工程、康洁环卫产业园、海昌路新修等拆迁工程。

专项资金项目管理

1998年，昌邑市设立国债转贷资金专户，对国债转贷资金实行单独记账、单独管理，国债转贷资金专款专用。国债转贷资金用于防潮堤项目600万元，年底全部付清；无规定疫病区项目45万元，到2010年3月底全部付清。

1999—2002年，国债转贷资金用于农网改造分别为34.2万元、692.48万元、1025.36万元、968万元。

2003—2005年，国债转贷资金用于农村公路建设分别为440万元、263.2万元、194万元，城区管网改造100万元。

2007年，上级专项资金1813.61万元，其中中央专项资金1760.61万元，省级专项资金53万元。包括下营港建设项目中央补助480万元、市城西污水处理厂水体污染防治项目中央补助500万元、小麦良种繁育基地项目中央补助170万元、市农机局现代化农机装备项目中央补助120万元、市检察院办案技术用房中央补助100万元、乡镇自然灾害重建项目中央补助90万元、市沿海防护林中央补助58万元、小城镇规划编制项目省级补助25万元等15个项目。

2008—2010年，中央投资扩大内需项目55个，到位上级专项资金9083.5万元。其中中央投资8806.5万元，省财政配套资金277万元，用于农村民生工程和农村基础设施、医疗卫生教育文化等社会事业发展、生态环境工程、保障性安居工程、重大水利建设工程、企业技术改造项目等。本级财政落实配套资金3949万元，配套资金到位率100%。中央扩大内需第一批资金1507万元，用于山东海天生物化工有限公司海水直接利用、标准粮田建设、2008年沿海防护林、卜庄镇中心卫生院、新海路—利渔村农村公路建设等10个项目。中央扩大内需第二批资金2792万元，用于中央商务区改造、农村饮水安全、防潮堤建设、大中型沼气池建设、人民医院病房楼项目、同大海岛新材料公司生态超纤高仿真面料升级改造项目、乡村道路建设等17个项目。中央扩大内需第三批资金344万元，用于农村饮水安全、动物防疫站建设、水生动物疫病防治站、北孟镇中心卫生院4个项目。中央扩大内需第四批资金394万元，用于饮马镇节水灌溉示范项目、2009年沿海防护林工程、计划生育服务站建设及设备购置、龙信棉花加工有限公司改扩建等5个项目。中央扩大内需第五批资金3769.5万元，用于农产品质量安全检验检测站建设、农村饮水安全工程、生猪标准化规模养殖场建设、2010年沿海防护林工程、山东海天生物化工有限公司制碱余热综合利用、潍河入海口防潮堤工程、市人民检察院技侦用房建设、印染企业污水处理技改、乡镇卫生院改扩建等19个项目。

2011年，上级资金5759.8万元，其中中央专项资金4912万元，省级专项资金797.8万元，潍坊市级资金50万元，共16个项目：第二批农村饮水安全工程中央补助668万元、省级配套401万元，市职业教育中心实训楼中央补助600万元，新增千亿斤粮食产能规划田间工程中央补助1800万元、省级配套135万元，2011年沿海防护林工程中央补助150万元，潍河入海口防潮坝工程中央补助300万元，市亿兴化工有限公司技术改造项目中央补助290万元等。

2012年，上级资金3625.5万元，其中中央专项资金2865.9万元、省级专项资金759.6万元，共15个项目：农村饮水安全工程中央补助

596万元、省级配套358万元，市公安局看守所扩建工程中央补助360万元、省级配套180万元，优质棉花生产示范基地建设项目中央补助315万元，生猪标准化养殖场建设项目中央补助260万元，防护林工程中央补助300万元，中国对虾良种场建设项目中央补助200万元，100吨级渔政船建造项目中央补助400万元，乡镇卫生院建设项目中央补助250万元、省级配套21万元等。

2013年，上级资金4679.53万元，其中中央专项资金3183.93万元，省级专项资金1495.6万元，共14个项目：市人民法院审判法庭建设项目中央补助770万元、省级配套385万元，市人民医院急救中心建设项目中央补助85万元、省级配套28万元，农村饮水安全工程中央补助373万元、省级配套222万元，新增千亿斤粮食产能规划田间工程中央补助1300万元、省级配套165万元，防护林工程中央补助150万元，优质棉花生产示范基地建设项目中央补助155万元，生猪标准化养殖场建设项目中央补助140万元，石埠经济发展区前史家村建筑用石料废弃采石矿矿山复绿项目省级补助600万元，柳疃镇扬水站工程省级补助90万元等。

2014年，上级资金10331.46万元，其中中央专项资金8291.46万元，省级专项资金2040万元，共12个项目：农村饮水安全工程中央补助1022万元、省级配套606万元，第二生活垃圾处理场工程中央补助1080万元，新增千亿斤粮食产能规划田间工程中央补助3000万元，南水北调续建供水单元工程中央补助400万元、省级配套820万元，市杨金华纺织有限公司节能改造项目中央补助240万元，潍坊东元连海化工有限公司苦卤回收再利用项目中央补助1000万元，潍河防潮蓄水闸建设项目中央补助1227万元、省级配套614万元，生猪标准化养殖场建设项目中央补助165万元，林业有害生物综合防控体系建设项目中央补助66.46万元等。

2015年，上级资金2624.4万元，共3个项目：新增千亿斤粮食产能规划田间工程中央补助2400万元、防护林工程中央补助192万元、林业有害生物综合防控体系检疫除害处理场建设项目中央补助32.4万元。

2016年，上级资金310万元，共2个项目：国家重点防护林工程中央补助50万元、姜家大湾（公园道壹号）保障性安居工程配套基础建设项目中央补助260万元。

2017年，上级资金2027.05万元，其中中央专项资金760万元，省级专项资金890万元，潍坊市级资金377.05万元，共9个项目：龙池镇齐西村传统村落保护项目中央补助300万元，市益民种畜有限公司大型沼气工程中央补助300万元，安居工程中央补助160万元，省级城镇化重点示范镇（柳疃镇）建设项目省级补助500万元，山东宏大生姜市场有限公司农产品物流园项目省级补助170万元，绿色建筑示范项目省级补助80万元，乡镇农村社区服务中心建设项目潍坊市级补助377.05万元等。

2018年，上级资金6518.35万元，其中中央专项资金3460万元，省级专项资金1155.32万元，潍坊市级资金1903.03万元，共9个项目：省级城镇化重点示范镇（柳疃镇）建设项目省级补助500万元，胶济铁路沿线环境综合治理项目省级补助31万元，拆违拆临活动市级奖励资金49万元，北孟镇中心镇区基础设施提升工程项目省级补助520万元，胶济客专绿化美化工程项目市级补助568万元，都昌街道棚户区改造项目国家补助3460万元，济青高铁沿线环境综合整治和绿化美化工程项目市级补助954万元，农村社区服务中心建设市级奖补资金332.03万元，省级清洁取暖补助资金104.32万元。

2019年，上级资金2653.75万元，其中中央专项资金1279万元，省级专项资金1374.75万元，共10个项目：龙港·育秀园A区一期项目国家补助840万元，梨花水镇配套基础设施建设项目省级补助450万元，森林资源管护项目国家补助49万元，天和名苑二期A区项目国家补助110万元，合流制管网项目省级补助228万元，铁路沿线环境治理项目省级补助82.48万元，农村清洁取暖项目省级补助534.27万元，建筑节能与绿色发展项目省级补助80万元，生态健康医养综合体PPP项目国家补助80万元，市新好牧业有限公司生猪规模化养殖场建设项目国家补助200万元。

财政投资评审

2000—2004年，市评审中心为城建、交通、水利等招标工程做好预算评审，控制最高支出限额，防止投标单位恶意串标、故意抬价，为政府采购提供基础性、技术性支持。

2005年，市评审中心参加南环路、岩山路、下小路、潍胶路、昌柳路、潍河风景区、行政办公新区以及烟汕路等工程的拆迁鉴证工作。潍胶路工程原报预算3300万元，审定最高控制额2580万元，核减预算720万元。

2006年，市评审中心对建设单位编制的工程预算进行审核，从源头控制工程造价，纠正建设单位送审预算中高估冒算、虚列多报等问题，严把事前预算编制关，保证工程造价合理性。在潍河主河道平整过程中，开工前同建设单位一起多次对施工现场进行勘察，经过专家论证，确定最佳方案，投资额由计划336万元，降低为54万元。

2009—2014年，市评审中心对财政性投资项目的工程概算、预算、结算和决算，进行评价、审核和对专项资金使用情况进行检查，为财政投资项目预算拨款提供依据，为建设单位提供工程结算依据。

2015年，潍胶路原设计方案加强层为12%石灰土，调整为8%，节约资金200万元。

2016年，建设应急水源地工程需跨潍河施工，审核预算时，考虑施工围堰，施工难度大。实际施工时，适逢干旱季节，潍河无水，施工工序简单。市评审中心根据实际情况，深入实地现场查勘，跟踪评审，对隐蔽工程部分采取拍照、摄像取证存档，将勘查记录由建设方、施工方、监理方和评审中心共同签字认可，按照国家规定的定额标准，结合现行市场价格进行评审，较预算核定值核减12.5万元。

2017年，市评审中心参加城区道路维修清障、监督绿博园资产整体评估、市府院内苗木评估、文山拆迁项目以及自来水公司输水管道清障评估等。

2018年，评审中心在工程施工期间，对工程项目实施跟踪评审，所有项目变更由建设单位、施工单位、监理公司和评审中心四方工作人员现场签证确认。

2019年，市评审中心在结算评审中审查合同书、设计图、工程竣工验收资料，通过现场勘查测量对工程量进行核实，做好现场记录，掌握第一手资料，据实计量，以量计价，保证工程最终结算的客观、公平、合理。

2000—2019年，市评审中心共计完成评审项目2154项，申报金额302822万元，审定值248417万元，审减值54405万元，审减率17.97%。

2017年，昌邑市财政局工作人员到评审项目现场进行实地测量　（摄影：张兴涛）

2000—2019 年昌邑市评审中心评审项目情况表

表 5-31

年度	评审项目数量（个）	评审额（万元）	审定额（万元）	审减额（万元）	审减率（%）
2000	21	6945	5734	1211	17.40
2001	67	4621	3677	944	20.40
2002	76	5196	3983	1213	23.30
2003	75	6062	4070	1992	32.90
2004	102	16734	12560	4174	24.90
2005	183	26411	22503	3908	14.80
2006	140	33725	27054	6671	19.80
2007	141	25484	21023	4461	17.50
2008	127	15104	12015	3089	20.50
2009	121	20938	16812	4126	19.70
2010	117	16955	15547	1408	8.30
2011	143	22473	19750	2723	12.10
2012	140	24607	20178	4429	18.00
2013	120	8152	6578	1574	19.30
2014	82	9624	7786	1838	19.10
2015	101	7537	6128	1409	18.70
2016	104	9196	7730	1466	15.90
2017	114	17919	14460	3459	19.30
2018	68	13859	11708	2151	15.52
2019	112	11280	9121	2159	19.14
合计	2154	302822	248417	54405	17.97

第七节　国库集中支付

2005 年 11 月，市国库集中支付中心成立，主要负责国库集中支付制度的实施，办理财政性资金集中支付业务，并对国库集中支付业务进行会计核算，对财政性资金的支付过程实行监督。

根据《潍坊市财政国库管理制度改革实施方案》及潍坊市财政国库集中支付制度改革的具体实施意见，市财政局制订《昌邑市财政国库管理制度改革实施方案》《昌邑市财政国库管理制度改革试点资金支付管理办法》《昌邑市财政国库管理制度改革试点资金银行支付清算办法》《昌邑市财政国库管理制度改革试点会计核算办法》等一系列配套文件，对国库集中支付的原则、范围、条件、程序、法律责任、账务处理都作出明确、具体规定，使国库集中支付依据明确、责任明确、流程明确，为改革提供制度保障。

2006年1月，市国库集中支付正式上线运行，市级71个部门124个预算单位的所有财政性资金全部纳入集中支付范围。全年实施集中支付资金达88859万元。

2010年8月，市财政局深化国库集中支付制度改革，规范市级预算单位财政授权支付业务，减少现金支付结算，提高支付透明度，加强财政财务监督，方便预算单位用款，制订《昌邑市市级预算单位公务卡改革实施意见》和《昌邑市市级预算单位公务卡管理暂行办法》。公务卡结算的范围主要是财政授权支付业务中原使用现金结算的公用经费支出，包括差旅费、会议费、招待费和5万元以下的零星购买支出等。

2014年，市财政局深化公务卡改革，在市级公务消费领域推广普及公务卡结算，发挥公务卡在加强财政财务管理和源头治腐等方面的作用，根据《昌邑市市级预算单位公务卡改革实施意见》和市财政局、中国人民银行昌邑市支行《关于印发〈昌邑市市级预算单位公务卡管理暂行办法〉的通知》规定，参照潍坊市财政局《关于建立市级预算单位公务卡强制消费目录制度的通知》有关要求，市财政局制订《关于建立市级预算单位公务卡强制消费目录制度的通知》。3月，市级预算单位实施公务卡强制消费目录，强制消费目录按照"方便操作、规范渐进"的原则，结合市级公务消费实际，以及用卡环境等，暂定强制结算项目为3项。

随着公务卡改革的深化以及用卡环境的改善，逐步扩大强制性结算项目范围。

昌邑市市级预算单位公务卡强制消费目录情况表

表5-32

序号	公务卡结算项目	备　注
1	办公费	指单位购买按财务会计制度规定不符合固定资产确认标准的日常办公用品、书报杂志等支出
2	差旅费	指单位工作人员因出差支付的住宿费、购买机票支出等
3	公务用车运行维护费	指公务用车的燃料费、维修费、保险费等支出

第八节　住房公积金管理

1993年4月，县住房资金管理中心成立，主要负责住房资金的管理、使用、监督和住房公积金收支，编制、执行住房公积金的归集、使用计划；记载职工住房公积金的缴存、提取、使用等情况；住房公积金的核算；审批住房公积金的提取、使用；住房公积金的保值和归还；编制住房公积金归集、使用计划执行情况的报告；承办其他事项。

1998年，督促近20处企业按时补缴住房公积金80多万元。对应缴未缴无故拖欠住房公积金的单位采取相应措施。组织乡镇住房公积金经办人员进行业务培训，帮助处理账务、测算、手册填写40多次，23处乡镇缴存单位260个，6700多人全部实行住房公积金制度，缴交率、缴存额达到100%。与市房改办进行住房补贴实行前的情况调查报告，测算10处行政事业单位、15处企业单位，为实行住房补贴提供依据。办理房改单位128个，收取售房款1540多万元，与6处银行签订存款合同，收回历年陈欠和当年资金455万元，延期330万元。10月，开通"968"个人住房公积金电话查询热线，在《昌邑市报》开设专栏宣传，在市电视台进行操作办法讲解。当年缴存住房公积金1100万元，完成计划的

137%，累计余额3079万元。全年公积金支出68.1万元，累计支出102万元。实行住房公积金人数35163人，499个单位已缴数482个，推行率分别为95%、96%，年终决算财务报表综合工作被潍坊市评为一等奖。

1999年3月，根据国务院《住房公积金管理条例》，制订《住房补贴管理办法》，印发住房补贴测算标准《住房公积金支取管理办法及操作规程》和《关于住房公积金住房补贴管理使用中的补充规定》。1月份实施乡镇财政住房公积金住房补贴收缴管理工作，编制表格、人员培训、业务咨询服务、印发补贴政策标准、测算基数、开会布置与检查指导审核办理相结合，帮助单位处理业务100多人次，各单位及乡镇办理业务走向规范化，23处乡镇260个单位6900多人住房补贴落实到位，有的乡镇3—4个月未发工资，借款先上缴住房公积金、住房补贴，收缴率100%。年初计划收缴住房公积金与住房补贴1500万元，实际完成1874万元，占计划的125%，超收374万元，其中住房公积金完成1374万元、住房补贴完成500万元，收缴率达到95%以上，累计收缴额4568万元，有294个单位实行住房补贴，实行率60%。产权资金收缴及接轨支取住房公积金，应接轨单位156个，应接轨户数11192户，已办理接轨手续单位116个，办理接轨户数6337个，接轨支取住房公积金单位119个，支取人数9673个，接轨支出住房公积金1382万元，累计支取金额1496万元。

2000年，完成住房公积金、住房补贴、住房资金的分账管理工作，逐步完善住房公积金、住房补贴管理办法，制订《关于住房公积金、住房补贴操作规程的补充规定》。申请、收缴、转移、支取拨款程序都作出规定，统一时间、集中办理，走向规范化。全年支取住房公积金516万元，支取住房补贴12.3万元。办理房改、房改接轨单位106个、26151户。

2004年，对实行财政代发工资的70多个单位和全部乡镇教师的公积金代扣、代缴工作，每月进行核对、转账，按时缴交。全年完成公积金收缴2260万元。根据《住房公积金管理条例》有关规定，制订《住房公积金操作规程》，全年办理支取980万元，办理转移1800多人次。

2005年，管理住房公积金缴交单位406个，其中行政事业单位211个、企业195个，收缴28269人，占参加劳保人数的87%，同比增长6%。完成公积金收缴2696.80万元，收缴率87%，同比增加4%。改革住房公积金支取制度，由原来每月15—16日集中办理，改为随时受理，全年共支取公积金1111.9万元，办理公积金转移471人次、101.8万元。住房资金实现利息收入128.98万元，业务支出主要是给个人计付住房补贴利息和给单位计付维修基金利息106.06万元，实现收益22.92万元；住房公积金实现利息收入133.73万元，业务支出主要是给个人计付公积金利息80.95万元，实现收益52.78万元。审核住房维修单位53家，拨付住房维修基金116.8万元。

2006年，制订《个人住房公积金贷款办法》《公积金贷款操作程序》和相关制度，设计申报和审批材料。管理公积金缴交单位419个，其中行政事业单位240个、企业179个；完成公积金收缴31881人、3225万元，审批支取转移公积金1823.4万元。审核房改住房维修单位41家，拨付维修基金90.7万元；收缴商品房维修基金413.4万元，审批支取商品房维修基金7万元。回收住房公积金原项目贷款50万元。

2007年，修改补充和完善《个人住房公积金贷款办法》和《公积金贷款操作程序》。完成公积金收缴3215.6万元，全年审批支取转移公积金2483.2万元；收缴房改房维修基金23.2万元，审核房改住房维修单位26家，拨付维修基金68.9万元；收缴商品房维修基金592.5万元，审批支取商品房维修基金5万元；分配廉租住房建设补充资金20.7万元、城市住房基金15.5万元。

2008年，根据房地产价格及居民收入水平，确定贷款限额最高10万元，贷款年限最长5年，累计发放住房公积金个人贷款260万元，回收本金14.68万元、利息3.65万元。住房公积金增值收益实现39.9万元，实现增值收益率33.4%。贷款风险金103.1万元，贷款风险准备金充足率42.0%。收缴商品房维修基金781.9万元、单位维修养护基金收缴2.7万元，支出21万元。8月，根据《潍坊市住房公积金管理中心住房公积金管理专项治理工作方案》要求，提出专项治理方案，扩大住房公积金缴存覆盖面，发放住房公积金住房贷款。

2009年，确定住房公积金贷款限额提高到15万元，贷款年限延长到10年。累计发放住房公积金个人贷款860.90万元，回收本金85.09万元、利息15.98万元。住房公积金覆盖面达到93.9%。完成住房公积金收缴5686万元，审批支取转移公积金3789万元。住房公积金增值收益实现140万元，贷款风险金余额111万元，贷款风险准备金充足率14.3%。

2010年，完成住房公积金收缴5611万元，办理支取转移公积金3423万元。收缴商品房维修基金979万元，单位维修养护基金支出81.7万元。确定贷款限额最高15万元，贷款年限最长15年。累计发放住房公积金个人贷款3282.9万元，回收本金315.3万元、利息70.4万元。

2011年6月，贷款限额提高到30万元，贷款年限延长到30年。截至11月底，共办理住房公积金个人贷款业务353笔，发放贷款4521万元，回收本金823.13万元，回收利息211.33万元。10月，市政府决定将工资总额作为住房公积金缴交基数，缴存比例为个人5%，单位缴存比例由5%提高到8%，市直及乡镇住房公积金全部由市财政直接从国库集中支付中心拨付到住房公积金中心账户，每月进行核对、转账。住房公积金覆盖面达到74%。全年完成住房公积金收缴6419万元，审批支取转移住房公积金3629万元。住房公积金增值收益实现220万元，贷款风险金余额103万元。11月，根据潍坊市编办《关于调整昌邑市住房公积金管理中心管理体制的批复》要求，住房公积金管理工作从市财政局分离。

第四章　国有资产管理

昌邑市国有资产管理体制，经历从社会主义计划经济管理模式，到社会主义市场经济管理模式转变，对国营（有）企业的管理职能在“政企分离”“扩权让利”“承包经营制”“股份制改造”等改革中完善规范，包括组织清产核资、参与企业改制、处置破产企业资产、处理破产企业遗留问题，优化整合、高效配置国有资产资源，优化国有资本布局，加强国有资本监管及投融资债务风险管理，提高国有资本运行效益和效率，盘活市属国有资产存量。对行政事业单位的国有资产管理，实行检查清理、登记造册，在购置、使用、处置等方面进行全方位监管。

第一节　企业国有资产管理

1991年，县政府印发《关于加强国有资产管理工作的通知》，在全县范围内进行全民性公司产权登记工作，共登记49户全民性公司，国有资产金额10770万元。对68户国营企业、148户行政事业单位的国有资产进行调查摸底和建章立制。核准县直国营企业和行政事业单位固定资产为40898万元。

1992年3月，县财政局根据上级业务部门要求，组织企业国有资产产权登记工作，共登记132户，资产总额90158.9万元，国有资产总额32011.5万元。

此后，每5年对国有企业进行1次产权登记，每年年检，确保国有资产安全。

1994年3月，根据国务院、省、潍坊市统一部署，组织对102家国有企业和实行企业化管理的事业单位进行清产核资工作。经过清产核资，确定国有企事业单位资产总额为110497万元，负债为114137万元，净资产亏空为3640万元，各项资产损失（包括潜亏挂账）15560万元。县财政局按照规定核销企业申报的资产损失。7月，市国资局制订《关于在企业改制中加强国有资产管理工作的意见》，对企业改制的程序和规定提出规范性意见，报市政府批准实施。

1995年4月，市国资局制订《关于企业改制后国有资产管理的实施意见》，加强企业改制后非经营性资产的管理。5—8月，开展土地清查估价工作，确定102处国有企事业单位共占有土地5094.6万平方米，属估价范围的土地226.7万平方米，评估价值27063万元，其中商业用地92.7万平方米，评估值10779万元；工业用地134万平方米，评估值16284万元。土地评估增值26896万元。市政府印发《昌邑市国有（集体）资产委托经营试行办法》《关于在企业改制中加强国有资产评估、管理工作的意见》。

1997年6月，根据国务院、省、潍坊市统一部署，对54户城镇集体企业单位进行清产核资工作。8月，市政府印发《昌邑市市属企业综合评价考核试行办法》，市财政局制订《工业企业综合评价制试行办法考核实施细则》和《流通、运输、施工、房地产开发、旅游、饮食服务等企业综合评价制试行办法考核实施细则》，在93户企业中进行考评试点工作。

1998年，结合试点情况，市财政局修改实施细则，市政府办公室予以转发，综合评价考核企业75户，根据考评结果对企业组织实施奖惩兑现。市属企业改制工作进行试点，参加试点的企业有市木工机械厂、市水泥厂、市五金厂。在试点基础上进行政策配套。市国资局负责企业改制前的清产核资、资产评估立项确认、政策性剥离和改制后企业的建章立制等工作。

1999年，综合评价考核企业37户。

2000年，综合评价考核企业20户。

2001年，综合评价考核企业4户。

2002年3—7月，市体改办和市国资办牵头，组织财政、工商、规划与国土资源、房管、劳动和社会保障、人民银行及企业主管部门等组成工作组，对市属85处改制的股份制企业运行情况进行检查和规范完善。

2003年12月，市属企业改革基本结束，128户企业进行不同形式改制，其中股份制改造108户。

2005年，市政府办公室转发市财政局《关于规范企业改制工作加强国有资产监管的意见》，规定企业规范改制以及改制后享受政府优惠政策。在国有企业重组改制和关闭破产工作中，落实《破产法》和《劳动法》，对4处破产企业和3处尚在破产进程中的企业研究企业职工权益维护以及下岗失业职工安置工作。市委、市政府和市法院批准成立由企业主管部门、劳动和社会保障部门、财政部门及税务部门等组成清算工作小组，制定职工安置预案，确保职工在企业破产后得到妥善安置，对破产企业所欠职工的各种款项进行摸底清理，清理内容包括职工工资、集资、抵押金、各种工资性补贴以及各项社会保险等。在资产处理过程中，对破产企业的资产清理核对，对在企业重组改制和关闭破产中职工反映强烈的侵吞国有资产、贪污腐败、侵害职工合法权益的违法行为及时提报有关部门进行查处。依法处置国有资产，委托权威评估机构和拍卖机构对破产企业的资产进行合法评估、公开拍卖，增大资产变现幅度，扩大第一顺序职工兑付资金比例。在兑付职工欠款工作中，变现资金不足以清偿所欠职工款项情况下，市政府决定采取财政支持、社会救济方式，多方筹集资金，清偿所欠职工的各种款项，所有破产企业从市财政领取资金2900万元，所欠职工各种款项偿付率为100%。达到退休条件的办理退休，符合失业条件的发放失业救济金，能够经过培训继续上岗的，由劳动部门进行培训并安置合适的工作岗位，提高职工再就业能力。为鼓励新企业接收破产企业失业职工，市政府规定：对新企业扩大生产规模，各职能部门给予支持，按政策规定能减免的费用给予减免，能帮扶的给予帮扶。对新企业所使用的破产企业失业人员，三年的养老保险金由市财政承担。对部分身体条件差，无经济来源，生活确有困难的职工办理“低保”。市财政局根据《破产法》规定给破产企业职工发放6个月的生活费。

2007年，7户国有企业进入破产程序。按照规定，不再实施政策性关闭破产，市财政局做好债权债务清理工作，在政策规定期限前解决“包袱”。对改制结束的企业，协助进行新旧账务衔接处理，按照《会计法》《公司法》规范运作。企业改革过程中，全程跟踪，把好资产评估关、金融债权关、核准关、政策剥离关，防止国有资产在产权变动中流失。实行资产评估结果公示制度和资产评估报告联合审核制度。

2010年，市财政局对市农机、商贸、经信、水产系统8处国企改制后资不抵债的企业，进行资产清算，依法破产。财政拨付资金2000余万元，为企业职工缴纳保险。履行出资人职责，完成国有企业财务报告工作。6月，市财政局对市宏远有线广播电视网络中心资产、负债、近三年经营情况及影视大楼债务进行调查，提出该中心土地及房产处置意见，保证其上划省广电网络中心。市财政局按照《山东省企业国有资产监督管理条例》，对市自来水公司编制国有资本经营预算。与市金融、经信等部门一同到国有企业调查研究，制订《关于进一步深化企业改革的意见》。市下营新区建设涉及市水产系统3处破产企业，市财政局建议市政府将3处企业土地由土地储备中心收回，公开处置，解决破产费用不足。市双星木业机械有限公司、市鑫东农机有限公司改制后，职工反映欠缴养老、医疗等保险问题。市财政局安排专人查账，给职工作合理解释，监督企业缴齐各种保险。市机关印刷所连年亏损，市财政局对其资产进行清查，实行对外租赁承包。指导市水利鑫宝工程有限公司在整体资产处置时公开拍卖，拍出120万元。市供电公司资产整体上划时，市财政局规范处置资产，经中介机构评估后，对必须报废的639万元资产进行公开处置；将132万元的债权剥离至市国有资产经营投资有限公司；将2450万元的国有股权无偿转至市经济开发区投资公司。

2011年，完成市农机局、市海洋与渔业局及市商务局所属5处破产企业有关费用的审核及兑付工作，兑付资金1200万元。根据潍坊市国资委统一部署，对昌邑市4处国有企业的财务人员进行培训，安装管理系统，完成2010年度国有企业年检，编制企业快报，月报、季报正常化。

2012年，市财政局完成市自来水公司、市宏远广电网络中心、市地方粮食储备库的资产统计报表、产权登记工作。对市自来水公司的固定资产进行评估，提出处置意见；具体操作市网络中心的土地、房产处置工作。对原市城建开发公司辞退人员养老保险缴纳问题，查找文件依据，解释改制时的有关规定。分析市燃料公司现状，提出市金山煤炭与市燃料公司合并的意见，解决40

多名职工的后顾之忧。参与市一虾厂、市二虾厂破产清算工作。对破产企业独生子女发放补助费的问题提出意见。根据上级业务部门部署，落实国企职教、幼教退休教师待遇，与人社、教育等部门进行摸底，提出建议。

2015年，市财政局对市平安机动车检测有限公司、市绿美园林绿化公司、市昌盛人力资源公司、市屹立工程检测公司等国有企业，完善委托管理办法，履行监管职责。做好国企破产的后续工作，落实国企职教幼教退休教师生活待遇增加、独子父母一次性补助发放，解决破产企业职工涉及的住房补贴、精减下放困难补助等问题。

2018年，市财政局配合市人社部门对国有企业工资总额进行调查，开展国有企业保值增值调研。对市地方粮食储备库提出公司制改制建议。参与组建市城投公司、市金控集团。指导北孟镇成立农业发展公司。对接三峡、中冶、中国化工等央企与昌邑市的合作项目，加快建设进度。解决国企"三供一业"（供水、供电、供热和物业管理）分离、独生子女补助费发放等历史遗留问题。将市绿美园林公司由国有独资改为国有参股，引进战略投资者，实行混合所有制改革。

第二节 行政事业单位国有资产管理

1991年11月，县财政局对22处乡镇所属248个行政事业单位的固定资产进行清理，核准固定资产为5006万元，占地面积125.77万平方米。

1993年3月，县财政局制订《昌邑县行政事业单位财产清查登记方案》，对415个行政事业单位（其中县直164个、乡镇251个）财产进行清查登记，核清资产总额为32476万元，其中乡镇6863万元，县直25613万元，比清查前账面数29862万元增加2614万元。

1996年5月，市政府办公室印发《关于加强行政事业单位非经营性资产转经营性资产管理的通知》，市国资局与市税收财务物价大检查办公室联合，对行政事业单位非经营性资产转经营性资产进行专项检查清理。12月，省国有资产管理工作会议在昌邑市召开，昌邑市专题介绍国有资产管理工作经验。

1998年12月，市政府办公室制订《昌邑市行政事业单位国有资产管理暂行办法》，市政府以第28号政府令发布实施，对行政事业单位资产管理工作进行规范。

2001年，根据财政部颁布的《国有资产评估管理若干问题的规定》，市国有企业、行政事业单位产权变动，由市国资管理部门委托具有一定资质的社会中介机构进行评估，并对其立项、审核等过程进行监督。昌邑市行政事业单位资产总额112961.35万元，负债总额20215.59万元，净资产92745.76万元。市国资局制订《关于对国有资产评估报告进行联合审核的意见》，市政府办公室予以转发。

2005年，昌邑市行政事业单位资产总额为172115万元，负债总额为62129万元，净资产为109986万元。

2006年2月,市政府印发《关于禁止行政机关事业单位私自对外担保的通知》,禁止国家行政机关、事业单位以任何方式私自对外担保。根据法律规定确需担保的，须经市政府批准，并按规定程序办理。禁止国有企业为非国有企业和个人提供担保或借款。国有企业之间担保，经批准后，按有关规定程序办理。对行政机关、事业单位、国有企业以前担保情况进行全面清理。

2007年，昌邑市行政事业单位转让的资产，必须经过有资质的中介机构评估后，进行公开拍卖。控制行政事业单位随意处置旧汽车的行为，杜绝公物私下交易。公开拍卖旧车辆20辆，拍卖所得90多万元。制订《关于进一步加强国有资产管理的通知》，各单位在出租、出借、转让、拍卖以及对外承包单位占有、使用的国有房屋、土地等国有资产产权时，必须报经批准，并按规定程序办理；各单位出租、出借、转让、拍卖以及对外承包单位占有、使用的国有房屋、土地等国有资产产权的合同、协议原件必须同时报市财政局国资管理部门备案。根据省财政厅统一部署，对行政事业单位、国有企业进行资产清查和产权登记，历时2个多月，225户行政事业单位和31户国有企业全部完成。

2009年，昌邑市行政事业单位资产总额20.32亿元，固定资产10.36亿元，负债总额9.63亿元，净资产10.69亿元。

2010年，制订《昌邑市行政事业国有资产管理办法（征求意见稿）》和《关于加强行政事业机动车辆资产管理的通知》，完成行政事业单位资产信息系统建设，120家单位上线，资产信息统计通过该系统完成。完善资产监管规章制度，对40多个单位报送的资产报废请示，规范程序，实地核查，聘请中介机构评估，公开竞价处置。执行车辆管理有关规定，将市委办、市府办、市检察院等11个单位的17辆闲置车辆统一收缴，为市拆迁办、市老干局、市纪委等单位调剂使用11辆。统计完成土地、房屋分布情况，行政事业单位100个，房屋面积69.7万平方米，土地面积141.4万平方米。

2011年，完成市环卫局、市商务局、市教育局上报的报废资产的处置工作。对单位所缴7辆旧车进行公开拍卖，对市级领导所缴13辆车进行调剂。对村两委换届所使用的电脑进行调剂。按照资产处置办法，对市人民医院、市环卫局、市园林局、市沿海执法局等部门300余万元的报废资产进行处置。对市供电公司2450万元的股权转让及昌邑市渔政站、市干休所房屋处置给市政府提出意见。

2012年，加强行政事业单位资产管理，制订资产处置、拍卖、产权登记业务流程，明确资产管理规程，完善资产移交程序，制作“资产移交手册”。把资产处置作为资产管理的重要关口，明确行政事业单位资产处置必须由财政部门审批。市教育局、卫生局、环保局、沿海执法局、商务局、住建局等部门235万余元的报废资产，经中介机构评估确定底价，公开处置；需要处置的车辆进行统一收缴，委托有资质的评估机构进行评估，确定底价，经潍坊市拍卖行进行拍卖。拍卖车辆30余辆。

2015年，完善《昌邑市行政事业国有资产管理暂行办法》，举办行政事业单位资产管理人员业务培训班，培训200余人，整理编印《行政事业单位国有资产管理制度汇编手册》1000册。建立资产配置预算制度体系，制定昌邑市级资产配置预算管理办法和财政工作流程。分类制订昌邑市级资产配置标准，资产管理与预算管理相结合。制订《昌邑市级行政事业单位国有资产处置管理暂行办法》，根据省财政厅《山东省行政事业国有资产有偿使用管理办法》，制订实施细则，明确资产租赁审批程序、权限和对外投资监管程序等。信息系统基层单位与财政部门联网，网络覆盖率达到90%，市级资产独立核算单位实行固定资产条码管理。举办系统操作及运用培训班，培训100余人。市直单位资产处置工作试行系统网络和纸质双重审批。

2017年，将国有企业、行政事业国有资产统一管理，建立资产报告制度，实行月报、季报、年报。统计政府性资产、政府性债务，17亿元资产纳入监管。审核批复有关资产报废报告50份，涉及资产总额1500万元。整合资源，盘活存量资产，调剂资产1200万元。聘请山东国子软件股份有限公司建立148家行政事业单位资产管理信息系统，数据库中资产总额达48亿元。与市公共资源交易中心配合，建立国有产权交易出让项目备案制度。委托潍坊拍卖有限公司举行车辆、土地、房产、苗木等拍卖会6次。市党政机关公务用车制度改革，由市公务用车制度改革领导小组牵头，市财政局作为成员单位参与。市党政机关公务用车制度改革共涉及参改单位 75 个，涉及参改人员 2200 余人。共涉及参改车辆 870 多辆，其中涉及中央确定的 17 个执法执勤部门用车共计 337 辆，特种技术用车 31 辆。车改完成后，共保留执法执勤用车和行政执法用车 179 辆，特种技术用车 31 辆。公务用车改革完成后，公务交通支出节支率达到 7% 以上。开展事业单位改革，出具事业单位办公场所证明 160 余份。对经营类事业单位市自来水公司摸清实情，提出转为国有独资企业收回事业编制的建议；为组建市教育集团，牵头实施对市文山中学、潍坊市工业学校资产评估审计。指导市国土勘察测绘研究院改制为市大昌勘察测绘研究有限公司。搞好山东广电网络有限公司上市前资产处置，提出以土地房产抵顶网络公司欠款的建议。将原市教育局所属的服装、印刷两家企业纳入国资部门管理；借鉴市康洁环卫集团改革经验，对市园林绿美工程有限公司提出以增资扩股将国有独资企业改为国有参股企业的指导性意见。参与城投集团、金控集团等国有企业组建，制定经营目标考核和薪酬管理办法。

2018 年，建立国有产权交易审核备案制度，凡涉及公共资产交易必须到财政部门审核备案，审核备案 13 次。依据《昌邑市行政事业国有资产租赁转让管理暂行办法》(昌财字〔2017〕31 号)，规范经营性资产，对市园林局、市商务局、市机关事务管理局和市场监管局房屋租赁纳入统一监管，收入及时足额入库。依托公共资源网上交易平台，市投资公司土地、市绿美园林公司物资、市蓝盾保安公司苗木、市委市府原址树木、空调等网上竞拍。办理资产处置 81 次，涉及资产价值 6440 余万元。涉及交通、园林、国土、文化等经营性资产进行统计摸底。因办公场所调整的单位及时监督进行资产移交 11 次。

2019 年，市行政事业单位资产管理系统进行维护升级，制订固定资产条码管理方案，实行智能化管理。审核事业单位所属 546 辆车。由潍坊市拍卖行公开拍卖车辆，成交金额为 82.8 万元。

1998—2019 年昌邑市国资局（办）国有资产拍卖情况表

表 5-33　　　　单位：万元

时间	标的名称	成交金额
1998	手机	0.5
1999	金戒指、空调、彩电等物资	1.3
2007	车辆	124.9
2008	车辆	30.9
2009	车辆	23.7
2010	昌邑鑫宝水利建安公司整体拍卖	120.0
2010	车辆	93.4
2011	车辆	1.9
2012	车辆	1.5
2013	车辆	20.8
2014	车辆	113.4
2015	车辆	19.8
2016	房产及地面附着物	1544.0
	车辆	353.5
2017	车辆	177.4
	房产	883.0
	贵宾卡等罚没物资	6.9
	空调	10.0
2018	公开选择合作银行	420.0
	养护专用车辆、设备、办公家具等	313.4
	股权转让	1152.6
	苗木、房屋建筑及办公用具	16.2
	车辆	15.4
2019	房屋租赁权	32.5
	虾池经营权	534.4
	车辆	82.8
总计	—	6094.2

第三节 国有资产经营管理

1990年，县财政局争取省、潍坊市财政部门各种周转金、扶持金1300多万元，发放支农和支持工商企业周转金1500多万元，扶持18处乡镇和县级48个工商企业。

1991年，争取上级各种有偿资金1520万元，无偿资金175万元。加上回收上来的到期借款和预算外代管的沉淀资金，共发放各种生产扶持金2250万元，其中支持县属企业40多个，投入资金1200多万元。投入县化肥厂技改资金250万元，实现合成氨生产蒸汽自给；投入县纺织机械厂资金80万元，新上一条无纺布流水生产线。扶持22处乡镇资金770万元，支持乡镇企业生产和农田水利建设。投入200万元，新增盐田20公顷，采用新技术塑苫盐田70公顷。

1992年，由供给型财政向经营管理型财政转变。9月，县经济开发投资公司成立，从财政部、省财政厅、潍坊市财政局争取有偿资金1800多万元，从金融部门拆借资金600多万元，共投放支农周转金和扶持企业生产资金达2700多万元，扶持县纺织机械厂宽幅镍网项目、县酿酒厂扩大生产能力、盐化工澳素扩建项目、石油催裂化项目等。扶持20处乡镇80个乡镇企业。扶持7处乡镇盐场盐田塑苫100公顷。

1993年，共投放支农周转金和扶持企业周转金2300多万元，扶持县纺织机械厂宽幅镍网项目、县酿酒厂扩大生产能力、县化肥厂化工助剂项目、县高铁冶炼项目、县丝织厂、县丝织二厂喷水织机项目、县中心商场扩建改造等，扶持县直企业70多个，投入周转金150多万元，扶持28个县直行政事业单位兴办经济实体。扶持20处乡镇80多个企业。扶持柳疃镇、都昌镇、饮马镇的纺织业、石埠镇商品街建设等项目。

1994年，从上级财政部门争取有偿周转金1300万元，投放支农周转金和扶持企业周转金2500多万元。扶持市化肥厂甘油生产项目200多万元，使该项目当年建设、当年投产、当年见效，县第二水泥厂扩大生产项目、县高铁冶炼项目均投入100多万元予以扶持；扶持盐业部门周转金450万元；扶持市航运公司100万元购买货船，缓解原盐运输困难。扶持市直企业70多个，投入周转金200多万元。扶持市文教、卫生、广播、文化等事业单位服务创收，扶持20处乡镇80多个企业。

1995年7月，市政府印发《关于集中财政有偿资金支持财源建设的实施意见》，集中力量对市属骨干企业和重点乡镇予以重点扶持，主要有：市化肥厂、市科研造纸厂、市丝绸印染厂、市丝织一厂、市丝织二厂、石油化工厂、市造纸厂等，给予扶持资金的数额为：石油化工厂400万元，其他6家企业各200万元，规定各个企业1996年、1997年实现利税的数额和上缴财政的增长比例。对各乡镇给予一次性扶持资金，并制订乡镇地方财政收入目标。石油化工厂遇到经营资金困难，市经济开发投资公司扶持该企业500万元。市财政局从上级有关部门争取各种资金3358万元，其中有偿资金2950万元、无偿资金408万元，投放资金达到4000多万元，扶持市直45处企业和乡镇60多个项目和企业。投入资金2350万元，重点扶持7处利税过千万元的骨干企业和都昌、围子、饮马、柳疃4个经济强镇及双台、丈岭、塔耳堡3个经济较弱乡镇。

1996年，从上级财政部门争取各种资金3378万元，其中无偿资金1085万元、有偿资金2293万元，投放扶持企业周转金5800多万元，重点扶持市直企业、乡镇企业、农业生产及各项

2017年，山东昌邑石化有限公司外景（图片来源：中国化工油气股份有限公司官网）

事业发展。建立100万元科技周转金，对市化肥厂淀粉、甘油等生产项目扶持资金1300万元，对市纺机集团无纺布二期工程扶持资金1500万元，对市印刷集团1760长网纸机扶持资金1000万元，对石油化工总厂石油化工生产扶持资金1000万元等，集中力量扶持骨干企业和利税大户以及柳疃、青乡、龙池、饮马等纺织业较发达乡镇。

1997年，市财政局投放扶持企业周转金6300万元，对市纺机集团的无纺布二期工程、市盐业集团的盐及盐化工生产、石油化工总厂的石油化工生产等重点项目、骨干企业和利税大户给予重点扶持。

2001年，市经济开发投资公司扶持昌邑石化有限公司1000万元，用于80万吨常减压项目、3万吨脱蜡装置等技改项目。

2005年3月，市政府批准市天水农贸市场移交地方的资产及土地和原青乡镇政府院内的资产及土地移交给市经济开发投资公司，委托其经营。按照“政府统一所有、授权经营机构运营、单位有偿占有使用、国有资产管理部门依法监督”的原则，由市土地储备中心与市经济开发投资公司共同出资组建市国有资产经营投资有限公司，注册资本为1.08亿元，明确资产的所有、占用、运营、监督等权利关系，实现所有权、使用权、经营权的集中管理；优化整合、高效配置国有资产资源，优化国有资本布局，加强国有资本监管及投融资债务风险管理；提高国有资本运行效益和效率，盘活市属国有资产存量。通过市政府授权，市经济开发投资公司和市国有资产经营投资有限公司履行市属国有资产的出资人职责和行使投融资主体职能；是开发银行、农业发展银行认可的借款主体和融资平台，与国家开发银行、农业发展银行政策性银行等联系，为昌邑市建设融资。给予山东昌邑美尔雅巾被有限责任公司45万元融资贷款。

2007年，市财政局分别给予潍坊金丝达有限公司、市赛奥丝绸有限公司、昌邑乾隆杯酒业有限责任公司400万元、300万元、200万元融资贷款。

2008年，市政府决定由市经济开发投资公司以昌国用〔2008〕第227号土地使用权及相应货币资金，向市国有资产经营投资有限公司增资，使市国有资产经营投资有限公司注册资本达到5亿元。该宗土地面积为3447171平方米，位于卜庄盐场以西、空军靶场以南，于2008年4月登记发证。该宗土地变更划转至市国有资产经营投资有限公司，不再办理土地收回转让手续，办理变更手续只收取工本费、免收其他规费。市财政

2016 年，昌邑市潍水风情湿地公园一角　（摄影：宿胜国）

局给予潍坊新建业置业有限公司 300 万元融资贷款。

2009 年，市经济开发投资公司和市国有资产经营投资有限公司申请国家开发银行、农业发展银行和其他银行等建设项目融资，用于城区路网与农村路网提升改造工程、农田水利灌溉配套工程、市文化广场工程、都昌街道棚户区改造项目、市一中新校区、实验中学新校区等重大基础设施工程项目建设。通过拨付过桥资金，为潍坊（昌邑）亿兴化工科技有限公司、市康洁环卫工程有限公司、市海能化学有限公司、市浩信集团等部分企业技改调整到期贷款，帮助企业渡过资金难关。

2011 年，针对昌邑市国资公司注册资本不足的实际，向市政府提出将北部乡镇盐田纳入融资平台的意见，历时 3 个月，组织市国土局、市沿海执法局等部门对龙池镇、柳疃镇属盐田进行测量登记，实测 256 公顷，为纳入融资平台做准备。

2012 年，对市路灯管理所的资产进行审计、评估，把 3000 万元资产移交至市国有资产经营投资公司管理。整合北部盐田资源，把一部分滩涂土地划转到市国有资产经营公司作为资产，通过评估增值办法扩大注册资本。把利渔、灶户、廒里三个盐场 1400 公顷、市属盐场 1533 公顷及柳疃、龙池镇属盐场 253 公顷划入平台。融资共到位资金 15.4 亿元，对外提供担保贷款 1.7 亿元。其中发行企业债券融资 5 亿元；融资平台通过项目融资 4 亿元；通过市人民医院、市第一中学、市宏远有线广播电视网络中心贷款融资 0.4 亿元；通过保理业务融资 3 亿元；通过市人民医院设备租赁实现融资 3 亿元。

2012—2015 年，昌邑市经济开发投资公司获准发行三期企业债券，资金用于城区 14 条道路提升改造、北部水网、潍河综合治理公共基础设施建设项目。

2012 年，国家发改委（财金〔2012〕3205 号）批准发行第一期企业债券 5 亿元。期限：2012 年 10 月—2020 年 10 月。

2014 年，国家发改委（财金〔2014〕1741 号）批准发行第二期企业债券 10 亿元。期限：2014 年 9 月—2021 年 9 月。

2015 年，国家发改委（财金〔2015〕1923 号文件）批准发行第三期小微企业债券 6 亿元。期限：2015 年 9 月—2019 年 9 月。该债券于 2019 年 9 月还本付息。

2016 年 5 月，市政府印发《昌邑市行政事业单位经营性及闲置资产经营管理暂行办法》，规定经营性及闲置资产由政府依法收回，授权市国有资产运营管理中心履行出资人职责，委托市城

2017年5月4日，昌邑市财政局、市农业商业银行、山东雅拉食品有限公司项目融资签约仪式在昌邑市农业商业银行会议室举行　（摄影：张兴涛）

市建设发展投资集团有限公司和市昌盛金融控股集团公司经营管理。

2018年5月，市级国有资本全面纳入监管范围，实行分级管理。市政府与广西玉柴机器集团有限公司签订《玉柴潍坊产业基地项目战略合作框架协议》，市国有资产运营管理中心持股比例为30%，山东玉柴控股发展有限公司持股比例为70%，组建山东玉柴有限公司，入驻市智能动力装备产业城。

2019年，梳理区域内闲置厂房、地块、楼宇等闲置资源40余处，收集企业招商信息120条公开发布。

第六编
财政监督

昌邑县（市）财政监督是财政管理的有机组成部分，贯穿财政运行和预算执行各个环节，是贯彻财政政策、实施宏观调控、规范财政秩序、提高资金使用效益的重要保证。1986—1997 年，以“大兵团”作战的财政纪律大检查，成为昌邑县（市）财政监督的主要形式，每年由县（市）政府组织财政、税务、物价、审计等部门组成专业检查队伍，纪检监察、公安、法院等部门全程参与，利用 2—3 个月的时间，对国营（有）企业、集体企业、乡镇企业、村办企业、部分私营企业及行政事业单位进行税收财务物价大检查。1998—2019 年，国家、地方财政法规逐步完善，昌邑市财政监督逐步法制化、制度化、规范化，有针对性的专项检查成为常态。

第一章　监督检查

第一节　税收财务物价大检查

1986 年，县政府组织财政、税务、物价、审计等部门，开展税收财务物价大检查，严肃税收法纪和财经纪律，堵塞跑冒滴漏，保证上缴收入及时足额入库。

1988 年，全县进行税收财务物价大检查，查出违纪金额 217.5 万元，全部补缴入库。

1989 年，全县进行税收财务物价大检查，查出违纪金额 438.4 万元，全部补缴入库。

1990 年，全县进行税收财务物价大检查，组织 107 人组成专业检查队伍，历时 2 个多月，对国营企业、集体企业、乡镇企业、村办企业、部分私营企业及行政事业单位进行大检查，查出各种违纪金额 407 万元，全部上缴入库。县财政部门组织国营企业决算审查和对粮食系统专业检查，查出个别企业乱摊成本、截留利润 200 多万元；对县直 26 个有罚没收入的经济执法单位检查，查出欠缴截留收入 12 万元。

1991 年，全县进行税收财务物价大检查，抽调专业人员 130 多人，组成 9 个检查大组，32 个检查小组，对国营企业、集体企业、县直行政事业单位等 456 户进行重点检查，检查面达到 44.2%；对下营镇 94 艘个体渔船、32 户海蜇中间商进行专项检查。查出各种偷税漏税等违纪金额 246.8 万元，补缴入库 241.8 万元。

1992 年，县财政局、县经济委员会、中国人民银行昌邑县支行等部门，共同组织对 14 户国营企业进行清理排查；县财政局结合日常管理，组织罚没收入、农业四税、农发基金和预算外资金专项财务检查，对县直有收入的事业单位进行财务检查；县政府统一组织税收财务物价大检查。共查出各种违纪金额 400 多万元，并补缴入库。

1993 年，县财政局组织对罚没收入单位、预算外资金代管单位、县直行政事业单位（经济实体）进行财务专业检查；县税务局、县大检办和县盐政办公室联合组织对各盐场销售私盐偷税漏税进行检查；县政府统一组织税收财务物价大检查。共查出各种违纪金额 400 多万元，足额补缴入库。

1994 年，市财政局组织罚没收入、预算外资金代管、农业四税等专项检查；市政府统一组织财税、审计、物价等部门进行税收财务物价大检查。共查出各种违纪金额 700 多万元，全部补缴入库。

1995 年，市政府印发《关于开展 1995 年税收财务物价大检查的意见》，明确大检查指导思想、检查时限和范围、内容、方法、处理原则、组织领导等方面。通过全市税收财务物价大检查、增值税发票检查、罚没收入检查、小金库检查等，共计查处各种违纪金额1000多万元。

1996年，全市开展税收财务物价大检查、增值税发票检查、罚没收入检查、预算外资金检查、行政性收费检查和一些专项检查，共查处各种违法违纪金额1200多万元。

1998年，根据国务院统一部署，停止税收财务物价大检查，工作重点转为日常监督检查。

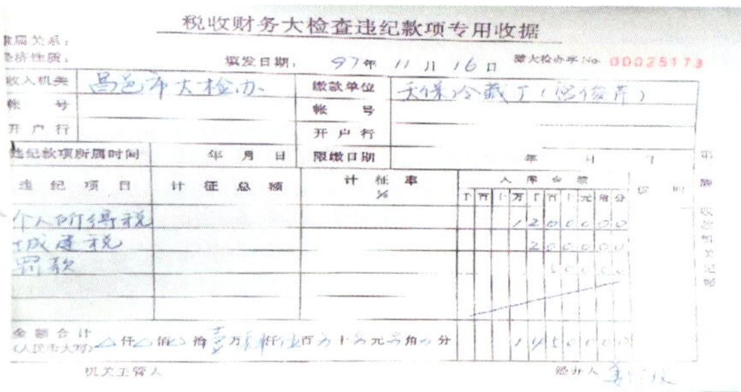
税收财务大检查违纪款项专用收据

1997年11月，税收财务大检查违纪款项专用收据

（摄影：王仁昌）

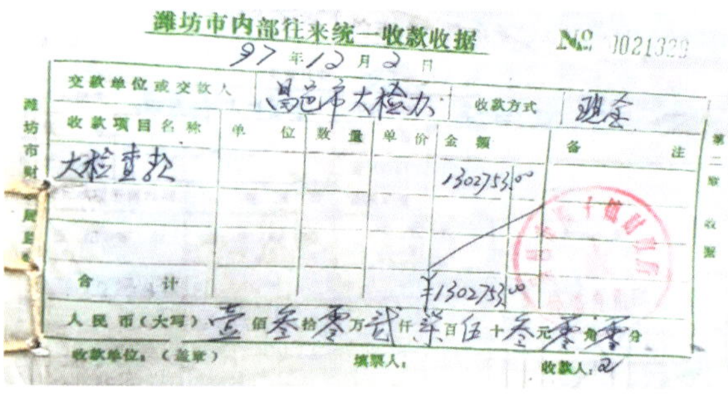
潍坊市内部往来统一收款收据

1997年12月，围子镇财政所“潍坊市内部往来统一收款收据”

（摄影：王仁昌）

2010年，市财政局对房地产企业会计信息质量进行检查，检查房地产企业11户，1户因不配合检查被移送市公安局经侦大队，1户无问题，其他9户企业共查补各种税费及罚款36.5万元，其中营业税23.1万元、城建税1.6万元、教育费附加0.7万元、地方教育费附加0.2万元、土地增值税6万元、土地使用税1.3万元、罚款3.6万元。对“家电下乡”和“以旧换新”经营资格和申报补贴情况进行专项检查，检查50余家，发现个别业户不具备经营“家电下乡”产品的能力（资格）；个别业户在未经商务部门许可备案，私自销售“家电下乡”产品；个别业户电脑操作知识掌握不够全面，误操作导致下乡产品识别卡失效，相当于自己掏腰包进行补贴；个别经营“家电下乡”产品的小业户，受国税部门发票限制（如：只能开具50份、20份不等）到供货商处开具发票，导致增值税外流（潍坊、寿光、济南等）；用一个人的身份证“以旧换新”家电产品5件以上的70余例，最高达到“以旧换新”30件，有套取国家财政补贴嫌疑。对中央财政专项资金进行自查，项目共63项，资金分配额8255.3万元，实际到位8255.3万元，拨付到项目的资金7331万元，结存924.3万元，未发现问题。

2012年，市财政局检查7个单位，发现违规发票入账50笔、金额135.15万元，给予罚款1.75万元。扩大开支范围，提高开支标准（包括发放绩效工资、补贴、出勤奖等）32笔、金额216.39万元，予以纠正，并将发放资金收回。未经政府采购，购置固定资产（包括采购轻型客车、录像机、电脑等）4笔、金额145.90万元，建议单位予以纠正。药品销售价格超规定，多收入21.37万元，此项违规问题市物价局已经处罚，本次不再处理。售房款不作收入（列其他应付款）1笔、金额5万元，按照税法规定责令补缴营业税、城建税、教育费附加、地方教育费附加等税费0.28万元。挤占成本2笔、金额1.9万元，按照税法规定责令补缴企业所得税0.48万元。

2013年，市财政局开展部门预算编制和执行、各项非税收入执行“收支两条线”及政府采购预算编制执行等情况检查，检查14个部门和单位。个别单位存在未经政府采购手续，采购零星固定资产、货物的行为。个别单位“暂存款”

科目核算、原始会计凭证不规范。个别单位存在扩大开支范围发放加班费、取暖费问题。责令改正。

2014年，市财政局检查4个单位的收入、支出情况，发现违规发票入账（包括办公用品、微机耗材、卫生用品等支付费用，发票未注明商品的单位、数量和单价等款项）29笔、金额17.12万元，扩大开支范围，提高开支标准3笔、金额46.83万元，予以纠正，并将发放资金收回。未经政府采购，购置固定资产（包括购置电脑、空调、监控设备等）15笔、金额11.08万元，建议单位纠正。违反规定，提高药品销售价格15.67万元。支付职工借款、集资利息和支付专家费37.8万元，未代扣代缴个人所得税7.56万元，要求单位追缴。

2016年，市财政局开展行政事业单位会计质量检查，发现1个单位账务处理错误，督促会计冲减调整有关会计科目；1个单位账簿装订不规范，建议整改。

2017—2019年，检查行政事业单位8个，未发现问题。

1991—2019年，依据《中华人民共和国会计法》《中华人民共和国税收征收管理法》《财政违法行为处罚处分条例》《中华人民共和国票据管理规定》《预算外资金管理规定》《收支两条线管理规定》《中华人民共和国预算法》《行政事业性收费、罚没收入实行预算管理的规定》等法律法规，市财政局共对498个企业和行政事业单位进行财税法规执行情况专项检查，共计查补税款1112.8万元，行政处罚580.7万元。

第二节 行政事业单位财政监督

1988年，组织全县执法机关罚没收入专项检查，实行部门罚款三统一，即统一发票、统一入账、统一按规定上缴财政。

1989年，清理151个县属企事业单位个人借款，查出各种个人借款914人，金额105.6万元。对17个行政事业单位及部分企业进行购物、控购大检查，查出违纪金额7万多元。

1991—1994年，开展以执行财政法规为主要内容的财政日常监察工作，结合治理“三乱”（乱收费、乱罚款、乱摊派）工作，对公检法、工商、交通等单位罚没收入进行检查清理，抽查县直部分行政事业单位，制止乱收费、乱罚款现象。对乡镇财政所、计生站、派出所、土地管理所、经委等单位财务收支情况进行普查，提高其财务管理水平。对违控购买的各种小汽车进行全面清理检查。

1995年，对行政事业单位预算外资金进行专项检查，按照市政府规定，严格控制行政事业单位和专控商品审批，全面清理超标准购置小汽车。

1997年，市预算外资金管理局成立，完善“财政管理、政府调控、人大监督”预算外资金管理机制，建立收费项目档案，理顺票据管理秩序。

1998—1999年，抽查部分行政事业单位，对资产管理混乱单位予以处罚通报，防止国有资产流失，加强会计管理、基建财务管理等工作，提高会计管理水平。

2000年，贯彻落实《山东省财政监督管理条例》，建立和完善财政收入监督与支出监督并重，专项检查与日常检查并举，事前、事中、事后监督相结合的财政监督新机制，发现和纠正财经领域的违法违纪问题，维护正常的财经秩序。扩大“票款分离”实施范围，即“单位开票、银行收款、财政统管”。

2001年，实施预算外资金收缴“票款分离”制度，取消单位收入过渡户，遏制预算外资金收入坐收坐支、私设“小金库”等腐败现象；对行政事业单位财务管理和会计执法情况进行检查，对存在问题进行纠正和处理。

2002年，完善“票款分离”管理办法，加强对票据申领环节监控，保证单位预算外资金及时足额纳入财政专户。

2003年，完善行政事业单位国有资产管理办法，严格资产处置审批程序，对单位车辆、业务状况实行编制管理，建立“政府所有、财政监管、单位占有使用”国有资产管理体制。将行政事业单位占有国有资产形成的租赁费、承包费、上缴利润、处置收入等纳入财政专户管理，维护国有资产安全完整。

2004年，推进“收支两条线”管理改革，通过启用“非税收入征管系统”，将体现政府职能的财政资金全部纳入财政专户管理，遏制预算外资金跑冒滴漏现象，增强政府调控能力。建立单位银行账户年检制度，根据2001年银行账户清理情况和近两年新开账户各单位上报申请，建立各单位银行账户档案。年检过程中，将单位银行账户与档案进行核对，发现单位私开账户违反“收支两条线”管理规定的，按照《国务院关于违反财政法规处罚的暂行规定》，对相关单位进行经济处罚，违纪资金全部收缴，账户给予撤销。对批准单位开设的临时账户和各种专户进行核查，发现经济活动已经结束的，调整账户档案，通知单位撤销账户。贯彻落实《会计法》，推行会计账簿集中监管，把监督检查贯穿于财政收支全过程。

2005年，深化政府采购管理体制改革，将政府采购监管业务与采购业务分离，强化政府采购监管职能。完善财政投资评审机制，采取财政性基本建设投资招标和代编工程预算方式，强化事前监督。对票据使用范围进行全面清理，符合票据购领条件单位，更换新版票据准购证。各部门、各单位、各财政所设专人管理票据，建立票据台账，严格执行票据购领、使用、缴销制度，与物价部门联合举办行政事业单位收费和票据使用学习班。加强银行账户审验工作，联合人民银行昌邑支行对市级112个行政事业单位账户开设情况，按照上级规定和要求进行审验并重新登记，撤销个别单位自行开设及多头开设的账户。

1991—2005年，先后派出检查小组315个次，组织检查人员1468人次，检查单位20692个次，查补各种违纪金额5517.3万元。

2006年，加强票据管理，做好收支源头控制。对使用财政票据的115个市直单位和15处乡镇街道进行全面清理，分单位建立台账，及时反映各单位票据的购领、缴销和结存情况。加强非税收入系统管理，及时调整增减项目，纳入非税收入管理单位137个，收入项目680个，比上年增加21个。对各项目收入进行审核，确定收入真实合法性。按照上级文件增加的收费项目，向省财政厅申请或变更收入编码，为收费单位提供服务。

2007年，利用国库集中支付平台和报账提款措施，加强支农惠农资金、国债转贷资金、社会保障资金等专项资金监督管理，保证资金使用安全有效。实施“票款分离”制度，于1月1日和10月1日，对“非税收入征管系统”进行两次全面升级，收入项目省统一编码纳入系统管理，支出通过“国库集中支付系统”办理，规范执收单位收支行为。对乡镇和票据使用较多的市直单位（日常缴销中不易审查）采取重点检查，主要检查市个协、消协、医药、制溴等协会和15处乡镇、街道票据使用情况（主要是乡镇计生办、教育办、卫生院）。针对乡镇票据使用中存在问题，市财政局专门下发通报，从制度上规范票据使用。

2008年，创新投资评审方式，把财政性投资项目全部纳入投资评审范围，强化事前、事中控制，推行招投标管理、一线工作法和跟踪问效制度，提高财政资金使用效益。纳入非税收入管理单位139个，收入项目691个，对各项目的收入情况审核，确保收入真实合法。对按照上级文件增、减的收费项目，因单位增加、撤并需调整的项目，向省财政厅申请或变更收入编码，全年系统收缴资金9.02亿元，其中非税收入收缴额5.4亿元，比上年增加1.8亿元。

2009年，以财政国库集中支付账务管理系统为平台，做好过程监控，推进乡镇账务管理的电算化、规范化。财政投资评审，推行招投标管理、一线工作法和绩效评价制度，逐步建立“先评审、后审批，先审核、后拨款”评审工作机制。对文教、卫生和支农等专项资金，严格实行国库集中支付、报账提款和背书管理制度，确保财政资金规范安全使用。根据上级文件规定调整增、减收费项目，纳入非税收入管理单位136个，收入项目564个，系统收缴资金20亿元。根据潍坊市财政局《关于开展非税收入征管情况检查的通知》要求，组织人员对19个部门40个单位2007—2008年度非税收入征管情况进行检查。

2010年，对享受城镇廉租住房人员进行清理，调整享受人员档案。拨付资金14.2万元，解决116户城镇最低收入家庭住房困难问题。

2011年，组织会计信息质量检查。加强财政票据购领环节审验，对票据使用单位采取“销旧领新”办法，对各单位缴销票据的收费项目进行审查，发现问题及时纠正。6月，开展公务用车问题专项治理工作，对全市164个相关单位的1055辆公务用车和执法执勤用车进行汇总，形成汇报材料。

2012年，昌邑市财政局推进行政事业单位票据集中审验制度，对单位入账票据实行先审验后入账、不合规不入账。4月，乡镇教育部门经费全部纳入市级预算管理。

2013年，按照《昌邑市2013年市直部门预算报表编制说明及基本支出定额标准》规定支出标准进行安排和核定。对人员经费，根据财政代发工资人员档案，按单位实有人数和国家现行工资、津贴补贴标准计算；对公务费及车辆燃修费，按单位实有人数、车辆编制和统一标准计算。按规定资金来源渠道提取资金，确保将住房公积金增值净收益和土地出让收益不低于10%的比例用于保障性住房建设。

2014年，对各单位年内追加的临时预算，按照有关规定及标准审核，杜绝不应由财政负担的支出，控制财政支出不合理增长。对未利用地、废弃地、闲置地等进行详细调查摸底，分区域、分类型建立数据库，以便科学安排本级土地整理项目。

2015年，纳入非税收入管理单位137个，收入项目504个，对各项目的收入情况进行审核，确保收入真实合法。对市直财政票据使用单位，根据业务性质和日常用量重新核定每月票据使用量，确定单位票据合理存量限额，促进票据及时缴销和对资金流转监督。

2016年，开展差旅费管理、公务用车管理、津贴补贴发放及物业费缴纳等方面检查，落实中央八项规定等政策。建立融事前、事中、事后监督检查为一体的财政票据监督检查体系，实现以

2018年11月，昌邑市财政局工作人员实地查看胶莱河入海口西岸区域综合整治修复项目二期工程　（摄影：黄倩倩）

2019年5月，昌邑市财政局工作人员实地检查潍河清违清障工程

（摄影：张兴涛）

票控收。4月，党政机关公务用车制度改革正式实施，完成执法执勤用车和特种技术用车核定工作，共核定执法执勤用车和行政执法用车179辆，特种技术用车31辆。7月，按照上级制定的公务交通补贴标准及范围，对市直各单位公务交通补贴予以保障。

2017年，对26个行政事业单位的票据使用管理情况进行专项检查，规范票据使用和管理行为。向社会公布学生资助投诉咨询电话和教育惠民服务热线电话。

2018年，配合潍坊市审计局对2017年保障性安居工程跟踪审计工作。制订《昌邑市公益事业扶贫基金扶持项目实施方案》，确保公益事业扶贫项目完成并通过验收。

2019年，加强财政票据管理，规范票据购领、使用、缴销行为。监督行政事业单位预算执行情况，审核部门和单位，提出有关预算调整意见；对部门资金实行追踪问效，监督项目实施过程中资金管理使用和配套到位情况，进行项目绩效评价。搞好土地收支核算，把握招商引资、退城进园、城中村改造等相关土地优惠政策，确保政府收益不流失；对土地整治项目和海域使用金项目进行检查督导。推进收费清理改革，在市政府门户网站公布基金及收费目录清单，严控收费项目，加强涉企收费管理，减轻企业负担。

第三节　专项资金监督

1989—2006年，县（市）财政局每年组织一次耕地占用税、能源交通基金、农业税专项检查。

2007年，加大对专项资金监督检查力度，及时纠正专项资金使用中存在的问题，确保专项资金安全有效使用。利用国库集中支付平台和报账提款措施，建立“事前把关、事中监管、事后问效”监管机制，加强支农惠农资金、国债转贷资金、社会保障资金等专项资金监督管理。

2008年，开展中央专项资金自查工作，加强专项资金管理。对2006—2007年中央财政专项转移支付资金进行梳理，对每一项专款管理、支出等情况进行自查，保证中央财政支出资金使用合法性、有效性。

2009年，开展中央专项资金自查工作，加强专项资金管理。按照上级《关于对家电下乡补贴、科学技术和农林水事务中央财政专项支出资金开展检查的通知》要求，对2008年中央财政专项转移支付资金进行梳理，对每一项专款管理、支出等情况进行自查，落实扩内需、促增长项目“事前把关、事中监管、事后问效”监管机制，确保不发生挤占、滞留、截留、挪用、浪费项目资金问题，禁止将资金用于偿还以往债务和以虚假项目套取中央资金。

2010—2019年，每年采取财政检查与联合检查相结合、账面检查与实地察看相结合等形式，深入项目单位和项目建设现场，发现和反映执行中政策不完善、措施不规范等问题，加大落实力度，确保上级政策措施落到实处。

第四节　财政内部监督

内部制度

1987 年 6 月，县财政局落实国务院《违反财政法规处罚暂行规定》。

1996 年，制订《关于加强廉政建设，端正行业作风的规定》《经费开支标准制度》《财源建设资金分配办法》《十要十不准职业道德规范》《财政有偿资金使用管理办法》等内部管理制度，落实资金“申请、转报、审批、划拨”四分离制度，加强岗位考核，定期进行内部审计，设立内部监察意见反馈点、举报箱等，接受社会监督，财政人员管理纳入制度管理轨道。

1997 年，按照每个干部工作分工和岗位特点，建立“财政干部党风廉政建设目标责任制”。

1999 年，贯彻财政部《财政部机关内部监督检查暂行办法》，建立健全财政干部监督约束机制，完善制度，规范行为，实行财务政务公开，完善《财政干部廉洁自律若干规定》《财政资金管理内部审计制度》《机关经费开支标准制度》等 12 项规章制度，将制度下发到科室，向社会公开。

2002 年，依据财政部《财政部门内部监督检查暂行办法》，制订《昌邑市财政局内部监督检查办法》。

2007 年，制订《机关综合管理目标考核奖惩暂行办法》。

2009 年，推行效能考核和目标承诺制度，制订《2009 年度目标量化考核办法》，把全年工作目标量化到科室、考核到岗位，分解到个人。

2010 年，落实财政部《财政部门内部监督检查办法》，实行内部监督检查全覆盖。

2015 年，印发《内部管理制度汇编》，包括《机关勤政廉政制度》等 9 项规章制度。

2019 年，印发《制度汇编》，包括《公章管理使用制度》《财产物资管理制度》等 22 项规章制度。

内部监督

1989 年，县财政局建立政务财务公开制度，对政务财务推行“四公开”：财政政策法规全部公开、财政工作的办事程序公开、资金管理办法公开、办事结果公开。通过“四公开”，提高财政局干部队伍遵纪守法积极性。

1992 年，制订《廉洁勤政责任制》和《财政干部廉洁自律十项守则》，下发到乡镇、部门和企事业单位，接受全社会监督。定期到乡镇、单位、部门等征求意见，了解情况，确保各项制度落到实处。

1993—2004 年，完善各科室和工作人员责任制，明确各科室、工作人员的工作范围和责任，便于相互监督。

2005—2019 年，为加强内部管理，规范会计基础工作，贯彻落实各项规章制度，市财政监督局参与局内日常综合检查考核，目标量化考核，科室业务交接监交工作，以及市财政局安排的督办督查工作。

内部审计

1994 年，市财政局实行内部审计制度。

1995 年，制订《有偿资金管理办法》，规定每半年对各科室资金使用情况进行一次审计检查，规范有偿资金使用管理。

1998 年，完善内部审计，加大考核力度。制定和完善《专项资金管理制度》《机关开支标准制度》《有偿资金管理办法》《财政资金内部审计制度》《财政干部廉洁自律若干规定》等 12 项廉政规章制度，严格纪律约束和责任追究。对每项资金的使用和使用程序都作出明确规定。

2005—2009 年，结合目标量化考核，对科室每年进行 2 次内部审计，重点检查会计基础工作、账户管理、预算执行情况、财务收支情况。

2010—2019 年，科室工作人员实行轮岗管理，在调换岗位后，进行干部离任审计，从根本上进行财政内部监督。

第二章　政府采购与 PPP 项目

第一节　政府采购

政府采购制度

1999 年，印发《昌邑市政府采购管理暂行办法》，市政府采购工作领导小组成立。

2001 年 4 月，市政府采购管理委员会成立，负责领导政府采购工作。政府采购管理委员会下设政府采购管理办公室，负责政府采购日常管理和监督工作。同时成立市政府采购中心，与财政局行政财务科合署办公。

2004 年 3 月，市政府采购中心独立办公，接管各行政事业单位货物类、工程类、服务类等项目的具体采购工作，印制《昌邑市城建项目政府采购管理暂行办法》《昌邑市城建项目专项资金暂行办法》《2004 年政府采购目录》等文件。

2016 年，市政府采购中心更名为市政府购买服务中心。

2017 年，制订《政府向社会力量购买服务办法》，印发各镇街区政府、办事处、管委会，市直各部门、单位执行。制定内部控制制度，明确各项工作程序，制订《昌邑市政府购买服务指导目录》，对原已经招标的属于政府购买服务范畴的项目，按照市政府要求进行审核，提出具体可行意见，经领导审批后，予以拨付有关款项。制订《关于做好政府购买养老服务工作的意见》《政府购买社会工作服务实施办法》《关于政府向社会力量购买公共文化服务工作的实施意见》。

2018 年，转发潍坊市财政局《关于印发〈政府购买服务合同〉范本的通知》，要求各单位结合工作实际参照执行。

在加强采购管理的同时，市财政局加强政府采购工作的监督。2016 年 5 月，成立政府采购监督管理科，依法对预算单位采购货物、服务和非招标工程的政府采购活动进行监督管理。2016—2019 年，分别完成政府采购项目审核备案 682 项、1939 项、1711 项、1669 项。

政府采购管理

2003 年，政府采购总金额为 2108 万元，其中预算内采购金额为 295 万元，单位自筹 1813 万元。主要涉及定点修车、统一保险、定点办会、统一印刷几个方面。

2004 年 11 月，按照市委、市政府部署，对市出租汽车公司、市公交公司组织招投标，筹集城建资金 270 余万元。

2005 年，建立健全“财政融资—投资评审—政府采购—投资建设”支持城市建设链条。全面实施政府采购，执行《政府采购法》，扩大采购范围，规范采购程序，提高采购质量。采购预算金额为 20032 万元，实际采购金额为 16002 万元，节约资金 4030 万元，节约率达 20.1%。其中工程类采购预算金额为 17648.85 万元，完成 13818.05 万元，比同期市场价格节约资金 3830.8 万元，资金节约率 21.71%；货物类采购预算金额为 2168.26 万元，完成 2064.18 万元，比同期市场价格节约资金 104.08 万元，资金节约率 4.8%；服务类采购预算金额为 228.75 万元，完成 120.3 万元，比同期市场价格节约资金 108.45 万元，资金节约率 47.41%。

2006 年，政府采购实际完成采购额 23894 万元，与项目主管部门预算比较，节约资金 7961 万元，综合节约率达 25%。

2007 年，完成采购额 13863 万元，节约资金 3472 万元，节约率达 20%。

2008 年，完成采购额 11491 万元，节约资金 3008 万元，节约率达 20.8%。

2009 年，完成采购额 12052 万元，节约资金 7606 万元，节约率达 38.7%。

2010 年，完成采购额 44164 万元，节约资金 10823 万元，节约率达 19.68%。

2011 年，完成政府采购项目 988 个，采购金额 7.954 亿元，采购项目预算金额为 9.6109 亿元，节约资金 1.6569 亿元，资金节约率 17.24%。其中完成工程类采购项目 65 项，实际采购金额为 6.91 亿元，采购项目预算金额 8.45 亿元，节约资金 1.54 亿元，资金节约率 18.22%；完成货物类采购 922 批（次），实际采购金额为 1.03 亿元，采购项目预算金额 1.14 亿元，节约资金 0.11 亿元，资金节约率 9.65%；完成服务类采购项目 1 项，实际采购金额 140 万元，采购项目预算金额 209 万元，节约资金 69 万元，资金节约率 33%。

2012 年，工程和货物类实际完成政府采购金额 6.4 亿元，采购项目预算金额为 7.49 亿元，节约资金 1.09 亿元，资金节约率 14.55%。其中工程类实际采购金额 5.32 亿元，采购项目预算金额 6.30 亿元，节约资金 0.98 亿元，资金节约率 15.56%；货物类实际采购金额 1.08 亿元，采购项目预算金额 1.19 亿元，节约资金 0.11 亿元，资金节约率 9.24%。服务类项目重点抓好车辆定点投保，实际投保 129 万元，项目主管部门预算投保 192.53 万元，节约资金 63.53 万元，节约率 33%。

2013 年，完成政府采购金额为 4.3365 亿元，采购项目预算金额为 4.9215 亿元，节约资金 0.585 亿元，资金节约率 11.89%。其中工程类实际采购金额 3.22 亿元，采购项目预算金额 3.73 亿元，节约资金 0.51 亿元，资金节约率 13.94%；货物类实际采购金额 1.1165 亿元，采购项目预算金额 1.1915 亿元，节约资金 750 万元，资金节约率 6.27%。服务类项目重点抓好车辆定点投保，实际投保 111.4 万元，节约率 33%。

2014 年，实际完成政府采购金额约 3.16 亿元，采购项目预算金额约为 4.015 亿元，节约资金约 0.86 亿元，资金节约率 21.4%。其中工程类实际采购金额约 2.10 亿元，采购项目预算金额约 2.85 亿元，节约资金约 0.75 亿元，资金节约率 26.32%；货物类实际采购金额约 1.05 亿元，采购项目预算金额约 1.15 亿元，节约资金约 0.1 亿元，资金节约率 8.8%；服务类项目主管部门预算投保约 154.9 万元，实际投保约 103.8 万元，节约资金约 51.12 万元，节约率 33%。

2015 年，实际完成政府采购金额约 4.8803 亿元，采购项目预算金额约 5.9258 亿元，节约资金约 1.0233 亿元，资金节约率 17.26%。其中工程类实际采购金额约 3.8 亿元，采购项目预算金额约 4.76 亿元，节约资金约 0.96 亿元，资金节约率 20.17%；货物类实际采购金额约 9338 万元，采购项目预算金额约 9971 万元，节约资金约 633 万元，资金节约率 6.35%；购买服务类项目主管部门预算金额约 1687.24 万元，实际采购金额约 1465.11 万元，节约资金约 222.13 万元，节约率 13.16%。

2017 年，政府购买服务项目 44 项，涉及基本公共服务、公共安全、文化体育与传媒、医疗卫生与计划生育、城乡社区、农林水、交通运输、技术性服务和政府履职所需辅助性事项等，实际购买执行金额 3532.4 万元。

2018 年，购买服务项目 20 项，涉及基本公共服务、技术性服务和政府履职所需辅助性事项等，实际购买执行金额约 2108.2 万元。

2019 年，购买服务项目 14 项，涉及基本公共服务、技术性服务和政府履职所需辅助性事项等，实际购买执行金额约 2172.1 万元。

第二节　政府与社会资本合作（PPP）

2016年，实施市妇幼保健院病房楼政府和社会资本合作（PPP）项目，项目总投资估算23191.58万元，实施机构为市卫生和计划生育局、市财政局，该项目于2017年5月投入使用，提供病床床位280余张，日接诊840余人次。

实施基础设施建设提升工程政府和社会资本合作（PPP）项目，项目总投资估算15000万元，实施机构为市住房和城乡建设局、市交通运输局、市财政局，该项目已投入使用。

实施市实验中学改建项目政府和社会资本合作（PPP）项目，项目总投资估算20000万元，该项目于2016年9月1日投入使用，容纳60个班级，3000名学生就读，实施机构为市教育局、市财政局。

2016年，昌邑市潍河堤顶路施工前

（照片提供：董瑞娟）

2016年，昌邑市潍河堤顶路施工后

（照片提供：董瑞娟）

实施潍河清淤、堤顶路建设政府和社会资本合作（PPP）项目，项目总投资估算50997万元，实施机构为市水利局、市交通运输局、市财政局。

2017年，实施2017年度基础设施建设提升工程政府和社会资本合作（PPP）项目，项目总投资20518万元，实施机构为市住房和城乡建设局、市交通运输局。

实施输配水管网改造及新建工程PPP项目，总投资18932万元，实施机构为市自来水公司。

2018年，实施2018年度海绵城市建设PPP项目，总投资26919万元，实施机构为市住房和城乡建设局、市交通运输局。

实施生态健康医养综合体PPP项目，总投资35191万元，打造集休闲度假、养老康复、医疗为一体的新型医养结合养老中心。

2019年，实施文山森林公园和博物馆PPP项目，总投资为43095万元，文山森林公园建设目标是集文化、运动、景观于一体的休闲健身公园。

实施文化中心存量转换PPP项目，该项目概算为31422万元，通过PPP模式进行存量转换，吸引社会资金，减轻政府债务负担，实现市文化中心高效利用及优质管理，提高民众获得的公共服务质量。

实施垃圾焚烧发电PPP项目，该项目总投资38071万元，按照生活垃圾处理减量化、资源化、无害化和产业化原则，建成满足城乡兼顾、布局合理、技术先进、资源得到有效利用的现代化、花园式生活垃圾处理厂。

昌邑市PPP中心实施项目同时，坚持“建设使用一批、示范带动一批、筛选准备一批”，让PPP项目实施形成梯队式发展模式。2019年进入招采阶段的PPP项目3个：潍河（昌邑北部）水利枢纽工程、下营渔家风情旅游度假区建设工程、昌邑市技师学院改扩建工程及田园教育综合体等项目。

2019年，昌邑市文山森林公园和昌邑市博物馆PPP项目示意图　（照片提供：董瑞娟）

PPP项目类型涉及新建和存量项目，涵盖市政、医疗、教育、水利、旅游、文化和养老七大领域。截至2019年12月，共实施和储备PPP项目14个，总投资约54.96亿元。2017—2019年，拨付政府付费共计4.88亿元，分别为1.05亿元、1.83亿元、2亿元。

输配水管网改造及新建工程和2018年度海绵城市建设两个PPP项目，获评2018年度潍坊市级示范项目，获得奖补资金80万元；龙池镇生态健康医养综合体项目获得国家发改委中央预算内奖补资金80万元。

2017—2018年，市政府和社会资本合作（PPP）工作均获得潍坊市综合考核第三名。

第七编

机关行政管理

昌邑市财政局机关行政管理包括对局机关办公环境、办公自动化管理、后勤管理、财务管理、文档管理、会议管理、工作制度管理、工作秩序管理和对局机关工作人员廉洁勤政、理论研究与宣传管理等诸多方面。

1986 年 6 月，县财政局印发《昌邑县财政局机关工作人员责任制（试行草案）》，从工作职责、科室工作任务、实施措施等方面作出具体规定。

1988 年，确立“抓基础、上水平、高效率”的工作目标，加强机关工作岗位责任制考核，完善《局长工作责任制》《科室工作岗位责任制》，建立《干部职工日常考勤、考绩制度》，把各科室工作指标落实到人。

1990 年，制订《职业道德规范》《勤政廉政守则》，建立一套健全的制度、职责、守则，规范干部职工工作，提高广大干部遵纪守法、勤政廉政自觉性。

1993 年，昌邑县财政局各科室坚持《政务公开制度》《财政资金管理制度》和《机关干部工作民主评议制度》，每月开展一次政绩、政风“联审”。干部职工自觉遵守纪律，“节日期间不吃请，办理业务不计酬，接待来人不超标”。

1996 年，昌邑市财政局机关修订完善《关于加强廉政建设、端正行业作风的规定》《经费开支标准制度》《财源建设资金公开分配办法》《十要十不准职业道德规范》《财政有偿资金使用管理办法》《财政资金回收考核制度》，以及资金“申请、转报、审批、划拨”四分离制度。规章制度责任到岗，考核到人，年底进行百分制责任考核，依此作为评先树优、晋职晋级的重要依据。

1998 年，市财政局整顿机关作风，完善制度，规范行为，健全内部管理制度和政绩考核制度，完善财政干部监督约束机制，重新修订《财政干部廉洁自律若干规定》《财政资金管理内部审计制度》《机关经费开支标准制度》等 12 项规章制度。

2001 年，制订《财政机关管理制度》，推行财政工作目标责任制，将各项工作目标细化、量化，层层分解到科室，落实到个人，全面推行“一日清、一周结、双层检、报告会”考核管理办法。

2002 年，市财政局在实施工作目标责任制管理基础上，实施工作目标量化责任制考核。3 月，按照“方便考核、掌握平衡、鼓励竞争、共同提高”原则，制订《财政机关管理制度》《2002 年工作目标量化考核责任制》。细化、量化考核内容，对会计基础、双争双引、信息等共性工作统一考核标准。

2003—2004 年，市财政局制订《2003 年度财政工作要点及目标责任考核制度》《昌邑市财政局重点工作目标量化考核办法》《综合管理目标考核奖惩暂行办法》《重点业务工作目标量化考核》，把具体工作任务分解到科室，制订《科室目标责任制考核办法》。

2005—2008 年，市财政局与时俱进，根据工作需要，每年修订《重点工作目标量化考核办法》，调整考核领导小组和考核人员，增强考核针对性和实效性。

2009 年，市财政局推行效能考核和目标承诺制度，把全年工作目标量化到科室、考核到岗位。科室工作目标分解到个人，制作成电子展板随时提示。坚持日常督办与年终考核相结合，每周进行 1 次日常考核，每月月底召开局务会议，分管局长、局长现场点评科室工作，总结经验，查找不足，推进工作。

2010 年，为提高制度执行力，市财政局制订《重点工作目标任务分解表》，将 20 项财政重点工作分解落实到班子成员、相关科室。实行业务工作周调度、月总结和办结销号制度，日常工作推行“三

2010 年，昌邑市财政局干部职工到昌邑市廉政教育基地接受教育（摄影：郝岩）

日办结制”。

2011—2014 年，制订《科室主要工作目标》《综合管理目标考核奖惩暂行办法》《乡镇（街道）财政所工作综合考核暂行办法》等制度。

2015 年，市财政局以岗位目标责任制管理和工作目标量化考核责任制为总抓手，按照及时、公正、公开的考核原则，完善目标管理考核办法，促进财政规范化建设，提高内部管理水平。

2016—2017 年，市财政局提升财政工作效能，便捷服务预算单位、服务群众、服务基层，按照精简程序、理清环节、提升效率、明确标准要求，对预算编制、预算执行、财政监督、绩效管理、收入征管、会计管理、资产处置、资金支付、政府采购、投资评审、工资统发等财政主要业务工作依流程予以规范，同时明确：在资料齐全合规的前提下，明确工作时限，实行限时办结，急件在 4 个工作日内办结，一般件在 7 个工作日内办结，职能涉及多个科室（单位）的在 12 个工作日内办结；在规定时限内办结确有难度的事项，经昌邑市财政局办公室核实并报经局长同意后，可适当延长。对单位所报资料不齐全不合规的，由主办科室（单位）实行一次性告知，最大限度地方便办事单位。

2018 年，制订《财政局党员领导干部“五不准”》，规定：不准印制、购买和使用各种代币购物券，严禁用公款向领导干部赠送各种礼品、现金和有价证券；不准违反规定，插手干扰企业正常的生产经营活动；不准到企业或下属单位报销应由本人及配偶、子女承担的个人费用，严禁到企业和个体户乱收费、乱罚款、乱集资；不准违反规定购买和使用公务车，严禁用公款支付通信费用和购房、装修款；不准用公款大吃大喝，严禁拉拉扯扯、搞小圈子、喝转圈酒。

2019 年，制订《党风廉政建设工作实施意见》，从指导思想、主要任务与要求、主要工作措施和组织领导四个方面对党风廉政建设工作进行部署。市财政局领导分别作出书面廉政承诺，科长及其以上领导分别从基本原则、学习任务、执行准则、纪律作风和专业目标等方面签订“昌邑市财政局党风廉政建设责任书”。市财政局党风廉政建设领导小组通过对照个人自查报告和党风廉政建设责任书上的目标任务，采用打分的办法进行检查考核。

第一章　理论研究与信息宣传

第一节　理论研究

昌邑市财政局加强理论研究，把财政改革和发展建立在深入调查研究基础上，针对经济发展重点、难点问题，探索财政经济发展政策机制，促进财政工作提升。

1986年，县财政局对排污费征收与支出情况进行实地调研，形成调研报告上报县政府。

1988年，对企业“内部银行”进行研究，提出具体操作意见，结合企业“双增双节”运动，在县属企业推广。

1990年，研究各地预算外资金管理模式，修改完善县级预算外资金管理办法，通过清理账户，核实收支项目，全部实行收支两条线管理，全年纳入财政管理的预算外资金2000多万元，是1989年的20倍。

1993年，县财政局研究分析部分事业单位经营创收情况，形成调研报告上报县政府，县政府批准相应压缩有关单位支出117万元。

1994年，市财政局调研分税制，形成专题报告上报市委、市政府。

1996年7月，围子镇刘巷村出现房屋产权纠纷，官司经过潍坊市、昌邑市两级法院审判。王仁昌写成论文《由房屋产权纠纷案引出的话题》，在《乡镇财政》发表。

2000年，市财政局发挥部门职能作用，充当市委、市政府决策的参谋助手，促进经济发展，有关人员深入基层、深入一线，调查了解经济发展现状，探索经济发展规律，分析研究经济发展的优势条件和制约瓶颈，提出可行性建议和对策，形成具有现实性、针对性和前瞻性调研报告3篇，为市委、市政府决策提供参考依据。

2001年，市财政局围绕农村税费改革、化解财政风险、国有资产管理、财政公共支出管理、医疗保险改革、社保基金管理、财源建设等方面，结合昌邑经验，完成10多篇调研材料，提报市委、市政府。

2002年，市财政系统干部职工参与精神文明建设理论研讨活动，探索新形势下机关文明建设新思路、新途径。

2004年，市财政局荣获省文明委“省级文明单位”荣誉称号。

2005年，市财政局调研财政支持农业综合生产能力建设、财政支持农业产业化龙头企业、财政支持农民专业合作组织、支持农村小型农田水利设施建设4项内容，并提出可行性建议。

2006年，市财政局针对取消农业税造成财政收入减少的实际情况，与税务部门共同进行税源研究，形成调研报告上报市政府。全年地方财政收入增幅达到22.7%。

2009年12月，市会计协会成立，中国商业会计学会刊《会计之友》专题采访市财政局党组书记、局长董凤杰，专访稿件《奋发有为着力构建良好经济秩序勤励尽责倾心打造昌邑会计品牌》在《会计之友》2009年第12期全文刊发。

2013年，市财政局深入3家交通运输企业、2家现代服务业，调查营改增对企业的影响。齐红蕾在《现代商业》发表论文《改善企业内部控制问题探讨》，为企业提升内部管理水平出谋划策。

2015年，市财政局研究实现“阳光财政”的可行性，调研报告上报市政府。当年预决算公开实现全覆盖。

2017 年，研究财政融资功能，形成调研报告。全年融资到位资金 44 亿元，政府与资本合作融资 8.9 亿元。

2018 年，深入企业调研，研究新旧动能转化模式，形成调研报告 3 篇。

2019 年，肖美先文章《关于强化预算管理的思考》在《经济管理》发表，从宏观管理角度论述强化预算的可行性。

昌邑市财政系统在省级以上媒体发表论文一览表

表 7-1

序号	作者	题目	媒体	时间
1	王仁昌	《由房屋产权纠纷案引出的话题》	《乡镇财政》	1996 年第 7 期
2	王仁昌	《乡统筹费多头管理的思考》	中国统计出版社《中国财政改革文选》	1998 年 5 月
3	王仁昌	《一个财政所长的演讲》	《乡镇财政》	2001 年第 8 期
4	王仁昌	《以人为本》	《乡镇财政》	2001 年第 11 期
5	孙健美 王仁昌	《县乡分税制的实践与思考》	中国电视出版社《发展之路文集》	2004 年 6 月
6	郑晓燕	《对财务管理如何适应知识经济时代的几点思考》	《齐鲁珠坛》	2004 年第 4 期
7	王云亭	《公司法修订公积金事项对会计核算的影响》	《齐鲁珠坛》	2006 年第 5 期
8	魏全江 （第二作者）	《浅析工资薪金所得与发放的纳税筹划》	《现代商业》	2007 年第 30 期
9	王仁昌	《关于农村财务管理的调研与建议》	《科教导刊》	2009 年第 26 期
10	郑晓燕	《试论集团公司资金管理合理化模式》	《会计师》	2013 年第 23 期
11	齐红蕾	《改善企业内部控制问题探讨》	《现代商业》	2013 年第 32 期
12	郑晓燕	《注册会计师审计风险及其规避策略》	《现代营销》	2014 年第 6 期
13	齐红蕾	《我国现行预算会计体系问题的探讨》	《现代商业》	2014 年第 3 期
14	谢娅妮	《财务视角下企业经营战略实证研究》	《科技视界》	2016 年第 21 期
15	谢娅妮	《财务案例实证分析--以甲公司为例》	《科技经济导刊》	2016 年第 32 期
16	谢娅妮	《企业财务战略形态决策研究》	《科技经济导刊》	2017 年第 2 期
17	陈栋	《互联网环境下企业内部会计控制对策研究》	《中国经贸》	2017 年第 21 期
18	韩海燕	《浅谈企业营改增税负不增反减的现象》	《经济管理》	2017 年第 7 期
19	陈栋	《会计失真的原因及建议与对策》	《商场现代化》	2017 年第 12 期
20	韩海燕	《政府预算会计引入权责发生制的探讨》	《中国国际财经（中英文）》	2017 年第 10 期

续表

序号	作者	题目	媒体	时间
21	赵京伟	《我国农村养老保险对当地经济的影响及对策研究》	《科技经济导刊》	2018 年第 19 期
22	姜新芳	《财税体制的组织扁平化管理探讨》	《科技经济导刊》	2018 年第 30 期
23	姜新芳	《增强地方财源建设对策研究—以 W 市为例》	《科技经济导刊》	2018 年第 31 期
24	姜新芳	《基层财政组织人力资源管理优化对策研究》	《科技经济导刊》	2018 年第 32 期
25	肖美先	《关于强化预算管理的思考》	《经济管理》	2019 年第 2 期
26	肖美先	《探究当前财政预算绩效评价存在的问题及建议》	《经济管理》	2019 年第 5 期
27	陈栋	《以战略为导向的预算管理模式问题研究》	《科技经济导刊》	2019 年第 26 期

第二节　经验交流

2005 年 6 月，昌邑市启动国库集中支付制度改革，历经考察学习、宣传发动、组织实施三个阶段。

2006 年 1 月 1 日，市国库正式上线运行，市级 71 个部门 124 个预算单位的财政性资金全部纳入集中支付范围，整个工作取得阶段性成果。市财政局利用财政信息化技术，通过现有网络平台，将乡镇资金纳入国库集中支付管理，建立起“预算统编、账户统设、资金统缴、支出统核、采购统办、票据统管”的科学运作模式。在潍坊市财政国库集中支付改革和信息化管理工作会议上，昌邑市作为财政信息化技术应用先进单位，作典型发言，潍坊市推广学习昌邑财政信息化工作经验。

2009 年，昌邑市农村中小学“211 工程”（即两热：热水、热饭，一暖：取暖，一改：改厕）工作在柳疃、奎聚、石埠等乡镇中小学校试点。5 月，省农村中小学“211 工程”试点工作会议在潍坊市召开，省财政厅副厅长庞敦之、省教育厅副厅长郭建磊、各市财政局分管局长、教育局分管局长等领导出席会议。与会人员到昌邑市参观“211 工程”试点学校（柳疃小学、李家埠小学、石埠小学、青山中学），推广昌邑试点经验。

2015 年，昌邑市作为全省首批“涉水涉地财政资金整合”试点工作县之一，在省涉水涉地财政资金整合工作会议上，作为先进单位做典型发言，全省推广学习昌邑经验。

2017 年，市财政局赴莱州市财政局、高密市财政局开展对标学习。潍水田园综合体项目成为省级唯一试点项目，各地单位到昌邑市参观，学习经验。

2018 年 11 月，潍坊市政府和社会资本合作（PPP）业务培训班在昌邑市举办，培训 2 天。

2018 年 11 月，潍坊市 PPP 培训班学员参观昌邑市 PPP 项目，到龙池镇开展现场教学活动（摄影：张兴涛）

2019 年 3 月，昌邑市财政局到高密市财政局学习　（摄影：张兴涛）

2019 年 3 月，市财政局干部职工赴高密市财政局开展优化营商环境对标学访活动。

第三节　信息宣传

市财政局配备 1 至 2 名专职财政信息宣传工作人员，各科室皆配备信息员。局分管领导靠上抓，制订信息宣传岗位责任制和考核办法，严格考核与奖惩，调动信息宣传人员和全体干部职工积极性，以财政信息宣传工作促进各项财政工作提升。

1997—2004 年，市财政局多次被潍坊市财政局评为财政新闻宣传工作先进单位。

2005 年，市财政局各科室信息员，按岗位责任制考核标准，总结经验，反映工作情况，拟写稿件，先后投稿 40 多篇被潍坊市财政局、潍坊市委办公室、市政府办公室、潍坊市广播电视台等单位采用。各乡镇财政所把对外宣传和信息工作作为大事来抓，按照市财政局考核办法，制定信息宣传工作责任制，撰发稿件，反映工作，交流经验、上报信息 50 多条。

2006 年，市财政局新闻宣传工作，由分管领导靠上抓，修订考核办法，充实文秘力量。全年各科室及乡镇财政所共上报信息 100 余条，被潍坊市财政局评为财政信息工作先进单位。

2007 年，市财政局被省财政厅确立为信息市（县）级直报点，成为为数不多的全省信息联网工作站之一。全年各科室及乡镇财政所共提报有关财政管理体制、财务制度、财源建设等方面的新闻信息及调研文章 100 余篇。

2008 年，市财政局全年累计发表文章 30 多篇，张兴涛被潍坊市评为“全市财政系统优秀信息员”。

2009 年，市财政局全年撰稿 100 余篇，宣传财政改革与创新工作。

2010 年，市财政局整理上报各种信息材料 120 余篇，被潍坊市财政局授予“新闻宣传工作先进集体”称号。

2011 年，潍坊市财政局印发《关于表彰 2010 年度财政信息工作先进单位和先进个人的决定》，昌邑市财政局被授予“全市财政信息工作先进集体”称号。

2012 年，市财政局办公室将搞好信息宣传工作作为主要工作目标之一和工作目标考核的重点项目，围绕重点、热点、亮点，突出宣传财政机关干部队伍建设、党建和精神文明建设成果，加强对财政工作动态、上级财政政策贯彻落实情况的信息报送工作，搞好在党报党刊和行业报刊的宣传，获潍坊市财政局“财政信息工作先进单位”称号。

2013 年，市财政局发表各类新闻信息 20 余篇。

2014 年，市财政局全年在昌邑市级以上媒体发表新闻信息21篇。

2015—2016年，市财政局在《政务信息》《昌邑信息》《今日昌邑》等市级媒体发表信息、稿件分别为23篇、27篇。

2017年，市财政局政务信息综合平台正式上线，分为“阳光财政”“工作动态”“党员之家”3个板块。在《政务信息》《昌邑信息》《今日昌邑》等市级媒体发表信息、稿件27篇，在全国媒体《财会信报》发表稿件1篇。张兴涛连续3年被潍坊市财政局评为“全市财政新闻宣传工作先进个人”。

2018—2019年，市财政局财政信息宣传发表各类新闻信息分别为30篇、43篇。

第四节　文化建设

昌邑市财政局重视财政文化建设，发挥财政文化作用。通过讲座、演讲、征文及文艺会演等形式，把广大干部职工的思想行为引导到实现财政事业目标上来。

创作吕剧《金秋》

吕剧《金秋》是以乡镇财政所征收农林特产税为主题的系列故事。1992年，由昌邑县财政局总策划，县委宣传部、县文化局联合组织，特邀高密籍剧作家牟家明执笔编剧，县吕剧团排演，在乡镇巡回演出30余场，并拍成电视剧，在县电视台播放多次，宣传国家的税收政策，讴歌基层财政人员无怨无悔、无私奉献的精神。总策划马春盛，策划王坤宗、尹海瑞、陈贵海，舞台导演杨洪德、副导演马淑芬，电视导演刘万寿，由昌邑电视台录制。

1992年，昌邑县财政局举办吕剧《金秋》座谈会，与会人员合影　　（照片提供：马春盛）

创办财政大讲堂

为提高干部职工的综合文化素质和能力，促进财政文化建设，市财政局创办“财政大讲堂”，定期邀请专家学者讲课。讲述内容涉及传统文化、历史知识、现代文明、卫生保健等。

2017年2月—2018年11月，共举办18期。

昌邑市财政局财政大讲堂一览表

表7-2

序号	主讲人	职务	内容
1	王伟波	潍坊市立法智库成员、昌邑市博物馆副馆长、研究馆员	《昌邑历史文化资源》
2	郑连根	文史学者、作家	《先秦思想与文化嬗变》
3	李　元	山东省现代艺术中心主任、山东省艺术研究院特聘专家	《激情工作与诗意生活》
4	王兆新	中医师	《中医体质辨识与养生保健》
5	王伟波	潍坊市立法智库成员、昌邑市博物馆副馆长、研究馆员	《昌邑茧绸与近代海上丝绸之路》
6	穆效彬	昌邑市财政局党组成员、市农业综合开发办公室主任	《潍水田园综合体项目诞生记》

续表7-2

序号	主讲人	职务	内容
7	孙杰贞 李海祥	昌邑市公安局网络安全大队办公室主任、昌邑市公安局电子数据试验室工程师	《安全上网,时刻谨记》
8	王伟波	潍坊市立法智库成员、昌邑市博物馆副馆长、研究馆员	《昌邑方志概要》
9	张景国	山东省摄影协会理事、摄影师	《年俗文化传承与年俗摄影技巧》
10	马永安	潍坊医学院人文艺术教育中心主任、作家、教授	《读书与修身》
11	郑连根	文史学者、作家	《极简中国史》
12	魏　新	全国青联常委、山东社科院特邀研究员、作家	《水浒与生活》
13	沈守祥	潍坊筑梦读书会会长(发起人)、奎文区作协副主席	《红楼梦与人生》
14	王伟波	潍坊市立法智库成员、昌邑市博物馆副馆长、研究员	《清代名医黄元御》
15	肖　冰	潍坊半亩茶书馆茶艺师	《中国茶文化》
16	赵海燕	昌邑电视台策划部主任、记者、主持人	《诗歌朗诵与开心生活》
17	刘　敏	山东中医药大学附属医院、省中医院临床营养科主任	《随息居饮,远离疾病》
18	刘家奎	昌邑市交警大队原副大队长	《关爱生命,安全出行》

2017年2月，昌邑市财政局邀请王伟波到财政大讲堂讲解《昌邑历史文化资源》　（摄影：郝岩）

举办征文与演讲比赛

为提高干部职工素质与修养，市财政局组织人员参加上级业务部门开展的征文比赛，获得各个层级奖项。不定期组织演讲比赛，丰富干部职工业余生活。

2017年6月，市财政局举办“党在心中，我为财政添光彩”演讲比赛，包括镇街区财政所在内一共16名选手参加，经过评委现场评分，评出一等奖1个、二等奖4个、三等奖7个。

2017年6月，昌邑市财政局举办“党在心中，我为财政添光彩”演讲比赛，图为参赛选手在演讲　（摄影：郝岩）

2018年6月，市财政局为持续深化“思想作风建设年”活动，引导党员干部坚定信念、敬党爱党、激发干事创业热情，举办“党在我心中”主题朗诵比赛。经过评委现场评分，评出一等奖

1个、二等奖5个、三等奖7个。

2019年7月，市财政局举办新时代文明实践“身边好人故事会”演讲比赛，30岁以下青年代表参加，弘扬主旋律，传递正能量。

昌邑市财政系统在省级以上媒体（部门）征文获奖一览表

表7-3

序号	作者	题目	媒体(单位)	征文内容	奖项	时间
1	围子镇财政所	《加强乡镇行政事业单位会计管理的实践与思考》	全国预算会计研究会	加强基础预算会计工作	三等奖	1998年10月
2	王仁昌	《良师助我成先进》	《乡镇财政》	创刊5周年	三等奖	1998年10月
3	王仁昌	《以人为本》	《乡镇财政》	新时期如何做好财政所长	一等奖	2001年12月
4	王仁昌	《“取”与“予”的亲历者》	山东省财政厅	我与乡镇财政	三等奖	2013年8月
5	张学智	《我的乡镇财政工作25年》	山东省财政厅	我与乡镇财政	优秀奖	2013年8月
6	王仁昌	《激情燃烧的岁月》	财政部	中国梦财政情	二等奖	2015年6月
7	王仁昌	《一心为民》	财政部	中国梦财政情	二等奖	2015年6月
8	黄倩倩	《一把老算盘一生财政情》	山东省财政厅	改革开放四十载财政迈进新时代	二等奖	2019年4月
9	王仁昌	《一生财政缘一世财政情》	山东省财政厅	改革开放四十载财政迈进新时代	二等奖	2019年4月
10	王仁昌	《我们都是二般(班)人》	《山东教育》	我和我的祖国	二等奖	2019年11月

昌邑市财政局演讲比赛获奖一览表

表7-4

序号	获奖者	举办单位	演讲主题	奖项	时间
1	黄倩倩	昌邑市委党校	青年干部培训班演讲比赛	二等奖	2009年11月
2	黄倩倩	昌邑市纪委 昌邑市监察局	迎国庆·法纪在我心中	二等奖	2010年9月
3	黄倩倩	潍坊市纪委	学准则、守党纪、作表率	优秀奖	2010年11月
4	黄倩倩	昌邑市作风建设年活动领导小组办公室 昌邑市总工会 昌邑市国税局	服务发展、岗位建功	二等奖	2011年6月
5	姜竹梅	昌邑市财政局	党在心中·我为财政添光彩	一等奖	2017年6月
6	姜竹梅	昌邑市财政局	党在我心中	一等奖	2018年6月
7	黄倩倩	昌邑市委宣传部	中国梦·新时代	二等奖	2018年7月

总结表彰与文艺晚会

1987 年开始，昌邑县（市）财政局每年年初，对上一年的乡镇财政工作进行检查评比，召开乡镇财政工作表彰会议，对先进单位和先进个人进行集中表彰。

1996 年 4 月，昌邑市财政局召开乡镇财政工作总结表彰会议，与会人员合影　　（照片提供：马春盛）

2018 年 2 月，市财政局召开 2017 年度总结表彰暨 2018 年新春联欢晚会，邀请市国税局、市地税局、市住房资金管理中心、市城投集团、市金控集团等部门单位领导参加。市财政局党组书记、局长许增贤总结 2017 年财政重点、亮点工作，部署 2018 年工作。会议表彰 10 个镇街的财政所、在争创文明城市活动中完成各项任务的 37 名优秀青年志愿者、在创建省级文明单位中评选出的 30 名“每周一星”。随后进行文艺晚会，表演节目形式涉及小品、相声、歌曲、三句半等，财政人表演财政事。

2018 年 2 月，昌邑市财政局工作人员在新春联欢晚会表演小品《社保处的一天》　　（摄影：张兴涛）

第二章　信息化建设与管理

第一节　信息化设施建设

市财政局不断完善网络基础设施和安全建设，为财政信息化和金财工程建设提供坚实基础支撑，加强对信息化基础设施建设管理，确保信息化基础设施建设工作实施。

硬件配置

1990 年 1 月，县财政局配置使用第 1 台 80386 计算机，主要用于办公文字处理。

1991—1996 年，县（市）财政局通过计算机更新、换代、升级，逐步实现办公自动化。

1997 年，市财政局加强对网络设施建设和管理，在省、潍坊市财政部门支持下，建成计算机局域网，与省财政系统公用数据传输网并网运行，为财政工作数据传输、信息联络提供便利。

1998 年 10 月，市财政局微机账与手工账并行。

1999 年，市财政局正式脱离手工账，实现账务电算化，结束用算盘计算、手工记账历史。

2004 年，市财政局机房总面积达 30 平方米，拥有 PC（个人计算机）服务器 10 台、微机 98 台，信息化建设总投资 300 多万元。市财政局机关科室达到每人 1 台微机，办公实现自动化。

2005年，市财政局为适应国库集中支付改革需要，投资100余万元，对中心机房进行安全升级改造，购置4匹空调1台、10千伏安UPS（不间断电源）一套、烟雾探测报警系统一套，提高中心机房设备档次和管理水平。

2007年，市财政局投入网络运行及维护费用近30万元，进行系统改造及服务器升级等，更新部分网络交换机等网络设备。

2011年，市财政局机房电源实行三级防雷及防火措施（安装防火报警器，设置于局值班室内），进入机房数据电缆做防雷措施。

2012年7月，根据财政业务综合管理平台建设需要，市财政局投资50万元，购置IBM（国际商业机器公司）服务器4台、路由器交换机等网络安全设备一套、15千伏安UPS一套、大3匹空调一台、IBM磁盘阵列1套，实现所有平台数据集中存储、备份和管理。

2013-2019年，硬件配置无变化。

网络建设

1996年，市财政局组织实施以快速以太网技术为主的局域网建设，推进广域网、城域网建设。

1997年，市财政局建设第一个局域网。5月，完成与上级财政部门联网（租用联通专线）。

1998年，市财政局累计投资30余万元，在15处乡镇、街道财政所安装“乡镇财务管理系统网络版”，实现办公自动化。

1998—2000年，省财政厅立项并投资200万元，在昌邑市进行财政信息化建设试点，购置100余台计算机、2台服务器，组织开发财政资金管理系统。该系统科室管理权限不变、数据资料共享、拨款指令网络传输、资金拨付集中办理。市财政局财政资金管理系统在财政部举办的财政系统优秀软件评比中荣获“1999年度全国财政系统优秀软件评审二等奖”，该软件在全省数十个县市区推广应用。

1999年，市财政局实现“纵向到底，横向到边”的网络建设格局，并采取措施，加强对网络建设管理。8月，利用电话拨号方式实现与所辖乡镇财政所联网，实现到乡镇远程数据传送。

2000年8月，市财政局到潍坊市财政局广域网升级提速至2M（M即MB简称，兆字节）。

2004年7月，市财政局进行风机房扩建，委托潍坊市工程技术配套公司重新规划建设新局域网，部署内外两套网络，实现办公大楼网络全覆盖。乡镇财政部门由原来的拨号上网升级到ADSL（非对称数字用户环路）宽带上网，利用VPN（虚拟专用网络）技术将乡镇财政纳入全省财政网络，实现在线数据实时传输。市财政局确定网络建设方案，招标购置服务器、微机等网络设备，招标确定网络公司，在设备到位后由山东三联电子信息有限公司工程师进驻，对网络设备进行调试，完成服务器、防火墙等网络设施调试，采用双机热备方案确保系统正常运转。对财政、银行、预算单位进行联网。对第一批纳入集中支付管理的预算单位和代理银行配备微机，进行网络规划，使其通过ADSL联入信息中心机房。

2005年，市财政局建设完成横向连接本级预算单位、人民银行国库、承担支付代理商业银行的城域网，其中到预算单位为2MVPDN（VPDN即虚拟专用拨号网），到银行为2MSDH（SDH即同步数字体系）。

2006年，市财政局采用VPDN方式实现与所有乡镇卫生院、计生站、中小学联网。

2009年，市财政局建成以“三网”为基本架构的财政信息网络枢纽。“三网”即连接省市县三级财政部门的财政广域网，连接市本级财政部门的局域网和连接同级政府职能部门的城域网。搭建完成市级网络安全防御体系。在各级网络之间均部署病毒防御系统、架设防火墙，通过虚网（VLAN）划分等技术方法，对网络资源进行合理分配，提高网络安全防御能力。

2010年7月，市财政局完成到潍坊市财政局10M光纤网升级提速工作，加强对广域网管理。

2012年10月，市财政局实现部门联网升级为光纤，保障财政各项软件运行。

2013—2019年，由电信部门正常维护网络。

第二节 系统开发应用

市财政部门采取各项措施，加强对财政业务系统开发应用管理，实现由浅到深、由低层次向高层次转变，从单纯的微机单机处理逐步发展为充分开发和利用网络系统应用软件。

业务系统开发应用

1999年11月，市财政局创新应用乡镇财政账务管理系统，在潍坊市所属县、市、区第一个正式上线运行。12月，市财政局与省财政厅、潍坊市财政局、潍坊高专联合开发昌邑市财政资金管理系统，通过省级科技成果鉴定。

2002年，市财政局启动金财工程建设。金财工程是政府财政管理信息系统（简称GFMIS），由财政部统一规划，通过信息技术开发和应用，为各项财政业务和改革提供支撑和保障的大型信息系统。主要由预算管理系统、国库集中支付系统、非税收入系统、工资统发系统、政府采购管理系统等11个子系统组成。金财工程启动后，财政核心业务系统推广应用工作在昌邑市展开。

2005年7月，市财政局正式启用新邮件系统，实现乡镇财政所与局内各科室之间的电子邮件实时收发，有关通知、数据报表等重要信息及时传达。

2006年1月，国库集中支付系统正式运行，预算单位全部纳入集中支付系统管理。

2007年，建设国库集中支付平台，完善国库集中支付系统，联系山东三联公司，解决应用中出现的问题，全年完成授权支付13339笔，支付金额86575万元，直接支付2695笔，支付金额23389万元。建设非税收入征管平台，全年征收资金72220万元，涉及单位130多个。通过涉农补贴系统，兑付粮食农资综合直补2559万元，涉及种粮农户12.5万户。通过政府采购系统，采购项目35个，采购金额18600万元。

2009年，市财政局建成财政管理信息系统，开发和推广应用部门预算、账务管理等七个业务系统，开展应用整合，使各业务软件构成一个有机整体，建起覆盖预算编制、执行和监督环节的财政管理信息系统。

2010年5月，由山东国子软件公司开发的行政事业单位资产管理信息系统在市财政系统上线运行，实现行政事业单位资产信息化管理。市财政局运行的网络版应用软件主要有：财政电子邮件系统、财政办公自动化系统、财政账务管理系统、国库集中支付系统、非税收入管理系统、财政内部信息港、财政投资建设项目管理信息系统、国有资产管理信息系统、公务卡管理信息系统等十几个网络应用系统，以上软件都是在与互联网完全物理隔离的环境下，在各自独立的服务器上运行，并且应用有硬件防火墙部署在服务器与应用终端之间，所有数据都存放在服务器中，由专人定期对数据进行多重备份，保证服务器数据的安全可靠。以上这些应用系统的服务器都放在信息中心机房中统一维护，重要的系统采用双机备份方式进行部署，保证业务正常运行。局内每台计算机，都在信息中心进行详细登记，具体到每个人用哪台计算机，以及相关IP（网络之间互连的协议）地址设置等信息。涉密计算机不能接入互联网，接入互联网的非涉密计算机有严格限制条件，必须安装杀毒软件及防火墙，定期进行升级和查杀。局域网计算机用户做内外网物理隔离，上网机器不涉密，涉密机器不上网。防毒软件采用瑞星网络版杀毒软件。局内所有计算机及其磁介质进行统计登记，每台计算机落实到科室及使用人员，对外借计算机及其磁介质做好数据清理工作。

2012年5月，由东软集团开发的财政业务综合平台一期正式在昌邑市财政系统上线运行。该平台一期建设内容涵盖部门预算、指标管理、国库集中支付、账务管理、国库集中支付预警、政府采购、工资统发、非税收入管理等模块，实现数据集中存储。

2013年7月，市财政局在业务综合平台上开发公务卡管理系统，标志着公务卡管理改革正式启动。

2014年，市财政局新版农民一卡通系统实施运行，财政OA平台升级，新版一卡通服务器升级，完善财政身份认证系统，完成科技防腐电子监察系统数据更新及录入工作。

2015—2019年，系统运转正常。

办公管理信息系统建设

市财政局加强对以办公系统、电子邮件系统、信息网站等为主要内容的办公管理信息系统建设的管理工作。办公自动化系统由省财政厅统一部署实施。

1997年7月，昌邑市电子邮件系统由省财政厅统一规划建设并正式投入使用。新邮件系统采取大集中模式，邮件用户实行集中管理。市财政局加强对办公信息系统建设的管理工作，财政信息网站的建设为财政工作提供良好信息服务，提高财政管理水平。

1998年，市财政局为加强信息网站建设，自行开发建设第一个财政信息港。

2001年6月，为统一规范各级财政信息网站建设，省财政厅开发建设全省一体化的财政信息发布系统，在内部网上建立山东财政内部信息网。

2005年6月，市财政局使用省财政厅开发的信息发布系统，完成新版内部网站建设升级，并加强对办公信息系统建设的管理工作。

2007年，市财政局采购数据流磁带、磁盘、移动硬盘、光盘等备份介质，对服务器进行备份。国库集中支付服务器每天两次备份，备份至磁带、光盘和移动硬盘各一份；财政资金管理、办公自动化、电子邮件、防病毒服务器每周进行一次备份，备份至磁带或光盘；其他服务器每月进行一次备份。

2012—2019年，市财政局实现机关收发公文网上流转处理，实现网络化、无纸化办公。

信息安全管理

市财政局不断完善网络与信息安全工作，本着“控制源头、加强检查、明确责任、落实制度”的指导思想，成立信息安全领导小组，由主管局长任组长，加强对信息网络安全领导。完善网络与信息安全机构，在每个科室设立计算机管理员，负责本科室网络安全。建立健全网络安全保密责任制和有关规章制度。

2002年，市财政局金财工程启动，将网络安全建设纳入重要工作日程，制定工作制度，落实工作措施。

2004年，按照计算机信息系统安全保密工作要求，市财政局内部网与互联网实行物理隔离。

2005年7月，投资30余万元，对中心机房进行安全升级改造，进行防盗、防火、防雷、防静电处理，购置瑞星网络防病毒系统，在局域网上安装运行。10月，市财政局在内网上配备防火墙系统，实现对内网业务区、核心业务区的分层防护。市财政局对科室同时访问内外网的计算机安装双硬盘及物理隔离卡，实现内外网物理隔离。

2006年4月，国家财政部信息网络中心主任刘祝余一行5人，在省财政厅副厅长宋文平、省财政厅信息中心主任刘冰及潍坊市有关领导陪同下，到昌邑市检查县级国库集中支付应用工作，对昌邑市财政局信息化工作给予肯定。

2007年，市财政局印发《关于加强网络安全管理规范网络应用的通知》，从总体要求、网络接入办法、保密防护措施、网络保密责任制等方面都作出具体规定，财政信息系统的安全管理得到加强。印发《财政信息网络管理办法》《磁介质及随机技术资料管理办法》《系统管理员守则》等一系列管理制度。

2009 年，根据上级财政部门统一要求，昌邑市、乡两级网络全部采用趋势防病毒软件，由潍坊市财政局统一升级维护。市财政局所有计算机与服务器及外设的维修及维护，都由局信息中心统一管理，制订《昌邑市财政局计算机维修管理制度》，选择一家定点维修服务商上门提供服务，对需外修的计算机，由局信息中心及业务科室把关，备份送修计算机业务数据，将计算机中的业务数据彻底删除，之后再送修。对于笔记本电脑及移动硬盘、U 盘（全称：通用串行总线闪存驱动器）、数据流磁带、刻录光盘等磁光介质由局信息中心统一管理，对于涉及业务数据资料的磁光介质，严禁在接入互联网的计算机上使用。对于存在财政业务数据的笔记本电脑及 U 盘、移动硬盘等介质，严禁接入互联网使用。到期报废的计算机、外设及其磁介质，收缴局信息中心，由局信息中心对报废设备进行检查，将设备上的信息进行清除，一并进行报废处理。

2014 年，市财政局定期对全局计算机进行安全检查及升级杀毒软件、补丁下载安装、系统漏洞修补；加强对 U 盘、移动硬盘等移动存储介质管理；对电子邮件系统的用户定期测试清理，杀毒软件定期检查，计算机系统分区备份一键还原建立，业务应用系统定期备份。配合上级业务部门开展非税收入收缴信息管理系统的应用和维护工作。

2015 年 8 月，中国电信山东分公司专家到昌邑市，完成对财政业务专网实施信息安全等级保护三级测评。

2018 年 2 月,昌邑市财政局信息系统安全整改项目实行政府采购，中标单位是山东沃云网络通信工程有限公司，中标金额 39.8 万元。12 月，昌邑市财政局财政应用支撑平台 2.0 升级、身份认证与授权管理系统升级项目实行政府采购，中标单位是潍坊中财信信息科技股份有限公司，中标金额 95.68 万元。

2019 年 2 月，昌邑市财政局信息化运维服务项目实行政府采购，中标单位是潍坊中财信信息科技股份有限公司，中标金额 15 万元。

第三章　后勤管理

第一节　财物管理

财务管理

1986 年，县财政局财务管理实行局长负责制，局主要领导对本单位会计工作和会计资料的真实性、完整性负责，局办公室负责日常财务管理工作，财会人员对职责范围内的工作负直接责任。本级安排的经费和上级主管部门下达给各科室的业务经费，统一纳入经费账户管理，实行统收统支。

1993 年，按照《会计法》规定，设置专人负责财务管报账工作，财务人员及时建立健全会计核算相关账簿，确保会计资料的真实性和完整性，月报表、年报表需经局领导及对口科室审核、签字、盖章。财务会计人员按照《会计法》

和相关财务理制度，审核原始凭证和记录实际发生的各项经济业务，未经局长签字的原始单据，财务人员一律拒绝，发现虚假、违法原始单据及记载不准确、不完整或原始单据有涂改行为的，拒绝报销并及时向领导汇报。局机关所有经费开支坚持“一支笔”审批原则，所有经费开支，一律由经办人签字，主要负责人签批后方能入账报销。

2006年，规定出差人员预支差旅费标准，根据出差时间长短，按省内、潍坊外每天500元预支，省外每天800元预支，如有特殊情况需多预支由主要领导审批。驾驶员每次出差可预支备用金2000元。出差人员在出差结束后7日内，办理差旅费报销手续，结清预支款项。未能及时结清的，从借款次月起，由办公室从本人工资中逐月扣回。

2007—2019年，规定各单位、科室举办的各种业务培训会议，按照会议规模及时间事先编制经费预算，报经局长审批后，由办公室统一安排，超出会议标准的部分，办公室不予报销。办公室每月10日前将上月的支出情况列表报局领导，以便掌握本局经费使用情况。

财产物资管理

1986年，县财政局制定固定资产的管理规定，设立固定资产明细账，具体登记固定资产购置日期、数量、金额、型号等，详细记录固定资产使用科室、使用人，负责固定资产日常维护、维修等，对固定资产维修项目、维修金额等作好记录并存档；各类固定资产，未经局长批准，不得擅自出借或出租；凡因使用人和保管人玩忽职守或保管不善，致使固定资产遗失、损坏，给予保管人和使用人应有的经济处罚和行政处分；使用年限已到或磨损相当严重的固定资产，按权限报经批准，其残值变价收入金额纳入财务账内管理，已处置的固定资产按规定及时核销出账。

1990年，健全日常办公用品管理，规定日常办公用品实行办公室统一购买，建立收、发登记制度。未经批准自行到商店购买或签单的一律不予报销。购买办公用品，凭购买物品的原始发票和物品清单入库报销。需购置办公物品，由科室向局办公室报告，按规定程序批准后由局物品购置人员，按照物美、价廉、质优的原则，货比三家购置。凡购进的物品，必须健全验收制度，有经办人、验收人签字，报办公室建立实物账，实行领发签字管理。

1998—2019年，规范物资日常管理及交接规定，各科室所配备的日常办公用品等物资由所在科室负责日常管护，科室负责人为物资管理第一责任人，对物资的使用、维修等负主要责任，发现物资损毁、丢失等现象，要及时通知办公室加以维修或查找，对因正常损坏或人为损坏的物品，及时报办公室加以处理、出账。对因工作需要调整的科室负责人，要及时联系办公室，对科室物资进行交接盘点，移交双方、办公室在交接表上签字后生效。严禁不经过交接手续就离开工作岗位的现象发生，对未办理交接手续发生资产损失的现象，由移交双方共同承担相应责任。科室内部工作发生调整，由科室负责人监督办理移交。科室之间物资调整须报办公室同意，并调整相关登记账簿，严禁任何人私自挪用科室物资。

第二节　设施建设

1995年，市财政局征用国有土地（宅基地）8107平方米，在富昌街建设办公楼一座，建筑面积4100平方米，配备中央空调。为解决乡镇财政所交通不便，统一为各乡镇财政所配备达契亚汽车1辆。

1996年，市财政局迁富昌街办公楼办公。原办公楼由市经济开发投资公司、市财政评审中心使用。建设宿舍楼1栋，建筑面积4108平方米，安置员工55户。

2003年，为适应农村税费改革需要，潍坊市财政局为乡镇财政所配备长安面包车，由昌邑市财政局统一挂牌，分配到财政所使用。

2016年，市财政局所有车辆按照上级要求进行公车改革。

2019年，市财政局有公务用车3辆，账面原值总额为47.6万元。各科室配备电脑117台、电话30部、复印机15台、打印机42台、传真机1台、碎纸机2台等办公设备。

第三节　安全管理

1995年，市财政局成立安全工作领导小组，制定安全管理制度，落实安全措施，财政系统未发生重大安全事故。

2001年，市财政局将安全工作纳入责任制和目标管理量化考核。在《昌邑市财政局重点工作目标量化考核办法》中，对安全工作实行一票否决制，科室内发生较大安全责任事故，被上级部门认定或通报的，取消事故责任人评先树优资格；对分管安全工作的财政局办公室，明确规定健全安全工作责任制，门卫实行24小时执勤，每发生一次责任安全事故扣1分。

2012年，市财政局落实安保措施，在机关办公大楼安装监控设备，对重要部位的消防配套设施定期进行检测，在办公楼内安装火灾报警探头和消防栓，在各个楼梯口开启监测系统，安装摄像装置8套，实行24小时录像监控。对财务室、档案室、机房等重要部位安装防盗报警探头，并与公安110实行联动，对重点部位实行全封闭管理。

2013—2019年，加强行车安全管理，制订《昌邑市财政局机关车辆管理制度》和《车辆停放管理制度》，发放《交通安全知识手册》，通过制度制约，确保行车安全，杜绝安全事故。对驾驶员制定里程、耗油、安全行车、车辆出入、违章罚款次数等项目考核办法。驾驶员除参加专业培训外，车辆管理岗位人员对司机每天做到“三叮嘱”：不准喝酒、不准私自出车、不准开英雄车。

第四节　档案管理

1986年，县财政局设立文书、会计业务综合档案室，配备档案设备，制订管理制度，加强档案管理。

1996年，设立专门档案室，使用面积100平方米；配备档案柜10组，每组个2分橱，共20个分橱。按业务分类存档，其中文书档案橱4组，8个分橱；会计业务密集架档案橱16组，32个分橱。照相机、吸尘器、除湿机、声像磁带

2018年6月，昌邑市财政局档案室一角　（摄影：王仁昌）

2018 年 6 月，昌邑市财政局会计档案　　（摄影：王仁昌）

理的有关规定实施，报送市政府的请示、报告，由局主要负责同志签发，局办公室统一按规定程序办理。局办公室负责把好局文件质量关。需报送局领导同志签发的文件，由局办公室按公文处理程序逐级做好政策、文字、体例和会签手续审核把关工作。

2002—2019 年，市财政局明确局长、副局长审签文件权限，涉及重大事项、综合性、全局性问题的文件，由局长审签；关于某一方面工作的文件，由分管副局长审签；向市政府报送的请示和报告，由局长审签；因与市各级机关各部门、镇街区商洽工作，询问和答复问题，请求批准的函件，由分管副局长审签；审批文件应提出明确指示意见，圈阅表示阅知同意。签署文件使用钢笔或中性笔。上级党委、政府下发的文件，根据工作分工和文件内容，报送主要领导和分管领导传阅。

柜、档案库房空气消毒机等基础设施齐备，“五防”（防火、防尘、防潮、防霉、防蛀）设施齐全。

2000—2019 年，市财政局重视档案管理制度建设，逐步建立健全和不断修订完善《档案立卷归档制度》《档案保管制度》《档案利用制度》《分管档案工作的领导责任制》《主管档案工作的办公室主任责任制》《档案员岗位责任制》《档案保密制度》《档案查、借阅制度》《档案鉴定、销毁制度》等一整套档案管理制度。每年按照归档范围立卷归档。从立卷归档到保管统计，从档案利用到鉴定销毁，从档案移交到奖惩处罚以及档案借阅等各个环节，按制度办事，发挥财政档案重要作用。

第五节　文书管理

公文处理

1996 年，市财政局执行《中国共产党机关公文处理条例》。

2001 年，市财政局公文处理按照国务院《国家行政机关公文处理办法》和市政府公文处

公章使用

1986 年，局党政公章作为机密件由办公室主任保管，并由单位领导监控使用。

1990 年，县财政局规定公章未经单位负责人批准，均不得带出局外使用。因特殊原因，确需到单位以外地点使用本单位印章，应经单位主要负责人同意，办公室派专人携带一同前往。

1991 年，县财政局规定局党政公章使用严格履行审批登记手续，防止丢失和滥用。公章不使用时，必须锁于柜内。设置公章使用登记簿，详细记录每一次公章使用的时间、使用人、盖章事项、去向等。必须在规定使用范围内使用公章，不得为其他单位及人员代盖公章。公章保管人员

因事离开单位超过一天，要将公章交其他指定人员代为保管。

2000 年，市财政局规定不允许使用公章开具空白介绍信、证明，如因工作需要或其他特殊情况确需开具，必须经局领导同意后方可开出，持空白介绍信外出工作，归来时要重新备案。凡不按规定保管使用公章造成事故的，追究有关人员和科室负责人的责任。

昌邑

第八编

乡镇财政

昌邑县（市）乡镇财政机构接受乡镇政府和县级财政机关双重领导，伴随着乡镇机构改革，乡镇财政所名称、编制等改变，履行职能随着经济发展有所改变，主要履行收入管理职能、分配资金职能、监督管理职能、落实政策职能、服务发展职能等。

1986年，昌邑县辖都昌、柳疃、下营、夏店、围子、石埠、饮马、岞山8个镇，南逄、双台、龙池、青乡、李家埠、东冢、卜庄、仓街、宋庄、流河、北孟、太保庄、丈岭、塔耳堡14个乡，全部建立财政所。之后，乡镇行政区划几经调整，乡镇财政所随之调整。2019年，昌邑市辖奎聚、都昌、围子3个街道，柳疃、龙池、下营、卜庄、饮马、北孟6个镇和石埠经济发展区，共10个镇级行政区，分别设置财政所。

第一章　乡镇财政机构与收支

第一节　乡镇财政机构

1986年，昌邑县22个乡镇全部建立财政所。7月，人民银行昌邑县支行、农业银行昌邑县支行、县财政局印发《关于乡镇财政资金划拨问题的暂行规定》。8月，县财政局公布各乡镇财政所圆形公章和经济专用章印模。

1992年3月，县财政局开展创建文明财政所活动。

1993年9月，开展“农业四税一金”宣传月活动。

1994年12月，有14个乡镇财政所建设独立办公室，建筑面积1963平方米。8个财政所借用乡镇政府办公室487平方米。

1995年，全面建立乡镇国库。4月1日，22个乡镇国库正式成立营业，具体组织乡镇一级收支。

1996年，乡镇财政所使用办公用房面积2686平方米。12个乡镇财政所自有办公用房。

1997年，市财政局为22个乡镇财政所均配备微机、打印机、微机桌一套。都昌镇分为都昌街道、奎聚街道，乡镇财政所共23个。

1998年，23个乡镇财政所全部配备微机，并联网。乡镇财政所共有办公用房3258平方米，其中13个乡镇财政所自有办公用房。

2001年3月，23处乡镇、街道合并为15个，乡镇财政所相应调整为15个。

2007—2010年，15处乡镇、街道经过数次调整，调整为10个镇街区。乡镇财政所相应减少到10个。

2008年，按照潍坊市乡镇机构改革要求，财政所、经管站、统计站合并为财政经管统计服务中心。财政所公章、财务章、组织机构代码、事业法人等注销。在实际工作中，各镇街区财政所、经管站、统计站单独存在。

2011年，根据省财政厅《关于开展规范化财政所创建工作的意见》，昌邑市启动创建“机构健全、设施完备、管理规范、服务完善、环境优美”的规范化财政所活动。围子街道财政所作为省财政厅联系点，成为规范化财政所试点。11月，市财政局领导定点包靠镇街区财政所：李友田包靠围子街道、林明波包靠柳疃镇、孙介甫包靠卜庄镇、孙广阔包靠龙池镇、魏全江包靠下营镇、穆效彬包靠石埠经济发展区、徐云舟包靠饮马镇、徐学义包靠北孟镇、徐桂华包靠都昌街道、高凤鸣包靠奎聚街道。市财政局科室相应包靠镇街区财政所：预算科包靠围子街道、基层财政管理局包靠卜庄镇、综合科包靠奎聚街道、农财科包靠石埠经济发展区、企财科包靠下营镇、财政监督局包靠柳疃镇、基建科包靠北孟镇、政府采购中心包靠饮马镇、行财科包靠龙池镇、社保处包靠都昌街道。12 月，省财政厅基层财政管理处处长袁绍明率领验收组对围子街道规范化财政所创建进行验收，结论合格。

2012 年，全市第一批规范化财政所卜庄镇、饮马镇、北孟镇 3 个财政所，通过省财政厅验收。

2013 年，全市第二批规范化财政所龙池镇、下营镇、柳疃镇 3 个财政所，全部验收合格。龙池镇财政所、下营镇财政所代表潍坊市接受省财政厅验收，验收组通过实地查看并现场打分，当场表示潍坊市高分通过。各镇街区财政资金均实行动态管理，确保省、市、县、乡四级联网无阻碍，全面实现镇街财政财务管理和涉农补贴发放网络化、信息化。

2014 年，昌邑市参加全省第一届乡镇财政业务竞赛，在潍坊市乡镇财政人员业务技能竞赛中获得团体三等奖。

2016 年，昌邑市参加全省第二届乡镇财政业务竞赛，获得潍坊市团体二等奖。昌邑市实现基层数字财政管理系统省内全部上线运行，实现财政业务全面信息化、无纸化和财政资金的全过程管理，打通基层财政管理“最后一千米”，为实现五级财政贯通管理奠定基础。

2017 年 11 月，潍坊市镇街财政干部培训班在昌邑市举办，昌邑市镇街区财政所在岗人员全部参加培训。

2018 年，昌邑市镇街区财政人员参加省第三届乡镇财政业务竞赛，获得团体三等奖。

2019 年 3 月，根据市委、市政府关于《深入推进镇（街）行政管理体制改革实施方案》，镇街区财政经管统计服务中心更名为财政统计服务中心。

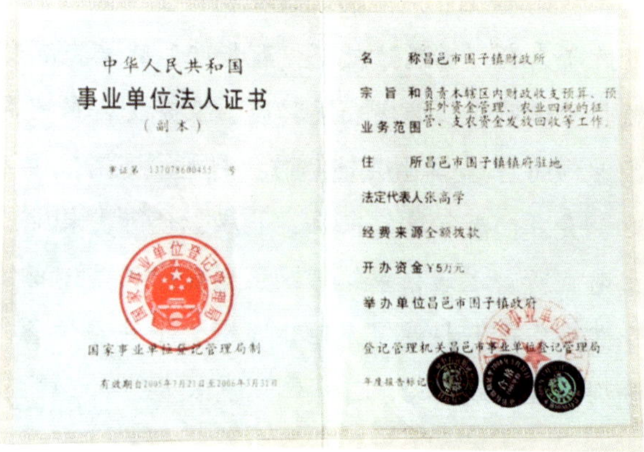

2005 年 7 月，昌邑市围子镇财政所“事业单位法人证书（副本）” （摄影：王仁昌）

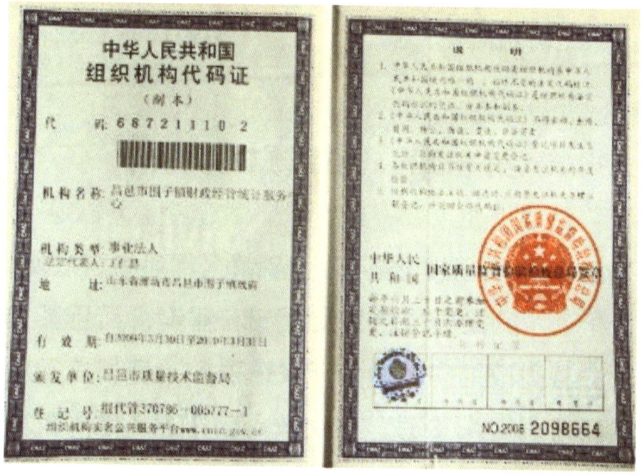

2009 年 3 月，昌邑市围子街道财政经管统计服务中心“组织机构代码证（副本）” （摄影：王仁昌）

第二节 乡镇财政队伍

1986 年，昌邑县规定乡镇财政所所长由乡（镇）长或者分管副乡（镇）长担任（实际全部由乡镇长担任），一个财政所根据业务量大小，配备 3—5 人。为弥补乡镇财政人员不足，由县人事局、县财政局负责调入正式干部 24 人，从原来招聘的乡镇机关合同制干部中调入 21 人，面向社会统一招考 38 人，并于 5 月在县城集中培训 20 天。11 月，县财政局培训乡镇财政所企业专管员 1 个月。

1987 年，全县乡镇财政所核定编制 83 人，实有 73 人，其中正式职工 19 人，招聘职工 54

人；中专学历 11 人，高中学历 49 人，初中学历 12 人，初中以下 1 人。2 人有会计员职称。党员 38 人，团员 35 人。

1988 年 2 月，县财政局向县政府递交报告《关于进一步加强乡（镇）财政工作的请示》（昌财字〔1988〕第 7 号），请示增加乡镇财政所工作人员。因为乡镇长兼任财政所长，没有精力具体抓财政所业务工作，建议取消乡镇长兼任所长模式，明确任命财政所长。要求乡镇政府不要抽调财政所人员包村。7 月，潍坊市统一招考乡镇财政所农税干部，招考对象主要面对 1984 年以前从事农业税助征工作的人员，包括农财兼搞农税工作的人员。对担任乡镇财政所副所长以上职务的人员照顾 30 分。

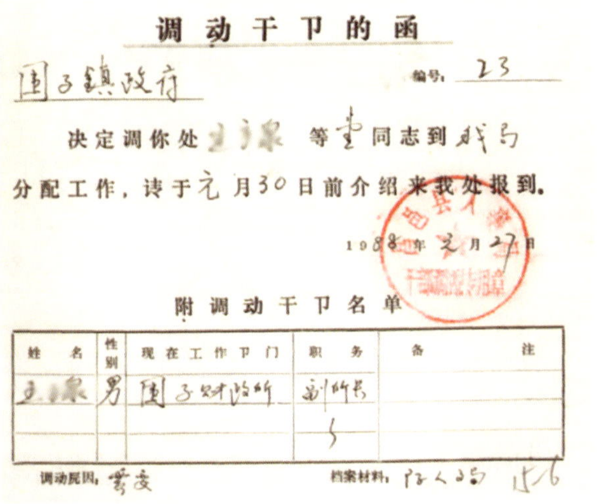
调动干卩的函

围子镇政府　　编号：23

决定调你处　　等壹同志到我局分配工作，请于元月30日前介绍来我处报到。

1988年元月27日

附调动干卩名单

姓名	性别	现在工作卩门	职务	备注
王　泉	男	围子财政所	副所长	

调动原因：需要　　档案材料：随人
1988 年 1 月，昌邑县围子镇财政所人员调令

（照片来源：昌邑市档案馆）

1989 年，全县乡镇财政人员共有 84 人，其中行政编制 22 人，国家正式干部 19 人、招聘干部 3 人；事业编制 59 人，国家正式干部 14 人，招聘干部 45 人；国家正式职工 1 人；集体财务人员 2 人。

1990 年，全县乡镇财政人员共有 89 人，其中行政编制 22 人，事业编制 65 人，集体财务人员 2 人。

1991 年，县财政局向县政府递交报告，请示增加乡镇财政所工作人员。12 月，乡镇财政所总人数为 92 人，其中行政编制 16 人，均为国家正式干部；事业编制 76 人，包括国家正式干部 34 人、聘用干部 42 人。

1994 年 5 月，县财政局向县政府行文，请示增加乡镇财政所工作人员 15 人，条件是财税专业的大中专毕业生。

1994 年，昌邑市乡镇财政人员持有的“乡财政人员岗位培训合格证”　（摄影：王仁昌）

1995 年 12 月，全市乡镇财政人员共有 101 人，其中行政编制 9 人，包括国家正式干部 4 人、招聘干部 5 人；事业编制 88 人，包括国家正式干部 46 人、招聘干部 42 人；集体财务人员 4 人。大专以上学历 23 人，大专以下学历 78 人。

1996 年，乡镇财政人员 104 人，其中行政编制 9 人，包括国家正式干部 5 人、聘用干部 4

人；事业编制 91 人，包括国家正式干部 49 人、招聘干部 42 人；集体财务人员 4 人。大专以上学历 31 人，大专以下学历 73 人。

1999 年，昌邑市通过公开考试，录取 9 名应届毕业生充实乡镇财政所。乡镇财政人员 92 人，其中行政编制 6 人，事业编制 86 人。大学本科学历 2 人，大专学历 31 人，中专、高中学历 55 人，初中学历 4 人。

1999 年，昌邑市乡镇财政人员持有的中国人民银行“结算证”（摄影：王仁昌）

2001 年，乡镇财政人员 90 人，其中行政编制 2 人，事业编制 83 人，以工代干 5 人。大学本科学历 3 人，大专学历 57 人，中专、高中学历 26 人，初中学历 4 人。

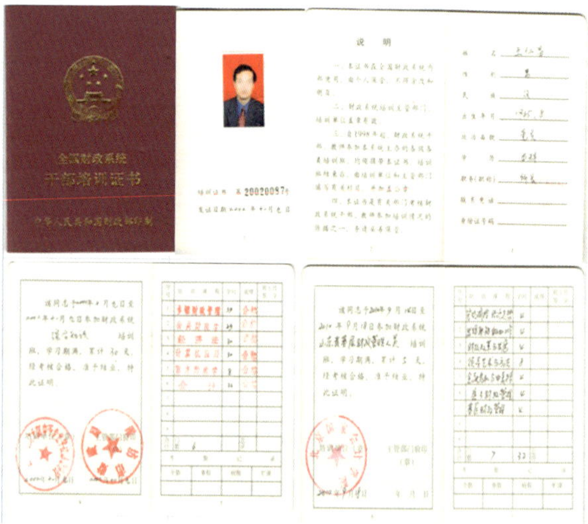

2002 年，昌邑市财政系统工作人员持有的“全国财政系统干部培训证书”（摄影：王仁昌）

2003 年，因为农村税费改革，市财政局从事业单位中公开招考农税专管员 30 人，充实到乡镇财政所。

2005 年，乡镇财政所人员 91 人。

2012 年，镇街区财政人员参加市、县培训 2 次，参训人员 86 人次，在全省基层财政人员业务知识测试中，取得良好成绩。

2012 年，昌邑市举办第一期基层财政干部培训班（摄影：郝岩）

2013 年，镇街区财政人员参加业务培训 2 期，参训人员 74 人次。

2014 年，镇街区财政人员参加培训 2 期，参训人员约 100 人次。

2015 年，镇街区财政人员参加培训 2 期，参训人员约 300 人次。

2016 年，镇街区财政人员参加培训 2 期，参训人员约 100 人次。

2017 年 11 月，镇街区财政人员参加培训 2 期，参训人员约 130 人次。

2018 年，围子街道财政所副所长李家玮成为“山东省第三届乡镇财政业务技能竞赛”命题组成员。镇街区财政人员参加全省第三届乡镇财政业务技能竞赛，通过初赛选拔 10 名参赛选手，在潍坊市级复赛中全部获奖，其中 6 个一等奖、2 个二等奖、2 个三等奖。

2019 年，镇街区财政人员参加培训 2 期，参训人员 122 人次。

2018年，昌邑市举行第三届乡镇财政业务技能竞赛颁奖　　（摄影：杜爱平）

第三节　乡镇财政收支

乡镇财政收支，是昌邑县（市）财政收支的一部分。乡镇的预算外资金、自筹资金由乡镇财政所负责收支，预算内资金纳入县（市）总预算。

1986年，乡镇税务部门征收的工商税收和财政部门征收的农业税收，按月上解县级国库。县财政局每月拨付乡镇调度款，在“与上级往来科目”核算，年底根据财政体制进行体制结算。乡镇税收总收入为1906.9万元，上级补助收入662.6万元，其中定额补助585.8万元、专款补助65.6万元、超收分成补助11.2万元，上年结余2.6万元。乡镇财政决算收入总额为2572.1万元。乡镇预算内总支出为935.6万元，其中农林水气象等部门的事业费类支出39万元、城市维护费类支出17.2万元、文教科学卫生事业费类支出589.9万元、其他部门的事业费类支出9.6万元、抚恤和社会福利救济费类支出109万元、行政管理费类支出145.3万元、价格补贴支出类支出25.6万元、乡镇上解支出1585.2万元。年终滚存结余51.3万元，减结转下年支出35.3万元，净结余16万元，其中结余乡镇16个、结余29.6万元，赤字乡镇6个、结余-13.6万元。乡镇财政决算支出总额为2572.1万元。赤字乡镇有6个：卜庄、石埠、饮马、北孟、太保庄（因为0.3万元结转下年支出，形成赤字0.1万元）、丈岭。

1987年，乡镇财政税收完成2153.4万元，其中工商税收类1747.8万元，农业税405.6万元。乡镇财政总收入为2015万元。乡镇财政总支出为1884.6万元，其中预算内支出为1109.6万元，包括农林水事业费类支出57.4万元，文教科学卫生事业费类支出678.2万元，其他部门的事业费类支出8.1万元，抚恤和社会救济费类支出150.1万元，行政管理费类支出147.6万元，价格补贴支出类支出27.1万元，其他支出类支出39.1万元。

1988年，乡镇财政税收收入完成2465.7万元，其中工商税收类2050.8万元，农业税414.9万元。乡镇财政总收入为2663.9万元，乡镇财政总支出为2428.8万元，其中预算内资金支出为1439.7万元，包括农林水气象等部门的事业费类支出73.4万元，城市维护费类支出40.5万元，文教科学卫生事业费类支出920万元，其他部门的事业费类支出23.5万元，抚恤和社会福利救济费类支出161.1万元，行政管理费类支出172.6万元，价格补贴支出类支出28万元，公检法支出类支出16.3万元，支农生产支出类支出4.2万元。

1989年，乡镇财政预算内收入为2860.9万元，其中工商税收类2417.3万元，农业税443.6万元。乡镇财政预算内总支出为1693万元，其中农林水气象等部门的事业费类支出84.5万元，城市维护费类支出45.5万元，文教科学卫生事业费类支出1059.3万元，其他部门的事业费类支出21.3万元，抚恤和社会福利救济费类支出179.2万元，行政管理费类支出188.7万元，价格补贴支出类支出31.4万元，公检法支出类支出17.7万元，其他支出类支出25.9万元。年终体制结算，上解上级支出列各乡镇预算内支出。

1990年，乡镇财政预算内总收入为3029.6万元，其中工商税收类2486万元，农业税543.6万元。乡镇财政预算内总支出为2142.1万元，其中农林水气象等部门的事业费类支出99.1万元，城市维护费类支出69.2万元，文教科学卫生事业费类支出1205.4万元，其他部门的事业费类支出24.8万元，抚恤和社会福利救济费类支出253万元，行政管理费类支出214.6万元，公检法支出类支出20.9万元，其他支出类支出15.4万元。

1991年，乡镇财政预算内总收入为3426万元，其中工商税收类2847万元，农业税579万元。乡镇财政预算内总支出为3435万元，其中支援农村生产支出类支出191万元，农林水气象等部门的事业费类支出96万元，城市维护费类支出77万元，文教科学卫生事业费类支出1354万元，其他部门的事业费类支出39万元，抚恤和社会福利救济费类支出259万元，行政管理费类支出213万元，公检法支出类支出22万元，价格补贴支出类支出32万元。

1992年，乡镇财政预算内总收入为3420万元，其中工商税收类3272万元，农业税748万元。乡镇财政预算内总支出为2826万元，其中农林水气象等部门的事业费类支出135万元，城市维护费类支出87万元，文教科学卫生事业费类支出1662万元，其他部门的事业费类支出33万元，抚恤和社会福利救济费类支出268万元，行政管理费类支出312万元，公检法支出类支出28万元，其他支出类支出52万元。县财政局开展乡镇优抚人员清理检查，清理出减员未报优抚人员332人，节减财政支出10万余元。

1993年，乡镇财政预算内总收入为4509万元，其中工商税收类3702万元，农业税807万元。乡镇财政预算内总支出为3465万元，其中支援农村生产支出类支出332万元，农林水气象等部门的事业费类支出144万元，城市维护费类支出82万元，文教科学卫生事业费类支出1977万元，其他部门的事业费类支出29万元，抚恤和社会福利救济费类支出289万元，行政管理费类支出399万元，公检法支出类支出32万元，价格补贴支出类支出35万元，其他支出类支出146万元。县财政局开展乡镇遗属补助人员清理检查，清理出失去补助条件人员40人，节减财政支出2万余元；对乡镇公费医疗人员开展换证审查，清理出不属于财政负担人员1000多人，年节减财政支出17万多元。

1994年，乡镇财政实行分税制的财政体制，乡镇财政预算内总收入为3792万元，其中工商税收类1890万元，农牧业税和耕地占用税类1153万元，企业所得税类723万元，专项收入类26万元。乡镇财政预算内总支出为4946万元，其中支援农村生产支出类支出305万元，农林水气象等部门的事业费类支出258万元，城市维护费类支出85万元，文教科学卫生事业费类支出3182万元，其他部门的事业费类支出51万元，抚恤和社会福利救济费类支出333万元，行政管理费类支出618万元，公检法支出类支出47万元，价格补贴支出类支出36万元，其他支出类支出31万元。

1995年，乡镇财政预算内总收入为2361万元，其中工商税收类1385万元，农牧业税和耕地占用税类188万元，企业所得税类779万元，罚没收入、行政性收费收入类9万元。乡镇财政预算内总支出为2616万元，其中支援农村生产支出类支出299万元，农林水气象等部门的事业费类支出259万元，城市维护费类支出196万元，文教科学卫生事业费类支出538万元，其他部门的事业费类支出84万元，抚恤和社会福利救济费类支出337万元，行政管理费类支出621万元，公检法支出类支出48万元，价格补贴支出类支出1万元，其他支出类支出1万元，农业综合开发支出类支出232万元。市财政局对乡镇教育经费进行清查，查出不属于财政拨款的资金17.8万元；清查乡镇收费、罚款工作，查缴各项违纪金额9万多元。

1996年，乡镇财政预算内总收入为2635万元，其中工商税收类1612万元，农牧业税和耕地占用税类204万元，企业所得税类806万元，罚没收入、行政性收费收入类13万元。乡镇财政预算内总支出为2880万元，其中科技三项费用类支出57万元，支援农村生产支出类支出94万元，农林水气象等部门的事业费类支出324万元，城市维护费类支出183万元，文教事业费类支出238万元，其他部门的事业费类支出152万元，抚恤和社会福利救济费类支出317万元，行政管理费类支出772万元，公检法支出类支出61万元，其他支出类支出8万元，农业综合开发支出类支出159万元，卫生经费类413万元，行政事业离退休经费类支出102万元。

1997年，乡镇财政一般预算收入为4589万元，其中工商税收类2058万元，农牧业税和耕地占用税类1660万元，企业所得税类848万元，罚没收入、行政性收费收入类23万元。乡镇财政一般预算支出为2880万元，其中支援农村生产支出类支出110万元，农林水气象等部门的事业费类支出401万元，城市维护费类支出247万元，文教事业费类支出4647万元，其他部门的事业费类支出220万元，抚恤和社会福利救济费类支出300万元，行政管理费类支出948万元，公检法支出类支出65万元，农业综合开发支出类支出173万元，卫生经费类支出414万元，行政事业离退休经费类支出46万元。

1998年，乡镇财政一般预算收入为7018万元，其中营业税902万元，企业所得税1431万元，个人所得税1774万元，资源税59万元，固定资产投资方向调节税382万元，城市维护建设税333万元，房产税66万元，印花税9万元，城镇土地使用税26万元，车船使用税260万元，屠宰税19万元，农业税1379万元，农业特产税328万元，契税16万元，罚没收入34万元。乡镇财政一般预算支出为7784万元，其中支援农村生产支出49万元，农业综合开发支出115万元，农林水气象等部门的事业费支出446万元，文体广播事业费支出204万元，教育事业费支出4629万元，卫生经费支出447万元，税务统计财政审计等部门的事业费支出296万元，抚恤和社会福利救济费支出313万元，行政事业离退休经费支出45万元，行政管理费支出791万元，公检法司支出68万元，城市维护费支出336万元，其他支出45万元。

1999年，乡镇财政一般预算收入为7443万元，其中营业税743万元，企业所得税1322万元，个人所得税1787万元，资源税37万元，固定资产投资方向调节税1117万元，城市维护建设税436万元，房产税87万元，印花税10万元，城镇土地使用税55万元，车船使用和牌照税172万元，屠宰税23万元，农业税1274万元，农业特产税356万元，契税22万元，罚没收入2万元。乡镇财政一般预算支出为9060万元，其中支援农村生产支出198万元，农业综合开发支出143万元，农林水气象等部门的事业费支出527万元，文体广播事业费支出246万元，教育事业费支出5723万元，卫生经费支出478万元，税务等部门的事业费支出183万元，抚恤和社会福利救济费支出468万元，行政事业离退休经费支出50万元，行政管理费支出978万元，城市维护费支出3万元，支援不发达地区支出10万元，其他支出53万元。

2000年，乡镇财政一般预算收入为7340万元，其中营业税729万元，企业所得税1714万元，个人所得税1392万元，资源税12万元，固定资产投资方向调节税240万元，城市维护建设税482万元，房产税83万元，印花税5万元，城镇土地使用税49万元，车船使用和牌照税298万元，屠宰税25万元，农业税1080万元，农业特产税478万元，契税14万元，罚没收入3万元，专项收入186万元，其他收入550万元。乡镇财政一般预算支出为10917万元，其中支援农村生产支出84万元，农业综合开发支出140万元，农林水气象等部门的事业费支出562万元，文体广播事业费支出277万元，教育事业费支出6275万元，卫生经费支出455万元，税务等部门的事业费支出172万元，抚恤和社会福利救济费支出527万元，行政事业单位离退休经费支出17万元，行政管理费支出913万元，城市维护费支出64万元，其他支出295万元，体制上解支出1142万元。

2001年，乡镇财政一般预算收入为11062万元，其中增值税1863万元，营业税972万元，企业所得税2172万元，个人所得税2311万元，资源税33万元，固定资产投资方向调节税316万元，城市维护建设税607万元，房产税118万元，印花税10万元，城镇土地使用税96万元，车船使用和牌照税284万元，屠宰税24万元，农业税829万元，农业特产税730万元，耕地占用税64万元，契税175万元，罚没收入3万元，专项收入284万元，其他收入171万元。乡镇财政一般预算支出为12639万元，其中支援农村生产支出240万元，农业综合开发支出63万元，农林水气象等部门的事业费支出651万元，文体广播事业费支出348万元，教育事业费支出7722万元，卫生经费支出522万元，税务等部门的事业费支出177万元，抚恤和社会福利救济费支出604万元，行政事业单位离退休经费支出17万元，行政管理费支出1023万元，城市维护费支出29万元，其他支出1243万元。

2002年，乡镇财政一般预算收入为12969万元，其中增值税1961万元，营业税1064万元，企业所得税442万元，个人所得税1085万元，资源税65万元，固定资产投资方向调节税801万元，城市维护建设税887万元，房产税220万元，印花税29万元，城镇土地使用税102万元，土地增值税99万元，车船使用和牌照税172万元，屠宰税43万元，农业税4104万元，农业特产税392万元，耕地占用税26万元，契税129万元，专项收入414万元，其他收入934万元。乡镇财政一般预算支出为16894万元，其中企业挖潜改造资金10万元，支援农村生产支出348万元，农业综合开发支出90万元，农林水气象等部门的事业费支出1025万元，文体广播事业费支出1187万元，教育事业费支出9329万元，卫生经费支出615万元，税务等部门的事业费支出224万元，抚恤和社会福利救济费支出1094万元，行政事业单位离退休经费支出8万元，行政管理费支出2472万元，城市维护费支出21万元，其他支出471万元。

2003年，乡镇财政一般预算收入为18042万元，其中增值税2350万元，营业税1413万元，企业所得税283万元，个人所得税951万元，资源税451万元，固定资产投资方向调节税390万元，城市维护建设税1108万元，房产税214万元，印花税23万元，城镇土地使用税286万元，土地增值税291万元，车船使用和牌照税191万元，农业税4298万元，农业特产税1333万元，耕地占用税12万元，契税49万元，专项收入494万元，其他收入281万元，上级补助收入6206万元，上解上级支出2582万元。乡镇财政一般预算支出为18042万元，其中农业支出1244万元，林业支出81万元，水利和气象支出237万元，文体广播事业费支出1052万元，教育支出9452万元，医疗卫生支出463万元，其他部门的事业费支出363万元，抚恤和社会福利救济支出1028万元，行政事业单位离退休支出9万元，社会保障补助支出10万元，行政管理费支出1774万元，城市维护费支出793万元，专项支出397万元，其他支出1139万元。

2004年，乡镇财政一般预算收入为18489万元，其中增值税3091万元，营业税1884万元，企业所得税332万元，个人所得税766万元，资源税1203万元，固定资产投资方向调节税296万元，城市维护建设税1338万元，房产税270万元，印花税32万元，城镇土地使用税313万元，土地增值税99万元，车船使用和牌照税173万元，农业税2286万元，耕地占用税15万元，契税152万元，专项收入567万元，其他收入835万元，上级补助收入8261万元，上解上级支出3424万元。乡镇财政一般预算支出为18489万元，其中农业支出1118万元，林业支出71万元，水利和气象支出208万元，文体广播事业费支出1130万元，教育支出10101万元，医疗卫生支出113万元，其他部门的事业费支出260万元，抚恤和社会福利救济支出961万元，行政事业单位离退休支出13万元，社会保障补助支出38万元，行政管理费支出1637万元，城市维护费支出911万元，政策性补贴支出12万元，专项支出540万元，其他支出1376万元。

2005年，乡镇财政一般预算收入为24948万元，其中增值税4341万元，营业税2749万元，企业所得税590万元，个人所得税499万元，资源税936万元，城市维护建设税1686万元，房产税362万元，印花税117万元，城镇土地使用税248万元，土地增值税212万元，车船使用和牌照税207万元，农业税761万元，耕地占用税1204万元，契税1302万元，罚没收入400万元，专项收入686万元，其他收入460万元，税收返还加转移支付收入8188万元。乡镇财政一般预算支出为24948万元，其中企业挖潜改造支出3034万元，农业支出1292万元，林业支出74万元，水利和气象支出291万元，文体广播事业费支出1361万元，教育支出10680万元，医疗卫生支出119万元，其他部门的事业费支出298万元，抚恤和社会福利救济支出1113万元，行政事业单位离退休支出13万元，社会保障补助支出40万元，行政管理费支出2737万元，城市维护费支出1370万元，专项支出568万元，其他支出1958万元。

2006年，乡镇财政一般预算收入为27882万元，其中增值税5423万元，营业税3538万元，企业所得税595万元，个人所得税517万元，资源税2398万元，城市维护建设税1952万元，房产税194万元，印花税151万元，城镇土地使用税323万元，土地增值税357万元，车船使用和牌照税4万元，农业税2万元，耕地占用税35万元，契税3129万元，专项收入754万元，其他收入49万元，税收返还加转移支付收入8461万元。乡镇财政一般预算支出为27882万元，其中企业挖潜改造支出2876万元，农业支出1570万元，林业支出80万元，水利和气象支出322万元，文体广播事业费支出1439万元，教育支出11606万元，医疗卫生支出130万元，其他部门的事业费支出282万元，抚恤和社会福利救济支出1427万元，行政事业单位离退休支出6万元，社会保障补助支出44万元，行政管理费支出2858万元，城市维护费支出1350万元，专项支出768万元，其他支出3124万元。

2007年，乡镇财政一般预算收入为29753.9万元，其中增值税7096万元，营业税5615万元，企业所得税720万元，个人所得税558万元，资源税1950万元，城市维护建设税2232万元，房产税290万元，印花税270万元，城镇土地使用税420万元，土地增值税214万元，耕地占用税26万元，契税1658万元，非税收入967万元，返还性收入2334万元，财力性转移支付收入7937万元，专项转移支付收入4792万元，上解上级支出7762万元。乡镇财政一般预算支出为29753.9万元，其中一般公共服务4340万元，教育支出15976万元，文化体育与传媒支出77万元，社会保障和就业支出1296万元，医疗卫生支出679万元，城乡社区事务支出222万元，农林水事务支出3086万元，其他支出4078万元。

2008年，乡镇财政一般预算收入为26499万元，其中增值税7796万元，营业税5968万元，企业所得税1030万元，个人所得税690万元，资源税674万元，城市维护建设税2743万元，房产税209万元，印花税302万元，城镇土地使用税1106万元，土地增值税319万元，车船税1万元，耕地占用税133万元，契税595万元，非税收入1159万元，返还性收入2482万元，财力性转移支付收入6783万元，专项转移支付收入3971万元，上解上级支出10335万元。乡镇财政一般预算支出为29753.9万元，其中一般公共服务3141万元，教育支出15846万元，文化体育与传媒支出79万元，社会保障和就业支出1329万元，医疗卫生支出871万元，农林水事务支出2141万元，其他支出3091万元。

2009年，乡镇财政一般预算收入为34773万元，其中增值税7589万元，营业税6476万元，企业所得税973万元，个人所得税625万元，资源税1660万元，城市维护建设税2847万元，房产税360万元，印花税310万元，城镇土地使用税1756万元，土地增值税383万元，耕地占用税218万元，契税1805万元，非税收入1221万元，上级补助收入14347万元，上解上级支出12148万元。乡镇财政一般预算支出为34773万元，其中一般公共服务3294万元，教育支出19452万元，文化体育与传媒支出89万元，社会保障和就业支出1301万元，医疗卫生支出1189万元，环境保护支出430万元，城乡社区事务支出129万元，农林水事务支出4265万元，其他支出4549万元。

2010年，乡镇财政一般预算收入为39099万元，其中增值税11119万元，营业税8460万元，企业所得税1078万元，个人所得税798万元，资源税1705万元，城市维护建设税3483万元，房产税518万元，印花税692万元，城镇土地使用税3176万元，土地增值税497万元，耕地占用税2123万元，契税2888万元，非税收入1491万元，返还性收入2546万元，一般性转移支付收入11575万元，专项转移支付收入4657万元，上解上级支出17911万元。乡镇财政一般预算支出为39099万元，其中一般公共服务4956万元，教育支出20821万元，文化体育与传媒支出106万元，社会保障和就业支出1633万元，医疗卫生支出1239万元，城乡社区事务支出214万元，农林水事务支出5097万元，住房保障支出4740万元，粮油物资储备管理支出4万元，其他支出289万元。

2011年，乡镇财政一般预算收入为54715万元，其中增值税15788万元，营业税11440万元，企业所得税1644万元，个人所得税762万元，资源税1492万元，城市维护建设税4875万元，房产税743万元，印花税832万元，城镇土地使用税5196万元，土地增值税4011万元，车船税 1 万元，耕地占用税 965 万元，契税 4831 万元，非税收入 2135 万元，上级补助收入 18980 万元，上解上级支出 21696 万元。乡镇财政一般预算支出为 54603 万元，其中一般公共服务 4677 万元，教育支出 38241 万元，文化体育与传媒支出 113 万元，社会保障和就业支出 2044 万元，医疗卫生支出 367 万元，城乡社区事务支出 1381 万元，农林水事务支出 5866 万元，住房保障支出 1082 万元，其他支出 832 万元。

2012 年，乡镇财政一般公共预算收入为 57232 万元，其中增值税 15111 万元，营业税 14796 万元，企业所得税 3174 万元，个人所得税 556 万元，资源税 3767 万元，城市维护建设税 4960 万元，房产税 813 万元，印花税 976 万元，城镇土地使用税 6570 万元，土地增值税 4160 万元，耕地占用税 479 万元，契税 5301 万元，非税收入 569 万元，上级补助收入 18927 万元，上解上级支出 46938 万元。乡镇财政一般公共预算支出为 35587 万元，其中一般公共服务 5216 万元，教育支出 18611 万元，文化体育与传媒支出 108 万元，社会保障和就业支出 2106 万元，医疗卫生支出 270 万元，城乡社区事务支出 2125 万元，农林水事务支出 6219 万元，住房保障支出 878 万元，国债还本付息支出 54 万元。

2013 年，乡镇财政一般公共预算收入为 73585 万元，其中增值税 28042 万元，营业税 23550 万元，企业所得税 33285 万元，个人所得税 1002 万元，资源税 7165 万元，城市维护建设税 10837 万元，房产税 1005 万元，印花税 997 万元，城镇土地使用税 12198 万元，土地增值税 3919 万元，车船税 6 万元，耕地占用税 611 万元，契税 6063 万元，上级补助收入 19485 万元，上解上级支出 117680 万元。乡镇财政一般公共预算支出为 31656 万元，其中一般公共服务 5253 万元，教育支出 10455 万元，文化体育与传媒支出 112 万元，社会保障和就业支出 880 万元，医疗卫生支出 263 万元，城乡社区事务支出 6594 万元，农林水事务支出 7221 万元，住房保障支出 878 万元。

2014 年，乡镇财政一般公共预算收入为 76774 万元，其中增值税 32445 万元，营业税 41041 万元，企业所得税 5706 万元，个人所得税 2066 万元，资源税 7029 万元，城市维护建设税 7642 万元，房产税 1216 万元，印花税 1118 万元，城镇土地使用税 21874 万元，土地增值税 18788 万元，车船税 14 万元，耕地占用税 667 万元，契税 4351 万元，上级补助收入 19246 万元，上解上级支出 140232 万元。乡镇财政一般公共预算支出为 26941 万元，其中一般公共服务 3485 万元，教育支出 1362 万元，文化体育与传媒支出 118 万元，社会保障和就业支出 611 万元，医疗卫生支出 1798 万元，城乡社区事务支出 11458 万元，农林水事务支出 7251 万元，住房保障支出 858 万元。

2015 年，乡镇财政一般公共预算收入为 96930 万元，其中增值税 15547 万元，营业税 8774 万元，企业所得税 780 万元，个人所得税 1275 万元，资源税 16032 万元，城市维护建设税 3882 万元，房产税 1558 万元，印花税 485 万元，城镇土地使用税 19178 万元，土地增值税 1166 万元，车船税 7 万元，耕地占用税 436 万元，契税 1145 万元，上级补助收入 12994 万元，上解上级支出 57456 万元。乡镇财政一般公共预算支出为 40409 万元，其中一般公共服务 2969 万元，教育支出 713 万元，文化体育与传媒支出 71 万元，社会保障和就业支出 630 万元，医疗卫生余计划生育支出 985 万元，城乡社区事务支出 13861 万元，农林水事务支出 7676 万元，住房保障支出 607 万元。

2016 年，乡镇财政一般公共预算收入为 80006 万元，其中增值税 52991 万元，营业税

6041万元，企业所得税1073万元，个人所得税1092万元，资源税12651万元，城市维护建设税11828万元，房产税2806万元，印花税1985万元，城镇土地使用税35440万元，土地增值税10902万元，车船税21万元，耕地占用税625万元，契税3425万元，上级补助收入14660万元，上解上级支出154977万元。乡镇财政一般公共预算支出为29573万元，其中一般公共服务支出5126万元，教育支出2414万元，文化体育与传媒支出141万元，社会保障和就业支出1125万元，医疗卫生余计划生育支出1522万元，城乡社区事务支出7361万元，农林水事务支出10306万元，资源勘探信息等支出68万元，住房保障支出1511万元。

2017年，乡镇财政一般公共预算收入为84753万元，其中增值税85978万元，企业所得税1015万元，个人所得税1763万元，资源税7302万元，城市维护建设税6735万元，房产税2157万元，印花税1239万元，城镇土地使用税53407万元，土地增值税3064万元，车船税134万元，耕地占用税203万元，契税3619万元，上级补助收入17980万元，上解上级支出177434万元。乡镇财政一般公共预算支出为27935万元，其中一般公共服务支出5258万元，教育支出1699万元，文化体育与传媒支出172万元，社会保障和就业支出1172万元，医疗卫生与计划生育支出1427万元，城乡社区事务支出7861万元，农林水事务支出8568万元，资源勘探信息等支出62万元，住房保障支出1715万元。

2018年，乡镇财政一般预算分税种汇总表不再包含都昌、奎聚、围子三个街道，石埠经济发展区数据并入饮马镇。街道财政一般公共预算收入34366万元，乡镇财政一般公共预算收入59091万元。乡镇财政一般公共预算支出分项汇总表不再包含都昌、奎聚、围子三个街道，石埠经济发展区数据并入饮马镇。街道财政一般公共预算支出9367万元，乡镇财政一般公共预算支出26077万元。

2019年，乡镇、街道财政一般公共预算收入为106009万元（含都昌、奎聚、围子三个街道）。乡镇财政一般公共预算收入（不含3个街道）完成63883万元，其中增值税27919万元，企业所得税（退税后）9066万元，个人所得税476万元，资源税1955万元，城市维护建设税4471万元，房产税1823万元，印花税567万元，城镇土地使用税15149万元，土地增值税968万元，车船税7万元，耕地占用税109万元，契税1373万元。转移性收入23201万元，转移性支出58711万元。街道财政一般公共预算支出为23036万元。乡镇财政一般公共预算支出为54061万元，其中一般公共服务支出4723万元，教育支出991万元，文化体育与传媒支出308万元，社会保障和就业支出1412万元，卫生健康支出983万元，城乡社区事务支出41269万元，农林水事务支出4341万元，灾害防治及应急管理支出33万元。

1986年昌邑县乡镇财政收支情况表

表8-1　　单位：万元

乡镇名称	税收收入			预算收入	预算支出
	小计	工商税	农业税		
总计	1906.9	1513.6	393.3	986.9	935.6
都昌	113.8	100.0	13.8	55.2	54.2
南逄	32.7	16.4	16.3	37.1	35.5
双台	47.6	22.5	25.1	60.9	58.9
龙池	70.6	56.8	13.8	50.7	50.0
青乡	171.0	162.2	8.8	33.4	32.5
柳疃	455.2	441.7	13.5	70.9	55.4
李家埠	48.0	29.5	18.5	35.0	34.4
下营	24.4	23.0	1.4	26.2	13.2
东冢	55.4	42.0	13.4	37.0	35.6
夏店	41.1	25.6	15.5	38.1	37.8
卜庄	55.3	38.4	16.9	49.5	49.6
仓街	48.9	28.6	20.3	37.3	36.0
围子	145.9	120.4	25.5	56.9	51.9
宋庄	60.3	35.6	24.7	43.6	41.3
石埠	83.7	64.0	19.7	37.5	38.1
流河	30.5	17.7	12.8	33.9	31.8
饮马	146.4	116.4	30.0	53.2	54.8
北孟	61.4	28.0	33.4	49.2	50.9
峠山	89.1	68.4	20.7	65.0	57.7
太保庄	27.5	17.5	10.0	36.5	36.3
丈岭	35.2	21.9	13.3	37.4	39.6
塔耳堡	62.9	37.0	25.9	42.4	40.1

1987 年昌邑县乡镇财政收支情况表

表 8-2

单位：万元

乡镇名称	收入				支出			
	小计	预算内	预算外	自筹资金	小计	预算内	预算外	自筹资金
总计	2015.0	1131.8	64.5	818.7	1884.6	1109.6	40.7	734.3
都昌	114.1	64.9	12.1	37.1	110.7	63.2	12.1	35.4
南逄	78.9	40.4	—	38.5	77.4	39.9	—	37.5
双台	72.9	65.9	—	7.0	72.9	65.9	—	7.0
龙池	112.3	56.6	—	55.7	107.2	55.6	—	51.6
青乡	63.3	37.0	—	26.3	62.0	36.7	—	25.3
柳疃	118.2	78.5	—	39.7	117.2	78.1	—	39.1
李家埠	49.1	44.3	—	4.8	47.0	43.7	—	3.3
下营	40.3	27.2	—	13.1	37.1	26.7	—	10.4
东冢	129.7	42.6	—	87.1	127.5	41.6	—	85.9
夏店	73.0	44.6	10.3	18.1	66.4	44.6	4.3	17.5
卜庄	107.1	58.6	—	48.5	96.5	58.1	—	38.4
仓街	89.7	40.7	—	49.0	79.5	40.4	—	39.1
围子	126.1	62.2	7.2	56.7	116.8	61.9	2.8	52.1
宋庄	89.3	50.1	—	39.2	88.1	48.9	—	39.2
石埠	104.0	48.8	15.4	39.8	93.4	48.7	12.0	32.7
流河	63.5	39.3	—	24.2	56.1	37.2	—	18.9
饮马	136.1	65.4	—	70.7	123.1	64.9	—	58.2
北孟	123.9	57.2	19.5	47.2	113.6	57.0	9.5	47.1
岞山	105.6	70.4	—	35.2	95.2	63.1	—	32.1
太保庄	94.4	43.1	—	51.3	82.3	41.8	—	40.5
丈岭	75.3	45.8	—	29.5	68.0	45.0	—	23.0
塔耳堡	48.2	48.2	—	—	46.6	46.6	—	

1988年昌邑县乡镇财政收支情况表

表 8-3　　单位：万元

乡镇名称	收入				支出			
	小计	预算内	预算外	自筹资金	小计	预算内	预算外	自筹资金
总计	2663.9	1513.6	104.6	1045.7	2428.8	1439.7	83.2	905.9
都昌	165.2	95.6	7.7	61.9	148.7	95.5	—	53.2
南逄	107.0	56.8	—	50.2	100.0	51.2	—	48.8
双台	142.2	85.5	—	56.7	141.5	85.5	—	56.0
龙池	135.0	75.6	—	59.4	125.6	75.3	—	50.3
青乡	88.7	52.2	3.3	33.2	75.5	47.2	0.5	27.8
柳疃	160.7	87.8	—	72.9	138.4	87.8	—	50.6
李家埠	93.7	61.5	3.8	28.4	89.4	58.7	3.8	26.9
下营	45.4	29.6	—	15.8	39.6	23.9	—	15.7
东冢	94.1	72.0	—	22.1	78.9	61.8	—	17.1
夏店	120.4	67.5	11.8	41.1	105.4	59.4	7.8	38.2
卜庄	136.2	77.5	—	58.7	120.9	73.5	——	47.4
仓街	87.2	55.1	—	32.1	80.2	49.9	—	30.3
围子	235.2	89.3	64.3	81.6	226.4	85.5	61.4	79.5
宋庄	95.2	65.2	—	30.0	90.4	60.4	—	30.0
石埠	165.0	63.0	—	102.0	126.8	57.2	—	69.6
流河	53.2	48.4	—	4.8	48.2	43.9	—	4.3
饮马	135.6	85.5	—	50.1	131.0	85.0	—	46.0
北孟	136.1	76.2	13.7	46.2	131.3	76.0	9.7	45.6
岞山	145.7	82.1	—	63.6	143.8	82.0	—	61.8
太保庄	137.2	63.3	—	73.9	110.7	61.9	—	48.8
丈岭	82.2	58.8	—	23.4	77.8	57.0	—	20.8
塔耳堡	102.7	65.1	—	37.6	98.3	61.1	—	37.2

1989 年昌邑县乡镇财政收支情况表

表 8-4 单位：万元

乡镇名称	收入			支出		
	小计	预算内	自筹资金	小计	预算内	自筹资金
总计	3744.2	2860.9	883.3	2412.4	1693.0	719.4
都昌	294.0	281.1	12.9	112.1	99.2	12.9
南逄	69.4	47.8	21.6	82.6	61.6	21.0
双台	107.7	73.6	34.1	135.0	101.8	33.2
龙池	178.9	143.9	35.0	119.4	85.1	34.3
青乡	257.0	230.7	26.3	79.9	53.7	26.2
柳疃	540.0	478.0	62.0	153.3	100.8	52.5
李家埠	114.8	75.0	39.8	105.8	70.1	35.7
下营	64.3	37.7	26.6	55.2	28.9	26.3
东冢	137.8	123.9	13.9	94.6	80.7	13.9
夏店	123.7	84.7	39.0	91.5	63.6	27.9
卜庄	160.1	99.2	60.9	143.3	92.9	50.4
仓街	115.3	80.3	35.0	83.9	58.2	25.7
围子	339.4	232.8	106.6	166.2	106.5	59.7
宋庄	81.8	78.0	3.8	76.4	72.6	3.8
石埠	195.2	152.5	42.7	107.6	66.9	40.7
流河	62.6	44.2	18.4	70.8	52.4	18.4
饮马	236.1	187.1	49.0	141.0	95.3	45.7
北孟	139.4	90.4	49.0	128.6	87.0	41.6
岞山	209.9	163.9	46.0	144.1	109.9	34.2
太保庄	102.1	44.9	57.2	121.8	74.3	47.5
丈岭	71.1	38.6	32.5	92.4	62.5	29.9
塔耳堡	143.6	72.6	71.0	106.9	69.0	37.9

1990 年昌邑县乡镇财政收支情况表

表 8-5 单位：万元

乡镇名称	收入				支出			
	小计	预算内	预算外	自筹资金	小计	预算内	预算外	自筹资金
总计	4159.9	3029.6	4.9	1125.4	2977.8	2142.1	4.9	830.8
都昌	343.2	287.9	0.2	55.1	208.9	157.9	0.2	50.8
南逄	102.0	50.7	0.2	51.1	125.7	75.7	0.2	49.8
双台	110.9	67.3	0.1	43.5	146.0	113.8	0.1	32.1
龙池	220.9	162.2	0.1	58.6	149.6	101.0	0.1	48.5
青乡	262.7	253.2	0.7	8.8	90.1	87.1	0.7	2.3
柳疃	686.7	609.2	0.2	77.3	190.4	152.0	0.2	38.2
李家埠	113.9	76.5	0.1	37.3	129.3	90.9	0.1	38.3
下营	92.9	72.3	1.4	19.2	72.8	43.3	1.4	28.1
东冢	139.5	95.7	0.4	43.4	107.2	73.8	0.4	33.0
夏店	116.0	82.1	0.3	33.6	117.7	86.9	0.3	30.5
卜庄	153.5	106.4	0.1	47.0	168.0	117.9	0.1	50.0
仓街	148.3	72.2	0.1	76.0	93.0	75.3	0.1	17.6
围子	293.6	234.9	0.1	58.6	168.8	109.1	0.1	59.6
宋庄	121.5	75.4	0.1	46.0	125.2	88.1	0.1	37.0
石埠	191.5	149.4	0.1	42.0	138.7	96.6	0.1	42.0
流河	57.2	40.7	0.1	16.4	81.4	65.0	0.1	16.3
饮马	238.3	193.5	0.1	44.7	162.0	118.2	0.1	43.7
北孟	149.7	88.8	0.1	60.8	169.3	115.5	0.1	53.7
岞山	212.0	146.9	0.1	65.0	175.1	125.0	0.1	50.0
太保庄	118.3	45.2	0.1	73.0	116.6	82.9	0.1	33.6
丈岭	84.0	42.2	0.1	41.7	113.2	78.7	0.1	34.4
塔耳堡	203.3	76.9	0.1	126.3	128.8	87.4	0.1	41.3

1991年昌邑县乡镇财政收支情况表

表 8-6　　单位：万元

乡镇名称	收入				支出			
	小计	预算内	预算外	自筹资金	小计	预算内	预算外	自筹资金
总计	4709	3426	5	1278	3435	2283	5	1147
都昌	379	343	—	36	188	151	—	37
南逄	151	56	—	95	155	78	—	77
双台	116	67	—	49	157	122	—	35
龙池	248	175	—	73	183	110	—	73
青乡	333	288	1	44	124	82	1	41
柳疃	860	773	—	87	277	196	—	81
李家埠	148	100	—	48	143	96	—	47
下营	121	93	1	27	67	39	1	27
东冢	126	92	1	33	121	81	1	39
夏店	120	73	—	47	134	92	—	42
卜庄	158	107	—	51	160	111	—	49
仓街	205	84	—	121	173	82	—	91
围子	375	263	—	112	197	117	—	80
宋庄	149	89	—	60	161	101	—	60
石埠	203	158	1	44	138	92	1	45
流河	74	45	—	29	92	65	—	27
饮马	298	238	1	59	200	146	1	53
北孟	155	94	—	61	182	122	—	60
岞山	170	120	—	50	168	125	—	43
太保庄	108	49	—	59	142	89	—	53
丈岭	93	43	—	50	131	87	—	44
塔耳堡	119	76	—	43	142	99	—	43

1992年昌邑县乡镇财政收支情况表

表 8-7　　　　单位：万元

乡镇名称	收入				支出			
	小计	预算内	预算外	自筹资金	小计	预算内	预算外	自筹资金
总计	5270	4017	23	1230	4184	2826	17	1341
都昌	491	445	—	46	247	185	—	62
南逢	126	72	—	54	193	112	—	81
双台	128	65	—	63	226	150	—	76
龙池	286	217	—	69	214	133	—	81
青乡	334	308	1	25	115	92	1	22
柳疃	757	717	18	22	302	272	12	18
李家埠	183	132	—	51	164	114	—	50
下营	210	155	1	54	104	60	1	43
东冢	156	101	1	54	141	89	1	51
夏店	111	74	—	37	131	95	—	36
卜庄	172	120	—	52	190	136	—	54
仓街	150	97	—	53	159	98	—	61
围子	471	344	—	127	298	144	—	154
宋庄	159	99	—	60	185	125	—	60
石埠	288	219	1	68	199	130	1	68
流河	112	58	—	54	138	81	—	57
饮马	357	294	1	62	236	167	1	68
北孟	194	116	—	78	219	141	—	78
岞山	241	181	—	60	210	145	—	65
太保庄	119	63	—	56	181	120	—	61
丈岭	95	52	—	43	169	116	—	53
塔耳堡	130	88	—	42	163	121	—	42

1993年昌邑县乡镇财政收支情况表

表 8-8　　　　单位：万元

乡镇名称	收入				支出			
	小计	预算内	预算外	自筹资金	小计	预算内	预算外	自筹资金
总计	6061	4509	27	1525	5217	3465	30	1722
都昌	461	365	—	96	356	231	—	125
南逄	170	73	—	97	220	119	—	101
双台	198	88	—	110	316	176	—	140
龙池	314	248	—	66	235	162	4	69
青乡	356	305	1	50	181	120	1	60
柳疃	837	787	—	50	369	317	—	52
李家埠	198	139	—	59	199	140	—	59
下营	80	79	1	—	93	56	1	36
东冢	158	103	1	54	169	106	1	62
夏店	123	89	—	34	159	125	—	34
卜庄	285	173	2	110	311	179	2	130
仓街	239	144	17	78	220	125	17	78
围子	581	423	—	158	362	199	—	163
宋庄	181	121	—	60	190	130	—	60
石埠	342	282	—	60	222	161	—	61
流河	108	67	—	41	150	98	1	51
饮马	510	444	—	66	331	253	—	78
北孟	222	136	—	86	269	163	—	106
柞山	291	192	5	94	269	171	3	95
太保庄	138	82	—	56	247	187	—	60
丈岭	113	70	—	43	164	119	—	45
塔耳堡	156	99	—	57	185	128	—	57

1994 年昌邑市乡镇财政收支情况表

表 8-9　　单位：万元

乡镇名称	收入				支出			
	小计	预算内	预算外	自筹资金	小计	预算内	预算外	自筹资金
总计	5868	3792	9	2067	6775	4946	3	1826
都昌	384	297	—	87	490	403	—	87
南逄	267	80	—	187	326	204	—	122
双台	196	90	—	106	359	267	—	92
龙池	392	318	—	74	308	238	—	70
青乡	326	256	—	70	237	167	—	70
柳疃	455	440	—	15	330	315	—	15
李家埠	225	149	—	76	321	245	—	76
下营	114	70	—	44	115	72	—	43
东冢	131	87	—	44	204	158	—	46
夏店	175	90	—	85	220	168	—	52
卜庄	352	237	3	112	354	242	—	112
仓街	218	137	—	81	248	167	—	81
围子	518	265	—	253	483	272	—	211
宋庄	215	123	—	92	317	225	—	92
石埠	298	198	—	100	282	202	—	80
流河	117	60	—	57	198	147	—	51
饮马	391	323	—	68	385	317	—	68
北孟	268	137	—	131	384	263	—	121
岞山	294	193	6	95	339	271	3	65
太保庄	176	72	—	104	311	211	—	100
丈岭	148	73	—	75	250	189	—	61
塔耳堡	208	97	—	111	314	203	—	111

1995 年昌邑市乡镇财政收支情况表

表 8-10 单位：万元

乡镇名称	收入				支出			
	小计	预算内	预算外	自筹资金	小计	预算内	预算外	自筹资金
总计	5,083	2,361	260	2,462	5,058	2,616	83	2,359
都昌	336	231	—	105	327	224	—	103
南逄	163	54	5	104	190	87	2	101
双台	189	45	—	144	237	104	—	133
龙池	253	145	—	108	284	176	—	108
青乡	218	125	—	93	218	125	—	93
柳疃	349	302	—	47	223	185	—	38
李家埠	237	87	—	150	248	98	—	150
下营	87	50	—	37	86	49	—	37
东冢	117	41	—	76	138	80	—	58
夏店	237	51	86	100	185	81	25	79
卜庄	268	103	23	142	332	173	17	142
仓街	190	94	—	96	187	92	—	95
围子	448	221	—	227	372	162	—	210
宋庄	198	69	—	129	235	106	—	129
石埠	276	159	—	117	257	140	—	117
流河	277	56	145	76	188	78	38	72
饮马	355	228	—	127	301	174	—	127
北孟	219	63	1	155	270	113	1	156
岞山	236	108	—	128	246	132	—	114
太保庄	151	47	—	104	191	88	—	103
丈岭	115	43	—	72	146	77	—	69
塔耳堡	164	39	—	125	197	72	—	125

1996 年昌邑市乡镇财政收支情况表

表 8-11　　单位：万元

乡镇名称	收入			支出		
	小计	预算内	自筹资金	小计	预算内	自筹资金
总计	5,717	2,635	3,082	6,098	2,880	3,218
都昌	336	231	105	338	204	134
南逄	202	70	132	245	121	124
双台	207	56	151	251	130	121
龙池	308	156	152	278	126	152
青乡	253	145	108	231	123	108
柳疃	459	351	108	309	198	111
李家埠	262	113	149	274	121	153
下营	101	44	57	131	74	57
东冢	151	57	94	201	97	104
夏店	159	57	102	310	110	200
卜庄	325	106	219	376	144	232
仓街	246	73	173	274	106	168
围子	543	264	279	491	210	281
宋庄	227	79	148	274	126	148
石埠	309	148	161	301	140	161
流河	155	57	98	228	103	125
饮马	422	249	173	341	168	173
北孟	246	97	149	276	127	149
岞山	285	132	153	290	150	140
太保庄	163	55	108	221	107	114
丈岭	153	50	103	202	99	103
塔耳堡	205	45	160	256	96	160

1997 年昌邑市乡镇财政收支汇总表

表 8-12　　　　单位：万元

乡镇名称	收入				支出			
	小计	一般预算	基金预算	预算外	小计	一般预算	基金预算	预算外
总计	8,763	4,589	193	3,981	11,635	7,571	193	3,871
都昌	464	317	6	141	731	615	6	110
南逄	258	143	8	107	444	334	8	102
双台	359	157	11	191	553	373	11	169
龙池	386	235	7	144	474	323	7	144
青乡	339	204	4	131	400	265	4	131
柳疃	535	423	7	105	570	458	7	105
李家埠	419	192	9	218	643	416	9	218
下营	132	79	1	52	201	148	1	52
东冢	327	118	7	202	440	239	7	194
夏店	356	119	8	229	503	286	8	209
卜庄	422	204	9	209	564	341	9	214
仓街	387	221	10	156	430	262	10	158
围子	598	396	12	190	653	445	12	196
宋庄	377	188	12	177	504	315	12	177
石埠	427	258	10	159	494	325	10	159
流河	402	117	6	279	472	233	6	233
饮马	796	390	14	392	867	458	14	395
北孟	495	249	17	229	639	393	17	229
岞山	386	224	10	152	584	416	10	158
太保庄	256	96	5	155	455	295	5	155
丈岭	281	109	7	165	476	304	7	165
塔耳堡	361	150	13	198	538	327	13	198

1998 年昌邑市乡镇财政收支汇总表

表 8-13　　单位：万元

乡镇名称	收入			支出		
	小计	一般预算	自筹资金	小计	一般预算	自筹资金
总计	11753	7018	4735	12636	7784	4852
都昌	236	154	82	235	182	53
奎聚	558	433	125	576	491	85
南逄	431	198	233	556	346	210
双台	452	192	260	760	343	417
龙池	665	356	309	673	364	309
青乡	454	338	116	431	315	116
柳疃	936	835	101	556	439	117
李家埠	484	281	203	608	405	203
下营	174	99	75	208	131	77
东冢	360	156	204	436	246	190
夏店	418	178	240	562	272	290
卜庄	545	297	248	585	340	245
仓街	552	302	250	526	276	250
围子	855	633	222	631	456	175
宋庄	431	254	177	498	321	177
石埠	572	394	178	512	334	178
流河	250	148	102	342	245	97
饮马	944	675	269	740	471	269
北孟	560	307	253	651	399	252
岞山	494	337	157	617	406	211
太保庄	357	135	222	564	342	222
丈岭	372	140	232	550	318	232
塔耳堡	653	176	477	819	342	477

1999年昌邑市乡镇财政收支情况表

表 8-14　　单位：万元

乡镇名称	收入			支出		
	小计	一般预算	自筹资金	小计	一般预算	自筹资金
总计	11587	7443	4144	13233	9060	4173
都昌	223	164	59	416	355	61
奎聚	564	465	99	706	594	112
南逄	378	207	171	578	402	176
双台	388	197	191	584	404	180
龙池	531	382	149	516	367	149
青乡	505	365	140	518	378	140
柳疃	1040	907	133	613	491	122
李家埠	507	297	210	667	457	210
下营	187	106	81	253	172	81
东冢	381	163	218	499	280	219
夏店	410	185	225	533	318	215
卜庄	534	315	219	616	401	215
仓街	599	318	281	604	323	281
围子	898	678	220	712	475	237
宋庄	406	264	142	513	371	142
石埠	564	419	145	522	377	145
流河	259	154	105	384	279	105
饮马	886	722	164	701	537	164
北孟	465	316	149	626	480	146
岞山	538	357	181	659	448	211
太保庄	365	141	224	607	383	224
丈岭	344	145	199	574	375	199
塔耳堡	615	176	439	832	393	439

2000 年昌邑市乡镇财政收支情况表

表 8-15　　　　单位：万元

乡镇名称	收入			支出		
	小计	一般预算	自筹资金	小计	一般预算	自筹资金
总计	12660	7999	4661	15691	10917	4774
都昌	334	162	172	621	450	171
奎聚	597	497	100	786	686	100
南逄	355	225	130	639	502	137
双台	533	202	331	831	502	329
龙池	567	422	145	583	438	145
青乡	538	401	137	508	371	137
柳疃	1174	1023	151	705	559	146
李家埠	500	325	175	703	528	175
下营	170	117	53	204	169	35
东冢	341	176	165	530	335	195
夏店	344	209	135	567	380	187
卜庄	582	344	238	699	458	241
仓街	626	340	286	691	402	289
围子	1040	748	292	883	600	283
宋庄	387	272	115	596	481	115
石埠	609	442	167	659	492	167
流河	256	151	105	501	343	158
饮马	1112	762	350	1037	687	350
北孟	625	340	285	845	560	285
岞山	612	367	245	806	561	245
太保庄	357	147	210	666	456	210
丈岭	336	153	183	642	459	183
塔耳堡	665	174	491	989	498	491

2001 年昌邑市乡镇地方财政收支情况表

表 8-16　　　　单位：万元

乡镇名称	收入				支出			
	小计	一般预算	基金预算	预算外	小计	一般预算	基金预算	预算外
合计	15970	11062	116	4792	17606	12639	116	4851
都昌	769	575	7	187	1239	1037	7	195
奎聚	1636	1152	8	476	1796	1312	8	476
双台	489	246	5	238	849	606	5	238
龙池	757	640	4	113	695	578	4	113
柳疃	2611	2064	7	540	1727	1175	7	545
夏店	1223	625	9	589	1586	965	9	612
卜庄	739	479	5	255	856	592	5	259
围子	2154	1622	16	516	1701	1169	16	516
宋庄	668	370	8	290	883	586	8	289
石埠	978	753	10	215	1127	902	10	215
饮马	1407	1056	8	343	1125	774	8	343
北孟	763	432	10	321	1018	687	10	321
岞山	699	457	5	237	888	646	5	237
太保庄	356	183	2	171	717	544	2	171
丈岭	721	408	12	301	1399	1066	12	321

2002 年昌邑市乡镇地方财政收支情况表

表 8-17　　　　单位：万元

乡镇名称	收入			支出		
	小计	一般预算	自筹资金	小计	一般预算	自筹资金
合计	13880	12969	911	17812	16894	918
都昌	705	705	—	1195	1195	—
奎聚	1259	1259	—	1776	1776	—
双台	469	423	46	904	850	54
龙池	701	671	30	827	797	30
柳疃	1904	1904	—	1434	1434	—
夏店	1048	803	245	1531	1286	245
卜庄	721	649	72	916	845	71

续表

乡镇名称	收入			支出		
	小计	一般预算	自筹资金	小计	一般预算	自筹资金
围子	1788	1788	—	1600	1600	—
宋庄	483	483	—	756	756	—
石埠	911	911	—	1205	1205	—
饮马	1333	1185	148	1240	1092	148
北孟	704	616	88	1028	940	88
峠山	576	576	—	885	885	—
太保庄	355	313	42	799	757	42
丈岭	923	683	240	1716	1476	240

2003—2005 年昌邑市乡镇地方财政一般预算收支情况表

表 8-18　　单位：万元

乡镇名称	2003年		2004年		2005年	
	收入	支出	收入	支出	收入	支出
合计	18042	18042	18489	18489	24948	24948
都昌	1191	1191	1228	1228	1546	1546
奎聚	1755	1755	1933	1933	2474	2474
双台	878	878	820	820	1063	1063
龙池	857	857	977	977	1187	1187
柳疃	1757	1757	1876	1876	3257	3257
夏店	1325	1325	1344	1344	1536	1536
卜庄	956	956	927	927	1210	1210
围子	1876	1876	1976	1976	3004	3004
宋庄	772	772	781	781	987	987
石埠	1303	1303	1266	1266	1763	1763
饮马	1180	1180	1263	1263	2007	2007
北孟	987	987	963	963	1169	1169
峠山	918	918	863	863	1088	1088
太保庄	770	770	815	815	1022	1022
丈岭	1518	1518	1457	1457	1637	1637

2006—2007 年昌邑市乡镇地方财政一般预算收支情况表

表 8-19　　单位：万元

乡镇名称	2006 年		2007 年	
	收入	支出	收入	支出
合计	27882	27882	29753.9	29753.9
都昌	2064.5	2064.5	2036	2036
奎聚	2733.7	2733.7	3275.4	3275.4
双台	1068.9	1068.9	1286.5	1286.5
龙池	2406.1	2406.1	1603.2	1603.2
柳疃	3703.5	3703.5	2977.1	2977.1
夏店	1646.8	1646.8	1921.9	1921.9
卜庄	1342.3	1342.3	1952.5	1952.5
围子	3087.9	3087.9	3291.1	3291.1
宋庄	1036.8	1036.8	1214.2	1214.2
石埠	1677.7	1677.7	1696.1	1696.1
饮马	1930.9	1930.9	1988.1	1988.1
北孟	1219.7	1219.7	1558.3	1558.3
岞山	1170.8	1170.8	1276.8	1276.8
太保庄	1044.4	1044.4	1358.9	1358.9
丈岭	1748	1748	2317.8	2317.8

2008—2009 年昌邑市乡镇地方财政一般预算收支情况表

表 8-20　　单位：万元

乡镇名称	2008 年		2009 年	
	收入	支出	收入	支出
总计	26499	26499	34773	34773
都昌	3512	3512	4614	4614
奎聚	3432	3432	3867	3867
龙池	1907	1907	2782	2782
柳疃	2505	2505	3562	3562
卜庄	3750	3750	4569	4569
围子	4916	4916	5853	5853
饮马	3532	3532	5205	5205
北孟	2862	2862	4151	4151
沿海办	83	83	169	169

2010 年昌邑市乡镇地方财政一般预算收支情况表

表 8-21　　　　单位：万元

乡镇名称	收入	支出
合计	39099	39099
都昌	5497	5497
奎聚	5164	5164
龙池	2711	2711
柳疃	4119	4119
卜庄	4071	4071
下营	2025	2025
围子	6347	6347
石埠	2882	2882
饮马	2434	2434
北孟	3850	3850

2011—2019 年昌邑市乡镇地方财政一般预算（一般公共预算）收支情况表

表 8-22　　　　单位：万元

乡镇名称	2011年		2012年		2013年		2014年		2015年	
	收入	支出	收入	支出	收入	支出	收入	支出	收入	支出
合计	54715	54603	57232	35587	73585	31656	76774	26941	96930	40409
都昌	6140	7579	6637	4909	9024	4745	10494	4596	11834	4858
奎聚	8307	6863	8864	4728	11775	4634	11610	2609	15446	5587
龙池	4651	4064	4854	3219	5974	3226	3321	753	7831	3637
柳疃	7697	5009	8202	3293	10220	2130	10740	2539	13440	4412
卜庄	3029	4820	3232	2853	4326	2609	4197	1462	5672	2323
下营	12859	9751	13682	9280	17094	10183	18964	10547	22409	13124
围子	7050	7096	6523	2568	8562	1353	9943	1717	9941	2446
石埠	1301	3103	1377	1555	1760	1011	1871	646	2492	1562
饮马	2287	2238	2391	1131	2931	652	3408	794	4214	975
北孟	1393	4081	1471	2052	1918	1113	2226	1279	3653	1487

续表

乡镇名称	2016年		2017年		2018年		2019年	
	收入	支出	收入	支出	收入	支出	收入	支出
合计	80006	29573	84753	27935	93457	35444	106009	77097
都昌	7360	3339	9509	3191	10490	4679	11977	7354
奎聚	7950	1795	10301	1364	10363	1816	12509	6539
龙池	6069	1757	4796	800	4553	883	5830	4133
柳疃	13704	2273	9474	1565	10457	1752	12098	10346
卜庄	4339	2274	3155	1547	4421	1766	4100	5875
下营	24445	11441	26119	12400	32856	17244	34902	22018
围子	8690	2509	14315	2900	13513	2872	17640	9143
石埠	1486	1519	995	1563	1147	1471	1206	3696
饮马	3497	977	3965	1021	3546	1029	3154	3942
北孟	2467	1691	2124	1585	2110	1932	2593	4051

第二章　镇街区财政

第一节　奎聚街道

1997年7月，撤销都昌镇，设立奎聚街道和都昌街道；2001年3月，撤销李家埠镇，整建制划入奎聚街道；2019年末，奎聚街道辖区面积70.78平方千米，辖21个社区居委会、39个行政村，总户数3.23万户，人口8.94万人，耕地面积2582公顷。

2019年，奎聚街道实现一般公共预算收入12509万元，实现一般公共预算支出6539万元。

奎聚街道财政所位于昌邑市奎聚路155号奎聚街道办事处办公楼，办公场所面积40平方米，配备桌椅7套、办公电脑7台、打印机3台、复印机1台、扫描仪1台等办公设备。

财政所人员

奎聚街道财政所

副所长：

徐学义　1997年12月—2006年12月

孙进芹　2006年12月—2012年4月

刘玮琛　2012年4月—2015年10月

郝怀珠（借调）2015年10月—2016年12月

李晓宇　2016年12月—2017年10月

王美香　2017年10月—2017年12月

姜晓飞　2018年3月—

科　员：
徐康宁　1997 年 12 月—
侯桂香　1997 年 12 月—2004 年 4 月
于秋芳　1997 年 12 月—2004 年 4 月
孙进芹　2001 年 4 月—2006 年 12 月
明　昕　2001 年 3 月—2004 年 3 月
王凤霞　2001 年 3 月—2003 年 5 月
栾厚高　2001 年 3 月—2004 年 3 月
宋晓峰　2003 年 5 月—2005 年 7 月
王美香　2005 年 7 月—2017 年 10 月
郝怀珠（借调）2011 年 5 月—2015 年 10 月
朱志霞　2012 年 4 月—2013 年 3 月
胡立丽　2013 年 3 月—2018 年 11 月
董莲莲　2013 年 11 月—2015 年 10 月
李晓宇　2015 年 11 月—2016 年 12 月
张晓妮　2015 年 11 月—2017 年 2 月
姜清华　2016 年 5—12 月
丁晓萌　2016 年 5 月—2017 年 12 月
孙晓飞　2016 年 5 月—2017 年 12 月
刘晓迪　2017 年 9 月—
张　力　2018 年 3 月—2018 年 11 月
宋丽荣　2018 年 10 月—

原李家埠镇财政所人员

副所长：
姜同茂　1986 年 5 月—1996 年 5 月
高兴寿　1996 年 5 月—2001 年 3 月
科　员：
高兴寿　1986 年 05 月—1996 年 5 月
高林智　1986 年 5 月—2001 年 3 月
宋绍彬　1987 年 6 月—1997 年 8 月
王凤霞　1995 年 5 月—2001 年 3 月
栾厚高　1998 年 7 月—2001 年 3 月
明　昕　1999 年 7 月—2001 年 3 月

重点工程

2012 年，奎聚街道进行文山东片区、文山北片区、姜家大湾片区、商业大宿舍片区和灌溉所片区拆迁建设工作，共开工建筑面积 18.6 万平方米，竣工面积 8.9 万平方米，完成拆迁 7.2 万平方米，回迁安置 350 户，改造面积 2760 平方米。

2013 年，10 个村进行“城中村”改造。

2014 年，“城中村”改造开工 11 万平方米，竣工 20 万平方米。

2015 年，建设城市金典、金域华府、东方丽都、潍水龙城等多个小区。

2016 年，建设文东路拓展和向南延伸以及地下管网配套工程。

2018 年，实施石湾花海特色小镇项目，投资 1.2 亿元，占地 200 公顷，栽培地被菊、二月兰、月季、硫华菊等 500 多万株，建设 10 个观景台、20 只大风车。小镇规划面积 13 平方千米，涉及 13 个村庄。3 月，“墨尔本风情小镇”开工，亲水码头进行地面施工，石湾古街与万亩山楂园、花海区项目二期开建。东隅、辛三、中庄、南庄完成“城中村”改造。

2019 年，建设苗木基地 143 公顷，片林 10 公顷，完善农田林网 200 公顷，新增生态示范村 12 个，村镇植树 8 万株。投入资金 224 万元，打机井 20 眼，改造电压器 26 台，申报农作物病虫害专业化统防统治 2 个，发展农业示范园区 9 个，示范园区总数量达到 15 个，其中陶埠棉花示范园区占地 333 公顷，连续 3 年承担国家级棉

2019 年 8 月，昌邑市财政局工作人员到奎聚街道于范社区发放《昌邑市社会保障政策有关财政补助标准》

（摄影：张兴涛）

花高产创建项目。三得利片区完成改造计划，建成封顶。完成万亩山楂园、石湾古街建设项目，以及花海观赏区、花海儿童主题乐园、月光走廊、马拉松跑道、潍河游船码头等工程。

第二节 都昌街道

1997年7月，撤销都昌镇，设立都昌、奎聚两个街道。2001年3月，南逄乡并入都昌街道。2007年8月，双台乡并入都昌街道。2019年末，都昌街道面积193.95平方千米，辖82个行政村，2.8万户，人口8.8万，耕地面积1.18万公顷。

2019年，都昌街道实现公共财政预算收入1.197亿元，完成固定资产投资33.1亿元，“双招双引”签约项目81个，完成立项27个，到位资金16.2亿元，一般公共预算支出7954万元。

都昌街道财政所位于都昌街道办事处办公大楼（昌邑市平安西街2023号），办公用房面积84平方米，配备电脑8台、打印机6台、复印机1台、自动装订机1台等办公设备。

财政所人员

都昌街道财政所

副所长：

刘锡文 1986年5月—1995年2月
宋文山 1995年2月—1997年12月
吴振坤 1997年12月—2004年7月
付建波 2003年4月—2009年1月
王苏孝 2004年7月—2009年1月
齐新利 2009年1月—

科 员：

翟会普 1986年5月—1988年6月
王苏孝 1986年10月—2004年7月
吴振坤 1987年11月—1997年12月
　　　 2004年7月—2009年1月
谢淑珍 1996年8月—2004年8月
付建波 2001年3月—2003年4月
陈文卿 2001年3月—2005年9月
金素娥 2001年3月—2002年3月
刘妮娜 2001年4月—
姜丽华 2003年5月—2005年9月
祝英杰 2004年8月—
董书宁 2006年7月—
刘晓玲 2007年8月—2017年1月
张秋雁 2007年8月—2019年5月
崔立迎 2017年1月—
李 培 2019年12月—

原南逄乡财政所

副所长：

于海龙 1986年5月—1992年4月
董可智 1992年5月—2001年3月
付建波 1994年4月—2001年3月

科 员：

张龙书 1988年4月—1999年4月
潘嘉胜 1992年5月—2001年3月
金素娥 1993年5月—2001年3月
陈文卿 1999年12月—2001年3月

原双台乡财政所

副所长：

张学涛 1986年6月—1997年12月
于炳营 1986年6月—2007年8月
齐新利 1999年5月—2007年8月

科 员：

张龙书 1986年6月—1988年4月
李永民 1986年8月—1999年5月
张庆云 1995年4月—2007年8月
姜美霞 1999年12月—2006年12月
刘晓玲 2001年4月—2007年8月
张秋雁 2001年4月—2007年8月
段志伟 2003年5月—2007年8月
徐 波 2003年5月—2007年8月

汤富坤 2004年8月—2007年8月

李海杰 2004年9月—2007年8月

姜琦静 2005年9月—2007年8月

徐颖颖 2006年8月—2007年8月

重点工程

2009年，都昌小学投资450万元，建设教学楼一栋，占地面积19367平方米，建筑面积10837平方米。

2011年9月，新村中学建设新校区，占地面积48891平方米，总投资3000万元，建筑面积2.9万平方米，建设2栋教学楼、4栋附属楼，可容纳46个教学班。南逄中小学改造工程投资1098万元，建设教学楼2栋、实验楼1栋、幼儿园1处，建筑面积1.5万平方米。

2012年3月，都昌中心幼儿园建设新园区，投资352万元，占地面积4036平方米，建筑面积2018平方米。

2013年，都昌街道投资900万元，建设4个城市社区服务中心，建设9个农村社区，整合民政、医保、社保等部门，涉及居民切身利益的事务交由社区平台承办。十万亩高标准基本农田建设项目区涉及都昌街道24个行政村，项目区土地总面积10258公顷，建设规模9374公顷。包含土地平整、农田水利、田间道路及其他工程，总投资4730.34万元。

2014年，高效节水试点县项目都昌街道项目区总面积270公顷，耕地面积246公顷，涉及3个村庄，总人口1938人，项目总投资467万元。

2015年，乡村连片治理项目涉及都昌街道7个行政村，人口12328人。项目总投资1200万元，其中财政奖补资金850万元。

2017年4月，建设扶贫修路项目，上级财政扶贫资金60万元，村民自筹60万元，硬化道路2000米。美丽乡村示范村建设项目投资210.3万元，完成休闲广场及景观石建设、村内大街挖补硬化、村内亮化工程及监控设施安装、排水沟维修整治、村庄墙体粉涂美化、村内绿化、村级活动场所建设等共7项工程。都昌街道棚户区改造项目涉及8个城中村、2338户、6586人，12月底，棚户区改造项目完成征迁土地23.8公顷，完成投资3亿多元，开工建设楼房63栋。

2018年，新村中学投资1750万元，进行基础设施升级改造建设。

2019年，都昌街道投资3.35亿元、占地12.5公顷的龙港汽车交易“一站式”服务综合体项目完成规划审批，主要道路和临建修建完成。12月，棚户区改造项目35栋多层楼房完成封顶。

2019年6月，都昌街道后埠村棚改公示栏

（摄影：齐新利）

第三节 围子街道

围子街道前身为围子镇。2001年3月，撤销仓街镇整建制划入围子镇；2007年8月，撤销宋庄镇整建制划入围子镇；2010年6月，撤销围子镇改为围子街道。2019年末，围子街道辖127个行政村，常住人口3.12万户，10.18万人，总面积161.95平方千米，耕地面积10011公顷。

2011年9月，省财政厅、省农业厅授予围子街道“2011年度山东省粮食直补工作先进乡镇”称号。

2019年，围子街道生产总值88.6亿元，实现地方财政收入14315万元，实现工业销售收入305.8亿元、利税20.3亿元，第三产业增加值30.8亿元，农民人均可支配收入18236元。实现一般公共预算收入17640万元，实现一般公共预算支出9143万元。

围子街道财政所位于昌盛街127号围子街道办事处行政大楼，办公面积60平方米。配备电脑8台、打印机7台、电话1部、碎纸机1台等办公设备。

财政所人员

围子街道财政所

副所长：

王方泉　1986年5月—1988年1月

李凤文　1988年1月—1989年11月

王云贞　1989年11月—1997年4月

王仁昌　1997年4月—2017年10月

任焕荣　2007年8月—2011年2月

李家玮　2017年7月—

姜彤彤　2017年7月—2017年9月

张　欣　2018年8月—

科　员：

王云贞　1986年5月—1989年11月

王成美　1986年5月—1998年11月

张　坤　1987年10月—1992年10月

刘会堂　1989年7月—1990年8月

徐兴洲　1992年5月—1995年5月

谭爱梅　1992年12月—1996年12月

王仁昌　1995年5月—1997年4月

焦秋珍　1995年5月—

姜竹梅　1996年8月—1998年12月

王俊法　1998年7月—1999年12月

王茂军　1998年11月—1999年11月

张秋雁　1999年5月—2001年4月

于建海　2001年4月—2007年9月

朱海燕　2001年4月—2015年2月

史效峰　2003年8月—2004年4月

陈　宁　2005年9月—2006年8月

宫明贵　2005年11月—

李　俊　2006年8月—2007年8月

刘晓燕　2007年8月—2011年2月

王成文　2007年8月—2009年2月

李　萍　2007年8月—2012年5月

周书民　2007年8—12月

2012年4月—

张　欣　2008年12月—2012年2月

马梓珺　2009年9月—2011年11月

马妮娜　2009年12月—2015年10月

李大勇　2009年11月—2012年10月

庄丽娜（借调）2010年1月—2013年2月

朱晓君　2013年2月—2015年10月

王文超　2013年11月—2015年2月

邵珠凯　2015年5月—2017年1月

李家玮　2015年10月—2017年7月

姜彤彤　2015年10月—2017年7月

李佳欣　2017年10月—

寇勇勇　2018年9月—

王晓坤　2018年11月—

原宋庄镇财政所

副所长：

张志华　1986年5月—1995年5月

夏希勇　1995年5月—1997年2月

吴传玉　1997年2月—2002年2月

朱立财　2002年2月—2005年4月

董湖泊　2005年4月—2006年12月

任焕荣　2006年12月—2007年8月

科　员：

夏希勇　1986年5月—1995年5月

吴传玉　1989年12月—1997年2月

潘嘉胜　1989年12月—1992年5月

李　萍　1991 年 11 月—2007 年 8 月
冯继东　1997 年 12 月—2006 年 1 月
朱立财　1998 年 12 月—2002 年 2 月
董湖泊　1999 年 7 月—2005 年 4 月
毕智清　2001 年 2 月—2004 年 1 月
付红霞　2002 年 3 月—2003 年 3 月
刘晓燕　2003 年 8 月—2007 年 8 月
任焕荣　2004 年 2 月—2006 年 12 月
王成文　2006 年 2 月—2007 年 8 月
周书民　2007 年 3—8 月

原仓街镇财政所

副所长：
王云亭　1986 年 5 月—1987 年 5 月
王金荣　1987 年 5 月—1994 年 5 月
胡云江　1994 年 5 月—1995 年 7 月
闫正阳　1995 年 7 月—2001 年 4 月

科　员：
王金荣　1986 年 5 月—1987 年 5 月
董占东　1987 年 5 月—1988 年 6 月
张学智　1988 年 6 月—1999 年 5 月
谢淑珍　1994 年 9 月—1996 年 8 月
朱海燕　1995 年 9 月—2001 年 4 月
董旭光　1996 年 9 月—2001 年 4 月
张龙书　1999 年 5 月—2001 年 4 月

重点工程

1993 年，围子镇投资 2.5 亿元，建成鲁东铸造城，城内铸造企业达 600 家，从业人员 1.2 万多人。

2012 年，用置换方式建设宋庄小学和幼儿园、宋庄初中教学楼、大章小学教学楼等 1.8 万平方米，改建扩建校舍 1.4 万平方米，改建扩建仓街初中、民丰幼儿园等 11 处标准化餐厅 1400 平方米，为中小学配备空调 180 余台。投资 800 万元，建设仓街小学教学楼及附属工程、配套设施。

2013 年，投资 3 亿元，建设潍水休闲生活区、院校东街、汽车站商住楼、住宅楼 39 栋，建筑面积 15 万平方米。

2014 年，投资 3500 万元，硬化 42 个村 85 千米道路，投资 6000 多万元，在仓街、邢家等社区和村庄建设居民楼 26 栋。

2015 年，采取街办奖补、集体筹集、群众捐助等筹资方式，硬化 20 个村、52 千米村级道路，总投资 2000 万元。济贤养老服务中心投资 2.5 亿元，建成养老公寓 5 栋，被潍坊市招商局认定为总部经济项目，被列为潍坊市级战略性投资重点项目。投资 600 万元，建设滨河社区养老院、邢家社区养老院。投资 200 多万元，建设黄埠敬老院。

2016 年，筹资 1.06 亿元，硬化道路 87 个村 265 千米。投资 5000 万元，硬化北社路、埠东路等连村道路 70 多条，100 多千米。

2017—2019 年，投资 3.5 亿元，建设潍水中小学。投资 5000 多万元，建设围子中心小学、

2016 年，围子街道财政所工作人员合影　（摄影：王艳芳）

围子及宋庄初中教学楼。投资300多万元，建设于部社区卫生院。

2017年，133公顷中低产田改造项目完工并通过验收，3000公顷千亿斤粮食生产项目完成建设通过验收，400公顷高效节水灌溉项目竣工，2067公顷高标准基本农田建设项目完成。

2018年，投资1600万元，硬化道路25个村38千米。建设、完善农田林网30千米，绿化村级道路15千米，植树10万余株。建设绿色长廊基地133公顷、绿化带6千米、绿化示范村8个。

2019年，建设胶莱河护河林场13.3公顷、潍河林带5千米。建设完善林网337公顷，绿化村级道路150千米，植树25万余株。建设绿色长廊8000米、苗木基地200公顷、绿化示范村18个。

第四节　龙池镇

1993年7月，龙池撤乡改镇。2019年末，龙池镇辖4个社区，27个行政村，7942户、2.4万人，总面积182.26平方千米，耕地面积4000公顷。

2019年，龙池镇规模以上工业企业实现业务收入22.71亿元、利税1.91亿元，完成一般公共财政预算收入5830万元，完成一般公共预算支出4133万元。

龙池镇财政所2010年3月以前位于政府办公楼对面平房，2010年3月在龙池镇政府办公楼3楼办公，办公面积42平方米，档案室面积20平方米，办公设施有：电脑6台、打印机4台、针式打印机1台、打孔装订机1台。

财政所人员

副所长：

肖其祥　1986年5月—1992年3月
齐新利　1992年4月—1994年5月
徐学义　1992年4月—1997年12月
徐文举　1997年12月—2000年6月
马春潭　2000年6月—2011年12月
刘培学　2011年12月—2015年1月
陈　文　2015年1月—

科　员：

齐新利　1986年5月—1992年4月
李国庆　1986年5月—1989年12月
崔曰训　1986年5月—
张云廷　1993年3月—1996年5月
齐新礼　1999年5月—2011年12月
陈　文　2001年5月—2015年1月
刘胜荣　2009年4月—2011年12月
魏玉凤　2011年8月—
翟亚孟　2014年10月—
马妮娜　2015年12月—
范　鸽　2017年2月—2018年9月
李艳艳　2017年9月—2018年5月
王腾腾　2019年1—10月
宫文聪　2019年6月—

重点工程

2005年，龙池镇建设市海能化工项目区，以海能12万吨离子膜烧碱项目为基础，在北部沿海规划面积10平方千米的龙池工业园，起步区面积227公顷，落户项目16个，总投资超过40亿元。

2008年，投资160万元，建设中心幼儿园。

2009年，投资1520万元，建设龙池小学3680平方米教学楼1幢，硬化路面1.5万平方米，绿化2万平方米。建设2195平方米实验楼一幢，完成配套设施建设。投资100余万元，建设休闲健身娱乐场所5处。投资60万元，建设公共服务中心和中心社区服务大厅。投资80万元建设镇计生服务站。

2011年，投资3000万元，龙池镇小学建设一栋4000平方米集餐饮、住宿、教学为一体的综合楼，设教学班30个，容纳学生1800人，达

2018年5月，昌邑市财政局引进的锋泾（中国）建材集团有限公司建筑胶粘剂项目在龙池镇签约　（摄影：张兴涛）

到省级规范化小学标准。投资1200万元，建设龙池初中教学楼。

2016年，建设梦幻花海生态观光园和山东颐爱医养结合养老项目，投资900余万元建设龙池中心幼儿园，投资50余万元建设马渠幼儿园。投资1119万元，实施“一事一议”成片连村治理项目建设；投资2050万元，对933公顷高标准农田项目区进行整修；投资8000万元兴修龙源水库。

2018年，启动百塘治理生态修复工程，综合治理湾塘103处，总投资500余万元，开挖土方80万立方米，绿化美化湾塘20余千米。投资360万元，增配公共自行车、监控、空调等办公设备。

2019年8月，硬化海丰路等道路5千米，建设柳疃至龙池工业园区供水管道和联合环境（昌邑）有限公司柳疃污水厂至龙池工业园区污水处理渠道，种植榆树、白蜡等植物5000余株。实施园区北扩一期工程，修建道路9条13千米，铺设日供水2万立方米管线，建设220千伏变电站1座。

第五节　柳疃镇

2010年3月，撤销青乡镇整建制划入柳疃镇。2019年末，柳疃镇面积325.01平方千米，辖72个行政村，户籍人口4.8万人，常住人口7.2万人，耕地面积4600公顷，海岸线19千米，滩涂面积2753公顷。

2019年，柳疃镇实现一般公共预算收入12098万元，实现一般公共预算支出10346万元。

2019年3月前，柳疃镇财政所位于政府街1号（昌灶路与政府街交叉口），2019年3月，柳疃财政所迁至文化路1号。财政所办公面积65平方米，档案室面积40平方米，办公设施有：电脑7台、激光打印机3台、针式打印机1台、打印复印一体机1台、办公桌椅7套。

财政所人员

柳疃镇财政所

副所长：

张明智　1986年4月—1989年4月

闫正阳　1989年4月—1994年6月

于海龙　1994年6月—2008年6月

李新波　2008年6月—2014年1月

温贵平　2014年1月—2016年12月

孙新玲　2016年12月—

科　员：

徐学义　1986年4月—1992年4月

张庆云　1986年4月—1995年4月

孟安喜　1987年7月—2003年8月

陈素珍　1989年8月—1997年8月

高林智　1994年6月—2005年3月

薛文磊　1995年9月—1996年9月

姜红红　1996 年 9 月—2009 年 10 月
王利华　1996 年 12 月—2001 年 3 月
董旭光　2001 年 4 月—2003 年 4 月
李永民　2001 年 4 月—2009 年 11 月
张水英　2004 年 5 月—2012 年 10 月
刘雁鸿　2008 年 9 月—2009 年 11 月
温玲玉　2009 年 10 月—2013 年 5 月
程　诚　2009 年 10 月—2016 年 3 月
王　赟　2011 年 8 月—2014 年 7 月
张娜娜　2011 年 12 月—2014 年 12 月
张园园　2012 年 10 月—2013 年 2 月
孙新玲　2013 年 5 月—2016 年 12 月
袁莹莹　2013 年 12 月—
杨伟伟　2014 年 6 月—2016 年 7 月
张婷婷　2014 年 9 月—2015 年 8 月
周　瑶　2015 年 8 月—2018 年 12 月
葛国红　2016 年 7 月—2017 年 7 月
魏智敏　2017 年 1 月—
刘曙光　2017 年 8 月—2018 年 8 月
陈维强　2018 年 12 月—

原青乡镇财政所

副所长：
陈松举　1986 年 4 月—1989 年 4 月
张明智　1989 年 4 月—1992 年 4 月
于海龙　1992 年 4 月—1994 年 6 月
齐新利　1994 年 6 月—1999 年 4 月
李永民　1999 年 4 月—2001 年 3 月
科　员：
齐尧庆　1986 年 4 月—1989 年 4 月
徐爱美　1986 年 4 月—1996 年 12 月
王利华　1986 年 4 月—2001 年 3 月
徐文举　1994 年 6 月—1995 年 6 月
陈　雯　1995 年 8 月—2001 年 3 月
黄佳良　1995 年 8 月—2001 年 3 月

重点工程

1986 年，柳疃镇投资 2.6 亿元，建成对虾养殖池 98 个，总面积 640 公顷，对外承包。投资 35 万元，建成柳疃扬水站 1 座。

1998 年，投资 80 万元，成立北海和金海两家滩涂开发公司，对 2753 公顷浅海滩涂进行封滩育贝。

1998—2001 年，完成 1373 公顷的国家级农业综合开发工程，总投资 448 万元。投资 424 万元，建成申明亭扬水站。

2001 年，投资 2300 多万元，建设盐田 440 公顷，推广利用蒸发池铺膜防渗和结晶池塑苫晒盐技术。

2004 年，项目区调整土地 26.7 公顷，投资 300 多万元，硬化道路 2000 米，进区企业 6 家，总投资 2.1 亿元。投资 200 多万元，硬化镇村道路 2.5 千米。投资 600 万元，硬化道路 5 万平方米，铺设排污管道 5 千米，铺设彩砖人行道 8000 平方米，安装路灯 60 盏。投资 200 万元，建设龙河公园街心广场和镇区北出口绿化工程。7 月，投资 10 亿元

2018 年，柳疃镇财政所工作人员合影　（摄影：陈维强）

的中国（柳疃）国际棉纺织品商业城开工建设。

2006年，投资600多万元，修建高标准道路9万多平方米。投资300万元，实施小龙河水景建设工程。投资500万元，打通柳疃沿海项目区A、B两区。

2008年，投资580多万元，实施镇区基础设施重点建设工程。投资360万元，规划建设2处中心社区和3处农村社区。

2009年，投资850万元，实施道路硬化工程。新建商住楼18栋。投资420万元，新建3处休闲公园。

2010年，投资160余万元，实施造林工程。投资130余万元，修复桥涵闸17处，清理沟渠16000米。投资60万元，建设姜家寨扬水站。

2011年，投资7400万元，实施中心幼儿园、市青少年校外科技活动中心、柳疃中心初中和柳疃中心小学改造建设工程。投资230万元，提升柳疃敬老院。

2012年，投资2400万元，建设柳疃小学、柳疃初中；投资1200万元，建设中心卫生院病房楼；投资800万元，新建柳疃派出所办公楼。

2013年，投资600余万元，硬化、绿化镇区道路。投资4500万元，建设为民服务中心、中心幼儿园、中心卫生院病房楼及派出所。实施投资1100万元的千亿斤粮食项目、2600万元的盐田复垦项目、1710万元的潍坊市级土地整理项目、1500万元的小农水节水灌溉工程等重点项目和重点工程；投资780万元，新建6处扬水站。

2014年，投资2000万元，建设丝绸博物馆。投资3000万元，建设“一企一管”排污管网工程，新建110千伏变电站1座。投资800余万元，建设柳疃镇公交客运中转站。投资600万元，实施“天网”工程，建设“智慧柳疃”。

2016年，投资1.5亿元，建设龙河景观带等公园和公共活动场所；投资800万元，建设政亨幼儿园、中心卫生院。完成门八土地整理项目、千亿斤粮食项目、辛安土地整理项目、千亿斤粮食结余资金项目。

2017年，投资300万元，实施“天网工程”。投资70万元，提升改造敬老院消防设施、安装自动喷淋和烟感系统、完成精准扶贫光伏电项目。

2018年，柳疃镇建设“丝路原点、锦绣龙河”工程。

2019年，柳疃镇投资2亿元，建成“丝路绸语·文化创意园”，日接待游客300人。

第六节　下营镇

1984年10月，析东冢乡北部5个行政村设立下营镇。2001年3月，撤销下营镇、东冢乡归并夏店镇。2007年8月，撤销夏店镇，整建制划入卜庄镇。2009年10月，从卜庄镇析出荣乌高速公路以北区域设下营镇。2011年，昌邑市滨海（下营）经济开发区成立，与下营镇镇区合一。2019年末，下营镇辖35个行政村，7273户、2.22万人，耕地面积3780公顷，陆域面积220.57平方千米，海岸线长21千米，滩涂面积65平方千米。

2019年，下营镇实现一般公共预算收入34902万元，实现一般公共预算支出22018万元。

昌邑滨海（下营）经济开发区经济发展局与下营镇财政所合署办公，下营镇财政所位于下营镇政府办公大楼，办公场所面积60平方米，配备办公桌椅7套、办公电脑5台、打印机5台、复印机1台、扫描仪1台。

财政所人员

昌邑滨海（下营）经济开发区经济发展局人员

局　长：

徐兴州　2007 年 9 月—2014 年 11 月

李　扬　2014 年 11 月—2015 年 12 月

张　亭　2015 年 12 月—2016 年 12 月

王西波　2016 年 12 月—

下营镇财政所人员

副所长：

李　扬　2012 年 10 月—2015 年 12 月

丛悦玺　2015 年 12 月—2017 年 2 月

张静波　2017 年 2 月—2019 年 2 月

徐顺吉　2019 年 2 月—

科　员：

朱永红　2005 年 10 月—2006 年 8 月

寇勇勇　2005 年 10 月—2018 年 9 月

王丽娜　2007 年 12 月—2011 年 9 月

张雯雯　2007 年 12 月—2019 年 7 月

李　扬　2011 年 7 月—2012 年 10 月

韩海燕　2011 年 2 月—

王珊珊　2013 年 1 月—2018 年 11 月

闫　含　2013 年 2 月—

张晓杰　2013 年 8 月—2019 年 8 月

徐圣伟　2017 年 2 月—2018 年 4 月

张佩佩　2017 年 2 月—

李玲玉　2018 年 10 月—

袁义强　2019 年 7—12 月

尚安琪　2019 年 12 月—

重点工程

2015 年，下营工业园落户项目 90 个，总投资 368.27 亿元。其中在建项目 34 个，总投资 175.88 亿元；投产项目 52 个，总投资 159.22 亿元。

2016 年，清理僵尸企业 12 家，土地 267 公顷。通过资产重组、产权转让等形式盘活土地 47 公顷。总投资 10 亿元、用地 333 公顷的滨海光伏电项目并网发电。

2017 年，投资 5500 万元，建设 1 座 110 千伏变电站，实现园区企业“双回路”供电。投资 3700 万元，铺设 13.7 千米的中信环境污水管线已投入使用。

2018 年，建设昌邑滨海国家湿地公园，投资 2 亿元建设月牙湖公园板块，投资 1.5 亿元建设月牙湖平原水库板块，投资 2600 万元建设耐盐碱苗木示范园板块。投资 30 万元，完成森林抚育项目 1 个；完成绿化植树 129 公顷，村镇绿化植树达 8 万株，出村路及路街绿化长度达 40 千米；建设二号防风林带 20 公顷、沿胶莱河柽柳林 15 公顷，建设工业园生态隔离林带 17 公顷，政府办公楼后栽植盐松盐柳等 20 公顷。

2019 年，投资 7000 万元，建设下营增殖站，占地 10 公顷。投资 1.8 亿元，建设天恩光伏二期工程，上层光伏并网发电，下层 333 公顷水面养殖投产。投资 1000 余万元，打造以渔文化为主的东营村和西营村，以盐文化为主的常家村，以

2019 年 5 月，昌邑市财政局工作人员到下营镇火道村调研乡村振兴项目

（摄影：马兴志）

孝文化为主的军营村等特色试点村。

第七节　卜庄镇

1993 年 7 月，卜庄撤乡改镇。2007 年 8 月撤销夏店镇，整建制划入卜庄镇。2009 年 10 月，从卜庄镇析出荣乌高速公路以北区域设下营镇。2019 年末，卜庄镇辖 95 个行政村、10 个社区，19074 户，5.3 万人，面积 146.67 平方千米，耕地面积 8000 公顷。

2019 年，卜庄镇实现一般公共预算收入 4100 万元，实现一般公共预算支出 5875 万元。

卜庄镇财政所位于卜庄镇政府办公楼 3 楼，办公面积 60 平方米，档案室面积 30 平方米，办公设施有：电脑 7 台、打印机 5 台、针式打印机 1 台、打孔装订机 1 台。

财政所人员

卜庄镇财政所人员

副所长：

董可智　1986 年 5 月—1992 年 5 月

郑际美　1989 年 5 月—1994 年 5 月

刘培升　1994 年 5 月—1999 年 5 月

徐兴洲　1999 年 5 月—2005 年 5 月

孟祥武　2005 年 5 月—2008 年 4 月

徐文举　2007 年 8 月—2012 年 2 月

张龙书　2012 年 2 月—2015 年 3 月

刘志敏　2015 年 3 月—2016 年 12 月

姜新芳　2016 年 12 月—

科　员：

郑际美　1986 年 5 月—1989 年 5 月

张高学　1986 年 5 月—1990 年 3 月

金素娥　1987 年 5 月—1993 年 5 月

王仁昌　1989 年 12 月—1995 年 5 月

徐建美　1990 年 5 月—1996 年 5 月

卢宗春　1992 年 4 月—2015 年 6 月

黄秋卿　1995 年 7 月—2001 年 4 月

孟祥武　1995 年 8 月—2005 年 5 月

褚海涛　1995 年 8 月—2005 年 9 月

梁秀静　1999 年 4 月—2004 年 1 月

　　　　2009 年 1—9 月

徐国栋　2003 年 9 月—2005 年 9 月

徐立鹏　2007 年 8 月—2008 年 4 月

于海英　2007 年 8 月—2015 年 3 月

胡文恕　2007 年 8 月—2015 年 3 月

姜新芳　2007 年 8 月—2016 年 12 月

张艳香　2009 年 9 月—

刘志敏　2009 年 12 月—2015 年 3 月

李东义　2015 年 10 月—

王夏倩　2016 年 10 月—2018 年 9 月

赵　蔚　2018 年 9 月—

原夏店镇财政所

副所长：

姚旭辉　1986 年 5 月—1991 年 4 月

吕成尧　1991 年 4 月—1994 年 5 月

王金荣　1994 年 5 月—1995 年 5 月

徐兴洲　1995 年 5 月—1999 年 4 月

孙进芹　1999 年 4 月—2001 年 4 月

徐文举　2001 年 4 月—2007 年 8 月

科　员：

姚瑞龙　1986 年 5 月—1995 年 4 月

胡云江　1986 年 5 月—1995 年 6 月

孙进芹　1991 年 7 月—1999 年 4 月

徐德智　1995 年 5 月—2007 年 8 月

胡文恕　1998 年 4 月—2001 年 3 月

姜美霞　1999 年 12 月—2001 年 4 月

姜新芳　2001 年 4 月—2007 年 8 月

徐立鹏　2001 年 4 月—2007 年 8 月

徐孝辉　2003 年 9 月—2004 年 4 月

于海英　2003 年 9 月—2007 年 8 月

原东家乡财政所

副所长：

丁振荣　1986 年 5 月—1992 年 4 月

贾云歧　1992 年 4 月—1998 年 12 月

于建海　1998 年 12 月—2001 年 4 月

科　员：

贾云歧　1986 年 5 月—1992 年 4 月

胡文恕　1986 年 5 月—1994 年 4 月

于建海　1992 年 8 月—1998 年 12 月

褚海涛　1994 年 8 月—1995 年 7 月

闫正阳　1994 年 5 月—1995 年 5 月

王海珍　1995 年 8 月—1997 年 8 月

徐立鹏　1995 年 8 月—2001 年 3 月

原下营镇财政所

副所长：

任云升　1986 年 5 月—1998 年 5 月

张忠芬　1994 年 5 月—2001 年 4 月

科　员：

张忠芬　1986 年 5 月—1994 年 5 月

胡文恕　1994 年 4 月—1998 年 4 月

姜星波　1998 年 10 月—2001 年 4 月

张学智　1999 年 5 月—2001 年 4 月

姜新芳　1999 年 12 月—2001 年 4 月

重点工程

2004 年，卜庄镇投资 260 万元，完成农田工程配套 18 项，修复渠道 215 条，整修建筑物 2508 个，完成土地整理 145 公顷，开发荒地 280 公顷。

2008 年，投资 340 多万元，建设 1 座漩河拦河闸、2 座便民桥，打机井 120 眼，安装电灌 143 台，修整防汛道路 45 千米。完成成片造林 579 公顷，完善农田林网 1667 公顷。投资 160 多万元，完成卜庄街和东冢街改造升级，铺设彩砖 2.6 万平方米，种植树木 3800 多株，硬化道路 2300 米。106 个村启动一事一议筹资筹劳，筹集资金 849.6 万元，硬化村内和生产道路 58.6 千米，修砌排水沟 45 千米，栽植绿化树木 3.2 万株，建设垃圾存放点 48 个。硬化道路 9 条，增加通车里程 21.1 千米，建成 7 处农村社区并投入运营。2 处镇级敬老院建成，实现人员入住。

2016 年，流转土地 3200 公顷，实施千亿斤粮食结余资金项目、白衣庙土地整理和高标准农田建设项目。

2017 年，实施蒲河专项整治工程，投资 1100 余万元。

2018 年，投资 2000 万元，实施路网工程项目 25 个，共 35.26 千米。

2019 年，发展"飞地"大棚，包靠经济薄弱村的市直部门、单位到白衣庙村投资种植大棚，投资 15 万元，合作社连续 10 年每年为经济薄弱村返还 3 万元，帮助经济薄弱村脱贫。

2012 年，卜庄镇惠民服务大厅外景

（照片提供：刘文虹）

第八节　石埠经济发展区

石埠经济发展区前身是石埠镇。2001 年 3 月，撤销流河乡归并石埠镇。2007 年 8 月，撤销石埠镇，整建制划入饮马镇。2010 年 1 月，以原石埠镇行政区域设立石埠经济发展区。2019 年末，石埠经济发展区面积 99.26 平方千米，耕地面积 5467 公顷，辖 67 个村，总人口 4.98 万人。

2019 年，石埠经济发展区实现一般公共预算收入 1206 万元，实现一般公共预算支出 3696 万元。

石埠经济发展区财政所位于石埠镇政府街 1

号管委会大院西侧2楼，办公室面积88平方米，配备电脑6台、电话机2部、打印机3台、复印机1台、桌子5张、椅子8把等办公设备。

财政所人员

石埠经济发展区财政所

副所长：

于兴华　2010年1月—

科　员：

张旭芳　2010年1月—2011年12月

黄领弟　2010年1月—

翟雪云　2010年1月—2012年3月

毛雪杰　2010年1月—2010年9月

庄丽娜　2010年1月—2017年2月

王　柳　2011年9月—2016年12月

管胜男　2011年12月—2016年1月

马洪梅　2012年3月—2013年8月

洪　霖　2012年9月—2016年12月

张玉晶　2016年9月—

高婷婷　2017年9月—

原流河乡财政所

副所长：

陈官升　1985年6月—1989年6月

孙述林　1989年7月—1992年5月

元金华　1992年6月—1999年4月

孙桂学　1999年5月—2001年2月

科　员：

王玉才　1985年6月—1986年5月

孙述林　1985年6月—1989年7月

元金华　1986年5月—1992年6月

于兴华　1986年5月—2001年2月

李修堂　1992年5月—2001年4月

王黎晖　1995年7月—1999年5月

栾厚高　1996年8月—1999年4月

刘妮娜　1999年12月—2001年2月

原石埠镇财政所

副所长：

葛芳淑　1986年5月—1995年12月

王金宽　1995年12月—2007年8月

科　员：

杨美华　1986年5月—1987年12月

焦秋珍　1989年7月—1995年5月

于安选　1996年6月—1998年12月

李修堂　1996年6月—2001年3月

张秋雁　1996年8月—1999年5月

代云香　1997年12月—1999年12月

黄领弟　1999年12月—2010年1月

韩立君　1999年12月—2005年9月

重点工程

1997年，建设中心卫生院，投资总额为150万元，占地面积2万平方米，建筑面积5000平方米。

2000年，投资300万元，在中心幼儿园建设建筑面积1574平方米的教学楼；投资10万元，对西金台幼儿园34间教室进行维修改造；投资40万元，建设晴埠幼儿园、东刘幼儿园。

2011年，按照省级示范镇要求，实施镇区基础设施改造工程，建设“10纵12横”路网框架。

2012年，与山东金宝集团就青山改造开发正式签约，总投资3.5亿元，占地160公顷。

1990年，石埠镇财政所工作人员合影

（照片提供：焦秋珍）

2013年，投资400万元，更换学校教学设备。

2019年，投资700万元，建设石埠中心小学综合楼，建筑面积3921.6平方米；投资30万元对东刘小学校舍进行加固改造；投资355万元，建设西金小学教学楼，建筑面积2600平方米；投资550万元，建设流河小学教学楼，建筑面积3746平方米。

第九节　饮马镇

2007年8月，撤销石埠镇、岞山镇，整建制划入饮马镇。2007年9月，原岞山镇39个村划归潍坊市峡山生态经济发展区。2008年1月，饮马镇所辖9个村划归峡山区岞山街道。2010年1月，以原石埠镇行政区域设立石埠经济发展区。2019年，饮马镇辖34个行政村，户籍人口3.53万人，面积74平方千米，耕地面积3811公顷。

2019年，饮马镇完成地区生产总值29亿元，实现工业销售产值28亿元，完成一般公共预算收入3154万元，完成一般公共预算支出3942万元。

饮马镇财政所位于镇政府3楼西侧，办公场所100平方米，配备桌椅6套、计算机6台、打印及复印机共4台、档案橱10个、档案柜10个、电话机1台等办公设备。

财政所人员

饮马镇财政所

副所长：

刘兰堂　1986年5月—1994年10月
孙贵学　1994年10月—1999年10月
元金华　1999年11月—2008年9月
张龙书　2008年10月—2011年11月
胥卫强　2011年12月—2016年12月
张旭芳　2016年12月—

科　员：

翟军霞　1986年5月—2018年7月
孙贵学　1986年5月—1994年10月
王吉斌　1990年6月—2015年7月
史有志　1994年3月—1995年8月
朱立财　1995年5月—1997年9月
胥卫强　2003年5月—2011年12月
聂仁鹏　2003年5月—2007年11月
翟雪云　2007年8月—2009年12月
张旭芳　2007年8月—2009年12月
于兴华　2007年8月—2009年12月
庄丽娜　2007年8月—2009年12月
王金宽　2007年8月—2009年12月
黄领弟　2007年8月—2009年12月
孙贵学　2007年8月—2009年12月
许德志　2010年1月—2013年11月
朱　芳　2010年1月—2018年5月
刘晓迪　2013年5月—2017年12月
董晶晶　2016年12月—
王亚男　2018年1月—
王　鹏　2018年9月—2019年9月
赵晓雯　2019年9月—

重点工程

1989年，饮马镇引进外资23.49万美元，建成外资企业昌邑华雅服装辅料有限公司并投产。

2002年，建设工业园区（即原昌南工业园区）。

2009年6月，建设中心卫生院新院区，占地2.7公顷，业务用房总建筑面积10121.6平方米，总投资4000万元，设计床位120张。

2010年，启动“梨花水镇”项目，镇、村、企三级投资4700万元，建成20多处景点。建设1200平方米的计生服务站大楼，投入硬件建设资金60余万元，购置医疗设备。

2012—2019年，饮马镇农业综合开发项目、小农水重点县以及土地整理项目投资3200多万元，覆盖饮马镇4000公顷大田，培育特色生态果蔬家庭农场30余家，成立专业合作社90余家，其中省级示范社3家。流转土地 67 公顷。中央财政每年拨付 1000 万元专项资金用于农业产业发展，连续拨付两年。投资 400 余万元，在博陆山风景区实施引水上山工程。

2012 年，饮马祥乐老年公寓总投资 680 万元，建成投用。

2014 年，饮马镇通过置换方式，投资 7600 万元，完成饮马中心初中、小学、中心幼儿园、山阳小学，赶仙庄小学、高度国际希望小学等学校建设。建设饮马文化活动中心（饮马镇图书馆），总投资 15 万元。完成小城镇建设投资 6000 万元，完成近 10 万平方米主要道路硬化、下小路拓宽改造及绿化亮化工作。投入 9000 万元，建设东海污水处理厂及地下排污管道、垃圾中转站等设施。投资 8000 万元，建设公园等公共活动场所。投资 200 万元对镇区环卫、绿化、城管实现全托管。

2015 年，投资 3000 余万元建设“梨花水镇”。

2012 年，省财政厅验收组到饮马镇验收规范化财政所　（照片提供：刘文虹）

2019 年，便民服务大厅税务委托发票代开点开票金额突破 1 亿元，开票数量 2000 余张，征收税款达 411.04 万元。

2018 年，中央外宣办下属北京视点文化传播有限公司投资 30 亿元打造“梨花水镇”项目，成功申报潍坊市级特色小镇，潍坊市级奖补资金 100 万元，入选省文化产业项目库。

第十节　北孟镇

1983 年为北孟乡，辖 51 个行政村。1996 年 12 月，撤乡设镇。2007 年 8 月，原丈岭镇的 45 个行政村并入。2009 年 5 月，横路屯等 3 个行政村划归坊子区太保庄镇管辖，10 月，小营村划归饮马镇。2019 年，北孟镇面积 174.26 平方千米，辖 92 个行政村，7.2 万人，耕地面积 1.05 万公顷。

2019 年，北孟镇实现一般公共财政预算收入 2593 万元，完成固定资产投资 13.23 亿元，“双招双引”签约项目 68 个，完成立项 12 个，到位资金 9.94 亿元，实现一般公共预算支出 4051 万元。

北孟镇财政所 2013 年 5 月以前位于新昌大街文府路西南角 2 楼，2013 年 5 月在镇政府办公楼 4 楼，办公面积 56 平方米，档案室面积 48 平方米，办公设施有：电脑 5 台、打印机 4 台、针式打印机 1 台、打孔装订机 1 台等。

财政所人员

北孟镇财政所

副所长：

于术智　1986 年 5 月—1988 年 1 月

李树东　1988 年 1 月—1991 年 8 月

张明臣　1991 年 8 月—1995 年 5 月

庞廷敏　1995 年 5 月—1999 年 7 月

孙长胜　1999 年 7 月—2006 年 1 月

张学智　2006 年 1 月—2015 年 4 月

郝怀珠　2007 年 8 月—2009 年 5 月

方爱华　2015 年 4 月—

科　员：

李树东　1986 年 5 月—1988 年 1 月

卢俊春　1986 年 5 月—1991 年 5 月

李成仁　1989 年 12 月—2012 年 3 月
刘秀梅　1998 年 2 月—2005 年 2 月
刘玮琛　1998 年 3 月—2005 年 9 月
邹旭东　1999 年 12 月—2003 年 12 月
方爱华　2000 年 4 月—2015 年 4 月
张学智　2001 年 4 月—2006 年 1 月
王　艳　2007 年 8 月—2015 年 3 月
王振寰　2015 年 3 月—2017 年 7 月
李　越　2015 年 5—12 月
王振芳　2015 年 5 月—2017 年 7 月
方永军　2016 年 5 月—2019 年 10 月
李洪霞　2016 年 6 月—2019 年 8 月
刘娅娜　2017 年 7 月—2019 年 1 月
姚晓彤　2019 年 1 月—
陈文文　2019 年 9 月—

原塔耳堡镇财政所

副所长：
白龙杰　1986 年 5 月—1990 年 5 月
孙治友　1990 年 5 月—1998 年 11 月
焦旭先　1998 年 11 月—2001 年 4 月

科　员：
李洪志　1986 年 5 月—2001 年 4 月
张玉成　1993 年 5 月—1995 年 3 月
方爱华　1995 年 5 月—2000 年 4 月
吴立勋　1995 年 5 月—2001 年 4 月

重点工程

2015 年，北孟镇投资 3000 万元，建设树屏学校暨朱树屏事迹陈列馆，建成教学楼 1 栋、实验楼 1 栋。

2016 年，争取上级财政扶贫资金 110 万元，对范家邱村、千戈庄村、马庙村、初家上疃村的村内主干道路进行硬化，硬化总长度 17 千米。

2017 年，李家埠村美丽乡村建设项目投资 209 万元，完成村内道路硬化、老年公寓维修、村内路灯更换、村内栽植绿化苗木、墙体粉涂美化、排水沟维修整治等工程。

2016—2017 年，建设乡村连片治理项目，位于镇域西部，下小路以西，涉及李家埠村、魏马村、太平村、北一村、北二村 5 个行政村。项目总投资 802.88 万元，财政奖补资金 800 万元，筹资筹劳 2.88 万元。共硬化道路 16589 平方米，铺水泥彩砖 16651 平方米，新铺沥青面层 8290 平方米，安装路沿石 4046 米，种植绿化苗木 21619 余株，美化墙体 1486 平方米，村内照明设施整治、维修 4 套。

2018 年，投资 12 亿元，建设矿坑整治暨装配式建筑工业园项目。镇域内有大小石坑十几处，面积 93 公顷，与中赟国际工程有限公司、昌邑城投集团合作，对矿坑进行综合整治修复，聘请专家进行规划设计，整出 67 公顷建设用地，对接三一重工等大型企业，建设现代化装配式建筑工业园区。

2019 年，实施西祝仙屯村迁村并点项目，西祝仙屯村有 178 户，536 人，耕地 113 公顷，

2012 年，北孟镇财政所信息公开栏　　（照片提供：刘文虹）

房屋228处。85%的户签订拆迁协议，拆除房屋70多处，复耕土地10.7公顷。宋家屋子村、西祝仙屯村和北孟小学一共复耕土地20公顷。

第十一节　岞山镇

1983年，建立岞山乡。1984年，撤销岞山乡，改岞山镇。2007年8月，并入饮马镇。2007年9月，组建潍坊市峡山生态经济发展区，昌邑市原岞山镇39个村划入。2008年1月，饮马镇9个村划归潍坊市峡山区岞山街道管辖。

岞山镇财政所人员

副所长：

郝怀珠　1986年5月—1991年8月

于志海　1989年6月—2004年3月

卢俊春　2004年3月—2005年7月

王宝富　2005年7月—2007年8月

科　员：

于志海　1986年5月—1989年6月

王乐成　1986年5月—2001年4月

卢俊春　1991年5月—2004年3月

张明臣　1991年8月—1992年5月

王美香　1998年7月—2005年7月

李修堂　2001年4月—2007年8月

赵翠玲　2005年7月—2007年8月

邓所林　2005年7月—2007年8月

第十二节　太保庄镇

1983年，设太保庄乡。2007年8月，太保庄撤乡设镇，原丈岭镇43个村划归太保庄镇。2007年9月，潍坊市峡山生态经济发展区成立，太保庄镇划归峡山区。

太保庄镇财政所人员

副所长：

卢宗江 1986年5月—1995年5月

陈正军 1994年1月—1997年2月

张明臣 1996年1月—2007年8月

郝怀珠 1996年3月—2001年4月

科　员：

张明臣　1986年5月—1991年8月
　　　　1995年5月—1996年1月

王纯熙　1986年5月—1989年4月

隋文成　1986年5月—2007年8月

陈正军　1989年12月—1994年1月

郝怀珠　1991年8月—1996年3月

王乐成　2001年4月—2007年8月

赵淑梅　2003年5月—2007年8月

刘永杰　2003年5月—2007年8月

于友智　2001年4月—2005年6月

原丈岭镇财政所人员

副所长：

姜天祥　1986年5月—2003年3月

郝怀珠　2003年3月—2007年8月

科　员：

刘智春　1987年2月—1993年3月

王纯熙　1989年4月—2007年8月

刘培学　1999年2—12月

刘晓玲　1999年12月—2001年4月

于友智　1999年12月—2001年4月

郝怀珠　2001年4月—2003年3月

李洪志　2001年4月—2007年8月

吴立勋　2001年4月—2007年8月

魏学亮　2003年1月—2007年8月

王　艳　2003年8月—2007年8月

人物　荣誉

历任局长

范立道　1930年8月生，籍贯昌邑市奎聚街道于范社区，初中学历，1953年6月加入中国共产党。1949年5月—1952年4月，为昌邑县卜庄区财粮助理；1952年4月—1953年2月，为济南财政厅干校学员；1953年2月—1958年3月，为昌邑县财政科会计；1958年3月—1959年5月，为昌邑县林业局科员；1959年5月—1962年5月，为昌邑县东冢公社党委秘书；1962年5月—1971年3月，任昌邑县财政科副科长；1971年3月—1975年7月，任昌邑县招待所所长；1975年7月—1987年2月，任昌邑县财政局局长；1987年5月—1990年3月，任昌邑县第十一届人大常委会党组成员、副主任。1990年8月离休。2009年4月去世。

邵长奎　1934年6月生，籍贯峡山区太保庄街道邵家庄，在职初中学历，1955年12月加入中国共产党。会计师。1951年9月—1956年3月，为人民银行昌南支行出纳、会计；1956年3月—1971年2月，为人民银行昌邑县支行会计、信贷员；1971年2月—1973年4月，为昌邑县财金局企财组负责人；1973年4月—1981年6月，在昌邑县财政局工作；1981年6月—1984年3月，任昌邑县财政局副局长；1984年3月—1987年2月，任昌邑县税务局局长、党支部书记；1987年2月—1990年1月，任昌邑县财政局局长、党支部书记；1990年1月—1994年6月，任昌邑县财政局调研员。1994年6月退休。

马春盛　1944年4月生，籍贯昌邑市卜庄镇西马疃村，在职中专学历，1975年2月加入中国共产党。1966年10月—1975年10月，为昌邑县夏店粮管所保管员、营业员；1975年10月—1977年，为昌邑县粮食局储运科科员；1977年—1980年10月，为昌邑县粮食局储运科科长；1980年10月—1983年8月，任昌邑县柳疃人民公社管委会副主任；1983年8月—1986年7月，任昌邑县柳疃镇党委副书记；1986年7月—1987年5月，任昌邑县柳疃镇党委副书记、镇长；1987年5月—1990年1月，任昌邑县柳疃镇党委书记；1990年1月—1997年1月，任昌邑县（市）财政局局长、党支部书记（其间：1995年3月—1996年8月，在山东省会计干部中等专业学校会计专业在职学习）；1997年1月—1998年2月，任昌邑市政府市长助理兼财政局地税局党组书记；1998年2月—2003年3月，任昌邑市人大常务委员会副主任；2003年3月—2008年3月，为昌邑市人民代表大会专职代表。2008年3月退休。

闫承海　1953年1月生，籍贯昌邑市柳疃镇前闫村，在职大专学历，1976年10月加入中国共产党。2002年8月取得高级教师职称。1975年6月—1978年10月，为昌邑县农业学大寨工

作队副组长；1978年10月—1980年1月，为昌邑县丈岭人民公社党委秘书；1980年1月—1987年7月，任昌邑县塔耳堡镇党委副书记、镇长；1987年7月—1988年9月，任昌邑县岞山镇党委副书记、镇长；1988年9月—1992年10月，任昌邑县岞山镇党委书记；1992年10月—1997年1月，任昌邑县（市）围子镇党委书记（其间：1992年7月—1994年12月，在山东省轻工业学院经济管理专业半脱产学习）；1997年1月—1998年2月，任昌邑市财政局地税局党组副书记、昌邑市财政局局长；1998年2月—1998年9月，任昌邑市财政局局长、党组书记；1998年12月—2001年3月，任昌邑市人民政府党组成员、市长助理；2001年3月—2006年6月，任潍坊市工业学校党委书记；2006年6月—2008年6月，为潍坊市工业学校高级教师。2008年6月离岗。2013年3月退休。

张晓润 1950年8月生，籍贯昌邑市都昌街道，在职大学学历，1975年4月加入中国共产党。1975年8月—1982年4月，为平度师范学校会计、党务处副主任；1982年4月—1982年10月，为昌邑县麻纺厂职教科长；1982年10月—1986年8月，为昌邑县职工教育办公室干部（其间：1984年9月—1986年8月，在寒亭党校山东电大党政干部基础专修科脱产学习）；1986年8月—1993年11月，任昌邑县委组织部干事、县委组织员办公室副主任；1993年11月—1995年8月，任昌邑县（市）北孟乡党委副书记、乡长；1995年8月—1998年8月，任昌邑市科委党组副书记、主任（其间：1994年9月—1996年12月，在山东省委党校本科经济管理专业在职学习）；1998年9月—2003年2月，任昌邑市财政局党组书记、局长；2003年2月—2003年5月，任昌邑市财政局党组副书记、局长；2003年5月—2005年12月，任昌邑市政府党组成员、市长助理、昌邑市经济开发区党工委书记；2005年12月—2007年4月，任昌邑市政府党组成员、市长助理。2007年4月离岗。2010年9月退休。

戚风乾 1961年3月生，籍贯昌邑市围子街道戚斜村，大学学历，1982年7月加入中国共产党。1980年7月—1986年6月，为昌邑县石埠镇西金台初中教师；1986年7月—1990年5月，为昌邑县石埠镇中心初中教导主任；1990年5月—1994年9月，为昌邑县（市）委办公室秘书；1994年9月—1995年11月，任昌邑市委办公室副局级秘书；1995年11月—1997年2月，任昌邑市李家埠乡党委副书记；1997年2月—1998年8月，任昌邑市李家埠镇党委副书记、镇长；1998年8月—2001年3月，任昌邑市李家埠镇党委书记；2001年3月—2003年2月，任昌邑市奎聚街道党工委书记；2003年2月—2003年5月，任昌邑市财政局党组书记、副局长；2003年5月—2007年9月，任昌邑市财政局党组书记、局长（其间：先后任昌邑市政府市长助理、昌邑市政府党组成员）；2007年9月—2008年6月，任昌邑市政府党组成员、市经济开发区管委会主任；2008年6月—2010年5月，任昌邑市政府党组成员、油区办主任、市经济开发区管委会主任；2010年5月—2012年11月，任昌邑市政府党组成员、市经济开发区管委会主任，市发展和改革局党组书记、局长，市“三区”推进协调小组办公室主任；2012年11月—2013年2月，任昌邑市政府党组成员、市经济开发区管

委会主任，市发展和改革局党组副书记、局长，市“三区”推进协调小组办公室主任；2013年2月—2013年3月，任昌邑市第十七届人大常委会党组成员、市经济开发区管委会主任；2013年3月起，任昌邑市第十七届、十八届人大常委会党组成员、副主任。

董凤杰　1960年2月生，籍贯昌邑市围子街道张董村，在职大学学历，1984年7月加入中国共产党。1980年12月—1985年9月，为昌邑县宋庄中学教师；1985年9月—1988年5月，为昌邑县教育局普教股干部；1988年5月—1991年6月，为昌邑县政府办公室秘书（其间：1986年6月—1989年9月，在华东师范大学中文专业在职学习）；1991年6月—1997年2月，任昌邑县（市）青乡镇党委副书记、镇长；1997年2月—1998年1月，任昌邑市柳疃镇党委副书记、镇长；1998年1月—2000年11月，任昌邑市青乡镇党委书记；2000年11月—2001年12月，任昌邑市委教工委书记、市教委主任；2001年12月—2006年12月，任昌邑市教育局党委书记、局长；2006年12月—2007年7月，任昌邑市政府市长助理，市教育局党委书记、局长；2007年7月—2007年9月，任昌邑市政府党组成员，市教育局党委书记、局长；2007年9月—2009年10月，任昌邑市政府党组成员，市财政局党组书记、局长；2009年10月—2011年1月，任昌邑市政府党组成员，昌邑海洋生态特别保护区党支部书记，市财政局党组书记、局长；2011年1月—2017年1月，任昌邑市第十六届、第十七届人大常委会党组成员、副主任。2017年1月离岗。潍坊市第十三届、十四届、十五届人大代表。

李友田　1964年2月生，籍贯安丘市官庄镇，在职大学学历，1986年1月加入中国共产党。1984年9月—1986年7月，在莱阳农学院农业教育专业学习；1986年7月—1995年6月，为昌邑县教育局教研员，县（市）职业中专教师；1995年6月—1997年3月，为昌邑市委宣传部干事、办公室主任（其间：1993年7月—1996年7月，在山东师范大学汉语言文学专业在职学习）；1997年3月—1999年1月，为昌邑市委组织部秘书科科长；1999年1月—2001年4月，任昌邑市委组织部组织科长、组织员办公室副科级组织员；2001年4月—2003年4月，任昌邑市委组织部副部长；2003年4月—2005年1月，任昌邑市委组织部副部长、组织员办公室主任；2005年1月—2008年8月，任昌邑市委组织部副部长、老干部局局长；2008年8月—2010年2月，任昌邑市审计局党组副书记、局长；2010年2月—2011年1月，任昌邑市审计局党组书记、局长；2011年1月—2017年1月，任昌邑市财政局党组书记、局长；2017年1月起，任昌邑市政协副主席。

许增贤　1972年9月生，籍贯昌邑市北孟镇，在职研究生学历，1999年3月加入中国共产党。1991年9月—1994年7月，在复旦大学国际行政管理专业学习；1994年7月—1997年8月，为昌邑市外贸进出口公司业务员；1997年8月—2004年8月，为昌邑市委办公室秘书（其间：1998年9月—2000年12月，在山东省委党校经济管理专业在职学习）；2004年8月—

2005年4月，任昌邑市委保密办副主任；2005年4月—2006年5月，任昌邑市委办公室副主任；2006年5月—2008年4月，任昌邑市委办公室副秘书长；2008年4月—2010年1月，任昌邑市政府副秘书长、旅游局局长（其间：2006年12月—2009年12月，在山东大学软件工程学院电子工程专业在职学习）；2010年1月—2015年2月，任昌邑市饮马镇党委副书记、镇长；2015年2月—2017年1月，任昌邑市龙池镇党委书记、昌邑（滨海）经济开发区党工委委员；2017年1月—2018年2月，任昌邑市财政局党组书记、局长，一级主任科员；2018年2月—2018年12月，任昌邑市财政局党组书记、局长，四级调研员；2018年12月起，任昌邑市柳疃镇党委书记，四级调研员。

李　鹏　1976年7月生，籍贯潍坊市昌乐县，在职研究生学历，工程硕士，1999年9月加入中国共产党。1993年9月—1997年7月，在山东农业大学林学系蚕学专业学习；1997年10月—2002年3月，为昌乐县红河镇林业站技术员；2002年3月—2003年1月，为昌乐县红河镇纪检干事；2003年1月—2003年6月，任昌乐县红河镇党委委员；2003年6月—2004年4月，任昌乐县高崖镇党委副书记；2004年4月—2005年2月，任昌乐县高崖镇党委副书记、纪委书记；2005年2月—2006年12月，任昌乐县崔家庄镇党委副书记、镇长；2006年12月—2007年8月，任昌乐县崔家庄镇党委书记、人大主席；2007年8月—2011年12月，任昌乐县营丘镇党委书记、人大主席；2011年12月—2012年1月，任昌邑市政府党组成员；2012年1月—2015年11月，任昌邑市政府副市长；2015年11月—2019年8月，任昌邑市委常委、市政府党组副书记、副市长（其间：2018年12月—2019年1月，兼任昌邑市财政局局长）；2019年8月起，任潍坊市应急管理局党组书记、局长。

孙效治　1977年9月生，籍贯昌邑市龙池镇，大学学历，教育学学士，工程硕士专业学位，1999年5月加入中国共产党。1996年9月—2000年7月，在曲阜师范大学体育教育专业学习；2000年8月—2001年3月，为昌邑市围子镇政府镇长助理；2001年3月—2001年7月，在昌邑市学教办工作（借调）；2001年7月—2003年6月，在昌邑市委宣传部工作（借调）；2003年6月—2004年8月，任昌邑市岞山镇党委副书记（挂职）；2004年8月—2007年4月，任昌邑市团市委副书记；2007年4月—2010年2月，任昌邑市团市委书记；2010年2月—2010年8月，任昌邑市委宣传部副部长、市文明办主任；2010年8月—2016年1月，任昌邑市围子街道党工委副书记、办事处主任（其间：2012年3月—2013年12月，在四川大学软件工程领域工程专业在职学习）；2016年1月—2016年12月，任昌邑滨海（下营）经济开发区党工委委员，昌邑市下营镇党委副书记、镇长；2016年12月—2018年2月，任昌邑滨海（下营）经济开发区党工委委员，昌邑市下营镇党委书记；2018年2月—2019年1月，任昌邑滨海（下营）经济开发区党工委委员，昌邑市下营镇党委书记，一级主任科员；2019年1月起，任昌邑市财政局党组书记、局长，一级主任科员。

历任党组（党支部）成员、行政班子成员

闫维喜　1931年1月生，籍贯昌邑市卜庄镇大闫村，在职中专学历，1959年6月加入中国共产党。1949年10月—1953年3月，为昌邑县卜庄人民公社大闫供销社会计；1953年3月—1954年1月，为昌邑县供销社会计；1954年1月—1956年4月，为昌邑县围子供销社会计组组长；1956年4月—1961年9月，为昌邑县财政局企业财务组负责人；1961年9月—1985年11月，为昌邑县财政局农业财务组负责人；1985年11月—1991年1月，任昌邑县财政局党支部委员、农财股股长（其间：1985年9月—1987年7月，在潍坊供销学校会计专业在职函授学习）。1991年2月退休。1999年12月去世。

王维杰　1954年11月生，籍贯昌邑市卜庄镇东任村，在职大学学历，1982年8月加入中国共产党。1977年8月—1983年5月，为昌邑县财政局企业财务组办事员；1983年5月—1984年12月，为昌邑县财政局企业财务组负责人；1985年1月—1985年11月，为昌邑县财政局企财股股长；1985年11月—1986年1月，任昌邑县财政局党支部委员、企财股股长；1986年1月—1992年3月，任昌邑县财政局党支部委员、副局长；1992年3月—1993年3月，任潍坊市高新区财税融资处主要负责人；1993年4月—1994年12月，任潍坊市高新区财政局预算科科长；1995年1月—1996年11月，任潍坊市高新区财政局副局长；1996年11月—2000年10月，任潍坊市高新区财政局副局长兼潍坊市科技开发投资公司总经理(其间：1994年7月—1997年7月，在山东经济学院会计专业函授本科班在职学习)；2000年10月—2004年12月，任潍坊市科技开发投资公司总经理；2004年12月—2009年11月，任潍坊市高新产业开发区监察局局长。2009年11月离岗。2014年11月退休。

谢成合　1935年10月生，籍贯昌邑市石埠经济发展区，中共党员。1951年—1970年，在部队服役；1970年—1978年，为昌邑县流河人民公社干部；1978年—1980年，为昌邑县流河人民公社工交办公室干部；1980年—1983年，为昌邑县乡镇企业管理局干部；1983年—1985年，为昌邑县委组织部干部；1985年—1988年，为昌邑县纪律检查委员会干部；1988年—1990年，任昌邑县财政局党支部委员、纪检员。1990年离岗。1995年退休。1999年去世。

陈贵海　1955年1月生，籍贯山东省泗水县，在职大学学历，1980年11月加入中国共产党。1972年12月—1979年6月，为昌邑县服装厂会计；1979年6月—1979年12月，为昌邑县工业局会计；1979年12月—1987年1月，为

昌邑县纺织工业局财务科长；1987年1月—1987年8月，为昌邑县经济委员会财务股长；1987年8月—1988年4月，为昌邑县纺织工业公司财务科长；1988年4月—1990年4月，任昌邑县柳疃镇委副书记（挂职）；1990年4月—1990年7月，为昌邑县纺织工业公司财务科长；1990年7月—1990年11月，为昌邑县财政局预算外股长；1990年11月—1997年2月，任昌邑市财政局党组成员、副局长（其间：1994年9月—1997年7月，在山东经济学院会计学专业在职学习）；1997年2月—2002年9月，任昌邑市财政局党组成员、副局长、市预算外资金管理局局长；2002年9月—2007年4月，任昌邑市财政局党组副书记、副局长、市预算外资金管理局局长、市农业税征收管理局局长。2007年5月离岗。2015年1月退休。

赵美兰　女，1941年10月生，籍贯昌乐县营丘镇赵家崖头村，高小文化，1959年12月加入中国共产党。1958年9月—1970年2月，为昌乐县朱刘店水泥厂党支部委员、会计、统计员；1970年2月—1973年12月，为昌乐县无线电工具厂党支部委员、会计；1973年12月—1981年3月，为昌乐县工业局党支部委员、政工股股长；1981年3月—1986年5月，为昌乐县纪律检查委员会办公室副主任；1986年5月—1992年9月，任昌邑县林业局党支部委员、副科级纪检检查员（其间：1985年9月—1988年7月，在中国逻辑与语言函授大学逻辑与语言专业函授学习）；1992年9月—1995年10月，任昌邑市财政局党支部委员、副科级纪检员。1995年10月退休。

姜奎芳　1955年8月生，籍贯峡山区岞山街道牟家庄子村，在职大专学历，1985年12月加入中国共产党。1978年4月—1991年6月，为昌邑县财政局预算股科员、股长（其间：1983年9月—1986年7月，在山东广播电视大学财政学专业在职学习）；1991年6月—1994年7月，任昌邑市财政局预算科科长兼市税收财务物价大检查办公室主任；1994年7月—1997年7月，任昌邑市财政局党组成员、副局长兼市税收财务物价大检查办公室主任；1997年7月—2005年5月，任昌邑市财政局党组成员、副局长（其间：1998年9月—2003年9月，兼任潍坊市农村财政研究会第二届理事）；2005年5月—2007年5月，任昌邑市财政局党组成员、副局长兼市国有资产经营投资有限公司经理（正科级）。2005年5月离岗。2015年8月退休。

徐淑兰　女，1955年5月生，籍贯昌邑市奎聚街道徐家鄑水村，大专学历，1980年1月加入中国共产党。1974年10月—1978年11月，为昌邑县城关农业中学教师（其间：1976年7月—1978年6月，在昌潍师范专科学校脱产学习）；1978年11月—1985年3月，为昌邑县毛巾厂团支部书记；1985年3月—1995年7月，任昌邑市纪律检查委员会教研室主任；1995年7月—2005年6月，任昌邑市财政局党组成员、纪检员。2005年7月离岗。2010年5月退休。

杨务珍　男，1952年10月生，籍贯昌邑市流河乡杨家桥村，在职大学学历，1983年4月加

入中国共产党。1972年6月—1974年10月，为昌邑县流河公社报道组报道员；1974年10月—1976年8月，在昌乐师范学校学习；1976年8月—1983年6月，为昌邑县教育局科员；1983年6月—1988年3月，任昌邑县人民政府办公室秘书、副主任；1988年3月—1997年1月，任昌邑县（市）体制改革委员会主任（其间：1986年9月—1988年7月，在中央党校经济管理专业在职函授学习）；1997年1月—2004年6月，任昌邑市财政局地税局党组副书记、副局长、市国有资产管理局局长、市国有资产管理办公室主任。2004年6月离岗。2012年10月退休。

孙介甫 1962年8月生，籍贯昌邑市卜庄镇前河滩东村，在职大学学历，1987年9月加入中国共产党。1982年7月—1984年7月，在潍坊供销学校财会专业学习；1984年7月—1999年2月，为昌邑市财政局预算科科员、副科长、科长；1999年2月—2007年5月，任昌邑市财政局党组成员、副局长（其间：2000年9月—2003年7月，在山东省委党校经济管理专业在职学习）；2007年5月—2016年12月，任昌邑市财政局党组成员、副局长、市基层财政管理局局长；2016年12月—2017年9月，任昌邑市财政局党组成员、副局长；2017年9月起，任昌邑市财政局一级主任科员。

孙广阔 1963年8月生，籍贯昌邑市柳疃镇青阜村，在职大学学历，1996年12月加入中国共产党。1983年12月—1985年4月，为昌邑县下营航运公司工人；1985年4月—1992年4月，为昌邑县印刷厂工人、财务科长（其间：1988年9月—1990年6月，在山东省会计干部中等专业学校潍坊分校会计专业在职学习）；1992年4月—1999年1月，为昌邑市财政局科员、副科长、科长；1999年1月—2001年12月，任昌邑市国有资产管理局副局长兼行财科科长（其间：1993年6月—1999年6月，在省高教自学考试会计专业在职学习）；2001年12月—2007年4月，任昌邑市财政局党组成员、副局长（其间：2000年9月—2002年12月，在山东省委党校经济管理专业在职学习）；2007年4月—2016年6月，任昌邑市财政局党组成员、副局长、市国有资产经营投资有限公司经理；2016年6月起，任昌邑市财政局党组成员、副局长。

魏全江 1963年2月生，籍贯昌邑市龙池镇龙北村，在职大学学历，1987年9月加入中国共产党。2011年9月，聘任高级会计师。1978年10月—1980年7月，在烟台财政学校财税专业学习；1980年7月—1987年5月，为昌邑县财政局科员（其间：1983年9月—1986年7月，在山东电视大学潍坊分校会计学专业脱产学习）；1987年5月—1995年8月，为昌邑市财政局股（科）长；1995年8月—1996年3月，任昌邑市国有资产管理局负责人；1996年3月—2001年12月，任昌邑市国有资产管理局副局长（其间：1994年9月—1997年7月，在山东经济学院会计学专业在职学习）；2001年12月—2002年8月，任昌邑市国有资产管理办公室副主任；2002

年8月—2008年8月，任昌邑市财政局党组成员、副局长；2008年8月—2009年3月，任昌邑市财政局党组成员、副局长、主任科员；2009年3月—2010年2月，任昌邑市政府金融证券业发展协调办公室主任、市财政局党组成员、副局长；2010年2月—2011年7月，任昌邑市金融工作办公室主任、市财政局党组成员、副局长；2011年7月—2014年10月，任昌邑市财政局党组成员，昌邑市住房公积金管理中心主任；2014年11月—2017年9月，任潍坊市住房公积金管理中心昌邑分中心主任；2017年9月—2018年5月，任潍坊市住房公积金管理中心昌邑分中心正科级干部；2018年5月起，任潍坊市住房公积金管理中心监督委员会委员、潍坊市住房公积金管理中心昌邑分中心正科级干部。

林明波　1963年11月生，籍贯乐陵市朱集镇林家村，在职大学学历，1987年8月加入中国共产党。1980年6月—1981年5月，为昌邑县麻纺织厂临时工；1981年6月—1982年10月，为昌邑县五交化公司临时工；1982年11月—1985年1月，为部队战士、班长；1985年1月—1992年3月，为昌邑县人民检察院书记员、助理检察员、检察员；1992年4月—1999年1月，任昌邑市人民政府办公室秘书,法制办副主任、主任（其间：1995年9月—1998年6月，在南开大学法学专业在职学习）；1999年1月—2003年4月，任昌邑市人民政府副秘书长、市法制局局长；2003年4月—2004年6月，任昌邑市都昌街道党工委副书记、街道办事处主任，昌邑市经济开发区党工委副书记、管委会副主任；2004年6月—2014年8月，任昌邑市财政局党组成员、副局长、市国有资产管理办公室主任；2014年8月—2017年8月，任昌邑市财政局党组副书记、市国有资产管理办公室主任；2017年8月—2018年3月，任昌邑市财政局党组副书记；2018年3月起，任昌邑市财政局四级调研员。

张青山　1956年10月生，籍贯昌邑市围子街道军屯村，大专学历，1988年10月加入中国共产党。1977年10月—1984年7月，为昌邑县果品公司会计；1984年7月—1997年3月，为昌邑市财政局科员、科长（其间：1994年9月—1997年7月，在山东经济学院会计学专业在职学习）；1997年2月—2001年3月，任昌邑市预算外资金管理局副局长；2001年3月—2006年5月，任昌邑市国有资产管理局（办公室）副局长（副主任）；2006年5月—2008年8月，任昌邑市财政局党组成员、纪检组长。2008年8月离岗。2016年10月退休。

徐学义　1962年8月生，籍贯昌邑市柳疃镇太平集村，在职大专学历，1983年1月加入中国共产党。1980年10月—1985年12月，为陆军某军某师炮团侦察班长；1985年12月—1992年4月，为昌邑县柳疃镇财政所科员；1992年4月—1997年12月，为昌邑市龙池镇财政所副所长（其间：1989年9月—1992年10月，在中央党校经济管理专业在职学习）；1997年12月—1998年12月，为昌邑市奎聚街道财政所副所长；1998年12月—2006年12月，任昌邑市奎聚街道办事处计生主任、组织委员、街办副主任、党工委副书记（兼任奎聚街道财政所副所长）；2006年12月—2008

年8月，任昌邑市国有资产管理办公室副主任；2008年8月—2017年9月，任昌邑市财政局党组成员、纪检组长，一级主任科员；2017年9月起，任昌邑市财政局一级主任科员。

徐桂华　女，1962年11月生，籍贯昌邑市卜庄镇徐家庄村，在职大学学历，1993年4月加入中国共产党。1992年8月，取得会计师资格；2002年2月，取得高级会计师资格。1981年9月—1983年7月，在烟台财政学校财税专业学习；1983年7月—2005年4月，为昌邑市财政局科员、科长（其间：1994年9月—1997年7月，在山东经济学院会计专业在职学习）；2005年5月—2009年8月，任昌邑市财政局社会保障处主任；2008年8月—2012年3月，任昌邑市财政局党组成员、工会主任；2012年3月—2017年9月，任昌邑市财政局党组成员、主任科员、市社会保障处主任；2017年9月起，任昌邑市财政局主任科员。

穆效彬　1963年7月生，籍贯昌邑市石埠经济发展区西郭村，在职大学学历，1985年10月加入中国共产党。1978年10月—1981年7月，在昌潍农业学校蚕茧专业学习；1981年7月—1984年10月，为昌邑县蚕茧公司技术员；1984年10月—1985年12月，为昌邑县纺织工业公司团总支书记；1986年1月—1987年6月，为昌邑县政府办公室信访科文书；1987年7月—1988年11月，为昌邑县信访办公室干事；1988年11月—1995年11月，为昌邑市经济战略研究委员会办公室秘书；1995年11月—1997年2月，任昌邑市委办公室综合科副科长（其间：1994年9月—1996年12月，在山东省委党校经济管理专业在职学习）；1997年2月—1997年9月，任昌邑市委办公室副科级秘书；1997年9月—1999年1月，任昌邑市委研究室副主任；1999年1月—1999年10月，任昌邑市委副秘书长兼研究室副主任；1999年10月—2003年6月，任昌邑市委副秘书长兼研究室主任；2003年6月—2005年1月，任昌邑市委副秘书长兼农工办主任；2005年1月—2010年1月，任昌邑市档案馆馆长；2010年1月—2016年6月，任昌邑市财政局党组成员、副局长，市农业综合开发办公室主任；2016年6月—2016年12月，任昌邑市财政局党组成员、市农业综合开发办公室主任；2016年12月—2019年3月，任昌邑市财政局党组成员、四级调研员、市农业综合开发办公室主任；2019年3月起，任昌邑市农业农村局四级调研员。

徐云舟　1966年4月生，籍贯昌邑市饮马镇兴会村，在职大学学历，硕士学位，1997年7月加入中国共产党。1986年9月—1988年7月，在山东农业大学农村金融专业学习；1988年7月—2008年8月，为昌邑市财政局科员、副科长、科长（其间：1994年9月—1997年7月，在山东经济学院会计学专业在职学习）；2008年8月—2011年3月，任昌邑市政府采购中心主任；2011年3月—2016年6月，任昌邑市财政局党组成员、副局长（其间：2010年9月—2012年6月，在山东大学软件工程领域工程硕士专业学位在职学习）；2016年6月起，任昌邑市财政局党组成员、主任科员。

高凤鸣　1964年4月生，籍贯昌邑市围子街道戚家村，在职大专学历，1992年12月加入中

国共产党。1983年10月—1985年7月，在潍坊供销学校财会专业学习；1985年7月—2010年2月，为昌邑市财政局科员、副科长、科长（其间：1994年7月—1997年7月，在山东经济学院会计学专业在职学习）；2010年2月—2012年7月，任昌邑市基层财政管理局副局长；2012年7月—2016年7月，任昌邑市财政局党组成员、市基层财政管理局副局长；2016年7月起，任昌邑市财政局党组成员、市国库集中支付中心主任。

明坤祥 1972年12月生，籍贯昌邑市围子街道明部村，在职大学学历，2005年9月加入中国共产党。1993年9月—1996年7月，在西北建筑工程学院供暖通风与空调专业学习；1996年8月—2006年8月，为昌邑市财政局科员（其间：2002年9月—2004年12月，在山东省委党校经济管理专业在职学习）；2006年8月—2007年8月，任昌邑市财政投资评审中心副主任；2007年8月—2008年8月，任昌邑市政府采购中心副主任；2008年8月—2012年3月，任昌邑市财政局办公室主任；2012年3月—2014年8月，任昌邑市农业综合开发办公室副主任；2014年8月—2016年5月，任昌邑市财政局党组成员、副主任科员；2016年5月起，任昌邑市财政局党组成员、副局长。

姜喜润 1975年8月生，籍贯峡山区太保庄街道西齐家屯村，在职大学学历，2003年8月加入中国共产党。1992年9月—1995年7月，在潍坊师范学校普师班学习；1995年8月—1995年12月，为昌邑市太保庄乡望仙埠初中教师；1995年12月—2007年5月，为昌邑市政府办公室档案员、文书、机要秘书、秘书科副科长、秘书科科长、综合科科长（其间：1994年4月—1997年6月，在山东师范大学汉语言文学专业全国高等教育自学考试在职学习；1998年9月—2000年12月，在山东省委党校经济管理专业在职学习）；2007年5月—2009年9月，任昌邑市政府金融证券业发展协调办公室副主任；2009年9月—2011年1月，任昌邑市政府督查室副主任；2011年1月—2011年7月，任昌邑市政府办公室主任科员；2011年7月—2017年8月，任昌邑市金融工作办公室主任；2017年8月—2018年2月，任昌邑市财政局党组成员、市国有资产管理办公室主任；2018年2月—2019年2月，任昌邑市财政局党组成员，市国有资产管理办公室主任、一级主任科员；2019年2月起，任昌邑市财政局党组成员、一级主任科员。

杜伟伟 女，1976年10月生，籍贯昌邑市卜庄镇集东村，在职大学学历。2000年12月取得助理会计师职称。1996年8月—1998年7月，在沈阳航空工业学院会计电算化专业学习；1998年12月—2004年3月，为昌邑市中医院会计（其间：2000年9月—2002年12月，在山东省委党校经济管理专业在职学习）；2004年3月—2012年3月，任昌邑市审计局副局长；2012年3月—2014年8月，任昌邑市审计局副局长、主任科员；2014年8月—

2016年12月，任昌邑市审计局主任科员；2016年12月—2017年12月，任昌邑市统计局主任科员；2017年12月—2019年2月，任昌邑市金融办副主任、二级主任科员；2019年2月—2019年3月，任昌邑市地方金融监督管理局副局长、二级主任科员；2019年3月起，任昌邑市财政局副局长、二级主任科员。

先进个人

王云贞　1955年5月生，籍贯昌邑市围子街道田家村，在职大专学历，1986年5月加入中国共产党。2000年5月，取得会计师资格。1983年4月—1986年4月，为昌邑县围子镇经管站会计辅导员；1986年5月—1997年4月，为昌邑市围子镇财政所科员、副所长；1997年4月—1998年4月，为昌邑市财政局行财科科员（其间：1994年7月—1997年7月，山东经济学院会计学专业在职学习）；1998年4月—2003年3月，为昌邑市财政局信息中心主任；2003年3月—2011年9月，为昌邑市农税局、市基层财政管理局综合科科长；2011年9月—2015年4月，为昌邑市住房公积金管理中心科员。2015年5月退休。1992年，获得省财政厅“山东省财政系统优秀所长”称号。

付绍集　1963年6月生，籍贯昌邑市柳疃镇付戈庄村，在职大专学历，1988年12月加入中国共产党。1980年12月—1989年9月，为昌邑县龙池镇供销社会计（其间：1986年9月—1989年6月，在安徽财贸学院会计专业在职学习）；1989年9月—1992年4月，为昌邑县土产公司会计；1992年4月—2006年5月，为昌邑市财政局科员、科长；2006年5月—2016年12月，任昌邑市财政局国库集中支付中心主任；2016年12月—2018年3月，任昌邑市基层财政管理局局长；2018年3月起，任昌邑市财政局主任科员。2004年，获得省国税局、省地税局、省财政厅、财政部驻山东省专员办“2003年度山东省减免税普查先进个人”称号；2016年，获得省人力资源和社会保障厅、省财政厅、省公务员局“在全省财政系统工作中做出较大贡献，记三等功”表彰。

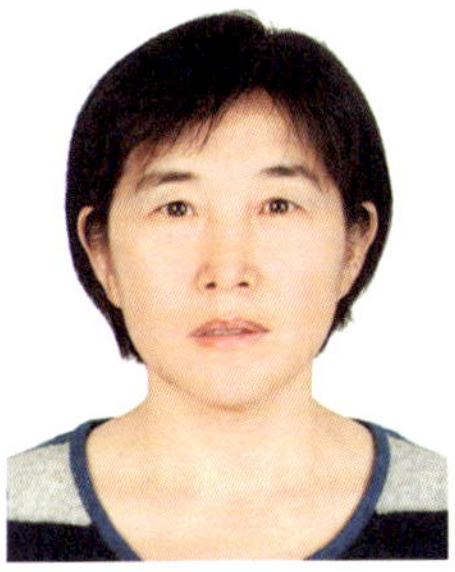

郑晓燕　女，1970年12月生，籍贯昌邑市卜庄镇郑家村，大学学历，学士学位，2008年10月加入中国共产党。1994年10月，取得会计师资格；2005年12月，取得高级会计师资格。1988年9月—1991年7月，在山东省财政学校财政专业学习；1991年7月起，为昌邑市财政局科员、副科长（其间：2001年7月—2004年12月，在山东省委党校经济管理专业在职学习）。2005年，获得省财政厅、省委宣传部、省总工会“山东省先进会计工作者”称号。2008年，被潍坊市财政局评为潍坊市会计领军人才。

姜军英　女，1971年7月生，籍贯昌邑市都昌街道西辛庄村，大专学历。2001年10月，取得注册造价师资格。1992年9月—1995年7月，

在西北建筑工程学院工民建专业学习；1995年7月—1998年12月，为昌邑市审计师事务所科员；1998年12月—1999年12月，为潍坊会计师事务所昌邑分所科员；2000年1月起，为昌邑市财政预算评审中心科员。2007年，获得省财政厅“山东省财政投资评审工作先进个人”称号。

王仁昌 1965年8月生，籍贯峡山区岞山街道牟家庄子村，大学学历，1992年11月加入中国共产党。1989年12月，取得助理工程师职称；1993年12月，取得工程师职称；1994年4月，取得经济师职称；2002年11月，取得高级经济师职称。1984年9月—1988年7月，在山东农业机械化学院机制工艺与设备专业学习；1988年7月—1989年12月，为昌邑县木工机械厂技术科技术员；1989年12月—1995年5月，为昌邑市卜庄镇财政所科员；1995年5月—1997年4月，为昌邑市围子镇财政所科员；1997年4月—2017年10月，为昌邑市围子街道财政所副所长；2017年11月起，为昌邑市财政局史志办公室主任（借调）。2008年，获得省委宣传部、省财政厅、省总工会“山东省先进会计工作者”称号。

肖美先 女，1970年8月生，籍贯峡山区岞山街道留戈庄村，在职大学学历。2000年10月，取得注册造价师资格。1990年9月—1992年7月，在潍坊电视大学审计专业学习；1992年11月—1998年12月，为昌邑市审计师事务所科员；1998年12月—1999年12月，为潍坊会计师事务所昌邑分所科员；2000年1月—2013年5月，为昌邑市财政预算评审中心科员（其间：2003年9月—2005年12月，在山东省委党校经济管理专业在职学习）；2013年5月—2015年10月，为昌邑市财政预算评审中心副主任；2015年10月—2018年9月，为昌邑市财政预算评审中心代理主任；2018年9月起，为昌邑市财政预算评审中心主任。2010年，获得省财政厅“山东省财政投资评审工作先进个人”称号。

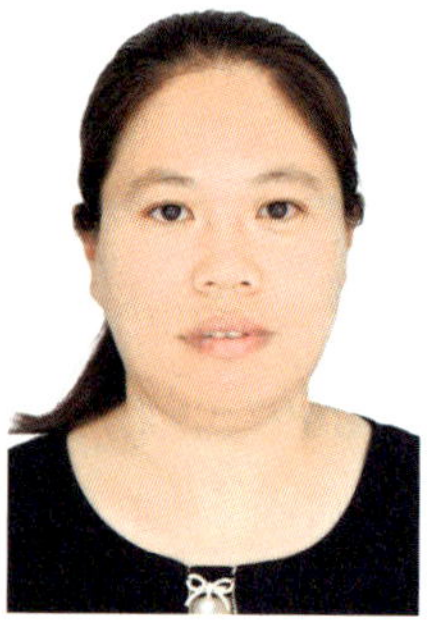

姜新芳 女，1979年9月生，籍贯昌邑市卜庄镇姜泊村，在职大学学历，2003年3月加入中国共产党。2004年12月，取得经济师资格；2019年2月，取得高级会计师资格。1997年9月—1999年7月，在潍坊贸易学校工业企业财务会计专业学习；1999年12月—2001年4月，为昌邑市下营镇财政所科员；2001年4月—2007年8月，为昌邑市夏店镇财政所科员（其间：2002年9月—2004年12月，在山东省委党校经济管理专业在职学习）；2007年8月—2016年12月，为昌邑市卜庄镇财政所科员；2016年12月起，为昌邑市卜庄镇财政所副所长。2011年，获得省财政厅、省农业厅“2011年度山东省粮食直补工作先进个人”称号。

谢娅妮 女，1983年5月生，籍贯济宁市中区，在职研究生学历，硕士学位。2003年4月加入中国共产党。2012年12月取得经济师资格；2018年5月取得高级会计师资格。2002年9月—2006年7月，

山东建筑大学会计学专业学习；2006年12月—2018年9月，为昌邑市财政局企财科科员、副科长（其间：2009年9月—2011年12月，在山东科技大学软件工程专业在职学习）；2018年9月起，为昌邑市财政局社保处副主任。2012年，获得省财政厅、省农业厅“2012年度山东省粮食直补工作先进个人”称号。2019年9月，入选潍坊市会计专家库。

李晓宇 女，1989年9月生，籍贯昌邑市北孟镇东角兰村，研究生学历，硕士学位，2009年12月加入中国共产党。2008年9月—2012年6月，在中国石油大学（华东）行政管理专业学习；2012年9月—2014年6月，在中国石油大学（华东）行政管理专业硕士研究生学习。2014年7月—2015年1月，为昌邑市奎聚街道陶埠村党支部书记助理；2015年1月—2016年7月，为昌邑市奎聚街道薛园村党支部委员；2016年7月—2016年12月，为昌邑市奎聚街道办事处科员；2016年12月—2017年6月，为昌邑市奎聚街道财政所副所长；2017年6月—2017年10月，为昌邑市奎聚街道财政所副所长、四级主任科员；2017年10月起，任昌邑市奎聚街道办事处四级主任科员。2016年，获得省财政厅“第二届山东省乡镇财政业务技能竞赛决赛一等奖”“山东省乡镇财政业务技术能手”称号；2017年，获得团省委“山东省青年岗位能手”称号；2018年，获得省人力资源和社会保障厅“2017年度山东省技术能手”称号。

刘妮娜 女，1978年2月生，籍贯昌邑市北孟镇大南孟村，在职大学学历，2006年6月加入中国共产党。2000年12月，取得助理会计师资格；2004年5月，取得会计师资格；2013年5月，取得高级会计师资格。1996年9月—1999年7月，在大连大学会计学专业学习；1999年12月—2001年4月，为昌邑市石埠镇财政所科员（其间：1997年9月—1999年12月，在东北财经大学会计学专业自学考试在职学习）；2001年4月起，为昌邑市都昌街道财政所科员。2018年，获得省财政厅“第三届山东省乡镇财政业务技能竞赛决赛一等奖”“山东省乡镇财政业务技术能手”称号；2019年，获得省人力资源和社会保障厅“2018年度山东省技术能手”称号，获得省妇联“山东省巾帼建功标兵”称号。

高级职称人员

陈 萍 女，1962年7月生，籍贯昌邑市龙池镇北白塔村，在职大学学历，1985年12月加入中国共产党。2004年12月，取得高级会计师资格。1978年9月—1979年6月，在昌邑县围子人民公社插队；1979年6月—2010年2月，为昌邑市财政局科员、科长（其间：1985年9月—1988年9月，在上海财经大学财税专业函授学习；2003年7月—2005年12月，在山东省委党校经济管理专业在职学习）；2010年2月—2011年3月，任昌邑市财政局副主任科员；2011年3月—2017年7月，任昌邑市国有资产管理办公室副主任。2017

年7月退休。

黄领弟 女，1975年8月生，籍贯昌邑市围子街道前陶村，大学学历，学士学位，2007年7月加入中国共产党。2004年5月，取得会计师资格；2012年3月，取得高级会计师资格。1995年9月—1999年7月，在中南工学院会计学专业学习；1999年12月起，为昌邑市石埠经济发展区财政所科员。

韩海燕 女，1984年8月生，籍贯昌邑市奎聚街道石湾店村，大学学历，学士学位，2007年12月加入中国共产党。2013年10月，取得会计师资格；2018年10月，取得高级会计师资格。2005年9月—2009年7月，在济南大学会计学专业学习；2009年10月—2011年2月，为昌邑市下营镇人民政府科员；2011年2月起，为昌邑市下营镇财政所科员。

陈　栋 1983年12月生，籍贯峡山区峡山街道皂角树村，大学学历，学士学位，2014年11月加入中国共产党。2008年12月，取得助理会计师资格；2013年10月，取得会计师资格；2019年12月，取得高级会计师资格。2003年9月—2007年7月，在山东工商学院财务管理专业学习；2007年12月—2009年5月，为昌邑市人民医院科员；2009年5月起，为昌邑市财政局科员。2018年9月，入选“潍坊市会计骨干（后备）人才”；2019年9月，入选潍坊会计专家库。

在职在编人员

2005年12月昌邑市财政局在职在编人员情况表

表1

序号	姓　名	性别	民族	身份	出生年月	文化程度	单位	职务或职称
1	戚风乾	男	汉	公务员	1961-03	大学	局机关	正科
2	张晓润	男	汉	公务员	1950-09	大学	局机关	副处
3	杨务珍	男	汉	公务员	1952-08	大学	局机关	正科
4	陈贵海	男	汉	公务员	1955-01	大学	局机关	正科
5	姜奎芳	男	汉	公务员	1955-10	大学	局机关	副科
6	徐淑兰	女	汉	公务员	1955-08	大专	局机关	副科
7	孙介甫	男	汉	公务员	1962-08	大学	局机关	副科
8	王学明	男	汉	公务员	1951-10	中专	局机关	科员
9	陈　萍	女	汉	公务员	1962-07	大学	局机关	科员
10	李吉松	男	汉	公务员	1959-01	大专	局机关	科员

续表

序号	姓　名	性别	民族	身份	出生年月	文化程度	单位	职务或职称
11	李桂江	男	汉	公务员	1957-01	大学	局机关	科员
12	王云亭	女	汉	公务员	1963-04	大学	局机关	科员
13	付绍集	男	汉	公务员	1963-06	大专	局机关	科员
14	徐云舟	男	汉	公务员	1966-04	大学	局机关	科员
15	徐桂华	女	汉	公务员	1962-11	大学	局机关	科员
16	于爱国	男	汉	公务员	1963-09	大专	局机关	科员
17	张欣智	男	汉	公务员	1960-08	大学	局机关	科员
18	姜言杰	男	汉	公务员	1946-02	大专	局机关	科员
19	冯志清	男	汉	公务员	1957-07	大专	局机关	科员
20	孙健美	女	汉	公务员	1960-09	大学	局机关	科员
21	刘会堂	男	汉	公务员	1966-10	大学	局机关	科员
22	刘云涛	男	汉	公务员	1963-09	大专	局机关	科员
23	赵子联	男	汉	公务员	1957-04	大专	局机关	科员
24	于海成	男	汉	技术工人	1962-01	中专	局机关	高级工
25	张红晓	女	汉	技术工人	1973-11	大学	局机关	中级工
26	魏全江	男	汉	公务员	1963-02	大学	局机关	副科
27	孙广阔	男	汉	公务员	1963-08	大学	局机关	副科
28	韩茂松	男	汉	技术工人	1961-12	大专	局机关	高级工
29	彭　丽	女	汉	公务员	1957-11	大专	局机关	副科
30	马春盛	男	汉	公务员	1944-07	高中	局机关	副处
31	阎承海	男	汉	公务员	1953-01	大专	局机关	正科
32	张青山	男	汉	公务员	1956-10	大专	国资办	副科
33	孙全兴	男	汉	公务员	1955-11	大专	国资办	科员
34	温胜利	男	汉	公务员	1954-05	中专	国资办	科员
35	郭孝涛	男	汉	公务员	1969-04	大学	国资办	科员
36	高言峰	男	汉	公务员	1969-04	大学	国资办	科员
37	金凤宾	男	汉	公务员	1966-09	大专	国资办	科员
38	姜光明	男	汉	参（公）事业单位管理人员	1956-02	中专	国资办	高级工

续表

序号	姓　名	性别	民族	身份	出生年月	文化程度	单位	职务或职称
39	谭爱梅	女	汉	参（公）事业单位管理人员	1952-11	中专	农税局	科员
40	范海涛	男	汉	参（公）事业单位管理人员	1972-09	大学	农税局	科员
41	姜竹梅	女	汉	参（公）事业单位管理人员	1974-03	大学	农税局	科员
42	滕晓辉	男	汉	参（公）事业单位管理人员	1980-09	大专	农税局	科员
43	翟玉芝	女	汉	参（公）事业单位管理人员	1960-12	大专	农税局	科员
44	郭瑞玉	女	汉	参（公）事业单位管理人员	1952-08	大专	社会保障处	副科
45	杜爱平	女	汉	参（公）事业单位管理人员	1965-05	大学	社会保障处	科员
46	孙继刚	男	汉	参（公）事业单位管理人员	1958-07	大专	财政监督局	副科
47	郑际美	男	汉	参（公）事业单位管理人员	1953-05	大专	财政监督局	科员
48	孙晓华	女	汉	参（公）事业单位管理人员	1961-07	大专	财政监督局	科员
49	齐红蕾	女	汉	参（公）事业单位管理人员	1971-11	大学	财政监督局	科员
50	魏海峰	女	汉	参（公）事业单位管理人员	1976-10	大学	财政监督局	科员
51	李述军	男	汉	技术工人	1951-10	中专	财政监督局	高级工
52	王云贞	男	汉	事业管理人员	1955-05	大专	住房资金管理中心	科员
53	陈素珍	女	汉	事业管理人员	1967-10	大学	住房资金管理中心	科员
54	葛英虎	男	汉	事业管理人员	1970-09	大学	住房资金管理中心	科员
55	张正暄	女	汉	事业管理人员	1968-04	大学	住房资金管理中心	科员
56	朱春波	男	汉	事业管理人员	1973-03	大学	住房资金管理中心	科员
57	任骁雁	男	汉	事业管理人员	1971-11	大学	住房资金管理中心	科员
58	李金臻	女	汉	事业管理人员	1960-10	大学	住房资金管理中心	科员
59	高凤鸣	男	汉	事业管理人员	1964-04	大专	财政驻厂处	科员
60	张延亮	男	汉	事业管理人员	1962-06	大专	财政驻厂处	科员
61	姜艳秋	女	汉	事业管理人员	1958-09	大专	财政驻厂处	科员
62	于亚莉	女	汉	事业管理人员	1956-10	中专	财政驻厂处	科员
63	郑晓燕	女	汉	事业管理人员	1970-12	大学	国债服务部	科员
64	史有志	男	汉	事业管理人员	1970-10	大学	国债服务部	科员
65	赵京伟	女	汉	事业管理人员	1976-10	大学	国债服务部	科员
66	王卫华	男	汉	参（公）事业单位管理人员	1957-12	大专	政府采购中心	副科

续表

序号	姓　名	性别	民族	身份	出生年月	文化程度	单位	职务或职称
67	范民	男	汉	事业管理人员	1956-05	大学	经济开发投资公司	副科
68	谭金山	男	汉	事业管理人员	1958-12	大专	经济开发投资公司	副科
69	齐文盛	男	汉	事业管理人员	1963-04	大学	经济开发投资公司	副科
70	梁国凤	女	汉	事业管理人员	1953-12	中专	经济开发投资公司	科员
71	张伟民	男	汉	事业专业技术人员	1949-06	大学	经济开发投资公司	中级
72	明坤祥	男	汉	事业专业技术人员	1972-12	大学	经济开发投资公司	中级
73	宿胜国	男	汉	事业管理人员	1966-09	中专	经济开发投资公司	科员
74	褚瑞山	男	汉	事业管理人员	1947-09	大学	财政投资评审中心	副科
75	付希丽	女	汉	事业专业技术人员	1969-09	大学	财政投资评审中心	中级
76	肖美先	女	汉	事业专业技术人员	1970-08	大学	财政投资评审中心	中级
77	姜军英	女	汉	事业专业技术人员	1971-07	大学	财政投资评审中心	中级
78	张　华	女	汉	事业专业技术人员	1962-11	大专	财政投资评审中心	助理
79	徐京菲	女	汉	事业专业技术人员	1970-11	大专	财政投资评审中心	助理
80	董瑞娟	女	汉	技术工人	1973-11	大专	财政投资评审中心	初级工

2011年12月昌邑市财政局在职在编人员情况表

表2

序号	姓　名	性别	民族	身份	政治面貌	出生年月	参加工作时间	入党时间	文化程度	现任职务	备注
1	李友田	男	汉	公务员	中共党员	1964-02	1986-07	1985-12	大学	财政局局长、党组书记	正科
2	林明波	男	汉	公务员	中共党员	1963-12	1981-06	1987-08	大学	副局长、国资办主任	正科
3	孙介甫	男	汉	公务员	中共党员	1962-08	1984-07	1987-09	大学	副局长、基层财政管理局长	正科
4	孙广阔	男	汉	公务员	中共党员	1963-08	1983-12	1996-12	大学	副局长、国有资产经营投资公司经理	正科
5	魏全江	男	汉	公务员	中共党员	1963-02	1980-07	1987-09	大学	市住房公积金管理中心	正科
6	穆效彬	男	汉	公务员	中共党员	1963-07	1981-07	1984-10	大学	副局长、农开办主任	正科
7	徐云舟	男	汉	干部	中共党员	1966-04	1988-07	1996-03	大学	副局长	副科
8	徐学义	男	汉	公务员	中共党员	1962-08	1980-10	1983-12	大专	纪检组长	副科

续表

序号	姓　名	性别	民族	身份	政治面貌	出生年月	参加工作时间	入党时间	文化程度	现任职务	备注
9	徐桂华	女	汉	公务员	中共党员	1962-11	1983-07	1993-04	大学	工会主任	副科
10	刘会堂	男	汉	公务员	中共党员	1966-10	1989-07	1998-11	大学	副主任科员	副科
11	徐维凯	男	汉	公务员	中共党员	1969-11	1988-08	1994-11	大学	副科级干部	副科
12	李吉松	男	汉	公务员	中共党员	1959-01	197-505	1986-10	大专	财监局副局长	—
13	李桂江	男	汉	公务员	中共党员	1957-01	1979-12	1984-05	大学	财监局副局长	—
14	王云亭	女	汉	公务员	中共党员	1963-04	1980-07	1984-12	大学	国资办科长	—
15	刘云涛	男	汉	公务员	中共党员	1963-09	1983-07	1990-12	大专	财监局科员	—
16	张欣智	男	汉	公务员	中共党员	1960-08	1981-07	1985-04	大学	财监局科员	—
17	赵子联	男	汉	公务员	中共党员	1957-04	1974-11	1985-11	大专	农财科科员	—
18	冯志清	男	汉	公务员	中共党员	1957-07	1976-03	1989-10	大专	预算科科员	—
19	黄倩倩	女	汉	公务员	中共党员	1986-09	2009-08	2006-12	大学	预算科科员	—
20	马　雷	女	汉	公务员	中共党员	1986-08	2010-09	2008-11	大学	行财科科员	—
21	姚静静	女	汉	公务员	—	1987-10	2010-09	—	大学	办公室科员	—
22	刘桂业	男	汉	工人	中共党员	1961-10	1980-10	1986-09	大专	办公室科员	—
23	韩茂松	男	汉	工人	中共党员	1961-12	1979-11	1983-08	大专	政府采购中心	—
24	于海成	男	汉	工人	中共党员	1962-01	1979-12	1982-08	中专	农财科科员	—
25	张红晓	女	汉	工人	中共党员	1973-11	1993-02	2002-03	大学	办公室科员	—
26	张始训	男	汉	公务员	中共党员	1965-10	1986-07	1995-03	大学	国资办副主任	副科
27	陈　萍	女	汉	公务员	中共党员	1962-07	1978-09	1985-12	大学	国资办副主任	副科
28	孙全兴	男	汉	公务员	中共党员	1955-11	1975-11	1985-09	大专	评审中心主任	—
29	温胜利	男	汉	公务员	中共党员	1954-05	1970-12	1984-12	中专	国资办科长	—
30	高言峰	男	汉	公务员	中共党员	1969-04	1989-07	1999-06	大学	农财科科长	—
31	郭孝涛	男	汉	公务员	中共党员	1969-04	1991-07	2002-09	大学	综合科副科长	—
32	姜光明	男	汉	工人	中共党员	1956-02	1976-03	1983-01	中专	基建科科员	—

续表

序号	姓 名	性别	民族	身份	政治面貌	出生年月	参加工作时间	入党时间	文化程度	现任职务	备注
33	高凤鸣	男	汉	干部	中共党员	1964-04	1985-07	1992-12	大专	基层财政管理局副局长	副科
34	范海涛	男	汉	聘干	中共党员	1972-09	1991-11	1997-03	大学	党建办	—
35	姜竹梅	女	汉	干部	中共党员	1974-03	1994-10	2005-09	大学	行财科科长	—
36	滕晓辉	男	汉	聘干	中共党员	1980-09	1999-12	2004-09	大专	财监局科员	—
37	翟玉芝	女	汉	聘干	—	1960-12	1978-01	—	大专	国资办科员	—
38	于友智	男	汉	干部	中共党员	1979-09	1999-12	2003-12	大专	预算科科员	—
39	张兴涛	男	汉	干部	中共党员	1971-01	1992-07	1995-10	大学	税政科科长	—
40	代群英	女	汉	聘干	中共党员	1963-08	1988-09	1995-05	大专	基层财政管理局科员	—
41	孙健美	女	汉	干部	中共党员	1960-09	1981-08	1992-06	大学	社保处主任	副科
42	杜爱平	女	汉	聘干	中共党员	1965-05	1980-09	1986-08	大学	农财科副科长	—
43	刘文虹	女	汉	干部	—	1981-05	2004-12	—	大学	综合科科员	—
44	郑亚丽	女	汉	干部	中共党员	1982-07	2005-12	2004-04	大学	预算科科员	—
45	时海萍	女	汉	聘干	—	1969-07	1990-12	—	大专	企财科科员	—
46	于爱国	男	汉	干部	中共党员	1963-09	1984-07	1993-11	大专	财监局局长	副科
47	郑际美	男	汉	聘干	中共党员	1953-05	1975-01	1974-12	大专	信息中心科员	—
48	孙晓华	女	汉	聘干	中共党员	1961-07	1979-06	1994-10	大专	女工主任	—
49	齐红蕾	女	汉	干部	中共党员	1971-11	1991-07	2001-03	大学	基建科科长	—
50	魏海峰	女	汉	干部	中共党员	1976-10	1998-12	2009-05	大学	支付中心科员	—
51	金凤宾	男	汉	公务员	中共党员	1966-09	1990-07	1998-12	大专	政府采购中心主任	—
52	赵立波	女	汉	干部	中共党员	1981-08	2004-12	2007-07	研究生	行财科科员	—
53	高长喜	男	汉	干部	中共党员	1981-01	2005-12	2005-06	大学	政府采购中心科员	—
54	范延凤	女	汉	干部	—	1981-10	2005-12	—	大学	基建科科员	—
55	马兴志	男	汉	干部	中共党员	1981-03	2006-12	2001-05	大学	基层财政管理局科员	—
56	孙岩伟	男	汉	工人	中共党员	1976-08	1995-07	2010-05	大专	办公室科员	—

续表

序号	姓　名	性别	民族	身份	政治面貌	出生年月	参加工作时间	入党时间	文化程度	现任职务	备注
57	李聪琛	男	汉	干部	—	1969-01	1989-07	—	大学	政府采购中心科员	—
58	付绍集	男	汉	干部	中共党员	1963-06	1980-12	1987-12	大专	国库集中支付中心主任	副科
59	孙学珂	男	汉	干部	中共党员	1981-05	2004-08	2003-01	大学	社保处科员	—
60	王西波	男	汉	干部	中共党员	1980-01	2004-08	2003-03	大学	支付中心科员	—
61	翟佳佳	女	汉	干部	中共党员	1981-09	2006-12	2009-11	大学	综合科科员	—
62	谢娅妮	女	汉	干部	中共党员	1983-05	2006-12	2003-04	大学	企财科科员	—
63	郑晓燕	女	汉	干部	中共党员	1970-12	1991-07	2008-10	大学	企财科科员	—
64	史有志	男	汉	干部	中共党员	1970-10	1994-07	2000-09	大学	信息中心副主任	—
65	赵京伟	女	汉	聘干	中共党员	1976-10	1994-12	2008-05	大学	社保处科员	—
66	朱春波	男	汉	聘干	中共党员	1973-03	1991-08	1998-12	大学	住房中心副主任	副科
67	王云贞	男	汉	聘干	中共党员	1955-05	1983-04	1986-05	大专	住房中心科员	—
68	陈素珍	女	汉	干部	中共党员	1967-10	1989-07	1995-05	大学	住房中心科员	—
69	张正暄	女	汉	干部	中共党员	1968-04	1991-11	2004-04	大学	住房中心科员	—
70	任骁雁	男	汉	聘干	中共党员	1971-11	1988-12	2004-04	大学	住房中心科员	—
71	李金臻	女	汉	聘干	—	1960-10	1978-09	—	大学	住房中心科员	—
72	张延亮	男	汉	干部	中共党员	1962-06	1985-07	1998-01	大专	综合科科员	—
73	姜艳秋	女	汉	聘干	—	1958-09	1977-08	—	大专	综合科科员	—
74	于亚莉	女	汉	聘干	—	1956-10	1975-12	—	中专	国资办科员	—
75	葛英虎	男	汉	干部	中共党员	1970-09	1991-07	2001-08	大学	投资公司经理	副科
76	谭金山	男	汉	干部	中共党员	1958-12	1976-12	1980-08	大专	投资公司副经理	—
77	宿胜国	男	汉	工人	中共党员	1966-09	1986-12	2005-05	中专	投资公司科员	—
78	齐文盛	男	汉	干部	中共党员	1963-04	1981-10	1983-06	大学	住房中心科员	—
79	明坤祥	男	汉	干部	中共党员	1972-12	1996-08	2005-09	大学	办公室主任	—
80	陈　栋	男	汉	干部	—	1983-12	2007-12	—	大学	投资公司科员	—
81	王亚楠	女	汉	干部	—	1985-07	2007-12	—	大学	投资公司科员	—
82	张华	女	汉	干部	中共党员	1962-11	1980-03	1994-04	大专	评审中心副主任	—

续表

序号	姓　名	性别	民族	身份	政治面貌	出生年月	参加工作时间	入党时间	文化程度	现任职务	备注
83	付希丽	女	汉	干部	中共党员	1969-09	1988-12	2006-12	大学	评审中心科员	—
84	肖美先	女	汉	干部	—	1970-08	1992-11	—	大学	评审中心科员	—
85	姜军英	女	汉	干部	—	1971-07	1995-07	—	大学	评审中心科员	—
86	徐京菲	女	汉	干部	—	1970-11	1990-09	—	大专	评审中心科员	—
87	董瑞娟	女	汉	工人	—	1973-11	1996-01	—	大专	政府采购科员	—
88	辛世信	男	汉	公务员	中共党员	1962-05	1982-07	1985-11	大专	农开办副主任	副科
89	刘启利	男	汉	公务员	中共党员	1960-07	1984-07	1986-11	大专	副主任科员	副科
90	唐寿栓	男	汉	公务员	中共党员	1973-10	1991-12	1994-06	大学	农开办科员	—
91	李松岩	男	汉	公务员	中共党员	1962-12	1980-05	1984-10	大专	农开办科员	副科
92	王明杰	男	汉	工人	中共党员	1978-08	1996-02	1999-06	大专	农开办科员	—
93	杨务珍	男	汉	公务员	中共党员	1952-08	1972-06	1982-03	大学	离岗	正科
94	陈贵海	男	汉	公务员	中共党员	1955-01	1972-12	1980-11	大学	离岗	正科
95	姜奎芳	男	汉	公务员	中共党员	1955-10	1978-04	1985-12	大学	离岗	正科
96	张青山	男	汉	公务员	中共党员	1956-10	1977-10	1988-11	大专	离岗	副科
97	彭　丽	女	汉	公务员	中共党员	1957-11	1976-08	1988-11	大专	离岗	副科
98	王卫华	男	汉	聘干	中共党员	1957-12	1977-12	1992-10	大专	离岗	副科
99	范民	男	汉	聘干	中共党员	1956-05	1974-07	1985-07	大学	离岗	副科
100	王学明	男	汉	公务员	中共党员	1951-10	1970-12	1973-10	中专	离岗	—
101	李述军	男	汉	工人	—	1951-10	1970-11	—	中专	离岗	—
102	孙恒玖	男	汉	公务员	中共党员	1953-10	1975-10	1982-07	大学	离岗	正科
103	齐潍泉	男	汉	公务员	中共党员	1955-01	1976-05	1978-05	大学	离岗	副科
104	赵建东	男	汉	公务员	中共党员	1955-11	1980-07	1984-06	大学	离岗	副科
105	孙继刚	男	汉	干部	中共党员	1958-07	1980-04	1986-01	大专	离岗	副科

2019 年 12 月昌邑市财政局在职在编人员情况表

表 3

序号	姓　名	性别	民族	身份	政治面貌	出生年月	参加工作时间	入党时间	文化程度	现任职务	备注
1	孙效治	男	汉	公务员	中共党员	1977-09	2000-08	1999-05	大学	财政局党组书记、局长	正科
2	林明波	男	汉	公务员	中共党员	1963-12	1981-06	1987-08	大学	正科级干部	正科
3	孙广阔	男	汉	公务员	中共党员	1963-08	1983-12	1996-12	大学	党组成员、副局长	正科
4	徐云舟	男	汉	公务员	中共党员	1966-04	1988-07	1996-03	大学	党组成员、二级主任科员	正科
5	姜喜润	男	汉	公务员	中共党员	1975-08	1995-08	2003-08	大学	党组成员、一级主任科员	正科
6	高凤鸣	男	汉	公务员	中共党员	1964-04	1985-07	1992-12	大专	党组成员、国库集中支付中心主任	副科
7	明坤祥	男	汉	公务员	中共党员	1972-12	1996-08	2005-09	大学	党组成员、副局长	副科
8	杜伟伟	女	汉	公务员	—	1976-10	1998-12	—	大专	副局长	正科
9	孙介甫	男	汉	公务员	中共党员	1962-08	1984-07	1987-09	大学	一级主任科员	正科
10	徐桂华	女	汉	公务员	中共党员	1962-11	1983-07	1993-04	大学	高级会计师	正科
11	徐学义	男	汉	公务员	中共党员	1962-08	1980-10	1983-12	大专	一级主任科员	正科
12	张始训	男	汉	公务员	中共党员	1965-10	1986-07	1995-02	大学	副科级干部	副科
13	耿文波	男	汉	公务员	中共党员	1962-03	1982-04	1985-12	大学	正科级干部	正科
14	徐维凯	男	汉	公务员	中共党员	1969-11	1988-08	1994-11	大学	副科级干部	副科
15	刘会堂	男	汉	公务员	中共党员	1966-10	1989-07	1998-11	大学	农财科科员	科员
16	刘云涛	男	汉	公务员	中共党员	1963-08	1983-07	1990-12	大专	行财科科员	科员
17	张欣智	男	汉	公务员	中共党员	1960-08	1981-07	1985-04	大学	综合科科长	科员
18	徐文煜	男	汉	公务员	共青团员	1994-10	2017-09	—	大学	办公室科员	科员
19	郭孝涛	男	汉	公务员	中共党员	1969-04	1991-07	2002-09	大学	企财科科长	科员
20	黄倩倩	女	汉	公务员	中共党员	1986-09	2009-08	2006-12	大学	预算科科员	科员
21	李　婷	女	汉	公务员	共青团员	1993-05	2016-09	—	大学	办公室科员	科员
22	刘桂业	男	汉	公务员	中共党员	1961-10	1980-10	1986-09	高中	农财科科员	科员

续表

序号	姓　名	性别	民族	身份	政治面貌	出生年月	参加工作时间	入党时间	文化程度	现任职务	备注
23	韩茂松	男	汉	公务员	中共党员	1961-12	1979-11	1983-08	大专	基建科科员	科员
24	于海成	男	汉	公务员	中共党员	1962-01	1979-12	1982-08	中专	法规税政科科员	科员
25	张红晓	女	汉	公务员	中共党员	1973-10	1993-02	2002-03	大学	信息中心科员	科员
26	齐红蕾	女	汉	干部	中共党员	1971-10	1991-07	2001-03	大学	财政票据服务中心主任	副科
27	于爱国	男	汉	干部	中共党员	1963-09	1984-07	1993-11	大专	财政票据服务中心副科级干部	副科
28	魏海峰	女	汉	干部	中共党员	1976-10	1998-12	2009-05	大学	财政票据服务中心科员	—
29	刘国成	男	汉	干部	—	1975-09	1996-07	—	大专	财政票据服务中心科员	—
30	夏志伟	男	汉	干部	中共党员	1990-03	2015-08	2012-12	大学	财政票据服务中心科员	—
31	张晓辉	女	汉	干部	中共党员	1989-05	2011-03	2010-12	大学	财政票据服务中心科员	—
32	任肖婧	女	汉	干部	共青团员	1992-02	2015-08	—	大学	财政票据服务中心科员	—
33	张延亮	男	汉	干部	中共党员	1962-06	1985-07	1998-01	大专	财政票据服务中心科员	—
34	张志臣	男	汉	干部	共青团员	1992-10	2017-11	—	大学	财政票据服务中心科员	—
35	刘成龙	男	汉	干部	共青团员	1993-09	2016-07	—	大学	财政票据服务中心科员	—
36	杜爱平	女	汉	聘干	中共党员	1962-05	1980-09	1986-08	大学	社保处科员	—
37	刘文虹	女	汉	干部	中共党员	1981-05	2004-12	2014-11	大学	社保处科员	—
38	郑晓燕	女	汉	干部	中共党员	1970-12	1991-07	2008-10	大学	社保处科员	—
39	郑亚丽	女	汉	干部	中共党员	1982-05	2005-10	2004-02	大学	社保处科员	—
40	史有志	男	汉	干部	中共党员	1970-10	1994-07	2000-09	大学	社保处科员	—
41	赵京伟	女	汉	聘干	中共党员	1976-10	1994-12	2008-05	大学	社保处科员	—
42	吴　琦	女	汉	干部	中共党员	1989-02	2013-01	2010-05	大学	社保处科员	—
43	金凤宾	男	汉	干部	中共党员	1966-09	1990-07	1998-12	大专	政府购买服务中心主任	副科
44	李金枝	女	汉	干部	共青团员	1993-01	2016-09	—	大学	政府购买服务中心科员	—
45	李聪琛	男	汉	干部	—	1969-01	1989-07	—	大学	政府购买服务中心科员	—
46	付绍集	男	汉	干部	中共党员	1963-06	1980-12	1987-12	大专	政府购买服务中心正科级干部	正科

续表

序号	姓　名	性别	民族	身份	政治面貌	出生年月	参加工作时间	入党时间	文化程度	现任职务	备注
47	任在峰	男	汉	干部	中共党员	1970-09	1995-07	2005-06	大专	政府与社会资本合作中心主任	副科
48	高长喜	男	汉	干部	中共党员	1981-01	2005-12	2005-06	大学	政府与社会资本合作中心科员	—
49	马兴志	男	汉	干部	中共党员	1981-03	2006-12	2001-05	大学	政府与社会资本合作中心科员	—
50	孙延伟	男	汉	工人	中共党员	1976-08	1995-07	2010-05	大专	政府与社会资本合作中心工人	—
51	孙学珂	男	汉	干部	中共党员	1981-05	2004-08	2003-01	大学	国库集中支付中心科员	—
52	翟佳佳	女	汉	干部	中共党员	1981-09	2006-12	2009-11	大学	国库集中支付中心科员	—
53	齐安东	男	汉	干部	—	1983-10	2010-11	—	大学	国库集中支付中心科员	—
54	谢娅妮	女	汉	干部	中共党员	1983-05	2006-12	2003-04	大学	国库集中支付中心科员	—
55	于雪	女	汉	干部	共青团员	1994-05	2017-08	—	大学	国库集中支付中心科员	—
56	杨可京	男	汉	干部	中共党员	1963-03	1981-12	2005-07	大专	国有资产运营管理中心科员	—
57	张俊鹏	男	汉	干部	中共党员	1984-10	2012-02	2007-06	研究生	国有资产运营管理中心科员	—
58	宿胜国	男	汉	工人	中共党员	1966-09	1986-12	2005-05	中专	国有资产运营管理中心科员	—
59	陈　栋	男	汉	干部	中共党员	1983-12	2007-12	2013-09	大学	国有资产运营管理中心科员	—
60	王亚楠	女	汉	干部	中共党员	1985-07	2007-12	2014-11	大专	国有资产运营管理中心科员	—
61	齐文盛	男	汉	干部	中共党员	1963-04	1981-10	1983-06	大学	国有资产运营管理中心科员	—
62	于友智	男	汉	干部	中共党员	1979-09	1999-12	2003-12	大学	国有资产运营管理中心科员	—
63	张兴涛	男	汉	干部	中共党员	1971-01	1992-07	1995-10	大学	国有资产运营管理中心科员	—
64	肖美先	女	汉	干部	—	1970-07	1992-10	—	大学	评审中心科员	—
65	姜军英	女	汉	干部	—	1971-07	1995-07	—	大专	评审中心科员	—
66	徐京菲	女	汉	干部	—	1970-11	1990-09	—	大专	评审中心科员	—
67	董瑞娟	女	汉	工人	—	1973-11	1996-01	—	高中	评审中心科员	—
68	范海涛	男	汉	聘干	中共党员	1972-09	1991-11	1997-03	大学	评审中心科员	—
69	滕晓辉	男	汉	聘干	中共党员	1980-09	1999-12	2004-09	大专	评审中心科员	—

专业技术人员

2019 年 12 月昌邑市财政局专业技术人员一览表

表 4

姓　名	初级			中级			高级		
	专业技术职务	取得时间	聘任时间	专业技术职务	取得时间	聘任时间	专业技术职务	取得时间	聘任时间
于友智	助理会计师	2005-05	—	经济师	2012-11	—	—	—	—
张兴涛	—	—	—	经济师	2002-11	2010-01	—	—	—
齐红蕾	—	—	—	会计师	1998-05	2010-01	—	—	—
徐桂华	—	—	—	会计师	1992-08	—	高级会计师	2002-02	2012-03
杜爱平	—	—	—	会计师	1992-07	2010-01	—	—	—
赵京伟	—	—	—	经济师	2013-11	—	—	—	—
郑晓燕	—	—	—	会计师	1994-10	—	高级会计师	2005-12	2010-01
谢娅妮	—	—	—	经济师	2012-11	—	高级会计师	2018-02	—
孙学珂	—	—	—	社会工作师	2015-06	—	—	—	—
刘国成	—	—	—	会计师	2001-10		—	—	—
金凤宾	—	—	—	会计师	2000-05		—	—	—
杨可京	—	—	—	经济师	1993-09	—	—	—	—
陈　栋	助理会计师	2008-12	2008-12	会计师	2013-10	—	高级会计师	2019-12	—
王亚楠	助理会计师	2008-12	2008-12	经济师	2016-11	—	—	—	—
马兴志	—	—	—	经济师	2011-11	—	—	—	—
高长喜	—	—	—	招标师	2010-06	—	—	—	—
任存峰	—	—	—	工程师	2003-09	—	—	—	—
肖美先	—	—	—	注册造价师	2000-10	2001-07	—	—	—
姜军英	—	—	—	注册造价师	2001-10	2003-07	—	—	—
徐京菲	—	—	—	工程师	2008-12	2010-01	—	—	—

个人荣誉称号

昌邑县（市）财政系统人员荣誉称号一览表

表 5

序号	姓名	荣誉称号	授予机关	授予时间
1	马春盛	1990 年税收财务物价大检查先进工作者	山东省税收财务物价大检查办公室	1991 年
2	马春盛	全省公费医疗先进个人	山东省卫生厅 山东省财政厅 山东省人事局	1992 年
3	马春盛	山东省城镇中小学校舍改造先进个人	山东省教育委员会 山东省财政厅 山东省城乡建设委员会 山东省人事局	1992 年
4	王云贞	山东省财政系统优秀所长	山东省财政厅	1992 年
5	徐云舟	山东省农业税收优秀征管员	山东省财政厅	1994 年
6	马春盛	1994 年国债工作先进工作者	山东省财政厅	1995 年
7	马春盛	1994 年税收财务物价大检查先进工作者	山东省税收财务物价大检查办公室	1995 年
8	马春盛	1995 年税收财务物价大检查先进工作者	山东省税收财务物价大检查办公室	1996 年
9	马春盛	1995 年度财政监察先进个人	山东省财政厅	1996 年
10	闫承海	1997 年度财政工作先进个人	山东省财政厅	1998 年
11	徐云舟	1996—1997 年度山东省农业税收优秀征管员	山东省财政厅	1998 年
12	孙介甫	全省财政工作成绩突出，记三等功	山东省人事厅 山东省财政厅	1998 年
13	姜奎芳	1998 年度全省财政系统计算机应用工作先进个人	山东省财政厅	1999 年
14	张晓润	1999 年度全省财政系统计算机应用工作先进个人	山东省财政厅	2000 年

续表

序号	姓名	荣誉称号	授予机关	授予时间
15	姜奎芳	1999年度全省财政系统计算机应用工作先进个人	山东省财政厅	2000年
16	王云贞	山东省计算机应用优秀成果三等奖	山东省经济贸易委员会 山东省科学技术委员会	2000年
17	张晓润	2000年度全省财政系统计算机应用工作先进个人	山东省财政厅	2001年
18	徐云舟	山东省农业税收优秀征管员	山东省财政厅	2003年
19	付绍集	2003年度山东省减免税普查先进个人	山东省国家税务局 山东省地方税务局 山东省财政厅 财政部驻山东省财政监察专员办事处	2004年
20	郑晓燕	山东省先进会计工作者	山东省财政厅 中共山东省委宣传部 山东省总工会	2005
21	戚风乾	2006年度全省财政系统先进个人,记三等功	山东省财政厅	2007年
22	明坤祥	山东省财政投资评审系统先进个人	山东省财政厅	2007年
23	姜军英	山东省财政投资评审工作先进个人	山东省财政厅	2007年
24	王仁昌	山东省先进会计工作者	中共山东省委宣传部 山东省财政厅 山东省总工会	2008年
25	高凤鸣	山东省科技型中小企业技术创新基金 实施十周年先进个人	山东省科学技术厅 山东省财政厅	2009年
26	董凤杰	2009年全国第二次经济普查先进个人	国家统计局	2010年
27	董凤杰	全省财政系统先进工作者,记二等功	山东省人力资源 和社会保障厅 山东省财政厅	2010年
28	肖美先	山东省财政投资评审工作先进个人	山东省财政厅	2010年
29	董凤杰	2010年度全省财政系统先进个人	山东省财政厅	2011年
30	姜新芳	2011年度山东省粮食直补工作先进个人	山东省财政厅 山东省农业厅	2011年

续表

序号	姓名	荣誉称号	授予机关	授予时间
31	谢娅妮	2012年度山东省粮食直补工作先进个人	山东省财政厅 山东省农业厅	2012年
32	付绍集	在全省财政系统工作中做出较大贡献，记三等功	山东省人力资源和社会保障厅 山东省财政厅 山东省公务员局	2016年
33	李晓宇	第二届山东省乡镇财政业务技能竞赛决赛一等奖 山东省乡镇财政业务技术能手	山东省财政厅	2016年
34	李晓宇	山东省青年岗位能手	共青团山东省委员会	2017年
35	李晓宇	2017年度山东省技术能手	山东省人力资源和社会保障厅	2018年
36	刘妮娜	第三届山东省乡镇财政业务技能竞赛决赛一等奖 山东省乡镇财政业务技术能手	山东省财政厅	2018年
37	刘妮娜	2018年度山东省技术能手	山东省人力资源和社会保障厅	2019年
38	刘妮娜	山东省巾帼建功标兵	山东省妇女联合会	2019年

集体荣誉称号

昌邑县（市）财政局集体荣誉称号一览表

表6

序号	获奖单位	荣誉称号	授予机关	授予时间
1	昌邑县税收财务物价大检查办公室	1991年度税收财务物价大检查先进集体	山东省税收财务物价大检查办公室	1992年
2	昌邑县税收财务物价大检查办公室	1992年度税收财务物价大检查先进集体	山东省税收财务物价大检查办公室	1993年
3	昌邑县税收财务物价大检查办公室	1995年度税收财务物价大检查先进集体	山东省税收财务物价大检查办公室	1996年
4	昌邑市国有资产管理局	全省城镇集体企业清产核资先进单位	山东省财政厅	1997年
5	昌邑市税收财务物价大检查办公室	1996年度税收财务物价大检查先进集体	山东省税收财务物价大检查办公室	1997年

续表

序号	获奖单位	荣誉称号	授予机关	授予时间
6	昌邑市税收财务物价大检查办公室	1998年度税收财务物价大检查先进集体	山东省税收财务物价大检查办公室	1999年
7	昌邑市财政局	1999年度全国财政系统优秀软件评审二等奖	财政部计算中心	1999年
8	昌邑市财政局	全国财政系统财政业务计算机应用先进单位	财政部计算中心	1999年
9	昌邑市财政局	省级文明单位	山东省文明委员会	2004年
10	昌邑财政投资评审中心	山东省财政投资评审先进单位	山东省财政厅	2007年
11	昌邑市财政局	2005-2007年度全省矿产资源补偿征管工作先进单位	山东省财政厅 山东省国土资源厅	2008年
12	昌邑财政投资评审中心	山东省财政投资评审最具影响力单位	山东省财政厅	2010年
13	昌邑市财政局	全省行政事业单位资产信息系统建设先进单位	山东省财政厅	2010年
14	昌邑市政府与社会资本合作中心	山东省财政系统先进集体	山东省人力资源和社会保障厅 山东省财政厅	2019年

艺 文

通　讯

奋发有为着力构建良好经济秩序
勤励尽责倾心打造昌邑会计品牌

——访山东省昌邑市财政局局长　董凤杰

冯秀幅：《会计法》《预算法》和《税收征管法》是财政、税收工作的主要法律。听说近年来昌邑市财政局在《会计法》的推行方面有创新举措，请董局长结合昌邑市会计协会的成立谈一下昌邑市在这方面的工作。

董凤杰：为贯彻、落实好《预算法》《税收征管法》《会计法》等有关财税法律法规，促进财税、会计界广大干部职工以积极的心态应对金融危机，年初以来，局党组确立了“抓基础、护税基、保财政税收；严管理、强服务、促经济发展”的总体思路，多措并举，改革创新会计管理模式：一是市财政局会同市工商局、国税局、地税局、中国人民银行昌邑支行共同下发了《关于加强会计从业资格管理的通知》和《关于规范会计代理记账工作的实施意见》，财政、工商、国税、地税、银行等部门对会计代理记账情况实行联网管理，凡非法执业的会计代理记账机构和代理记账人员，税务部门不予受理一般纳税人资格认定；工商行政管理部门不予核发营业执照和办理营业执照年检；银行部门不予办理开户等金融业务；财政部门不予办理会计从业资格证书年检和换证。两个文件从会计从业资格管理、会计代理记账管理、制度制衡、违规处理、法律责任等方面进行了科学细化和便于操作。二是市财政局会同市国税局、市地税局出台了《关于加强企业财务会计核算管理的规定》，该《规定》从会计人员管理；账簿、凭证管理；会计核算管理；会计信息报送；违规处理等方面进行了规范要求，本着细致、规范、易于操作、便于管理的原则，从原材料的购进、入库、领用、亏耗和产成品的出库、货款结算等多个关键环节提出了一整套制约措施，从根本上保护了税基不受侵蚀，保障了财政收入稳定增长。三是成立“昌邑市会计协会”，把监督和服务有机结合起来，把内部监督、政府监督、社会监督、舆论监督四位一体结合起来，成立一个平台，这个平台就是“会计协会”，把政府不便管、不能管、管不好、管不了的事情交给会计协会办理。既给会计人员当好娘家，受理会计人员由于坚持原则而遭打击报复的各类案件，维护《会计法》的严肃性和公正性，又给全市会计人员的求职、交流、调动、培训、职称考试评定提供平台和服务。

冯秀幅：请您详细介绍一下会计协会的职能和今后要开展的工作。

董凤杰：会计协会的宗旨是在服务、监督、管理、协调的基础上推进会计诚信建设，搞好行业自律，维护财经纪律，协调企业与企业之间、企业与部门之间、部门与部门之间的各种财务关系，着力推进经济环境的良好改善，在此基础上，为广大会计人员提供政策指导等服务。协会将指导、支持本市会计人员组织业务交流，开展会计学术理论的研讨、培训和实践，同时，利用“昌邑市会计协会服务网”为全市会计人员的求职、交流、调动提供平台和服务，解决企业聘不到人才、人才找不到企业的困难，即通过协会的优质服务，使热爱会计的人成为优秀的会计人，使重视会计的人成为一流的经理人。

冯秀帼：站在政府的角度，请您谈一下成立昌邑市会计协会的最终目的是什么？

董凤杰：协会通过一系列、全方位的服务和培训，将加强对广大会员的职业道德观念教育，逐步树立起会计人员和会计行业在社会公众中的诚信形象，引导广大财会工作者紧紧围绕市委、市政府经济建设中心工作，守会计之法，扬会计之德，精会计之术，铸会计之魂。我相信昌邑市的会计工作者能以协会成立为契机，以创新管理为手段，全面提升昌邑会计工作的管理水平。相信在不远的将来，我们会与大家一起看到一个独树一帜、朝气蓬勃的昌邑市会计协会！

（原文刊载《会计之友》2009 年第 12 期）

协力奏响“大合唱”美丽乡村谱新篇

——昌邑市潍水田园综合体项目建设纪实

张兴涛

7 月 5 日，山东省农业综合开发办公室发布《山东省 2017 年农业综合开发田园综合体建设试点项目的公示》：山东省农业综合开发办公室严格按照有关程序和规定，委托第三方机构组织对全省择优选报的 14 个田园综合体建设项目进行了认真评选，拟将“潍坊市昌邑潍水田园综合体建设项目”选为省级试点项目。

捷报传来，群情振奋，欢欣鼓舞。一时间“全省唯一省级田园综合体建设试点项目花落昌邑”的消息成为潍坊新闻网、齐鲁晚报、大众网、新华网、凤凰网、东方网等各大新闻媒体争相报道的新闻点。项目申报成功标志着“昌邑潍水田园综合体项目”建设全面展开，它将在昌邑开辟农村生产、生活、生态“三生同步”、一二三产业“三产融合”、农业文化旅游“三位一体”的农村经济社会全面发展的新局面、新模式、新路径。

发挥优势　点石成金

从来没有随随便便的成功。昌邑潍水田园综合体建设项目申报成功绝非易事，而是基于优越的建设基础条件和过硬的软环境。

基础条件得天独厚。昌邑市政策叠加优势明显，位处“蓝黄”两大国家战略叠加区域；具有优越的地理区位条件，处于山东半岛通往内地的咽喉位置，渤海之滨，莱州湾畔，东与烟台、青岛毗邻，西与潍坊相接；具有扎实的产业基础，相继实施了国家新增千亿斤粮食生产能力规划、粮棉高产创建、全国第四批小农水高效节水灌溉试点县等重点项目，农田基础设施不断完善，综合生产能力大幅提升；具有特色鲜明的文化资源，鲁东海洋渔业文化和鲁中农耕文化在此交融，丝绸文化、盐文化、华侨文化、绿色文化、古遗址文化、名人文化等丰富多彩；具有雄厚的资金支持，坚持市场导向，积极吸引社会资本投资项目建设，为项目提供充裕的资金保障。

软环境建设深入人心。今年以来，昌邑市开展了“思想作风建设年”活动，给项目申报工作注入了新的活力，思想作风建设与推动发展跨越、夯实基层基础、优化发展环境有机结合，提振了干部干事创业的“精气神”；担当作为、团结奋进的领导班子为项目申报工作提供了坚强后盾，市财政局公开承诺：要解放思想、开拓创新、担当作为、放手干事，做服务全市经济建设的先锋队！承诺言词凿凿、掷地有声，提振了士气，鼓舞了斗志；领导干部的职业经历和敬业精神成为项目成功申报的“温床”，市财政局农业综合开发办公室主任穆效彬有着多年的秘书工作经历，在他身上一直保持关注“上级文件”的习惯，各大报纸的“头版头条”是必读内容。2017年2月5日，“中央一号文件”一公布，他马上捕捉到一个信息：支持有条件的乡村建设以农民合作社为主要载体、让农民充分参与和受益，集循环农业、创意农业、农事体验于一体的田园综合体，通过农业综合开发、农村综合改革转移支付等渠道开展试点示范。这不正是农业综合开发工作的“升级版”吗？机遇就是动力，政策就是资源，一定要抓住这个机遇，做好结合文章，向政策要资源，变政策为资源。

借力发力　合力共赢

只要心中有梦想，脚下就会有方向。市财政局立即成立了潍水田园综合体项目申报工作小组，并坚持在干中学，在学中干，通过网络深入学习有关“田园综合体”知识。通过学习了解到，2012年无锡市田园东方公司在惠山区阳山镇就开始了田园综合体的探索性试验，经过四年的创新发展，2016年该模式得到了中央农办领导的高度认可。2017年由“田园东方”的基层实践，源于阳山的“田园综合体”一词被正式写入中央一号文件，文件解读“田园综合体”模式是当前乡村发展新型产业的亮点举措。

纸上得来终觉浅，绝知此事要躬行。为取得“真经”，项目申报工作人员走出去开展实地考察，一方面，进京、赴省了解政策，多次去国家和省农发办进行对接，了解情况；另一方面，组织人员到无锡阳山田园东方、绍兴蓝城特色小镇等地进行了实地考察，学习借鉴南方地区先进经验，为成功申报潍水田园综合体建设项目奠定了基础。

在项目申报的过程中，市财政局潍水田园综合体项目申报工作小组得知，山东艾森集团有限公司同时也在“研究”田园综合体建设项目，该公司是昌邑本土实力雄厚的建筑企业，公司董事长是昌邑本地人，企业发达后不忘乡愁，怀恋故土，一心想为家乡做点贡献，通过“中央一号文件”了解了田园综合体项目建设的投融资机制、企业化运作和企业承接农业等政策，但苦于没有立项平台，四处奔波也无济于事。市财政局项目申报小组立即与艾森集团进行了磋商，双方一拍即合，潍水田园综合体建设项目引入社会资本增强项目活力，企业借助农业综合开发平台争取项目可以达到借力合力、取长补短、合作共赢的目的。

上下同欲者胜。市财政局潍水田园综合体项目申报工作得到了市委市政府的高度重视，立即成立市级项目申报领导小组，安排专门领导负责协调推进，遇到问题及时解决，发现不足立即整改，并委托北京两家科研机构和山东三个单位进行项目申报材料的编制，全市上下齐心协力，编制完成了高标准《昌邑潍水田园综合体试点项目三年规划》。省评审组对项目采用竞争立项的办法，全省参选项目一共14个，经专家评审，昌邑市被评选为省级田园综合体建设试点县，是唯一一个省级试点县。

壮志宏图　惠及民生

宏图已绘就，号角已吹响。昌邑市委市政府将潍水田园综合体项目确定为全市重点项目，围绕项目试点建设，全市上下以强烈的责任感和紧迫感，打紧时间、扭住不放，夯实措施、全力突破，项目建设如火如荼、顺利推进。

高点定位，做好项目布局规划设计。项目规划建设核心区域、辐射带动、生态景观三大板块，规划总面积2000公顷，形成“一带一核两翼”的发展构架，其中核心区域板块占地333公顷，重点规划打造“六区三园一中心”。

绿色发展，打造“新六产”有效载体。依托石埠本地传统商贸服务产业体系，积极整合副食品批发、农产品交易、港荣商贸物流等八大专业市场及潍坊农科院现代农业示范园、奥孚精品苗木示范园等特色生态农业基地和青山秀水旅游度假区、青山采摘园等新兴休闲旅游业等特色优势资源，大力构建支撑田园综合体发展的绿色产业体系。

突出重点，培育“三农”发展新动能。在规划区域内高标准打造农业科技博览园、创新创业孵化园、循环农业示范区、农产品深加工、现代物流园、颐养康疗园等特色园区，充分展现田园综合体建设试点、示范、探索功能，加快一二三产业融合发展，促进农业增效、农民增收和农村繁荣。

高效统筹，抓好项目建设长短结合、协调推进。项目区域内“五纵五横”的方格路网建设已完成规划并扎实推进，配套主要道路已开工建设；加强项目区生态环境综合整治提升，加快进行路域治理、拆除核心区域内破旧建筑，加速土地调整、基础配套设施等工程的规划设计和施工建设，同时积极实施“引凤入巢计划”，吸引社会资本入驻。

不久的将来，集现代农业、休闲旅游、田园社区为一体的“特色小镇”将呈现在人们眼前，“舟行碧波上，人在画中游”的梦想将照进昌邑人的现实。

（原文刊载《潍坊日报·今日昌邑》2017年7月8日）

昌邑市财政局全力推进经济发展争当文明“先锋队”

张兴涛

走进昌邑，朵朵白云点缀着无垠的蓝天，簇簇绿意涂抹着丰收的大地，巍巍高楼描绘着宏伟的蓝图……一幅幅秀美画卷的背后，倾注着昌邑财政人的真情付出与无私奉献。今年以来，昌邑市财政局以勇立潮头的魄力、奋发有为的精神、一往无前的斗志，大胆改革，勇于创新，强化管理，优化服务，为昌邑民生保障奏响了新的乐章，为昌邑经济社会健康发展增添了新的活力。

创新驱动服务大局依法理财惠及民生

（一）担当作为，创新开拓谋发展

昌邑市财政局创新融资机制，探索城市建设资本运作新模式。组建金控集团公司和城投集团公司，拓宽重大项目建设融资渠道；创新开展融资增信工作，放大财政资金20倍，撬动信贷资金8000万元，有效解决新型农业经营主体贷款难题；做大做强PPP模式，提升城市基础设施建设能力，储备PPP项目13个，总投资36亿元，并积极推动落地，已落实项目7个，投资16亿元，拉动社会资本15.8亿元。

昌邑市财政局创新发展理念，争取国家、省市先行先试。2017年，成功争取潍水田园综合体建设项目，该项目被列为全省唯一省级试点项目，争取财政资金1.46亿元；争取首批省级扶持村级集体经济发展试点项目，饮马镇山阳村等4个村列为省首批扶持村集体经济组织试点，争取资金300万元；争取生态文明乡村和富美乡村建设项目，龙池镇、北孟镇获批2017年一事一议“乡村连片治理”试点，争取资金1600万元；积极争取城乡建设融资，保障都昌街办棚户区改造项目、龙池工业园区北扩（一期）基础设施配套项目、城区道路提升改造项目及供水管网升级改造项目等重点工程的顺利实施。

（二）优化结构，加大投入惠民生

昌邑市财政局夯实绿色发展基础，支持全市经济社会发展和产业转型升级，着力推进新增地方政府债券资金、存量资金、政府性基金统筹使用，合力支持转方式、调结构各项措施落实；支持供给侧结构性改革，严格落实财政支持供给侧结构性改革措施，加快推进政府与社会资本合作，整合聚集财政资源，资金供给的质量和效率进一步提高。

在优化财政支出结构方面，昌邑市财政局坚持调整优化支出结构，统筹财力解决涉及群众切身利益问题；不断加大对教育、文化、医疗卫生、就业和社会保障、公共安全等民生保障的财政倾斜力度，着力支持公共基础设施和生态文明建设，民生保障水平进一步提高。

（三）忠于职守，依法理财严监管

昌邑市财政局在依法理财监管方面，主要从以下两方面入手：一是强化税源管理，全面开展税源调查，掌握全市重点税源情况，查找征管漏洞，健全税收征管制度；加大综合治税力度，强化联合办税措施，建立联席制度，实行资源共享，及时解决征管难题；加强调度分析，实时掌控税源动向，定期召开镇街区财税调度会，分析把握形势，保障收入稳定增长。二是健全资金监控监督机制，强化支出管理，强化资金预算管理，从细化部门预算编制入手，提高部门预算编制的科学性、合理性；强化财政宏观调控职能，通过预算调整和优化财政支出结构，努力降低行政运行成本，压缩一般性支出，支持重大项目支出和民生支出；加强资金安全管理，完善内部稽核、内部制衡和相互纠错机制；加强财政监督管理，积极推进财政收支监管和会计监督，注重财政监督检查成果利用，加大监督信息公示力度。

（四）砥砺前行，深化改革添动力

昌邑市财政局积极推进财税体制改革，细化预算编制，科学合理安排预算资金，增强预算编制的前瞻性。在预算管理方面，实行全口径预算管理，一般公共预算、政府性基金预算、国有资本经营预算和社会保险基金预算同步纳入预算管理；推动实现预算绩效管理与预算编制管理深度融合，提高财政资金使用效益。昌邑市财政局将全面公开政府“四本预算”，推进预算编制、执行、监督、绩效评价和预决算公开的“五位一体”改革。

昌邑市财政局将“放管服”改革深入推进。以简政放权为民为目标，昌邑市财政局将政府采购由具体实施改为备案管理，管理环节由12个精简为3个，每年减少审批事项2000多人次，精简率达75%；以提升资金使用效益为目标，转变财政评审工作职能，将财政评审职能转型到预算评审、项目预算支出标准、预算绩效评价职能，推动“直接评审”向“间接评审”转变，建立了三级复核制度，财政预算评审质量和效率大幅提升。

（五）锤炼作风，廉洁高效树形象

狠抓党的建设和党风廉政建设，打造清正廉洁、文明高效服务品牌。昌邑市财政局以“思想作风建设年”活动为契机，持续推进机关党建、党风廉政和精神文明建设，把干部职工教育管理引向制度化、规范化、常态化，不断改进工作作风，提升工作效能，塑造“为民、务实、清廉”

的财政干部队伍形象。

狠抓财政文化建设，用浓厚的文化氛围感染人，用深厚的文化底蕴化育人。昌邑市财政局开展了以“财政文化大讲堂”为重要载体的“每周一星、每月一讲、每季一主题教育”系列活动，打造“以文化人、以文育人”新模式；引导全体干部职工加入“昌邑义工”组织，成为全市首个整建制加入义工联合会的团队，锻造了一支担当作为、劲足心齐、文明服务、无私奉献的干部队伍。

好钢用在刀刃上帮扶帮到心坎上

要想脱贫致富，必须有个好支部。昌邑市财政局根据市委、市委组织部安排，于2017年4月份下派第一书记开始对北孟镇山西村开展新一轮扶贫帮扶工作，局党组高度重视，多次研究，确立把夯实党的组织建设同脱贫攻坚有机结合起来，充分发挥党组织的战斗堡垒作用和共产党员先锋模范作用，积极通过入户调查、摸清情况、排查问题、搜集资料、集体研究等措施，找准脱贫路子，扎实推进精准扶贫工作。通过走访调查，全面掌握山西村基本情况，该村共有236户，836人，党员27名，低保户7户，耕地135公顷，村民收入主要以农业为主。村“两委干部”共3人。该村是完全农业村，主要种植小麦和玉米，土地贫瘠，地下水严重缺乏，农业种植完全靠天吃饭，村集体没收入，群众收入较低。

（一）抓好党建促扶贫，增强党支部战斗力

扎实推进“两学一做”学习教育。帮扶干部兼任村党支部第一书记，在山西村首抓党的基层建设，通过组织召开“两学一做”动员会，制定党支部学习计划，建设“两学一做”学习宣传栏，在宣传栏中张贴图文并茂的学习资料等措施，提高党员学习的兴趣和政治素质。在学习教育过程中进行讨论，提高自身的理论水平，积极调动基层党组织的主动性和创造性，进一步发挥基层党组织的战斗力和凝聚力。

打造政策宣传阵地。在山西村建设“两学一做”学习教育宣传栏；建设扶贫专题宣传栏，定期向贫困户发送宣传资料，让村民加强对政策的了解；建设党风廉政建设宣传栏和村党务、政务、村务公开栏，及时公布各项工作进展情况，接受村民的监督；积极向上级发送有关信息报告，营造广大干部职工参与扶贫开发的浓厚氛围。

认真制订精准扶贫三年攻坚规划，支部建设和扶贫规划同步进行。帮扶工作队经认真深入研究了解，摸清贫困村基本情况，明确任务目标，结合山西村实际情况和村庄发展规划，找准群众脱贫路子，着力发展集体经济，切实解决群众诉求，制订了山西村精准扶贫三年帮扶规划，确定帮扶项目，细化工作内容，在规划中优先做好贫困户脱贫帮扶和村集体经济收入增长。

（二）做好做实民生实事，改善村居环境

抓好村内道路建设。山西村前几年靠村民捐款水泥仅硬化了村内两条道路。还有4条主要道路没有硬化，这4条路南北两条，东西两条，共860米长。坑洼不平，两边杂草丛生。严重影响村民出行安全，也严重制约群众的生产生活。全部硬化约需资金36万元，先从南北两条路入手，筹资15万元进行路面硬化，目前已建设完成交付使用；根据群众意愿，筹资6.2万元安装太阳能路灯52盏，解决了群众夜间出行不便问题。

加强村庄文化建设。为搞好山西村的文化传承，为村民打造一个学习交流阅读的平台，提升群众的科学文化素养。把打造村史馆列入帮扶工作的重中之重，筹资5万元，完成村史馆和村委办公室修建工程；帮扶工作队通过组织开展场所平整、清除杂草、拆除临设，设置文明公益宣传牌等措施，使原本杂草丛生、蚊蝇丛生的环境焕然一新。除此之外，还借助本村的凤凰山打造了一个独具一格的微景观，工程总投资20万元，努力为村民提供运动休闲的好去处，并将其打造成为文明公益和创文成果的宣传阵地。现已栽植绿化树木350棵，完成铺设路砖、硬化广场、安装体育锻炼器材等建设。

立足当前，规划长远。该村所属凤凰山因采挖破坏严重，生态环境恶化，群众意见较大。为此昌邑市财政局有关领导会同北孟镇政府向上级申请矿坑治理恢复项目，申请资金300万元。目前该项目正在组织实施。另外，针对山西村土地实际情况，昌邑市财政局农开办专门从潍坊聘请专业设计人员对该村133公顷土地进行了农业综合开发设计，争取在明年农业综合开发立项，整个项目约计投资300万元。

昌邑市财政局党组始终坚持把中心工作同扶贫帮扶工作同研究同部署同安排，形成合力，齐抓共管。到目前为止，局领导班子成员已先后15人次到山西村现场办公。其中，昌邑市财政局长、局党组书记许增贤同志先后5次到村，切实把关怀和温暖送到了一线，激发了局下派第一书记和村干部的干劲，带动了局其他领导和有关科室关心包村、落实资金的热情，加快了各项民心工程的建设进程。

（原文刊载新华报业中心《财会信报》2017年11月27日）

散 文

一把老算盘 一生财政情

黄倩倩

对于算盘，我并不陌生。母亲曾经当过会计，算盘是她算账的主要运算工具。还记得小时候，每当母亲在昏暗的灯光下算账时，我就会爬到她身边，听着噼里啪啦算盘珠子的碰撞声，看着母亲的手指在算盘上下翻飞的样子，感觉很神奇，自己想破脑袋都想不出来或用笔计算也要半天的算数题，母亲居然三下五除二就能搞定，而且从不出错。不知不觉、潜移默化中，对算盘也有了粗浅的认识。在认识电子计算器、电脑之前，我曾经一度认为算盘就是最快捷的运算工具，也是最神奇的东西。

二爷爷曾是村里的会计，他常常对我讲：“算盘一响、黄金万两，算珠一动、粮食入屯，管账的先生在啥朝代都是非常吃香的职业。”在小小的我心中，对算盘和账房先生无比向往，想象着什么时候我也能戴上椭圆形眼镜，坐在放着算盘和账簿的桌子旁边，当一个像模像样的账房先生。由于有了算盘情结，我自小就对算盘有了迷恋和喜爱，时不时拿出家中那把老算盘拨拉几下。

读大学选专业时，正值2005年，那是实现经济“软着陆”和全面兑现入世承诺的关键一年，整体经济形势看好。那一年，国际贸易专业大热、经济金融类专业大热。我在填报志愿时，脑中冒出一个很简单的想法，就是想学一个与经济有关的、但是又不是很宏观的专业，“会计学”

成为我的第一志愿。入学第一年，学校针对会计专业的学生单独加开了“珠算课”，时隔十多年，算盘再次出现在我的眼前。

在大学里开始正式的珠算学习，远没有当年看母亲打算盘时的那种神奇和享受，也没有二爷爷当村会计时的权威，去除了儿时对算盘的新奇，有的只是枯燥无味的扒拉算盘和感觉永远都快不起来的焦虑。身边的同学，大都感觉“真搞不懂，现在信息技术这么发达，为什么还要开设珠算课?”我在日复一日的算盘练习中，渐渐悟出一点道理来，发现用算盘算账，口里会跟着账目念，打的时候好像脑子也跟着算，有点验算的意思。但用计算器，账目多时，经常会怀疑自己是不是漏掉了一些数字。在毕业实习时，看到很多大型企、事业单位在进行账表计算时，都会选择珠算，特别是在进行纯粹的加减法时，珠算往往比计算器快。但是不得不承认，随着经济社会的发展，珠算慢慢地淡出了计算领域，取而代之的是电子计算器和电脑。有着漫长历史的算盘，随着社会发展的进步和科技水平的提高，已经从当初世界领先的计算工具，成为需要保护性传承的人类非物质文化遗产。

2009年，我大学毕业，似乎是冥冥之中的安排，因为算盘情节，选择了会计专业；因为会计专业，来到了市财政局。单位里，计算机联网实现了数据共享、集中处理，报表、账册都是自动生成，查询分析的功能也大大加强。在放着账簿的办公桌旁，计算器早已取代了算盘，算盘彻底销声匿迹。每天在办公室里处理文件、计算数据，噼里啪啦的声音是由计算器、电脑发出的，这让我不由得怀念敲打算盘的日子。

的确，算盘的计算，从数据合成的速度到准确性都无法与电脑相媲美，也许因为这种无法相比的差距，让我在一次次计算中，一遍又一遍的复核中磨砺着耐心，在无数次的反复推敲中积蓄着经验，历练着能力，多年来的经历养成了一种扎实的性格，简单的珠子在指尖发出噼里啪啦的清脆声，就像乐曲从耳麦中听到一样，是我疲劳时的一种放松。便捷的 excle 表格让会计从业者享受到了高科技带来的实惠，手指在键盘上轻轻滑动，一个命令即可搞定，但是机械的删除与复制、粘贴与保存，感觉真的有些生硬，相比之下算盘就不一样了，手指间的劳作赋予了珠子灵气般的流畅，同时也磨砺了人的意志，操作者在上下拨动的节奏中丰富着心脑的敏捷程度，常年的耕耘不缀让一颗颗经久磨砺的珠子在时光的流转中，包上了一层晶莹剔透的浆壳。现在想想，人类文明的进展真的很神奇，带给我们太多的便捷，但是在分享高科技的同时，还有待于自身根基的夯实，脚踏实地才能步步为营。

当我将这种心情跟母亲交流时，母亲没说话，只是默默地拿出了她当年用过的老算盘递给我。我接过来反来复去地瞅，忽然发现了一个秘密，在算盘反面中间梁上，竟有一行暗红色小字，上面刻着：“老实做人，扎实办事；人不混账，账不混人。”这一句，我刻骨铭心。我知道，算盘作为计算的功能已经退出了历史舞台，但是它还传承着一种精神，一种精细、务实的精神。

市财政局作为综合经济管理部门，岗位特殊，责任重大。处在财政系统中的每一个人都深知，公款姓公，一分一厘都不能乱花；公权为民，一丝一毫都不能私用。日常遇到的工作都是大事要事集聚、急事难事叠加，来不得半点马虎，容不得丝毫闪失，要不得任何“过得去就行”。任何思想上的麻痹松懈、行为上的偏差纰漏，如错一个小数点、差一点时间，都可能引发大问题。身边的财政人怀揣着“精”“细”精神，对待手边的每一项工作。我们已经告别了算盘时代，但是算盘精神、财政精神还在影响着我们。

记得有一次申报省级资金项目，在汇总完所有数据后，我联系业务单位，要求再次核对填报数据，以确保准确无误。不久，接到部门反馈结果，因系统不稳定，前期报送补助人次数有误，需要重新调整。初步估计和原报送数相差不过千余人次，时间紧迫，重新核查任务重，业务单位提出，可以这样向潍坊市局报送。电话这头的我大脑飞速旋转，为了应付工作，完全可以这样上报，千余人次影响的省级财政补助左右不过几万元，对于动辄财政补助资金达上亿元的居民养老保险来讲，不算什么大数。但是，如果凭空多了千余人次，对省级财政来说，就意味着要多拿出钱来补贴，势必会挤占大盘子里的其他钱；对县级财政来说，就有可能因数据填报不实导致违反财经纪律，套取省级资金。所以我想，在这种关头，每个财政人心里的答案都是一致的。我们对自己所做的事情必须极端负责。

局领导经常强调，要一件事一件事地咬。这是工作的态度，更是工作的一种境界。我们只有严格遵守财经法纪，发扬“钉钉子”精神，钻“精”钻“细”，对自己负责的事情盯紧抓牢，一锤接着一锤敲，一件一件干到底，才能使财政人手中经办的每一个文件、制订的每一项政策、落实的每一个项目，真真正正地走到“依法”的轨道上来，把每一笔钱都花在城市发展和民生保障最需要的地方。

从 1978 到 2018，从手工记账到计算机记账再到实现系统内联网，算盘见证了这段历史性的跨越。时光飞逝，发展变迁，不变的是传承的算盘精神、财政精神，以及带给我们无穷无尽的前进力量。

母亲的那个老算盘还一直在墙上挂着，每次看到它的时候，我的心里都会涌动着不同的感触……

（本文 2019 年 4 月获得山东省财政厅“改革开放四十载 财政迈进新时代”征文二等奖）

一生财政缘　一世财政情

王仁昌

序曲

我从事财政工作 30 个年头了，学的是机械（机制工艺专业），干的是会计管理（有会计证），爱好的是文学（发表小说、诗词、故事若干），沾光的是经济（高级经济师的工资），所以我总是很骄傲地自嘲：我在学机械的人里面是记账最好的，在文学爱好者里面是最懂经济的，绝对称得上样样通样样松啊。2008 年 10 月，我被山东省委宣传部、省总工会、省财政厅授予“先进会计工作者”荣誉称号。

30 年的风风雨雨，我经历了与财政结缘的激情燃烧的岁月。

第一回　机缘巧合下乡镇　阴差阳错干财政

1988 年 7 月，我从山东农业机械化学院机械工程系机制工艺与设备专业毕业，分配到县城的一家机械厂。在车间实习了三个月，调到技术科搞机械设计。

1989 年春天，全县掀起了学习雷锋的高潮。县总工会、团县委、县妇联组织“学雷锋树新风”演讲比赛，我在轻工系统 14 家企业里面轻松取得第一名，代表轻工系统参加了决赛。别看总成绩并不是很理想，那时候阴盛阳衰，我在获奖的男选手里面可是位次居前。团县委对我进行了考察，说先借调到团县委一段时间，试用合格再正式调入。企业当时缺少机械设计的专业人员，厂长明确说，我是他连续 3 年到县计委上报用人计划，费了好大劲才争取来的，不会轻易放我走。团县委有关领导征求我的意见，可否先报名到乡镇去，走个曲线救国，过几年再进城？我无可奈何，只能这样选择了。乡镇部门有两个可以任意选择，一是乡镇团委，二是乡镇财政所。我觉得乡镇财政所发制服，穿起来比较威风，理所当然选择乡镇财政所了。这真是有心栽花花不开，无意插柳柳成荫，这一曲线就曲线了近30年。

1989年12月底，刚刚拿到助理工程师资格证书的我，正式拿到调令，来到了卜庄乡财政所。

第二回　初入财政人懵懂　患难之际见真情

完全陌生的财政工作，对于年轻的我是一种严峻的考验，其中的酸甜苦辣都品尝了一遍。印象最深的是第一次独自收税。

1990年秋天，我独自骑摩托车，到最偏远的厫里村收取农业税尾欠。每年小麦收购季节，农民按照自己承包的土地数量，到粮管所缴纳公粮。粮管所将每户应该缴纳的农业税代金扣下。每天财政所的同志都要工作到很晚，把当天粮管所扣下的农业税款对清底子。公粮入库结束，再把没有缴纳公粮或者粮款不足扣缴农业税的户，列出清册。然后逐村清理。虽然厫里村小而又偏远，但是因为临海，所以家家都比较富裕，群众的纳税意识很强，只有几户因为粮管所漏扣没有完成农业税。在厫里村东，有一条小河，河上有一座小桥。来到桥前，发现上桥的斜坡被水冲出了水沟，我没有介意，加大油门想冲上桥，想不到水沟还挺深，摩托失控，我一下子冲下小桥去了，水到了腰。我狼狈地把摩托车推上岸，浑身湿漉漉的，幸好装税票的包很严密，税票安然无恙。走了几步，遇到了一位年轻的村民，他问明情况，把我领到他自己家，用洗衣机给我甩干衣服，又帮我把那几户的农业税收齐。没有村干部的介入，在一个完全陌生的小伙子帮助下，我竟然很顺利地完成了任务，我体会到了群众的觉悟与人之间的真情，也坚定了我全心全意为人民服务的决心，真是人间自有真情在，宜将寸心报春晖。

第三回　舌战群儒显身手　为国聚财当先锋

因为自古以来“皇粮国税、不缴有罪”的说法深入人心，农业税的收取相对容易，农林特产税（后来改称农业特产税）的收取就麻烦多了。

1997年秋天，我在南金村就遇到了麻烦。因为种桃树的户为了更换新品种，把盛果期的树全部砍伐了，新种上的桃树还没有结果，自然没有农业特产税。种梨和苹果的户说什么也不缴税了，还说财政所把桃子的税加到了他们身上。将近40个种植户把我围在了村办公室，村干部惊慌失措，财政所的其他人也没有见过这个阵势，一时间不知所措，可谓剑拔弩张，随时可能爆发冲突。关键时刻，我站在了凳子上，大声说：“大家不要乱，我是财政所长，今天不讲明白道理，我们就不收税了！我一张嘴，大家几十张嘴，希望大家一个一个提问题，我逐个回答。”真的是使出了浑身解数，在逐个解答问题的基础上，我把税收政策通俗易懂地解释了2个多小时。舌战群儒，战功赫赫，道理讲通了，谁也不差钱，不到1个小时就全部完成了任务。经历此事，我深深认识到，长风破浪会有时，直挂云帆济沧海。只要一心为国，有什么困难能阻挡我们前进的步伐？

第四回　精益求精得实惠　苦口婆心为农民

2002年，农村税费改革开始了。这是一项谁也没有接触过的工作，乡镇领导心里也没有底。乡集资村提留不收了，改成农业税和农业税附加了，那农业税的基数是高了好呢，还是低了好？当时大部分乡镇都是尽量降低基数，尽量少收农业税，一是减轻农民负担，二是征收难度小。经过研究各种政策，我向领导建议，尽量实事求是，因为围子土地肥沃，1958年曾经获得周恩来总理颁发的“农业生产先进单位”奖状，产量比其他乡镇高，所以基数就应该高于其他乡镇。领导采纳了我的建议。以后逐步取消农业税，我们得到的上级转移支付也是全市最多的乡镇之一。

2004 年，农业特产税与农业税可以合并征收，我们财政所实事求是，按照农业特产税的实际征收数额入库，而很多乡镇为了轻松完成任务，就自行把农业特产税按照农业税入库了。取消农业特产税以后，转移支付以此为基数，每年为围子增加转移支付 70 多万元。

2004 年，山东省开始实行粮食直补政策。一方面，农业税税率下调，一方面种植小麦的农民可以获得每亩 13.2 元的补贴。按照程序，由种植小麦的农民自报告种植面积，村委会核实张榜公示后，上报乡镇政府二次公示。围子镇财政所汇总数据后，发现上报面积明显少于实际种植面积。为了把党和国家的惠民政策真正落实到千家万户，财政所工作人员分成三个小组，走村入户了解情况。有一户种植了小麦，却没有上报小麦面积的农民说："自古以来，都是种地的农民给国家缴税，哪里有国家给种地的农民补贴钱？这次国家给种地的农民补贴，一定是想把不在册的土地都让自己报出来，然后再加税，到时候让你缴纳多少税，你都得认头。你想想，天上真会掉馅饼？"我根据自己掌握的信息，认真摆事实，讲道理。他的工作是做通了，但是有部分农民就是拒绝上报真实面积。等补贴下来，而农业税又减半征收，这些农民才后悔了，知道党和国家是不会糊弄老百姓的。

第五回　铁面无私不徇情　殚思竭虑补漏洞

2013 年，昌邑市纪委接到群众举报，说我们街道某村支部书记赵某涉嫌谎报面积，套取国家粮食直补资金。市纪委工作人员来到街道财政所了解情况，问我："怎么能找到赵某的违规事实呢？"我说："我负责把该村的小麦补贴发放明细表全部复印下来，你们到农村信用社，把他的惠民一卡通交易明细复印下来。然后逐家逐户走访，调查了解赵某实际的小麦种植面积。一比对，不就一目了然了？"赵某听说市纪委调查他，就托人找到我，希望街道财政所给他开个收据，把开票的日期提前半个月，他把自己套取的粮食直补款上缴财政，这样可以避免受到处分。我断然拒绝了他。后来，市纪委工作人员把赵某约到街道纪委办公室进行谈话。经过一番较量，赵某承认了自己采用虚报手段，套取国家粮食直补资金 7000 余元的事实。事后，赵某套取的资金全部上缴财政，赵某受到了撤销支部书记职务、开除党籍的处分。

经过这件事情以后，我们以此为戒，反复宣传，让广大村民意识到套取国家粮食直补款是严重的违法行为；同时，我们财政所与农业部门一起认真研究，密切配合，采取了切实可行的措施，杜绝以后出现套取资金的行为。

第六回　把握政策讲策略　与时俱进干财政

2013 年底，东小章村一个复原退伍军人来街道财政所反映，自己 2013 年度的义务兵补贴没有领取。因为街道财政所发放民政补贴使用的是惠民一卡通，不应该出现问题。经查账，2012 年度、2013 年度的义务兵补贴，都是打到了该村会计的老公卡上了，因为该义务兵参军入伍时没有办理银行卡，家里也不种小麦，街道财政所又不能发放现金，所以就把补贴打到了村会计老公的卡上。村会计把 2012 年的补贴提取后，交给了其父亲，2013 年的补贴没有提取，因为她与老公在闹离婚，而她老公做生意欠别人的钱，打补贴的银行卡被法院冻结了。这个问题很棘手，如果处理不好，可能引起上访，产生不良影响。

2013 年 12 月 20 日，我带领街道财政所一名工作人员，和社区人员一起来到村委，并召集村两委成员、退伍军人一起参加会议。我提前打印好会议纪要，并由街道财政所人员全程拍照和记录。首先跟女会计讲明了民政补贴款的重要性，讲明了挪用款项应付的法律责任，限定该会计 10 天内把款交到退伍人员手中，该纪要由全体参会人员签字。

9天后，该村会计与该退伍军人一起来到街道财政所，退伍军人说收到补贴款，并写下收到条。我们把收到条附到了原始凭证后边。这真是只要思想不滑坡，办法总比困难多啊。

第七回 老牛亦解韶光贵 不待扬鞭自奋蹄

2017年，因为编纂《昌邑市财政志》的需要，市财政局的主要领导请示市政府领导后，把我借调到市财政局史志办。因为既懂财政专业知识，又擅长写作的人，在全市财政系统还是比较少的，我自己也觉得算其中的佼佼者吧。我是昌邑市作家协会的主席团成员，不仅在《山东文学》发表过小说，《微型小说选刊》也选载过我的小小说，而且财经论文也发表了不少，两篇论文分别收入《中国财政改革文选》和《发展之路文集》，获得过全国会计学会征文三等奖、财政部征文二等奖、省财政厅征文三等奖等奖励。

盛世修志。

但愿我不会辜负领导的期望吧……

结语

记得诗人顾城曾经说过："黑夜给了我黑色的眼睛，我却用它寻找光明。"

今天我要说："组织让我干了财政，我将为祖国奉献一生！"

（本文2019年4月获得山东省财政厅"改革开放四十载 财政迈进新时代"征文二等奖）

劳动是最美丽的风景

许增贤

自幼生长在农村，祖祖辈辈都是农民，兄少弟妹多，家贫境难，我从懂事时就成了家庭劳动的主力。直至今日，玉米地里透不出气来的追肥和炎炎烈日之下割麦子的场景，仍历历在目。那时候，劳动的概念对我来说就是农田里挥汗如雨的躬身前行，以及随之而来的周身痒痛的感觉，毫无劳动的快乐可言，因此曾发誓"一辈子再也不做农民"，无论如何都要离开那片干起活来无头无尽的贫瘠土地。这个"浅薄"得并不高尚的信念，一直督促我刻苦学习，考学、考公，终于吃上了"国家粮"，捧上了所谓的"金饭碗"。就是现在，耕、犁、耙、播、种之类的农活，我依然还算熟稔。母亲曾说过："你小时候还是很能干活的。"这是对我少年的褒奖。但母亲最近又说："现在的你是横草不拿，竖草不拈。"母亲看似无心的话令我感慨不已，思虑颇久，自己确实变懒了，对农村里的农活多少年再没有拾起来，并真的从心里并不想再去干，实在是愧疚难言。

"劳动"一词最早来源于《庄子·让王》："春耕种，形足以劳动。"英语译为work而不是job，大概西方人认为劳动是工作中必须要付出的东西，或体力或脑力。劳动的目标是做成工作，引申意为奉献，是人对社会的创造和对社会的个人付出。劳动的内涵丰富而博大，与豁达的人生态度、深厚的哲学思维、包容的社会精神息息相关，兼容并蓄。自从充分理解了劳动的涵义，自己变得释然了，也给自己的懒惰找到了借口和台阶——从体力劳动到脑力劳动的转移是自然的、合理的、有机的，脑力劳动也是劳动，只不过是劳动的不同表现而已，并非属于"人达忘本"的罪过。想到这里也就豁然开朗了，庆幸并感激二十年的乡村生活给自己带来的人生宝贵财富，崇拜和敬仰仍然在家乡那一片沃土上日出而作、日落而息的乡亲们。每次回老家，都尽一切机会与亲人们、朋友们亲密接触，获取“天道酬勤”的动力，体会最原始最朴素的生活感动。

劳动的内涵是奉献。高尔基说：“劳动是世界上一切欢乐和一切美好事情的源泉。”掏粪工人时传祥，从事的似乎是社会上“最低贱”的工作，但他几十年如一日，为了人民生活的洁净，宁愿自己一身脏。国家主席的握手，拉近了领袖与普通工人的距离。刘少奇说：“你当挑粪工人，我当国家主席，都是劳动为社会做贡献，只是分工不同。”今天，中央电视台每年评选出的“最美乡村教师”和“最美乡村医生”，他们或坚持在高山之遥，或留守在草原深处，或驻足在乡村偏隅，不计个人得失，不羡达官显贵，以教书育人为己任，以救死扶伤为担当——山腰高处云雾缭绕，简陋无比的学校传出悦耳的琅琅读书声；大漠深处声声驼铃，牧民的病痛得到及时的救治抚慰。他们的劳动是高尚的、美丽的。

劳动的品格是勤勉。俗话说“勤能补拙”“天道酬勤”。五体不勤，好吃懒做，衣来伸手、饭来张口的人，是永远体会不到勤劳给人们带来的快乐感受的。在农村，人勤春早，晨曦微露，田野里机器轰鸣，播种和丰收的希望描绘了一幅静美的水墨生态画。在城市，华灯未绽，环卫工人的身影最早出现，干净的街道与穿行的人流谱成一曲优美的城市奏鸣曲。在工厂，交班的工人互致着早安。在商场，恭候顾客的店员精心摆布着琳琅满目的商品……自食其力不仅仅是个人品格，更是一个国家和民族的精神写照。社会同情弱者但不纵容懒汉，自食其力的劳动者是最光荣的。张海迪身残志坚，刻苦学习，引领拼搏精神和奉献品格的升华，成为一个时代的标杆。罗阳投身于航母梦，为祖国舰载战斗机的发展做出了突出贡献，舰载机成功试飞之时，他魂归蓝天，以勤勉之志诠释了新一代中国军人的风采。他们的劳动是伟大的、崇高的。

劳动的精髓是诚信。“人无诚不立，国无信不稳。”诚实是金，唯有通过诚实劳动获取的成果和利益，才能受之坦然，心里踏实。近几年来，各级各部门加大了对“地沟油、毒馒头、毒鸡爪、假羊肉”等违法事件的查处力度，那些制假造假、坑害百姓的行为触目惊心，丧尽天良。憨厚朴实的农民因为不良商贩的假药、假种子事件而绝产的案例也时有发生。造假者也在“劳动”，但是他们的劳动是丑陋的、危险的，是对劳动的嘲讽和破坏，不仅玷污了“劳动”这个神圣的字眼，也造就了一批虚假丑陋的罪恶灵魂。在社会的阳光普照之下，他们如惊弓之鸟，过街老鼠，人人喊打，天地共愤。唯有诚信劳动才能自信挺立于晴空之下，唯有良心付出才能赢得社会的尊重和支持。曾几何时，张瑞敏以诚信经营打造了世界名牌“海尔”，“油条哥”以诚信买卖获得了顾客的信赖和赞誉，他们的劳动无上荣耀，诚信之花在劳动的沃土上茁壮盛开，繁花似锦。他们的劳动是纯洁的、干净的。

劳动的本质是实干。空谈误国，实干兴邦。2018 年 4 月 30 日，习近平总书记在给中国劳动关系学院劳模本科班学员的回信中说：“社会主义是干出来的，新时代也是干出来的。”习近平总书记“让每一个人都享有人生出彩的机会”的话是我们工作和付出的动力，也是我们努力的目标和方向。机会是公平的，环境是现实的，机缘转瞬即逝，唯有以勤勤恳恳地劳动，踏踏实实地付出，诚实厚道地做人，才能“享有人生出彩的机会”，才能修成正果，实现人生价值。工作在基层，回归到乡村，最能接地气。与群众面对面，只有放下架子、扑下身子，多到地头村头走走看看，才能与老百姓融合在一起，真正想百姓之所想，急群众之所急，做群众之所盼，不搞花架子，不做面子工程，才能真正称得上是实干！习近平总书记在同全国劳模代表谈话时强调："幸福不会从天而降，梦想不会自动成真。人世间的美好梦想，只有通过诚实劳动才能实现。"

诚哉！劳动最光荣，劳动最崇高，劳动最伟大，劳动最美丽。

（原文刊载许增贤散文选《乡愁的记忆》中国言实出版社 2019 年 12 月）

小　说

478 颗荷兰豆

王仁昌

正月十六日，镇财政所高鸣正式就任郑庄村党支部书记。高鸣今年 29 岁，财经大学毕业，干过预算会计，现任财政所长，经济师。个头不高，一双会说话的大眼睛透露出精明强干。

郑庄村是这个镇最乱的一个村，七年换了九个书记。村里偷盗成风，邪气太盛，因为电费收不起来，早在半年以前就被供电所停了电。村民欠村委各种款项超过 10 万元。差不多每个月都有村民上访。难怪有人说："郑庄的书记是老鹰生夜猫——一窝不如一窝。有人说："除非天老爷下凡当书记，要不然郑庄是寡妇死了独养儿——一点指望也没有了。"

高鸣卷着简单的行李，来到郑庄村委办公室。然后，在村会计陪同下，走访了部分党员和群众。临近中午，在大街上遇到一位五十多岁的老汉。老汉大高个，满脸皱纹。一见高鸣，就迎面走过来，用手指着高鸣的鼻子，大声问道："你姓高?"

高鸣丈二和尚摸不着头脑，莫名其妙地点点头："是"。

"你来郑庄干书记?"

"对"。

"你怎么敢来郑庄干书记?!你年纪轻轻，能干了郑庄的支部书记?!你是不是吃了熊心豹子胆?!没有金钢钻，别揽瓷器活！"这老汉越说越激动，黑乎乎的脸膛涨得通红。

高鸣等老汉说完了，不卑不亢地回答道："大叔，郑庄的绝大部分党员、群众是好的，我相信，只要有上级党委、政府的大力支持，以法治村，正气一定会压倒歪风，郑庄一定会'正'起来……"

"年轻人，泰山不是垒的，牛皮不是吹的，我们还是骑驴看账本——走着瞧。你如果干好了，我老犟筋给你送礼，给你下跪！"老汉一转身，倒背起双手，气哼哼地走了。

经过几天的调查摸底，高鸣心中有了底。郑庄的焦点问题是账务不清。村里办的铸造厂，连续几任书记都兼任厂长，一人手里一包条子一包钱，年年干，年年亏。村里欠许多村民的钱，许多村民又多年不缴集资提留、承包地款，不出义务工。许多人偷电造成电价太高，于是再没有人交电费。

正月二十日，高鸣一天召开了两个会，一个是党员议事会，一个是村民议事会，定下治村法则：凡本村事务，全部由两个议事会决定。并立即通过了几项决定：让镇财政所彻底清理本村账务，邀请法庭来村清理三角债，村委欠村民的，还；村民欠集体的，缴。村铸造厂公开叫行承包。先凑齐部分电费，让供电所供上电。成立民兵小分队，晚上流动巡逻值班。村里的主要街道按劳动力分路段拓宽路基，加挖排水沟，清理三大堆：粪堆、草堆、土堆。

工作刚铺开，有人竟然在晚上向村委大院扔石头，也有人恶言恶语，要让高鸣躺着滚出郑庄。但高鸣依然我行我素。时间不长，电灯亮了，村里的大街干静了、宽敞了，偷电的没有了，盗窃的绝迹了，邻里百家和睦了，上访的也不见了。高鸣又请母校的老教授到村里讲了几次科技课。选出二十个科技示范户，从县财政局争取了10万元周转金，扶持他们种上了浑身是宝的银杏树，协调信用社贷款给部分困难户，养上了樱桃谷鸭，从外地引进荷兰豆，让家家户户种起了荷兰豆。

天地之间有杆秤，那砣是老百姓。每到吃饭的时候，就有许多人来请，高鸣也不推辞，索性吃起了派饭，但是做了硬性规定，必须是家庭便饭，否则扭头就走。吃饭时顺便了解一下情况，临走照例留下饭钱。

十二月二十日，高鸣在镇人大会议上被选举为副镇长。临走的前一天晚上，高鸣向村两委班子详细交代了下一步的工作重点，全面安排了各项工作。第二天早晨，天刚蒙蒙亮，高鸣就起了床，把行李捆到自行车上，想悄悄离开。一开大门，发现门外寒风中黑压压地挤满了人。

"扑通"一声，一个老汉一下子跪在了高鸣面前。"高书记，你不能走啊！大人不记小人过，宰相肚里撑开船，我老犟筋……"老汉眼里流着泪花，哽咽着说不下去了。高鸣赶紧蹲下，双手扶起老汉："大叔，您可别这么说，一年来，给老少爷们添了不少麻烦，许多事也没有干好……"

"谁敢说你没干好，我和他拼命！"老汉的眼珠子瞪得圆圆的。"幸亏你让我们种了荷兰豆，谁家不多挣个千儿八百的?人心都是肉长的，大伙的眼睛都不瞎！给你送礼你不会要，这包荷兰豆可一定要收下。你别小瞧了这包豆，这是昨天晚上一家一颗，挑最大的、最好的凑起来的，478户人家、478颗荷兰豆，代表着郑庄1563颗人心啊……"

高鸣双手接过老犟筋手里的粗布包，眼眶一热，泪水止不住地流下来……

（原文刊载《乡镇财政》1999年第4期）

贷　款

王仁昌

李庆这几年搞绿化苗木赚了不少钱，楼房盖起来了，小轿车也开上了，生活算是芝麻开花——节节高了。虽然他上学不多，脑瓜却特别灵，喜欢独树一帜：别人种小麦，他种菠菜；大伙都种菠菜，他又种植苗木了。我们是高中的同学，关系一直很铁。

周末晚上，李庆手提两瓶茅台来到我家。

我说："都是老同学，你来玩带这么贵重的礼物？我实话告诉你，不违反原则的事情，哥们儿打包票；违反原则的事情，那是搬着梯子上天——没门儿。再说了，我也就是镇上一个普通工作人员，你要返包土地、争取项目资金、承揽绿化工程什么的，我可办不了。"

李庆龇牙一笑："放心，我不会让你违法乱纪的！这不是白送给你的，纯粹是给你的工具。"

我不知道他葫芦里卖的什么药："此话怎讲？"

"说来小菜一碟。你和我们农村合作银行分理处的信贷员刘欢不是大学同学吗？麻烦你把这酒送给他。"李庆郑重其事地说。

我疑惑了："你什么意思？"

"我联系了一批珍贵苗木，一倒手就可以赚个十万八万的。你知道，原来我是小本经营，从来不从银行贷款，也根本不需要贷款。可是这次需要的资金数额比较大，一时钱不凑手。你能不能找找你的同学，帮我从合作银行贷点款？"

我摇了摇头说："你这茅台我可不能转交，那不是行贿吗？合作银行也有纪律，怎么会随便收礼？你别让这些世俗的东西污染我的老同学。"

李庆着急了："你放心，我这贷款可以用楼房抵押，也可以用轿车抵押，一定不会给银行造成损失。"

我笑了："我的意思是，银行有银行的规定，我怎么可以给你打包票？我可以出面给你办，但是违反规定的事情绝对不行。酒你带回去吧。"

李庆阴沉了脸："老同学，你看不起人？这酒是给你喝的，我不管你用什么绝招，反正你得把事情给我办妥了。"

"那你就等我的消息吧。"我只好答应他。

李庆兴高采烈地说："事情办成了，一定请你喝茅台。"

正巧周一我到合作银行办事，顺便来到刘欢的办公室。本来想把两瓶茅台给他捎上去，想了想不妥，就放在自己车上了。刘欢很热情，又是沏茶，又是递烟。我刺激他说："你这财神应该很牛，怎么对我这老同学这么殷勤？"

刘欢叹了口气："都说信贷是个肥差，其实是一家不知道一家啊。现在银行的考核非常苛刻，坏账率要求特别严格，如果贷款发放不出去，完不成指标，要扣发基本工资。贷款指标完成，如果贷款不能按时回收，形成坏账，那就不是扣发工资的问题，而是停发工资，每月只是发放基本生活费 500 元。你想想我的压力有多大啊？既要严格把关，又要灵活机动，这个跷跷板必须把握平衡，难度不言而喻。老同学，你可要拉兄弟一把啊。"

我不解地问："我一个小小的镇机关干部，根本没有什么权力，能帮助你做什么工作？"

"听说你的高中同学李庆这几年种植苗木发家了。你能不能让他到我们银行贷点款？"

嘿，想媳妇来了个俊娘们儿，天底下还有这等好事？我故意沉吟半晌："李庆搞苗木基本不用贷款，自有资金就足够了。"

刘欢一转身，从办公桌下拿出两瓶茅台，神情庄重地递给我："老同学，拜托你了！"

我晕了："老同学，咱俩谁和谁啊？还给我送礼？"

"当然不是给你送礼，是给你预备的送礼武器啊。"刘欢龇牙一笑。看那表情,怎么和李庆一个模子造出来的？

我疑惑了："你什么意思？"

"请你把这茅台送给你的同学，不仅是他，只要户口在我们镇、符合贷款条件的苗木种植大户，都可以找我贷款。"

我笑了："商人可是无奸不商啊，你送他茅台，他以为你搞猫腻，还敢找你贷款吗？"

"那这茅台就是给你的劳务费了，即使办不成，也免费赠送。"

我拍拍胸脯："支援农民兄弟发家致富，这是大好事，我全力支持。你就等我的好消息吧。"

刘欢兴高采烈地说："事情办成了，一定请你喝茅台。"

哈哈，就这么简单，我有了四瓶茅台，还有两次喝茅台的酒场等着我呢！

（原文刊载《齐鲁晚报》2013 年 6 月 24 日，《微型小说选刊》2013 年第 19 期、《喜剧世界》2014 年第 1 期选载）

诗 歌

蓝色之魂

许增贤

恐龙在岩浆蒸腾苦难的血色中
涅槃陈积了几十年春夏秋冬的故事
随泣血无泪的冬季风
抖落
民族魂
如纷扬灵与肉之搏杀的
呐喊和礼赞
一杆涛声
搅动浸透民族性格的船
摆渡生与死
红色的腰带 骨骼雕饰的橹
在神秘之土放释着回忆
黄河的暴肆
染红了手臂

风声之隅
仓颉在书写历史繁衍的尧舜禹的传奇
肃穆 沉寂 静谧

一朵阳光炙烤着黄皮肤黄头发的家园
季节线从沙漠的角度悄悄将帷幕拉满
明月透视的背景图上
孤帆单舟
渔民不规则的图腾的身影
轮圆一网又一网的岁月
如茕茕而立
含一腔清苦与成熟的衰草
坐化成
沉默的石头

（原文刊载许增贤诗歌作品集《馨丽岁月风》中国文联出版社 2001 年 7 月）

长 城

许增贤

（一）

灯笼明灭之间
城墙上又是那一代军人在望眼欲穿
守卫着心中最自豪的誓言
起风了
帷幕哗哗作响
石头里镶嵌着震天动地的呼喊
那是中华儿郎最不屈的尊严
猎猎旗帜
指挥着千军万马
这是沉睡了几千年的历史
边关军人在历史的断层里传递历史
萧萧落叶 起风了
胡虏已退千万里
是中华儿女撑起了民族尊严的大旗
那棵衰败的小草
茕茕孑立
傲雪挺风屹立在城墙之上
如挺旗伫守的战士
感动了秋天的风
冬天的香
春天来了傲然的还是那棵无名的小草
和永远挺立的守城将士
站立在长城之上
忽然想起了红军的长征
那蜿蜒望不到头的队伍
那闪着耀眼金光的八角帽
那金光灿灿的红五星
那白雪皑皑草地上掉队的战士
那饿死在沼泽地里的军需处长
这是我们心中永远不变的长城
人民心中永远依赖信赖的长城

（二）

南海的波涛如轰如鸣
海鸥舒展着骄傲的双翼
年轻的水兵驾驶着军舰
那是我们水中屹立的钢铁长城
那一片深色的蓝那一片古老的水域
一代又一代钢铁般的守岛人轮流值岗
坚守着中华民族不屈的骄傲和尊严
珊瑚礁 贝壳 椰子树
镌刻在全国人民的心里
像一幅幅美丽的图画
成为时刻吟诵的诗歌
大海 母亲 我遥远的海岸线
郑和的客船从海里驶来了
伸展着历史和现实的羽翼
向世界昭示亘古以来的坚持
这种坚持不怕风吹雨淋
这种坚韧不惧雷霆闪电
南海仍然波诡云谲
我们的海上长城仍然屹立在那里

（三）

钓鱼的岛青青的摇在母亲怀里

偶尔露出两只角的山羊窥探着大海的样子
绿色的遥望连在一起
也连着中华儿女所有的心房
牵一发而全动的亲情
怎舍那母亲怀抱里的温暖
那钓鱼的休闲不只在三亚在长江在黄河
也在这座青青的岛屿
母亲的船开过来了
轻轻地抚慰着孤独的心
牵着海峡两岸的思念
三地的情缘钓鱼岛啊
你不用害怕 也不会孤单
我们会更加紧紧地拥抱你
永永远远

（原文刊载许增贤诗歌作品集《沉静的潍河》中国言实出版社 2018 年 12 月）

词

【石州慢】 农税专管员

王仁昌

水水山山，
风风雨雨，
跑跑颠颠。
村村组组户户，
日日月月年年。
为国聚财，
分分角角元元，
累百百千千万万！
黑黑面庞瘦，
丝丝白发添。

四季，
夏征税款，
秋收代金，
冬清尾欠。
暖暖春天，
小康计划早算：
广辟财源，
经济红红火火，
农林牧副齐发展！
国富民殷殷，
人生花灿灿。

（原文刊载《乡镇财政》1997 年第 3 期）

【双调·折桂令】财政所长

王仁昌

看财政九品小官，
一身正气，
沥血乡间。
建设财源，
殚精竭虑，
效益翻番。
收四税涉水越山，
控支出包公铁面。
平衡预算，
忠心赤胆，
啼归杜鹃，
默默奉献。

（原文刊载《地方财政》1998 年第 9 期）

论 文

乡统筹费多头管理的思考

王仁昌

目前，乡镇管理乡统筹费的部门很不统一，一个县之内也不一致，大体由以下几个部门管理：财政所、农经站、基金会、政府办公室等。由于多头管理，各自为政，引发不少问题，存在许多弊端。

一、乡统筹费溯源

农村联产承包责任制以后，取消人民公社，建立乡镇政府，开始出现乡统筹费。1991 年 12 月，国务院颁布《农民承担费用和劳动管理条例》，规定农民必须向乡村缴纳乡统筹费和村提留，其总额不得超过上年农民人均纯收入的 5%，具体项目有三项村级提留：公积金、公益金、管理费；五项乡级统筹：乡村两级办学、计划生育、民政优抚、民兵训练、修建乡村道路等民办公助事业。

二、各部门管理乡统筹费的法律依据或理由

（一）财政部门

财政部《关于颁发乡（镇）财政管理办法的通知》（财地〔1991〕215 号）规定：“乡财政的收支范围包括国家预算内资金收支、预算外资金收支和自筹资金收支”“乡财政的自筹资金是指乡镇政府在预算内、外资金以外，按照国家政策规定自行筹集的收入和相应安排的各项支出。自筹资金收入主要包括按有关规定乡镇企业上缴乡财政的利润、事业单位上缴的收入以及乡镇人民代表大会通过的乡镇公共福利事业统筹费等”。

国务院《关于加强预算外资金管理的决定》

(国发〔1996〕29 号）规定:“加强预算外资金收入票据的管理。行政事业性收费、基金(包括应纳入财政预算管理的行政性收费、基金资金、集资)的收取，必须使用财政部门统一印制或监制的票据。凡未使用财政部门统一印制或监制的票据进行收费、集资的，各部门、单位和个人有权拒付。各单位财务部门也不得作为财务报销凭证入账。”

（二）农经部门

农业部规定：乡统筹资金由乡农业经营管理部门负责管理，单设账簿、专户储存、专款专用，集体资金与财政资金不能捆在一起使用，推行“一个漏斗向下”的管理办法，改拨付制为报账审批使用制。

国务院《农民承担费用和劳动管理条例》规定:“对村提留和乡统筹费，应当实行严格的财务管理制度。集体经济组织应当对村提留和乡统筹费的使用实行内部审计监督制度。”

中共中央、国务院《关于切实做好减轻农民负担工作的决定》(中发〔1996〕13 号）规定:“收取村提留乡统筹费要使用省级有关部门统一印制的专用票据。”

（三）基金会

乡统筹费由基金会管理的理由是：死钱变活钱，有利于发挥农村合作经济的优越性，做到保值、增值，合理使用。

(四）政府办公室

政府办公室直接管理乡统筹费的理由是：减少单位之间的扯皮，杜绝资金挪用，直接取之于民，用之于民。

三、多头管理的弊端

由于·个将军一个令，致使各业务主管部门到乡镇检查乡统筹费的收取、使用情况，令乡镇难于应付。今天财政部门检查，要求乡统筹费必须纳入财政所管理；明天农经部门检查，要求乡统筹费必须由农经站管理。

追根溯源，乡统筹费应纳入财政管理。不纳入财政管理，至少有以下弊端:

（一）乡统筹费脱离了正常轨道，逃避了财政监督，游离于国民收入分配体系之外。

（二）削弱了乡镇财政实力，不适应分税制财政体制要求，致使乡镇财政名不副实。

（三）资金分散，不利于统等安排，难以发挥财政资金的规模效益，导致资金的低效使用，不利于乡镇各项事业的发展和乡镇财源的建设。

（四）乡统筹费由基金会管理，带有很大风险性，容易造成资金沉淀。

（五）乡统筹费由政府办公室管理，容易造成财务混乱，出现“小金库”或发生资金挪用等现象。

（六）由于缺乏严格的法律约束和有效的监督机制，容易出现搭车收费加重农民负担或不按用途使用乡统筹费等现象。

四、解决问题的根本办法

（一）当务之急是明确乡镇财政部门是乡统筹费的管理部门，乡统筹费的提取使用，由财政部门编制预算方案，经乡镇人民政府批准、乡镇人民代表大会审议通过之后，报县（市）级主管部门审查备案。上级财政、审计、农经等部门可以依照国家法律、法规对乡统筹费的收取使用情况进行审计、监督。

（二）在条件成熟的时候，废费设税，具体征收机关为乡镇财政所或地税所，税款直接纳入财政预算管理。

（原文刊载中国统计出版社《中国财政改革文选》1998 年 5 月）

我国现行预算会计体系问题的探讨

齐红蕾

摘要：随着我国市场经济的发展和财政预算管理制度不断改革的进程，以及国际经济发展环境的改变，现行预算会计体系已不适应当前社会发展的步伐。因此，为应对当今社会经济发展的要求，有必要改革我国现行预算会计制度。

关键词：预算体制；预算改革；预算报告

在社会主义市场经济条件下，我国各项事业蓬勃发展，在运行中对预算资金收支活动结果及其结构的变化进行事前预测非常重要，好的预算体系便于政府有关部门安排决策。

一、预算会计的内涵

预算会计是政府行政会计的组成部分，与企业会计相对应，是我国现代会计体系中一个会计分支。预算会计是国家财政预算管理的有机组成部分，行使政府会计管理职能，是核算和监督政府及行政事业单位以预算执行为中心的各项财政资金收支活动，是实现国家政权财政职能、执行国家预算工作的重要手段。

二、改革我国预算会计制度的意义

政府财务报告和财政报告不同，现行预算会计报告是政府财务报告的有机组成部分，包括核算财务报表的收入支出两方面。财政报告是政府有关财政收支预算及执行情况的报告说明，有些信息的真实性和完整性不具备，因此不适用。目前，我国还缺乏各级政府部门完整的、系统的政府财务报告，因为整个政府活动的财务状况及责任履行情况没有得到全面反映。因此，改革我国现行预算会计制度势在必行。

三、我国预算会计制度存在的问题

（一）现行预算会计要素滞后，不能真实、完整地核算新业务

我国政府财政部门已针对预算改革试点情况在制度中作了部分修正，并制定了相应的预算核算办法。但是，该预算办法仅适用于某些试点单位，不适用于全国地方财政和所属预算单位，对于各地在日常活动中出现的新业务也没有统一适合的要素核算，因此，这种办法不具备普遍实用性。目前，我国各地区针对所属本地实际，均在开展财政支出方面的改革试点，由于我国会计改革前长期实行统一的会计制度，忽视存在的区域因素影响，试点办法没有兼顾各地不同情况的做法，不利于各地开展会计核算工作。

（二）现行预算会计收付实现制确认原则不合理

世界通行做法是采用权责发生制，这是世界政府会计改革的方向，我国预算会计主要采用原苏联的收付实现制会计确认基础，与国际政府会计的通行做法不一致，由于计划经济的废止，该办法存在诸多弊端，在执行过程中出现一些新问题。主要体现在：采用的收付实现制，体现现金收支不能真实反映各级政府的经济资源和承担债务情况，在特定会计期间的经济活动及结果不能全面反映，不能准确反映政府所提供公共服务的实际支出以及产生的效率水平，不利于对政府收支有效性进行监督和评价，也不利于政府内部管理效率的改进。总之，在使用的收付实现制确认会计基础情况下，我国预算会计体系不能全面反映政府履行受托责任的运营情况，更好地为社会公众服务。

（三）现行预算会计某些科目使用不规范

近年来，随着我国社会经济多元化的发展，财政投融资体制的市场化进程不断改变，政府投融资途径复杂多样，随着民间资本、外资等介入公共领域，业务量的增加导致预算会计科目相应增加，信息使用者对政府部门预算会计信息的准确及时方面提出了更高的要求，在会计信息的可比性、客观性要求提高，并要求政府部门提供充分的数据信息来进行决策。随着预算外资金增加、社会保障基金在政府收支分类体系的突飞猛进，需要相应拓宽财政总预算会计的核算相关内容，解决预算科目和总预算会计科目相协调趋同的问题。

（四）现行预算会计财务报表制度后续监督不完善

全国人大加大了对政府财政收支的监督力度，推进各级政府预算公开制度的实施，全社会广泛关注政府预算及相关信息，对政府会计信息的准确性和完整性提出了更高要求。根据会计准则规定，为了会计核算工作的方便进行，我国现行的财政总预算会计、行政单位和事业单位会计都有相对应的各自账表，并提供上下级汇总的会计报表，但各套表不统一自成体系，不能够真实、完整地反映各级政府的资产、负债和净资产情况的合并会计报表。此外，我国预算会计报表侧重点在于反映预算收支情况，对国有固定资产及其使用情况、政府负债及其还本付息情况缺少全面反映，政府担保形式的隐性债务等相关信息没有在正表核算，这使得全国人大、社会公众等难以对政府财务活动进行有效监督，反映出的会计信息资源也难以为政府做出决策利用。

四、我国预算会计制度的改革对策

改革开放以来，随着社会主义市场经济体制的发展完善，公共财政制度及部门预算、国库集中支付制度以及政府集中采购制度等改革的不断推出深化，我国现行预算会计制度呈现出不足和缺陷，某些方面已经制约了我国经济发展，因此有必要对现行预算会计制度进行改革，要求从我国社会经济发展的实际情况出发，借鉴国际通行做法、纠正我国预算执行的弊端，发展更为完善且符合我国国情的预算会计体系。

（一）完善我国预算会计的组成体系

与国外的政府部门及非营利组织的会计活动相比，国外的政府会计包括国有企业会计，以及国家控股的营利组织。我国现行的预算会计体系的构成与其相似，但区别在于我国的政府会计不包括国有企业会计，我国的国有企业会计与民营企业会计、集体企业会计同属于企业会计体系，跟政府会计是不在一类，这是预算会计体系的特色表现。由于事业单位是非营利组织，执行《事业单位会计制度》，可借鉴国外非盈利组织会计的核算方法，依照非营利组织的核算原则进行确认计量。

（二）改革、完善预算会计财务报告制度

经济发展了，会计核算环境变化了，在拓宽会计核算内容、改进会计科目设置等方面，各预算会计主体提供的有效信息，反映了该机构的资产负债和收支绩效的整体情况，可以满足各级政府和公众信息使用者的要求。今后，可以改革预算会计原则，资产负债表要按照“资产=负债+基金+结余”的会计等式。固定资产的信息，预算会计没有必要全面概括，可以利用统计局、国资委提供的资料。

（三）适应经济发展，合理使用新预算会计科目系统

会计科目设计应符合各项经济业务的特点，按其经济性质和管理要求进行分类，是经济项目的符号。改变原来五个会计要素，调整为六个会计要素，会计事项运用权责发生制，现行预算会计制度会计科目的设置应跟随财政资金运动形式的变化需要进行相应调整。

（原文刊载《现在商业》2014年第3期）

探究当前财政预算绩效评价存在的问题及建议

肖美先

摘要：当前，我国的财政预算管理工作在各地方单位实施了不同程度的改革，存在部分问题，比如:财政资金使用效益较低、预算绩效管理较为被动、预算绩效评价体系不完善等。这些问题严重阻碍了我国财政预算的科学实施，也制约了财政资金的最大化使用效益。必须贯彻执行财政部提出的“预算编制有目标、预算执行有监控、预算完成有评价、评价结果有反馈、反馈结果有应用”的方针政策,解决新时期财政预算管理工作中存在的各种问题。

关键词：财政预算；绩效评价；问题；建议

一、当前预算绩效评价的质量控制存在的问题

（一）指标设置不够科学

在实施绩效评价过程中,由于某些指标不具备量化性，或无法取得相关资料支持，迫于制度文件约束，不得不设置相关指标，导致部分指标设置不恰当，不能真实反映该项目的实际实施效果；由于参与评价人员某些方面知识欠缺，考虑不全面，或生搬硬套其他案例指标与被评价项目脱轨，使其不具备可行性。有的指标体系分类过于笼统，如分为定量和定性或共性和个性两大类指标；有些指标体系过分强调定量指标，另一些则完全是定性指标，而财政性项目支出类别繁多，绩效评价比较复杂，单纯使用定量指标或者定性指标难以真实反映专项资金的绩效结果。

首先，指标体系不统一，难以横向比较。实际操作中，虽然对分类评价的科学性和标准化有所认识,但没有找到区分各个不同的被评价对象绩效难度的权重，并对其进行标准化提炼，导致不同的被评价对象缺乏可比性，难以形成相互之间的对比。其次，内容复杂，指标设计者往往希望指标能够涵盖尽可能多的内容，使其得到的结果能够与实际相吻合，往往事与愿违，自己掉进了自己设计的“陷阱”，相当的数据难以取得，结果无疾而终。再次，权重的确定。权重设计及分值安排主要依靠主观确定，或采取多人对不同因素依靠主观打分确定权重。缺乏科学依据和客观标准，致使在实际操作中很茫然。一般在设计指标评分表中，内容下设三级指标，各个级次的评价指标占每个评价环节总分的比例缺乏科学、严格的依据。这种主观确定权重的做法在理论上缺乏科学性，难以服众；在实践上损害了评价的公平性，评价结果的公信力难以令人信服，这是绩效评价中普遍存在的问题。

（二）财政绩效数据信息收集不全

财政绩效评价需要收集大量的数据信息进行处理分析，基层财政部门电子信息化程度不高。财政绩效数据信息不全导致评价结果缺乏说服力，不能准确评估财政项目优劣，无法作为财政预算依据，难以应用到实际工作中。

（三）缺乏法律和技术支持

目前，我国已经制订财政绩效评价方面的相关暂行办法，在一定程度上加强了财政绩效评价工作的规范性，但还是缺乏相应的法律法规，使得财政绩效评价结果缺乏约束力。基层政府对财政绩效评价不够重视，流于形式，缺乏专业性，导致财政绩效评价结果难以发挥真正的作用。

（四）绩效管理推行较被动

现行的各地方单位的预算编制、审核、执行、考核、监督、评价等环节,在具体执行过程中缺乏较强的约束力度，相关监督与管理部门对预算的控制力度缺乏制度和权限保障。预算整个管理体系涉及众多相关部门，对预算的执行情况进行考核及追责，易于出现责任不清、推诿塞责等问题。长期以来，缺乏严格管理的预算体系，使得部分部门习惯于对预算资金不经过科学规划而随意使用的管理方式。绩效管理工作在缺乏大力宣传的情况下,各部分对预算绩效管理理念及其重要性缺乏正确认识，部分单位对预算绩效管理工作只是被动应付、盲目接受,从而导致预算绩效管理的推动工作较为艰难。

二、创新新时期财政预算绩效评价管理的策略

（一）加大理念宣传力度,牢固树立绩效管理理念

预算绩效管理制度之所以出现各预算执行单位被动应付、盲目接受等现象,主要原因在于预算绩效管理理念宣传不足，部分单位或者难以理解预算绩效管理工作的重要性，或者缺乏相关专业的知识将宏观的理论指导细化为微观的执行措施。为积极推进预算绩效管理工作，规范财政支出绩效评价行为，建立科学、合理的绩效评价管理体系，提高财政资金使用效益，做好预算绩效评价管理工作，需要预算绩效管理推行部门通过多种渠道，大力倡导和宣传预算绩效管理理念，推动各单位预算绩效管理工作从被动接受转为主动推进、自觉行动。对于预算绩效管理理念的宣传,需先了解各单位被动应付的具体原因，针对具体原因通过组织宣传会议、拍摄宣传视频、发放宣传手册、举办宣传咨询台等方式，将预算绩效管理的重要性进行积极讲解，将预算绩效管理的意义与各单位工作人员的自身利益挂钩，推动各单位工作人员自觉主动地推行预算绩效管理工作。对预算绩效管理工作中出现的难以将宏观政策微观化等现象，预算绩效管理推行部门应积极组织专业人士进入各单位进行实际指导，确保预算绩效管理的顺利推行。

（二）量体裁衣，确定适合各类项目的绩效评价指标

首先，设定指标时参考财政部《财政支出绩效评价管理暂行办法》(财预〔2011〕285号）中给定的绩效评价指标框架，从“目标设定”“项目产出”“项目效益”和“项目管理”四大方面选取通用指标，做出指标框架。框架包括：1.项目目标的明确性、依据的充分性、目标的合理性和先进性、完成的可能性等；2.项目任务的完成情况和绩效目标的实现程度；3.项目成果的经济效益、社会效益、生态效益；4.项目实施过程中承担单位的规章制度及其执行情况、资金到位和支出情况、财务管理情况等。

其次，不同类别的财政预算项目的绩效内容存在很大差异，必须根据各类项目的绩效特点，设置不同的财政项目绩效评价指标即个性指标。根据收集到的项目资料进行详细分析，从项目的立项、资金投入、取得的成效等因素中，选取关键的个性指标，建立能够揭示绩效全貌、不重复不漏掉重要方面、尽量细化的指标体系。如“科技计划项目”在项目产出方面应设定“知识产权的产出(专利、行业技术标准等)”、在项目效益方面应设定“对推动行业技术进步的作用”等；需要地方配套资金的项目需要设立“配套资金筹措能力”；再如“乡村公路建设”项目，设定指标时需要着重对受益对象进行调查，设立“农产品运输成本变化”“通行能力改善状况”等指标，并设计问卷调查表，对指标的量化进行支持。

（三）强化事前目标管理,增强预算编制的科学性

预算编制要保障科学性，需要预算编制人员采取科学的编制方法，对预算项目实行实地调

研、详细数据调研和可行性调研。强化事前目标管理，需要预算编制人员和预算审核人员对预算项目的经费数据，采取实地走访和数据采集与分析、对预算项目的可行性和建设风险等进行充分考察，确保项目具有建设价值，明确项目出现风险的概率和追加预算经费的预警措施。在对预算数据进行审核时,财政部门应严格按照年度项目资金“绩效优先”的分配原则进行经费分配，优先安排绩效评估结果较好的项目,对绩效评价结果显示为良好以下的项目，应酌情收回年度未执行或未按规定执行的预算项目，在以后年度预算安排中减少该类项目资金安排或不予安排，在安排该部门其他相关项目资金时，从严要求，加强项目前期论证和综合分析，确保项目资金使用安全有效。

（四）加强评价队伍建设，提高评价工作水平

财政绩效评价工作难度高、操作复杂,目前处于探索阶段，因此加强基层财政绩效评价队伍建设，提高评价工作水平至关重要。财政部门应当重视专业绩效评价人才的引进和培养,有效引入中介机构第三方力量，加强对第三方机构的指导、规范和监管，提升第三方机构职业能力和行业自律水平。在招聘专业人才的同时，加强对现有工作人员的专业培训，保证财政工作人员在进行评价时能作出科学、可靠的分析和判断,增强评价结果的权威性。

（五）建立一套科学、合理、有效的预算绩效评价指标体系，定性考核和定量考核相结合

预算绩效评价指标是开展预算绩效评价工作的基本方法，是预算绩效评价的难点。财政支出内容具有复杂性、支出对象多层次及支出效益多样性，决定了设计指标体系，要简单适应、通用可比、便于操作，兼顾当前利益与长远利益、直接利益与间接利益等。在设定共性指标的基础上,按照部门、项目、环节分口建立部门绩效评价指标。结合征询相关人员及社会公众意见等定性方法进行考核,作为定量方法的补充。

结论

深化推进财政预算绩效管理是一项系统工程，进一步明确部门职责，加强预算绩效管理的组织、实施、协调，逐步形成政府主导、财政牵头、部门执行、社会参与的工作格局，使财政预算绩效评价逐步覆盖所有财政资金，发挥绩效评价应有作用，切实保障财政资金使用合理科学高效。

（原文刊载《经济管理》2019 年第 5 期）

附　录

财政预决算报告汇编

关于昌邑县1985年财政决算和1986年财政预算草案的报告

1986年5月21日在昌邑县第十届人民代表大会第三次会议上

昌邑县财政局局长　范立道

各位代表：

我受县政府的委托，向大会报告我县1985年财政决算和1986年财政预算草案，请予审查。

一、1985年财政决算

1985年，全县人民在各级党委和政府的领导下，继续认真贯彻执行党中央、国务院关于经济体制改革的一系列方针、政策，不断补充和完善经济体制改革的各项措施，工农业生产迅速发展，国民经济已经开始出现持续、稳定、协调发展的新局面。农村经济，在前几年，成功地进行了家庭联产承包责任制为中心的改革之后，又进行了第二步改革，实行了农产品购销合同制，逐步放开了农产品价格，继续调整了农村产业结构，发展和完善了农村双层经营合作制，大力发展了乡镇企业，使农村从封闭型的自然经济向开放型的商品经济转化，从传统农业向现代化农业转化。工业生产，按照城市经济体制改革的要求，进行了多方面的、富有成效的改革。计划管理方面，缩小了指令性计划的范围，扩大了指导性计划和市场调节范围；财政税收方面，进一步健全和完善了第二步利改税的措施，企业的活力明显增强，经济效益不断提高，保证了财政收入的增长。

1985年，全县财政决算总收入3761.3万元，比上年决算总收入增长31.4%；按可比口径计算，比上年增长24.1%；扣除征收排污费和城市维护建设税后，财政收入为3669万元，比县十届人大二次会议通过的3057.4万元的预算收入超额20%。其中企业收入126.2万元，完成预算的37.4%，比上年下降35.1%。主要减收因素有两个，一是化工企业产品积压，亏损增加；二是粮食企业下放县级，增加亏损补贴。工商各税收入3159.6万元，完成预算的131%，比上年增长33.6%。主要增收因素，一是随着生产的发展，社会效益不断提高，通过税收体制的全面改革，保证了国家税收稳定增长；二是盐业系统改革产销体制，生产和销售比较协调，盐税增长幅度较大；三是适应经济体制改革的要求，开征建筑税和国营企业奖金税，控制了积累基金和消费基金的增长，增加了财政收入；四是通过开展税收财务物价大检查，堵塞了收入方面的跑冒滴漏。农业税收入372.1万元，完成预算的125.7%，比上年增长31.5%，主要是适应经济体制改革的需要，农业税收改按“倒三七”比例折征代金，在不增加农民负担的情况下，财政收入有所增长。

1985年，我县圆满实现了人代会通过的财政收入预算，增长幅度之大是多年来少有的。这是全县人民共同努力的结果，也是经济体制改革取得的重大成果。首先，各级党委、政府加强了对财政工作的领导。通过整党，广大党员干部普遍提高了贯彻执行党的路线、方针、政策和国家法令的自觉性，思想觉悟有了较大提高，党性和组织纪律性进一步增强，各种不正之风基本刹住，党风进一步好转，这是财政收入稳定增长的重要保证。其次，以城市为中心的经济体制改革，有力地促进了生产的发展和经济效益的提高，奠定了财政收入稳定增长的基础。近几年，由于多方面的原因，我县财政连续出现赤字，在一定程度上影响了事业的发展。为了扭转被动局面，尽快实现财政经济状况的根本好转，我们把消除财政赤字，实现收支平衡，当作一项中心任务，狠抓了发展生产和提高效益，全面推行经济核算，不断完善第二步利改税的各项措施；积极推动企业的技术改造和技术进步，从工作上和财力上扶持企业内部挖潜项目，全年增加这方面的财政投资169万元。三是，对全县工商企业进行了税收财务大检查，共查出违纪金额436.9万元，严肃了财经纪律，增强了企业纳税缴利的自觉性。

1985年，全县财政决算总支出1809.1万元，完成年度预算的110.8%，比上年决算支出增长13.9%。其中农林水部门事业费和支农生产支出172.8万元，比上年支出下降20.3%；文教科学卫生事业费支出947.9万元，比上年支出增长20.1%；抚恤和社会福利救济费支出169.6万元，比上年支出增长16.8%；行政管理费支出329.2万元，比上年支出增长35.1%。全年“灶内”支出1543.3万元（包括城市维护建设税和征收排污费收入安排的支出），比上年支出增长24.4%。

1985年的财政支出，仍然坚持了“量入为出、量财为用、收支平衡”的总原则，牢固地树立了保人员经费、保工资改革的思想，大力压缩了行政性经费的支出。继续采取了“经费包干、结余留用、超支不补”的管理办法，九月份根据全市财税工作会议精神，对各项支出下达了控制限额，较好地控制了支出。

在财力有限的情况下，经过各主管部门，和全县人民的积极努力，财政支出取得了较好的效益。一是保证了人员经费和事业维持费，二是保证了行政事业单位工资改革资金需要，三是各项事业费支出取得了较好成果。1985年财政投资27.5万元，安排了8个乡镇的15处人畜吃水工程，解决了2.8万人的饮水问题；扶持、新建、改建、维修教室、办公室、宿舍2850平方米，购置课桌、凳、教学仪器等1260件（套），使教学条件有所改善；扶持医疗卫生部门新建和维修门诊、病房和职工宿舍1300平方米，拨专款33.6万元补助县医院翻建病房和购置医疗器械、筹建中医院等，促进了我县卫生事业的发展；财政预算内外投资33.3万元除氟改水经费，改善了7个乡镇的37个村计2.8万余人的吃水问题，保证了人民群众的身体健康；安排了城市维护和建设资金99.7万元，促进了城镇公用事业的发展；随着价格改革，增加调整肉价补贴31.6万元（指行政事业单位职工补贴），保证了职工生活水平不受影响。

一年来，我们还进行了乡财政建设的试点工作，建立了流河乡财政所，取得了一定经验；完成了国库券推销任务，全县城乡人民和单位购买国库券291万元，按期完成了市分配任务；能源交通重点建设基金完成189.6万元，超额8.3%完成上级分配任务，保证了中央各项财政经济措施的贯彻执行。

1985年，我县作为省经济体制综合改革试点县，财政体制试行“总额分成加增长分成”的办法，全年分成收入1651万元，增长分成63.7万元，体制结算等补助367.4万元，地方固定收入109万元，共计可用资金2191.1万元，实际支出1809.1万元，结转下年支出102.4万元，当年结余279.6万元，抵减历年赤字140.3万元，净结余139.3万元。

在过去的一年里，在各级党委和政府的领导下，经过全县人民的积极努力，我们不仅实现了当年收支平衡，略有结余，而且弥补了历年赤字，甩掉了赤字包袱。“六五”期间，我县财政收入平均每年增长14.5%，财政支出平均每年增长4.36%，特别是1985年的增长速度是少有的。这既保证了党的各项方针、政策的顺利实施，促进经济体制改革和各项事业的发展，又综合地反映了我县国民经济已走上持续、协调、稳定发展的正确轨道，标志着我县财政经济状况根本好转的任务基本实现。

二、1986年财政预算草案

根据省、市财政工作会议精神，我县1986年财政工作要围绕平衡财政收支，推进各项改革和提高经济效益去进行。在发展生产的基础上，大力组织收入，保证完成和超额完成财政收入任务。财政支出，要本着量入为出、收支平衡，统筹兼顾、保证重点的原则和继续压缩行政经费的要求，合理安排，更好地支持改革和经济的发展。

1986年，市分配我县财政收入任务3970万元（不包括征收排污费收入），比1985年实际完成增长6.2%。根据我县的实际情况，略作调整，财政收入任务安排为4052.8万元，比1985年实际完成增长8.5%。其中工商税收3562万元，增长10.4%；农业税收入393.7万元，增长5.8%，恢复到上年征收基数；国营企业收入269.1万元，增加123.9万元；其他收入8万元；补贴粮食企业粮油价差减少财政收入180万元。

1986年，我县仍实行“总额分成加增长分成”财政体制，分成比例为45%。按照县安排的收入任务计算（扣除城市维护建设税），分成收入为1789万元，加上上年结余资金139.3万元，可供安排的资金为1928.3万元。按照“收支平衡”的原则，当年收入部分安排1789万元，比上年灶内实际支出1501.6万元（已扣除城建费和环保费），增加287.4万元，增长19.1%。其中农、林、水部门事业费和支农生产支出安排133.8万元，增长18.3%；文教、科学、卫生事业费安排961万元，增长11.9%；抚恤和社会福利救济费安排151.8万元，增长13.5%；行政管理费安排407.5万元；工交及其他部门事业费安排64.3万元；预备费70.6万元。上年结余资金部分，主要解决前几年的遗留问题，弥补财政欠账。

1986年，是“七五”计划的第一年，经济建设和各项改革都将进入一个新的阶段。正确地估计形势，是我们确定政策、拟定计划的依据，也是我们统一思想认识，安排部署工作的前提。赵紫阳总理在全国党代会上指出。对形势的估量，对我们已经取得的成就的估计，估高了不好，估低了也不好，总的原则是实事求是，如实估计。我们在安排今年的财政任务收入时，认真分析研究了今年的增收因素和减收因素，考虑了在技术改造，内部挖潜等方面可能取得的成果，对工资调整、物价改革、继续减征部分大中型企业调节税，有计划有步骤地提高企业固定资产折旧率，以及扩大原材料节约奖范围等因素作了认真的分析。对企业进行技术改造、技术进步，以及归还到期贷款等给予了适当照顾。

中央和国务院决定，从今年起要适当增加对农业的投资，重点用于进一步改善农业生产基本条件和农业科技推广事业的发展，我县在安排支出预算时，按照这一精神，增加了农业投资，农、林、水部门事业费和支农支出增长18.3%；教育和科学是发展国民经济的战略重点之一，增加这方面的投资，是四化建设的迫切需要，也是我县几年来财政支出的重点之一，今年的支出预算仍然保持了稳定的增长速度；抚恤和社会福利救济费是国家在国民收入的分配中有计划地建立的社会保证基金，体现着党和国家对劳动人民的无比关怀，体现着社会主义制度的优越性。在支出预算安排时，适当增加了这一方面的支出。今年我县的支出预算安排突出了保重点建设，保经济改革，保智力投资，并增加了必要的农业支出，其他方面的开支都要量力办事，控制使用。没有重点，就没有政策，但是，重点开支也要注意节约使用，强调实效。

各位代表，1986年我县财政收支预算安排的比较紧。必须看到，在"分灶"吃饭的财政体制下，支出预算的执行要靠收入任务的完成来保证，收支平衡的关键是增收节支。同时，我们也要看到，今年的有利条件很多：一是随着党风和社会风气的进一步的好转，经济体制改革的深入进行，我县的政治、经济形势将会更好；二是第二步利改税等各项经济措施已经取得了明显的成果，财政收入将稳定增长；三是我县同全国一样，争取财政经济状况根本好转的任务已基本实现，国民经济已经开始出现持续、稳定、协调发展的新局面。只要我们认清形势，知难而进，动员全县人民把客观存在的潜力充分挖掘出来，变可能为现实，今年的财政收支计划是能够完成的。

三、为全面完成我县1986年财政工作任务而奋斗

第一，大力发展生产，努力提高经济效益。

第二，抓紧增收节支工作，继续保持财政收支平衡。

第三，严格财政监督，认真整顿财经纪律。

昌邑县十届人大三次会议秘书处

一九八六年五月

关于昌邑县1986年财政决算和1987年财政预算草案的报告

1987年5月5日在昌邑县第十一届人民代表大会第一次会议上

昌邑县财政局局长　邵长奎

各位代表：

我受县人民政府的委托，向大会报告我县1986年财政决算和1987年财政预算草案，请予审查。

一、1986年财政决算

1986年，全县人民在各级党委和政府的领导下，继续认真贯彻执行"改革、开放、搞活"的方针，不断深化各项改革，促进了国民经济的发展。农业获得了全面丰收，林、牧、副、渔各业也有了新的增长；工业生产速度，质量、效益不断提高；商品流通进一步扩大，城乡市场更加繁荣；各项社会事业有了新的发展，人民的物质文化生活得到进一步改善。在国民经济持续、稳定、协调发展的基础上，我县经十届人大三次会议审议批准的财政预算的执行情况也是比较好的。

1986年财政收入预算，年初确定4052.8万元。在实际执行中，根据上级规定，将粮油价差补贴119万元，由原来的抵减财政收入改列专款支出，相应增加财政收入119万元。调整后，我县财政收入预算为4171.8万元。全年预算执行结果，财政决算总收入4292万元，剔除年初未列入预算的征收排污费收入73.2万元，完成收入预算的101.1%，按可比口径计算，比上年收入增长12.9%，增收482.1万元。其中企业收入176.8万元，扣除基层供销社库存化肥降价补贴42.3万元不在预算之内，完成年初预算的105.3%，比上年增长21.8%；工商税收收入3651.8万元，完成预算的102.5%，比上年增长13.2%；农业税收入379.4万元，加上市核定减免指标14万元，完

成了全年预算任务；其他各项罚没收入10.8万元，完成预算的135%。同时，我们还圆满完成了289万元的国库券推销任务和176万元的交通能源重点建设基金。上述明细表明，我县1986年财政收入超额完成了十届人大三次会议通过的增长8.5%的预算，这是全县人民认真贯彻改革、开放、搞活的方针，积极改革，努力奋斗的结果。财税部门在支持生产、组织收入中，注意抓了两点：

第一，坚持欲取先予的原则，积极参与改革，支持企业搞活，培植财源。1986年，由于部分能源、原材料提价，小化肥降价，调整食盐出厂价、批零差价减征食盐税等客观原因，出现了不少减收的因素。为了保证财政收入的稳定增长，财税部门坚持了欲取先予的原则，把发展生产、支持企业搞活、培植财源作为一项重要工作来抓。一是积极发放扶持资金，支持企业进行技术改造，扩大生产，促进增产增收。税务部门1986年安排促产项目68个，发放扶持资金92万元，全年增加收入1248万元，实现利润158万元，增加税收105万元。财政部门发放小型技改贷款331万元，重点扶持了企业的挖潜改造项目。一是发挥财政分配调节作用，正确运用税收优惠政策，支持企业发展。省委、省政府“工业十七条”“商业十条”“乡镇企业二十二条”和市委、市政府“新六条”下达后，税务部门坚持以促进改革、支持生产为宗旨，正确处理了征收与减免的关系、眼前利益与长远利益的关系，掌握“减免有别”“取之有度”的原则，实事求是地做好减税、免税工作，全年共为企业减免税款668.9万元；财政部门较好地处理了扭亏增盈和政策补贴的关系，在限制经营性亏损补贴的同时，为化肥生产和经营解决降价损失156.5万元，体现了国家对农业生产发展的优待政策，也为企业生产发展输送了动力和活力。三是帮助部分企业实行了主要原材料、燃料节约奖，调动了企业职工节能降耗的积极性，促进了企业增收节支，提高了经济效益。全县6户企业实行原材料、燃料节约奖后，1986年下半年，共节煤3000多吨，节电234.6万度，节减柴油69吨，节约总值达70多万元。

第二，发挥财政监督和服务职能，积极帮助企业加强管理，健全财会机构，建立管理制度，搞好经营管理，狠抓增产增收，提高效益；开展普法教育，认真宣传、贯彻、落实《会计法》《税收条例》《审计工作暂行规定》，进一步提高各企业领导及广大财会人员执法、守法的自觉性；在全县进行了税收财务物价大检查，严肃了财经纪律和税收法纪，有效地堵塞了跑冒滴漏，保证了应该上缴的收入及时足额地入库。

1986年财政支出预算，根据收支平衡、量入为出的原则，年初安排灶内正常支出预算1938.3万元，加上上年结转支出指标102.4万元、当年收入城市维护建设税安排的城建费支出45万元，上级增核专款指标616.6万元，全年共计财政支出预算指标2702.3万元。执行结果，财政实际支出2595.2万元，因为粮食发展基地专款83万元和职业教育专款50万元，上级下达指标较晚，本年没有支出去，拖转下年使用，所以，实际支出占预算的96%，比上年增加786.1万元，增长43.5%。

在1986年财政决算总支出中，分大类支出情况是：（一）支农生产和农林水部门事业费支出187.2万元，比上年增长8.3%；（二）文教科学卫生事业费支出1113.3万元，比上年增长17.5%。其中教育事业费支出740.2万元，增长11.6%；（三）城镇青年就业经费、工交部门事业费和其他部门事业费支出107万元，比上年增加51.4万元；（四）抚恤和社会福利救济费支出213.4万元，比上年增长25.8%，主要是增加了在乡复员军人补助费；（五）行政管理费支出431.2万元，比上年增长27.9%；（六）城市维护和环境保护支出 110.9 万元，比上年增加 69.2 万元；（七）科技三项费用和价格补贴支出 172.4 万元，比上年增加 138.8 万元，主要是调整粮油价差补贴 119 万元，由收入退库改列财政支出；（八）其他支出 259.8 万元，主要是落实华侨私房政策、企业技术改造补助、县直幼儿园建设、上缴市教育基金等项目的支出。在 1986 年的财政支出中，仍然坚持了“量入为出、量财为用、收支平衡”的原则。牢固地树立了保人员经费、保重点项目、保农业、科技、教育等投资不断增长的思想，大力压缩了行政性经费的支出，继续采取了全额经费包干和单项定额包干的预算管理办法，有效地控制了支出。同时，加强了财政资金支出效益的管理，较好地发挥了财政资金的作用。财政投资 15 万元，安排了 7 处乡镇的 12 处人畜吃水工程，解决了 1.5 万人的饮水问题；扶持中小学新建、改建、维修教室、办公室、宿舍 4056 平方米，购置课桌、凳 450 套，使教学条件进一步改善。还上缴市教育基金 30 万元，为我市高等教育发展提供了财力；医疗卫生部门新建和维修门诊、病房和职工宿舍 6959 平方米；拨款 24.5 万元，增添医疗器械，改善了医疗条件，有力地促进了我县卫生业的发展；财政拨款 28.8 万元用于防氟改水，完成了 15 处工程，改善了 32 个村，28580 人的吃水问题，保证了人民群众的身体健康；用于落实华侨私房政策 100 万元，给 280 户华侨落实了私房政策，经有关部门的共同努力，我县落实华侨私房政策工作基本结束，这一政策的落实，在华侨和侨属中收到良好的反响；预算内外共安排城市维护和建设资金 150.9 万元，促进了环境污染的治理和城镇公用事业的发展；随着价格改革，发放行政事业单位职工肉价补贴 50 万元，保证了职工生活水平不受影响。

1986 年，经过全县人民的积极努力，实现了十届人大三次会议提出的收支平衡、略有结余的目标。全年可供地方财政使用的资金 2296 万元，其中地方财政分成收入 1893.1 万元：固定收入（排污费、城市维护建设税）243.8 万元；上年结余资金 149.3 万元；体制结算 9.8 万元。全年地方财政实际支出 2076.5 万元，其中地方灶内正常支出 1965.6 万元；固定收入支出 110.9 万元。年终滚存结余 219.5 万元，减去固定收入资金结转 132.9 万元，财政净结余 86.6 万元，其中县级财政结余 43.1 万元，乡镇级财政结余 43.5 万元。

1986 年，我们还狠抓了乡镇一级财政建设，全县 22 处乡镇，普遍建立了乡镇级财政。划分了收支范围，确定了相应的财政管理体制，较好地调动了乡镇政府增收节支、当家理财的积极性，加强了收支管理，促进了乡镇企业和各项事业的发展。全年乡镇财政收入 1922.2 万元，完成任务的 116.1%，财政支出 935.6 万元，占年度预算的 98.8%，净结余 43.5 万元。

各位代表，1986 年我县整个财政预算执行结果是比较好的，保证了各项事业的发展。但是，也存在一定的问题。主要是对不断变化的客观经济情况，缺乏深入细致的调查研究，特别是在改革、搞活的新形势下，我们对财政的承受能力研究不透；对增收节支宣传不够，对开支方面的某些浪费现象解决不力，致使一些本来可以压缩的支出没有压下来。对企业归还贷款、弥补亏损等方面也有管理偏松、控制不严的问题。对于工作中的这些问题和教训，我们今后一定认真研究和汲取，并采取积极措施，努力加以解决。

二、1987 年财政预算草案

1987 年，我县财政工作的中心任务是：坚决贯彻党中央、国务院的一系列经济工作方针和政策，大力开展增产节约、增收节支运动，积极扶持生产，培植财源，开源节流，增收节支，加强财政管理，不断提高经济效益，在保证支出最低需要和事业有一定发展的前提下，继续保持财政收支平衡。财政收支预算安排的原则是：在生产发展、提高经济效益的基础上，努力开辟新的财源，增加财政收入。财政支出，在保证人头经费需要的前提下，继续支持农业，科技、文教、卫生等事业的发展，其他方面的支出都要量力而行，从严掌握。

1987年，市分配我县财政收入任务4828万元，比上年实际完成增加536万元，增长12.5%。其中工商税收收入3951万元，比上年增长11.3%；农业税收入393万元，比上年增长3.6%，恢复到收入基数；国营企业收入332万元，剔除上年小化肥降价补贴不可比因素，比上年增长14.1%；其他收入17万元；固定收入135万元，比上年降低23.5%。市分配我县参与分成收入为4693万元，比上年增长14%。我县财政收入"六五"期间平均每年增长14.5%，市分配的财政收入任务是符合我县实际情况的。因此，今年我县财政收入预算是按照市分配任务安排的。

1987年，安排参与分成收入4693万元，按照省对我县的财政体制，总额分成比例46%，地方应分成2158.8万元。根据全国财政工作会议和省、市的要求，今年安排支出要按可靠的收入考虑，必须建立在稳妥可靠的基础上，不要满打满算，地方灶内支出预算按收入增长6%安排。为此，根据我县具体情况，在安排支出预算时，我们按上年收入增长9.3%安排的，即参与分成收入为4500万元。地方灶内可分成收入2070万元，扣除中央借调52万元和上缴粮食企业下划收入基数56.6万元，加上县级结余资金43.1万元，共计可用财力2004.5万元。1987年灶内正常支出预算，本着保工资和最低维持费的原则，安排2004.5万元，比上年实际支出增加38.9万元，增长2%。其中：（一）支农生产和农林水部门事业费164.1万元，增长20.5%，主要是增加了粮食基地发展资金25万元；（二）文教卫生事业费1081.3万元，增长1.7%，其中教育事业费增长7.1%；（三）抚恤和社会福利救济费206.1万元，增长25.6%，主要是增加了中华人民共和国成立前参军的在乡复员军人生活困难补助费；（四）行政管理费475.6万元，增长2.6%；（五）工交部门事业费、科学事业费和其他部门事业费安排64万元，与上年持平；（六）其他支出5万元；（七）预留预备费8.4万元。这个支出盘子是相当紧的。城市维护费和环境保护补助支出，根据市批准的城市维护建设计划和企业提报的治理项目安排支出，不在灶内正常支出预算之内。

1987年财政收支预算，是在认真分析1986年实际完成情况的基础上，根据党中央、国务院有关增收节支、收支平衡的方针政策和对今年财政预算的安排原则分配的。实现这个预算，有利条件很多，困难也不少，收支平衡的任务是十分艰巨的。因此，必须动员全县人民，努力做好工作，大力增收节支，保证全年实现财政收支平衡。

（一）广泛深入地开展增产节约、增收节支运动，全面提高企业经济效益。

（二）节约各项开支，努力提高资金使用效果。

（三）加强财政监督，严肃财经纪律。

（四）继续改进和做好各项财政工作。

昌邑县十一届人大一次会议秘书处

一九八七年五月

关于昌邑县1988年财政决算和1989年财政预算草案的报告

1989年3月15日在昌邑县第十一届人民代表大会第四次会议上

昌邑县财政局局长　邵长奎

各位代表：

我受县人民政府的委托，向大会报告我县1988年财政决算和1989年财政预算草案，请予审议。

一、1988年财政决算

1988年，全县政治经济形势很好，工农业生产持续稳定发展，商品流通不断扩大，市场繁荣活跃，初步治理、整顿后的经济环境和秩序有了明显好转。在此基础上，我县财政工作在各级党委、政府的领导下，在县人大常委会的监督支持下，经过全县各行各业的共同努力，取得了较大成绩，财政收入保持了较高的增长幅度，财政支出基本保证了改革及各项事业发展的资金需要，全年实现了收支平衡，略有节余，整个预算执行情况是好的。

县十一届人大三次会议审议通过的我县1988年财政参与分成收入预算5220.5万元，比1987年增长12.3%。在预算执行中，由于高戈庄铁矿下划亏损基数120万元，农业税减免指标39万元，调整后收入预算为5061.5万元，年终预算执行结果，全县财政总收入6028.2万元，比上年增长23.3%。

参与分成收入5559.6万元，完成年度预算的109.8%，增长22.2%。1988年，我县财政收入是在党的十一届三中全会以来，每年递增12.2%的基础上，又有较大的增长。（一）国营企业收入138.5万元，完成预算的139.2%，增长87.2%，其中工业企业收入41.9万元，增长12.4%；商业企业收入108.5万元，增长110.3%；物资企业收入49.1万元，增长16.9%。（二）工商各税收入5025.7万元，完成预算的109.5%，增长21.8%。（三）农业税收入384.5万元，增长2.8%。（四）其他收入10.9万元。

地方固定收入468.6万元，比上年增长96.5%，其中城市维护建设税收入148.2万元，征收排污费收入123.4万元，耕地占用税收入152万元。

财政收入取得这样好的成绩，是我县国民经济持续稳定发展的综合反映，是深化企业改革成果的体现，也是各级领导重视和支持财政工作，各级经济部门密切协作、共同努力的结果。

县十一届人大三次会议审议批准的1988年灶内正常支出预算2401.5万元，比1987年增长10.6%。预算执行中，由于粮油价差补贴129万元划归灶内，调整后灶内正常支出预算为2530.5万元。年终预算执行结果，全县财政实际支出3880.9万元，比上年增长28%，其中：上级专款支出634.5万元，增长41.8%，地方固定收入安排的支出306.7万元，增长7.4%；灶内正常支出2939.7万元，超预算16.2%，比上年增支640.1万元，增长27.8%，灶内正常支出突破预算较大，主要是年初预算核定之后，为了配合工资物价改革，上级新出台的政策性增支因素较多，除了在安排预算时已预留中小学教师提资10%、行政事业单位增发奖金和四种副食品价格补贴三项外，又新出台的专业技术职务聘任增加工资、调整中级技术人员工资、离退休人员增发生活补贴、行政事业部分人员调资，以及提高书报费、洗理费、增发机关工作人员岗位责任制考勤费等项目，增加支出300多万元。几个主要项目的支出情况是：

（一）支农生产和农林水部门事业费支出510.7万元，比上年增长59.2%。这项开支增长幅度较大，是按照中央关于增加农业投入的要求，各级政府增加了对农业的投入。我县1988年仅发展粮食生产基地就投资216万元，自1986年至1988年，三年共投入发展粮食生产基地资金403万元，其中省级249万元、市级79万元、县级75万元。重点用于农田基础设施、水利工程配套、良种示范推广、农机培训等方面，为粮食增产打下了良好基础。另外，财政部门发放各种支农周转金300多万元，重点扶持了滩涂开发和农村种植、加工业的发展，对农村产业结构调整和部分地区农民的脱贫致富，起到积极的支、帮、促作用。

（二）文教卫生事业费支出1527.1万元，比上年增长21.6%，其中灶内支出1504.1万元，完成预算的118.1%，增长31%。一是教育事业费支出1058.8万元，增长21.7%，灶内支出增加239.8万元，增长29.3%。此外，还安排预算外资金20万元，用于教师住房建设，通过社会集资和开征教育附加费等筹措资金709万元，进行校舍改造等，对教育事业的发展起了很大作用。二是卫生事业费支出255.2万元，灶内增支67.1万元，增长37.3%。卫生事业费的增加，主要是为支持卫生制度改革，基层医院下放到乡镇管理，人员工资由原来财政补助一部分，改为全额补助，增加了财政支出。三是计划生育事业费支出39.9万元，增长33.4%。四是广播事业费支出39.7万元，增长较大，主要是为电视台增加设备拨了专款，增强了宣传党的方针、政策、传递改革信息的能力。

（三）抚恤和社会救济费支出265.9万元，增长9.1%。随着经济发展，对享受抚恤和社会救济人员的补助标准相应提高，使他们的生活水平不断改善，这就充分体现了党和政府的关怀、社会主义制度的优越性。

（四）行政事业费支出671.8万元，增长25.8%，灶内增支125.8万元，增长24.9%，低于总支出和文教卫生事业费支出增长的幅度，符合紧缩行政经费开支的要求。

另外，城市维护和环境保护补助支出235.5万元，加快了城镇公共设施、公用事业和环境保护建设的步伐。街道市场、供水供电、城区绿化等方面都有了明显改观。

1988年，我县财政体制继续实行“定额上缴加比例递增”的大包干办法，财政收支执行结果，当年结余131.9万元，累计结余203.6万元，其中：县级结余140.6万元，乡镇结余63万元。

1988年，我县财政在增支因素较多的情况下，保证了人员经费和各项改革的需要，并按照量力而行的原则增加了部分事业发展经费，初步改变了过去单纯靠紧缩支出求平衡的被动局面，财政收支都保持了稳定的增长，取得了当年收支平衡、略有结余，整个预算执行情况是好的，一年来，各部门为完成财政预算实现收支平衡做了大量的、富有成效的工作。

第一，广泛深入地开展“双增双节”运动。全面推行了企业招标承包经营责任制，进一步完善了企业内部经营的配套改革，经济效益明显提高，较好地完成了承包上缴任务，企业留利得到了较大增长，大大增强了企业的活力和发展后劲，职工收入相应增加，生活水平不断提高。

第二，进一步完善了乡镇财政管理体制，调动了乡镇政府增收节支的积极性，财政工作摆到了重要议事日程，保证了财政收入的稳定增长。全县22处乡镇，有18处超额完成了收入任务，得到超收分成54.9万元，增加了乡镇机动财力，为乡镇各项事业发展积累了资金。

第三，继续开展了税收财务物价大检查，进

一步严肃了财经纪律，增加了财政收入，在坚持经常性检查的同时，集中进行了全县税收财务物价大检查，全年查出并补缴入库金额217.5万元。同时，开展了执法大检查，财税部门进行了认真的自查自改活动，增强了依法办事的自觉性。

在肯定我县财政状况明显好转的同时，分析当前财政工作的困难和问题，主要有以下几点：一是部分企业管理水平不高，经济效益低，对设备更新、技术更新不够重视，企业发展后劲不足；二是财政支出需求过大，个别单位讲排场、比阔气、花钱大手大脚、奢侈浪费问题还没有从根本上解决；三是执法不严，违反财经纪律的现象屡有发生，侵犯了国家财政收入。上述问题的存在，需要我们高度重视，在新的一年里，要紧紧依靠全县人民，以振兴经济、振兴昌邑的实干精神，把我县的财政工作做得更好。

二、1989年财政预算草案

按照党的十三届三中全会提出的治理经济环境、整顿经济秩序、全面深化改革的要求，1989年财政工作的基本指导思想是：调整分配结构，抑制过旺需求；狠抓经济效益，增加有效供给；整顿财税秩序，坚持收支平衡。根据这一指导思想，我县的财政工作要进一步开展“双增双节”运动，努力提高经济效益，保证财政收入稳定增长；继续严格控制财政支出，并做到紧中有活，把某些过高的开支和费用压下来，继续保证各项改革和改善人民生活水平的资金需要；要加强和改善财政管理，严肃财经纪律，强化宏观调控机制；要坚持量入为出的基本原则，继续保持财政收支平衡的良好局面。

根据市分配的财政收入任务和我县经济发展实际情况，参照全国国民经济和社会发展计划的安排，1989年安排财政总收入6723万元，比上年增长11.5%，其中1989年我县参与分成收入安排6265万元，比上年增长12.8%，增收710.7万元。（一）国有企业收入141万元，比上年增长1.8%；（二）工商税收收入5670万元（不含城市维护建设税），比上年增长12.8%，增收644.3万元；（三）农业税收入444万元，比上年增长17.1%，增收64.8万元；（四）其他收入10万元。

按照现行“定额上缴加比例递增”的财政体制算账，1989年我县可得财力3393.5万元，加上上年县级结余140万元，全年可安排使用的财力为3533.5万元。

1989年，财政支出预算的安排，继续坚持量入为出、收支平衡的原则，和保人头、保改革、保重点的顺序，对上级已经出台和即将出台的增支项目作了适当考虑。1989年，灶内支出预算3533.5万元，比上年实际支出2939.7万元增加593.8万元，增长20.2%，做到了当年收支平衡。主要支出项目安排情况是:

支农生产支出类安排49.6万元，其中小农水支出30万元，比上年实际支出增加一倍多，比1980年下划基数支出增长30.4%。

农林水部门事业费类安排159.8万元，比上年实际支出减少8.8万元。主要是牧工商公司、水产公司、农机服务公司改为经济实体后，实行自收自支，减少了财政拨款。剔除不可比因素后，农林水部门事业费有所增长。

文教卫生事业费类安排1705.6万元，比上年增加212.2万元，增长14.2%。其中：教育事业费1239.2万元，比上年增加181.4万元，增长17.1%；卫生事业费230.1万元，剔除一次性支出增长11.1%；体育事业费10万元，比上年增长63.9%。

抚恤和社会福利救济费类安排228.3万元，比上年增长5.3%，适当考虑了各项补助标准提高等因素。

行政管理费类安排601.8万元，比上年增加108.8万元，增长22.1%。此项增长幅度较大，主要是水电费、燃修费、差旅费、会议费等提高开支标准，增加了公务费开支。

粮油价差补贴支出安排 141 万元，增长 9.3%，这项资金是用于平价粮油销售的差价补贴。

另外，还有待分配的事业发展经费 190 万元，安排后再落实到各项支出内。

总的看，1989 年财政预算盘子仍然很紧，新的增支减收因素还很多，上级已经开口的几个增加农业投入的项目，使一些正常收入成为专项资金；有些改革措施，特别是工资物价改革，反映到财政上还要减少一部分收入和增加一部分支出；上年中途出台的增支因素，今年变为全年，也要增加一部分支出；再是各项事业的发展，必需的增人增资，以及关系生产和人民生活等重点建设，需要投入大量资金。今年的财政日子仍然是很紧的。为此，必须动员全县人民，认清形势，知难而进，把客观存在的潜力充分挖掘出来，使财政收入有大的增长，以完成财政收支平衡任务。

（一）继续深入地开展“双增双节”运动，进一步完善承包经营责任制，努力提高企业经济效益，保证财政收入稳定增长。

（二）妥善安排各项支出，保改革、保人员经费，严格地控制非生产性消费，保证财政收支平衡。

（三）继续深入开展税收财务物价大检查，加强财政监督，严肃财经纪律。

昌邑县第十一届人大四次会议秘书处

一九八九年三月

昌邑县 1989 年财政决算和 1990 年财政预算草案的报告

1990 年 3 月 5 日在昌邑县第十二届人民代表大会第一次会议上

昌邑县财政局局长　马春盛

各位代表：

我受县人民政府的委托，向大会报告我县 1989 年财政决算和 1990 年财政预算草案，请予审议。

一、1989 年财政决算

1989 年，全县人民在各级党委和政府的领导下，认真贯彻执行治理整顿和深化改革的方针，广泛深入地开展“双增双节”运动，工农业生产稳定发展，经济实力明显增强，人民生活显著提高，全县政治经济形势很好。在此基础上，我县的财政工作，在县委、县政府的领导和县人大常委会的监督支持下，经过全县各行各业的共同努力，圆满完成了年度财政预算。财政收入保持了较高的增长幅度，财政支出保证了各项事业发展的需要和一系列改革政策的贯彻执行，继续保持了收支平衡、略有结余的良好局面，对我县经济和各项事业的发展，对两个文明建设起到了重要作用，做出了积极贡献。

县十一届人大四次会议审议通过的我县 1989 年财政收入预算为 6723 万元，比 1988 年实际收入增长 11.5%。预算执行中根据上级规定作了部分调整，一是原作为地方固定收入的预算调节基金，改为平时全额上缴省财政，年终结算返还，调减收入任务 77 万元；二是农业税因灾减免，调减收入任务 64 万元：二是上级分配耕地占用税计划，增加收入任务 231.7 万元。调整后财政总收入预算为 6813.7 万元。年终预算执行结果，全县财政总收入 6966 万元，完成预算的

102.2%，比上年增长15.6%

1989年，全县参与分成收入6520万元，完成年度预算的105.1%，增长17.4%。其中：国营企业收入81.5万元，占年度预算的57.8%，比上年下降41.2%。在国营企业中，工业实际完成比任务减收118.5万元，主要是轻工、纺织企业受资金紧张和原材料提价影响很大，实际缴库比全年任务减少138.5万元。其他企业全部完成或超额完成全年任务，商业企业收入124万元，占任务的111.3%，增长14.3%；物资企业收入59.9万元，占任务的111.1%，增长22%。工商各税收入6017.8万元，完成预算的106.1%，比上年增长19.7%，工商各税收入占财政收入的92.3%，是我县财政收入的主体。农业税收入377.6万元，与上年持平。其他收入43.1万元，比上年增收32.2万元。

全年地方固定收入446.5万元，占预算的72.9%，比上年实际下降5.8%。其中：城市维护建设税收入168.6万元，增长13.8%；专款收入218.2万元，增长29.6%；耕地占用税任务231.7万元，与实际占地面积差距太大，全年应征数额全部完成，实际收入38.4万元；农林特产税新扩大征收范围，市分配任务101万元，但养殖虾受到国际市场影响，国家收购价格下调，实际完成21.3万元。

县十一届人大四次会议审议批准的我县1989年灶内正常支出预算3533.5万元，比上年实际增长20.2%。预算执行中，上级下达专款指标563.5万元，县级用固定收入安排的城市维护费180.5万元，环境保护和治理资金，以及水资源维护费185.3万元，农业发展资金119.2万元，调整后财政支出预算为4582万元。年终预算执行结果，全县财政总支出4832.2万元，超预算5.5%，比上年增长24.5%，其中灶内正常支出3783.7万元，超预算7.1 %，比上年增长28.7%。主要是年初预算核定以后，上级新出台的政策性增支因素较多，如提高班主任补贴标准、扩大在乡复员军人补贴范围和提高补助标准等。再是乡镇上年结余也安排了新的支出。主要项目的支出情况是：

（一）支农生产和农林水部门事业费支出471.4万元，比上年下降7.7%。主要是发展粮食生产基地投资上年已经完成，剔除这一因素增长60%，重点是增加了农业发展专项基金。另外，财政部门发放各种支农周转金487.4万元，重点扶持了农村种植、加工业的发展，对农村产业结构调整和部分地区农民脱贫致富，为乡镇企业和滩涂开发解决临时资金困难，起到了支、帮、促作用。

（二）文教卫生事业费支出1917.7万元，比上年实际增长25.6%，增支390.6万元，其中文化事业费支出67.8万元，增长244.6%；教育事业费支出1258.8万元，增18.9%；卫生事业费（含中医）支出293.6万元，增11.1%；公费医疗经费文出119.3万元，增长49.7%；体育经费支出20.6万元，增长232.3%；计划生育事业费支出65.8万元，增长64.9%总的看，文教卫生事业费各项支出增长幅度都比较高，取得的成果也是显著的。如新建的黄元御中医院、计划生育指导站，为全县人民看病就医，开展计划生育等创造了有利条件。

（三）抚恤和社会福利救济费支出390.6万元，比上年增长46.9%。

（四）行政管理费支出599.1万元，比上年增长14.9%，低于总支出和文教卫生事业费支出增长的幅度，符合紧缩行政经费开支的要求。

（五）公检法支出240.8万元，比上年增长60.2%。主要是适应改革形势的需要，公检法部门工作任务繁重，人员增加，工资待遇提高，办案手段越来越先进，交通工具不断增加，经费开支越来越大是正常的。

（六）城市维护费支出180.5万元，环境保护补助及水源维护费支出185.3万元，加快了我县城镇公共设施、用事业和环境治理保护建设的步伐。

1989年，我县财政体制继续实行“定额上缴加比例递增”的大包干办法，财政预算执行结果，当年结余83.1万元，农发资金结转60万元，净结余123.1万元，累计结余326.7万元，其中：县级结余253.8万元，乡级结余72.9万元。

1989年，我县财政在减收增支因素较多的情况下，能够保证人员经费和各项改革的需要，并且增加了各项事业发展经费，较好地贯彻落实了中央关于向农业倾斜的方针政策。首先是各级党委、政府重视财政工作，县人大常委会进行了经常地、有效地监督和支持；其次是财政预算坚持了量入为出、收支平衡的原则，预留了行政事业人员调资经费，使这些政策的出台有了相应的资金来源；三是广泛深入地开展“双增双节”运动，进一步完善承包经营责任制；财政部门筹措资金274.5万元，扶持了企业技术改造、挖潜革新和经营资金不足，使财政收入保持了较高的增长幅度；各项财政支出严格控制在年度预算之内，社会集团购买力比上年下降13%。通过增收节支较好地保证了中央新出台增支因素和改革措施的贯彻执行；四是继续深入开展了税收财务物价大检查，加强了财政监督，严肃了财经纪律。特别是对全县个体工商业户的税收财务物价大检查，共查出违纪金额438.4万元，全额催缴入库，保证了合法经营，维护了税收法纪，增加了财政收入。

在紧缩财政支出，地方为国家分担困难的情况下，1989年我县为中央筹措资金857万元，其中购买国库券260万元，推销特种国债170万元，保值公债427万元，较好地完成了国家分配的各项任务。

二、1990年财政预算草案

今年是治理整顿的关键一年，财政工作任务十分艰巨。根据全国、省、市财政会议精神，今明两年我县财政工作的主要目标是：千方百计增收节支，确保收支平衡，并适当解决财政挂账等遗留问题，为治理整顿、深化改革和稳定大局服务，为国民经济持续、稳定、协调发展服务。为了实现这一目标，今年全县财政工作的指导思想是：坚决贯彻紧缩财政的方针，以提高经济效益为中心，以节减财政支出为重点，收入要收足，支出要扎实，一定要平衡。

1990年，市分配我县财政收入任务7769万元，比上年实际增长11.5%，根据我县当前国民经济发展形势，我们认为市分配任务基本符合我县实际情况。1990年全县财政收入预算安排为7769万元，其中参与分成收入7326万元，比上年实际增长12.4%。主要收入项目安排情况是：国营企业收入1.4万元，比上年实际增长71.8%；工商税收收入6705万元，比上年实际增长11.4%；农业税收入441万元，比上年实际增长16.8%，恢复到依率计征基数；其他收入40万元，与上年实际持平；地方固定收入443万元，与上年实际持平。

1990年，省市确定的财政支出安排原则是：保贡献、保工资、农业适当增加，教育、科技原则上维持1989年水平；公检法和地方武警按全国平均水平增长，保证必需的人口普查经费。其他支出一律压减5%。

按照现行“定额上缴加比例递增”财政体制算账，1990年我县参与分成收入计划7326万元，定额上缴2959万元，比上年实际增长8%，增长上缴86万元，中央借调52万元，向中央多贡献102万元，共计上缴3199万元。县级留用4127万元，加上年县级结余253.8万元、预留调资36.3万元，共计可用财力4417.1万元.

1990年，全县财政支出预算安排4417.1万元，比上年实际增长16.7%，坚持了量入为出，收支平衡。按照省、市确定的支出原则，该保的保、该压的压，贯彻了中央关于向农业倾斜的政策；如实增核了八九年出台的政策性增支因素翘尾巴部分，预留了行政事业人员调整工资经费192万元，业务费、事业维持费基本保持上年水平；安排事业发展经费300万元，仍然实行政务公开，择优安排，增加财政工作的透明度，提高资金使用效益。主要支出项目预算安排情况是：支农生产支出214.3万元，比上年实际增加150.1万元，增长233.8%；农林水部门事业费184.9万元，文教卫生事业费1857.7万元，同口径相比分别增长12.1%和10.3%；抚恤和社会福利救济费307.5万元，比上年实际增长25.2%；行政管理费和公检法支出940.1万元，比上年实际增长16.6%，主要增核了公安分局开办费和消防队经费，以及为人大、政协县乡换届预留了会议费等。行政公用经费扣除不可比因素基本同上年持平，仍然低于支援农业、文教卫生、抚恤救济等事业费的增长速度，符合上级今年财政支出安排的原则。安排总预备费200万元，用于正常的增人增资、分配大中专毕业生和临时机构费用等。另外，用地方固定收入安排的农业发展专项资金、城市维护费、环境保护补助、城市水资源建设资金等，仍坚持先收后支、专款专用的原则，保证投资方向，提高社会效益。

总的看，上述盘子收入安排得比较满，支出打得比较紧，余地很小。必须动员全县人民统一思想，认清形势，继续发扬艰苦奋斗、勤俭建国的光荣传统，牢固树立过几年紧日子的思想，克服困难，努力完成和超额完成财政收入任务，确保财政收支平衡。

（一）深入持久地开展“双增双节”运动，努力提高经济效益，确保财政收入稳定增长。

（二）坚持执行紧缩财政的方针，调整分配结构，合理安排各项支出。

（三）加强宏观调控，严肃财税法纪。

昌邑县第十二届人大一次会议秘书处

一九九〇年三月

关于昌邑县1990年财政决算和1991年财政预算（草案）的报告

1991年5月15日在昌邑县第十二届人民代表大会第二次会议上

昌邑县财政局局长　马春盛

各位代表：

我受县人民政府的委托，向大会报告我县1990年财政决算和1991年财政预算（草案），请予审议。

一、1990年财政决算

1990年，全县人民在各级党委和政府的领导下，认真贯彻治理整顿、深化改革的方针，紧紧围绕稳定局势、发展经济两大任务，在市场疲软，资金短缺等困难情况下，振奋精神，知难而进，促进了全县经济和各项事业的健康发展。全县财政工作在县委、县政府的正确领导下，在县人大及其常委会的支持和监督下，经过全县人民的共同努力，取得了较好的成绩。财政总收入完成7860.9万元，占预的101%；财政总支出完成5550.3万元，占预算的96.6%按照现行财政体制计算，收支相抵后累计结余216.8万元，其中：县级结余143.8万元，乡级结余73万元，实现了收支平衡，略有结余的奋斗目标。

全年预算调整和执行情况报告如下：

1990年，县十二届人大一次会议审议通过的财政收入预算为7769万元，比八九年实际收入增长11.5%，预算执行中根据上级规定安排耕地占用税任务56万元，农业税减免36万元，调整后财政总收入预算为7789万元。年终预算执行结果，全县财政总收入实际完成7860.9万元，占预算的101%，比上年增长12.8%，比计划提高1.3个百分点。除城市维护建设税和征收排污费收入分别完成预算的98.6 %和94%外，其余各项收入全部超额完成了年度预算。主要收入项目完成情况是：国营企业收入142.8万元，完成预算的102%，比上年增长75.2%；工商税收收入6708.7万元（不合城建税），完成预算的100.1%，比上年增长11.5%；农业税收入405.4万元，完成预算的100.1%，比上年增长7.4%；地方固定收入529.1万元，完成预算的106%，比上年增长18.5 %。在各方面困难比较大，增支减收因素较多的情况下，1990年财政收入能够保持稳定增长，这是全县上下认真贯彻执行治理整顿和深化改革方针，促进了国民经济稳步发展的综合反映，也是各级党政领导重 视和支持财政工作，各经济部门密切配合，共同努力的结果。

（一）领导重视，部门配合，齐抓共管。去年，由于全县经济工作一度出现资金短缺、效益滑坡，财政收入曾出现连续数月下降的严峻局面，为了保证全县经济稳定发展，扭转财政工作的被动局面，县委、县政府把组织财政收入工作列入了重要议事日程，主要领导亲自抓财政工作，定期研究财政工作，重大问题出面协调解决。县人大常委会经常听取财政情况汇报，检查指导财政预算执行，对财政工作给予了大力支持。去年十月下旬召开的全县财政税收工作紧急会议，县委县政府发出了坚决制止偷漏税、全面清缴拖欠税款的指示，并落实了具体措施，从而扭转了财政收入连续下降的严峻局面。各级财税部门密切协作，经常调度分析预算执行情况，针对存在的问题及时研究制定对策，并从加强税收征管工作入手，层层夯实了增收节支责任制。审计、银行及其他经济管理部门，在组织财政收入中，也给予了积极支持和配合。公检法部门在打击抗税、组织护税方面做出了积极贡献。

（二）加强监督，整顿秩序，增加收入。围绕严肃财经纪律，增加财政收入，财政、税务、审计、物价等部门密切配合，积极主动地开展工作，充分发挥了各自的职能作用，有效地堵塞了跑冒滴漏。去年的全县税收财务物价大检查，组织了107人的专业检查队伍，历时两个多月，对全县国营企业、集体企业、乡镇村企业、部分私营企业及行政事业单位进行了全面的大检查，共查出各种违纪金额407万元，全部按有关政策作了处理，增加了财政收入。财政部门组织的国营企业决算审查和对粮食系统专业检查，查处个别企业乱摊成本、截留利润200多万元；对县直26个有罚没收入的经济执法单位的检查，查处欠缴截留收入12万多元。通过组织多方面的检查，既促进了各单位依法经营、依法纳税的自觉性，又增加了财政收入。

（三）筹集资金，支持生产，培植财源。去年，针对市场疲软、资金短缺造成的企业生产经营困难，财税部门把广泛筹集资金、支持生产发展、培植财源作为重要工作来抓。其中财政部门全年共争取到省市各种周转金、扶持金1300多万元，共发放支农和支持工商企业的、周转金1500多万元，扶持18处乡镇和县级48个工商企业，在一定程度上缓解了资金紧张的状况，支援了生产的发展，培植了后续财源。税务部门的促产增收工作也取得了明显效果。在各方面的共同努力下，全年财政收入终于完成了预算任务。

1990年，县十二届人大一次会议审议通过的我县财政灶内正常支出预算4417.1万元，在预算执行中，乡镇动用上年结余安排72.9万元，用固定收入安排的农业发展基金、城市建设维护费、环境保护补助、水资源治理费等专项支出指标

478万元，上级下达专款指标778.8万元，共计1990年财政总支出指标为5746.8万元。

1990年，我县实际完成财政总支出5550.3万元，占年度指标的96.6%，比上年实际增长14.9%，增加支出718.1万元。其中灶内支出（含乡镇动用结余支出）4330.1万元，占年度指标的96.4%，比上年实际增长14.4%，低于年初计划2.3个百分点。在支出预算执行中，我们始终坚持量入为出、收支平衡的基本原则，为保证全年财政平衡压减支出指标196.5万元，其中灶内支出压减159.9万元。全年灶内实际支出比上年增加546.4万元，一是事业发展经费增加110万元；二是调资经费增加225万元；三是支援农村生产支出增加150万元；四是新分配大中专毕业生增支23万元；五是离退休人员安家费、抚恤救济人员待遇标准提高等增支38.4万元。财政总支出中主要项目的完成情况是：

1. 支援农村生产支出548.4万元，比上年实际增长113.6%，年度预算中安排的小农水经费30万元，吨粮田配套费16万元，黄淮海平原开发配套费46万元、辛安庄防潮闸108万元，以及上级下达的专项资金，全部按时拨出，保证了各项农田水利工程的顺利施工。

2. 文教卫生事业费支出2127.3万元，比上年实际增长10.9%。在预算资金保证正常经费的基础上，增加了事业发展经费114万元，其中妇幼保健站门诊楼1.5万元、中医院门诊楼15万元、县医院新建药厂13万元，新建皮防性病防治门诊部4万元，昌南电视差转台20万元，党校扩建教室10万元。这些专项资金的使用，采取了事前审查，拨款控制，事后效益反馈等有效的监督措施，保证了专款专用，促进了我县文教卫生事业的发展。1990年教育事业费实际支出1361.3万元，比上年增长8.1%。如果包括各项附加和筹集资金安排的校舍改造专款，增长幅度还要大。

3. 抚恤和社会福利救济费支出413.8万元，比上年增长5.9%。这项支出除了保证人员经费和各项待遇标准提高的政策兑现外，还根据我县行政区域南北距离长的特点，为计划新建昌南火化场安排20万元，为方便群众和改革旧的殡葬习俗积极创造条件。

4. 行政管理费支出761.2万元，比上年增长27.1%，其中灶内支出695.2万元，占年度预算的88.7%，主要是控制了修缮费，购置费、印刷费等专项经费的支出。虽然预算执行进行了压减，但比上年实际仍有较大增长，主要原因是人员基数占的比重大，两次调资增加支出较多；再是各部门汽车燃修费用增大，水电、邮电费用标准提高，造成了公用经费支出压不下来。

5. 公检法部门支出277.6万元，比上年增长15.3%。公检法经费优先保证是治理整顿和社会安定的需要，去年，一是增加设施维修和专项办案经费40多万元；二是新建监狱及配套设施投资20万元；三是扩建审判厅20万元；四是检察院住房维修和城区分局开办费13万元。这些支出改进了公检法部门装备和办案条件，提高了打击犯罪和维护社会治安的办案效率。

1990年支出预算中，安排总预备费200万元，由于去年前三个季度收入不够理想，财政支出从严控制，基本没有追加新的支出。对确需动用预备费的支出，采取了事前财政部门实地调查核算，报县政府集中研究审批，拨款后跟踪监督使用情况，保证了专款专用。一是年初安排调资经费192万元，由于第二次调资和提高离退休人员生活费标准，实际增资225万元，超预算33万元；二是新分配大中专毕业生增加经费23万元；三是复员军人安置及抚恤救济人员待遇标准提高增支38万元；四是公检法设施维修和专项办案经费增核40万元；五是其他临时性一次性支出66万元。

总之，1990年的财政支出，许多该保的项目，财政都尽力做了保证，一些该压的项目，努力加以控制，做到了有保有压，促进了各项事业的顺利发展。

1990年，我们还加强了县乡两级预算外资金的管理。在县委、县政府的领导和支持下，学习外地先进经验，修改完善了县级预算外资金管理办法，通过清理账户、核实收支项目，全部实行了收支两条线的管理办法，收到了明显效果。一是加强了宏观控制，解决了收支无计划、乱花钱、铺张浪费等问题；二是解决了一个单位在多处银行开设多个账户逃避检查监督问题；三是疏通了资金渠道，引导了资金流向，防止了挤占挪用。全年共计纳入财政代管的预算外资金2000多万元，是上年的二十多倍。乡镇在清理检查的基础上，制订了《关于加强乡镇预算外资金、财政自筹资金管理的意见》，把乡镇各项预算外资金纳入了正常管理。

在充分肯定成绩的同时，还应该看到我县财税工作也存在许多困难和问题。一是受资金和市场的影响，加之经营管理不善，我县部分工商企业和部分乡镇企业发展缓慢，有的出现连年亏损，严重影响着我县财政收入的增长；二是个别企业和单位缺乏依法经营、依法纳税的观念，偷漏税款、拖欠税款也是严重影响我县财政收入的一大问题；三是随着事业发展，车辆增加，燃修费增大，水电、邮电费用价格不断提高，开支加大，增加了控制行政性支出的难度；四是公费医疗经费连年超支，难以控制。这些问题对创造一个良好的财政局面，继续保持我县财政平衡，带来了一定困难。对此，我们要认真总结经验，结合治理整顿和廉政建设，采取切实有效的措施，增收节支，树立过紧日子的思想，认真加以解决。

二、1991年财政预算（草案）

1991年是“八五”计划的第一年，也是继续治理整顿、深化改革的重要一年。今年全县财政工作的指导思想是：认真贯彻执行党的十三届七中全会精神，深入扎实地开展“质量、品种、效益年”活动，努力发展生产，提高效益，确保收入稳定增长，合理调整支出结构，保证重点开支需要，严格控制财政支出，坚持收支平衡，促进政治、经济稳定和各项事业的发展。根据上级要求，1991年财政支出的安排，必须继续贯彻从紧的方针，按照自求平衡的原则，首先保人员工资、机构经费和基本维持费，农业、科技、教育要视财力情况适当有所增长，其他支出有的保持去年水平，有的还要适当压缩，一律不得超越财力安排赤字预算。

根据以上原则和我县经济发展实际状况，并保证向中央新贡献和上级出台的政策性增支措施贯彻实行，保持财政收入的稳定增长和促进各项事业的不断发展，安排1991年财政总收入预算8582万元，比上年实际增长9.2%，其中参与分成收入安排8109万元，比上年实际增长10.6%。一是国营企业收入安排171万元，比去年实际增长19.7%，对各企业的交库任务和亏损补贴指标全部按新一轮承包合同确定的基数分配；二是工商税收收入安排7427万元（不含城市维护建设税），比上年实际增长10.7%；三是农业税收入安排441万元，比上年实际增长8.8%，恢复到依率计征基数；四是其他收入安排70万元，与上年持平；五是地方固定收入安排473万元，同口径增长3.4%。

1991年，财政体制继续实行“定额上缴加比例递增”办法，按体制规定包干上缴3316万元，增长超8%部分上缴57.3万元，中央借调52万元，向中央做贡献102万元，向中央新贡献69万元，上解合计3596.3万元，比上年实际上解增长11.5 %。当年灶内可用财力，按参与分成收入计划8109万元计算，扣除上解3596.3万元，留用4512.7万元。由于今年出台的政策性增支因素较多，如离退休人员提高生活费待遇，新办离退休人员提高建房费标准，预留了粮油提价后行政事业人员价格补贴和其他一些必办项目的配套费等，因此动用上年县级结余10万元，共计可用财力4612.7万元。

1991年，全县财政支出预算安排4612.7万元，比上年实际支出增长6.5%。主要支出项目预算安排情况是：发展农业生产支出安排214.8万元，在上年实际支出增长幅度较高的基础上同口径增长3.8%。其中科技三项费用28.8万元，增长25.2%；黄淮海平原开发配套费46万元，同上年持平；辛安庄防潮闸100万元，比上年实际减少8万元；小农水经费40万元，比上年增加10万元。农林水部门事业费安排182.3万元，同口径增长2.6%；文教卫生事业费安排2005.2万元，同口径增长5.5%，其中教育事业费1431.5万元，比上年实际增长5.4%；抚恤和社会福利救济费安排320.6万元，同口径增长3.1%；行政管理费安排823.9万元，同口径增长4.7%；公检法支出安排172.4万元，同口径增长2.2%；事业发展经费安排300万元；总预备费安排130.3万元，占支出预算的2.8%

另外，用地方固定收入安排的农业发展专项资金、城市维护费城市水资源建设资金、环境保护费等，仍坚持先收后支、量入为出、专款专用的原则，保证投资方向，提高社会效益。

1991年，经济形势将会继续好转。但是，从财政方面看，仍然面临很多困难和矛盾。预算收入安排得比较满，预算支出打得比较紧，争取财政平衡的任务是非常艰巨的。因此，要求各经济部门和财税战线上的同志，一定要保持清醒的头脑，既要看到整个经济好转为完成财政预算提供了一个比较好的外部环境，又要充分估计到财税工作的艰巨性，振奋精神，克服困难，做艰苦细致的工作，努力开源节流，认真落实县委、县政府提出的各项增收节支措施，努力完成各项收入任务，确保财政收支平衡。

（一）以提高企业素质和经济效益为中心，脚踏实地地开展“质量、品种、效益年”活动。

（二）以确保财政平衡为目标，严格控制支出，真正做到过紧日子。

（三）整顿财税秩序，切实加强财税法制建设。

昌邑县十二届人大二次会议秘书处

一九九一年五月

关于昌邑县1991年财政决算和1992年财政预算（草案）的报告

1992年3月18日在昌邑县第十二届人民代表大会第三次会议上

昌邑具财政局局长　马春盛

各位代表：

我受县人民政府的委托，向大会报告我县1991年财政决算和1992年财政预算（草案），请予审议。

一、1991年财政决算

1991年，全县人民在各级党委和政府的领导下，继续认真贯彻执行治理整顿、深化改革的各项方针政策，广泛深入地开展增产节约、增收节支运动，努力挖掘生产潜力，不断提高经济效益，在市场疲软、资金短缺的困难形势下，振奋精神，团结实干，促进了全县经济和各项事业的健康发展。全县财政工作在县委、县政府的正确领导下，在县人大及其常委会的支持和监督下，经过全县人民的共同努力，收入持续增长，支出有保有压，取得了较好的成绩。财政总收入完成8560.3万元，比上年实际增长8.9%；财政总支出完成5869万元，比上年实际增长5.7%；按照现行财政体制计算，收支相抵后累计结余219万元，其中当年结余2万元，实现了收支平衡、略有结余的奋斗目标。

（一）1991年财政收入预算调整和执行情况

去年初，县十二届人大二次会议审议批准全县财政总收入预算为8582万元，比上年实际增长9.2%，其中参与分成收入预算为8109万元，比上年实际增长10.6%。收入预算执行到十一月份，根据我县纺织行业受国家限产压库政策影响，税源减少的实际情况，经县政府研究，财政收入任务调减154万元，调减比例为1.79%，低于市人大常委会《关于财政预算监督的暂行办法》规定的达到3%需经人大常委会审议决定的比例，这次调减的项目全部是参与分成收入。调整后，财政总收入预算为8428万元，其中参与分成收入7955万元，调整后的任务进行了重新分配落实。

年终预算执行结果，全县财政总收入实际完成8560.3万元，占年初预算的99.7%，占调整预算的101.6%，比上年实际增长8.9%，增收699.4万元。主要收入项目完成情况是：国营企业收入165.6万元，占调整预算的100.4%，比上年实际增长16%；农业税收入420万元，占调整预算的103.6%，比上年实际增长3.6%；工商税收入7314.3万元，占调整预算的99.9%，比上年实际增长9%；地方固定收入592.5万元，占年度预算的125.3%，比上年实际增长12%。

（二）1991年财政支出预算调整和执行情况

去年初，县十二届人大二次会议审议批准全县财政灶内支出预算为4612.7万元，比上年实际支出增长6.5%。预算执行中，根据我县收入任务调减和省市强调确保当年财政平衡的指示，经县政府研究，对行政修缮费、购置费和部分有收入单位的公用经费压减和节支103.7万元。对支农支出、文教卫生事业费和科技科学经费维持原预算，并适当增加了专项经费，调整后灶内支出预算为4509万元。年终预算执行结果，全县财政总支出实际完成5869万元，比上年实际增长5.7%。其中：灶内支出4509万元，占年初预算的97.8%，占调整预算的100%，比上年实际增长4.1%；上级专款支出820万元；地方固定收入安排的专项支出540万元。主要项目的支出情况是：支农生产支出608万元，比上年实际增长10.9%，年度预算中安排的项目经费全部按时拨付，增加了上级专款和用固定收入安排的农发基金支出。其中辛安庄防潮闸支出160万元，黄淮海配套费支出78万元，小农水支出80万元，乡镇农发基金用于滩涂开发、盐碱地改良支出140万元，其他项目专款支出150万元。农林水部门事业费支出256.4万元，比上年实际增长4.6%。在年初预算基础上增核了粮油补贴、奖励工资等人员经费和上级分配的专项事业费。

文教卫生事业费支出2359万元，比上年实际增长10.9%，增支231.7万元。在年初预算基础上除增核了增加人员经费和上级专款外，县级还增加事业发展经费96万元，支持了文教卫生事业的发展。其中教育事业费支出1562万元，增长14.7%，增支200.7万元；公费医疗经费和计划生育事业费支出分别增长15.8%和18.7%。

抚恤和社会福利救济费支出427.5万元，比上年实际增长3.3%，主要是根据上级政策规定提高了抚恤救济对象补助标准。行政管理费支出734.6万元，比上年实际下降3.5%。由于调减收入，财力相应减少，对年初预算中安排的行政修缮费、设备购置费等进行了压减，对增人增资及临时性支出进行了严格控制。

公检法部门支出296.1万元，比上年实际增长6.7%，主要是适当增加了修缮费和办案经费。

用固定收入安排的城建费支出181.17万元，

增长 1.4%；环境保护补助和水资源维护费支出 120 万元，由于收入没有完成任务，相应压减了支出，比上年实际下降 13.9%；教育附加费收入 45.9 万元，全部在当年拨出，主要用于校舍维护和改造。

年度预算中安排的事业发展经费 300 万元，经县委、县政府严格审查落实，全部用于文教卫生、公检法和行政机关的重点项目建设，确保了专款专用。预备费 130.3 万元，一是行政管理费压减后，从预备费中开支修缮、购置、车辆大修等费用 30 万元；二是部分单位程控电话、微机、无线电联网等配套费 15 万元；三是追加电视台经费 11 万元；四是年终部分单位确需解决的超支经费和办案费 40 万元；五是其他临时性一次性增支经费 34.3 万元。

（三）1991 年围绕收支预算执行的工作情况

1991 年，全县经济形势虽然有所好转，但经济效益仍然不够理想，部分企业前几年虚盈实亏造成的包袱逐渐暴露出来；纺织行业限产压库，税源严重不足；上级新出台的增支政策，没有财力保证，给财政平衡带来很大困难。面对艰难的财政形势，财税部门在县委、县政府的正确领导和县人大常委会的监督支持下，提高了认识，端正了态度，与各经济主管部门密切配合，通力协作，从发展生产、培植财源入手，加强财政管理，广泛深入地开展了增收节支运动，取得了一定成绩，有力地促进了全县的收支平衡。

一是狠抓增收节支，严格控制支出。县政府从年初开始就加强了对财政收支的管理，特别是下半年在税源减少、上级新出台增支项目较多的情况下，经常召开财税协调会议，加强了预算执行分析和平衡调度，抓了两次较大规模的清理欠税，促进了收入进度。在调减收入的同时，制定了相应的压减支出措施。第四季度的财政收支坚持一旬一分析，十二月份的预算资金坚持一天一调度，在压减收入 154 万元的情况下，经过精打细算，确保了收支平衡。

财政部门在控制人员经费方面，加强了定员定额管理措施。对全县由财政开支的在编人员全部建立档案卡片，超编人员一律不拨经费，有效地控制了人员经费的不合理增长。对会议费的管理，完善了审批制度，继续实行会前编制预算，县长一支笔审批，会后严格审查会议决算再拨款的办法，对超预算、无预算会议一律不拨款，有效地控制了会议费支出。还进一步完善了控购措施，严格了审批手续，取得了一定效果。

根据上级有关规定，制定了加强事业单位财务管理的具体办法，明确提出从事业单位收入中提取修购基金、事业发展基金、职工福利基金、职工奖励基金等项目和比例，把预算外收入的分配纳入制度管理的轨道，保证了收入的主要部分用于事业的发展，加快了全额拨款向差额补贴、差额补贴向自收自支、自收自支向企业化管理过渡的改革步伐。进一步扩大了预算外资金收支两条线的管理范围，完善了管理措施，县直行政事业代管单位达到 74 户，全年代管资金收入达 3000 多万元。对专项用款，建立了审批制度，事先审核，事后检查，提高了使用效益。全年还充分运用暂时沉淀资金 800 多万元，重点解决了部分企业生产资金的需要。在对预算资金和预算外资金的管理中，较好地处理了增收与节支、管理与服务的关系。

二是积极筹措资金，发展生产，培植财源。财税部门牢固树立了从经济到财政的观点，开展了全方位的促产增收工作。财政部门年初就把向上级业务部门争取资金列为重点工作计划，并落实到局领导和各股室。九一年主动帮助企业和乡镇出题目、定项目，共向上级财政部门争取各种有偿资金 1520 万元、无偿资金 175 万元，超额完成了年度计划。并以较高的回收率，提高了我县的信用地位。

利用争取到的资金，加上回收上来的到期借

款和预算外代管的沉淀资金，全年共发放各种生产扶持金2250万元。其中支持县级企业四十多个，投入资金1200多万元，解决了生产急需，促进了扭亏增盈。如投入县化肥厂技改资金250万元，实现了合成氨生产蒸汽自给；投入县纺机厂资金80万元，帮助新上一条流水线，扩大了无纺布生产能力。扶持22处乡镇投入资金770万元，支持了乡镇企业生产和农田水利建设。盐业是我县的重要税源，为扩大原盐生产能力，财政投入200万元，新增盐田面积20公顷，采用新技术塑苫盐田70公顷，为增加盐税收入打下了基础。我县养殖业近几年发展较快，仅较大规模的种鸡场就有十五六处，但由于缺少祖代种鸡场，使养鸡业受到很大限制，我们帮助县种畜场积极论证项目，并投入资金80万元，建成年供13万套种鸡的祖代种鸡场，为推动全县养殖业的发展创造了条件。

税务部门的促产增收、培植财源工作也取得了很好的成绩。全年共计促产点项86个，投入扶持生产周转金140万元，帮助企业新上生产项目，扩大生产能力，解决资金急需。还充分发挥税收联系面广、接触面大、信息灵通的优势，积极开展信息促产150项，帮助解决产、供、销困难142个，融通资金72项，取得了较好的经济效益和社会效益。

三是加强检查监督，促进财税秩序好转。财税等部门努力发挥职能作用，积极开展各项检查，有效地制止了经济违纪现象，堵塞了收入上的跑冒滴漏。财政部门结合财务管理，组织了多项专业检查，严肃了财经纪律，如组织了对1990年度国营企业财务决算审查，查处18户企业违纪金额53.3万元；组织开展了行政事业单位收费和专项资金使用情况检查，查处65个单位违纪金额19.9万元；组织了罚没收入专项检查，对有罚没收入的23个单位清理催缴入库50多万元；开展了预算外资金收支两条线检查，查处26个单位违纪金额16.8万元；开展了农发基金和黄淮海配套资金检查，查出欠缴农发基金21.4万元，应缴棉奖粮差价款139万元，全部催缴入库；开展了农业四税政策执行情况检查，对农业税减免没有落实到户的7村310户及时监督兑现。

税务部门根据国务院《关于整顿税收秩序，加强税收管理的决定》，重点抓了强化依法治税，全年统一组织了七项较大规模的税收专业检查，共查补偷漏税款110多万元。各基层税务所自行组织的专业检查查补税款52万元。

根据国务院《关于开展1991年税收财务物价大检查的通知》和各级党委政府的具体安排，县三大检查办公室认真组织开展了全县1991年度三大检查工作，在全面自查的基础上，抽调专业人员130多名，组成9个检查大组，32个检查小组，对全县国营、集体、县直行政事业单位456户进行了重点检查，检查面达44.2%，同时对下营镇94艘个体渔船、23户海蜇经销中间商偷漏税问题进行了专项检查。经过两个多月的时间，共计查出各种偷漏税等违纪金额246.8万元，补缴入库241.8万元。通过组织开展大检查和各项专业检查，一方面查处了违纪案件，组织了收入；另一方面加强了整改建制，帮助企业改进财务管理，完善各项制度，提高了企业单位遵纪守法、依法纳税的自觉性。

在充分肯定成绩的同时，还应该实事求是地分析我县财税工作中存在的困难和问题。一是企业经济效益不佳仍然是制约我县经济发展和财政收入增长的重要因素，个别企业存在的虚盈实亏是影响财政平衡的潜在危险；二是部分企业没有牢固树立依法经营、依法纳税的观念，偷漏税款、拖欠税款的现象仍然存在。有些企业不能正确处理企业困难与遵纪守法的关系，违纪问题屡查屡犯，特别是个体企业和个体业户在税收征管上需要进一步完善措施，堵塞漏洞；三是程控电话投入使用后费用相应增加，小汽车增多，燃修费增加，公费医疗支出过大等，造成了支出超支难以控制。以上问题的存在对收支预算的顺利执行带来了很大困难。因此，必须牢固树立生产的观点、平衡的观点、遵纪守法的观点，全面做好各项工作，促进我县财政局面的根本好转。

二、1992 年财政预算（草案）

1992 年，财政工作面临的形势依然非常严峻。一是作为我县主要收入来源的纺织行业受国家纺织品限产压库政策的影响，生产经营将会继续面临许多困难；二是今年新出台了一些数额较大的政策性增支项目，加重了地方财政负担。为此，今年全县财税工作的指导思想是：积极支持企业发展，完善承包责任制，努力促产增收，提高效益，严格控制支出，确保收支平衡。在安排支出方面，首先保政策性增加个人收入方面的支出，其他方面的支出有保有压，量力而行。根据我县经济发展实际情况，经过县委县政府反复研究，安排 1992 年财政总收入预算 9245 万元，比上年实际增长 8%，增收 685 万元，其中参与分成收入安排 8613 万元，比上年实际增长 8.1%，增收 645 万元。

一是国营企业收入安排 179 万元，比上年实际增长 7.8%，增收 13 万元。对各企业单位的交库任务和亏损补贴按新一轮承包合同确定的数额分配。

二是工商税（不含城建税）安排 7975 万元，比上年实际增长 9%，增收 661 万元。

三是农业税安排 420 万元，与上年实际持平。

四是其他收入（主要是罚没收入）安排 71 万元，比上年实际增长 4.4%。

五是固定收入安排 632 万元，比上年实际增长 6.8%。其中：由税务部门征收的城建税安排 223 万元，比上年实际增长 7.7%；教育附加费安排 52 万元，比上年实际增长 13%。由环保部门征收的排污费安排 140 万元，比上年实际增长 6.9%。由水资源管理部门征收的水资源费收入安排 60 万元，比上年实际增长 17.6%，今年水资源费收入按政策规定全额上缴。由财政部门征收的耕地占用税安排 67 万元，比上年实际增 5 万元；农林特产税安排 90 万元，比上年实际减 5 万元。

财政支出的安排面临增支因素大大超过增收因素，今年出台的工龄补贴、职务补贴、粮油补贴、房改补贴、向中央新贡献、递增上缴以及增人增资等七项增支因素全年可增加支出 1033 万元，而当年增收的财力 645 万元，扣除乡镇当年分成收入 129 万元之后，可安排部分只有 516 万元，资金缺口 517 万元。今年的支出为了保证行政事业人员工资、正常办公费和部分业务费的开支，大力压缩了行政事业单位的业务费和事业发展资金，其中：压减了事业发展经费 162 万元，辛安庄大闸款 100 万元，预备费 130 万元。根据县委县政府最终平衡的意见，对二十二处乡镇中部分有收入的事业单位和十五个县直行政事业单位的人头费、公务费由原来的财政拨款改为差额补助或自收自支解决，对全县安排业务费的行政、事业单位一律按 10% 进行了压减，用以解决正常性人头费增长。1992 年安排财政灶内支出预算为 4690 万元，比上年实际增长 4%。其中：行政事业单位经费支出预算 4552 万元，事业发展经费 138 万元。收支相抵后当年赤字 125 万元。

行政事业费支出按人头费、定额公务费、业务发展费三部分据实核定。人头费按人员工资及各项补贴、公费医疗等共核定 3678.8 万元，占当年核定支出的 78.4%，定额公务费按单位职工人数及办公费定额标准和车辆燃修费包干等共核定 279.3 万元，占当年核定支出的 6%；必需的业务费按照单位业务性质、政策规定及业务费基数共安排 593.9 万元，占当年核定支出的 12.7%。主要项目支出预算安排情况是：

（一）支农生产支出安排 96.1 万元，同口径比上年增长 11.7%。其中：黄淮海平原开发配套费 47 万元，小农水经费 40 万元，吨粮乡配套费 3.3 万元，农业十项开发配套费 5.8 万元。

（二）农林水部门事业费安排 181.5 万元，同口径比上年增长 2.7%。

（三）文教卫生事业费安排 2126.7 万元，同口径比上年增长 3.3%，预算执行中预留的政策性增加人头费落实到各项目后，增长幅度还要大。其中：教育事业费安排 1548.1 万元，同口径比上年增长 2.6%；卫生事业费安排 275 万元，同口径比上年增长 5.7%。

（四）工交和其他部门事业费安排 153.5 万元，同口径比上年增长 3%。

（五）科学事业费安排 6.3 万元，同口径与上年实际持平。

（六）抚恤救济事业费安排 315.8 万元，同口径与上年基本持平。

（七）行政管理费安排 818.8 万元，同口经比上年增长 4.9%。

（八）公检法支出安排 188.3 万元，同口径比上年增长 9.9%。

（九）其他支出安排 70 万元。其中：程控电话配套费 10 万元，食盐运费补贴 60 万元。

（十）事业发展经费安排 138 万元，比上年减少 162 万元。由于今年政策性增支项目多，县级财力紧张，总预备费在上年 130 万元的基础上全部压减，无力再安排，中间新增项目只能靠增加收入解决。

另外，用地方固定收入安排的农业发展资金、城市维护费、水资源费、环保补助、教育附加费等仍坚持先收后支、量入为出、专款专用的原则，保证投资方向，提高社会效益。

由于今年减收增支因素较多，收入预算安排的很紧，支出预算安排很满，争取平衡的任务是非常艰巨的，为圆满完成今年的财政预算任务，重点做好以下四方面的工作：

（一）认真落实预算收支计划，抓好增收节支工作，确保预算任务的完成。

（二）大力发展生产，培植财源。

（三）加强财政管理，发挥职能作用。

（四）加强财政检查监督，严肃财经纪律。

昌邑县十二届人大三次会议秘书处

一九九二年三月

关于昌邑县 1992 年财政决算和 1993 年财政预算（草案）的报告

1993 年 2 月 1 日在昌邑县第十三届人民代表大会第一次会议上

昌邑县财政局局长　马春盛

各位代表：

我受县政府的委托，向大会报告我县 1992 年财政决算和 1993 年财政预算草案，请予审议。

一、1992 年财政决算

1992 年，全县人民在各级党委政府的领导下，认真贯彻落实邓小平同志南方谈话和中央 2 号文件精神，全县经济建设和改革开放都出现了新的活跃局面。特别是党的十四大胜利召开，对全县人民极大鼓舞，加快了我县改革开放和经济建设的步伐。财政工作在县委县政府的正确领导下，在县人大县政协的监督和大力支持下，取得了很大成绩。全县财政经济形势是好的，发展是健康的。全年财政总收入9538万元，超额完成了年度预算；财政总支出6737万元，在保证及时兑现上级多次出台新的增支政策的同时，较好地保证了各项改革、建设和事业发展的需要，实现了当年收支平衡略有结余的奋斗目标。

（一）财政收入预算调整及执行情况

1992年，县人代会审议批准的全县财政总收入预算为9245万元，比上年实际增长8%，其中参与分成收入预算为8613万元，比上年实际增长8.1%。执行中，根据国家关于调整粮食收购价格及农业税征收比例的政策，上级相应增加我县农业税征收任务133.8万元，秋后又根据我县农业受灾情况，下达农业税减免指标15万元；国营企业收入针对部分企业效益下降，完不成当年上交任务的实际情况，调减企业收入50万元；工商税收中的盐税收入年初安排1500万元的任务，因全国原盐产大于销，销路受到影响，经县政府研究，调减任务225万元；在预算确定以后，上级又出台了多项增支因素，财力缺口较大，县政府根据近几年我县个体经济的发展实力，在五月份增加个体集贸税收300万元。调整后，全县财政总收入计划为9388.8万元，比预算增加143.8万元，其中参与分成收入为8756.8万元。

年终执行结果，全县财政总收入完成9538.2万元，占调整预算的101.6%，超额完成了年度预算，比上年实际增长11.4%，增收977.9万元，其中参与分成收入8792.7万元，完成年度预算的102.1%，比上年实际增长10.4%。主要收入项目完成情况：一是国营企业收入完成131.2万元，占调整预算的101.7%；二是农业税收入完成538.7万元，占调整预算的100%，比上年实际增长28.3%；三是工商税收（不含城建税）完成8051万元，占调整预算的100%，比上年实际增长10.1%；四是其他收入（主要是罚没收入）完成71.8万元，占年度预算的101.1%，比上年增长5.7%；五是地方固定收入完成745.5万元，占年度预算的118%，比上年增长25.8%。

（二）财政支出预算调整及执行情况

1992年，县人代会审议批准的财政灶内支出预算为4690万元，比上年实际增长4%。预算执行中，上级新出台行政事业人员考评奖、增发岗位补贴、1986年前工作人员提资、民办教师转公办及提高补助标准、粮食提价后行政事业人员增发粮价和煤价补贴等增支项目十多项，增加支出达160多万元，加上乡镇分成需列支148万元，共计比年初预算增加支出300多万元。根据上级关于必须确保财政收支当年平衡的指示，我县在调增收入任务的基础上，制定了切实有效的节支措施。一是扶持单位办实体，根据单位的实际承受能力，分别不同情况把一部分增支项目由单位创收解决，减轻财政负担；二是对财政供应人员分类型进行检查清理，共减少行政事业人员187名、享受优抚人员332名，节减了支出；三是从严控制临时预算审批，对个别项目进行了调整和压缩。最终确定全县灶内支出预算为4966万元，比年初预算增加276万元，剔除上级新出台的政策性增支因素，预算调增2.5%，主要是增加了乡镇分成支出数。专款和专项支出根据上级下达指标和争取的无偿资金及固定收入情况进行安排，确保了专款专用。

年终执行结果，全县财政总支出6737万元，比上年实际增长14.8%，其中：灶内支出4966万元，占调整预算的100%，比上年实际增长10.1%；上级专款支出1109万元，其中通过县政府领导和财政部门到省市财政争取的无偿资金309万元；地方固定收入安排的专项支出662万元。主要项目的支出情况是：

1. 支农生产支出518.2万元，同口径比上年实际增长16.2%。为增加对农业的投入，除安排小型农田水利设施建设和维护资金40万元，重点投入专项资金380多万元，用于南部乡镇提水、防渗工程、吨粮田发展、潍河防潮大闸和官河治理，用于北部乡镇黄淮海项目配套、盐碱地改良和滩涂开发。为配合农业区域化种植，强化农机服务，凡是1991年集体购买的链轨拖拉机，1992年每台财政补助1万元，共补助92万元。

2. 农林水部门事业费支出290.8万元，比上年实际增长13.4%。主要是调增了上级新出台的政策性人员经费30万元，上级分配的专项事业费41万元，较好地保证了人员经费增长和事业发展需要。

3. 文教卫生事业费支出2741.6万元，比上年实际增长16.2%，超过收入增长幅度四点八个百分点，在财政困难较大的情况下，仍然保持了文教卫生事业经费较高的增长速度。其中：教育事业费增长23%，卫生事业费增长13.5%，广播事业费增长98%。一方面保证了上级出台的政策性人员增资项目及时兑现，另一方面财政专项投资改善了中小学设施及党校等各类学校的教学条件，教育附加费收入专项用于国办中小学校改支出43万元。卫生系统的中医院、妇幼保健站、县医院保健病房、全县离退休人员大病号超支等财政都安排了专项资金，增加了医疗设施，改善了医疗条件，为全县人民解决了一些实际问题。为增强我县对党的路线、政策和国家大政方针的宣传能力，扩大舆论阵地，财政投资70多万元，用于县电视台建设和微波工程。文化事业费、体育事业费和计划生育事业费也分别比上年实际支出增长25%、27.4%和10.4%。

4. 抚恤和社会福利救济费支出435.3万元，虽然通过清理减少优抚人员300多名，减少了支出，但由于国家对享受优抚救济的人员提高了补助标准，仍然比上年实际支出增长1.8%。另外专项拨款13万元，用于老干部活动中心建设；预算外拨款5万元，用于昌南火化场建设。

5. 行政管理费支出853.9万元，比上年实际增长16.2%，主要是兑现了上级出台的人员经费增支因素，适当弥补了四大部门（县委、县人大、县政府、县政协）经费超支。

6. 公检法支出279.7万元，同口径比上年增长9.3%，除保证人员经费外，增加了办案费用支出。

7. 其他支出方面，用固定收入安排的城建费支出226.5万元，比上年实际增长24.7%，主要解决了县城规划及道路交通建设；环保补助支出164.1万元，重点用于扶持企业治理污染项目；水资源费支出59.3万元，主要用于我县第二水源地开发和建设。这些资金都保证了专款专用，提高了资金使用效益。

各位代表，1992年我县是在困难较多的情况下，圆满完成了财政收支预算。县委县政府和各级各部门为实现财政平衡做了大量深入细致的工作。

（一）坚定平衡思想，齐心协力抓增收。

县委、县政府始终把财政税收工作作为经济工作的一件大事，经常分析预算执行情况，协调解决预算执行中的突出矛盾，制定了一系列切实有效的平衡措施。各级人大政协加强监督和指导，经常听取和过问预算执行情况，提出了许多好的意见和建议，有力地支持了财税工作的开展。财税部门密切配合，认真落实财政收入任务，牢固树立生产的观点，大力培植财源，狠抓征收管理，超额完成了全年收入任务。公检法、纪检、监察等部门，积极协税护税，支持税利入库，对财税工作给予了热情支持和真诚合作。银行等有关部门和单位，团结协作，同舟共济，努力发展生产，严格控制支出，广泛深入地开展了增收节支运动，为实现全县财政收支平衡做出了重要贡献。

（二）积极筹措资金，大力发展财源。

企业生产资金不足仍然是严重制约我县经济发展的突出矛盾。一年来县委县政府的主要领导会同财政部门多次到省市上级部门汇报工作，反映情况，争取项目。多次邀请省市财政部门的领导和有关同志来我县实地考察。先后从财政部、省财政厅、市财政局争取到有偿资金1800多万元，从金融部门拆借资金600多万元，去年是财政争取生产扶持资金最多的一年。一年来，财政共投放支农周转金和扶持企业生产资金达2700多万元，借入和投放分别比上年增长58%和20%。

财政有偿资金采取了择优扶持那些利税大户和经营管理好、经济效益高的企业，以及前途大、后劲足的新项目、新产品。如县纺机厂宽幅镍网项目、酒厂扩大生产能力、盐化工澳素扩建项目、石油催裂化项目等，发展了重点税源。对亏损企业也给予了大力扶持，取得了扭亏增盈新成果。同时，扶持20处乡镇80多个企业扩大了生产，提高了效益，增加了收入。扶持7处乡镇盐场盐田塑苫，超额完成了财政扶持盐田塑苫100公顷的任务。

为增加农业投入和解决行政事业单位设施建设资金不足问题，一年来，在县委、县政府领导的带领和支持下，多次与有关部门到省市财政部门争取无偿资金309万元，主要用于部分乡镇农田基本建设和人畜吃水工程、医疗卫生部门等事业单位增加设施设备、公检法部门改善办案设施等。为促进事业单位办实体服务创收，节减财政支出，一年来，财政共筹集发放有偿资金156万元，重点扶持了18个单位，上项目26个，都取得了较好效益。

税务部门的促产增收工作也取得了很大成绩，全年共落实促产点项108个，增加税收290多万元。

（三）加强财政监督检查，为改革保驾护航。为支持加快改革，促进扩大开放和为经济建设创造良好的经济环境，根据县政府安排，在去年第一季度，财政、经委、银行等部门共同组织了对14户国营预算内企业进行了清理排查，财政部门结合日常管理组织了罚没收入、农业四税、农发基金和预算外资金财务检查，组织了县直有收入事业单位的财务检查和税收财务物价大检查，共查处各种违纪金额400多万元。通过监督检查，有效地遏制了违法违纪，维护了经济秩序。

改革开放对强化会计管理工作也提出了新的要求，我们注意从会计基础工作抓起，建立了全县会计人员档案，进行了岗前培训，坚持持证上岗制度。组织了全县会计专业技术职务评审和较大，规模的考试工作，促进了会计队伍的建设。同时结合国有资产管理开展资产评估服务，为三资企业、股份企业提供会计咨询服务，为企业经营开展资金验证服务，促进了各类经济的顺利发展。

各位代表，1992年的财政收支平衡是在十分困难的情况下实现的。因此，在我们看到成绩的同时，必须清醒地认识到，当前我县财政还存在许多矛盾和问题，突出表现在：一是由于一些主要经济关系还没有理顺，经济运行机制还不健全，市场开拓还不够宽广，部分企业的管理水平较低，产品结构不够合理，经济效益不高。有的企业挂账多，包袱大，后劲不足。这些问题直接制约着财政收入的增长；二是财政支出中的人员经费比重过大，政策性增支因素超出了财政收入的增长速度。车辆燃修费、水电费等有增无减；三是财税部门的管理和监督工作不够有力，部分企业和个体户拖欠税款、偷漏税款等现象禁而不止；个别单位因支出控制不力，公用经费超支较多。上述问题应该引起高度重视，必须下决心逐步加以解决。

二、1993年财政预算草案

1993年，仍处在经济体制转换过程中，国家与各种经济成分的分配关系还不够理顺，组织收入、控制支出还有很大阻力。为此，今年财政预算安排的指导思想是：坚定不移地全面贯彻执行党的十四大精神，加快改革开放步伐，努力发展生产培植财源，强化征收管理，确保财政收入稳定增长。继续坚持量入为出的原则，精简机构，缩减人员，压缩一般性开支，增加各项事业发展的投入，确保预算圆满完成。

根据我县经济发展和各项事业发展的实际情况，经过县委、县政府反复研究，安排1993年财政总收入预算为10587万元，进入亿元县行列，比上年实际增长11%，其中参与分成收入安排9806万元，增长11.5%，增收1013万元。主要收入项目安排情况：

一是国营企业收入安排170万元，比上年实际增长29.8%，增收39万元。对各企业单位的交库任务与亏损补贴按新一轮承包合同确定的数额分配。

二是农业税安排539万元，与上年实际持平。

三是工商税收（不含城建税）安排9025万元，比上年实际增长12%，增收974万元。

四是其他收入（主要是罚没收入）安排72万元，与上年实际持平。

五是地方固定收入安排781万元，比上年实际增长4.8%。其中：由税务部门征收的城建税安排269万元，比上年实际增长11.2%；教育费附加安排56万元，与上年实际持平。由环保部门征收的排污费收入安排200万元，比上年实际增长12.4%。由水资源管理部门征收的水资源费安排60万元，与上年实际持平。由财政部门征收的耕地占用税安排106万元，比上年实际减少10万元，主要是上级对征用耕地采取了限制措施；农林特产税安排90万元，与上年实际持平。

1993年财政支出预算的安排仍然面临增支因素较多、财力缺口较大的困难局面。因此我县支出预算的安排原则是：继续坚持量入为出，首先保人员经费和必需的公用经费，保公检法业务费和重点建设项目；各项费用标准一律维持上年水平；压缩差额补助单位的补助项目和定额；对有收入的行政事业单位，凡上级新出台的增支因素一律由创收收入解决。1993年灶内支出预算安排5667万元，比上年实际增长14.1%，增支701万元，抵减按现行体制增加的财力后，当年赤字168万元。

1993年预算安排难度很大，主要是1992年上级出台的粮价补贴、煤价补贴、民办教师转正及提高补助、1986年前参加工作的人员提资、行政事业人员岗位补贴等在今年增加641万元。加上今年将出台的房改补贴增支150万元，行政事业人员新增资95万元，公费医疗提高标准增支40万元，共计增加支出926万元。按现行财政体制计算当年财力增加701万元，扣除今年向中央新贡献60万元，可用财力只增加641万元，资金缺口仍达285万元。为此，经县委、县政府研究，根据近几年部分单位事业发展和经营创收情况，对有收入和创收条件的单位分别情况压减支出117万元。一是对实行差额补助的单位补助项目和定额仍然保持上年实际水平，今年所出台的增支因素一律由单位从收入中解决；二是对有业务收入的单位压减办公经费和业务费，单位所需办公费、业务费由单位业务收入中解决。这样，仍有168万元赤字无资金来源，只有努力争取在预算执行中通过增收节支来解决。

最后确定的灶内支出预算主要项目安排情况是：

（一）支农生产支出安排91.3万元，与上年基本持平。其中：黄淮海平原开发配套费46万元，小农水切块经费40万元，农业十项开发配套费3.8万元，农村畜禽五号病防治1.5万元。固定收入安排的农业发展资金主要用于这类支出，因此实际执行仍有较大增长。

（二）农林水部门事业费安排248.3万元，同口径比上年实际增长16.5%。

（三）文教卫生事业费安排2878.9万元，同口径比上年增长11%，其中教育事业费安排

2150.8万元，比上年增长12.7%；卫生事业费安排312.2万元，同口径比上年增长13.5%。

（四）工交和其他部门事业费安排218.4万元，同口径比上年增长6.9%。

（五）科学事业费安排6.3万元，与上年实际持平。

（六）抚恤救济事业费安排333.8万元，同口径比上年增长5.6%。

（七）行政管理费安排1113.5万元，同口径比上年增长9.3%。

（八）公检法支出安排256.5万元，同口径比上年增长11.8%。

（九）其他支出安排130万元。其中：程控电话配套费10万元；乡镇超收分成安排支，出120万元，主要是增加农业投入。

（十）各项增资预留290万元。一是为适应今年房租改革的需要按照房改部门提供的数据，按人均标准工资5%计算房租补贴，预留房改补贴150万元；二是今年大中专学生分配按上年实际预留经费45万元；三是预留今年将出台的调资增支95万元。

（十一）因今年支出盘子打得很紧，事业发展经费只留了100万元，比上年减少38万元。

另外，用地方固定收入安排的农业发展资金、城市维护费、水资源费、环保补助等，仍坚持先收后支、量入为出的原则，保证投资方向，注重社会效益和经济效益。

三、大力发展生产，狠抓增收节支，努力完成1993年财政预算任务

（一）完善各种承包机制，全面落实预算任务。

（二）支持生产发展，努力培植财源。

（三）强化财政职能，增强财政的宏观调控能力。

（四）发挥财政监督职能，强化财政检查措施。

昌邑县十三届人大一次会议秘书处

一九九三年二月

关于昌邑县1993年财政决算和1994年财政预算草案的报告

1994年3月16日在昌邑县第十三届人民代表大会第二次会议上

昌邑县财政局局长　马春盛

各位代表：

我受县政府的委托，向大会报告我县1993年财政决算和1994年财政预算草案，请予审议。

一、1993年财政决算

1993年，全县人民在各级党委、政府的正确领导下，以邓小平同志建设有中国特色的社会主义理论和党的十四大、十四届三中全会精神为指针，积极拼搏，艰苦奋斗，使全县经济持续、快速、健康发展，改革开放、经济建设各方面都取得了显著成果。在此基础上，财政工作也取得了较好的成绩。全县财政总收入完成12088万元，超额完成了年度预算计划，创历史最高水平，进入了财政收入亿元县行列；财政总支出8401万元，在保证全县及时拨付经费和上级出台的新的政策性增支的同时，较好地保证了农业科技和文教卫生等各项事业发展的需要。此外，为了适应1994年财税体制改革，根据上级统一部署，增设预算周转金400万元，最终预算执行结果当年收支相抵结余2万元，实现了收支平衡略有结余的奋斗目标。

（一）财政收入预算调整及执行情况

1993年，县人代会审议批准的全县财政总收入预算10665万元，比上年实际增长11.8%，其中参入分成收入预算为9879万元，比上年实际增长12.4%。预算执行中，根据国家关于提高粮食收购价格增加农业税征收比例的政策，上级相应增加我县农业税征收任务107万元，秋后又根据我县农业受灾情况下达农业税减免指标20万元；根据国家自1993年5月1日起，批零环节营业税税率由原3%提高到5%，上级追加我县营业税增收任务120万元；为适应财税改革的要求及保证上级出台的政策性增支因素的兑现，县政府根据我县经济实际情况，调增收入任务1128万元。通过以上调整后，全县财政总收入预算为12000万元，比年初预算增加1335万元。

年终执行结果。全县财政总收入实际完成12088万元，占调整预算的100.73%，超额完成了年度预算，比上年实际增长26.7%，增收255万元。其中参入分成收入完成11358万元，完成年度预算的100.96%，比上年实际增长29.18%，增收2565万元。主要收入项目完成情况是：

（1）国有企业收入完成121万元，占年度预算的100.8%。

（2）农业税收入完成640万元，占年度预算的102.24%，比上年实际增长18.74%。

（3）工商税收（含城建税）完成10778万元，占年度预算的101.1%比上年实际增长29.96%。

（4）其他各项收入（主要是罚没收入）完成106万元，占年度预算的106.86%，比上年实际增长51.81%。

（5）地方固定收入完成730万元，与上年实际持平。

（二）财政支出预算调整及执行情况

1993年，县人代会审议批准的财政灶内支出预算为5667万元，比上年实际增长14.1%，增支701万元。预算执行中，上级陆续出台了增加开放城市补贴、遗属及优抚人员提高补助标准、大中专学生分配、军转干部安置、职称评定、低工资调整等政策性增支因素及从1993年10月1日起出台的行政事业单位工资改革增资预留部分、解决行政事业单位车辆燃修费、水电费超支等增支项目共计10多项，增加支出600多万元，加上乡镇分成需列支200万元；为适应1994年分税制改革，解决地方财政资金调度困难，根据上级要求增设预算周转金400万元；为了解决部分企业资金困难，扶持困难企业支出200多万元，共计比年初预算增支1400多万元。按照上级关于必须确保财政收支当年平衡的指示，我县在调增收入任务的基础上，采取了切实有效的节支措施：

一是做好支出分流，减轻财政支出压力。随着部分行政事业单位预算外收入的增加，已有能力消化一部分增支因素。通过调查摸底、反复测算，经县委、县政府同意，在年初安排预算支出时对54个有预算外收入的事业单位压减支出117万元，在预算执行中，对有收入的事业单位新出台的政策性增支和增人增资压减支出100多万元。

二是坚持量力而行、量财办事。严格按照“先吃饭后办事”的原则，硬化预算约束，从严控制临时预算的审批。

三是严格控制人头经费支出。在预算执行期间，对全县在册退职和遗属人员进行了全面清理，共查出不应享受补贴的人员48人，每年可减少支出2.6万元。同时结合公费医疗改革，对享受公费医疗人员进行了清理。随着改革的不断深入，一些事业单位的性质发生了变化，部分人员已不在享受公费医疗的范围内，进一步加强享受公费医疗人员的管理，控制公费医疗经费的过快增长，结合公费医疗改革，组织了对全县享受公费医疗人员的清理换证工作。通过换证共清减不属于享受公费医疗的人员1332人，按公费医疗新标准计算，当年减少公费医疗经费支出17.9万元。

通过采取一系列节支措施，最终确定全县灶内支出预算为6509万元。因当年政策性增支较大，虽然经过采取多方面的压支措施，调整后的灶内支出预算仍比年初预算增加842万元。按照市人大常委会《财政预决算监督暂行办法》的规定，1993年预算的调整县政府向县人大常委会作了专题报告，经县人大常委会审议批准后实施。年终预算执行结果：全县财政总支出8401万元，比上年实际增长24.7%，其中灶内支出6509万元，占调整预算的100%，比上年实际增长31.07%；上级专款支出1116万元，其中通过县委、县政府领导和财政部门到省、市财政争取的无偿资金344万元；地方固定收入安排的专项支出776万元。主要项目的支出情况是：

（1）支农生产支出779万元，比上年实际增长50.33%。其中年初安排的灶内支出91.3万元，重点用于了南部乡镇提水、防渗工程、官河桥修建、峡山灌渠治理等支出40万元；农业科技开发及北部六处乡镇黄淮海项目开发等支出46万元，进行了中低产田改造及开荒造林等。乡镇分成安排222.4万元，重点用于了农田水利综合治理、人畜吃水工程27处。农发资金安排支出348.4万元，用于解决历年粮食挂亏220万元及人工防雹、新安庄大闸维护等支出。为了增加乡镇及部分企业农业项目发展后劲，返还农发资金支出73万元，重点扶持了桑蚕养殖、畜牧加工行业等。

（2）农林水部门事业费支出306万元，比上年际增长5.2%。主要是增加了上级新出台的政策性人员经费增支及上级分配的专项事业费。

（3）文教卫生事业费支出3124万元，比上年实际增长13.96%，在财政困难较大的情况下，仍然保持了文教卫生事业费较高的增长速度。其中教育事业费增长19.2%。文教卫生事业费支出一方面保证了上级出台的政策性人员增支项目及时兑现，另一方面财政专项投资20万元，改善了聋哑学校教学设施及办公条件，对辛置中学搬迁投资50万元，并且为提高老干部医疗条件，投资100多万元用于县医院保健病房建设。对乡镇卫生事业的发展也拨出了专项资金，增加了医疗设施，改善了医疗条件，为群众就医看病解决了一些实际问题。公费医疗支出210万元，比上年增加79万元，增长37.7%。文化事业费、体育事业费和计划生育事业费也都比上年有较大增长。

（4）行政管理费支出1279万元，比上年实际增长49.78%，主要是兑现了上级出台的人员经费增支因素，适当弥补了四大部门的经费超支。

（5）公检法支出333万元，比上年增长19.06%，除保证了人员经费外，还增加了办案费用支出，并安排专款50多万元用于了检察院办公楼建设。

（6）其他支出方面，用固定收入安排的城建费支出42万元，比上年实际增长6.84%，主要解决了县城规划及道路交通建设。另外，为改善县城游乐场所，筹集资金安排专款130多万元用于公园建设；同时为解决县城及以北乡镇群众吃水，在财政比较困难的情况下，筹集资金用于第二水源地建设；为解决部分企业资金困难，财政根据今年的收入情况，对特困企业草制品厂、鞋厂、工业供销公司、针织厂和酒厂归还项目贷款等安排了扶持资金200多万元；对太保庄乡库区群众危房搬迁安排支出50万元；环保补助支出130万元，重点用于了扶持企业治理污染项目。这些资金都保证了专款专用，提高了资金使用效益。

各位代表，1993年的预算执行在资金紧张、收支矛盾突出的情况下，能够取得较好的成果，这是我县经济快速发展的综合反映，也是全县人民在县委、县政府的正确领导下，共同努力的结果，各级财税部门也为此做了大量的工作，各级金融和经济部门给予了大力协作和支持。

（1）加强领导，密切配合，齐心协力抓增收。1993年因受资金紧张等因素影响，全县财政收入曾一度出现下降局面，针对这种情况，县委、县政府非常重视，多次召开全县财税工作会议，统一了认识，并采取了行之有效的措施。各级人大、政协加强监督和指导，经常听取和过问预算执行情况，提出了许多好的意见和建议，有力地支持了财税工作的开展。财税、银行等有关经济管理部门密切配合，齐心协力抓收入，取得了明显效果。

（2）积极筹措资金，大力发展生产，培植财源。去年以来，我县的经济工作保持了良好的发展势头，但是受国家宏观调控紧缩银根的影响，资金严重不足，制约着企业的生产经营。为此，我们始终以多方筹集资金，积极开展财政信用，支持工农业发展为己任，一年来，县委、县政府领导会同财政部门多次到省、市上级部门汇报工作，反映情况，争取项目，先后从财政部、省财政厅、潍坊市财政局等单位争取有偿周转金1250万元。1993年财政共投放支农周转金和扶持企业周转金2300多万元，择优扶持了利税大户和经营管理好、经济效益高的财源骨干企业。如纺机厂宽幅镍网项目、酒厂扩大生产能力、化肥厂化工助剂项目、高铁冶炼项目、丝织一厂、丝织二厂喷水织机项目、中心商场扩建改造等，全年扶持县直企业达70多个，并投入周转金150多万元，扶持了28个县直行政事业单位兴办实体、服务创收。同时，还扶持了20处乡镇的80多个企业，扩大了生产，提高了效益，增加了收入。如柳疃、都昌、饮马的纺织业发展，石埠商品街建设等都投入了一定的资金予以扶持，取得了较好的效益。

为增加农业投入和解决行政事业单位设施建设资金不足问题，1993年县委、县政府领导和财政部门积极到省、市财政部门争取无偿资金344万元，主要用于了部分乡镇农田水利基本建设和人畜吃水工程、医疗卫生部门增加设施、公检法部门改善办案条件等。税务部门的促产增收工作也取得了很大成绩。在企业资金非常紧张，生产经营受到制约的情况下，全年共落实促产点、项100多个，增加税收300多万元。

（3）强化管理、依法理财，推进财税法规建设。按照整顿财税秩序、严肃财经纪律的要求，一年来，财政部门组织了对罚没收入、预算外资金代管、县直行政事业单位（经济实体）财务专业检查；税务局、大检办和盐政办公室联合组织了对各盐场销售私盐偷税、漏税的检查；在县政府的统一领导下，财税、审计、物价等部门完成了年度税收财务物价大检查。通过各种检查手段，共查处各种违纪金额400多万元，既维护了财经纪律，又增加了财政收入。

（4）适应市场经济，加快财会制度改革。自1993年7月1日起，我国正式实施经国务院批准颁布的《企业会计准则》和《企业财务通则》。为适应我国财会制度40多年来的重大改革，促进新会计制度的顺利实施，财税部门共举办了9期会计培训班，全县1152名会计人员参加了学习培训，合格率达95%以上，从而及时保证了新旧会计制度的顺利接轨。

（5）加强国有资产管理，确保国有资产完整和增值。上半年，在县政府的直接领导下，对415个行政事业单位的国有资产进行了全面的清产核资工作，共登记财产32476万元，比清查前账面数29862万元净增加2614万元，使一切应归国家所有的财产全部纳入了国有资产管理的范围。同时，结合国有资产管理开展资产评估服务，为三资企业、股份制企业提供会计咨询；为企业经营开展资金验证，促进了各类经济的顺利发展。

（6）加强预算外资金管理，提高资金使用效益。近年来，行政事业单位的各种规费收入、经营服务性收入等预算外资金越来越多，为提高这部分资金的使用效益，引导资金合理流向，我们对全县有收入的行政事业单位全部实行了预算外资金“收支两条线”管理。按照上级规定，我们在不断完善“收支两条线”管理办法的同时，为防止单位乱支滥用，自1993年下半年开始对预算外资金正常支出核定支出指标，严格按指标拨款。对基建、大型设备购置等支出，必须报经县政府批准后方可拨款。通过实施新的管理办法，较好地控制了预算外资金的支出，保证了资金的合理使用。

国债发行是确保国家重点工程进行筹集资金的重大举措，我县按时完成了上级下达的国债任务1891万元。

各位代表，去年的财政工作虽然取得了一定成绩，但也还存在着不少困难和问题，主要是财政收支矛盾仍然比较突出。造成这些困难和问题的原因是多方面的：一是从整体上看，财政运行机制和宏观调控能力还不能完全适应建立社会主义市场经济体制的要求；二是受外部环境和内部管理及企业经济效益等因素影响，经常性财政收入的增长滞后于生产的增长；三是由于财政开支人员负担过重，再加上预算执行中国家出台的增支政策的影响，人员经费支出增长过快；四是在财政体制转换过程中，无论是在财政管理方面还是财政收支方面，都还存在着薄弱环节和漏洞。对此，我们要结合财税改革，进一步改进财政工作，为全县财政状况的好转，做出不懈努力。

二、1994年财政预算草案

根据党的十四届三中全会精神和国务院、省、市政府关于实行分税制财政体制的决定，1994年财政收支预算安排的指导思想是：全面贯彻党的十四届三中全会精神，积极推进财税改革，建立高效率的地方财税管理体制，以提高经济效益为中心，调整投资和经济结构，努力培植财源，保证财政收入的稳定增长；搞好财力运筹，调整支出结构，首先保证人员和公用经费的基本需要，适当增加对农业、科技和教育事业的投入，深入开展双增双节运动，确保财政收支平衡。由于今年开始的税制改革和分税制改革涉及各级经济利益的调整，而且又是以1993年为基期年，财政收支和预算编制都发生了重大变化。同时，按新的收入范围划分，主要税种大头归中央，地方收入相应减少，为了税制改革后的平稳过渡，国务院对今年的财政体制推行了双轨制的管理办法，上缴中央的税收按基数全额返回后仍然按原体制实行定额上缴。

（一）1994年财政收入安排情况

根据我县经济和各项事业发展的实际情况及国家工资改革政策的出台，经过县委、县政府反复研究，按照分税制财政体制新口径计算安排1994年财政总收入预算为6860万元，比上年实际增长5.9%。主要收入项目的安排情况是：

一是工商税收（城建税等新条例未出台仍按老口径计算）安排4279万元，比上年实际下降4.4%。

二是企业所得税安排1400万元，比上年实际增长50.2%。

三是农业税安排640万元，与上年实际持平。

四是农业特产税安排50万元，比上年实际下降55.5%，主要是养虾面积减少和养虾包袱较大，此项收入相应下降。

五是耕地占用税安排80万元，比上年实际增长9.6%。

六是契税安排5万元，比上年实际增长66.7%。

七是排污费收入安排180万元，比上年实际增长9.1%。

八是水资源费收入安排60万元，比上年实际增长30.4%。

九是国有土地出让收入安排100万元，是今年新增收入项目。

十是其他收入安排100万元，与上年实际持平。

十一是教育费附加收入安排70万元，比上年实际增长6%。

（二）1994年财政支出计划安排情况

1994年，财政支出预算的安排难度很大，主要是国务院为推行公务员制度，对行政事业单位自1993年10月1日起进行工资改革等政策性增支因素，造成了人员经费过高的增长幅度，财政支出的增长大大超过了财政收入的增长，仅工资改革一项就增支2990多万元。因此，我县1994年支出预算的安排原则是：首先保证人员经费，其次是必要的办公经费和公检法办案费，压减各项业务费和公用经费，对有收入的行政事业单位，凡上级新出台的增支因素和新增人员一律由创收收入解决。

为减轻财政压力，经县委、县政府同意，支出安排过程中对有收入的事业单位分别情况进行了压减：一是工资改革增资对有收入的事业单位压减580万元；二是差额单位按照增人不增资，补助维持上年水平，压减人员经费19.4万元；三是对有收入的事业单位保人员工资压减定额办公费8.4万元、事业业务费17.4万元，全县共计压减支出625.7万元。在此基础上，安排财政支出8307万元，比上年实际增长27.6%，其中人员经费7359.4万元，占支出预算的88.6%，各项事业费、业务费等公用经费947.6万元，占支出预算的11.4%。由于中央税收返还尚未逐级核定，按照分税制财政体制，我县地方财政收入加上初步匡算的中央税收返还，1994年全县地方可用财力为7554万元，收支相抵当年赤字753万元。为此，在1994年预算执行过程中，一是要加大力度增收节支，千方百计消化一部分，二是通过加强预算外资金管理，增加预算外收入，调入部分预算外资金抵补一部分；三是从固定收入中平衡一部分。通过以上三项措施，年终努力实现财政收支平衡。

具体支出项目的安排情况是：

（一）支农生产支出安排95万元，同口径比上年增长4.1%。其中：黄淮海平原开发配套费49万元、小农水切块经费40万元、农业十项开发配套费4.5万元。

（二）农林水部门事业费安排417.5万元，同口径比上年增长56.3%。

（三）文教卫生事业费安排4629万元，占总支出的55.6%，同口径比上年实际增长52.3%。其中教育事业费安排3754.9万元，同口径比上年实际增长64%，教育部门的开放城市补贴上年自负30%部分今年给予全额安排。

（四）工交部门事业费安排46.8万元，同口径比上年增长80%。

（五）科技经费安排11.7万元，同口径比上年增长84.1%。

（六）其他部门事业费安排326.2万元，同口径比上年增长38.6%。

（七）抚恤和社会救济事业费安排423.7万元，同口径比上年增长41.7%。

（八）行政管理费安排1607.6万元，同口径比上年增长55.3%。

（九）公检法支出安排424.5万元，同口径比上年增长58.8%。

（十）其他支出安排120万元，属乡镇超收分成，同口径与上年持平。

（十一）增人增资预留105万元。其中：房改补贴50万元、1994年大中专学生分配增资45万元、“三产”统计调查10万元。

（十二）预备费安排100万元，与上年持平。

1994年支出预算比上年增长较大的主要原因是受上级工资改革重大政策性增支影响所致。

三、发展生产、培植财源，狠抓增收节支，努力完成1994年财政预算任务

（一）严格收入征管，控制支出增长。

（二）适应分税制改革，努力加强地方财源建设。

（三）强化财政职能，增强宏观调控能力。

（四）发挥财政监督职能，强化财政检查措施。

昌邑县十三届人大二次会议秘书处

一九九四年三月

关于昌邑市1994年财政预算执行情况和1995年财政预算草案的报告

1995年3月15日在昌邑市第十三届人民代表大会第三次会议上

昌邑市财政局局长　马春盛

各位代表：

我受市政府的委托，向大会报告我市1994年财政预算执行情况和1995年财政预算草案，请予审议，并请各位政协委员和其他列席人员提出意见。

一、1994年财政预算执行情况

1994年，我市财税工作在市委、市政府的正确领导下，在市人大、市政协的大力支持和监督下，经过全市人民的共同努力，取得了前所未有的可喜成绩，为促进全市经济建设和各项社会事业的发展，发挥了重大作用。过去的一年，作为经济改革中心环节的财税体制改革，取得了突破性进展，建立了分税制财政体制的基本框架。新财政体制的实施，促进了新的税制改革，使整个财税改革进展顺利，运转正常，对促进企业公平竞争及全市经济的发展，发挥了积极的作用。在此基础上，我市完成财政地方级收入9031万元，超额完成了年度预算，创历史最高水平；财政总支出完成10011万元，其中列支上级专项拨款678万元。在保证全市及时拨付经费和上级出台的政策增支的同时，较好地保证了农业、科技、文教卫生等各项事业发展的需要，最终预算执行结果：年终和上级财政部门进行体制结算后当年收支相抵结余58万元，实现了收支平衡略有结余的奋斗目标。

（一）财政收入预算调整及执行情况

1994年，市人代会审议批准的全市财政地方收入预算为6860万元，比上年实际增长5.9%。预算执行中，一是根据国家关于提高粮食收购价格增加农业税征收比例的政策，上级相应增加我市农业税征收任务329万元，秋后又根据我市农业受灾情况下达农业税减免指标40万元；二是按照新的财政体制上级分配我市增值税、消费税即“两税”比上年增长22.86%，并根据我市实际情况，确定增值税25%部分返还地方增加地方收入780万元；三是根据省委办公厅、省政府办公厅鲁办发〔1993〕18号文件《关于认真贯彻执行中办发〔1993〕19号文件的通知》的精神和财政部〔1994〕财预字第37号文件《关于行政性收费纳入预算管理的规定》，我市增加行政性收费收入300万元，列收列支；四是为适应财税改革需要和必须确保当年收支平衡的要求弥补年初收支差额和当年新出台的政策性增资，根据我市财力缺额调增收入任务720万元。通过以上调整后，全市财政地方收入预算为8949万元，比年初预算增加2089万元。税务机构分设后，地方级收入任务分配情况是：国税局征收的增值税属地方的25%部分1897万元，代地方征收的地方收入452万元，共2349万元；地税局收入任务4300万元；财政局收入任务2000万元；行政性收费收入300万元。

年终执行结果：由于我们积极向上反映和要求，潍坊市给我市调减“两税”任务400万元，减少上交250万元，从而增加了地方收入，所以在我市财政总收入增长26.2%的情况下，地方级收入达到9031万元，增长33.2%，增收2251万元，相应增加了地方财力。其中国税局完成2361万元，占全年任务的100.5%；地税局完成4300万元，占全年任务财100%；财政局完成2062万元，占全年任务的103.1%；行政性收费收入完成308万元，占全年任务的102.6%。

财政地方级收入主要项目的完成情况是：

（1）工商税收完成5129万元，占调整预算的100%，同口径比上年增长10.4%，增收485万元。主要是增值税地方25%部分增加收入。

（2）农业税收入完成929万元，占调整预100%。比上年增长45.2%，增收289万元。主要是粮食提高收购价格后上级相应增加我市农业税征收部分。

（3）企业所得税收入完成1689万元，占调整预算的100%；同口径比上年增长81.2%，增收757万元。主要是乡镇集体企业、私营企业所得税加大征收工作而增加收入。

（4）农业特产税收入完成150万元，占调整预算的114.5%，比上年增长66.7%，增收60万元。主要是新开征的蚕茧特产税增加收入。

（5）耕地占用税收入完成174万元，占调整预算的102.4%，比上年增长138.4%，增收103万元。主要是市区小区建设占地及清理违法占地增加收入。

（6）契税收入完成69万元，占调整算预的115%，比上年增收66万元。主要是城区新兴街、城里街商品房买卖增加收入。

（7）排污费收入完成202万元，占调整预算的101%，比上年增长22.4%，增收37万元。

（8）水资源费收入完成54万元，占调整预算的100%，比上年增长20%，增收9万元。

（9）国有土地有偿出让收入完成71万元，占调整预算的100%。

（10）其他收入（主要是罚没收入）完成162万元，占调整预算的120%，比上年增长51.4%，增收55万元。

（11）教育费附加收入完成51万元，占全年任务的72.9%，比上年下降22.7%，减收15万元。

（12）行政性收费收入完成308万元，占计划的102.6%。

（二）财政支出预算调整及执行情况

1994年，市人代会审议批准的财政灶内支出预算为8307万元，由于工资改革等重大政策性增支因素的影响，比上年实际增长27.6%。预算执行中，上级陆续出台了合同制干部缴纳养老基金、优抚对象抚恤标准的提高、离退休人员提高补助、大中专学生分配及社会调入行政事业单位人员增资、民办教师转公办等政策性增支因素及解决部分行政事业单位燃修费、电话费、水电费超支等增加支出315万元，通过对一部分有收入的事业单位压减支出32万元后，净增支出283万元，当年灶内支出达8590万，年终抵减上年预留1993年10月至12月份调资320万元后，当年灶内支出预算为8270万元。

年终执行结果：全市财政总支出10011万元，比上年增长19.2%。其中灶内支出8270万元，占调整预算的100%，比上年增长27%；地方固定收入和行政性收费收入安排的专项支出1063万元；上级专款支出678万元，其中上级应拨的专项指标330万元，市委、市政府领导和财政部门多次到上级财政部门汇报工作，争取的无偿资金348万元，主要用于了部分乡镇农田水利基本建设和人畜吃水工程、医疗卫生部门增加设施、公检法部门改善办案条件等。

主要项目的支出情况是：

（1）支农生产支出569万元，同口径比上年实际增长24%。其中年初安排的灶内支出95万元，重点用于市区石渠延伸、太保庄、丈岭二支工程、岞山自流灌溉、金口闸维修等水利工程40万元；黄淮海平原项目开发支出49万元，进行了中低产田改造及开荒造林等；农业科技十项开发支出5万元；乡镇超收分成120万元，按年初计划安排重点用于了13处乡镇农田水利综合治理及人畜吃水工程；农发资金安排支出122万元，主要用于了建立粮食风险基金55万元、返还乡镇用于扶持桑蚕养殖、畜牧加支出42万元以及用于人工防雹等支出。

（2）农林水事业费支出546万元，同口径比上年增长55.8%，增支171万元，主要原因一是工资套改增资增加支出141万元；二是大中专学生分配增人增资、合同制干部缴纳养老基金、离退休退职人员提高补助等必需的人头费增支30万元。

（3）文教卫生事业费支出4928万元，同口径比上年增长55. 2%，受工资改革大幅度增资影响，增支1726万元，在财政困难较大的情况下仍保持了文教卫生事业费较大的增长幅度。其中教育事业费支出3873万元，比上年实际增长69.1%，增支1583万元。主要原因：一是资套改增资1480万元；二是大中专学生分配增人增资及离退休提高补助等增加支出68万元；三是民办教师转公办、转合同制130人，增人增支20.2万元；四是合同制干部缴纳养老基金增支10万元等。文教卫生事业费支出一方面保证了上级出台的政策性人员增支项目及时兑现，另一方面财政专项投资95万元用于了一中教师宿舍楼建设、聋哑学校教学楼附属工程建设、市人民医院保健楼和中医院设备配套等，使教学设施及医疗条件有了较大的改善。公费医疗支出277.2万元，比年初安排增支114.4万元，保证了干部职工的医疗保健需要。文化、体育、计划生育等事业费也都比上年有较大增长。

（4）行政管理费支出1752万元，比上年实际增长36.9%，增支473万元。主要是工资套改增支419万元及适当弥补党政机关办公费、水电费、燃修费等经费超支54万元。

（5）工交部门事业费支出60万元，同口径比上年增长40%，增支11.4万元。主要原因是工资套改增支9.9万元和计量办案费增加支出等。

（6）科技事业费支出14万元，比上年实际增长16.7%。

（7）其他部门事业费支出625万元，同口径比上年增60%，增支157万元。其主要原因是税务部门调资增支及增人增支76万元，国税、地税分设后解决交通工具及成立原盐缉私队增支52万元等。

（8）抚恤和社会救济事业费支出543万元，比上年增长23.9%，增支105万元。主要是工资套改增支34万元以及离退休、民政优抚对象提高补助增支30万元等。

（9）公检法支出433万元，比上年实际增长33%，增支110万元。主要是调整工资增支96万元及解决办公费超支等。

（10）其他支出215万元，其中灶内支出123万元，主要是乡镇超收分成31万元、支援西藏支出16万元、住房基金支出50万元等。

（11）城建费支出316万元，比上年实际增长30.6%，增支74万元。主要用于了新建北海公园工程支出及城镇规划、道路交通建设支出等。环保补助支出191万元，比上年增长46.9%，增支61万元，重点用于了扶持企业治理污染项目等。教育费附加支出51万元，用于了城区中小学校舍改造。这些资金保证了专款专用，提高了资金使用效益。

各位代表，1994年的预算执行在资金紧张、收支矛盾突出、财税工作任务重、矛盾多、困难大的情况下，能够取得以上结果，这是我市经济健康发展的综合反映，是与各级党委政府的正确领导、各级人大、政协加强监督指导，有关部门大力支持和密切配合分不开的，也是全市广大财税干部积极工作、共同努力的结果。

（1）加强领导、密切配合，齐心协力抓增收。1994年以来，受企业资金紧张等诸多因素的影响，针对这种情况，我市财政收入曾一度出现下降局面，市委、市政府非常重视，主要领导亲自抓，特别是税务机构分设后，为既完成上级分配的“两税”增长目标，又保证地方收入，市政府多次召开财税工作会议研究部署，强化了征管措施；各乡镇党委、政府也把完成财政收入当作经济工作的头等大事提到了工作的重要议事日程，紧紧抓住不放，各级人大、政协加强监督和指导，经常听取和过问预算执行情况，提出了许多好的意见和建议，有力地支持了税工作的开展；财税、银行、企业主管部门及有关济经管理部门密切配合，齐心协力抓收入，取得了显著成果。

（2）积极筹措资金，大力发展生产、培植财源。为了适应分税制后财源结构变化情况，尽快建立起持续稳定、后劲大的财源体系，巩固农业基础财源，市财政除了保证预算内投入外，坚持多渠道投入和扶持。为支持企业搞好技术改造，多方筹措资金重点挟持了一批利税大户和重点拳头产品。1994年从上级财政部门争取有偿周转金1300万元，积极开展财政信用工作，共投放支农周转金和扶持企业周转金2500多万元。如化肥厂甘油生产项目，在资金紧张的关键时刻扶持周转金200多万元，使该项目当年建设、当投产，取得了较好的经济效益；第二水泥厂扩大生产项目、高铁冶炼项目均投入100多万元予以扶持；盐税是我市地方收入的主要来源，为支持盐业生产，解决盐业流动资金及原盐运销困难，扶持盐业部门周转金450万元；为增强我市原盐运销能力，经市委、市政府同意，扶持航运公司周转金100万元购买货船，对缓解原盐运输困难起了极大的作用。财政全年扶持市直企业达70多个，并投入周转金200多万元扶持文教、卫生、广播、文化等事业单位服务创收的同时，还扶持了20处乡镇80多个企业，扩大生产能力，进行技术改造，提高了效益，增加了收入。如柳疃、都昌、饮马的纺织业、围子的铸造业等都投入了一定的资金予以扶持，取得了较好的效益。

（3）严肃财经法纪，强化管理监督。在不断深化财税改革的新形势下，为严肃财经纪律，一年来组织了对罚没收入、预算外资金代管、农业四税等专项检查；在市政府的统一领导下，财税、审计、物价等部门组织了1994年度税收财务物价大检查。通过各种检查，共查处各种违纪金额700多万元，对严肃财经法纪和促进财政收入的增长起到了积极的作用。

（4）加强国有资产管理，确保国有资产完整和增值。1994年在市政府的直接领导下，对全市104户企业进行了清产核资，清查资产总额11亿元，基本摸清了全市国有资产的存量、分布和管理状况，为加强国有资产管理支持企业转换经营机制和现代企业制度建设奠定了基础。

（5）加强预算外资金管理，提高资金使用效益。随着行政事业单位各种行政性收费收入、规费收入、经营服务性收入的逐步增多，加强这部分资金的管理对平抑市场物价等越来越显得十分重要。财政部门结合我市实际情况将市直70多个单位的预算外资金全部纳入了收支两条线管理，并进一步实行了核定支出指标、实行定额支出的管理办法。通过加强管理，引导资金合理流向，仅工资改革增资由单位从预算外收入中自行解决达600多万元，从而也减轻了财政的负担。

（6）积极筹集资金发展社会事业支持加快城区建设步伐。市委、市政府为改善城区面貌提高人民群众物质文化生活水平，进行了城市修建改造等，一些社会公益事业得到了较大的发展。为保证这些项目如期进行财政部门积极筹措资金予以支持。为解决北部乡镇群众吃水问题，确保引水工程顺利建设，市政府决定财政投资200万元，财政部门还争取上级专款15万元及筹集预算外资金280多万元用于第二水源地建设；为使北海公园尽快对群众开放，市财政在预算内拨付工程资金的同时，还多方筹资拨付370万元用于公园建设；为改善城区交通条件，专项筹资420多万元，用于了城区路道修建与改造。

各位代表，在充分肯定去年财税工作成绩的同时，我们应当看到当前财政经济发展中还存在许多突出矛盾和问题。一是财税体制改革刚刚起步，许多规定不够规范，也不尽合理，有待进一步完善。二是企业经济发展的质量和效益还不够高，发展生产培植财源的任务还很艰巨。三是工资改革后，财政支出增长速度超过了经济发展和财政收入的增长速度，收支矛盾越来越突出，大中专学生分配等人员不断增加，财政支出压力越来越大。四是在财税体制转换过程中，在管理方面还存在着薄弱环节，在税收征管中，还存在漏洞，财税干部的思想素质和业务素质还需要加强和提高。这些问题，应当引起我们的高度重视，并采取新的措施加以解决。

二、1995年财政预算草案

1995年，是“八五”计划的最后一年，也是继续深化和完善财税体制改革的重要一年。按照中央、省、潍坊市对经济工作的总体部署，结合我市国民经济发展计划，1995年财政预算安排的指导思想是：紧紧围绕抑制通货膨胀这个中心，实行适度从紧的财政政策，深挖增收节支潜力，确保全年财政收支平衡，继续深化和完善财税改革，积极支持国有企业改革和其他配套改革，加强企业内部管理，提高经济发展的效益和质量，培植地方财源；强化财政监督管理，硬化预算约束，抑制投资和消费需求过快增长，促进改革开放、经济发展和社会稳定。

分税制后，流转环节的增值税75%上划，收入增量大头在中央，今年属地方财力的总量增长较去年将明显下降。支出方面，由于去年增资因素影响，基数较高，再加上今年新出台的各项政策性增支因素，收支矛盾仍然很突出。根据全国、全省、全市财政工作会议的要求，财政支出的安排顺序：一是要保工资和基本维持费；二是要增加对农业的投入，重点支持农业发展；三是要建立粮食风险基金和副食品风险基金，以体现抑制通货膨胀的要求；四是要多层次、多渠道解决对科技、教育、公检法等事业的投入问题。除此以外，其他方面的支出能压则压，能减则减，以便集中财力，保证重点。

（一）1995年财政收入预算安排情况

根据我市经济和各项事业发展的实际情况，经市委、市政府反复研究，按照分税制财政体制新口径安排1995年财政地方收入预算为10095万元，比上年实际增长11.8%。主要收入项目的安排情况是：

（1）工商税收（含集体企业所得税）安排7751万元，比上收支长16%，增收109万元。其中国税局征收的增值税属地方25%部分1895万元，代地方征收的地方收入1199万元，共计3094万元；地税局收入安排4657万元。

（2）农业税安排929万元，与上年持平。

（3）国有企业所得税安排270万元，比上年实际增长8%。

（4）农业特产税安排150万元，与上年实际持平。

（5）耕地占用税安排100万元。

（6）契税安排29万元。

（7）排污费收入安排210万元，比上年实际增长4%。

（8）水资源费收入安排70万元，比上年实际增长29.6%。

（9）国有土地有偿出让收入安排130万元。

（10）行政性收费收入及规费收入按照列收列支的原则安排300万元，基本与上年持平。

（11）其他收入安排100万元，主要是罚没收入。

（12）教育费附加收入安排56万元，比上年实际增长9.8%。

（二）1995年财政支出预算安排情况

1995年，财政支出预算安排仍然难度很大。由于去年增资影响，支出基数较高，再加上今年新出台的增加房改公积金、大中专学生分配、民办教师转公办增资、增加工龄、教令补贴、第四季度公务员晋级增资等各项增支因素达1154.8万元，超过了地方财力的增加，造成资金缺口较大。因此，我市1995年支出预算的安排原则是：首先保人员经费；其次是必要的办公费和公检法办案费；支农资金适当增加；各项业务费和公用经费基本维持上年水平；对有收入的行政事业单位部分经费由创收收入解决。为了解决支出资金缺口，确保收支平衡，经市委、市政府研究，支出安排过程中，按上年压支办法对有收入的行政事业单位分别情况进行了压减，一是对差额单位补助维持上年水平，增人增资全部由单位收入解决，压减支出49.5万元；二是市、乡（镇）有收入的部分行政事业单位原有人员的开放城市补贴、三项补贴、误餐补贴、合同制干部缴纳的养老基金由单位收入解决，其余工资由财政补助，新增人员一律不核拨工资，共压减支出21.3万元；三是对市、乡（镇）有收入的部分行政事业单位保人员工资，办公费和业务费由单位收入解决，压减办公费15.7万元，压减业务费3.8万元。以上共计压减90.3万元。在此基础上安排财政灶内支出8725万元，比上年实际增长5.5%。其中人员经费7382.5万元，占总支出预算的84.6%，各项事业费、业务费等公用经费1342.5万元，占总支出预算的15.4%。按现行财政体制算账，地方灶内财力8725万元，通过采取压缩支出后，今年安排财政灶内支出8725万元，收支相抵，当年平衡。

具体支出项目的安排情况是：

（1）支农生产支出灶内安排107.2万元，比上年增长12.8%，高于正常性财政收入的增长，体现了市委、市政府关于加快农业发展的战略。其中：小农水切块经费42万元，农业十项开发配套费4万元，黄淮海平原开发配套费31万元，发展粮食基地配套费28.7万元。

（2）农林水事业费安排425.1万元，同口径比上年增长8.8%。

（3）文教卫生事业费安排4635.3万元，比上年实际增长5.2%。其中教育事业费安排3732.8万元，同口径比上年增长3.3%，体育事业费安排27万元，同口径比上年增长12.5%；计划生育事业费安排134万元，同口径比上年增长2.7%。

（4）工交部门事业费安排25.6万元，同口径与上年持平。

（5）科学和科技三项费用安排91.7万元，比上年增加7.7倍。

（6）其他部门事业费安排276万元，同口径比上年增长7.4%。

（7）抚恤和社会救济事业费安排474.7万元，同口径比上年增长12.1%。

（8）行政管理费支出安排1576.9万元，同口径比上年增长1.2%。

（9）公检法支出安排423.9万元，同口径比上年增长5%。

（10）其他支出安排212万元，一是乡镇超收分成按1994年应兑现数安排140万元；二是为确立乡镇分税制体制安排业务费22万元；三是建立粮食风险基金50万元。

（11）预备费安排200万元，比上年实际支出下降32.9%。

（12）增人增资及房改公积金安排276万元。其中房改公积金安排176万元；大中专学生分配等增人增资安排60万元；四季度公务员晋级增资安排40万元。

三、深化改革、开拓创新，发展生产、狠抓增收节支，全面完成1995年财政预算任务

（一）完善财税改革，壮大地方财源。

（二）全面贯彻适度从紧的政策，加强财政收支管理。

（三）综合运用社会资金，加大财政宏观调控力度。

（四）加强财政法制建设，强化财政监督。

（五）加强财税队伍建设。

昌邑市十三届人大三次会议秘书处

一九九五年三月

关于1995年财政预算执行情况和1996年财政预算（草案）的报告

1996年3月11日在昌邑市第十三届人民代表大会第四次会议上

昌邑市财政局局长　马春盛

各位代表：

我受市人民政府的委托，向大会报告我市1995年财政预算执行情况和1996年财政预算草案，请予审议，并请各位政协委员和其他列席人员提出意见。

一、1995年财政预算执行情况

1995年，我市财税工作在市委、市政府的正确领导下，在市人大、市政协的大力支持、监督下，经过全市人民的共同努力，圆满完了各项工作任务，为促进全市改革开放、经济建设、社会稳定和各项事业的发展作出了新的贡献。

1995年，我市完成地方财政收入10872万元，超额完成了年度预算，创历史最高水平；财政总支出完成12346万元，其中地方支出10870万元，列支上级专款807万元，列支上年结转固定支出669万。年终和上级财政部门进行体制结算后，当年收支相抵结余2万元，实现了收支平衡、略有结余的奋斗目标。

（一）财政收入预算调整及执行情况

1995年，市十三届人大三次会议审议通过的全市地方财政收入预算为10095万元。在收入预算执行过程中，一是上级取消集贸提成后追加我市470万元增值税任务，地方25%部分增加地方收入118万元；二是纪委、财政行政性收费和罚没收入检查增加地方收入70万元；三是为了加强地方财源建设，加大重点项目投入，国税、地税、财政增加超收任务217万元等，通过报经市人大常委会审议批准进行调整后，全市地方财政收入预算为10500万元，比年初增加405万元。

年终执行结果：全市完成地方财政收入10872万元，占调整预算的103.5%，比上年增长

20.4%，增收 1841 万元。其中国税局完成 3102 万元，占调整预算的 100.2%；地税局完成 4910 万元，占调整预算的 100.7%，财政征管部分完成 2749 万元，占调整预算的 114.6%；纪委、财政行政性收费和罚没款检查收入完成 70 万元，占调整预算的 100%；教育费附加收入完成 41 万元，占调整预算的 73.2%。

地方财政收入主要项目的完成情况是：

（1）工商税收完成 8012 万元（含集体企业所得税 1599.3 万元和私营企业所得税 137 万元），占预算的 100.5%，同口径比上年增长 25.4%，增收 1684 万元。

（2）农业税收入完成 937 万元，占预算的 100%，比上年增长 0.9%，增收 8 万元。

（3）国有企业所得税完成 762.7 万元，占预算的 173%，比上年增长 55.7% 增收 272.7 万元，主要是企业利税大户增收部分。

（4）农业特产税收入完成 164.3 万元，占预算的 109.5%，比上年增长 9.5%，增收 14.3 万元。

（5）耕地占用税收入完成 100 万元，占预算的 100%，同口径与上年持平。

（6）契税收入完成 29.2 万元，占预算的 100%，同口径与上年持平。

（7）排污费收入完成 210.2 万元，占预算的 100.1%，比上年增长 4.1%，增收 8.2 万元。

（8）水资源费收入完成 70.2 万元，占预算的 100.3%，比上年增长 30%，增收 16.2 万元。

（9）国有土地有偿出让收入完成 123.5 万元，占预算的 100%，比上年增长 73.9%，增收 52.5 万元。

（10）其他收入（主要是罚没收入）完成 170 万元（含纪委检查收入 70 万元），占预算的 100%，同口径与上年持平。

（11）行政性收费收入完成 300 万元，占预算的 100%，与上年持平。

（12）教育费附加收入完成 41 万元，占预算的 71.9%，比上年下降 21.6%，减收 11 万元。

（二）财政支出预算调整及执行情况

1995 年，市十三届人大三次会议审议通过的地方灶内支出预算为 8725 万元。在预算执行过程中，由于离退休人员增加工资、独生子女费提高标准、农税、武警、消防人员增加补贴、大中专学生分配和社会调入行政事业单位人员增资、解决公费医疗、会议费、部分行政事业单位燃修费、电话费、水电费超支、国税局经费上划中央，我市增加上缴基数及根据上级有关规定预留行政事业人员提资等政策性增支因素影响，支出增加 1094 万元，当年灶内支出达 9819 万元。报经市人大常委会审议批准后，当年支灶内支出预算相应调整为 9819 万元。

年终执行结果：全市完成财政总支出 12346 万元，比上年增长 23%。其中：灶内支出 9817 万元，占调整预算的 100%，比上年增长 18.3%，增支 1547 万元；地方固定支出 1722 万元；上级专款支出 807 元，其中上级应拨专项指标 399 万元，由市委、市政府各级领导和财政部门多次到省财政厅、潍坊市财政局汇报工作，赢得支持，争取无偿资金 408 万元，主要用于了解决行政机关建房、事业单位设备购置和乡镇支农生产等。

主要项目的支出情况是：

（1）支农生产和农业综合开发支出 750 万元（其中当年安排 372 万元），比上年增长 31.8%。其中年初安排的灶内支出 107.2 万元，主要用于了农田水利基本建设和丈岭、塔耳堡等乡镇黄淮海平原农业综合开发配套。另外农发资金和上级专项拨款 643 万元主要用于了龙池丰产河大桥维修、潍河整修、卜庄、饮马、青乡等多镇人畜吃水工程及水利基本建设、造林育苗等支出 120 万元；发展粮食生产及林果、桑蚕等支出 400 万元；防渗渠道、人工防雹、道路维修等支出 120 万元。

（2）企业挖潜改造支出280万元要是扶持化肥厂、科纸厂等利税大户重点项目改造支出。

（3）农林水事业费支出490万元，同口径比上年增长25.4%，增支99.3万元。主要是离退休人员增加工资、预留提资等支出。

（4）文教卫生事业同口径比上年增长17.3%，增支761万元。其中教育事费支出4046万元，同口径比上年增长12%，增支433万元。主要是大中专学生分配增人增资、离退休人员增加工资、支付退休安家费、教师晋升职称提资、预留提资等增加支出；卫生及公费医疗经费支出716万元，同口径比上年增长8.8%。

（5）行政管理费支出1998万元，同口径比上年增长28.2%，增支440万元。主要是弥补了党政机关办公费、水电费、燃修费以及预留人员提资等增加支出。

（6）工交部门事业费支出70万元，同口径比上年增长16.7%。主要是增加行政事业性收费支出及预留提资等增支。

（7）科学和科技三项费用支出95万元，主要是科技三项费用比上年增加支出80万元。

（8）其他部门事业费支出483万元，同口径比上年增长40.5%，增支104万元。主要是税务部门增加业务费、服装费、增人增资及预留提资等增加支出。

（9）抚恤和社会救济事业费支出529万元，同口径比上年增长24.9%，增支104万元。主要是离退休人员提高工资、复员军人提高补助标准等增加支出。

（10）公检法支出508万元，同口径比上年增长24.9%，增支104.3万元。主要是公检法部门增人增资及服装费、解决办案经费超支和预留提资等增支。

（11）其他支出538万元。其中灶内支出220万元，主要是乡镇金库业务费支出12万元、支援西藏支出9万元、住房公积金 支出176万元等。

（12）城市维护费支出538万元（包括乡镇247万元），比上年增长77.9%，增支246万元，主要用于了北海公园工程、城区道路建设和乡镇驻地规划建设等支出；环保补助支出225万元，比上年增长17.8%，重点用于了企业治理污染项目和环保部门业务费支出等；教育费附加支出56万元，比上年增长9.8%，主要用于了国办中小学校舍改造等。

各位代表，1995年预算执行情况是近几年来最好的，收入创历史最高水平、人员工资及时发放，农业、科技、教育、卫生等重点支出得到保证，这是我市经济持续、健康发展的综合反映，是各级党委、政府加强领导，人大、政协加强监督，各行各业大力支持密切配合的结果，是财税部门广大干部积极工作、辛勤努力的结果，同时也体现了我市加强财源建设、培植骨干企业和利税大户的成果。

（1）加强领导、采取措施、加大税收征管力度，圆满完成收入任务。为确保完成全年财政收入任务市政府及早采取措施，年初与各收入征管部门和乡镇签订了完成收入目标责任状，落实了任务，明确了目标责任与奖惩措施，为全年收入任务的完成奠定了基础。同时市政府为促进财政收入进度，多次召开全市财税收入调度会议和乡镇财税收入调度会议，及时分析财源情况和解决收入中的问题，充分调动了各收入征管部门的征收积极性。各级财税及其他收入征管部门以此为动力，为确保市委、市政府提出的保超收、保平衡的目标任务，强化措施，加大力度，从年初开始就狠抓财政收入的均衡入库，认真搞好财政情况分析和收入调度，及时解决预算执行中的困难和问题。

大力加强税收征管，既抓重点税源，又不放松零星税源。在此基础上，层层落实奖惩责任制，各征管部门加强内部制度建设，做到“千斤重担大家挑、人人肩上有指标”。同时，加大清理欠税力度，防止了财政收入的流失。认真开展税收财务物价大检查、增值税发票检查、罚没收入检查、小金库检查和一些专项检查。通过各项检查共查处各种违纪金额1000多万元。既严肃了财经纪律，又增加了财收入。

（2）树立生产观念，积极筹措资金，加快地方财源建设。市委、市政府对财源建设非常重视，把财政收入作为考核经济发展的重要指标，在全市上下形成了“经济发展看效益、效益大小看贡献、贡献大小看上缴”的共识。1995年7月份专门召开了全市财源建设工作会议，拟定了《关于集中财政有偿资金扶持财源建设的实施意见》。财政部门紧紧围绕市委、市政府的工作中心，认真研究生财、用财、聚财之道，积极开源节流，增收节支。同时，把支持经济发展、培植壮大财源作为财政的出发点和立足点，广拓融资渠道，多方筹措资金，帮助生产单位克服困难，加强管理，提高效益。1995年市委、市政府领导和财政部门多次到上级业务部门汇报工作，争取支持，从上级财政部门共争取各种资金3358万元，其中有偿资金2950万元，无偿资金408万元，年投放资金4000多万元。财政全年扶持了市直45处企业和乡镇的60多个项目和企业。同时，结合我市“百千万”规模企业发展工程的建设，根据市政府《关于集中财政有偿资金扶持财源建设的实施意见》，投入资金2350万元，重点扶持了石油化工厂、化肥厂、科研造纸厂、丝绸印染厂、丝织一厂、丝织二厂、市造纸厂等7处今明两年实现利税过千万元或过两千万元的骨干企业和都昌、围子、饮马、柳疃等4处经济强镇及双台、丈岭、塔耳堡等3处经济较弱的乡镇。对乡镇实行“抓两头、带中间”的战略，并确定了今后三年的财政收入增长目标，极大地调动了乡镇培植财源的积极性。通过加强财源建设，发展了经济，培植了骨干企业和利税大户，为促进财政状况的好转，保证财政收入的增长奠定了良好的基础。

（3）深化改革，全面推行市与乡镇分灶吃饭的分税制财政体制。为适应分税制财政体制改革的需要，进一步完善市与乡镇分灶吃饭的分税制财政体制。年初，市政府在认真调查研究的基础上，根据《中华人民共和国国家金库条例》的规定，决定在全市22处乡镇全面建立乡镇级金库。经过财政部门的多次调查分析、考察论证和充分的准备，1995年4月1日乡镇国库正式成立并开始运转。乡镇国库的建立，是分税制财政体制实施的客观要求，既有效地调动了乡镇增收节支的积极性，促进乡镇财权与事权的有机结合，又提高了财政管理的准确性，增加了财政支出的透明度。分税制体制的建立，有利于地方收入的征管，同时形成了乡镇政府、税务、财政部门三位一体齐抓共管的良好局面，有力地促进了乡镇财政收入的全面完成。

（4）优化支出结构，保证重点支出，加快社会公益事业的发展。1995年预算执行过程中，认真贯彻适度从紧的财政政策，进一步优化支出结构，压缩一般性支出，抑制不合理开支，在优先保证工资发放、农业、科技、教育等重点支出的同时，集中预算内、预算外资金保证了重点建设项目。一是为适应市区经济发展的需要，改善城区交通条件、美化市区生活环境，提高人民群众生活水平，1995年财政筹资2478万元用于了城区道路修建、北海公园和昌邑宾馆建设；二是为支持我市文化事业的发展，根据市委、市政府“三山一城两园一馆”的总体规划，投资170万元用于了博物馆建设；三是为改善人民群众就医条件，共投资288万元完成了人民医院保健病房的建设；四是为确保北部乡镇供水工程的顺利进行，投资40万元用于了第二水源地和供水工程建设。

（5）加强预算外资金管理，引导资金合理流向。我市预算外资金管理在完善收支两条线和实行定额支出管理办法的同时，市政府于 1995 年 10 月 16 日，以昌邑市人民政府第 11 号令发布了《昌邑市预算外资金管理办法》，使预算外资金管理步入法制化轨道。首先从源头控制入手，重点搞好票据管理，顺利完成了票据换发工作，从 1995 年 7 月 1 日开始，全市统一使用新版票据；其次将行政性收费纳入预算管理，增强了政府的宏观调控能力，从而也保证了这部分资金的合理支出。

（6）加强企业财务和国有资产管理。加强企业财务、会计管理是财政部门的基本职能之一，财政部门深入落实“两则”（《企业会计准则》与《企业财务通则》）“两制”（行业会计制度与行业财务制度），帮助企业完善内部财务管理办法，提高了企业财务管理水平。认真核定国有资产保值、增值指标，做好国有资产产权界定、资产评估、收益收缴等基础性工作，1995 年对全市 102 户企业进行了清产核资，圆满成了第五次清产核资工作。

各位代表，1995 年全市财税工作虽然取得了一定成绩，但从目前来看财政收支方面还存在许多矛盾和问题。一是收支矛盾仍然很突出，政策性增资和大中专学生分配增人增资给财政支出增加了很大压力；二是我市经济发展虽然加快了速度，但缺少利税大户 制约着财政收入增长，培植财源、加快经济发展势在必行。三是征收征管的措施和力度有待进一步加强。这些问题，都应当引起我们的高度重视，研究新思路，采取新措施，认真加以解决。

二、1996 年财政预算草案

按照中央、省、潍坊市和市委、市政府对经济工作的总体部署，结合我市国民经济发展计划，1996 年财政预算安排总的指导思想是：认真贯彻党的十四届五中全会精神，紧紧围绕振兴财政这个中心，深化和完善财税改革，加强税收征管，深挖增收节支潜力，保证财政收入稳定长；继续执行适度从紧的财政政策，量入为出，优化支出结构，反对铺张浪费，确保全年财政收支平衡；积极支持国有企业改革和其他配套改革，用财源建设引导经济增长方式的根本转变；强化财政监督职能，加强财务会计管理，整顿财务秩序，为“九五”计划开好头、起好步。

按照上述指导思想，本着积极可靠的原则，根据省、潍坊市财政工作会议要求，今年财政支出的安排顺序是：一是保工资发放和基本维持费；二是保农业、科技、教育等重点支出；三是按照集中财力办大事的原则，继续保经济和社会事业重点建设项目。

（一）1996 年财政收入预算安排情况

根据上级财税工作会议精神和我市经济发展情况，结合今年上级出台的政策性增资幅度较大的实际，经市委、市政府研究，按照分税制财政体制新口径安排 1996 年财政地方收入预算为 12835 万元，比上年实际增长 18.4%。主要收入项目的安排情况是：

1. 工商税收（含企业所得税 3615 万元）安排 10462 万元，同口径比上年增长 19.9%，增收 1735 万元。其中国税局征收的增值税地方 25% 部分 2212 万元，比上年增长 15%，代地方征收的地方收入 1416 万元，比上年实际增 30%，国税局任务共计 3628 万元；地税局收入安排 6834 万元，比上年实际增长 30%。

2. 财政征管部分安排 2273 万元，同口径比上年增长 30%。其中：

（1）农业税收入安排 937 万元，与上年实际持平。

（2）农业特产税收入安排 200 万元，比上年增长 21.6%。

（3）耕地占用税收入安排 100 万元；与上年实际持平。

（4）契税收入安排 35 万元，比上年增长

20.7%。

（5）排污费收入安排252万元，比上年增长20%。

（6）水资源费收入安排110万元，比上年增长57.1%。

（7）国有土地有偿出让收入安排200万元，比上年增长61.9%。

（8）行政性收费收入安排300万元，与上年持平。

（9）其他收入安排139万元（主要是罚没收入），同口径比上年增长39%。

3. 教育费附加收入安排100万元，比上年实际增加60万元。其中国税局征收任务为60万元；地税局征收任务为40万元。

（二）1996年财政支出预算安排情况

1996年，我市地方财政总收入12835万元，按现行财政体制，扣除固定专项支出和体制上交，加上税收返还后，当年地方灶内可用财力为11412万元。根据人事部门工资工作会议精神，国家新出台了行政事业单位人员增加误餐补贴、岗位补贴和晋级提资等政策性增资项目，且增资幅度较大，给财政支出安排带来巨大压力。1996年各项增支因素达3535万元，其中新增资一项增支达2948万元，占当年总支出的26%，另外，今年上交中央部分增长5%、增加工龄、教护龄补贴、公检法部门增加警衔补贴、大中专学生分配增人增资、地税系统经费增支、房改公积金增支以及由于价格因素影响会议费、电话费增支等增加支出达587万元。通过计算，1996年地方灶内支出需安排12238万元，其中人员经费支出达9970万元，占当年总支出的90%。灶内总支出抵减上年预留提资310万元后，仍超过当年财力516万元。根据《预算法》关于各级必须坚持收支平衡的规定和上级关于新出台的岗位补贴、误餐补贴、晋级提资等增支因素，对有收入的事业单位可分别不同情况自负增资的精神，经市委、市政府领导研究，我市对有规费收入和其他预算外收入的40个行政事业单位增资区别不同情况自负增资516万元。在此基础上，财政安排灶内支出为11412万元，与灶内财力相抵，当年收支平衡。

具体支出项目的安排情况是：

（1）支农生产及农业综合开发支出安排395万元，同口径比上年增长6.8 %。其中小农水切块经费安排42万元；农村畜禽防治防疫费安排1.5万元；黄淮海开发配套资金安排31万元；农业综合开发安排320.5万元（包括乡镇专项收入分成部分）。

（2）农林水事业费安排550.8万元，同口径比上年增长29.6%。主要是三项增资增加支出。

（3）文教卫生事业费安排6271.3万元，同口径比上年增长35.3%。主要是增人增资和三项增资增加支出。其中教育事业费安排5127.4万元，同口径比上年增长37.4%；体育事业费安排31.5万元，同口径比上年增长16.7%；计划生育事业费安排144.3万元，同口径比上年增长11.4%；卫生及公费医疗经费安排769.1万元，同口径比上年增长12%。

（4）工交部门事业费安排131.7万元，同口径比上年增长64.7%。主要是提资增加支出。

（5）科学和科技三项费用安排131.7万元，同口径比上年增长43.7%。主要是科技40万元。

（6）其他部门事业费安排397.5万元，同口径比上年增长43.6%。主要是税务部门三项费用增加支出。

（7）抚恤和社会救济事业费安排486.3万元，同口径比上年增长6.9%。主要是离退休人员提资增加支出。

（8）行政管理费支出2172.9万元，同口径比上年增长37.7%。主要是增人增资及三项增资增加支出。

（9）公检法支出安排663万元，同口径比上年增长56%。主要是警衔补贴及三项增资增加支出。

（10）其他支出安排262万元。主要用于房改公积金和乡镇金库业务费支出。

（11）增人增资安排138.1万元。其中：大中专学生分配增人增资安排72万元，军转干经费安排10万元，行政事业人员晋职提资安排56.1万元。

（12）粮食风险基金安排50万元，与上年持平。

（13）预备费安排200万元，与上年安排持平。

三、深化财税改革，促进经济发展，全面完成1996年财政预算任务

昌邑市十三届人大四次会议秘书处

一九九六年三月

关于昌邑市1996年财政预算执行情况和1997年财政预算（草案）的报告

1997年3月4日在昌邑市第十三届人民代表大会第五次会议上

昌邑市财政局局长　闫承海

各位代表：

我受市政府委托，向大会报告我市1996年财政预算执行情况和1997年财政预算草案，请予审议，并请各位政协委员和其他列席人员提出意见。

一、1996年财政预算执行情况

1996年，我市财税工作在市委、市政府的正确领导下，在市人大、市政协的大力支持、监督下，经过全市人民的共同努力，圆满完成了各项工作任务，财政总收入完成20403万元，首次突破2亿元大关，为促进全市改革开放、经济建设、社会稳定、事业发展和精神文明建设做出了新的贡献。

1996年，我市地方财政收入完成13910万元，超额完成了年度预算，再创历史最高水平；财政总支出完成15831万元，其中：地方支出13908万元，列支上级专款1340万元，列支上级专项补助583万元。年终和上级财政部门进行体制结算后，当年收支相抵结余2万元，实现了收支平衡略有结余的奋斗目标。至此，我市已连续10年实现了财政收支平衡，并受到省政府和潍坊市政府的表彰。

（一）财政收入预算调整及执行情况

1996年，市十三届人大四次会议审议通过的全市地方财政收入预算为12835万元。在收入预算执行过程中，一是4月份根据上级关于国税局代地方收入划归地税局征管的规定，自4月20日起国税局将全年代地方收入1416万元划归地税局989万元，调减国税局代地方收入任务989万元并相应调增了地税局收入任务；二是夏季国家提高粮食收购价格后，增加我市农业税收入任务473万元，秋后根据我市农业受灾情况减免农业税70万元，农业税全年净增收入403万元；三是9月份省、市环保部门进行执法大检查，对造纸、酿酒行业欠缴排污费进行清理，并实行哪级清理归哪级的办法。为确保我市经济利益，我市对造纸集团欠缴排污费自行进行了清缴，增加排污费收入511万元。通过报经市人大常委会审

议批准调整后，全市地方财政收入预算为 13749 万元，比年初增加 914 万元。

年终执行结果：全市完成地方财政收入 13910 万元，占调整预算的 101.2%，比上年增长 27.9%，增收 3038 万元。其中国税局完成 2715 万元，占调整任务的 100.6%；地税局完成 8045 万元，占调整任务的 100.9%；财政征管部分完成 3250 万元，占调整任务的 102%；新产品和菜篮子工程退税 100 万元。

地方财政收入主要项目的完成情况是：

（1）工商税收完成 6866 万元，占全年任务的 100.3%，同口径比上年增长 10.2%，增收 638 万元。

（2）国有企业所得税收入完成 1566 万元，占全年任务的 140.4%，比上年增长 105.2%，增收 803.3 万元。

（3）集体和私营企业所得税完成 2138 万元，占全年任务的 85.5%，比上年增长 23.2%，增收 402 万元。

（4）农业税收入完成 1341 万元，占调整预算的 100%，比上年增长 43.1%，增收 404 万元，主要是因粮食收购价格上调，相应增加了农业税收入任务。

（5）农业特产税收入完成 232 万元，占全年任务的 116%，比上年增长 40.6%，增收 66 万元。

（6）耕地占用税收入完成 102 万元，占全年任务的 100%，比上年增长 1%，增收 2 万元。

（7）契税收入完成 38 万元，占全年任务的 108.6%，比上年增长 31%，增收 9 万元。

（8）排污费收入完成 763 万元，占调整预算的 100%，同口径比上年增长 19.9%，增收 41.8 万元。

（9）水资源费收入完成 110 万元，占全年任务的 100%，比上年增长 56.7%，增收 39.8 万元。

（10）国有土地有偿出让收入完成 200 万元，占全年任务的 100%，比上年增长 61.9%，增收 76.5 万元。

（11）罚没收入完成 164 万元，占全年任务的 118%，同口径比上年增长 64%，增收 64 万元。

（12）行政性收费收入完成 300 万元，占全年任务的 100%，与上年持平。

（13）教育费附加收入完成 100 万元，占全年任务的 100%，比上年增长 143.9%，增收 59 万元。

（二）财政支出预算调整及执行情况

1996 年，市十三届人大四次会议审议通过的地方灶内支出预算为 11412 万元。在预算执行过程中，由于复员军人、伤残军人及三属提高补助标准、大中专学生分配和社会调入行政事业单位人员增资、教育离退休人员第二步工资改革补发工资、公检法部门开展“严打”斗争、农业普查增加经费、三峡工程移民增加上缴以及解决公费医疗、部分行政事业单位水电费、办公费、取暖费、车辆燃修费、保险费超支等政策性增支因素影响，灶内支出增加 432 万元，当年灶内支出达 11844 万元。报经市人大常委会审议批准后，当年灶内支出预算相应调整为 11844 万元。

年终执行结果：全市完成财政总支出 15831 万元，比上年增长 28.2%。其中灶内支出 11844 万元，占调整预算的 100%，比上年增长 20.6%，增支 2027 万元；地方固定支出 2647 万元；上级专款支出 1340 万元，其中上级安排核拨专项指标 265.5 万元，由市委、市政府各级领导和财政部门多次到省财政厅、潍坊市财政局汇报工作，赢得支持，争取无偿资金 1084.5 万元，主要用于了企业新产品开发、解决行政事业单位建房、设备购置和乡镇支农生产等。

主要项目的支出情况是：

（1）支农生产和农业综合开发支出 687 万元（其中当年安排 404 万元），同口径比上年增长

8.6%。其中年初安排的灶内支出74.5万元要用于了部分乡镇扬水站维修、打井等农田水利基本建设和丈岭、塔耳堡等乡镇黄淮海平原农业综合开发配套。另外，农发资金和上级专项拨款612.5万元，主要用于了干果示范基地和名特优经济林示范基地建设、围子花卉基地建设、小清河治理、发展粮食生产及林果生产等支出。

（2）科技三项费用支出423万元，比上年增加332万元。一是我市为争创科技先进市增加科技投入，以科技带动经济发展；二是上级专项拨款200万元，用于市纺机集团新产品开发。

（3）农林水事业费支出626万元，比上年增长27.8%，增支136万元，主要是增加误餐补贴、岗位补贴、晋级提资等三项增资增加支出。

（4）文教卫生事业费支出6627万元，比上年增长27.7%，增支1439万元。主要是增人增资和三项增资增加支出。其中教育事业费支出5247万元，比上年增长29.7%，增支1201万元；卫生事业费支出555万元，比上年增长20.6%，增支95万元；公费医疗经费支出260万元，比上年增长17.1%，增支38万元。

（5）行政管理费支出2213万元，比上年增长19%，增支354万元。主要是增人增资和三项增资以及适当弥补了党政机关办公费、水电费、燃修费超支等增加支出。

（6）工交部门事业费支出42万元，比上增长2.4%。

（7）其他部门事业费支出794万元，比上年增长32.6%，增支195万元。主要是工商、税务部门三项增资以及我市进行农业普查增加统计事业费等增加支出。

（8）抚恤和社会救济事业费支出616万元，比上年增长16.4%，增支87万元。主要是离退休人员增加工资和复员军人、伤残军人及三属提高补助标准增加支出。

（9）公检法支出783万元，比上年增长48.9%，增支257万元。主要是公检法部门增加警衔补贴和三项增资及开展“严打”斗争等增加支出。

（10）其他支出1077万元，同口径比上年增长30.7%。其中住房公积金支出230万元，比上年增支54万元；乡镇金库业务费支出22万元；征兵经费支出5万元；上级专项补助及预留三干会经费等支出820万元。

（11）城市维护费支出715万元（包括乡镇支出153万元），比上年增长27.2%，增支183万元，主要用于了青年路改造、北海公园二期工程及乡镇规划建设等支出；环保补助支出830万元，同口径比上年增长41.8%，增支94万元，重点用于了市科纸厂治理污染项目511万元和我市污水处理厂建设105万元及其他企业污染治理、环保部门业务费支出等；教育费附加支出25万元，主要用于了国办中小学校舍改造等。

各位代表，1996年的预算执行实现了历史性的突破，财政总收入超过2亿元，创历史最高水平，财政支出在政策性增支大幅度增加的情况下，确保了行政事业单位人员工资及时发放，农业、科技、教育、卫生、城市建设和精神文明建设等重点支出得到了资金保证并有较大提高。能够取得这样好的成绩，是全市经济持续、快速、健康发展的反映和结果，也是与全市广大财税干部职工的积极努力，与全市人民的大力支持分不开的。总结分析一年来的财税工作经验，主要有以下几个方面：

（1）认真分析形势，确保措施落实，牢牢把握工作主动权。为确保全年财政收入任务的完成，市政府在认真总结往年财税工作经验的基础上，及早采取措施，年初与财政局、国税局、地税局等各收入征管部门及各乡镇签订了完成收入目标责任状，落实了任务，明确了责任与奖惩措施，充分调动了各收入征管部门和各乡镇的积极性与主动性，为全年收入任务的完成奠定了良好的基础。同时，市政府为确保财政收入进度，主要领导亲自抓，并多次召开收入进度调度会，及时分析企业生产经营情况，了解税源，解决收入中存在的问题。各乡镇党委、政府对财税工作非常重视，特别是乡镇实行分税制财政体制以来，对乡镇财税工作加强领导，协调财税部门加强合作，齐抓共管。财税等收入征管部门为确保完成市委、市政府提出的保超收、保平衡的目标任务，强化措施，加大力度，狠抓财政收入均衡入库，认真搞好收入分析和调度，及时解决预算执行中的困难和问题。加强内部制度建设，层层签订奖惩责任状，加大税款清欠力度，切实防止了财政收入的流失，确保了全年财政收入任务的完成。

（2）以扶持企事业发展为己任，积极筹集资金，加大科技投入，促进财源建设。经济是财政的基础，企业的发展与经济的振兴息息相关，扶持企业搞活生产经营，提高经济效益，是财政部门的一项重要任务。财政部门紧紧围绕市委、市政府的工作中心，认真研究生财、聚财、用财之道，积极开源节流，增收节支。同时，把积极筹集资金，加大科技投入，支持企业发展，加快地方财源建设放在了工作的首位。1996 年市委、市政府领导和财政部门多次到上级业务部门汇报工作，得到了上级业务部门的大力支持，从上级财政部门共争取各种资金 3328 万元，其中无偿资金 1085 万元，有偿资金 2293 万元，年投放扶持企业周转金 5800 多万元，重点扶持了市直企业、乡镇企业、农业生产及各项事业的发展。围绕组织实施科技兴市战略和创建全国科技工作先进市，进一步加大了科技投入，以科技进步带动经济发展，加强企业技术改造，促进产品升级换代，为尽快构筑起产业结构合理、技术装备先进、产品档次高、生产规模大、市场占有广、后劲足、效益好的大工业格局，财政部门积极筹措资金，加大科技投入，1996 年全市科技三项经费投入 423 万元，比上年入增加 332 万元，并建立 100 万元科技周转金。按照“稳定提高纺织业、大力开发培植新兴支柱产业”的指导思想，对市化肥厂的淀粉、甘油等生产项目扶持资金 1300 万元，对市纺机集团的无纺布二期工程扶持资金 1500 万元，对造纸印刷集团的 1760 长网纸机扶持资金 1000 万元，对石油化工总厂的石油化工生产扶持资金 1000 万元等，集中力量扶持了我市骨干企业和利税大户以及柳疃、青乡、龙池、饮马等纺织业较发达的乡镇。在扶持工业生产的同时，加大农业投入，重点扶持了丈岭、塔耳堡两乡镇实现路、林、渠配套，提高粮食产量，受到了广大群众的欢迎。对商品粮基地建设、龙池、卜庄的淡水养殖、围子的花卉基地建设、南部乡镇的防渗渠道、金口闸、防潮闸维修以及宋庄等乡镇的科技园建设等都投入了一定的资金予以扶持，并取得了较好的成果。

（3）加强征管，狠抓收入，确保全年任务按时完成。自年初开始，财税部门做到了早下手、争主动，在全面落实市政府责任状确定的任务的基础上，认真搞好税源调查，摸清家底，做到征管有的放矢，克服多种困难，大胆探索创新，按照“计划服从于税法、任务服从于政策”的原则，坚持依法治税，依率计征，不断改进征管方法和征管手段，提高征管效率，确保财政收入及时、足额、均衡入库。各乡镇党委、政府也把财税工作提到了重要议事日程，常抓不懈。特别是 1996 年夏季，我市部分乡镇遭受特大风雹袭击，小麦、林果及部分经济作物等受到严重损坏，天气阴雨连绵，给小麦收割和夏粮入库带来很大困难，影响到了农业税的入库，面对这种情况，财政部门领导带队，全力以赴深入基层，各乡镇党委、政府识大体，顾大局，想国家之困难，在粮食收购资金到位较晚的情况下，积极筹措资金，仅用 4 天时间就完成农业税入库 1600 万元，在很大程度上促进了全市上半年财政收入任务的完成实现时间过半，完成任务过半。各乡镇全年财政收入任务提前一个月完成，是各乡镇近几年来完成数额最大、完成时间最快的一年，22 处乡镇当年全部实现收支平衡，为全市财政实现连续十年收支平衡奠定了良好的基础。

（4）优化支出结构、保证重点支出，加大精神文明建设投入。1996 年预算执行中，认真贯彻适度从紧的财政政策，进一步优化支出结构。车辆燃修费、公务费、业务费、电话费等支出全部实行包干定额、超支自负的管理办法，有效的节减了财政支出，使财政在确保人员工资按时发放和农业、科技、教育等重点支出的同时，集中预算内、预算外资金加强了城乡建设，保证了重点支出的需要。青年路和招待所改造、博物馆、老干部活动中心和北海公园二期工程建设等，投入资金 3000 多万元，改善了我市城区面貌，提高了人民群众生活水平。公安“110”报警服务台的开通投入资金 100 万元，强化了打击手段和快速反应能力，改善了公安干警的工作条件。党校教学设施和中医院医疗设备的配备、昌邑市第二中学、第一、第二实验小学校舍改造等都投入了一定资金，改善了教学办公条件和学生学习环境，为教育质量的提高奠定了基础。

（5）加强企事业单位财务整顿，努力促进财经秩序稳定健康发展。财政部门在认真搞好预算外资金管理、国有资产管理、会计管理的同时，根据上级统一安排，对全市 340 户市直行政事业、国有企业、集体企业按照完善制度、健全手续、查证纠错、规范秩序、整顿财务的要求进行了财务整顿，共查处违纪单位 83 户，违纪金额 572 万元，并区别不同情况，根据政策界限认真进行了处理，有效的进了财务秩序走上规范化、正规化的轨道。为切实防止财政收入的流失和实现财务秩序的健康发展，财税部门根据上级统一安排，扎扎实实地开展税收财务物价大检查、增值税发票检查、罚没收入检查、预算外资金检查、行政性收费检查和一些专项检查，通过各项检查，共查处各种违纪金额 1200 多万元，并收缴入库，既严肃了财经纪律，又确保了全年收入任务按时完成。

各位代表，1996 年财税工作虽然取得了一定成绩，但从目前来看财政收支方面还存在许多薄弱环节。一是近几年虽然财力有所增加，但由于工资性支出增长过快，各项事业发展需要的投入较大，大中专学生分配、民办教师转公办以及社会调入行政事业单位人员等增资给财政支出增加了很大的压力，财政收支矛盾依然比较突出；二是财政收入增长的基础不够稳固，利税大户较少，作为我市财政收入主要来源的国有经济，虽历经多年改革，但相当一部分企业并没有形成有效的自我约束机制，低效运行的状况仍未得到根本改观，部分企业效益不理想；在一定程度上对财政收入的增长形成制约；三是部分纳税业户特别是个体私营纳税业户的纳税意识比较淡薄，税收征管的措施和力度有待进一步加强。对这些问题，应当引起我们的高度重视，采取积极有效的措施，认真加以解决。

二、1997 年财政预算草案

1997 年，是我市财政工作的重要一年。要在全市连续十年财政平衡的基础上，财政工作再上新台阶面临新的挑战。按照中央、省、潍坊市和市委、市政府对经济工作的总体部署，结合我市国民经济发展计划，1997 年财政预算安排和财税工作总的指导思想是：深入贯彻党的十四届五中、六中全会精神，紧紧围绕两个根本性转变，认真落实适度从紧的财政政策，优化经济结构，强化税收征管，保持财政收入较快增长；调整支出结构，控制经常性开支，加大重点支出保障力度，确保财政收支平衡，推动国民经济持续健康快速发展和社会全面进步。

对于今年的预算安排，按照上述指导思想，

在确保工资发放的基础上，保农业、教育、科技和精神文明建设等重点支出。牢固树立过紧日子的思想，坚持艰苦奋斗、勤俭办事业的方针，节约更多的资金用于重点建设和发展社会事业。

（一）1997年财政收入预算安排情况

根据上级财税工作会议精神和我市经济发展情况，结合今年上级出台的政策性增资幅度较大的实际，经市委、市政府研究，按照分税制财政体制口径安排1997年财政地方收入预算为16586万元，比上年实际增长19.2%，增收2676万元。主要收入项目的安排情况是：

1. 工商税收（含企业所得税）安排13362万元，同口径比上年实际增长26.5%，增收2802万元。其中：(1) 国税局征收的增值税地方25%部分安排2558万元，比上年增长15.4%，增收341万元；涉外企业所得税安排20万元，比上年增加10万元。(2) 地税局安排10784万元，比上年实际增长28%，增收2251.2万元。

2. 财政征管部分安排3170.8万元，同口径比上年增长28%，增收432万元。其中：

(1) 农业税收入安排1383.8万元，比上年实际增长3.2%，增收42.8万元。

(2) 农业特产税收入安排297万元，比上年实际增长28%，增收65万元。

(3) 耕地占用税收入安排130万元，比上年实际增长28%，增收28万元。

(4) 契税收入安排48万元，比上年实际增长28%，增收10万元。

(5) 排污费收入安排322万元，同口径比上年增长28%，增收70万元。

(6) 水资源费收入安排141万元，比上年实际增长28%，增收31万元。

(7) 国有土地有偿出让收入安排256万元，比上年实际增长28%，增收56万元。

(8) 行政性收费收入安排383万元，比上年实际增长28%，增收83万元。

(9) 其他收入（主要是罚没收入）安排210万元，比上年实际增长28%，增收46万元。

3. 教育费附加收入（由地税局征收）安排128万元，比上年增长28%。

4. 企业菜篮子工程和新产品退增值税地方25%部分安排75万元，比上年少退25万元。

（二）1997年财政支出预算安排情况

1997年我市地方财政总收入16586万元，按现行财政体制，扣除固定专项支出和体制上交，加上税收返还后，当年地方灶内可用财力为14342万元。

今年上级出台的政策性增支仍然较多，扶持企业发展资金又严重短缺，实现财政收支平衡压力依然很大。根据潍坊市1997年财税计划工作会议已明确的增支因素计算，我市全年增支达1822万元。主要是民办教师转公办、大中专学生分配、军转干、农机局、粮食局、畜牧局、水产局四部门机构改革增加财政供养人员等增人增资；推行医疗保险制度增加公费医疗经费；房改公积金因增人增资增加支出；在乡教师浮动一级工资增支；增加工龄、教龄、护龄补贴；行政事业人员增加基础工资和职务工资；在乡伤残军人提高补助标准；乡镇农业五站由差额补助改为全额，拨款增加人员经费；上缴中央增长5%等。

通过计算，1997年地方灶内支出需安排14342万元，与地方灶内可用财力相抵，当年收支平衡。

具体支出项目的安排情况是：

(1) 支农生产及农业综合开发支出安排501.5万元，同口径比上年增长27%。其中灶内安排小农水切块经费42万元、农村畜禽防疫防治费1.5万元；黄淮海开发配套资金31万元；当年固定收入安排农业综合开发支出427万元。

(2) 农林水事业费安排717.6万元，同口径比上年增长30.3%。主要是今年乡镇农业五站由差额补助改为全额拨款增加人员经费以及增加基础工资和职务工资增支。

（3）文教卫生事业费安排7794万元，同口径比上年增长24.3%。主要是在乡教师浮动一级工资、民办教师转公办950多人增资、推行医疗保险增加公费医疗经费以及增加基础工资和职务工资等增加支出。其中教育事业费安排6381万元，同口径比上年增长24.5%；体育事业费安排40.6万元，同口径比上年增长28.9%；计划生育事业费安排193.4万元，同口径比上年增长34%；卫生事业费安排493.7万元，同口径比上年增长21%；公费医疗经费安排444万元，同口径比上年增长100%。

（4）工交部门事业费安排35.7万元，同口径比上年增长49%。主要是增加基础工资和职务工资等增支。

（5）科技三项费用安排167万元，同口径比上年增长28%。

（6）企业挖潜改造资金在各项支出打紧安排的情况下集中财力安排657万元。主要是根据我市企业生产经营情况，为发展生产、培植财源，增强企业发展后劲，用于扶持企业技术改造，提高经济效益。

（7）科学事业费安排2.2万元，同口径比上年增长29.4%。

（8）其他部门事业费安排459.6万元，同口径比上年增年增长15.6%。主要是地税部门和乡镇财政人员增加基础工资和职务补贴等增加支出。

（9）抚恤和社会救济事业费按政策规定安排418.6万元。

（10）行政管理费支出安排2327.1万元，同口径比上年增长7.1%。主要是增加工龄补贴、基础工资和职务工资等增加支出。

（11）公检法支出安排780.9万元，同口径比上年增长17.8%。主要是增加公检法部门执罚办案经费及增加基础工资、职务工资等增支。

（12）其他支出安排274万元。主要是房改公积金和金库业务费支出。

（13）增人增资安排439.2万元。其中大中专学生分配增人增资安排107.4万元；军转干经费安排10万元；乡镇人员增加基础工资和职务工资安排184.8万元；晋级晋职增资安排50万元等。

（14）按上级有关规定粮食风险基金安排50万元，与上年持平。

（15）预备费安排300万元，比上年增加100万元。

三、深化改革，强化措施，全面完成1997年财税工作任务

（一）加大财源建设力度，着力培植新的财源增长点。

（二）抓住时机，搞好宣传，进一步加强预算外资金管理。

（三）加快税收征管改革步伐，进一步强化征收管理。

（四）进一步改革完善乡镇分税制财政体制，加强乡镇财税建设。

（五）加强企业财务会计管理工作，促进经济效益的提高。

（六）坚持不懈的抓好财税干部队伍建设，努力培养一支高素质的干部队伍。

昌邑市十三届人大五次会议秘书处

一九九七年三月

关于昌邑市1997年财政预算执行情况和1998年财政预算（草案）的报告

1998年1月15日在昌邑市第十四届人民代表大会第一次会议上

昌邑市财政局局长　闫承海

各位代表：

我受市政府委托，向大会报告我市1997年财政预算政执行情况和1998年财政预算草案，请予审议，并请各位协委员和其他列席人员提出意见。

一、1997年财政预算执行情况

1997年，我市财税工作在市委、市政府的正确领导下，在市人大、市政协的监督支持下，以邓小平理论和党的十五大精神为指针，认真贯彻执行国家的财政政策，从我市实际出发，大力培植财源，严格控制支出，切实加强预算外资金管理，经过各级各部门各单位和全市人民的共同努力，取得了前所未有的可喜成绩，圆满完成了各项工作任务，为促进全市改革开放、经济建设、社会事业和精神文明建设的持续、健康发展做出了新的贡献。1997年，全市财政总收入完成24399万元，比上年增长19.6%，增收3996万元。其中地方财政收入完成16718万元，比上年增长20.2%，增收2808万元，超额完成了年度预算，再创历史最高水平；财政总支出完成17911万元，其中：地方支出16467万元，列支上级专款1147万元，列支上级专项补助297万元。年终与上级财政部门进行体制结算后，实现了收支平衡略有结余的奋斗目标。至此，我市已连续11年实现了财政收支平衡。

（一）财政收入预算调整及执行情况

1997年，市十三届人大五次会议审议通过的全市地方财政收入预算为16586万元。在收入预算执行过程中，一是国税局根据上级要求，将增值税地方25%部分调减51万元，另将涉外企业所得税增收20万元、其他收入增收31万元；二是上级根据我市农业受灾情况，减免农业税30万元；三是按照省政府提出的全省地方收入确保增收的要求，我市增加地方收入132万元。全市地方财政收入预算相应调整为16718万元，比上年实际增长20.2%，比年初增加132万元。

年终执行结果：全市完成地方财政收入16718万元，占调整预算的100%，比上年增长20.2%，增收2808万元。其中国税局完成2547万元，占调整任务的100%；地税局完成10912万元，占全年任务的100%；财政征管部门完成3329万元，占调整任务的100%；菜篮子工程退税70万元。

地方财政收入主要项目的完成情况是：

（1）工商税收（含企业所得税）完成13313万元，占全年任务的100%，比上年增长25.4%，增收2738万元。

（2）农业税收完成1819万元，占调整预算的100%，比上年增长6.2%，增收106万元。

（3）排污费收入完成323万元，占全年任务的100.3%，同口径比上年增长28.2%，增收71万元。

（4）水资源费收入完成144万元，占全年任务的收102.1%，比上年增长30.9%，增收34万元。

（5）国有土地有偿出让收入完成302万元，

占全年任务的100%，同口径比上年增长28%，增收56万元。

（6）其他收入完成324万元，比上年增加160万元。

（7）行政性收费收入完成417万元，占调整任务的100%，同口径比上年增长28%，增收83万元。

（8）教育费附加收入完成76万元，占调整任务的100%。

（二）财政支出预算调整及执行情况

1997年，市十三届人大五次会议审议通过的财政地方灶内支出预算为14342万元。在预算执行过程中，上级补助增加支出297万元，灶内支出达14639万元。当年灶内支出预算相应调整为14639万元。

年终执行结果：全市完成财政总支出17911万元，比上年增长13.1%。其中：灶内支出14639万元，占调整预算的23.6%，增支2795万元；地方固定支出2125万元；上级专款支出1147万元。

主要项目的支出情况是：

（1）支农生产和农业综合开发支出613万元，主要用于了部分乡镇打井、建蓄水池补助、扬水站维修等农田水利基本建设74万元；青少年绿化基地建设、农村能源建设配套、造林补助、农业高技科园建设及北部滩涂大坝维护等支出539万元。

（2）科技三项费用支出176万元，同口径比上年增长85.4%，增支46万元。

（3）农林水事业费支出885万元，比上年增长41.4%，增支259万元。主要是乡镇农业五站由差额补助改为全额拨款增加人员经费以及增人增资等增加支出。

（4）文教卫生事业费支出7546万元，比上年增长13.9%，增支919万元。主要是大中专学生分配等增人增资增加支出。其中教育事业费支出6148万元，比上年增长17.2%；卫生事业费支出581万元，比上年增长4.7%；公费医疗经费支出302万元，比上年增长16.2%。

（5）行政管理费支出2985万元，比上年增长34.8%，增支772万元。主要是增人增资以及适当弥补了党政机关办公费、水电费、燃修费超支等增加支出。

（6）工交和其他部门事业费支出704万元，同口径比上年增长4.1%，增支28万元。

（7）抚恤和社会救济事业费支出596万元，同口径与上年持平。

（8）公检法支出1068万元，比上年增长36.4%，增支285万元。主要是公检法部门行政性收费收入纳入预算管理，增加行政性收费支出以及增加办案补助等增支。

（9）其他支出1499万元，同口径比上年增长39.8%。主是预留调资增加支出。

（10）城维护费支出528万元、环保补助支出343万元，主要用于了天水路改造、市污水处理厂建设280万元、市造纸集团污水治理100万元以及环保经费等支出。教育费附加支出132万元主要用于了市第一实验小学、市聋哑学校等校舍改造。

（11）企业挖潜改造支出604万元，主要用于了市盐业集团、市造纸集团等市属重点企业技术改造，加大了对企业的投入，增强了企业发展后劲。

各位代表，1997年在资金紧张、收支矛盾突出、财税工作任务重、困难大的情况下，财政收入创历史最高水平，财政支出确保了行政事业单位人员工资的按时发放，使农业、科技、教育、卫生、城市建设和精神文明建设等重点支出得到了资金保证并有较大提高。这一成果的取得，是我市加快实施十大跨世纪兴市富民工程，全市经济实现了持续、快速、健康发展的综合反映，是各级党委、政府加强领导，各级人大政协强化监督指导以及全市人民大力支持的结果，也是有关部门密切配合、广大财税干部辛勤工作，积极努力的结果。总结分析一年来的财税工作，主要有以下几个方面：

（1）强化措施，狠抓落实，牢牢把握工作主动权。1997年财政收入任务重、难度大。为确保财政收入任务的面全完成，各级党委、政府及财税部门，认真总结往年财税工作的经验教训，从全局上把握了财税工作的主动权。同时，各级党委、政府进一步加强了对财税工作的组织领导，全力以赴促发展，扎扎实实抓收入，从根本上保证了财政收入任务的顺利完成。市政府年初就与财政局、国税局、地税局等各收入征管部门及各乡镇签订了完成财政收入目标责任状，落实了任务，明确了责任与奖惩措施，并且多次听取财税工作情况汇报，及时召开税收形势分析会和调度会，协调解决收入征管中存在的困难和问题，确保了财政收入均衡、足额入库。随着乡镇分税制财政体制的进一步完善，各乡镇党委、政府对财税工作更加重视，积极主动地协调财税部门加强合作，及时调度收入进度，确保了乡镇财政收入任务的顺利完成。市直各部门也从大局出发，积极支持财税工作，为全面完成财政收入任务创造了良好的外部条件。财税等收入征管部门为确保完成市委、市政府提出的保超收、保平衡的目标任务，强化措施，加大征收力度，既抓重点税源，又不放松零星税源，同时加大了各项监督、检查的措施力度，防止了财政收入的流失，确保了全年财政收入任务的按时完成。

（2）积极筹措资金，大力发展生产，促进财源建设。为尽快建立起持续稳定、发展后劲大的财源体系，市委、市政府采取了一系列有效措施，加强了对财源建设的领导。财政部门紧紧围绕市委、市政府的工作中心，把促进经济的快速发展放在财政工作的突出位置，认真研究生财、聚财、用财之道，开源节流，增收节支。同时，积极筹措资金，选准优势产业，加大扶持力度，有利地促进了财源建设。农业方面，围绕农业产业化战略十大农业高科技园区工程的实施，1997年财政预算内投入支农及农业综合开发等支出616万元，积极扶持发展高产高效农业、农业科技园建设以及加快农田水利基本建设等，农业基础财源进一步巩固。工业方面，围绕“百千万”规模企业发展工程的组织实施，积极扶持培植主导产业和发展高新技术，促进了工业效益的稳步提高。按照建设“六大基地”、开发“两大骨干系列产品”，努力培植新的经济增长点的要求，1997年财政部门集中力量，投放扶持企业周转金6300万元，对市纺机集团的无纺布二期工程、市盐业集团的盐及盐化工生产、石油化工总厂的石油化工生产等重点项目、骨干企业和利税大户给予了重点扶持，有力地促进了重点财源规模的膨胀和水平的提高，使财源贡献能力显著增强。

（3）强化财税管理，加大征管力度，努力完成全年任务。1997年在财税任务重、征收难度大的情况下，能够圆满完成全年任务，是与强化财税管理，加大征管力度分不开的。在收入管理方面，国税、地税部门对税收征管实行了“企业申报、重点稽查、全面监控”的新的征管办法，完善了调度制度，同时充分利用微机联网等先进的现代化征管手段，切实加强了对税收征管工作的调度，促进了收入任务的顺利完成。特别是在税收稽查方面，立足实际，加大稽查力度，有效地堵塞了跑冒滴漏，严厉打击了偷、逃、骗税行为，为促进财税秩序的根本好转，严肃财经法纪，圆满完成全年收入任务发挥了重大作用。

（4）优化支出结构，确保重点支出，不断加大精神文明建设投入。1997年预算执行过程中，认真贯彻适度从紧的财政政策，进一步优化支出结构，压缩一般性支出，在确保人员工资按时发放和农业、科技、教育等重点支出的同时，集中预算内、预算外资金保证了市里确定的重点建设项目的支出需要，确保了市污水处理厂建设、对市中医院病房楼扩建、招待所改造、第二实验小学校建、博物馆建设、天水路改造以及其他基础设施建设的顺利进行，使城市面貌焕然一新，社会综合服务功能大大增强，极大地改善了人民群众的生活环境，提高了人民群众的生活质量，对全市经济的持续、健康发展起到了极大的促进作用。

（5）加强预算外资金管理，强化财政监督，促进了财税秩序的好转。按照《国务院关于加强预算外资金管理的决定》的要求，1997 年我市进行了市级预算外资金管理体制的重大改革。在市委、市政府的领导下，由财政局牵头，金融部门积极配合，抽调专业人员，组成专门队伍，对市直行政事业单位前三年的预算外资金收支情况进行了彻底清理，撤销了单位的旧账户，重新开设了支出账户，将单位的预算外资金全部划转到财政部门管理。在此基础上，确定了各单位 1997 年的预算外资金收支计划和政府调控资金，编制了综合财政预算。1997 年预算外资金收入计划 9386 万元，实际完成 10051 万元，占全年计划的 107%；支出计划 9006 万元，实际完成 8223 万元，占全年计划的 91.3%；政府调控资金计划 381 万元，实际完成计划 295 万元，占全年计划的 77.6%，主要是因为交警大队、交通局等单位按照上级文件要求，收入全部上缴省、市管理，减少了我市的政府调控资金。新体制的运行，对加强廉政建设、解决行政事业单位之间收支不平衡、促进单位增收节支起到了积极的作用。整顿会计秩序工作也收到了初步成效，对检查中发现的问题及时督促有关单位进行了整改，并对违纪问题进行了严肃处理。财政部门在不断强化财税管理的同时，还努力扩大财政监督范围，使财税秩序继续好转。在国有资产管理方面，集体企业清产核资进展顺利，国有股权管理工作开始得到加强，一个集清产核资、产权登记、资产评估、保值增值考核、资产流失查处于一体的国有资产管理体系初步形成。

各位代表，1997 年财税工作取得了很大的成绩，但仍存在着许多问题。一是财政收支一直处于紧张状态，需要用有限的财力，解决好经济和社会发展的关键性问题，经济增长的税收贡献水平较低，使财政收入水平受到很大制约。二是财政收入增长的基础不够稳固。农业的发展水平还不高，防灾减灾的能力较差。从工业发展状况看，许多企业自我发展的能力较差，缺乏在市场经济条件下灵活运作的应变能力，部分企业低效运行的状况仍未得到根本改变。三是财税管理制度不健全，需要把规范管理加强监督检查有机结合起来，特别是由于部分纳税业户纳税意识淡薄、有章不循的现象还比较突出，规范管理和加强监督的任务还很重。对这些问题，应采取切实可行的措施，在改革和发展中，逐步加以解决。

二、1998 年财政预算安排（草案）

1998 年，经济体制改革将进入攻坚阶段，财政工作也面临着新的挑战。如何把握大局，稳中求进，使财政工作在连续十一年收支平衡的基础上再上一个新台阶，是摆在我们面前的一项重要任务。按照中央、省、潍坊市和市委、市政府对经济工作的总体部署，结合我市国民经济发展计划 1998 年预算安排和财税工作总的指导思想是：以邓小平理论和党的十五大精神为指针，紧紧围绕两个根本性转变，继续深化和完善财税改革，支持企业改革，优化投资方向，大力培植财源，强化税收征管。保持财政收入较快增长；认真落实适度从紧的财政政策，调整优化支出结构，更新理财观念，确保财政收支平衡，推动国民经济持续、快速、健康发展和社会全面进步。按照上述指导思想，今年预算安排的原则是：在确保工资发放的基础上，集中财力保农业、教育、科技和精神文明建设等重点事业的支出。牢固树立过紧日子的思想，坚持勤俭办一切事业的方针，节约更多的资金用于重点建设和发展社会事业。

（一）1998年财政收入预算安排

根据上级财税工作会议精神和我市“九五”规划的要求，结合今年上级出台的政策性增支增幅较大的实际，经市委、市政府反复研究，按照分税制财政体制安排1998年全市财政总收入计划28063万元，比上年实际增长15%，增收3664万元。其中地方收入计划为19228万元，比上年实际增长15%，增收2510万元。地方收入主要项目的安排情况是：

1. 工商税收（含企业所得税）安排15839万元，同口径比上年实际增长18.3%，增收2455万元。其中：（1）国税局征收的增值税地方25%部分安排2897万元，比上年实际增长16%，增390万元；涉外企业所得税安排46万元，比上年实际增长15%，增收6万元。（2）地税局安排12896万元，比上年实际增长19%，增收2059万元。

2. 财政征管部分安排3364万元，同口径比上年增长19%，增收193万元。其中：

（1）农业税收安排1881万元，比上年实际增长3.4%，增收62万元。

（2）由环保局征收的排污费收入安排385万元，比上年实际增长19.2%，增收62万元。

（3）由水利局和自来水公司征收的水资源费收入安排172万元，比上年实际增长19.4%，增收28万元。

（4）国有土地有偿出让收入安排156万元，由于1998年土地审批权上收和停批土地等因素，比上年实际少安排146万元 。

（5）行政性收费收入安排490万元，比上年实际增长26.3%，增收102万元。

（6）其他收入安排280万元，比上年实际增长16.2%，增收39万元。

3. 由地税局征收的教育费附加收入安排100万元，比上年实际增长32.2%，增收24万元。

4. 企业菜篮子工程退增值税地方25%部分安排75万元，比上年实际增长7.1%。

（二）1998年财政支出预算安排情况

1998年，我市地方财政总收入19228万元，按现行财政体制计算，当年地方灶内可用财力为16642万元。今年上级出台的政策性增支因素仍然较多，实现财政收支平衡压力依然很大。根据上级财税会议已经明确的增支因素计算，我市1998年增支达3914万元。主要是新增住房补贴、提高房改公积金补助、每人每月增加50元提资、大中专学生分配、军转干等增人增资；实行医疗保险制度增加公费医疗经费；增加工龄、教龄、护龄补贴；劳保机构人员纳入财政管理；上缴中央增长5%等。按照打紧支出安排，积极消化增支因素，确保人员经费和重点支出的原则1998年地方灶内支出安排16642万元，与地方灶内可用长财力相抵，当年收支平衡。

具体支出项目的安排情况是：

（1）支农生产及农业综合开发支出安排519.5万元，同口径与上年持平。其中：灶内安排小农水切块经费42万元、农村畜禽防疫防治1.5万元、黄淮海开发配套资金31万元；当年固定收入安排农业综合开发支出445万元。

（2）农林水事业费安排687万元，同口径比上年增长4.6%。

（3）文教卫生事业费安排8158万元，同口径比上年增长5.6%。其中教育事业费安排6608万元，同口径比上年增长4.3%；体育事业费安排44万元，同口径比上年增长8.5%；计划生育事业费安排195万元，同口径比上年增长2.1%；卫生事业费安排473万元，与上年持平；医疗保险经费安排600万元，同口径比上年增长13%。

（4）工交部门事业费安排40万元，同口径比上年增长11%。

（5）科技三项费用安排192万元，同口径比上年增长15%。其中科委科技三项业务费安排12万元，与上年持平；农业税附加收入安排科技三项费用180万元。

（6）科学事业费安排3.8万元，同口径比上年增长72.7%。

（7）其他部门事业费安排445万元，同口径与上年持平。

（8）抚恤和社会救济事业费安排462万元，同口径与上年持平。

（9）行政管理费支出安排2466万元，同口径比上年增长6.2%。

（10）公检法支出安825万元，同口径比上年增长7.6%。

（11）其他支出安排1583万元。主要是住房公积金380万元、住房补贴1180万元、乡镇金库业务费23万元。

（12）增人增资安排1524万元。其中大中专学生分配安排144万元；预留调资1270万元；军转干经费10万元；晋级晋职增资安排50万元；企业解困资金和建立生活最低保障线50万元。

（13）粮食风险基金根据上级有关规定安排62万元，比上年增加12万元。

（14）预备费安排300万元，与上年持平。

三、完善财税改革，加强财政管理，全面完成1998年财税工作任务

昌邑市十四届人大一次会议秘书处

一九九八年一月

关于昌邑市1998年财政预算执行情况和1999年财政预算草案的报告

1999年3月5日在昌邑市第十四届人民代表大会第二次会议上

昌邑市财政局局长　张晓润

各位代表：

我受市政府委托，向大会报告我市1998年财政预算执行情况和1999年财政预算草案，请予审议，并请各位政协委员和其他列席人员提出意见。

一、1998年财政预算执行情况

1998年，我市财税工作在市委、市政府的正确领导下，在市人大、市政协的大力支持和监督下，面对国家银根紧缩、亚洲金融危机影响加剧和国内市场需求不旺的严峻形势，牢牢把握改革、发展、稳定的大局，认真贯彻执行国家的财政政策，从我市实际出发，严格依法理财，大力调整支出结构，切实加强预算外资金管理，集中资金保证了重点支出的需要，取得了令人满意的成绩，圆满完成了各项工作任务，有力地促进了全市经济建设和各项社会事业的健康发展。

1998年，全市财政总收入完成27271万元，比上年增长11.8%。其中地方财政收入完成18253万元，比上年增长9.2%；财政总支出完成20171万元，比上年增长12.6%。年终与上级财政部门进行体制结算后当年结余3万元，实现了收支平衡略有结余的奋斗目标。

（一）地方财政收入预算调整及执行情况

1998年，市十四届人大一次会议审议通过的全市地方财政收入预算为19228万元。在预算执行过程中，一是国税局根据上级要求，在收入总

任务12003万元不变的前提下，税种之间进行了调整，增值税由全年任务11587万元调整为11683万元，增加增值税收入96万元，地方25%部分相应增收24万元，消费税由全年任务370万元调整为320万元，该项调整不影响地方收入，涉外企业所得税全年任务46万元，由于涉外企业效益不理想，调减涉外企业所得税任务46万元，国税局以上调整共减少地方收入22万元。二是今年由于天气影响，原盐生产受到很大制约，使盐资源税歉收，加之个别企业受宏观经济形势的影响，效益滑坡；影响了所得税任务的完成。一系列的制约因素，使地方税收完成年初任务缺口较大。根据我市的实际情况，地税部门调减收入任务1011万元。三是菜篮子工程退增值税地方25%部分全年任务75万元，实际退税18万元，相应增加地方收入57万元。四是财政征管部分税种之间进行了调整，该项调整不影响地方收入。通过调整国税局、地税局共减少地方收入976万元。报经市第十四届人大常委会第七次会议审议批准后，全市地方财政收入预算调整为18252万元。

年终执行结果：全市完成地方财政收入18253万元，占调整预算的100%，比上年增长9.2%，增收1535万元。其中：国税局完成2922万元，占调整任务的100%；地税局完成11985万元，占调整任务的100%；财政征管部分完成3364万元，占调整任务的100%；菜篮子工程退税完成18万元，占调整任务的100%。

地方财政收入主要项目的完成情况是：

（1）工商税收入完成10238万元，占调整任务的100%，比上年增长19.6%，增收1678万元。

（2）企业所得税完成500万元，占调整任务的100%，比上年下降5.3%，减收254万元。

（3）农业四税完成1888万元，占调整任务的100%，比上年增长3.4%，增收69万元。

（4）排污费收入完成385万元，占调整任务的100%，比上年增长19.2%，增收62万元。

（5）水资源费收入完164万，占调整任务的100%，比上年增长13.9 %，增收20万元。

（6）国有土地有偿出让收入完成156万元，占全年任务的100%，比上年减收146万元。

（7）罚没收入完成281万元，占调整任务的100%，比上年减收43万元。

（8）行政性收费收入完成490万元，占调整任务的17.5%，增收73万元。

（9）教育附加收入完成151万元，占调整任务的100%，比上年增长98.7%，增收75万元。

（二）财政支出预算调整及执行情况

1998年，市十四届人大一次会议审议通过的地方灶内支出预算为16642万元。在预算执行过程中，由于地方收入减收等原因，地方灶内财力减少1012万元，当年灶内支出预算相应调整为15630万元。

年终执行结果：全市完成财政总支出20171万元，比上年增长12.6%。其中灶内支出15630万元，占调整预算的100%，比上年增长6.8%，增支1001万元；城建费、排污费、水资源费、教育费附加、行政性收费等地方固定收入支出2785万元；上级专款支出1756万元。

主要项目的支出情况是：

（1）支农生产和农业综合开发支出1540万元，比上年增长151.2%，增支927万元。主要是中央、省财政部门对我市农业科技推广示范园区建设增加投入500万元；扶持部分乡镇农村造林支出31万元；支援农村大型农机具维修等支出63万元；部分乡镇中低产田改造、农田水利基本建设和农田林网建设等农业综合开发支出930万元。

（2）科技三项费用支出334万元，同口径比上年增长89.8%，增支158万元。

（3）农林水事业费支出987万元，比上年增长10.9，增支97万元。

（4）文教卫生事业费支出7880万元，比上年增长4.4%，增支334万元。主要是大中专学生分配等增人增资增加支出。其中教育事业费支出6365万元，比上年增长3.5%，增支217万元；卫生事业费支出5557万元，与上年持平；公费医疗经费支出328万元，比上年增长8.6%，增支217万元。

（5）行政管理费支出2865万元，比上年增长1.3%，减支37万元。

（6）工交和其他部门事业费支出767万元，同口径比上年增长8.9%，增支63万元。

（7）抚恤和社会救济事业费支出480万元，比上年增长4.1%，增支19万元。

（8）社会保障补助支出380万元，比上年增支380万元，主要用于企业解困、下岗职工基本生活保障和城镇居民最低生活保障支出。

（9）公检法支出985万元，剔除公检法部门行政性收费收入纳入预算管理因素后，与上年持平。

（10）其他支出2204万元，同口径比上年增长47%，增支705万元。主要是工人新村和农贸市场建设补助支出636万；住房公积金支出380万元；预留1999年调资增加支出687万元；偿债风险金支出300万元以及列支上级专款支出等。

（11）城市维护费支出775万元，比上年增长46.6%，增支247万元。

（12）专项支出617万元，比上年增长1%，其中环保补助支出384万元，教育费附加支出48万元，水资源补助支出80万元。

1998年主要抓了以下几个方面的工作：

（1）加强领导，克服困难，全面完成收入任务。1998年是极不平凡的一年，除了亚洲金融危机和国内市场需求不旺影响外，我市经济结构不合理的矛盾也逐步显露，财政经济遇到了前所未有的困难。在这种情况下，市委、市政府进一步加强了对财税工作的组织领导，以发展促收入，从根本上保证了财政收入任务的顺利完成。市政府年初就与市财政局、国税局、地税局等各收入征管部门和各乡镇、街道签订了财政收入目标责任状，落实了收入目标责任制，切实把财税工作当作保稳定、保大局、保发展的大事来抓，每月都听取财税工作情况汇报，及时召开税收形势分析会和调度会，协调解决收入征管中存在的困难和问题，确保财政收入均衡、足额入库。随着乡镇分税制财政体制的进一步完善，各乡镇、街道对财税工作更加重视，主动配合财税部门的工作，及时调度收入进度，保证了乡镇财政收入任务的顺利完成。市直各部门也都从大局出发，积极支持财税工作，为全面完成财政收入任务创造了良好的外部条件。各财税征管部门为圆满完成市委、市政府确定的目标任务，强化措施，加大征收力度，既抓重点税源，又不放松零星税源，在国家取消一年一度的大检查活动的情况下，加大了日常稽查和专项检查的力度，确保了财政收入任务的完成。

（2）优化支出结构，确保重点支出，为经济发展打好基础。1998年，财政部门认真贯彻执行适度从紧的财政政，进一步加大了经济发展和结构调整的扶持力度，优化支出结构，压缩一般性支出，在确保人员工资按时发放和社会保障、农业、科技、教育等重点支出的同时，集中预算内、预算外资金保证了市里重点建设项目的支出需要。一是积极筹措资金，加大科技经费投入，支持高新技术产业发展。1998年投入科技经费334万元，比上年增长近一倍；二是大力支持农业发展。1998年全市财政预算内用于农业方面的支出达2527万元，重点支持了以农业科技推广示范园区为主的农业高科技园建设和以节水灌溉、水土保持、植树造林为主的生态农业建设，稳固了农业基础地位。三是加大基础设施建设投入力度。1998 年共筹资 2380 万元，用于城乡道路、城市绿化、污水处理厂等基础设施建设，为我市财政经济的协调发展打下了良好基础。

（3）加强各项经济管理，强化财政监督职能，为经济发展创造良好环境。1998 年，财政部门充分发挥职能作用，切实加强了财政监督管理的力度。预算外资金管理工作以加强财政专户管理为重点，对市级预算外资金管理体制进行了进一步完善，使预算外资金管理逐步走上了法制化、制度化管理的轨道。在此基础上，确定了各单位 1998 年预算外资金收支计划和政府调控资金计划，编制了综合财政预算。1998 年预算外资金收入计划 8519 万元，实际完成 9468 万元，占全年计划的 111%；支出计划 8273 万元，实际完成 9127 万元，占全年计划的 110%；政府调控资金计划 245 万元，实际完成 245 万元，占全年计划的 100%。社会保障工作，积极搞好社会保障基金的筹集，统一实行财政专户管理，保证了资金安全运行。财务会计管理工作，积极推广先进的财务管理经验，深入开展会计基础作规范化活动实加强会计队伍建设和基本建设财务管理，进一步加大住房公积和售房款的筹集力度，积极配合住房货币化改革，促进了房改工作顺利开展。财政监督工作，进一步完善监督体系，及时把工作重点转到日常监督上来，使之逐步走上了制度化、规范化的管理轨道。国有资产管理工作，进一步转变管理思路，积极构筑新的国有资产监管运营机制，对市属企业进行了审计考评，不断推进企业改制工作，确保了国有资产的保值增值。

各位代表，1998 年财税工作虽然取得了很大成绩，但也存在许多困难和不足。一是财政收支矛盾仍未得到缓解。一方面收入增乏稳固基础；另一方面，随着经济发展和改革的不断深化，资金供需矛盾更加突出。二是财政收入结构还不合理，来自高新技术业产和农业方面的收入比重还比较低。三是乡镇之间收入不平衡问题突出，乡镇级财政基础薄弱，保障能力不足。四是财政资源配置不合理、资金使用效益不高等问题仍然存在，支出改革有待于进一步深化。对于这些困难和问题，我们要高度重，并在今后工作中，采取切实可行的措施，逐步加以解决。

二、1999 年财政预算安排草案

根据中央、省、潍坊市财政工作会议和我市经济工作会议精神，按照市委、市政府对经济工作的总体部署，1999 年财税工作总的指导思想是：深入贯彻党的十五大和十五届三中全会精神，认真落实国家财政，大力推进各项改革和经济结构调整。加快财税改革，完善财税制度，依法严格管理，保证财政收入稳定增长。优化财政支出结构，压缩一般性支出，提高财政对各项重点支出的保障能力，促进国民经济持续快速健康发展和社会全面进步。按照上述指导思想，1999 年预算安排重点是确保工资发放和国家机器正常运转，对工资性支出和必要的维持费安排不留缺口。加强社会保障工作，支持农业和水利建设，加大对科技教育事业的投入，为各项改革的顺利实施提供必要的财力保证。

（一）1999 年财政收入预算安排

根据上级财税工作会议精神，在充分考虑我市财政经济发展现状的基础上，按照分税制财政体制的要求，1999 年全市财政总收入计划安排 29626 万元，比上年实际增长 8.6%，增收 2355 万元。其中地方收入计划 19876 万元，比上年实际增长 9%，增收 1623 万元。收入增长与经济增长基本持平。由于我市经济结构和财政收入结构不合理的矛盾难以在短时间内得到根本解决，加上前几年我市财政收入增幅较大，目前已进入平稳增长阶段，今年我市地方财政收入计划安排增幅低于潍坊市 1 个百分点，低于全省 2 个白分点。

地方收入主要项目的安排情况是：

1. 国税局征收的增值税地方 25% 部分安排

3217 万元，比上年实际增长 10.3%，增收 299 万元；涉外三资企业所得税安排 5 万元，比上年实际增长 25%，增收 1 万元。

2. 地税局安排 13183 万元，比上年实际增长 10%，增收 1198 万元。

3. 财政征管部分安排 3546 万元，剔除农业税因素，其他收入同口径比上年增长 10%，增收 182 万元。其中：

（1）农业四税安排 1906 万元，比上年实际增长 1%，增收 18 万元。

（2）由环保局征收的排污费收入安排 410 万元，比上年实际增长 6.5%，增收 25 万元。

（3）由水利局和自来水公司征收的水资源费收入安排 160 万元，与上年持平。

（4）国有土地有偿出让收入安排 200 万元，比上年实际增长 2%，增收 44 万元。

（5）行政性收费收入安排 500 万元，比上年实际增长 2%，增收 10 万元。

（6）其他收入安排 370 万元，比上年实际增长 31.7%，增收 89 万元。

4. 企业菜篮子工程退增值税地方 25% 部分安排 75 万元，比上年实际增加 57 万元。

（二）1999 年财政支出预算安排情况

1999 年我市地方财政总收入安排 19876 万元，按行财政体制计算，当年地方灶内可用财力为 16363 万元。今年上级出台的政策性增支项目仍然较多，实现财政收支平衡的压力很大。按照上级财税会议已经明确的增支因素计算，我市 1999 年需增支 2624 万元。主要是：新增工资；新增住房补贴；按新工资标准计算增加的住房公积金；提高在乡老复员军人生活补助标准；大中专学生分配、军转干等增人增资；民办教师转公办增资；上缴中央增长 5%；粮食风险基金超规模部分增加上解；送押省属监狱服刑罪犯教育经费实行分级负担增加上缴等。

按照保稳定、保平衡的原则，压减支出 1664 万元。一是压减粮食风险金超规模配套 290 万元；二是地税上划后地税所建设配套资金 23 万元不再安排；三是企业解困资金在上年基础上压减 184 万元，困难企业一次性救助压减 80 万元；四是预备费压减 100 万元；五是偿债风险金压减 300 万元；六是用上年预留调资抵减增资支出 687 万元。1999 年增减因素相抵后，灶内支出预算安排 16590 万元，与可用财力 16363 万元相比，缺口 227 万元，从政府调控的预算外资金弥补，确保当年财政收支平衡。

具体支出项目的安排情况是：

（1）支农生产及农业综合开发支出安排 617.5 万元，同口径比上年增长 15%。其中：灶内安排小农水切块经费 42 万元、农村畜禽防疫防治 1.5 万元、黄淮海开发配套资金 31 万元；当年固定收入安排农业综合开发支出 540 万元。

（2）农林水事业费安排 791 万元，同口径比上年增长 7%，增支 52 万元。

（3）文教卫生事业费安排 9838 万元，同口径比上年增长 26.4%，增支 2056 万元。其中教育事业费安排 8117 万元，同口径比上年增长 27.5%，增支 1766 万元；体育事业费安排 51 万元，同口径比上年增长 6%；计划生育事业安排 245.3 万元，同口径比上年增长 21.1%；卫生事业费安排 549 万元，同口径比上年增长 6.2%；医疗保险经费安排 600 万元，同口径与上年持平。

（4）工交部门事业费安排 47 万元，同口径比上年增长 17.5%。

（5）科技三项费用安排 300 万元，同口径比上年增长 20%。

（6）科学事业费安排 4.8 万元，同口径比上年增长 26.3%。

（7）其他部门事业费安排 367.5 万元，同口径比上年下降 43%，减支 281 万元。主要是由于地税部门经费上划，不再安排事业费支出。

（8）抚恤和社会救济事业费及行政事业单位离退休经费安排436.6万元，同口径比上年增长34.9%，增支113万元。

（9）行政管理费支出安排2560万元，同口径比上年增长4%。

（10）公检法支出安排925万元，同口径比上年增长12.2%。

（11）社会保障补助支出安排156.6万元。

（12）其他支出安排886.3万元。主要是住房公积金、住房补贴、增人增资等支出。

（13）预备费安排200万元，比上年减少100万元。

三、努力拼搏，扎实工作，全面完成1999年各项财税工作任务

昌邑市十四届人大二次会议秘书处

一九九九年三月

关于昌邑市1999年财政预算执行情况和2000年财政预算草案的报告

2000年3月2日在昌邑市第十四届人民代表大会第三次会议上

昌邑市财政局局长 张晓润

各位代表：

我受市政府委托，向大会报告我市1999年财政预算执行情况和2000年财政预算草案，请予审议，并请各位政协委员和其他列席人员提出意见。

一、1999年财政预算执行情况

1999年，我市财税工作在市委的正确领导下，在市人民代表大会及其常委会的监督支持下，认真贯彻落实税收财政政策，大力支持企业改革和经济发展，努力增收节支，切实改进和加强财政监督管理，各项工作都取得了新的成绩。全市财政总收入完成30592万元，比上年增长12.2%。其中地方财政收入完成20008万元，比上年增长9.6%；财政总支出完成21068万元，比上年增长4.4%。年终与上级财政部门结算后当年结余2万元，实现了财政收支平衡略有结余的奋斗目标。

（一）地方财政收入预算调整及执行情况

1999年，市十四届人大二次会议审议通过的全市地方财政收入预算为19876万元。预算执行过程中，由于受各种因素影响，在地方总收入不变的情况下，对有关部门和税种进行了适当调整。一是受个别企业经营困难、效益滑坡等因素影响，地税部门企业所得税减少200万元，市地税局任务相应调减200万元。二是农业税由于国家下调标准粮计税价格减收96万元。三是市国税、财政、审计等部门加大征管力度增收296万元。

年终执行结果：地方财政收入完成20008万元，比上年增长9.6%，增收1755万元。其中市国税局完成3347万元，占年初计划的103.9%；地税局完成12983万元，占调整计划的100%；财政征管部分完成3546万元，占年初计划的100%；审计局完成155万元；“菜篮子”工程退税完成23万元，占调整计划的100%。

地方财政收入主要项目完成情况是：

（1）工商税收完成11388万元，比上年增长11.2%，增收1150万元。

（2）企业所得税完成 4787 万元，比上年增长 6.4%，增收 287 万元。

（3）农业四税完成 1814 万元，比上年下降 3.9%，减收 74 万元。主要是农业税计税标准粮价格下调减收 96 万元所致。

（4）排污费收入完成 422 万元，比上年增长 9.9%，增收 37 万元。

（5）水资源费收入完成 141 万元，比上年下降 14%，减收 23 万元。

（6）国有土地有偿出让收入完成 200 万元，占全年任务的 28.2%，比上年增收 44 万元。

（7）行政性收费收入完成 515 万元，比上年增长 5.1%，增收 25 万元。

（8）教育附加收入完成 132 万元，比上年下降 12.6%，减收 19 万元。

（9）其他收入完成 495 万元，比上年增长 76.2%，增收 214 万元。

（二）财政支出预算调整及执行情况

1999 年，市十四届人大二次会议审议通过的地方灶内支出预算为 16590 万元。在预算执行过程中，由于受新增工资等刚性支出的影响，当年灶内支出预算相应调整为 17247 万元。

年终执行结果：全市完成财政总支出 21068 万元，比上年增长 4.4%，增支 987 万元。其中灶内支出 17247 万元，比上年增长 10.3%，增支 1617 万元 。

主要项目的支出情况是：

（1）支农生产和农业综合开发支出 1268 万元，比上年减支 272 万元，剔除上年中央、省财政部门一次性投入农业科技推广示范园区建设资金 500 万元不可比因素外，增支 228 万元。主要用于乡镇农村造林、农业科技示范园区建设、乡镇中低产田改造、农田林网建设和农口经费等方面支出。

（2）科技三项经费支出 437 万元，比上年增长 30.8%，增收 103 万元。

（3）农林水事业费支出 1017 万元，比上年增长，比上年增长 3 %，增收 30 万元。

（4）文教卫生等事业费支出 9186 万元，比上年增长 16.6%，增支 1306 万元。其中教育事业费支出 7520 万元，比上年增长 18.1%，增支 1155 万元，主要用于新增工资支出。

（5）行政管理费支出 3219 万元，比上年增长 12.4%，增支 354 万元，主要用于新增工资支出。

（6）工交和其他部门事业费支出 461 万元，比上年下降 39.9%，减支 306 万元。主要是地税、工商部门上划等因素影响减少支出。

（7）抚恤和社会救济事业费支出 680 万元，比上年增长 41.7%，增支 200 万元。主要用于提高抚恤和社会救济标准等支出。

（8）社会保障补助支出 167 万元，主要用于下岗职工基本生活保障和城镇居民最低生活保障等支出。

（9）公检法支出 1325 万元，比上年增长 34.5%，增支 340 万元。主要用于增资和办案费等支出。

（10）其他支出 1575 万元，比上年下降 28.5%，减支 629 万元。主要用于住房公积金、住房补贴、偿债风险金及列支上级专款等支出。

（11）城市维护费支出 809 万元，比上年增长 4.4%，增支 34 万元。

（12）环保补助、教育费附加、水资源补助等专项支出 522 万元，比上年下降 15.4%，减支 95 万元。

1999 年财税工作主要抓了以下几个方面：

（1）加强领导，克服困难，全面完成收入任务。1999 年是财政经济十分困难的一年，为确保完成全年财税收入任务，市政府坚持一手抓发展，一手抓收入，从大力培植税源、落实收入目标责任制、强化日常协调调度等方面入手，进一步加强了对财税工作的组织领导。各级各部门各单位顾大局、识大体，积极组织税款入库，为全面完成财政收入任务奠定了基础。各财税征管部门依法加强税收征管，落实责任，强化措施，确保了财政收入任务的圆满完成。

（2）调整支出结构，确保重点支出。1999年，财政部门在收支矛盾突出、资金调度困难的严峻形势下，进一步清理规范财政供给范围，压缩一切可以压缩的开支，大力推行政府采购制度，努力节约支出；不断调整优化支出结构，集中资金，确保了工资的正常发放和收入分配调整政策的落实，保证了社会保障、粮食风险基金、农业、教育、科技等重点支出。同时，积极利用国债转贷资金1255万元，加大了基础设施建设投入，为全市经济和各项社会事业的发展做出了积极努力。

（3）发挥职能作用，强化资金管理。切实加强了对预算外资金、社会保障资金、住房资金以及各类政府专项资金的监控和管理，确保了各项资金的及时收缴和安全运行。1999年，预算外资金收入完成10354万元，占全年计划的101%；预算外资金支出完成9718万元，占全年计划99%；政府调控资金完成426万元，占全年计划的100%。同时，切实加强了国有资产管理工作，为加快现代企业制度建立做出了积极贡献。

各位代表，1999年我市的财税工作虽然取得了很大成绩，但也存在许多困难和问题。一是减收增支因素增多，收支矛盾更为突出。一方面，财政收入结构还不尽合理，来自农业和高新技术产业的收入比重较低，骨干税源、纳税大户较少，收入增长缺乏稳固基础；另一方面，随着改革的不断深入和中央各项财政政策的实施，财政支出压力进一步加大。二是乡镇级财政基础薄弱，保障能力不足的问题还没有得到有效解决。三是财政资源配置不合理、财务管理不规范、资金使用效益不高的问题依然存在。四是全民纳税意识还有待于进一步提高，税收征管措施还需进一步加强。对于这些困难和问题，我们要在今后的工作中，采取切实措施，认真加以解决。

二、2000年财政预算安排草案

根据省及潍坊市财政工作会议精神和市委、市政府的总体部署，我市2000年财政预算安排和财政工作总的指导思想是：深入贯彻党的十五大和十五大三中、四中全会精神，认真落实积极的财政政策，大力推进企业改革和农业结构调整，努力培植税源；加强财政监督，规范财经秩序，坚持依法治税，保证财政收入稳定增长；加快财政改革步伐，完善社会保障体系，推进税费改革；严格支出管理，减轻财政负担，调整优化支出结构，促进国民经济持续快速健康发展和社会全面进步。按照这一指导思想，2000年支出预算安排的重点是：确保工资发放和国家机器的正常运转；力保社会保障和其他法定支出；大力支持科技、教育、农业等重点事业的发展，努力提高人民生活水平。

（一）2000年财政收入预算安排

根据上级财税工作会议精神，在充分考虑我市财政经济发展现状的基础上，2000年全市财政总收入计划安排32769万元，比上年实际增长7.1%，增收2177万元。其中地方收入计划为21409万元，比上年实际增长7%，增收1401万元。地方收入主要项目的安排情况是：

1. 国税局征收的增值税地方25%部分安排3662万元，比上年实际增长9.4%，增收315万元；涉外三资企业的所得税安排80万元，比上年增收30万元。

2. 地税局安排14062万元，比上年实际增长8.3%，增收1079万元。剔除盐资源税不增长因素外，增长9.4%。

3. 财政征管部分安排3730万元，剔除农业税不增长因素外，比上年增长9.4%，增收184万元。其中：

（1）农业四税安排1944万元，比上年实际增长 7.2%，增收 130 万元。

（2）由环保局征收的排污费收入安排 420 万元，与上年持平。

（3）由水利局和自来水公司征收的水资源费收入安排 160 万元，比上年实际增长 13.5%，增收 20 万元。

（4）国有土地有偿出让收入安排 250 万元，比上年实际增长 25%，增收 50 万。

（5）行政性收费收入安排 406 万元，比上年实际下降 21.2%，减收 109 万元。

（6）其他收入安排 550 万元，比上年实际增长 21.1%，增收 55 万元。

4. 企业“菜篮子”工程退增值税地方 25 % 部分安排 75 万元，比上年实际增加 52 万元。

（二）2000 年财政支出预算安排情况

2000 年，我市地方财政总收入安排 21409 万元，按现行财政体制计算，当年地方灶内可用财力为 17516 万元。按照保稳定、保平衡的原则，当年需安排灶内支出 18941 万元，抵减上年预留民转公经费 566 万元，实际安排 18375 万元，与灶内可用财力相比，缺口 859 万元，从政府调控的预算外资金中调入 359 万元、从固定收入中调剂 500 万元弥补缺口，确保当年财政收支平衡。

具体支出项目的安排情况是：

（1）支农生产及农业综合开发支出安排 739.5 万元，同口径比上年实际增长 24.9%，增支 147.5 万元。其中灶内安排小农水切块经费 42 万元，农村禽畜防治防疫 1.5 万元、黄淮海开发配套资金 36 万元、农业科技园建设及岩汕路绿化配套资金 25 万元、当年固定收入安排农业综合开发支出 635 万元。

（2）农林水事业费安排 887.3 万元，同口径比上年增长 12.2%，增支 96.3 万元。

（3）文教卫生事业费安排 10944 万元，同口径比上年增长 11.2%，增支 1106 万元。其中教育事业费安排 9188.3 万元，同口径比上年增长 13.2%，增支 1071.3 万元；计划生育事业费安排 274.9 万元，同口径比上年增长 12.1%，增支 29.6 万元；体育事业费安排 57 万元，同口径比上年增长 11.8%，增支 6 万元；卫生事业费安排 543 万元，同口径与上年持平；医疗保险经费安排 600 万元，同口径与上年持平。

（4）工交部门事业费安排 48.8 万元，同径比上年增长 3.8%，增支 1.8 万元。

（5）科技三项费用安排 300 万元，同口径与上年持平。

（6）科学事业费安排 4.8 万元，同口径与上年持平。科普事业费安排 35 万元，从固定收入中安排支出。

（7）其他部门事业费安排 333.9 万元，同口径比上年下降 9.1%，减支 33.6 万元。主要由于工商部门经费上划不再安排事业费支出。

（8）抚恤和社会救济事业费及行政事业单位离退休经费安排 621.9 万元，同口径比上年增长 42.4 %，增支 185.3 万元。

（9）行政管理费支出安排 2723.5 万元，同口径比上年增长 6.4%，增支 163.5 万元。

（10）公检法支出安排 1070.4 万元，同口径比上年增长 15.7%，增支 145.4 万元。

（11）社会保障补助支出安排 164 万元，同口径比上年增长 4.7%，增支 7.4 万元。

（12）其他支出安排 1539.2 万元。主要用于住房公积金、住房补贴、增人增资等支出。

（13）预备费安排 200 万元，同口径与上年持平。

三、努力拼搏，扎实工作，全面完成 2000 年各项财税工作任务

（一）大力组织财政收入，确保圆满完成收入任务。

（二）加快财政支出改革。

（三）坚持积极稳妥的原则，搞好财税及相关改革。

（四）加强财政监督管理，维护正常的财经秩序。

（五）切实加强财税干部队伍建设。

昌邑市十四届人大三次会议秘书处

二〇〇〇年三月

关于昌邑市2000年财政预算执行情况和2001年财政预算草案的报告

2001年3月7日在昌邑市第十四届人民代表大会第四次会议上

昌邑市财政局局长　张晓润

各位代表：

我受市政府委托，向大会报告我市2000年财政预算执行情况和2001年财政预算草案，请予审议，并请各位政协委员和其他列席人员提出意见。

一、1999年财政预算执行情况

1999年，我市财税工作在市委的正确领导下，在市人民代表大会及其常委会的监督支持下，认真贯彻落实税收财政政策，大力支持企业改革和经济发展，努力增收节支，切实改进和加强财政监督管理，各项工作都取得了新的成绩。全市财政总收入完成33529万元，比上年增长9.6%。其中地方财政收入完成22209万元，比上年增长11%；财政总支出完成23655万元，比上年增长12.3%。年终与上级财政部门结算后当年结余3万元，实现了财政收支平衡略有结余的奋斗目标。

（一）地方财政收入预算调整及执行情况

2000年，市十四届人大三次会议审议通过的全市地方财政收入预算为21409万元。预算执行过程中，由于受各种因素的影响，在地方财政收入不变的情况下，对有关税种进行了适当调整。一是由财政部门征收的农业税由于国家下调标准粮计税价格和农业受灾情况减免减收189万元；二是由国税局征收的增值税上级部门调减收入任务750万元，25%部分影响地方收入减收188万元。以上两项减收377万元，通过财税等有关部门加大征管稽查力度增收其他收入进行了弥补。

年终执行结果：地方财政收入完成22209万元，占年初计划的103.7%，超收800万元，比上年增长11%，增收2200万元。其中市国税局完成3800万元，占年初计划的102.9%；市地税局完成14062万元，占年初计划的100%；市财政征管部分完成4377万元，占年初计划的117.3%；“菜篮子”工程退税完成30万元。

地方财政收入主要项目完成情况是：

（1）工商税收完成11042万元，比上年下降3%，减收346万元，主要是受停征固定资产投资方向调节税影响。

（2）企业所得税完成6064万元，比上年增长26.7%，增收1277万元。

（3）农业四税完成1762万元，比上年下降2.9%，减收52万元。主要是受农业税计税标准粮价格下调减收影响。

（4）排污费收入完成420万元，基本与上年持平。

（5）水资源费收入完成151万元，比上年增长7.1%，增收10万元。

（6）国有土地使用权有偿使用收入完成357万元，比上年增长78.5%，增收157万元。

（7）行政性收费收入完成406万元，比上年下降21.2%，减收109万元。

（8）教育费附加收入完成396万元，比上年增长200%，增收264万元。

（9）其他收入完成1611万元，比上年增长225.5%，增收1116万元。

（二）财政支出预算情况

1999年，市十四届人大三次会议审议通过的地方灶内支出预算为18941万元。年终执行结果：全市完成财政总支出23655万元，比上年增长12.3%，增支2587万元。其中灶内支出18919万元，比上年增长9.7%，增支1672万元。

主要项目的支出情况是：

（1）支农生产和农业综合开发支出1357万元，比上年增长7%，增支89万元。主要用于农业科技推广示范园区建设、乡镇农村造林及中低产田改造等支出。

（2）科技三项经费支出401万元，比上年下降8.2%，减支36万元。主要是上级专款支出比上年减少。

（3）农林水事业费支出1050万元，比上年增长3.2 %，增收33万元。

（4）文教卫生等事业费支出10833万元，比上年增长17.9%，增支1647万元。其中教育事业费支出9085万元，比上年增长20.8%，增支1565万元，主要用于民转公等增人增资支出。

（5）行政管理费支出3517万元，比上年增长9.3%，增支298万元。

（6）工交和其他部门事业费支出476万元，比上年增长3.3%，增支15万元。

（7）抚恤和社会救济事业费支出740万元，比上年增长8.8%，增支60万元。主要用于提高抚恤标准等支出。

（8）社会保障补助支出162万元，比上年下降3%，减支5万元。

（9）公检法支出1565万元，比上年增长18.1%，增支240万元。主要用于增加办案费和增资等支出。

（10）其他支出1003万元，比上年下降36.3%，减支572万元。主要用于住房公积金、住房补贴等支出。

（11）城市维护费支出1107万元，比上年增长36.8%，增支298万元。

（12）环保补助、教育费附加、水资源补助等专项支出1041万元，比上年增长99.4%，增支489万元。

2000年财税工作主要抓了以下几个方面：

（1）加强领导，克服困难，全面完成收入任务。2000年是实施“九五”计划的最后一年，为确保全面完成财税收任务，市政府坚持一手抓发展，一手抓收入，从大力培植税源、落实收入目标责任制、强化日常协调调度等方面入手，进一步加强了对财税工作的组织领导。各级各部门各单位顾全大局，克服困难，积极组织税款入库，为全面完成财政收入任务奠定了基础。各财税征管部门面对落实积极财政政策、“两税”计划变动、农业税计税标准粮价格下调等减收因素，知难而上，强化措施，依法加强税收征管，确保了财政收入任务的圆满完成。

（2）调整支出结构，重点支出得到保障。2000年，财政部门在收支矛盾突出、资金调度困难的严峻形势下，压缩一切可以压缩的开支，大力推行政府采购制度，不断调整优化支出结构，集中资金，确保了行政事业单位工资的常发放，保证了社会保障、粮食风险基金、农业、教育、科技等重点支出。同时，积极利用国债转贷资金1450万元，用于农村电网改造等基础设施建设，为全市经济建设和各项社会事业的发展做出了积极努力。

（3）发挥职能作用，强化资金管理。以强化“收支两条线”、推行“票款分离”制度为重点，进一步强化了预算外资金管理。2000年，预算外资金收入完成9935万元，占全年计划的102%；预算外资金支出完成9187万元，占全年计划的101%；政府调控资金完成644万元，占全年计划的100%；强化社会保障资金筹集和监管，“两个确保”得到较好落实；加强住房资金筹集和管理，住房改革稳步推进。同时，切实加强国有资产管理工作，为加快企业改制步伐，建立现代企业制度做出了积极贡献。

各位代表，2000年我市财税工作虽然取得了很大成绩，但也存在许多困难和问题。一是税源结构不合理的问题还没有得到根本解决，来自农业和高新技术产业的收入比重较低，骨干税源、纳税大户较少，收入增长基础还比较脆弱。二是乡镇财政基础薄弱，保障能力不足的问题还没有得到有效解决。三是建立公共财政的任务十分繁重，支出结构需要继续进行调整，财政制度与市场经济机制尚需进一步契合。四是财务管理不够规范、企业会计信息质量不高的问题依然存在。五是全民纳税意识还有待进一步提高，税收征管措施还需进一步加强等等。对于这些问题，我们要在今后工作中，采取切实措施，认真加以解决。

二、2001年财政预算安排草案

根据省及潍坊市财政工作会议精神和市委、市政府的总体部署，我市2001年财政预算安排和财政工作总的指导思想是：认真贯彻中央和省、市经济工作会议精神，认真落实积极的财政政策，大力推进企业改革和农业结构调整，努力培植新生税源。狠抓增收节支，强化收入征管，保持财政收入稳定增长；继续推进支出管理制度改革，调整优化支出结构，确保重点支出。突出改革主线，加快财政改革和制度创新步伐；坚持依法理财，强化财政监督，严格财务管理，规范财经秩序。圆满完成各项财政工作任务，为新世纪和实施“十五”计划开好局、起好步。按照这一指思想，2001年支出预算安排中，坚定不移地贯彻“一要吃饭、二要建设”的原则，严格按照保工资、保稳定、保法定支出的顺序安排支出。

（一）2001年财政收入预算安排

根据上级财税工作会议精神，在充分考虑我市财政经济发展现状的基础上，按照上级要求剔除土地出让金为基金收入后，2001年全市财政总收入计划安排36039万元，比上年实际增长8.64%，增收2867万元。其中地方收入计划为23600万元，比上年实际增长8%，增收1748万元。地方收入主要项目的安排情况是：

1. 国税局地方收入安排4218万元，比上年实际增长11%，增收418万元。其中：增值税地方25%部分安排3888万元，比上年实际增长12.1%，增收418万元；三资企业的所得税等其他收入安排330万元，与上年持平。

2. 地税局安排15566万元，比上年实际增长10.7%，增收1504万元。

3. 财政征管部分安排3891万元，剔除农业税不增长因素外，同口径比上年实际增长10.3%，增收263万元。

其中：

（1）农业四税安排1866万元，比上年实际增长5.9%，增收104万元。

（2）由环保局征收的排污费收入安排470万元，比上年实际增长11.9%，增收50万元。

（3）由水利局和自来水公司征收的水资源费收入安排165万元，比上年实际增长9.3%，增收14万元。

（4）行政性收费收入安排450万元，比上年实际增长10.8%，增收44万。

（5）其他收入安排940万元，比上年实际下降26.2%，减收334万元。

4. 企业“菜篮子”工程退增值税地方25%部分安排75万元，比上年实际增加45万元。

（二）2001年财政支出预算安排情况

2001年，我市地方财政总收入安排23600万元，按现行财政体制计算，当年地方灶内可用财力为19127万元。按照保工资、保稳定、保法定支出、保平衡的原则，当年需安排灶内支出20527万元，与灶内可用财力相比，缺口1400万元。解决缺口的措施，一是调入上年预留财力600万元， 二是从政府调控的预算外资金中调入300万元，三是平衡固定收入500万元，确保当年财政收支平衡。

具体支出项目的安排情况是：

（1）支农生产及农业综合开发支出安排840.5万元，同口径比上年实际增长14.8%，增支108.5万元。其中灶内安排小农水切块经费42万元，农村禽畜防治防疫1.5万元、黄淮海开发配套资金36万元、农业科技园建设及岩汕路绿化配套资金25万元、当年固定收入安排农业综合开发支出736万元。

（2）农林水事业费安排915.4万元，同口径比上年增长3.2%，增支28.1万元。

（3）文教卫生事业费安排11396.4万元，同口径比上年增长4.1%，增支452.4万元。其中教育事业费安排9523.9万元，同口径比上年增长3.7%，增支335.6万元；计划生育事业费安排357.5万元，同口径比上年增长30%，增支82.6万元；体育事业费安排61.6万元，同口径比上年增长7.9%，增支4.6万元；卫生事业费安排547.5万元，同口径比上年增长0.8%，增支4.5万元；医疗保险经费安排600万元，同口径与上年持平。

（4）工交部门事业费安排28.2万元，同径比上年增长7.6%，增支2万元。

（5）科技三项费用安排300万元，同口径与上年持平。

（6）科学事业费安排4.7万元，同口径与上年持平。

（7）其他部门事业费安排347万元，同口径比上年增长3.9 %，增支13.1万元。

（8）抚恤和社会救济事业费及行政事业单位离退休经费安排615.5万元，同口径比上年下降1%，减支6.4万元。

（9）行政管理费支出安排2824.2万元，同口径比上年增长3.7%，增支100.7万元。

（10）公检法支出安排1184万元，同口径比上年增长106%，增支113.6万元。

（11）社会保障补助支出安排238.3万元，同口径比上年增长45.2%，增支74.3万元。

（I2）其他支出安排2268.6万元。主要用于住房公积金、住房补贴、增人增资等支出。

（13）预备费安排300万元，同口径比上年增加100万元。

三、把握改革主线，狠抓措施落实，全面完成2001年各项财税工作任务

昌邑市十四届人大四次会议秘书处

二〇〇一年三月

关于昌邑市 2001 年财政预算执行情况和 2002 年财政预算草案的报告

2002 年 3 月 8 日在昌邑市第十四届人民代表大会第五次会议上

昌邑市财政局局长　张晓润

一、2001 年财政预算执行情况

2001 年，全市财政总收入完成 38182 万元，比上年增长 15.1%。其中地方财政收入完成 24869 万元，比上年增长 13.8%；财政总支出完成 26608 万元，比上年增长 12.5%。年终与上级财政部门结算后当年结余 2 万元，实现了财政收支平衡略有结余的奋斗目标。

（一）地方财政收入预算执行情况

2001 年，市十四届人大四次会议审议通过的全市地方财政收入预算为 23600 万元。年终执行结果：全市地方财政收入完成 24869 万元，完成预算的 105.4%，比上年增长 13.8%。其中市国税局完成 4387 万元，完成预算的 104%；市地税局完成 16042 万元，完成预算的 103.1%；市财政征管部分完成 4456 万元，完成预算的 114.5%；“菜篮子”工程退税完成 16 万元。

地方收入分级次的完成情况是：市级收入完成 13807 万元，完成年初预算的 105.3%，同口径比上年增长 14%。乡镇级收入完成 11062 万元，完成年初预算的 105.5%，同口径比上年增长 13.4%。

全市地方财政收入主要项目的完成情况是：

（1）增值税地方 25% 部分完成 4104 万元，比上年增长 19.3%，增收 664 万元。

（2）营业税完成 2233 万元，比上年增长 18.6%，增收 350 万元。

（3）企业所得税完成 5297 万元，比上年增长 70.2%，增收 2185 万元。

（4）个人所得税完成 2605 万元，比上年增长 66.6%，增收 1041 万元。

（5）资源税完成 1787 万元，比上年增长 9.8%，增收 160 万元。

（6）城建税、房产税等其他工商各税完成 2973 万元，比上年增长 17.6%，增收 445 万元。

（7）农业四税完成 1999 万元，比上年增长 13.5%，增收 237 万元。

（8）排污费收入完成 490 万元，比上年增长 16.7%，增收 70 万元。

（9）水资源费收入完成 172 万元，比上年增长 13.9%，增收 21 万元。

（10）行政性收费收入完成 450 万元，比上年增长 10.8%，增收 44 万元。

（11）教育费附加收入完成 575 万元，比上年增长 45.2%，增收 179 万元。

（12）罚没及其他收入完成 2184 万元，比上年下降 52.1%，减收 2379 万元。

（二）财政支出预算执行情况

2001 年，市十四届人大四次会议审议通过的地方灶内支出预算为 20527 万元。全市完成财政总支出 26608 万元，比上年增长 12.5%，增支 2953 万元。其中灶内支出 21180 万元，比上年增长 12%，增支 2261 万元。

财政支出分级次的完成情况是：市级财政支出完成 13969 万元，比上年增长 9.7%。乡镇级财政支出完成 12639 万元，比上年增长 15.8%。

全市财政支出主要项目的完成情况是：

（1）支农生产和农业综合开发支出1495万元，比上年增长10.2%，增支102万元。

（2）科技三项经费支出440万元，比上年增长9.7%，增支30万元。

（3）农林水事业费支出1121万元，比上年增长6.8%，增支71万元。

（4）文教卫生等事业费支出11823万元，比上年增长9.1%，增支990万元。其中教育事业费支出9972万元，比上年增长9.8%，增支887万元。

（5）行政管理费支出3715万元，比上年增长5.6%，增支198万元。

（6）工交和其他部门事业费支出469万元，比上年下降1.5%，减支7万元。

（7）抚恤和社会救济事业费支出847万元，比上年增长14.5%，增支107万元。

（8）社会保障补助支出240万元，比上年增长48.1%，增支78万元。

（9）公检法支出1856万元，比上年增长18.6%，增支291万元。

（10）其他支出1836万元，比上年增长83.1%，增支833万元。主要用于住房公积金、住房补贴等支出。

（11）城市维护费支出1589万元，比上年增长43.5%，增支482万元。环保补助、教育费附加、水资源补助等专项支出1013万元，比上年下降2.7%，减支28万元。

2001年财税工作主要抓了以下几个方面：

（1）加强领导，强化征管，努力完成收入任务。各级切实加强了对财税工作的组织领导，大力招商引资，调整产业结构，努力培植税源，并认真落实收入目标责任制，强化日常税收协调调度。财税征管部门认真治理整顿税收秩序，摸清税源底数，开展了盐田普查、税源普查，强化征管措施，坚持依法征税，大力清缴欠税，确保了财政收入任务的圆满完成。

（2）加强支出管理，确保工资发放和重点支出。

（3）发挥职能作用，强化资金管理。2001年，预算外资金收入完成9686万元、预算外资金支出完成8737万元、政府调控资金完成606万元，分别占全年计划的102.5%、98.9%和100%；强化社会保障资金筹集和监管，加强住房资金筹集和管理。

二、2002年财政预算安排草案

（一）2002年财政收入预算安排

2002年，全市财政总收入安排42000万元，比上年实际增长10%，增收3818万元。其中地方财政收入安排27422万元，比上年实际增长10.3%，增收2553万元。其中：

1. 国税地方收入安排5082万元，比上年实际增长15.8%，增收695万元。

2. 地税安排17851万元，比上年实际增长11.3%，增收1809万元。

3. 财政征管部分安排4514万元，比上年实际增长1.3%，增收58万元。其中由环保局征收的排污费收入安排500万元，由水利局征收的水资源费收入安排80万元，由自来水公司征收的水资源费收入安排120万元。

4. 宣传文化企业退增值税地方25%部分安排25万元，比上年实际增加9万元。

地方财政收入分级次的安排情况是：

市级地方收入安排15057万元，比上年实际增长9.1%，增收1250万元。其中国税安排2936万元，地税安排9534万元，财政征管部分安排2612万元，宣传文化企业退增值税地方25%部分安排25万元。

乡镇级地方收入安排12365万元，比上年实际增长12%，增收1303万元。其中国税安排2146万元，地税安排8317万元，财政安排1902万元。

（二）2002年财政支出预算安排情况

2002年全市灶内总支出安排24273万元，比上年增长18.2%，增支3746万元。其中市直安排灶内支出12798万元，与当年地方灶内可用财力12298万元相比，缺口500万元，需从政府调控的预算外资金中调入500万元弥补，确保当年收支平衡。

乡镇级安排灶内支出11475万元，与当年地方灶内可用财力11475万元相比，当年收支平衡。

具体支出项目的安排情况是：

（1）支农生产及农业综合开发支出安排869.5万元，同口径比上年实际增长3.5%，增支29万元。其中灶内安排小农水切块经费42万元、农村畜禽防治防疫1.5万元、农业综合开发配套资金41万元、农业综合开发及科技走廊建设25万元。当年固定收入安排农业综合开发支出760万元。

（2）农林水事业费安排1037.4万元，同口径比上年增长13.3%，增支122万元。

（3）文教卫生事业费安排12194.2万元，同口径比上年增长7%，增支797.8万元。其中教育事业费安排10176.8万元，同口径比上年增长6.9%，增支652.9万元；计划生育事业费安排490.3万元，同口径比上年增长37.1%，增支132.8万元。

（4）工交部门事业费安排41.9万元，同口径比上年增长48.6%，增支13.7万元。

（5）科技三项费用安排440万元，同口径比上年增长46.7%. 增支140万元。

（6）科学事业费安排3.3万元，同口径与上年持平。

（7）其他部门事业费安排387.7万元，同口径比上年增长11.7%，增支40.7万元。

（8）抚恤和社会救济事业费及行政事业单位离退休经费安排647.1万元，同口径比上年增长5.1%，增支31.6万元。

（9）行政管理费支出安排3118.7万元，同口径比上年增长10.4%，增支294.5万元。

（10）公检法支出安排1455.3万元，同口径比上年增长22.9%，增支271.3万元。

（11）社会保障补助支出安排253万元，同口径比上年增长6.2%，增支14.7万元。

（12）其他支出安排2802.8万元，同口径比上年增长23.5%，增支534.2万元。主要用于住房公积金、住房补贴、增人增资等支出。

（13）经营城市及企业挖潜支出安排1360万元，比上年增加1360万元。

（14）预备费安排422.1万元。其中市级安排300万元，同口径与上年持平；乡镇级安排122.1万元，同口径比上年增加122.1万元。

三、加强管理，依法理财，努力完成2002年各项财税工作任务

昌邑市十四届人大五次会议秘书处

二〇〇二年三月

关于昌邑市2002年财政预算执行情况和2003年财政预算草案的报告

2003年1月21日在昌邑市第十五届人民代表大会第一次会议上

昌邑市财政局局长　张晓润

一、2002年财政预算执行情况

2002年，全市财政总收入完成45080万元，增长16.9%。其中地方财政收入完成26248万元，同比增长29.6%；财政总支出完成33431万元，增长25.6%。年终与上级财政部门结算后当年结余2万元，实现了财政收支平衡略有结余的奋斗目标。

（一）地方财政收支预算调整及执行情况

1. 地方财政收支预算调整情况

我市十四届人大五次会议审议通过的2002年全市地方财政收入预算为27422万元（老口径），按照上级统一规定的新计算口径，调减企业所得税基数2777万元、个人所得税基数2607万元、营业税基数2234万元，加上企业所得税基数内地方40%部分1162万元、个人所得税基数内地方50%部分1303万元、营业税基数内地方80%部分2049万元、税费改革后农业收入任务800万元，地方财政收入预算调整为26238万元（新口径）。

地方收入调整后分级次的情况是：市级13280万元，乡镇级12958万元。

财政支出预算调整情况：我市十四届人大五次会议审议通过的2002年全市灶内总支出预算为24273万元，加上税费改革后农业税收增收安排的支出2720万元和上级转移支付2100万元，压减企业挖潜改造支出800万元，调整后的灶内总支出为28293万元。其中市级11998万元，乡镇级16295万元。

2. 地方财政收支预算执行情况

2002年，全市地方财政收入完成26248万元，占调整预算的100%，同比增长29.6%。其中国税局完成4812万元，占调整预算的96.7%，同比增长12.5%；地税局完成13689万元，占调整预算的97.4%，同比增长18.7%；财政征管部分完成7747万元，占调整预算的107.1%，增长74.5%。

地方收入分级次的完成情况是：市级收入完成13280万元，占调整预算的100%，同比增长12.7%。乡镇级收入完成12968万元，占调整预算的100.1%，同比增长53.2%。

全市地方财政收入主要项目的完成情况是：

（1）增值税地方25%部分完成4529万元，增长10.4%。

（2）营业税完成2530万元，同比增长23.5%。

（3）企业所得税完成1311万元，同比下降38.1%。

（4）个人所得税完成1279万元，同比下降1.8%。

（5）资源税完成2257万元，增长26.3%。

（6）城建税、房产税等其他工商各税完成3811万元，增长28.2%。

（7）农业四税完成4832万元，增长141.7%。

（8）排污费收入完成501万元，增长2.2%。

（9）水资源费收入完成192万元，增长

11.6%。

（10）行政性收费收入完成639万元，增长42%。

（11）教育费附加收入完成710万元，增长23.5%。

（12）罚没及其他收入完成3657万元，增长67.4%。

2002年，全市财政总支出完成33431万元，增长25.6%。其中灶内支出完成27389万元，增长29.3%。

财政总支出分级次的完成情况是：市级完成16537万元，增长18.4%。乡镇级完成16894万元，增长33.7%。

全市财政总支出主要项目的完成情况是：

（1）支农生产和农业综合开发支出1440万元，下降3.7%。

（2）科技三项经费支出555万元，增长26.1%。

（3）农林水事业费支出1564万元，增长39.5%。

（4）文教卫生等事业费支出14756万元，增长24.8%。其中教育事业费支出11947万元，增长19.8%。

（5）行政管理费支出5362万元，增长44.3%。

（6）工交和其他部门事业费支出630万元，增长34.3%。

（7）抚恤和社会救济事业费支出1424万元，增长68.1%。

（8）社会保障补助支出484万元，增长101.7%。

（9）公检法支出1953万元，增长5.2%。

（10）其他支出2043万元，增长11.3%。主要用于住房公积金、住房补贴及农村税费改革后补助村民委员会等支出。

（11）城市维护费支出1627万元，增长2.4%。

（12）环保补助、教育费附加、水资源补助等专项支出1195万元，增长17.9%。

2002年财税工作主要抓了以下几个方面：

（1）加强领导，强化征管，努力完成收入任务。

（2）加强支出管理，确保工资发放和重点支出。

（3）发挥职能作用，加强各项资金的监督管理。全年预算外资金收入完成7326万元，完成计划的101.2%；预算外资金支出完成6487万元，完成计划的99.3%；政府调控资金完成706万元，完成计划的100%。同时，切实加强国有资产管理工作，促进了企业改制和国有资产保值增值。

（4）积极推进所得税、营业税分享改革和农村税费改革。

二、2003年财政预算安排草案

2003年财政收入预算安排

2003年，全市财政总收入安排49720万元，比上年实际完成增长10.29%。其中地方财政收入安排28124万元，比上年同口径增长9.3%，比上年实际完成增长7.15%。

地方财政收入分部门的安排情况是：

1. 国税局地方收入安排5539万元，比上年实际完成增长15.11%。

2. 地税局地方收入安排14752万元，比上年实际完成增长7.77%。

3. 财政征管部分安排7858万元，比上年实际完成增长1.4%。

4. 宣传文化企业退增值税地方25%部分安排25万元，比上年实际增加25万元。

地方财政收入分级次的安排情况是：

市级地方收入安排14235万元，比上年实际完成增长7.18%。其中国税局安排3105万元，地税局安排7912万元，财政征管部分安排3243万元，宣传文化企业退增值税地方25%部分安排25万元。

乡镇级地方收入安排13889万元，比上年实际完成增长7.1%。其中国税安排2434万元，地税安排6840万元，财政安排4615万元。

2003年财政支出预算安排情况

2003年全市灶内总支出安排30129万元，同比增长24.12%。其中市级安排灶内支出12901万元，与当年地方灶内可用财力12641万元相比，缺口260万元，需从政府调控的预算外资金中调入260万元弥补，确保当年收支平衡。

乡镇级安排灶内支出17228万元，与当年地方灶内可用财力17228万元相比，当年收支平衡。

按照2003年国家新的预算支出科目，具体支出项目的安排情况是：

（1）农业支出安排1093.7万元，同比增长40.9%。

（2）林业支出安排102.1万元，同比增长10.1%。

（3）水利和气象支出安排402.2万元，同比增长44.6%。

（4）工交部门事业费安排46.7万元，同比增长11.4%

（5）科技三项费用安排258万元，同比下降41.4%。

（6）科学支出安排3.3万元，同比与上年持平。

（7）文体广播事业费安排1433.8万元，同比增长66.1%。

（8）教育支出安排12757.7万元，同比增长25.3%。

（9）医疗卫生支出安排1308.3万元，同比增长16.9%。

（10）其他部门事业费安排544.1万元，同比增长40.4%。

（11）抚恤和社会福利救济安排1171.6万元，同比增长99.6%。

（12）行政事业单位离退休支出安排57.1万元，同比与上年持平。

（13）行政管理费支出安排4599.1万元，同比增长47.5%。

（14）公检法支出安排1564.4万元，同比增长7.49%

（15）社会保障补助支出安排545.5万元，同比增长115.6%。

（16）其他支出安排3709.7万元，同比增长31.1%。主要用于住房公积金、住房补贴、增人增资及补助村民委员会等支出。

（17）预备费安排531.7万元。其中市级安排300万元，同比与上年持平；乡镇级安排231.7万元，同比增加109.6万元。

三、开拓进取，扎实工作，圆满完成2003年各项财税任务

昌邑市十五届人大一次会议秘书处

二〇〇三年一月

关于昌邑市2003年财政预算执行情况和2004年财政预算（草案）的报告

2004年2月8日在昌邑市第十五届人民代表大会第二次会议上

昌邑市人民政府

各位代表：

现将我市2003年财政预算执行情况和2004年财政预算（草案）向大会作书面报告，请予审议，并请各位政协委员和其他列席会议的同志提出意见。

一、2003年财政预算执行情况

2003年，我市财政工作在市委的坚强领导下，在市人大及其常委会和市政协的监督支持下，经过全市人民的共同努力，取得了新的成绩。全市财政总收入53181万元，完成预算的107%，比上年增长（以下简称增长）18.08%，其中地方财政收入31020万元，完成预算的110.3%，按相同口径比上年增长（以下简称同比增长）20.76%；全市财政总支出38199万元，完成预算的100%，增长14.3%。年终与上级财政部门结算后，当年结余1万元，实现了收支平衡、略有结余的奋斗目标。

（一）地方财政收入预算执行情况

2003年，全市地方财政收入31020万元，完成预算的110.3%，同比增长20.76%，其中国税局5467万元，完成预算的98.7%，同比增长14.44%；地税局14011万元，完成预算的96.7%，同比增长8.67%；财政征管部分11542万元，完成预算的144.24%，增长43.97%。

地方财政收入分级次的完成情况是：市级16603万元，完成预算的116.6%，同比增长27.1%；乡镇级14417万元，完成预算的103.8%，同比增长14.25%。

全市地方财政收入中各收入项目的完成情况是：

1. 增值税（25%部分）5323万元，增长17.53%；

2. 营业税3460万元，增长36.76%；

3. 企业所得税956万元，同口径比上年下降8.87%；

4. 个人所得税1059万元，同比增长3.52%；

5. 资源税2562万元，增长13.51%；

6. 城建税、房产税等其他工商各税4353万元，增长14.22%；

7. 农业四税6114万元，增长26.53%；

8. 排污费收入550万元，增长9.78%；

9. 水资源费收入（60%部分）400万元，增长108.33%；

10. 行政性收费收入1102万元，增长72.46%；

11. 教育费附加收入883万元，增长24.37%；

12. 罚没及其他收入4258万元，增长15.86%。

（二）财政支出预算执行情况

2003年，全市财政总支出38199万元，完成预算的100%，增长14.3%，其中灶内支出31312万元，完成预算的100%，增长14.3%。

财政总支出分级次的完成情况是：市级20157万元，完成预算的100%，增长21.9%；乡镇级18042万元，完成预算的100%，增长6.8%。

全市财政总支出中主要支出项目的完成情况是：

1. 基本建设支出 3218 万元，增长 173.2%。

2. 农业支出 3891 万元，增长 58.2%；

3. 林业支出 142 万元，增长 3.6%；

4. 水利和气象支出 398 万元，增长 4.2%；

5. 工交部门事业费 61 万元，增长 10.9%；

6. 科技三项费用 273 万元，比上年下降 50.8%；

7. 科学支出 10 万元，比上年下降 33.3%；

8. 文体广播事业费 1740 万元，增长 3.4%；

9. 教育支出 12517 万元，增长 4.8%；

10. 医疗卫生支出 1058 万元，比上年下降 6%；

11. 其他部门事业费 761 万元，增长 32.3%；

12. 抚恤和社会福利救济 1511 万元，增长 6.1%；

13. 行政事业单位离退休支出 69 万元，比上年下降 8%；

14. 行政管理费支出 5002 万元，比上年下降 6.7%；

15. 公检法支出 2097 万元，增长 7.4%；

16. 社会保障补助支出 657 万元，增长 35.7%；

17. 其他支出 1559 万元，增长 36.4%。主要用于招商引资、企业考核、住房公积金、住房补贴、增人增资及补助村民委员会等支出；

18. 城市维护费支出 1827 万元，增长 12.3%；

19. 环保补助、教育费附加、水资源补助等专项支出 1338 万元，增长 12%。

过去的一年，预算执行情况良好。

1. 圆满完成了财政收入预算。一年来，市政府大力实施“三化一推进” “五力合一”促发展的总体战略，努力培植财源，全面落实收入目标责任制，加强了对税收征管工作的协调调度。财税征管部门坚持依法治税，依率计征，应收尽收，确保了财政收入预算的圆满完成。

2. 保障了重点支出。一是保工资发放。保证了乡镇（街道）教师和市级机关事业单位人员工资的按时发放。二是保社会保障支出。财政抚恤救济和社会保障补助支出达 2168 万元，增长 13.6%，保证了“两个确保”和最低生活保障制度的落实。三是保重点项目和法定支出。专项安排 2700 万元，用于道路等基础设施建设，进一步改善了我市的投资环境。对农业、科技、教育的投入，均达到了法定要求。

3. 提高了依法理财水平。严格收费、基金等收缴管理，促进了“收支两条线”制度的完善和落实。开展了财政收入质量检查、财政投资评审等工作，规范了财经秩序，提高了财政资金的使用效益。

4. 加强了预算外资金管理。严格实行“票款分离”制度，进一步加强了对预算外资金和各项政府性资金的监督管理。全年预算外资金收入 9142 万元，完成计划的 100%；预算外资金支出 8449 万元，完成计划的 100%；政府调控资金 679 万元，完成计划的 100%。

各位代表，2003 年我市财政工作虽然取得了较好成绩，但预算执行中仍存在一些不容忽视的矛盾和问题。一是经济总量不足的结构性矛盾比较突出，财政收入增长的基础还不够稳固。二是财政支出压力较大，特别是乡镇财政基础薄弱，收入质量不高，保障能力不足。三是偷逃税款、会计信息失真等问题还不同程度地存在，收入征管措施还需进一步加强，全民纳税意识有待于进一步提高等。上述问题，需要我们在今后工作中采取切实措施，认真加以解决。

二、2004 年财政预算（草案）

2004 年，我市财政预算安排总的原则是：收入积极稳妥，支出确保重点，市乡两级预算单独编制，自求平衡。

（一）财政收入预算安排

全市财政总收入安排57300万元，增长11.2%，其中地方财政收入安排32895万元，同比增长12%。

地方财政收入分级次和分部门的安排情况是：

市级地方收入安排18526万元，同比增长13.8%，其中国税局安排3522万元，增长13%；地税局安排8793万元，增长15.1%；财政征管部分安排6236万元，同比增长12.1%；宣传文化企业退税安排25万元。

乡镇级地方收入安排14369万元，同比增长9.8%，其中国税安排2772万元，增长18%；地税安排7188万元，增长12.9%；财政安排4409万元，同比增长1%。

（二）财政支出预算安排

由于今年减收增支因素较多，财政收支矛盾仍然比较突出。财政支出预算安排要在保证各项基本支出的基础上，集中财力解决制约经济和社会发展的一些重点、难点问题，着力保工资、社会保障以及农业、科技、教育等重点支出，努力提高财政的保障能力。

全市财政灶内总支出安排34234万元，比上年支出预算安排增长（以下简称增长）13.6%，其中市级灶内支出安排17378万元，当年灶内可用财力16906万元，缺口472万元，需从政府调控的预算外资金中调入472万元弥补，以确保当年收支平衡；乡镇级灶内支出安排16856万元，当年灶内可用财力16856万元，收支平衡。

全市财政灶内总支出预算具体项目的安排情况是：

1. 基本建设支出安排79万元。

2. 农业支出1193.7万元，增长9.1%；

3. 林业支出96.5万元，比上年支出预算安排下降（以下简称下降）5.5%；

4. 水利和气象支出393.3万元，下降2.2%；

5. 工交部门事业费170.6万元，增长265.3%，主要是环保部门经费纳入预算管理增加支出；

6. 科技三项费用288万元，增长11.6%；

7. 科学支出4.8万元，增长45.5%；

8. 文体广播事业费1532.1万元，增长6.9%；

9. 教育支出13293.6万元，增长4.2%；

10. 医疗卫生支出1169.6万元，增长16.5%；

11. 其他部门事业费689万元，增长26.7%；

12. 抚恤和社会福利救济1218.1万元，增长4%；

13. 行政事业单位离退休支出57.2万元，与上年支出预算安排持平；

14. 行政管理费支出4207.7万元，下降8.5%；

15. 公检法支出1656.6万元，增长5.9%；

16. 社会保障补助支出520.4万元，下降4.6%；

17. 其他支出4497.6万元，增长23.4%。主要用于住房公积金、住房补贴、增人增资及补助村民委员会等支出；

18. 企业挖潜改造支出2120万元（上年未安排）；

19. 预备费1046.2万元，其中市级300万元，与上年支出预算安排持平；乡镇级746.2万元，比上年支出预算安排增加514.5万元。

三、突出重点，强化措施，确保完成2004年各项财政工作任务

市十五届人大二次会议秘书处

二〇〇四年二月

关于昌邑市2004年财政预算执行情况和2005年财政预算（草案）的报告

2005年1月27日在昌邑市第十五届人民代表大会第三次会上

昌邑市人民政府

一、2004年财政预算执行情况

2004年，全市财政总收入56679万元，完成预算的108.11%，按相同口径比上年增长（以下简称同比增长）23.75%，其中地方财政收入35669万元，完成预算的118.67%，同比增长35.5%；全市财政总支出47778万元，比上年增长（以下简称增长）25.1%。年终与上级财政部门结算后，当年结余2万元，实现了收支平衡、略有结余的奋斗目标。

（一）财政收入预算调整及执行情况

2004年，市十五届人大二次会议审议通过的全市财政总收入预算57300万元，增长11.2%，其中地方财政收入预算32895万元，同比增长12%。预算执行中，国家出台了农业税税率降低3个百分点、企业出口货物退增值税实行中央与地方共同负担等改革政策，对年初安排的财政收入预算产生了很大影响。其中农业税税率降低3个百分点，农业税减收2159万元，出口退税基数内减少地方收入679万元（增值税25%部分）。由于以上因素的影响，我市地方财政收入减收2838万元，预算由年初的32895万元调整为30057万元。出口退增值税75%部分影响财政收入2036万元，财政总收入减收4874万元，预算由年初的57300万元调整为52426万元。

2004年，全市地方财政收入35669万元，完成调整预算的118.67%，同比增长35.5%，其中国税局6681万元，完成调整预算的106.15%，同比增长22.21%；地税局18016万元，完成调整预算的112.73%，同比增长28.58%；财政征管部分12845万元，完成调整预算的144.03%，增长65.93%；出口退税1873万元，完成调整预算的275.85%，增长109.27%。

地方财政收入分级次的完成情况是：市级22018万元，完成调整预算的123.25%，同比增长43.08%；乡镇级13651万元，完成调整预算的111.96%，同比增长24.84%。

全市地方财政收入中各收入项目的完成情况是：

1. 增值税（25%部分）4614万元，同比增长21.87%；

2. 营业税（80%部分）4017万元，增长16.1%；

3. 企业所得税（32%部分）1216万元，增长27.2%；

4. 个人所得税（40%部分）1217万元，增长14.92%；

5. 资源税5039万元，增长96.68%；

6. 城建税、房产税等其他工商各税4817万元，增长10.66%；

7. 农业四税2709万元，同比增长17.12%；

8. 国有资产经营收益1800万元，增长89.47%；

9. 排污费收入（80%部分）473万元，同比增长7.5%；

10. 水资源费收入（60%部分）590万元，

增长 47.5%；

11. 行政性收费收入 2721 万元，增长 146.91%；

12. 教育费附加收入 1024 万元，增长 15.97%；

13. 罚没及其他收入 5432 万元，增长 27.57%。

（二）财政支出预算执行情况

2004 年，全市财政总支出 47778 万元，增长 25.1%，其中灶内支出 40511 万元，增长 29.38%。

财政总支出分级次的完成情况是：市级 29289 万元，增长 45.30%；乡镇级 18489 万元，增长 2.48%。

全市财政总支出中主要支出项目的完成情况是：

1. 农业支出 2323 万元，同比增长 3.75%；

2. 林业支出 128 万元，比上年下降（以下简称下降）9.86%；

3. 水利和气象支出 461 万元，增长 15.83%；

4. 工交部门事业费 195 万元，增长 219.67%；

5. 科技三项费用 314 万元，增长 15.02%；

6. 科学支出 11 万元，增长 10%；

7. 文体广播事业费 1661 万元，下降 4.54%；

8. 教育支出 13633 万元，增长 8.92%；

9. 医疗卫生支出 1076 万元，增长 1.7%；

10. 其他部门事业费 889 万元，增长 16.82%；

11. 抚恤和社会福利救济 1470 万元，下降 2.71%；

12. 行政事业单位离退休支出 72 万元，增长 4.35%；

13. 行政管理费支出 5889 万元，增长 17.73%；

14. 公检法支出 2826 万元，增长 34.76%；

15. 社会保障补助支出 522 万元，同比增长 1%；

16. 城市维护费支出 2256 万元，增长 23.48%；

17. 环保补助、教育费附加、水资源补助（含上缴）等专项支出 2433 万元，增长 81.84%；

18. 其他支出 11490 万元，增长 183.07%。主要用于乡镇土地清理补助、国债还贷、归还上级周转金、招商引资政策兑现、企业考核政策兑现、城市基础设施建设、住房公积金及补贴、农村税费改革转移支付、税收稽查补助等支出。

2004 年，重点做了以下四个方面的工作：

1. 强化征管。各级财税部门及时加强收入监控，依法严格征管，地方财政收入增幅达到了 35.5%，创历史最好水平。

2. 优化支出结构。加大社会保障支出力度，全年拨付低保资金 210 万元，保证了城乡居民最低生活保障制度的落实。全年共拨付再就业资金 285 万元，保障了下岗失业人员的基本生活。2004 年共筹集资金 4603 万元，用于城市基础设施建设。把城建项目的规划、设计、施工、监理等环节全部纳入政府采购范围，建立起了全过程的监督制约体系，2004 年采购额 8136 万元，比预算节约 2124 万元。

3. 落实惠农政策。按照中央、省及潍坊市的统一部署，取消了农业特产税，农业税税率降低了 3 个百分点，对种粮农民进行了直接补贴，共发放粮食直补资金 721 万元。农业综合开发资金投入达 464 万元，增长 24.4%。

4. 加强各项资金的监督管理。2004 年预算外资金收入 10344 万元，完成计划的 107.5%；预算外资金支出 9009 万元，完成计划的 101.5%；政府调控资金 404 万元，完成计划的 102%。

二、2005 年财政预算（草案）

（一）财政收入预算安排

全市财政总收入安排 66397 万元，增长

17.1%，其中地方财政收入安排41376万元，增长16%。

地方财政收入分级次和部门的安排情况是：

市级地方收入安排25583万元，增长16.2%，其中国税局安排4488万元，增长25%；地税局安排12115万元，增长18%；财政征管部分安排11505万元，增长14.7%；出口退税安排2500万元；宣传文化企业退税安排25万元。

乡镇级地方收入安排15793万元，增长15.7%，其中国税征管部分安排4220万元，增长36.5%；地税征管部分安排9296万元，增长20%；财政征管部分安排2277万元，下降19%。

（二）财政支出预算安排

全市财政灶内总支出安排45462万元，比上年支出预算安排增长32.8%，其中市级灶内支出安排26113万元，当年灶内可用财力25555万元，缺口558万元，需从政府调控的预算外资金中调入和当年增收节支中弥补，以确保收支平衡；乡镇级灶内支出安排19349万元，当年灶内可用财力19349万元，收支平衡。

全市财政灶内总支出具体项目的安排情况是：

1. 农业支出1363万元，增长14.18%；

2. 林业支出108.4万元，增长12.33%；

3. 水利和气象支出458.9万元，增长16.68%；

4. 工交部门事业费190万元，增长11.37%；

5. 科技三项费用318万元，增长10.42%；

6. 科学支出4.8万元，与上年持平；

7. 文体广播事业费1717.8万元，增长12.12%；

8. 教育支出16013万元，增长20.46%；

9. 医疗卫生支出1536.4万元，增长31.36%；

10. 其他部门事业费1004.4万元，增长5.84%；

11. 抚恤和社会福利救济1346.1万元，增长10.51%；

12. 行政事业单位离退休支出62.8万元，增长9.79%；

13. 行政管理费支出4822.5万元，增长14.61%；

14. 公检法支出1922.5万元，增长16.05%；

15. 社会保障补助支出612.6万元，增长17.72%；

16. 企业挖潜改造支出4004万元，比上年增加1880万元；

17. 基本建设支出4462万元。主要用于市乡道路建设、城市基础设施建设和基础设施工程偿债等支出；

18. 预备费725.9万元，其中市级300万元，与上年支出预算安排持平；乡镇级425.9万元，比上年支出预算安排减少320.3万元。

19. 其他支出4788.9万元，增长4.64%。主要用于住房公积金、住房补贴、招商引资政策兑现、企业优惠政策兑现、大项目征地补助及农村税费改革转移支付等支出。

三、改革创新，扎实工作，全面完成2005年预算任务

昌邑市十五届人大三次会议秘书处

二〇〇五年一月

关于昌邑市2005年财政预算执行情况和2006年财政预算（草案）的报告

2006年2月15日在昌邑市第十五届人民代表大会第四次会议上

昌邑市人民政府

一、2005年财政预算执行情况

（一）财政收入预算调整及执行情况

2005年，市十五届人大三次会议审议通过的全市财政总收入预算66379万元，增长17.1%，其中地方财政收入预算41376万元，增长16%。预算执行中，国家出台了农业税税率降低2个百分点；出口退税由中央与地方75∶25分担调整为92.5∶7.5分担，且全部从中央库中退付；个人所得税实行中央、省、市（县）三级分享等政策。受其影响，我市财政总收入增收10615万元，预算由年初的66397万元调整为77012万元，比上年增长35.9%，其中地方财政收入增收1052万元，预算由年初的41376万元调整为42428万元，增长18.9%。

2005年，全市财政总收入完成88827万元，完成调整预算的115.3%，增长56.72%，其中地方财政收入50039万元，完成调整预算的117.9%，增长40.29%。在地方财政收入中，国税收入9680万元，完成调整预算的105.1%，增长44.89%；地税收入22653万元，完成调整预算的108.7%，增长25.74%；财政征管部分17706万元，完成调整预算的143.1%，增长37.84%。

地方财政收入分级次的完成情况是：市级33279万元，完成调整预算的117.3%，增长51.1%；乡镇级16760万元，完成调整预算的119.3%，增长22.8%。

全市地方财政收入中各收入项目的完成情况是：

1. 增值税（25%部分）8693万元，增长88.4%；

2. 营业税（80%部分）5602万元，增长39.46%；

3. 企业所得税（32%部分）2390万元，增长96.55%；

4. 个人所得税（25%部分）1372万元，增长12.74%；

5. 资源税6474万元，增长28.48%；

6. 城建税、房产税等其他工商各税8402万元，增长74.39%；

7. 农业四税6527万元，增长141%；

8. 国有资产经营收益2827万元，增长57.06%；

9. 排污费收入（80%部分）464万元，下降1.9%；

10. 水资源费收入（60%部分）609万元，增长3.2%；

11. 行政性收费收入1889万元，下降30.6%；

12. 教育费附加收入1340万元，增长30.97%；

13. 罚没及其他收入3450万元，下降36.5%。

（二）财政支出预算执行情况

2005年，全市财政总支出65048万元，增长36.1%，其中灶内支出54931万元，增长35.6%。

财政总支出分级次的完成情况是：市级40100万元，增长36.9%；乡镇级24948万元，增长34.9%。

全市财政总支出中主要支出项目的完成情况是：

1. 基本建设支出5916万元，增长17.9%；

2. 农业支出3121万元，增长34.4%；

3. 林业支出150万元，增长17.2 %；

4. 水利和气象支出1074万元，增长133%；

5. 工交部门事业费315万元，增长61.5%；

6. 科技三项费用516万元，增长64.3 %；

7. 科学支出13万元，增长18.2 %；

8. 文体广播事业费2318万元，增长39.6 %；

9. 教育支出16172万元，增长9.3%；

10. 医疗卫生支出1925万元，增长78.9 %；

11. 其他部门事业费1249万元，增长40.5%；

12. 抚恤和社会福利救济1792万元，增长21.9%；

13. 行政事业单位离退休支出90万元，增长25%；

14. 行政管理费支出7757万元，增长31.7%；

15. 公检法支出3033万元，增长15.5%；

16. 社会保障补助支出785万元，增长50.4 %；

17. 城市维护费支出3272万元，增长45%；

18. 环保补助、水资源补助等专项支出1897万元，增长49%；

19. 企业挖潜改造支出8993万元，比上年增支8914万元。主要是清理企业上缴的契税和耕地占用税、企业缴纳的国有资产经营收益、企业土地拍卖缴纳的土地增值税等返还企业支出；

20. 其他支出4640万元，下降30.5%。主要是偿债基金、国债还贷、招商引资政策兑现、企业考核政策兑现、住房公积金及补贴、农村税费改革转移支付、鄑城工业园建设、税收稽查补助等支出。

2005年，重点做了以下四个方面的工作：

（一）积极培植财源，强化征管措施。全年地方财政收入突破5亿元，增幅达到了40.29%，创历史新高。

（二）优化支出结构，健全保障体系。加大低保资金投入力度，全市共纳入低保范围5013人，发放低保资金381.4万元；加大就业资金投入力度，促进就业再就业，全年投入再就业资金420万元；积极实施农村计生奖扶制度，筹措发放计生奖励扶助资金143.4万元；稳妥推进新型农村合作医疗制度改革，由3个乡镇扩大到7个乡镇、街道，参加合作医疗的人员达18.9万人，筹措、投入财政资金94万元。

（三）落实惠农政策，加大扶持力度。严格贯彻落实中央降低农业税税率政策，2005年农业税税率再降低2个百分点，减轻农民负担2093万元，至此，全市农民负担累计减负总额达到9237.3万元，减负率达到90.14%，人均减负154.99元。落实各项支农惠农补贴政策。发放粮食、良种、农机购置补贴2023万元。

（四）加大投入力度，支持城市建设。整合财政资源，建立健全了“财政融资—投资评审—政府采购—投资建设”支持城市建设链条。积极发挥财政的融资功能，构建融资平台，融资到位资金1.1亿元。全面实施政府采购，全年完成采购额1.56亿元，比预算节约资金4000万元，综合节约率达20.5%。

（五）深化财政改革，健全管理制度。稳妥推进财政国库集中支付制度改革。改革契税、耕地占用税征管方式，实行由财政部门直接征收，全年征收契税和耕地占用税5248万元。

二、2006年财政预算（草案）

（一）财政收入预算安排

全市财政总收入安排109122万元，增长

22.8%，其中地方财政收入安排 60047 万元，增长 20%。

地方财政收入分级次和部门的安排情况是：

市级安排 40283 万元，增长 21%，其中国税安排 6834 万元，增长 28%；地税安排 17730 万元，增长 25%；财政征管部分安排 15719 万元，增长 14.3%。

乡镇级地方财政收入落实 19764 万元，增长 17.9%，其中国税落实 6152 万元，增长 41.7%；地税落实 11948 万元，增长 41.1%；财政落实 1664 万元，下降 57.9%。

（二）财政支出预算安排

全市财政灶内总支出安排 63381 万元，比上年支出预算安排增长 46%，其中市级灶内支出安排 37896 万元；乡镇级灶内支出安排 25485 万元。

全市财政灶内总支出具体项目的安排情况是：

1. 基本建设支出 6508 万元，增长 10%；
2. 农业支出 1602 万元，增长 19.3%；
3. 林业支出 106 万元，增长 8.2%；
4. 水利和气象支出 597 万元，增长 36%；
5. 工交部门事业费 220 万元，增长 15.8%；
6. 科技三项费用 595 万元，增长 77.6%；
7. 科学支出 6 万元，增长 20%；
8. 文体广播事业费 2206 万元，增长 40.7%；
9. 教育支出 16991 万元，增长 14.7%；
10. 医疗卫生支出 1868 万元，增长 21.6%；
11. 其他部门事业费 700 万元，增长 2.3%；
12. 抚恤和社会福利救济 1366 万元，增长 9.6%；
13. 行政事业单位离退休支出 61 万元，增长 15.1%；
14. 行政管理费支出 5219 万元，增长 11.9%；
15. 公检法支出 2255 万元，增长 27.2%；
16. 社会保障补助支出 1313 万元，增长 114.2%；
17. 城市维护支出 2221 万元，增长 10%；
18. 企业挖潜改造支出 12010 万元，增长 64.2%；
19. 预备费 973 万元，其中市级 600 万元；乡镇级 373 万元。
20. 其他支出 6564 万元，增长 37%。

三、改革创新，扎实工作，全面完成 2006 年预算任务

昌邑市十五届人大四次会议秘书处
二〇〇六年三月

关于昌邑市 2006 年财政预算执行情况和 2007 年财政预算（草案）的报告

2007 年 1 月 26 日在昌邑市第十五届人民代表大会第五次会议上

昌邑市人民政府

一、2006 年财政预算执行情况

（一）财政收入预算执行情况

2006 年，全市财政总收入完成 111866 万元，占预算的 102.5%，同口径与上年比较增长 27%，其中地方财政收入完成 60467 万元，占预算的 100.7%，同比增长 22.7%。国税部门完成 12258 万元，占预算的 94.4%，增长 26.6%；地税部门完成 29005 万元，占预算的 97.7%，增长 28%；

财政征管部分完成19204万元，占预算的110%，同比增长13.3%。

地方财政收入分级次的完成情况是：市级完成40576万元，占预算的100.7%，同比增长21.9%；乡镇级完成19891万元，占预算的100.6%，同比增长24.3%。

全市地方财政收入中各收入项目的完成情况是：

1. 增值税（25%部分）完成10183万元，增长17.1%；

2. 营业税（80%部分）完成8215万元，增长46.6%；

3. 企业所得税（32%部分）完成4265万元，增长78.5%；

4. 个人所得税（25%部分）完成1492万元，增长8.7%；

5. 资源税完成9204万元，增长42.2%；

6. 城建税、房产税等各税完成11756万元，增长39.9%；

7. 契税完成4639万元，增长44.9%；

8. 排污费收入（80%部分）完成542万元，增长16.8%；

9. 水资源费收入（60%部分）完成666万元，增长9.4%；

10. 行政性收费收入完成1581万元，下降16.3%；

11. 教育费附加收入完成1611万元，增长20.2%；

12. 罚没及其他各项收入完成6313万元，下降28.6%。

（二）财政支出预算执行情况

2006年，全市财政总支出完成78496万元，增长20.7%，其中灶内支出完成65779万元，增长19.7%。

财政总支出分级次的完成情况是：市级完成50614万元，增长26.2%；乡镇级完成27882万元，增长11.8%。

1. 农业支出3729万元，增长19.5%；

2. 林业支出202万元，同比增长20%；

3. 水利和气象支出961万元，同比增长19.7%；

4. 工交部门事业费278万元，同比增长11.1%；

5. 科技三项费用653万元，增长26.6%；

6. 科学支出117万元，同比增长20.8%；

7. 文体广播事业费2629万元，增长13.4%；

8. 教育支出17023万元，增长15.7%；

9. 医疗卫生支出3077万元，增长59.8%，主要是农村新型合作医疗增加支出；

10. 其他部门事业费1179万元，同比增长12.3%；

11. 抚恤和社会福利救济2204万元，同比增长22.9%，主要是伤残军人、烈军属提高补助标准增加支出；

12. 行政事业单位离退休支出82万元，同比增长2.3%；

13. 行政管理费支出8625万元，同比增长9.6%；

14. 公检法支出4382万元，增长44.5%；

15. 社会保障补助支出1264万元，增长61%；

16. 城市维护费支出4119万元，增长25.9%；

17. 排污费支出、水资源费支出、教育费附加支出、矿产资源补偿费支出、探矿权采矿权使用费及价款支出等专项支出3347万元，同比增长2.2%；

18. 企业挖潜改造支出8249万元，下降8.3%；

19. 其他支出15830万元，其中市级其他支出12706万元，乡镇其他支出3124万元，主要支出项目是：

市级：2006年7—12月份市乡两级增资预留2250万元，住房补贴945万元，住房公积金299万元，偿债风险金200万元，道路建设资金2278万元，招商引资及企业考核奖励800万元，政府贷款偿债准备金2500万元，县乡道路养护330万元，国债还贷资金50万元，鄄城工业园建设571万元，奎聚街道旧城改造土地开发上交返还608万元，都昌街道旧城改造土地开发上交返还614万元，绿博会300万元，军转干工资补助100万元，支援西藏35万元等。

乡镇级：住房补贴1072万元，住房公积金441万元，上级转移支付补助村级支出1332万元。

2006年，重点做了以下四个方面的工作：

（一）严格依法治税，圆满完成了财政收入任务。全市地方财政收入突破6亿元，增幅达到22.7%。

（二）加大财政支农力度，促进社会主义新农村建设。一是全面取消了农业税。2006年向各乡镇、街道转移支付资金达6777万元。二是加大补贴政策实施力度。对种粮农民实行综合直补，发放小麦直补资金889万元；积极落实中央成品油价格改革财政补贴政策，采取“齐鲁惠农一本（卡）通”形式，对农业、渔业、交通等补贴对象发放补贴资金1408万元。三是大力支持农业生产和农村长远发展。深入推进农业综合开发，投入财政农业综合开发资金259万元。

（三）不断优化支出结构。一是顺利实施农村义务教育经费保障机制改革试点，投入资金670万元，受益学生达5.6万人。二是扩大新型农村合作医疗制度改革试点范围。全市全面推行新型农村合作医疗，参合人数42万人，覆盖面80%，全年财政投入资金1260万元，受益群众达20万人次。三是认真落实社会保障政策。全市发放城乡居民最低生活保障资金225万元，享受低保人数达到5139人。积极推进农村五保供养制度和城乡医疗救助制度建设，筹集五保供养及敬老院建设资金160万元，筹措医疗救助资金70万元。落实农村计生家庭奖励扶助政策，发放农村部分计生家庭奖励扶助金及独生子女父母奖励费354万元。

（四）加大投入，不断优化经济发展环境。全年兑现招商引资和企业奖励等优惠政策793万元。认真落实出口退税政策，办理增值税退税15300万元。采用BOT（即建设—经营—转让）方式引进建设资金8000万元，建设城西、城北两个污水处理厂。

（五）深化财政改革，提高财政管理水平。一是国库集中支付制度改革。2006年1月1日起正式上线运行，市级124个预算单位的所有财政性资金全部纳入国库集中支付范围，实施集中支付的资金达88859万元。二是政府采购改革。政府采购实际完成采购额23894万元，与项目主管部门预算比较，节约资金7961万元，综合节约率达25%。

二、2007年财政预算（草案）

（一）财政收入预算安排

2007年全市财政总收入安排133126万元，增长19%，其中地方财政收入安排70143万元，增长16%。

地方财政收入分级次和部门的安排情况是：

市级安排48158万元，增长18.7%，其中国税安排8544万元，增长25%；地税安排21169万元，增长19.2 %；财政征管部分安排18445万元，增长15.3%。

2007年乡镇级地方财政收入安排21985万元，增长10.5%，其中国税安排7567万元，增长39.5%；地税安排13038万元，增长15.9%；财政安排1380万元，下降57.1%。

（二）财政支出预算安排

2007年实行政府收支分类改革，预算全部按照新的政府收支分类科目编制。2007年全市财政总支出安排91707万元，同比增长23.6%。其中灶内支出安排79103万元，与全市2007年灶内财力78010万元相抵，支出缺口1093万元，需调入政府调控资金和预算执行中增收节支予以弥补。其中市级灶内支出安排50597万元，乡镇级灶内支出安排28506万元。

全市财政总支出具体项目的安排情况是：

1. 一般公共服务7760万元，增长9.5%；

2. 国防11万元，增长22.2%；

3. 公共安全3254万元，增长37.4%；

4. 教育21308万元，增长9%；

5. 科学技术971万元，增长38.7%；

6. 文化体育与传媒466万元，增长7.6%；

7. 社会保障和就业4858万元，增长25%；

8. 医疗卫生3482万元，增长58.1%，主要是农村新型合作医疗增支；

9. 环境保护1358万元，增长12.5%；

10. 城乡社区事务2365元，增长10.7%；

11. 农林水事务6319万元，增长6.8%；

12. 交通运输100万元，主要是上级燃油价格补贴；

13. 工业商业金融等事务16445万元，增长27.8%；

14. 其他支出23010万元，主要是2007年市乡两级增资预留11021万元、增人增资530万元、预备费市乡两级690万元、住房公积金市乡两级803万元、住房补贴市乡两级3548万元、政府贷款偿债准备金2500万元、国债转贷资金还款50万元、招商引资及企业考核奖励600万元、企业优惠政策兑现500万元、企业大项目用地补助800万元、重大动植物疫病防治50万元、潍坊海关报关中心建设100万元、上级产粮大县补助407万元、乡镇农村税费改革转移支付1315万元及其他上级专款补助等支出。

三、改革创新，扎实工作，确保圆满完成2007年预算任务

市十五届人大五次会议秘书处

二〇〇七年一月

关于昌邑市2007年财政预算执行情况和2008年财政预算（草案）的报告

2007年12月9日在昌邑市第十六届人民代表大会第一次会议上

昌邑市人民政府

一、2007年财政预算执行情况

（一）财政收入预算执行情况

2007年，全市财政总收入预计完成141091万元，占预算的106%，比上年增长（以下简称增长）26.1%，其中：地方财政收入预计完成70143万元，占预算的100%，增长16%。在地方财政收入中，国税部门预计完成16111万元，占预算的100%，增长31.4%；地税部门预计完成34207万元，占预算的100%，增长17.9%；财政征管部分预计完成19825万元，占预算的100%，增长3.2%。

地方财政收入分级次的完成情况是：市级预计完成48158万元，占预算的100%，增长18.7%；乡镇级预计完成21985万元，占预算的100%，增长10.5%。

全市地方财政收入中各收入项目的完成情

况是：

1. 增值税（25% 部分）预计完成 13366 万元，增长 31.3%；

2. 营业税（80% 部分）预计完成 10910 万元，增长 32.8%；

3. 企业所得税（32% 部分）预计完成 5483 万元，增长 28.6%；

4. 个人所得税（25% 部分）预计完成 1895 万元，增长 27%；

5. 资源税预计完成 9322 万元，增长 1.3%；

6. 城建税、房产税、土地增值税、契税等其他税收预计完成 20198 万元，增长 22.9%；

7. 排污费收入（80% 部分）、水资源费收入（60% 部分）、教育费附加收入等专项收入预计完成 3200 万元， 增长 13.5%；

8. 行政性收费收入预计完成 2200 万元，增长 39.2%；

9. 罚没及其他各项收入预计完成 3569 万元，下降 43.1%。

（二） 财政支出预算执行情况

2007 年，全市财政总支出预计完成 90000 万元，增长 14.7%。其中市级支出预计完成 58608 万元，增长 15.8%；乡镇级支出预计完成 31392 万元，增长 12.6%。

全市财政总支出中主要项目的完成情况是：

1. 一般公共服务预计完成 12000 万元，增长 0.1%；

2. 国防预计完成 16 万元，增长 6.7%；

3. 公共安全预计完成 4800 万元，增长 7.9%；

4. 教育预计完成 21500 万元，增长 14.2%；

5. 科学技术预计完成 980 万元，增长 23.4%；

6. 文化体育与传媒预计完成 550 万元，增长 13.6%；

7. 社会保障和就业预计完成 5300 万元，增长 44.1%；

8. 医疗卫生预计完成 4900 万元，增长 57.6%；

9. 环境保护预计完成 1360 万元，增长 136.1%；

10. 城乡社区事务预计完成 4500 万元，增长 40.3%；

11. 农林水事务预计完成 6370 万元，增长 5.4%；

12. 工业商业金融等事务预计完成 10124 万元，增长 19.8%；

13. 其他支出预计完成 17600 万元，增长 7.6%。

2007 年，重点做了以下四个方面的工作：

（一）收支规模快速增长，财政实力明显增强。 2007 年财政总收入预计完成 14.1 亿元，增长 26.1%。其中地方财政收入预计完成 7 亿元，增长 16%。2007 年财政总支出预计达到 9 亿元，增长 14.7%。

（二）支出结构得到优化，重点支出保障有力。一是进一步完善工资发放管理机制，认真落实各项工资改革政策，统一了市乡工资发放标准，实现了市乡同工同酬。二是进一步深化农村义务教育经费保障机制改革，为农村义务教育阶段学生免除杂费和对农村贫困家庭、享受城市最低生活保障政策家庭义务教育阶段的学生免费提供教科书、补助寄宿生生活费。三是落实了农村部分计生家庭奖励政策。四是不断加大对重点企业扶持力度，严格落实招商引资、出口退税、退城进园等推动企业创新发展的激励优惠政策。五是发挥财政融资功能，积极构建融资平台，融资到位资金 4.5 亿元，为城市基础设施建设提供了有力的资金保障。

（三）财政改革得到进一步深化，财政管理水平不断提高。农村税费改革、非税收入管理改革、市乡财政体制改革、政府采购改革、国库集中支付改革进一步深化，部门预算编制改革扎实推进。

（四）突出保障民生支出，认真落实惠农政策。一是社会保险基金体系不断完善。各项保险基金缴费总额预计达到30265万元；支出总额预计达到27267万元。二是支持就业再就业工作成效明显。拨付就业补助资金达850万元。三是社会救助体系逐步健全。投入各种社会救助资金达1919万元。四是落实各项惠农政策，通过“齐鲁惠农一本通”兑付粮食直补资金达805万元，农资综合直补资金达1754万元。

二、2008年财政预算（草案）

（一）财政收入预算安排

2008年全市财政总收入安排162150万元，同比增长18.6%，其中地方财政收入安排78773万元，同比增长16%（由于区划调整，原丈岭镇、岞山镇、太保庄乡及饮马镇部分村庄的财政收入2008年划出，我市2008年安排数与2007年完成数比较时，对2007年完成数进行了同口径调整）。

地方财政收入分级次和分部门的安排情况是：

市级安排54182万元，同比增长13.6%。其中国税部门安排10540万元，同比增长28%；地税部门排25565万元，同比增长21.6%；财政征管部分安排18077万元，同比下降2%。

2008年乡镇级地方财政收入安排24591万元，同比增长21.8%，其中国税安排8815万元，同比增长24.2%；地税安排14255万元，同比增长21.3%；财政安排1521万元，同比增长12.7%。

（二）财政支出预算安排

2008年全市财政总支出安排96808万元，同比增长9.2%。其中全市灶内支出安排82154万元，与灶内财力82154万元相抵，收支平衡。其中市级灶内支出安排56558万元，乡镇级灶内支出安排25596万元。

全市财政总支出中具体项目的安排情况是：

1. 一般公共服务8300万元，同比增长9.8%；

2. 国防14万元，同比增长27.3%；

3. 公共安全3637万元，同比增长11.8%；

4. 教育22199万元，同比增长14.8%；

5. 科学技术1107万元，同比增长14%；

6. 文化体育与传媒488万元，同比增长65.9%；

7. 社会保障和就业5224万元，同比增长11.6%；

8. 医疗卫生5319万元，同比增长54.3%；

9. 环境保护1484万元，同比增长9.3%；

10. 城乡社区事务3828万元，同比增长61.9%；

11. 农林水事务6989万元，同比增长12.6%；

12. 工业商业金融等事务15664万元，同比下降4.7%；

13. 其他支出22555万元，同比下降0.4%。

三、开拓创新，扎实工作，确保圆满完成2008年预算任务

昌邑市十六届人大一次会议秘书处

二〇〇七年十二月

关于昌邑市2008年财政预算执行情况和2009年财政预算（草案）的报告

2009年1月8日在昌邑市第十六届人民代表大会第三次会议上

昌邑市人民政府

一、2008年财政预算执行情况

（一）财政收入预算执行情况

2008年，全市财政总收入完成160254万元，比上年增长13.4%，其中地方财政收入完成79619万元，增长16%。在地方财政收入中，国税部门完成20427万元，增长28.5%；地税部门完成41189万元，增长20.7%；财政征管部分完成18003万元，下降3.2%。

地方财政收入分级次的完成情况是：市级完成56893万元，增长17.8%；乡镇级完成22726万元，增长11.8%。

全市地方财政收入中各收入项目的完成情况是：

增值税（25%部分）完成16802万元，增长28.9%；

营业税（80%部分）完成13875万元，增长14.6%；

企业所得税（32%部分）完成6841万元，增长9.7%；

个人所得税（25%部分）完成1853万元，下降5.1%；

资源税完成7858万元，下降10.5%；

城建税、房产税、土地增值税、契税等其他税收完成21356万元，增长24.2%；

排污费收入（80%部分）、水资源费收入（60%部分）、教育费附加收入等专项收入完成3711万元，增长9%；

行政性收费收入完成1836万元，下降15%；

罚没及其他各项收入完成5487万元，增长46.6%。

（二）财政支出预算执行情况

2008年，全市财政总支出完成106462万元，增长19.5%。分项目的完成情况是：

1. 一般公共服务完成13850万元，增长7.3%；

2. 国防完成25万元，增长92.3%；

3. 公共安全完成6529万元，增长20.8%；

4. 教育完成28655万元，增长26.6%；

5. 科学技术完成1059万元，增长22.4%；

6. 文化体育与传媒完成820万元，增长47.2%；

7. 社会保障和就业完成6229万元，增长5.2%；

8. 医疗卫生完成7492万元，增长50.4%；

9. 环境保护完成943万元，下降30.7%；

10. 城乡社区事务完成2964万元，增长40.4%；

11. 农林水事务完成10016万元，增长29.4%；

12. 工业商业金融等事务完成4723万元，下降25.3%；

13. 其他支出完成23157万元，增长26.8%。

2008年，重点做了以下四个方面的工作：

（一）财政收入平稳增长，收入结构进一步优化。税收收入完成68585万元，占地方财政收入的比重达86.1%，非税收入完成11034万元，占地方财政收入的比重为13.9%。财政收入增幅平稳，结构趋好。

（二）民生投入显著增加，惠农政策全面落实。一是社会保险基金体系不断完善。新型农村合作医疗参合农民达到441802人，参合率达95.4%，政府补助标准由2007年的每人每年补助40元提高到60元。共补偿支出2900万元，受益群众44.3万人次。二是支持就业再就业工作成效明显。2008年预算内拨付就业补助资金达600万元。三是社会救助体系逐步健全。预算内投入各种社会救助资金达908万元。四是认真落实各项惠农政策，粮食直补资金和农资综合直补资金全部兑付到位，全年兑付各种支农惠农资金达6789万元。

（三）支出结构进一步优化，重点支出得到较好保障。一是进一步完善工资发放管理机制，认真落实各项工资改革政策，新增工资按时兑现。二是进一步深化农村义务教育经费保障机制改革。三是进一步加大对重点企业扶持力度，严格落实招商引资、出口退税、退城进园等推动企业创新发展的激励优惠政策。四是充分发挥财政融资功能，积极构建融资平台，盘活各项财政资金，为城市基础设施建设提供了有力的资金保障。

（四）财政改革进一步深化，依法理财水平有了新的提高。乡镇财政体制改革、政府采购改革、国库集中支付改革、部门预算编制改革进一步深化。政府采购改革各项管理制度进一步完善，采购范围不断扩大，完成采购额11491万元，节约资金3008万元，节约率达20.8%；国库集中支付改革，减少了财政资金拨付环节，进一步提高了资金使用效率；部门预算改革的全面推行，初步建立起了涵盖预算编制、执行、监督全过程的部门预算管理制度体系，进一步提高了部门预算编制的科学性和准确性，使财政管理的科学化、规范化、精细化水平有了新的提高。预算外资金“收支两条线”管理、社保资金管理、住房资金管理、财政投资评审、财政监督等工作得到了进一步加强。

二、2009年财政预算（草案）

（一）财政收入预算安排

2009年全市财政总收入安排178348万元，增长11.3%，其中地方财政收入安排87581万元，增长10%。

地方财政收入分级次和分部门的安排情况是：

市级安排61888万元，增长8.8%。其中国税部门安排14142万元，增长14%；地税部门排29899万元，同口径增长12%；财政征管部分安排17847万元，增长2%。

乡镇级安排25693万元，增长13.1%，其中国税安排9312万元，增长16.1%；地税安排15873万元，增长11.8%；财政安排508万元，增长1%。

（二）财政支出预算安排

2009年全市财政总支出安排112848万元，增长16.6%。其中地方支出安排102813万元，与地方财力102813万元相抵，收支平衡。其中市级地方支出安排75272万元，乡镇级地方支出安排27541万元。

全市财政总支出中具体项目的安排情况是：

1. 一般公共服务8561万元，增长3.1%；
2. 国防23万元，增长64.3%；
3. 公共安全4521万元，增长24.3%；
4. 教育27084万元，增长22%；
5. 科学技术1121万元，增长1.3%；
6. 文化体育与传媒575万元，增长17.8%；
7. 社会保障和就业6195万元，增长4.6%；
8. 医疗卫生6504万元，增长22.3%；
9. 环境保护1721万元，增长16%；
10. 城乡社区事务6105万元，增长59.5%；

11. 农林水事务 10533 万元，增长 50.7%；

12. 交通运输 1200 万元，增长 9.1%；

13. 采掘电力信息等事务 11581 万元，下降 20.5%。

14. 其他支出 27124 万元，增长 24.1%。

三、改革创新，迎难而上，确保圆满完成 2009 年预算任务

昌邑市十六届人大三次会议秘书处

二〇〇九年一月

关于昌邑市 2009 年财政预算执行情况和 2010 年财政预算（草案）的报告

2010 年 1 月 13 日在昌邑市第十六届人民代表大会第四次会议上

昌邑市人民政府

一、2009 年财政预算执行情况

（一）财政收入预算执行情况

2009 年，全市财政总收入完成 181053 万元，比上年增长 12.98 %，其中地方财政收入完成 95776 万元，增长 20.29%。在地方财政收入中，国税部门完成 16916 万元，下降 17.19%；地税部门完成 46777 万元，增长 13.57%；财政征管部分完成 32083 万元，增长 78.2%。

地方财政收入分级次的完成情况是：市级完成 69553 万元，增长 22.25%；镇级完成 26223 万元，增长 15.39%。

全市地方财政收入中各收入项目的完成情况是：

增值税（25% 部分）完成 13974 万元，下降 16.83%；

营业税（80% 部分）完成 14417 万元，增长 3.91%；

企业所得税（32% 部分）完成 6025 万元，下降 11.93%；

个人所得税（25% 部分）完成 1958 万元，增长 5.67%；

资源税完成 8839 万元，增长 12.48%；

城建税、房产税、土地增值税、契税等其他税收完成 37494 万元，增长 75.57%；

排污费收入（80% 部分）、水资源费收入（60% 部分）、教育费附加收入等专项收入完成 3877 万元，增长 4.47%；

行政性收费收入完成 2741 万元，增长 49.29%；

罚没及其他各项收入完成 6451 万元，增长 17.57%。

（二）财政支出预算执行情况

2009 年，全市财政总支出完成 136697 万元，增长 28.40%。其中地方支出 119073 万元，增长 28.59%。财政总支出分项目的完成情况是：

1. 一般公共服务完成 16162 万元，增长 16.69%；

2. 国防完成 35 万元，增长 40%；

3. 公共安全完成 8806 万元，增长 34.88%；

4. 教育完成 33330 万元，增长 16.31%；

5. 科学技术完成 1052 万元，下降 0.66%，主要是上级专款比上年减少所致；

6. 文化体育与传媒完成 895 万元，增长 9.15%；

7. 社会保障和就业完成 7571 万元，增长 21.54%；

8. 医疗卫生完成 9375 万元，增长 25.13%；

9. 环境保护完成 4915 万元，增长 421.21%；

10. 城乡社区事务完成 6218 万元，增长 109.78%；

11. 农林水事务完成 15238 万元，增长 31.48%；

12. 采掘电力信息等事务完成 3816 万元，增长 52.82%；

13. 交通运输完成 673 万元，增长 33.80%；

14. 粮油物资储备等管理事务完成 1702 万元，增长 1042.28%，该项支出为上级专款支出；

15. 其他支出完成 26909 万元，增长 16.20%。

2009 年，重点做了以下四个方面的工作：

（一）加强税费征管，财政收入平稳增长。税收收入完成 82707 万元，占地方财政收入的比重达 86.35%，非税收入完成 13069 万元，占地方财政收入的比重为 13.65%。

（二）加大民生投入，保障水平明显提高。一是进一步改善农业生产和农村生活条件。拨付大中型水库移民后期扶持资金 233 万元。投入资金 170 万元，进行了病险水库除险加固和骨干河道治理。投入农村沼气建设扶持资金 588 万元和农村饮水工程建设扶持资金 1085 万元。深入推进农业综合开发，投入资金 792 万元。对能繁母猪和优质后备母牛养殖农户给予直接补贴，补贴资金 506 万元。搞好重大动植物疫情防治，投入美国白蛾、禽流感、口蹄疫等疫病防治资金 196 万元。兑付家电下乡补贴资金 582 万元，受惠人数达 2.5 万人。拨付成品油价格改革补贴资金 624 万元。二是大力支持教育事业发展。深入推进义务教育经费保障机制改革，投入资金 3501 万元，免除了城乡义务教育阶段学生学杂费，提高了农村中小学公用经费标准，对农村贫困家庭、享受城市最低生活保障政策家庭义务教育阶段的学生免费提供教科书、补助寄宿生生活费。三是加大社会保障和就业的力度。预算内投入社会保障和就业资金达 7571 万元，增长 21.54%。其中：农村最低生活保障标准由 2008 年的 1000 元提高到 1200 元，受益群众达 6423 人；敬老院建设全面完成，五保老人集中供养率达 47%，全面提高农村五保供养标准，集中供养由 2200 元提高到 2400 元，分散供养由 1200 元提高到 1400 元；支持就业再就业，预算内拨付就业补助资金达 1100 万元。实施残疾人危房改造工程，筹集资金 85 万元对 100 户贫困残疾人危房进行了改造；新型农村合作医疗参合农民达到 471852 人，参合率达 100%，政府补助标准由 2008 年的每人每年补助 60 元提高到 80 元，共补偿支出 4230 万元，受益群众 58 万人次。四是认真落实各项惠农政策，粮食直补资金和农资综合直补资金全部兑付到位，全年兑付粮食直补资金和农资综合直补资金 4673 万元。

（三）优化支出结构，重点支出得到较好保障。一是进一步完善工资发放管理机制，认真落实各项工资改革政策，新增工资按时兑现。二是加大对重点企业扶持力度，严格落实招商引资、出口退税、退城进园等推动企业创新发展的激励优惠政策。2009 年落实招商引资、出口退税、退城进园等优惠政策资金达 27999 万元。三是积极做好突发公共卫生事件应急处置工作。及时拨付 H1N1（甲型流感病毒）防控专项资金 20 万元和手足口病防控经费 10 万元。四是充分发挥财政融资功能，积极搭建融资平台。2009 年市镇两级融资达 101332 万元，其中市级融资 82586 万元，为城市基础设施建设及小城镇建设提供了有力的资金保障。

（四）推进财税改革，财政管理水平不断提高。一是预算管理不断深化。市级部门预算编制改革初步建立起了涵盖预算编制、执行、监督全过程的部门预算管理制度体系，进一步提高了部门预算编制的科学性和准确性，使财政管理的科学化、规范化、精细化水平有了新的提高。国库集中支付改革进一步完善，减少了财政资金拨付环节，提高了资金使用效率。政府采购监管力度进一步加强，采购行为更加规范。2009年完成采购额12052万元，节约资金7606万元，节约率达38.7%。预算外资金“收支两条线”管理、社保资金管理、住房资金管理、财政投资评审、会计管理、财政监督等工作得到了进一步加强。

二、2010年财政预算（草案）

（一）财政收入预算安排

2010年全市财政总收入安排211228万元，增长16.7%。其中地方财政收入安排111100万元，增长16%。

地方财政收入分级次和分部门的安排情况是：

市级安排77529万元，增长16.9%。其中国税部门安排10590万元，增长20%；地税部门安排31406万元，增长16%；财政征管部分安排35533万元，增长16.9%。

镇街自行安排33571万元，增长13.9%，其中国税安排10915万元，增长34.9%；地税安排21916万元，增长11.2%；财政安排740万元，下降55.9%。

（二）财政支出预算安排

2010年全市财政总支出安排137684万元，增长22.0%。其中地方支出安排121594万元，与地方财力121594万元相抵，收支平衡。其中市级地方支出安排90356万元，镇街地方支出安排31238万元。

全市财政总支出中具体项目的安排情况是：

1. 一般公共服务10439万元，增长24%；
2. 国防33万元，增长43.5%；
3. 公共安全6615万元，增长44.7%；
4. 教育32546万元，增长20.2%；
5. 科学技术1187万元，增长5.9%；
6. 文化体育与传媒790万元，增长32.8%；
7. 社会保障和就业8895万元，增长25.4%；
8. 医疗卫生11058万元，增长64.9%；
9. 环境保护2218万元，增长28.1%；
10. 城乡社区事务4022万元，下降34.3%；
11. 农林水事务12086万元，增长14.2%；
12. 交通运输650万元，增长30%；
13. 商业服务业等事务1500万元，增长114.3%；
14. 资源勘探电力信息等事务18209万元，增长54.2%。
15. 国土资源气象等事务385万元，增长60.4%。

16、住房保障支出7649万元，增长33.0%，主要是住房补贴和住房公积金支出；

17. 其他支出19402万元，下降3.1%。

三、坚定信心，迎难而上，确保圆满完成2010年预算任务

昌邑市十六届人大四次会议秘书处

二〇一〇年一月

关于昌邑市2010年财政预算执行情况和2011年财政预算（草案）的报告

2011年1月22日在昌邑市第十六届人民代表大会第五次会议上

昌邑市人民政府

一、2010年财政预算执行情况

（一）财政收入预算执行情况

2010年，全市财政总收入完成225556万元，比上年增长（以下简称增长）24.58%，其中地方财政收入完成124222万元，增长29.70%。在地方财政收入中，国税部门完成27280万元，增长61.27%；地税部门完成55440万元，增长18.52%；财政征管部分完成41502万元，增长29.35%。

地方财政收入分级次的完成情况是：市级完成86193万元，增长23.92%；镇街区完成38029万元，增长35.52%。

全市地方财政收入中各收入项目的完成情况是：

增值税（25%部分）完成24517万元，增长75.45%；

营业税（80%部分）完成19532万元，增长35.48%；

企业所得税（32%部分）完成5512万元，下降8.51%；

个人所得税（25%部分）完成1947万元，下降0.56%；

资源税完成10486万元，增长18.63%；

城建税、房产税、土地增值税、契税等其他税收完成48074万元，增长28.22%；

排污费收入（80%部分）、水资源费收入（60%部分）、教育费附加收入等专项收入完成5639万元，增长45.45%；

行政事业性收费收入完成1965万元，下降28.31%；

罚没及其他各项收入完成6550万元，增长1.52%。

（二）财政支出预算执行情况

2010年，全市财政总支出完成165438万元，增长21.03%，其中地方支出138856万元，增长16.61%。分项目的完成情况是：

1. 一般公共服务完成17271万元，增长22.41%；

2. 国防完成4万元，与上年持平；

3. 公共安全完成8067万元，下降8.39%；

4. 教育完成38114万元，增长14.35%；

5. 科学技术完成1152万元，增长9.51%；

6. 文化体育与传媒完成1133万元，增长26.59%；

7. 社会保障和就业完成8942万元，增长23.61%；

8. 医疗卫生完成13077万元，增长39.49%；

9. 环境保护完成5830万元，增长18.62%；

10. 城乡社区事务完成6480万元，增长6.21%；

11. 农林水事务完成20082万元，增长31.79%；

12. 交通运输完成2923万元，增长334.32%，该项支出为上级专款支出；

13. 资源勘探电力信息等事务完成1180万元，下降69.08%；

14. 商业服务业等事务完成3915万元，增长132.76%，该项支出为上级专款支出；

15. 金融监管支出67万元，比上年增加67万元，该项支出为上级专款支出；

16. 国土资源气象等事务完成796万元，下降61.80%；

17. 住房保障支出完成9134万元，增长5.79%；

18. 粮油物资储备等管理事务完成198万元，增长890.00%，该项支出为上级专款支出；

19. 其他支出完成27073万元，增长44.55%。

2010年，重点做了以下四个方面的工作：

（一）强化征管，财政收入平稳较快增长。2010年全市地方财政收入增幅达29.70%。从全市地方财政收入结构情况看，税收收入完成110068万元，占地方财政收入的比重达88.61%，非税收入完成14154万元，占地方财政收入的比重为11.39%。增值税（25%）、营业税（80%）、企业所得税（32%）、个人所得税（25%）四个主体税种共完成51508万元，占地方财政收入的比重达41.46%。

（二）加大投入，改善民生成效显著。一是进一步完善工资发放管理机制，认真落实工资改革政策，新增工资按时兑现。二是加强农业基础设施建设。投资102万元进行了病险水库除险加固和骨干河道治理；投资1800万元实施了小型农田水利工程重点建设项目；投入农业综合开发资金592万元，提高了农业综合生产能力；投入农村沼气建设扶持资金145万元。三是搞好重大动植物疫情防治。投入美国白蛾、口蹄疫、高致病性蓝耳病等防治资金706万元。四是搞好成品油价格改革补贴，拨付成品油价格改革补贴资金1299万元。五是进一步提高教育保障水平。深入推进义务教育经费保障机制改革，投入资金4083万元，免除了城乡义务教育阶段学生学杂费，提高了农村中小学公用经费标准，对农村贫困家庭、享受城市最低生活保障政策家庭义务教育阶段的学生免费提供教科书、补助寄宿生生活费。投入资金993万元推进义务教育债务化解工作。六是加大社会保障和促进就业工作的力度。2010年预算内投入社会保障和就业资金达8942万元，增长23.61%；城乡居民最低生活保障制度进一步完善，农村最低生活保障标准由每人每年1200元提高到1300元，城市最低生活保障标准由每人每月220元提高到260元，受益群众达15113人；敬老院建设五保老人集中供养率达49%。全面提高农村五保供养标准，集中供养标准由每人每年2200元提高到2400元，分散供养标准由每人每年1200元提高到1400元；预算内拨付就业补助资金达1600万元；筹集资金71万元对100户贫困残疾人危房进行了改造；新型农村合作医疗参合农民达到469561人，参合率达100%，政府补助标准由每人每年100元提高到120元。2010年共补偿支出5235万元，受益群众35.8万人次；拨付农村部分计划生育家庭奖励扶助资金达458万元。七是全面落实粮食直补、良种补贴、农机具购置补贴和农资综合补贴政策，共发放补贴资金5249万元。

（三）优化结构，支持转方式调结构力度加大。一是把转方式调结构作为经济工作的重大任务和主攻方向，紧紧围绕提高经济运行质量和培植壮大财源，严格落实招商引资、出口退税、退城进园等推动企业创新发展的激励优惠政策，促进了骨干企业、优势产业的快速发展。2010年落实招商引资、出口退税、退城进园等优惠政策资金达32255万元。二是全面落实扩大消费政策措施，认真做好家电、汽车、摩托车下乡工作，全年兑付家电、汽车、摩托车下乡补贴资金2786万元，受惠人数达8万人。三是积极支持新兴产业发展和节能减排，采取补助、贴息、奖励等方式，支持新兴产业发展和重点产业调整。大力推进节能减排，全年能源节约利用、治污减排支出达3818万元。四是通过投融资、担保等措施，引导金融和社会资金，加大了对城市基础设施和重点项目的投入。市级融资5.79亿元（政府融资平台直接贷款4.79亿元，政府融资平台为其他单位担保贷款1亿元）。

（四）推进改革，财政管理水平不断提高。一是预算管理进一步深化。2010年完成采购额44164万元，节约资金10823万元，节约率达19.68%。社保资金管理、住房资金管理、财政投资评审、会计管理、政府债务管理、行政事业单位国有资产管理、财政监督等工作得到进一步加强，依法理财水平稳步提高。

二、2011年财政预算（草案）

（一）财政收入预算安排

2011年，全市财政总收入安排268726万元，增长19.1%。其中地方财政收入安排146582万元，增长18.0%。

地方财政收入分级次和分部门的安排情况是：

市级安排101708万元，增长18.0%。其中国税部门安排20201万元，增长25%；地税部门安排47686万元，同口径增长20.0%；财政征管部分安排33821万元，同口径增长20.0%。

镇街区自行安排44874万元，增长18.0%，其中国税安排15282万元，增长37.4%；地税安排29592万元，增长10.0%。

（二）财政支出预算安排

2011年，全市财政总支出安排172448万元，增长25.25%。其中地方支出安排156084万元，增长28.36%，与地方财力156084万元相抵，收支平衡。其中市级地方支出安排113438万元，镇街区地方支出安排42646万元。

全市财政总支出中具体项目的安排情况是：

1. 一般公共服务12883万元，增长23.07%；

2. 国防4万元，与上年持平；

3. 公共安全7442万元，增长12.50%；

4. 教育40168万元，增长23.42%；

5. 科学技术1201万元，增长1.18%；

6. 文化体育与传媒875万元，增长10.76%；

7. 社会保障和就业9249万元，增长3.98%；

8. 医疗卫生15555万元，增长40.67%；

9. 节能环保3908万元，增长76.19%；

10. 城乡社区事务8050万元，增长100.15%；

11. 农林水事务15626万元，增长29.29%；

12. 交通运输1000万元，增长53.85%，该项支出为上级专款支出；

13. 商业服务业等事务2000万元，增长33.33%，该项支出为上级专款支出；

14. 资源勘探电力信息等事务17209万元，下降5.49%。

15. 国土资源气象等事务420万元，增长9.09%。

16. 住房保障支出8949万元，增长17.00%，主要是住房补贴和住房公积金支出；

17. 其他支出27909万元，增长43.85%。

三、坚定信心，强化措施，确保圆满完成2011年预算任务

昌邑市十六届人大五次会议秘书处

二〇一一年一月

关于昌邑市2011年财政预算执行情况和2012年财政预算（草案）的报告

2012年1月12日在昌邑市第十七届人民代表大会第一次会议上

昌邑市人民政府

一、2011年财政预算执行情况

（一）财政收入预算执行情况

2011年，全市财政总收入完成286307万元，比上年增长（以下简称增长）26.93%，其中：地方财政收入完成158136万元，增长27.30%。在地方财政收入中，国税部门完成35607万元，增长30.52%；地税部门完成92186万元，增长38.71%；财政征管部分完成30343万元，下降0.46%。

地方财政收入分级次的完成情况是：市级完成103421万元，增长19.78%；镇街区完成54715万元，增长44.46%。

全市地方财政收入中各收入项目的完成情况是：

增值税（25%部分）完成28003万元，增长14.22%；

营业税（80%部分）完成23778万元，增长21.73%；

企业所得税（32%部分）完成13393万元，增长142.98%；

个人所得税（25%部分）完成2897万元，增长48.79%；

资源税完成8922万元，下降14.92%；

城建税、房产税、土地增值税、契税等其他税收完成50332万元，增长4.70%；

排污费收入（80%部分）、水资源费收入（60%部分）、教育费附加收入等专项收入完成6261万元，增长11.03%；

行政事业性收费收入完成12447万元，增长533.44%。

国有资源（资产）有偿使用收入完成2925万元，增长2357.98%。

罚没及其他各项收入完成9178万元，增长42.71%。

（二）财政支出预算执行情况

2011年，全市财政总支出完成221078万元，增长33.63%，其中地方支出181086万元，增长30.41%。分项目的完成情况是：

1. 一般公共服务完成22987万元，增长33.10%；

2. 国防完成60万元，增长1400.00%，该项支出为上级专款支出；

3. 公共安全完成9799万元，增长21.47%；

4. 教育完成60577万元，增长40.37%；

5. 科学技术完成1859万元，增长61.37%；

6. 文化体育与传媒完成1744万元，增长53.93%；

7. 社会保障和就业完成16843万元，增长88.36%；

8. 医疗卫生完成18597万元，增长45.04%；

9. 节能环保完成6417万元，增长10.07%；

10. 城乡社区事务完成10383万元，增长60.23%；

11. 农林水事务完成29610万元，增长47.45%；

12. 资源勘探电力信息等事务完成1456万

元，增长23.39%；

13. 交通运输完成3089万元，增长5.68%，该项支出为上级专款支出；

14. 商业服务业等事务完成4556万元，增长10.77%。该项支出为上级专款支出；

15. 国土资源气象等事务完成3130万元，增长293.22%；

16. 住房保障支出完成5268万元，增长21.16%；

17. 金融监管支出645万元，增长862.69%，该项支出为上级专款支出；

18. 其他支出完成24058万元，下降11.14%。

2011年，重点做了以下四个方面的工作：

（一）财政收入实现平稳较快增长。2011年全市地方财政收入增幅达27.30%。税收收入完成127325万元，占地方财政收入的比重达80.52%，非税收入完成30811万元，占地方财政收入的比重为19.48%。增值税（25%）、营业税（80%）、企业所得税（32%）、个人所得税（25%）四个主体税种共完成68071万元，增长32.16%，占地方财政收入的比重达43.05%。

（二）民生保障水平得到显著提高。一是进一步完善工资发放管理机制，认真落实工资改革政策，新增工资按时兑现。二是加强农业基础设施建设。投资2650万元实施了小型农田水利工程重点建设项目；深入推进农业综合开发，投入农业综合开发资金1342万元，改善了农业生产条件，提高了农业综合生产能力；投入农村沼气建设扶持资金50万元，加快推进了农村沼气建设步伐。三是支持教育优先发展。2011年预算内教育投入达60577万元，增长40.37%。四是加大社会保障和就业投入力度。2011年预算内投入社会保障和就业资金达16843万元，增长88.36%。农村居民最低生活保障标准，由每人每年1300元提高到每人每年1800元；城镇居民最低生活保障标准，由每人每月260元提高到每人每月330元；五保供养标准，分散供养由每人每年1400元提高到每人每年1800元，集中供养由每人每年2400元提高到每人每年2700元。拨付新型农村社会养老保险试点资金5233万元。预算内拨付就业补助资金1000万元。五是支持深化医药卫生体制改革。新型农村合作医疗参合农民达到457484人，参合率达100%，政府补助标准提高到每人每年补助200元。预算内拨付新农合资金9150万元。为全市22251名农村五保对象、农村低保对象、农村优抚对象、计划生育特困家庭、农村持有市特殊教育学校学籍的在校生，缴纳新型农村合作医疗个人参合资金。2011年预算内医疗卫生投入达18597万元，增长45.04%。六是认真落实各项惠农政策，粮食直补资金和农资综合直补资金全部兑付到位，全年兑付5390万元。七是搞好重大动植物疫情防治，2011年投入美国白蛾、禽流感、口蹄疫等疫病防治资金257万元。

（三）支持转方式调结构力度加大。一是始终把转方式调结构作为经济财政工作的战略重点，落实结构性减税、出口退税、招商引资和退城进园资金50677万元。二是积极实施鼓励消费的财税政策，全年兑付家电汽车摩托车下乡补贴资金4390万元。三是积极支持新兴产业发展和节能减排，采取补助、贴息、奖励等方式，支持新兴产业发展和重点产业调整。2011年预算内能源节约利用、治污减排支出达6417万元，增长10.07%。四是支持加快服务业发展，推动企业剥离非核心业务，促进现代服务业与先进制造业协调发展。五是支持完善投融资机制。2011年市级融资达7.64亿元，为城市基础设施建设提供了有力的资金保障。

（四）科学化精细化管理水平提高。预算管

理进一步深化。国库集中支付制度进一步完善，公务卡制度改革加快推进，非税收入收缴管理机制改革继续深化。政府采购监管力度进一步加强，完成采购额7.94亿元，节约资金1.65亿元，节约率达17.20%。

二、2012年财政预算（草案）

（一）财政收入预算安排

2012年，全市财政总收入安排345207万元，增长20.6%。其中地方财政收入安排186600万元，增长18.0%。

地方财政收入分级次和分部门的安排情况是：

市级安排120943万元，增长16.9%。其中国税部门安排24774万元，增长25%；地税部门安排63911万元，增长20.0%；财政征管部分安排32258万元，增长6.3%。

镇街区安排65657万元，增长20.0%，其中国税安排20531万元，增长30%；地税安排45126万元，增长15.9%。

（二）财政支出预算安排

2012年，全市财政总支出安排233750万元，增长35.55%。其中地方支出安排198750万元，增长27.34%，与地方财力198750万元相抵，收支平衡。其中市级地方支出安排141617万元，镇街区地方支出安排57133万元。

全市财政总支出中具体项目的安排情况是：

1. 一般公共服务14561万元，增长13.72%；

2. 国防5万元，增长25%，该项支出为上级专款支出；

3. 公共安全8278万元，增长11.23%；

4. 教育63507万元，增长41.27%；

5. 科学技术1806万元，增长50.37%；

6. 文化体育与传媒1323万元，增长51.20%；

7. 社会保障和就业16928万元，增长83.03%；

8. 医疗卫生21163万元，增长36.05%；

9. 节能环保5961万元，增长52.53%；

10. 城乡社区事务8616万元，增长7.03%；

11. 农林水事务29955万元，增长91.70%；

12. 资源勘探电力信息等事务19524万元，增长13.45%。

13. 交通运输3000万元，增长200.00%，该项支出为上级专款支出；

14. 商业服务业等事务500万元，下降75.00%，该项支出为上级专款支出；

15. 国土资源气象等事务3073万元，增长631.67%，该项支出主要是上级专款支出；

16. 住房保障支出4882万元，增长17.27%，主要是住房补贴和住房公积金支出；

17. 其他支出30578万元，增长9.56%。

三、强化措施，确保圆满完成2012年预算任务

昌邑市十七届人大一次会议秘书处

二〇一二年一月

关于昌邑市2012年预算执行情况和2013年预算草案的报告

2013年2月27日在昌邑市第十七届人民代表大会第二次会议上

昌邑市人民政府

一、2012年预算执行情况

(一)财政收入预算执行情况

2012年，全市财政总收入完成320746万元，比上年增长(以下简称增长)12.03%，其中公共财政预算收入完成186618万元，增长18.01%。在公共财政预算收入中，国税部门完成38918万元，增长9.30%；地税部门完成99022万元，增长9.19%；财政征管部分完成48678万元，增长52.87%。

全市公共财政预算收入中各收入项目的完成情况是：

增值税(25%部分)完成31272万元，增长11.67%；

营业税(80%部分)完成26845万元，增长12.90%；

企业所得税(32%部分)完成12894万元，下降3.73%；

个人所得税(25%部分)完成1587万元，下降45.22%；

资源税完成14329万元，增长60.60%；

城建税、房产税、土地增值税、契税等其他税收完成49838万元，下降0.99%；

排污费收入(80%部分)、水资源费收入(60%部分)、教育费附加收入等专项收入完成6487万元，增长3.61%；

行政事业性收费收入完成11414万元，下降8.30%；

国有资源(资产)有偿使用收入完成22825万元，增长680.34%；

罚没及其他各项收入完成9127万元，下降0.56%。

(二)财政支出预算执行情况

2012年，全市财政总支出完成251506万元，增长13.76%，其中公共财政预算支出206065万元，增长13.79%。财政总支出分项目的完成情况是：

1.一般公共服务完成29877万元，增长29.97%；

2.国防完成7万元，下降88.33%，该项支出为上级专款支出；

3.公共安全完成11551万元，增长17.88%；

4.教育完成68411万元，增长12.93%；

5.科学技术完成1268万元，下降31.79%，主要受上级专款减少影响；

6.文化体育与传媒完成1619万元，下降7.17%；

7.社会保障和就业完成20219万元，增长20.04%；

8.医疗卫生完成22178万元，增长19.26%；

9.节能环保完成9657万元，增长50.49%，主要受上级专款增加影响；

10.城乡社区事务完成9101万元，下降12.35%；

11.农林水事务完成33261万元，增长12.33%；

12.资源勘探电力信息等事务完成2783万元，增长91.14%，主要受上级专款增加影响；

13.交通运输完成3325万元，增长7.64%，该项支出为上级专款支出；

14. 商业服务业等事务完成 1825 万元，下降 59.94%，该项支出为上级专款支出；

15. 国土资源气象等事务完成 813 万元，下降 74.03%，主要受上级专款减少影响；

16. 住房保障支出完成 8017 万元，增长 52.18%，主要受上级专款增加影响；

17. 粮油物资储备管理事务完成 50 万元，比上年增加 50 万元，该项支出为上级专款支出；

18. 金融监管支出 131 万元，下降 79.69%，该项支出为上级专款支出；

19. 债务付息支出 118 万元，比上年增加 118 万元，该项支出为财政部代理发行 2009 年地方政府债券付息支出；

20. 其他支出完成 27295 万元，增长 13.45%。

2012 年，重点做了以下四个方面的工作：

（一）财政收入平稳增长。2012 年，全市公共财政预算收入增幅达 18.01%。税收收入完成 136765 万元，增长 7.41%，占公共财政预算收入的比重为 73.29%；非税收入完成 49853 万元，增长 61.80%，占公共财政预算收入的比重为 26.71%。增值税（25%）、营业税（80%）、企业所得税（32%）、个人所得税（25%）4 个主体税种共完成 72598 万元，增长 6.65%，占税收收入的比重为 53.08%。

（二）社会保障水平不断提高。一是强农惠农富农投入增长较快。全市预算内农业方面投入 33261 万元，增长 12.33%，促进了现代农业发展。全年兑付粮食直补资金和农资综合直补资金 7449 万元。二是教育投入力度进一步加大。全市教育支出 68411 万元，增长 12.93%，占财政总支出的比重达到 25.67%。全市预算内社会保障和就业支出 20219 万元，增长 20.04%。城乡低保标准不断提高，其中农村居民最低生活保障标准由每人每年 1800 元提高到每人每年 2000 元；城镇居民最低生活保障标准由每人每月 330 元提高到每人每月 340 元；五保供养标准，分散供养由每人每年 1800 元提高到每人每年 2200 元，集中供养由每人每年 2700 元提高到每人每年 3000 元。预算内拨付新型农村社会养老保险资金 5877 万元。预算内拨付就业补助资金 1235 万元。四是医疗卫生投入增长较快。全市预算内医疗卫生支出 22178 万元，增长 19.26%。新型农村合作医疗参合农民达到 436296 人，参合率达到 100%，政府补助标准由每人每年 200 元提高到 240 元。全年预算内拨付新农合资金 10750 万元。加大医疗救助力度，共为全市 16304 名农村五保对象、农村低保对象等特殊群体人员缴纳新型农村合作医疗个人参合资金。全年教育、社会保障和就业、医疗卫生、农林水事务、住房保障等民生支出达 152086 万元，占财政总支出的比重为 60.47%。

（三）各项发展政策加快实施。一是认真落实结构性减税、招商引资、出口退税、退城进园等推动企业创新发展的优惠激励政策。落实招商引资、出口退税、退城进园等优惠政策资金 51902 万元。二是充分发挥财政融资功能。融资到位资金 15.4 亿元，有力支持了城市基础设施建设。三是进一步加大服务滨海开发力度。全年拨付滨海（下营）经济开发区土地补偿费、拆迁补偿费、失地农民补偿费等 43379 万元。

（四）财政管理水平不断提升。一是预算管理改革步伐加快。将预算外收入全部纳入预算管理，财政预算的完整性明显增强。二是财政支出管理机制改革成效明显。国库集中支付制度进一步完善，公务卡制度改革加快推进。三是政府采购及监管力度不断加大。2012 年实现采购额 6.61 亿元，节约资金 1.13 亿元，节约率达 14.6%。四是非税收入管理、社保资金管理、财政投资评审、会计管理、财政监督等工作进一步加强。

二、2013 年预算草案

（一）财政收入预算安排

2013 年，全市财政总收入安排 374739 万元，增长 16.83%。其中公共财政预算收入安排 216477 万元，增长 16.00%。

公共财政预算收入分级次和分部门的安排情况是：

市级安排 150748 万元，增长 16.00%。其中国税部门安排 26187 万元，增长 18.00%；地税部门安排 69720 万元，增长 18.00%；财政征管部分安排 54841 万元，增长 12.66%。

镇街区安排 65729 万元，增长 16.00%。其中国税安排 21014 万元，增长 25.64%；地税安排 44715 万元，增长 11.96%。

（二）财政支出预算安排

2013 年，全市财政总支出安排 278826 万元，增长 19.28%。其中公共财政预算支出安排 228118 万元，增长 14.78%，与地方财力 228118 万元相抵，收支平衡。其中市级公共财政预算支出安排 171934 万元，镇街区公共财政预算支出安排 56184 万元。

全市财政总支出中具体项目的安排情况是：

1. 一般公共服务 16091 万元，增长 9.83%；

2. 国防 8 万元，增长 60%，该项支出为上级专款支出；

3. 公共安全 9342 万元，增长 12.85%；

4. 教育 75467 万元，增长 18.83%；

5. 科学技术 1904 万元，增长 5.43%；

6. 文化体育与传媒 1410 万元，增长 6.58%；

7. 社会保障和就业 24133 万元，增长 42.56%；

8. 医疗卫生 22581 万元，增长 6.70%；

9. 节能环保 8171 万元，增长 37.07%；

10. 城乡社区事务 11627 万元，增长 34.95%；

11. 农林水事务 36152 万元，增长 20.69%；

12. 资源勘探电力信息等事务 29975 万元，增长 53.53%；

13. 交通运输 4000 万元，增长 33.33%，该项支出为上级专款支出；

14. 商业服务业等事务 2000 万元，增长 300.00%，该项支出为上级专款支出；

15. 国土资源气象等事务 773 万元，下降 74.79%，主要受上级专款减少影响；

16. 住房保障支出 6656 万元，增长 36.34%，该项支出主要是住房补贴、住房公积金及上级专款支出；

17. 其他支出 28536 万元，下降 6.70%。

三、强化措施，确保全面完成 2013 年预算任务

昌邑市十七届人大二次会议秘书处

二〇一三年二月

关于昌邑市2013年预算执行情况和2014年预算草案的报告

2014年2月17日在昌邑市第十七届人民代表大会第三次会议上

昌邑市人民政府

一、2013年预算执行情况

（一）财政收入预算执行情况

2013年，全市财政总收入完成391825万元，比上年增长（以下简称增长）22.0%，其中公共财政预算收入完成233957万元，增长18.2%。在公共财政预算收入中，国税部门完成43824万元，增长6.0%；地税部门完成132520万元，增长22.9%；财政征管部分完成57613万元，增长18.1%。

全市公共财政预算收入中各收入项目的完成情况是：

增值税（25%部分）完成34006万元，增长8.7%；

营业税完成39361万元，增长15.9%；

企业所得税（40%部分）完成18868万元，增长17.1%；

个人所得税（40%部分）完成2913万元，增长14.7%；

资源税完成15243万元，增长6.4%；

城建税、房产税、土地增值税、契税等其他税收完成67440万元，增长35.2%；

排污费收入（70%部分）、水资源费收入（60%部分）、教育费附加收入等专项收入完成6184万元，下降4.8%；

行政事业性收费收入完成16418万元，增长43.8%；

国有资源（资产）有偿使用收入完成25059元，增长9.8%；

罚没及其他各项收入完成8465万元，下降7.3%。

2013年，全市政府性基金收入完成329202万元，增长0.9%。

（二）财政支出预算执行情况

2013年，全市财政总支出完成283026万元，增长12.5%，其中公共财政预算支出236201万元，增长14.6%。财政总支出分项目的完成情况是：

1. 一般公共服务完成38750万元，增长29.7%；

2. 国防完成11万元，增长57.1%，该项支出为上级专款支出；

3. 公共安全完成13371万元，增长15.8%；

4. 教育完成76597万元，增长12.0%；

5. 科学技术完成2209万元，增长74.2%，主要是上级专款比上年增加所致；

6. 文化体育与传媒完成1922万元，增长18.7%；

7. 社会保障和就业完成22346万元，增长10.5%；

8. 医疗卫生完成21977万元，下降0.9%，主要是上级专款比上年减少所致；

9. 节能环保完成8329元，下降13.8%，主要是上级专款比上年减少所致；

10. 城乡社区事务完成13866万元，增长52.4%，主要是上级专款比上年增加所致；

11. 农林水事务完成34505万元，增长3.7%；

12. 资源勘探电力信息等事务完成1886万元，下降32.2%，主要是上级专款比上年减少所致；

13. 交通运输完成3770万元，增长13.4%，该项支出为上级专款支出；

14. 商业服务业等事务完成1141万元，下降37.5%，该项支出为上级专款支出；

15. 国土资源气象等事务完成2814万元，增长246.1%，主要是上级专款比上年增加所致；

16. 住房保障支出完成5611万元，下降30.0%，主要是上级专款比上年减少所致；

17. 粮油物资储备管理事务完成25万元，下降50.0%，该项支出为上级专款支出；

18. 金融监管支出100万元，下降23.7%，该项支出为上级专款支出；

19. 债务付息支出94万元，下降20.3%，该项支出为财政部代理发行2010—2011年地方政府债券付息支出；

20. 援助其他地区支出588万元，比上年增加588万元，该项支出为上级分配援助新疆和西藏支出；

21. 其他支出完成33114万元，增长21.3%。

2013年，全市政府性基金支出336166万元，增长8.3%。

2013年，重点做了以下四个方面的工作：

（一）财政收入平稳增长。全市公共财政预算收入总量达233957万元，增幅达18.2%。从全市公共财政预算收入结构情况看，税收收入完成177831万元，增长20.1%，占公共财政预算收入的比重为76.0%；非税收入完成56126万元，增长12.6%，占公共财政预算收入的比重为24.0%。增值税（25%部分）、营业税、企业所得税（40%部分）、个人所得税（40%部分）等主体税种共完成95148万元，增长13.4%，占税收收入的比重为53.5%。

（二）民生保障能力明显增强。一是强农惠农富农投入增长较快。全市预算内农业方面投入34505万元，增长3.7%。认真落实各项惠农政策，粮食直补资金和农资综合直补资金全部兑付到位。兑付直补资金7901万元。二是教育投入力度进一步加大。2013年全市教育支出76597万元，增长12.0%，占财政总支出的比重达到27.1%。三是社会保障和就业投入不断增长。2013年全市预算内社会保障和就业支出22346万元，增长10.5%。城乡低保标准不断提高，其中农村居民最低生活保障标准由每人每年2200元提高到每人每年2400元；城镇居民最低生活保障标准由每人每月360元提高到每人每月410元；五保供养标准，分散供养由每人每年2500元提高到每人每年3600元，集中供养由每人每年3300元提高到每人每年4800元。积极推进新型农村社会养老保险工作，2013年全市预算内拨付新型农村社会养老保险资金9478万元。支持就业再就业工作，2013年预算内拨付就业补助资金727万元。四是不断加大医疗卫生投入。2013年全市预算内医疗卫生支出21977万元。新型农村合作医疗参合农民达到416676人，参合率达100%，政府补助标准由每人每年240元提高到280元。2013年预算内拨付新型农村合作医疗资金11858万元。加大医疗救助力度，共为全市1.95万名农村五保对象、农村低保对象等特殊群体人员缴纳新型农村合作医疗个人参合资金。2013年全市教育、文化体育与传媒、社会保障和就业、医疗卫生、农林水事务、住房保障等民生支出达162958万元，增长6.0%，占财政总支出的比重为57.6%。

（三）支持发展力度进一步加大。一是认真落实结构性减税、招商引资、出口退税、退城进园等推动企业创新发展的优惠激励政策。2013年落实招商引资、出口退税、退城进园等优惠政策资金58106万元。二是充分发挥财政融资功能。融资到位资金14.04亿元，有力支持了城市基础设施建设。三是进一步加大服务滨海开发力度。全年拨付滨海（下营）经济开发区土地补偿费、拆迁补偿费、失地农民补偿费等25496万元。

（四）财政管理水平不断提升。一是预算管理改革不断深化。预算编制的完整性、准确性持续增强，提高了财政管理的科学化、规范化、精细化水平和财政透明度。二是支出管理改革加快推进。国库集中支付改革单位覆盖面（市直部门）达到100%，部门、单位公务卡推广使用力度进一步加大。三是政府采购及监管力度不断加大。完成采购额62400万元，节约资金7900万元，节约率达12.7%。四是预决算公开工作。2013年，在年初向社会公开财政预决算报告的基础上，10月份首次向社会公布了全年市级“三公经费”（因公出国（境）经费、车辆购置及运行费、公务接待费）预算总额和37个部门的“三公经费”预算。五是非税收入管理、社保资金管理、财政投资评审、会计管理、财政监督等工作进一步加强。

二、2014年预算草案

（一）财政收入预算安排

2014年，全市财政总收入安排454654万元，增长16%。其中公共财政预算收入安排271390万元，增长16%。

公共财政预算收入分级次和分部门的安排情况是：

市级安排186031万元，增长16.0%。其中国税部门安排32440万元，增长18.0%；地税部门安排88815万元，增长18.0%；财政征管部分安排64776万元，增长12.4%。

镇街区安排85359万元，增长16.0%。其中国税安排26394万元，增长49.6%；地税安排58965万元，增长5.4%。

2014年，全市政府性基金收入安排340568万元，增长3.5%。

（二）财政支出预算安排

2014年，全市财政总支出安排313849万元，增长12.6%。其中公共财政预算支出安排262640万元，增长15.2%。2014年全市地方财力262640万元，公共财政预算支出与地方财力相抵，收支平衡。其中市级公共财政预算支出安排202152万元，镇街区公共财政预算支出安排60488万元。

全市财政总支出中具体项目的安排情况是：

1. 一般公共服务支出17838万元，增长10.9%；

2. 国防支出9万元，增长12.5%，该项支出为上级专款支出；

3. 公共安全支出10581万元，增长13.3%；

4. 教育支出84406万元，增长11.8%；

5. 科学技术支出2106万元，增长10.6%；

6. 文化体育与传媒支出1533万元，增长8.7%；

7. 社会保障和就业支出27550万元，增长7.5%；

8. 医疗卫生支出24073万元，增长6.6%；

9. 节能环保支出8980万元，增长9.9%；

10. 城乡社区支出12685万元，增长9.1%；

11. 农林水支出36604万元，增长10.4%；

12. 资源勘探电力信息等支出40128万元，增长33.9%；

13. 交通运输支出4000万元，与上年持平，该项支出为上级专款支出；

14. 商业服务业等支出2000万元，与上年持平，该项支出为上级专款支出；

15. 国土海洋气象等支出822万元，增长6.3%；

16. 住房保障支出6836万元，增长2.7%，该项支出主要是住房补贴、住房公积金及上级专款支出；

17. 其他支出33698万元，增长12.2%，主要支出项目包括市级及各镇街区预留增资、增人增资、预备费、政府贷款偿债准备金、国债还贷资金、企业优惠政策兑现、绿博会资金、节能减排、上级转移支付补助支出等。

2014年，政府性基金支出安排438045万元，增长30.3%。主要是上年基金结余在今年安排支出增支。

三、强化措施，确保全面完成2014年预算任务

昌邑市十七届人大三次会议秘书处

二〇一四年二月

关于昌邑市2014年预算执行情况和2015年预算草案的报告

2015年2月5日在昌邑市第十七届人民代表大会第四次会议上

昌邑市人民政府

一、2014年预算执行情况

（一）财政收入预算执行情况

2014年，全市财政总收入完成426605万元，比上年增长（以下简称增长）8.9%，其中公共财政预算收入完成251969万元，增长7.7%。在公共财政预算收入中，国税部门完成49227万元，增长8%；地税部门完成142498万元，增长9%；财政征管部分完成60244万元，增长4.6%。

全市公共财政预算收入中各收入项目的完成情况是：

增值税（25%部分）完成38727万元，增长13.9%；

营业税完成44189万元，增长12.3%；

企业所得税（40%部分）完成21757万元，增长15.3%；

个人所得税（40%部分）完成3896万元，增长33.7%；

资源税完成27055万元，增长77.5%；

城市维护建设税完成13189万元，增长11.7%；

房产税完成3320万元，增长26.7%；

印花税完成2979万元，增长3.5%；

城镇土地使用税完成18364万元，增长9.2%；

土地增值税完成14351万元，增长75.7%；

车船税完成1766万元，增长6.4%；

耕地占用税完成871万元，下降41.8%；

契税完成10606万元，下降51.8%；

排污费收入（70%部分）、水资源费收入（60%部分）、教育费附加收入等专项收入完成8661万元，增长40.1%；

行政事业性收费收入完成9389万元，下降42.8%；

罚没收入完成8096万元，增长1.1%；

国有资源（资产）有偿使用收入完成24753万元，下降1.2%。

2014年，全市政府性基金收入完成137713万元，下降58.2%。

（二）财政支出预算执行情况

2014年，全市财政总支出完成311556万元，增长10.1%，其中公共财政预算支出271322万元，下降1.1%。财政总支出分项目的完成情况是：

1. 一般公共服务支出完成39383万元，增长1.6%；

2. 国防支出完成4万元，下降60%，该项支出为上级专款支出；

3. 公共安全支出完成13014万元，下降2.7%；

4. 教育支出完成81306万元，增长6.1%；

5. 科学技术支出完成1446万元，下降34.5%，主要是上级专款比上年减少所致；

6. 文化体育与传媒支出完成2248万元，增长17%；

7. 社会保障和就业支出完成23017万元，增长3%；

8. 医疗卫生与计划生育支出完成31794万元，增长44.7%，主要是计划生育支出2013年在一般公共服务支出中列支，2014年在医疗卫生与计划生育支出中列支所致；

9. 节能环保支出完成10068万元，增长20.9%，主要是上级专款比上年增加所致；

10. 城乡社区支出完成33845万元，增长144.1%，主要是财政部代理发行2014年地方政府债券支出列入该项等增加所致；

11. 农林水支出完成38558万元，增长11.7%；

12. 交通运输支出完成9069万元，增长140.6%，该项支出为上级专款支出；

13. 资源勘探信息等支出完成2827万元，增长49.9%，主要是上级专款比上年增加所致；

14. 商业服务业等支出完成738万元，下降35.3%，该项支出为上级专款支出；

15. 援助其他地区支出659万元，增长12.1%，该项支出为上级分配援助新疆和西藏支出；

16. 国土海洋气象等支出完成1145万元，下降59.3%，主要是上级专款比上年减少所致；

17. 住房保障支出完成5562万元，下降0.9%，主要是上级专款比上年减少所致；

18. 粮油物资储备支出完成311万元，增长1144%，该项支出为上级专款支出；

19. 国债还本付息支出71万元，下降24.5%，该项支出为财政部代理发行2012年地方政府债券付息支出；

20. 其他支出完成16491万元，下降50.2%，主要支出项目包括偿债风险金、偿债准备金、国债还贷资金、绿博会资金、行政性收费纳入预算管理支出、上级转移支付补助支出等。

2014年，全市政府性基金支出146169万元，下降56.5%。

2014年，重点做了以下四个方面的工作：

（一）财政收入实现平稳增长。全市公共财政预算收入251969万元，增长7.7%。税收收入完成201070万元，增长13.1%，占公共财政预算收入的比重为79.8%；非税收入完成50899万元，下降9.3%，占公共财政预算收入的比重为20.2%。增值税（25%部分）、营业税、企业所得税（40%部分）、个人所得税（40%部分）等主体税种共完成108569万元，增长14.1%，占公共财政预算收入的比重为43.1%，占税收收入的比重为54%。

（二）民生保障水平不断提高。一是强农惠农富农投入增长较快。全市预算内农业投入38555万元，增长11.7%，有力促进了现代农业发展。粮食直补资金和农资综合直补资金全部兑付到位，共7533万元。二是教育投入力度进一步加大。全市预算内教育支出81306万元，增长6.1%，占财政总支出的比重为26.1%。三是社会保障和就业投入不断增长。全市预算内社会保障和就业支出23017万元，增长3%。城乡低保标准不断提高，其中农村居民最低生活保障标准由每人每年2400元提高到每人每年2900元；城镇居民最低生活保障标准由每人每月410元提高到每人每月450元；五保供养标准，分散供养由每人每年3600元提高到每人每年4000元，集中供养由每人每年4800元提高到每人每年5400元。全市预算内拨付城乡居民社会养老保险资金10201万元。预算内拨付就业补助资金657万元。四是不断加大医疗卫生投入。全市预算内医疗卫生支出31749万元，增长44.7%。新型农村合作医疗参合农民达到400326人，参合率达100%，政府补助标准由每人每年280元提高到320元，预算内拨付新型农村合作医疗资金13110万元。为全市1.82万名农村五保对象、农村低保对象等特殊群体缴纳新型农村合作医疗个人参合资金。全市教育、文化体育与传媒、社会保障和就业、医疗卫生、农林水、住房保障等民生支出达182485万元，增长12.0%，占财政总支出的比重为58.6%。

（三）支持发展方式不断转变。一是落实结构性减税、出口退税等推动企业创新发展的优惠激励政策。落实结构性减税、出口退税等优惠政策资金60251万元。二是发挥财政融资功能。搭建融资平台，融资到位资金22亿元。三是支持滨海开发。拨付滨海（下营）经济开发区土地补偿费、拆迁补偿费、失地农民补偿费等25496万元。

（四）财税各项改革深入推进。一是预算管理改革不断深化。二是进一步加强债务管理。三是支出管理改革加快推进。国库集中支付改革单位覆盖面达到100%，部门、单位公务卡推广使用力度进一步加大。四是政府采购及监管。完成采购额31600万元，节约资金8600万元，节约率达21.4%。五是建立透明预算制度。3月份，对市直各部门、单位的日常公用支出按年初预算的5%进行了压减。6月份，向社会公开了市级10个部门的2014年部门预算、2014年市级“三公经费”预算总额、61个部门的“三公经费”预算。10月份，向社会公开了2013年公共财政收支决算、2013年政府性基金收支决算、2014年公共财政收支预算、2014年政府性基金收支预算。六是非税收入管理、社保资金管理、财政投资评审、会计管理、财政监督等工作进一步加强。

二、2015年预算草案

（一）财政收入预算安排

2015年，全市财政总收入安排469048万元，增长9.9%。其中公共财政预算收入安排277166万元，增长10%。

公共财政预算收入分级次和分部门的安排情况是：

市级安排190411万元，增长8.7%。其中国税部门安排35632万元，增长13%；地税部门安排94262万元，增长13%；财政征管部分安排60516万元，增长0.5%。

镇街区安排86755万元，增长13%。其中国税安排20444万元，增长13%；地税安排66311万元，增长13%。

2015年，全市政府性基金收入安排93640万元，下降32%。

（二）财政支出预算安排

2015年，全市财政总支出安排327526万元，增长5.1%。其中公共财政预算支出安排287292万元，增长5.9%。2015年全市地方财力287292万元，公共财政预算支出与地方财力相抵，收支平衡。其中市级公共财政预算支出安排227333万元，镇街区公共财政预算支出安排59959万元。

全市财政总支出中具体项目的安排情况是：

1. 一般公共服务支出19580万元，下降50.3%；

2. 国防支出4万元，与上年持平，该项支出为上级专款支出；

3. 公共安全支出13520万元，增长3.9%；

4. 教育支出85992万元，增长5.8%；

5. 科学技术支出1607万元，增长11.1%；

6. 文化体育与传媒支出3631万元，增长61.5%；

7. 社会保障和就业支出31370万元，增长36.3%；

8. 医疗卫生与计划生育支出33549万元，增长5.5%；

9. 节能环保支出11399万元，增长13.2%；

10. 城乡社区支出22895万元，下降32.4%；

11. 农林水支出45602万元，增长18.3%；

12. 资源勘探电力信息等支出2980万元，增长5.4%；

13. 交通运输支出6231万元，下降31.3%；

14. 商业服务业等支出738万元，与上年持平；

15. 国土海洋气象等支出1194万元，增长4.3%；

16. 住房保障支出 5791 万元，增长 4.1%，该项支出主要是住房补贴、住房公积金及上级专款支出；

17、援助其他地区支出 659 万元，与上年持平，该项支出为上级分配援助新疆和西藏支出；

18、粮油物资储备支出 311 万元，与上年持平，该项支出为上级专款支出；

19. 其他支出 40473 万元，增长 145.4%。

2015 年，政府性基金支出安排 181702 万元，增长 24.3%，主要是上年基金结余在今年安排支出增支。

三、强化措施，确保全面完成 2015 年预算任务

昌邑市十七届人大四次会议秘书处

二〇一五年二月

关于昌邑市 2015 年预算执行情况和 2016 年预算草案的报告

2016 年 2 月 27 日在昌邑市第十七届人民代表大会第五次会议上

昌邑市人民政府

一、2015 年预算执行情况

（一）一般公共预算执行情况

全市财政总收入完成 458625 万元，比上年增长 7.5%，其中一般公共预算收入完成 273326 万元，增长 8.5%。全市一般公共预算支出完成 421786 万元，增长 35.4%。

全市一般公共预算收入 273326 万元，加中央税收返还收入 15303 万元、转移支付补助 77286 万元、地方政府一般债券转贷收入 138227 万元、调入资金 113169 万元及上年结转收入 458 万元，收入共计 617769 万元。2015 年一般公共预算支出 421786 万元，加上解中央、省及潍坊市支出 57798 万元、债务还本支出 137727 万元，支出共计 617311 万元。收支相抵，全市累计净结余 458 万元。

2015 年，全市一般公共预算收入中，国税部门完成 59142 万元，增长 4.7%；地税部门完成 167413 万元，增长 17.8%；财政征管部分完成 53971 万元，下降 10.4%。

全市一般公共预算收入分项目的完成情况是：

1. 增值税（25% 部分）完成 39888 万元，增长 3%；

2. 营业税完成 42212 万元，下降 4.5%；

3. 企业所得税（40% 部分）完成 24670 万元，增长 13.4%；

4. 个人所得税（40% 部分）完成 4427 万元，增长 13.6%；

5. 资源税完成 20681 万元，下降 23.6%；

6. 城市维护建设税完成 14555 万元，增长 10.4%；

7. 房产税完成 4087 万元，增长 23.1%；

8. 印花税完成 2411 万元，下降 19.1%；

9. 城镇土地使用税完成 32630 万元，增长 77.7%；

10. 土地增值税完成 20426 万元，增长 42.3%；

11. 车船税完成 2095 万元，增长 18.6%；

12. 耕地占用税完成 5719 万元，增长 556.6%；

13. 契税完成 8971 万元，下降 15.4%；

14. 排污费收入、水资源费收入、教育费附

加收入、探矿权、采矿权价款收入、地方教育附加收入、残疾人就业保障金收入、教育资金收入、农田水利建设资金收入、育林基金收入、水利建设专项收入等专项收入完成15343万元，增长77.2%。主要是2015年地方教育附加收入、残疾人就业保障金收入、教育资金收入、农田水利建设资金收入、育林基金收入、水利建设专项收入等由基金收入划归一般预算收入所致；

15. 行政事业性收费收入完成12262万元，增长30.6%；

16. 罚没收入完成6389万元，下降21.1%；

17. 国有资源（资产）有偿使用收入完成16560万元，下降33.1%。

2015年全市一般公共预算支出各项目的完成情况是：

1. 一般公共服务支出完成44777万元，增长13.7%；

2. 国防支出完成5万元，增长25%，该项支出为上级专款支出；

3. 公共安全支出完成15151万元，增长16.4%；

4. 教育支出完成94139万元，增长15.8%；

5. 科学技术支出完成551万元，下降61.9%；

6. 文化体育与传媒支出完成2582万元，增长14.9%；

7. 社会保障和就业支出完成27045万元，增长17.5%；

8. 医疗卫生与计划生育支出完成36747万元，增长15.6%；

9. 节能环保支出完成29061万元，增长188.6%，主要是污水处理费增加支出所致；

10. 城乡社区支出完成85460万元，增长152.5%，主要是基础设施建设投入增加所致；

11. 农林水支出完成68933万元，增长78.8%；

12. 交通运输支出完成1307万元，下降85.6%，该项支出为上级专款支出；

13. 资源勘探信息等支出完成1341万元，下降52.6%，主要是上级专款比上年减少所致；

14. 商业服务业等支出完成838万元，增长13.6%，该项支出为上级专款支出；

15. 援助其他地区支出711万元，增长7.9%，该项支出为上级分配援助新疆和西藏支出；

16. 国土海洋气象等支出完成4473万元，增长290.7%，主要是上级专款比上年增加所致；

17. 住房保障支出完成5445万元，下降2.1%；

18. 粮油物资储备支出完成37万元，下降88.1%，该项支出为上级专款支出；

19. 其他支出完成3219万元，下降80.5%，主要支出项目包括偿债风险金、绿博会资金、行政性收费纳入预算管理支出、上级转移支付补助支出等。

（二）政府性基金预算执行情况

2015年，全市政府性基金收入完成36571万元，下降73.4%。政府性基金支出42563万元，下降70.9%。

2015年，全市政府性基金收入36571万元，加上级政府性基金补助收入6167万元、上年结转收入83411万元、债务收入1300万元、调入资金23000万元，收入共计150449万元。2015年政府性基金支出42563万元，加上解中央支出39万元、调出资金107847万元，支出共计150449万元。

（三）社会保险基金预算执行情况

2015年，全市社会保险基金收入201934万元，增长5.2%；社会保险基金支出189724万元，增长8.4%。

2015年，重点做了以下四个方面的工作：

（一）财政收入实现平稳增长。2015年全市公共财政预算收入273326万元，增长8.5%。税收收入完成222772万元，增长10.8%，占一般公共预算收入的比重为81.5%；非税收入完成50554万元，下降0.7%，占一般公共预算收入的比重为18.5%。增值税（25%部分）、营业税、企业所得税（40%部分）、个人所得税（40%部分）等主体税种共完成111197万元，增长2.4%，占一般公共预算收入的比重为40.7%，占税收收入的比重为49.9%。

（二）民生保障能力进一步增强。一是强农惠农富农投入增长较快。2015年，全市预算内农业投入68933万元，增长78.8%。认真落实各项惠农补贴政策，粮食直补资金和农资综合直补资金全部兑付到位，共兑付直补资金8184万元。二是教育投入力度进一步加大。2015年，全市预算内教育支出94139万元，增长15.8%。三是社会保障和就业投入不断增长。2015年，全市预算内社会保障和就业支出27045万元，增长17.5%。2015年城乡低保、五保标准不断提高，其中农村居民最低生活保障标准由每人每年2900元提高到每人每年3300元；城镇居民最低生活保障标准由每人每月450元提高到每人每月480元；五保供养标准，分散供养由每人每年4000元提高到每人每年4200元，集中供养由每人每年5400元提高到每人每年5600元。全市预算内拨付城乡居民基本养老保险基金补助12106万元。预算内拨付就业补助资金644万元。四是不断加大医疗卫生投入。全市预算内医疗卫生支出36747万元，增长15.6%。城镇居民基本医疗保险政府补助标准由每人每年320元提高到380元，预算内拨付城镇居民基本医疗保险资金9130万元。加大医疗救助力度，筹集资金169万元为全市1.53万名农村五保、城乡低保对象等特殊群体缴纳城镇居民基本医疗保险个人参保资金。2015年，全市教育、文化体育与传媒、社会保障和就业、医疗卫生、农林水、保障性住房、粮油物资储备、商业服务业、节能环保、科学技术、城乡社区事务、交通运输、国土海洋气象等民生支出356419万元，增长49%，占财政总支出的比重为84.5%。

（三）支持发展力度不断加大。一是认真落实结构性减税、出口退税等推动企业创新发展的优惠激励政策。共落实结构性减税、出口退税等优惠政策资金62221万元。二是充分发挥财政融资功能。2015年融资到位资金25.56亿元。三是加强政府债券管理。2015年上级为我市发行地方政府债券139527万元，其中新增政府债券2800万元，存量债务置换债券136727万元。建立健全债务风险评估和预警机制，实行债务限额管理。经潍坊市政府批准，我市2015年末地方政府债务限额为727170万元（其中一般债务577420万元，专项债务149750万元），年底未突破该限额。四是积极支持滨海开发。2015年，拨付滨海（下营）经济开发区土地补偿费1657万元。

（四）财税各项改革深入推进。一是收入分配改革稳步推进。积极实施机关事业单位工资和养老保险制度改革，新增工资全部落实到位。二是预算管理改革不断深化。预算编制的完整性、准确性持续增强，提高了财政管理的科学化、规范化、精细化水平和财政透明度。三是支出管理改革加快推进。国库集中支付改革单位覆盖面达到100%，部门、单位公务卡推广使用力度进一步加大。四是政府采购制度更加完善。2015年，完成采购额48800万元，节约资金10200万元，节约率达17.3%。五是预决算公开实现“全覆盖”。2015年，全部公开了本级政府预决算、部门预决算和三公经费预决算，财政透明度进一步提高。六是非税收入管理、社保资金管理、财政投资评审、会计管理、财政监督等工作进一步加强。

二、2016年预算草案

（一）一般公共预算收入安排

综合考虑全市主要经济预期指标和各项政策

性收支增减因素，2016年，全市财政总收入安排502221万元，增长9.5%。其中一般公共预算收入安排297925万元，增长9%。其中市级安排189747万元，增长7.6%；镇街区安排108178万元，增长11.6%。

（二）一般公共预算支出安排

2016年，全市一般公共预算支出安排324395万元，下降23.1%。其中地方支出安排298094万元，下降24.6%，主要是上年政府性基金结转调入一般公共预算今年无此因素导致。2016年全市地方财力298094万元，地方支出与地方财力相抵，收支平衡。其中市级地方支出安排220537万元，镇街区地方支出安排77557万元。

全市一般公共预算支出具体项目的安排情况是：

1. 一般公共服务支出21194万元，下降52.7%；

2. 国防支出5万元，与上年持平，该项支出为上级专款支出；

3. 公共安全支出12041万元，下降20.5%；

4. 教育支出80033万元，下降15%；

5. 科学技术支出411万元，下降25.4%；

6. 文化体育与传媒支出3733万元，增长44.6%；

7. 社会保障和就业支出36705万元，增长35.7%；

8. 医疗卫生与计划生育支出38630万元，增长5.1%；

9. 节能环保支出7493万元，下降74.2%；

10. 城乡社区支出33939万元，下降60.3%；

11. 农林水支出39075万元，下降43.3%；

12. 资源勘探电力信息等支出1239万元，下降7.6%；

13. 交通运输支出1353万元，增长3.5%，主要项目是1300万元用于济青高铁项目财政补贴；

14. 商业服务业等支出737万元，下降12.1%，该项支出为上级专款支出；

15. 国土海洋气象等支出4092万元，下降7.8%；

16. 住房保障支出10004万元，增长83.7%，该项支出主要是住房补贴、住房公积金支出；

17. 援助其他地区支出711万元，与上年持平，该项支出为上级分配援助新疆和西藏支出；

18. 粮油物资储备支出37万元，与上年持平，该项支出为上级专款支出；

19. 其他支出32963万元，增长924.0%，主要支出项目包括市级及各镇街区预留增资、增人增资、预备费、政府债务偿债准备金、绿博会资金、上级转移支付补助资金等支出。

（三）政府性基金收入、支出安排

2016年，全市政府性基金收入安排36650万元，增长0.2%。政府性基金支出安排42817万元，增长0.6%。

（四）社会保险基金收入、支出安排

2016年，全市社会保险基金收入安排228331万元，增长11.3%。社会保险基金支出安排211322万元，增长10.8%。

三、强化措施，确保全面完成2016年预算任务

昌邑市十七届人大五次会议秘书处

二〇一六年二月

关于昌邑市2016年预算执行情况和2017年预算草案的报告

2017年1月20日在昌邑市第十八届人民代表大会第一次会议上

昌邑市人民政府

一、2016年预算执行情况

（一）一般公共预算执行情况

2016年，全市财政总收入完成479752万元，同口径比上年增长4.6%。一般公共预算收入完成299086万元，同口径比上年增长5.8%。加上中央税收返还收入7747万元、转移支付补助84045万元、地方政府一般债券转贷收入107171万元、调入资金42054万元，财力总计540103万元。

全市一般公共预算支出完成366415万元，下降13.1%。加上解中央、省及潍坊市支出64763万元、安排预算稳定调节基金1754万元、债务还本支出107171万元，支出总计540103万元。收支平衡。

全市一般公共预算收入中，国税部门完成82455万元，下降6.4%；地税部门完成130759万元，下降7%；财政征管部分完成85872万元，增长59%。

全市一般公共预算收入分项目完成情况是：

1. 增值税完成70808万元，下降6.9%；

2. 营业税完成15075万元，下降2.1%；

3. 企业所得税完成21820万元，下降11.6%；

4. 个人所得税完成3421万元，下降22.7%；

5. 资源税完成25621万元，增长23.9%；

6. 城市维护建设税完成14080万元，下降3.3%；

7. 房产税完成3863万元，下降5.5%；

8. 印花税完成2385万元，下降1.1%；

9. 城镇土地使用税完成28302万元，下降13.3%；

10. 土地增值税完成10086万元，下降50.6%；

11. 车船税完成1876万元，下降10.5%；

12. 耕地占用税完成779万元，下降86.4%；

13. 契税完成5888万元，下降34.4%；

14. 排污费、水资源费、教育费附加、地方教育附加、残疾人就业保障金、教育资金、农田水利建设资金、水利建设等专项收入完成18809万元，增长22.3%；

15. 行政事业性收费收入完成6465万元，下降47.3%；

16. 罚没收入完成6308万元，下降1.3%；

17. 国有资源（资产）有偿使用收入完成63252万元，增长282.0%；

18. 其他收入完成248万元，比上年增加248万元。

2016年全市一般公共预算支出分项目完成情况是：

1. 一般公共服务支出完成27285万元，下降39.1%；

2. 国防支出完成5万元，与上年持平，该项支出为上级专款支出；

3. 公共安全支出完成17104万元，增长12.9%；

4. 教育支出完成86035万元，下降8.6%；

5. 科学技术支出完成670万元，增长21.6%；

6. 文化体育与传媒支出完成 2638 万元，增长 2.2%；

7. 社会保障和就业支出完成 42849 万元，增长 58.4%；

8. 医疗卫生与计划生育支出完成 35292 万元，下降 4.0%；

9. 节能环保支出完成 4755 万元，下降 83.6%，主要是上级专款比上年减少所致；

10. 城乡社区支出完成 75171 万元，下降 12.0%；

11. 农林水支出完成 43777 万元，下降 36.5%；

12. 交通运输支出完成 6694 万元，增长 412.2%，该项支出为上级专款支出；

13. 资源勘探信息等支出完成 662 万元，下降 50.6%，主要是上级专款比上年减少所致；

14. 商业服务业等支出完成 1706 万元，增长 103.6%，该项支出为上级专款支出；

15. 援助其他地区支出 769 万元，增长 8.2%，该项支出为上级分配援助新疆和西藏支出；

16. 国土海洋气象等支出完成 3057 万元，下降 31.1%，主要是上级专款比上年减少所致；

17. 住房保障支出完成 8377 万元，增长 53.8%；

18. 粮油物资储备支出完成 385 万元，增长 940.5%，该项支出为上级专款支出；

19. 其他支出完成 3899 万元，增长 35%，主要包括偿债风险金、绿博会资金、行政性收费纳入预算管理支出、上级转移支付补助支出等；

20. 债务付息支出 5285 万元，增长 1501.5%，主要是归还 2015 年和 2016 年政府一般债券置换资金利息。

（二）政府性基金预算执行情况

2016 年，全市政府性基金收入完成 65922 万元，增长 80.3%，加上级政府性基金补助收入 3987 万元、债务收入 27400 万元，财力总计 97309 万元。

全市政府性基金支出 66748 万元，增长 56.8%，加上解中央支出 54 万元、调出资金 13007 万元（调入一般公共预算统筹安排）、债务还本支出 17500 万元，支出总计 97309 万元。收支平衡。

（三）社会保险基金预算执行情况

2016 年，全市社会保险基金收入完成 274404 万元，增长 35.9%；社会保险基金支出完成 261370 万元，增长 37.8%。

2016 年，重点做了以下四个方面的工作：

（一）财政收入实现平稳增长。2016 年全市一般公共预算收入完成 299086 万元，增长 5.8%。税收收入完成 204004 万元，同比下降 12.3%，占一般公共预算收入的比重为 68.2%；非税收入完成 95082 万元，增长 88.1%，占一般公共预算收入的比重为 31.8%。增值税、营业税、企业所得税、个人所得税等主体税种共完成 111124 万元，下降 8.2%，占一般公共预算收入的比重为 37.2%，占税收收入的比重为 54.5%。

（二）民生保障能力进一步增强。2016 年全市一般公共预算用于民生方面的支出达到 31.1 亿元，民生支出占一般公共预算支出的比重达到 85%。

（三）支持发展力度不断加大。2016 年共落实结构性减税、出口退税等优惠政策资金 64825 万元。直接融资到位资金 22.19 亿元，政府与社会资本合作融资 10.5 亿元。2016 年上级为我市发行地方政府债券 134571 万元，其中新增政府债券 9900 万元，存量债务置换债券 124671 万元。我市 2016 年政府债务限额为 737070 万元（其中一般债务 577420 万元，专项债务 159650 万元），2016 年底政府债务未突破限额。积极支持滨海开发。2016 年拨付滨海（下营）经济开发区土地补偿费 1657 万元。

（四）财税各项改革深入推进。一是进一步推进预决算公开，预决算公开实现“全覆盖”。

2016年全部公开了本级政府预决算、部门预决算和三公经费预决算。二是全面推开“营改增”试点，房地产、建筑业、金融业和生活服务业纳入试点范围，实现增值税对货物和服务全覆盖。三是全面推进资源税从价计征改革，促进了资源节约利用和生态环境保护。四是预算管理改革不断深化。预算编制的完整性、准确性持续增强，提高了财政管理的科学化、规范化、精细化水平和财政透明度。五是支出管理改革加快推进。国库集中支付改革单位覆盖面达到100%，部门、单位公务卡推广使用力度进一步加大。六是加强预算绩效管理，对重点项目、重点资金实施第三方机构独立评价。

二、2017年预算草案

（一）一般公共预算收入安排

2017年，全市财政总收入安排514680万元，同口径比上年增长7.3%。一般公共预算收入安排329437万元，同口径比上年增长8.5%。其中市级安排235648万元，增长6%；镇街区安排93789万元，增长15.4%。

（二）一般公共预算支出安排

2017年，全市一般公共预算支出安排356827万元，下降2.6%。其中市级支出安排296942万元，镇街区支出安排59885万元。全市总财力356827万元，一般公共预算支出与总财力相抵，收支平衡。

全市一般公共预算支出具体项目安排情况是：

1. 一般公共服务支出26912万元，下降1.4%；

2. 国防支出5万元，与上年持平，该项支出为上级专款支出；

3. 公共安全支出16425万元，下降4.0%；

4. 教育支出87456万元，增长1.7%；

5. 科学技术支出618万元，下降7.8%；

6. 文化体育与传媒支出2452万元，下降7.1%；

7. 社会保障和就业支出46367万元，增长8.2%；

8. 医疗卫生与计划生育支出39988万元，增长13.3%；

9. 节能环保支出7580万元，增长59.4%；

10. 城乡社区支出29665万元，下降60.5%；

11. 农林水支出48532万元，增长10.9%；

12. 资源勘探电力信息等支出642万元，下降3.0%；

13. 交通运输支出6694万元，与上年持平，该项支出为上级专款支出；

14. 商业服务业等支出1676万元，下降1.8%，该项支出主要是上级专款支出；

15. 援助其他地区支出800万元，增长4.0%，该项支出为上级分配援助新疆和西藏支出；

16. 国土海洋气象等支出2841万元，下降7.1%；

17. 住房保障支出10494万元，增长25.3%，该项支出主要是住房补贴、住房公积金支出；

18. 粮油物资储备支出360万元，下降6.5%，该项支出主要是上级专款支出；

19. 地方政府一般债务付息支出8192万元，增长55.0%，主要是归还2015年和2016年政府一般债券置换资金利息；

20. 其他支出19128万元，增长390.6%。

（三）政府性基金收入、支出安排

2017年，全市政府性基金收入安排66155万元，增长0.4%。政府性基金支出安排67445万元，增长1.0%。

（四）社会保险基金收入、支出安排

2017年，全市社会保险基金收入安排277568万元，增长1.2%。社会保险基金支出安排263506万元，增长0.8%。

三、强化措施，确保全面完成2017年预算任务

昌邑市十八届人大一次会议秘书处

二〇一七年一月

关于昌邑市2017年预算执行情况和2018年预算草案的报告

2018年1月17日在昌邑市第十八届人民代表大会第二次会议上

昌邑市人民政府

各位代表：

现将我市2017年预算执行情况和2018年预算草案向大会作书面报告，请予审议，并请各位政协委员和其他列席会议的同志提出意见。

一、2017年预算执行情况

2017年，面对国内外形势的深刻复杂变化，在市委的坚强领导下，全市上下深入贯彻党的十九大精神以及习近平总书记系列重要讲话精神，全面落实市十八届人大及其常委会决议，着力推进供给侧结构性改革，降低企业税费负担，加大财政支出结构调整力度，推进资金绩效管理，深化财税改革，强化地方政府债务风险防控，加强预算执行管理，有力促进了经济社会持续健康发展。

（一）一般公共预算执行情况

2017年，全市财政总收入完成505004万元，同口径比上年增长（以下简称同比增长）5.2%。一般公共预算收入完成307943万元，同比增长5.8%。加上中央税收返还收入3318万元、转移支付补助91818万元、地方政府一般债券转贷收入119090万元、调入预算稳定调节基金2165万元、调入资金61585万元，财力总计585919万元。

2017年，全市一般公共预算收入中，国税部门完成111185万元，同比增长12.4%；地税部门完成108122万元，同比增长1.7%；财政征管部分完成88636万元，增长3.2%。

2017年，全市一般公共预算收入中，市级完成223191万元，同比增长6.3%；镇街区完成84752万元，同比增长4.4%。其中围子街道完成14315万元，同比增长57.5%；奎聚街道完成10301万元，同比增长32.3%；都昌街道完成9509万元，同比增长23.7%；石埠经济发展区完成995万元，同比下降32.7%。

全市一般公共预算收入分项目完成情况是：

1. 增值税完成97608万元，增长34.8%；
2. 营业税完成80万元，下降99.5%；
3. 企业所得税完成25674万元，增长17.7%；
4. 个人所得税完成4837万元，增长41.4%；
5. 资源税完成8059万元，下降49.7%；
6. 城市维护建设税完成16056万元，增长14.0%；
7. 房产税完成4343万元，增长12.4%；
8. 印花税完成2757万元，增长15.6%；
9. 城镇土地使用税完成27958万元，下降1.2%；
10. 土地增值税完成6724万元，下降33.3%；
11. 车船税完成2122万元，增长13.1%；
12. 耕地占用税完成2377万元，增长205.1%；
13. 契税完成7034万元，增长19.5%；
14. 排污费收入、水资源费收入、教育费附加收入、地方教育附加收入、残疾人就业保障金收入、教育资金收入、农田水利建设资金收入、水利建设专项收入等专项收入完成16874万元，下降10.3%；

15. 行政事业性收费收入完成 3769 万元，下降 41.7%；

16. 罚没收入完成 13687 万元，增长 117.0%；

17. 国有资源（资产）有偿使用收入完成 67973 万元，增长 7.5%；

18. 政府住房基金收入完成 11 万元，比上年增加 11 万元。

2017 年，全市一般公共预算支出完成 406138 万元，增长 10.8%。加上体制上解支出 29255 万元、专项上解支出 31436 万元、债务还本支出 119090 万元，支出总计 585919 万元。收支平衡。

2017 年，全市一般公共预算支出中，市级完成 378204 万元，增长 15.4%；镇街区完成 27934 万元，下降 9.1%。其中围子街道完成 2900 万元，增长 15.6%；奎聚街道完成 1364 万元，下降 24.0%；都昌街道完成 3191 万元，下降 4.4%；石埠经济发展区完成 1563 万元，增长 2.9%。

2017 年全市一般公共预算支出分项目完成情况是：

1. 一般公共服务支出完成 30638 万元，增长 12.3%；

2. 国防支出完成 23 万元，增长 360.0%，该项支出为上级专款支出；

3. 公共安全支出完成 20370 万元，增长 19.1%；

4. 教育支出完成 95517 万元，增长 11.0%；

5. 科学技术支出完成 1293 万元，增长 93.0%，主要是上级专款比上年增加所致；

6. 文化体育与传媒支出完成 2633 万元，下降 0.2%，主要是上级专款比上年减少所致；

7. 社会保障和就业支出完成 54047 万元，增长 26.1%；

8. 医疗卫生与计划生育支出完成 30278 万元，下降 14.2%；

9. 节能环保支出完成 9044 万元，增长 90.2%，主要是上级专款比上年增加所致；

10. 城乡社区支出完成 75627 万元，增长 12.6%；

11. 农林水支出完成 46481 万元，增长 6.2%；

12. 交通运输支出完成 7693 万元，增长 14.9%，该项支出为上级专款支出；

13. 资源勘探信息等支出完成 2385 万元，增长 260.3%，主要是上级专款比上年增加所致；

14. 商业服务业等支出完成 789 万元，下降 53.8%，该项支出为上级专款支出；

15. 援助其他地区支出 820 万元，增长 6.6%，该项支出为上级分配援助新疆和西藏支出；

16. 国土海洋气象等支出完成 7116 万元，增长 132.8%，主要是上级专款比上年增加所致；

17. 住房保障支出完成 12554 万元，增长 49.9%，主要是上级专款比上年增加所致；

18. 粮油物资储备支出完成 3 万元，下降 99.2%，该项支出为上级专款支出；

19. 金融支出完成 8 万元，增加 8 万元，该项支出为上级专款支出；

20. 债务付息支出 8960 万元，增长 69.5%，主要是归还 2015—2016 年政府一般债券置换资金利息。

（二）政府性基金预算执行情况

2017 年，全市政府性基金收入完成 68000 万元，增长 3.2%，加上级政府性基金补助收入 947 万元、地方政府专项债务转贷收入 100500 万元，财力总计 169447 万元。

2017 年，全市政府性基金支出 55195 万元，下降 17.3%，加上解上级支出 100 万元、调出资金 16352 万元（调入一般公共预算统筹安排）、债务还本支出 97800 万元，支出总计 169447 万元，收支平衡。

（三）社会保险基金预算执行情况

2017年，全市社会保险基金收入完成239712万元，增长0.7%；社会保险基金支出完成229020万元，增长1.7%。

（四）国有资本经营预算执行情况

2017年，我市无国有资本经营预算收入，同时，也无国有资本经营预算支出。

（五）市十八届人大一次会议决议落实情况

过去的一年，在市人大依法监督和市政协大力支持下，财税部门按照市委决策部署，全面落实人大决议，不断深化财税体制改革，切实加强收支管理，有力地保障了预算执行，促进了经济社会健康发展。

1. 切实加强财税收入征管。面对经济下行压力加大的情况，积极引导企业转方式、调结构、增效益，努力增加财政收入。财税部门在认真落实结构性减税政策的同时，依法组织各项财政收入，着力提高税收收入占财政收入的比重，不断强化社会综合治税，完善税收保障措施，切实加强税源管控，减少税收流失，促进了财税收入稳定增长。2017年全市一般公共预算收入完成307943万元，增长5.8%。从全市一般公共预算收入结构情况看，税收收入完成205629万元，同比增长4.9%，占一般公共预算收入的比重为66.8%；非税收入完成102314万元，增长7.6%，占一般公共预算收入的比重为33.2%。

2. 切实提高民生保障能力。2017年，全市一般公共预算用于民生方面的支出达342943万元，民生支出占一般公共预算支出的比重达到84.4%。在提升各类基础民生政策保障水平的同时，一是认真落实各项惠农补贴政策，大力支持农业综合开发和粮食高产创建等工程。支持实施农产品质量安全及重大动植物病虫害防治，保障农业可持续发展。加大“一事一议”财政奖补力度，开展“乡村连片治理”试点和“美丽乡村”建设试点，支持完成对2008户农村厕所无害化改造，改善农村生产生活生态条件。二是进一步扩大教育投入，全面改善义务教育办学条件，积极解决城镇普通中小学“大班额”问题，提高城乡义务教育学校公用经费保障水平。对农村家庭经济困难寄宿生发放生活费补助，免除建档立卡家庭经济困难学生学费，足额落实各项学生资助政策经费，惠及家庭经济困难学生11760人。三是强化创新人才引进培养，支持实施泰山学者、泰山产业领军人才、鸢都产业领军人才、齐鲁乡村之星、齐鲁文化之星、专业技术拔尖人才等重点人才工程，吸引更多人才来我市创新创业。四是加大对社会保障和就业投入，居民基础养老标准由每人每月85元提高到100元，惠及全市11万城乡老年人。加大对“老小孤残”等特殊困难群体保障投入，将困难残疾人生活补贴扩大到所有低保残疾人，将重度残疾人护理补贴标准提高到每人每月85元。加大创业补助和创新奖励力度，提高就业创业能力。五是进一步加大医疗卫生和计划生育支出投入。将居民基本医疗保险政府补助标准由每人每年420元提高到450元，基本公共卫生服务人均经费保障标准由45元提高到50元。落实基层医疗卫生机构多渠道补偿政策，完善公立医院综合改革政府补偿机制，切实减轻患者就医负担。六是加大城镇住房保障投入力度，加快推进棚户区改造，2017年全市棚户区拆迁改造5100户。

3. 切实加大支持发展力度。积极创新财政投入方式，重点支持传统产业改造升级、战略性新兴产业培育和中小企业发展，促进经济持续平稳增长。认真落实“三去一降一补”各项财税政策，大力支持供给侧结构性改革，积极推进发展动力转换和发展方式转变。认真落实结构性减税、出口退税等推动企业发展的优惠激励政策。2017年共落实结构性减税、出口退税等优惠政策资金64362万元，较好地发挥了财税政策对产业结构调整的导向和推动作用，促进了骨干企业、优势产业较快发展。充分发挥财政融资功能。2017年直接融资到位资金440000万元，政府与社会资本合作融资89000万元，有力支持了城市基础设施建设。加强政府债券管理。2017年上级为我市发行地方政府债券219590万元。其中：新增政府债券2700万元，存量债务置换债券216890万元，极大的缓解了地方政府还债压力。同时，建立健全债务风险评估和预警机制，实行债务限额管理。我市2017年政府债务限额为651400万元（其中一般债务495800万元，专项债务155600万元），2017年底政府债务余额为645600万元（其中一般债务494745万元，专项债务150855万元），未突破限额。积极支持滨海开发。2017年拨付滨海（下营）经济开发区土地补偿费1657万元。

4. 切实深入推进财税改革。一是进一步推进预决算公开，预决算公开实现“全覆盖”。2017年全部公开了本级政府预决算、部门预决算和三公经费预决算，财政透明度进一步提高。二是预算管理改革不断深化。预算编制的完整性、准确性持续增强，提高了财政管理的科学化、规范化、精细化水平和财政透明度。三是支出管理改革加快推进。国库集中支付改革单位覆盖面达到100%，部门、单位公务卡推广使用力度进一步加大。四是加强预算绩效管理，对重点项目、重点资金实施第三方机构独立评价。

各位代表，当前全市财税运行状况总体良好，但也面临一些矛盾和问题。一是在经济下行压力较大的情况下，财政收入增速放缓，财政收入增幅下滑与支出刚性增长的矛盾日趋尖锐，刚性增支因素有增无减，稳增长、调结构、促改革、惠民生、防风险等各方面增支需求很大，财政收支矛盾突出。二是各镇街区发展不平衡问题仍然存在，部分镇街区财政依然比较困难。三是债务还款压力不断增大，地方政府隐性债务风险不容忽视。四是财税管理中还存在一些薄弱环节。部分纳税人依法纳税意识不强，偷逃骗税现象时有发生，税收征管水平有待进一步提升。一些单位会计核算、财务管理、资产管理薄弱问题仍然存在，财经秩序还不够规范，等等。对这些问题，我们将高度重视，采取有力措施，认真加以解决。

二、2018年预算草案

2018年预算安排和财税工作总体要求是：全面贯彻党的十九大精神，坚持稳中求进工作总基调，坚持新发展理念，紧扣我国社会主要矛盾转化，坚持以供给侧结构性改革为主线，继续实施积极的财政政策，增强财政可持续性。继续实施减税降费政策，进一步减轻企业负担；调整优化支出结构，提高财政资金使用效率，推动解决发展不平衡不充分问题；完善预算管理制度，全面实施绩效管理；逐步建立权责清晰、财力协调、区域均衡的市与镇街区财政关系，加快推进基本公共服务均等化，促进经济社会持续健康发展。

（一）一般公共预算收入安排

综合考虑全市主要经济预期指标和各项政策性收支增减因素，2018年，全市财政总收入安排537828万元，增长6.5%。一般公共预算收入安排327959万元，增长6.5%。其中市级安排234731万元，增长5.2%；镇街区安排93228万元，增长10.0%。其中围子街道安排15747万元，增长10.0%；奎聚街道安排11331万元，增长10.0%；都昌街道安排10460万元，增长10.0%；石埠经济发展区安排1095万元，增长10.0%。

（二）一般公共预算支出安排

2018年，全市一般公共预算支出安排358209万元，同比增长4.6%。其中市级支出安排329841万元，同比增长4.9%；镇街区支出安排28368万元，同比增长1.6%。其中围子街道安排3021万元，增长4.1%；奎聚街道安排1459万元，增长6.9%；都昌街道安排3208万元，增长 0.5%；石埠经济发展区安排 1610 万元，增长 3.0%。

2018 年，全市总财力 358209 万元，一般公共预算支出与总财力相抵，收支平衡。

2018 年全市一般公共预算支出具体项目安排情况是：

1. 一般公共服务支出 31230 万元，增长 1.9%；

2. 国防支出 6 万元，下降 73.9%，该项支出为上级专款支出；

3. 公共安全支出 20908 万元，增长 2.6%；

4. 教育支出 101317 万元，增长 6.1%；

5. 科学技术支出 1300 万元，增长 0.5%；

6. 文化体育与传媒支出 2680 万元，增长 1.8%；

7. 社会保障和就业支出 55098 万元，增长 1.9%；

8. 医疗卫生与计划生育支出 30986 万元，增长 2.3%；

9. 节能环保支出 9090 万元，增长 0.5%；

10. 城乡社区支出 10790 万元，下降 85.7%；

11. 农林水支出 44775 万元，下降 3.7%；

12. 资源勘探电力信息等支出 1197 万元，下降 49.8%；

13. 交通运输支出 7693 万元，与上年持平，该项支出为上级专款支出；

14. 商业服务业等支出 789 万元，与上年持平，该项支出为上级专款支出；

15. 援助其他地区支出 870 万元，增长 6.1%，该项支出为上级分配援助新疆和西藏支出；

16. 国土海洋气象等支出 7136 万元，增长 2.3%；

17. 住房保障支出 14333 万元，增长 14.2%，该项支出主要是住房补贴、住房公积金支出；

18. 粮油物资储备支出 3 万元，与上年持平，该项支出主要是上级专款支出；

19. 地方政府一般债务付息支出 15000 万元，增长 67.4%，主要是归还 2015—2017 年政府一般债券置换资金利息；

20. 金融支出 8 万元，与上年持平，该项支出为上级专款支出；

21. 其他支出 3000 万元，主要包括预备费、上级转移支付补助资金等支出。

（三）政府性基金收入、支出安排

2018 年，全市政府性基金收入安排 67666 万元，下降 0.5%。政府性基金支出安排 68613 万元，增长 24.3%。

（四）社会保险基金收入、支出安排

2018 年，全市社会保险基金收入安排 263402 万元，增长 9.9%。社会保险基金支出安排 252191 万元，增长 10.1%。

（五）国有资本经营预算执行情况

2018 年，我市无国有资本经营预算收入，同时，也无国有资本经营预算支出。

三、强化措施，确保全面完成 2018 年预算任务

昌邑市十八届人大二次会议秘书处

二〇一八年一月

关于昌邑市2018年预算执行情况和2019年预算草案的报告

2019年4月2日在昌邑市第十八届人民代表大会第三次会议上

昌邑市人民政府

各位代表:

现将2018年预算执行情况和2019年预算草案提请市十八届人大三次会议审议，并请各位政协委员和其他列席人员提出意见。

一、2018年预算执行情况

2018年，面对复杂严峻的国内外环境，在中共昌邑市委的坚强领导下，在市人大及其常委会监督支持下，全市上下深入学习贯彻习近平新时代中国特色社会主义思想，牢固树立新发展理念，围绕加快新旧动能转换、实施乡村振兴战略等重点工作，充分发挥财政政策引导作用，保障经济社会平稳健康发展，全年预算执行情况良好。

（一）一般公共预算完成情况

2018年，全市一般公共预算收入完成317140万元，同口径增长3.5%。加上返还性收入3318万元、转移支付收入108871万元、债务转贷收入166968万元、调入资金85397万元，共计681694万元。全市一般公共预算收入中，税收收入完成224576万元，增长9.2%；非税收入完成92564万元，增长-9.5%。

2018年，全市一般公共预算收入中，市级完成223684万元，增长0.2%；镇街区完成93456万元，增长10.3%。其中都昌街道完成10490万元，增长10.3%；奎聚街道完成10363万元，增长0.6%；围子街道完成13513万元，增长-5.6%；石埠经济发展区完成1147万元，增长15.3%。

2018年，全市一般公共预算支出完成446908万元，增长10%。加上体制上解支出29826万元、专项上解支出37958万元、债务还本支出167002万元，共计681694万元，收支平衡。

2018年，全市一般公共预算支出中，市级完成411464万元，增长8.8%；镇街区完成35444万元，增长26.9%。其中都昌街道完成4679万元，增长46.7%；奎聚街道完成1816万元，增长33.1%；围子街道完成2872万元，增长-1.0%；石埠经济发展区完成1471万元，增长-5.9%。

（二）政府性基金预算执行情况

2018年，全市政府性基金收入完成46533万元，增长-31.6%（主要原因是土地出让收入减少），加上级政府性基金补助收入2831万元、债务转贷收入31400万元，共计80764万元。

2018年，全市政府性基金支出47773万元，增长-13.4%（主要原因是土地出让收入减少导致土地补偿减少），加上解上级支出21万元、调出资金11370万元（调入一般公共预算统筹安排）、债务还本支出21600万元，共计80764万元，收支平衡。

（三）社会保险基金预算执行情况

2018年，全市社会保险基金收入完成325791万元，增长23.0%，主要是保险费收入152493万元，财政补贴收入48355万元。社会保险基金支出完成299032万元，增长18.9%，主要是社会保险待遇支出204260万元；当年收支结余26759万元，年末滚存结余177282万元。

（四）国有资本经营预算执行情况

2018年，我市无国有资本经营预算收入，也无国有资本经营预算支出。

（五）政府性债务情况

截至2018年底，全市政府性债务余额65.31亿元，债务率132%。其中：一般债务余额49.25亿元，专项债务余额16.06亿元。政府债务余额比上年增加0.75亿元，主要是上级分配的地方政府债券，集中用于棚户区改造和解决学校大班额问题。全市政府债务余额处于潍坊市政府下达债务限额以内，债务风险总体可控。

（六）落实市人大决议有关情况

2018年，我们认真贯彻落实市十八届人大二次会议有关决议和市人大常委会要求，着力促进结构调整，保障民计民生，深化财税改革，加强财政管理，促进了全市经济社会健康发展。

1. 财税运行指标呈良性发展态势。面对复杂严峻的国内外环境和艰巨繁重的改革发展任务，千方百计抓好财源建设，积极引导企业转方式、调结构、增效益，努力增加财政收入。财税部门在认真落实结构性减税政策的同时，依法组织财政收入，着力提高税收收入占财政收入的比重。不断强化社会综合治税，完善税收保障措施，切实加强税源管控，减少税收流失，促进了财税收入稳定增长。2018年全市一般公共预算收入完成317140万元，同口径增长3.5%。其中税收收入完成224576万元，增长9.2%，占一般公共预算收入的比重为70.8%，比上年提高4个百分点，收入质量不断提升。

2. 民生福祉得到持续改善。深入贯彻以人民为中心的发展思想，始终把民生民计作为扩内需、稳增长、促和谐的重点予以优先保障。全力推动教育事业优先发展，城乡义务教育经费保障机制更加完善。连年提高城乡低保、养老保险、医疗保险等民生保障标准，将更多财政支出落实为群众看得见、摸得着的民生实惠。2018年，全市教育、社会保障和就业、医疗卫生等民生支出达369613万元，占一般公共预算支出的82.7%。

3. 支持发展力度不断加大。以新旧动能转换为着力点，落实积极财政政策，引领经济健康发展。一是认真落实结构性减税、出口退税等推动企业创新发展的优惠激励政策，进一步扩大减税效应，支持企业发展。2018年共落实结构性减税、出口退税等优惠政策资金13.5亿元，较好地发挥了财税政策对产业结构调整的导向和推动作用，促进了骨干企业、优势产业较快发展，实现企业发展和财政的良性互动。二是深入企业进行实地调研、座谈，了解企业发展过程中遇到的困难和问题，加快推动新旧动能转换，推动企业转型升级、做强做大，增强企业的竞争力和影响力。三是积极引进实施政府与社会资本合作（PPP）项目。2018年度新推进的PPP项目涉及市政工程、旅游、养老、文化及农业等领域，主要包括输配水管网改造及新建工程、文山森林公园和博物馆项目、海绵城市建设项目、文化中心存量转换项目、生态健康医养综合体项目、邑淀园田园教育综合体6个项目，各项目积极有序推进。

4. 财税体制改革稳步推进。一是稳步推进税制改革，实施水资源税改革试点，开征环保税，促进新型地方税收体系建设。二是以预算全面规范透明为目标，进一步推进预决算公开，2018年，对本级政府预决算、部门预决算、三公经费预决算、政府债务管理情况进行全面公开，财政透明度进一步提高。三是深化预算管理改革，细化预算编制，预算完整性、准确性持续增强，财政管理的科学化、规范化、精细化水平进一步提高。四是支出管理改革加快推进，预算执行进一步规范。部门、单位公务卡推广使用力度进一步加大。2018年，公务卡结算5090笔，结算金额1151万元，分别比上年同期增长23.0%和18.4%。

各位代表，随着大园区建设和新旧动能转换步伐的不断加快，我市经济形势呈稳中向好态势，财税运行状况总体良好，但也面临一些矛盾和问题。一是财政收入增速进一步放缓。受大规模降税减费等宏观经济形势影响，收入形势依然严峻，特别是地方级收入增幅预计仍在低水平运行。二是收支平衡压力加大。民生政策持续扩面提标，刚性支出有增无减，财政收支“紧平衡”特征更加明显。三是政府债务风险不容忽视。政府性债务规模较大，债务率偏高，财政偿债压力较大。四是财税征管中还存在一些薄弱环节，税收征管水平有待进一步提高。五是一些单位财务管理、资产管理薄弱，财经秩序有待进一步规范。对此，我们将高度重视，通过深化改革、完善制度、严格管理等一系列扎实有效的举措，努力加以解决。

二、2019 年预算草案

2019 年是中华人民共和国成立 70 周年，是实施“十三五”规划、决胜全面建成小康社会的关键一年。编好 2019 年预算、做好各项财政工作，对贯彻落实上级及市委各项决策部署，促进经济平稳运行，维护社会和谐稳定，具有十分重要的意义。

（一）2019 年预算编制的指导思想

深刻理解和把握重要战略机遇新内涵，紧紧抓住和用好战略机遇期，按照中央和省、潍坊市及我市经济工作会议精神，2019 年预算编制和财政工作的指导思想是：以习近平新时代中国特色社会主义思想为指导，全面贯彻落实党的十九大和十九届二中、三中全会精神，紧紧围绕市委决策部署，加力提效实施积极财政政策，全力保障新旧动能转换、乡村振兴、三大攻坚战等重大战略实施；认真落实国家减税降费政策，发挥财税政策引导作用，提升产业扶持的精准度、有效性，切实降低民营企业负担，增强市场主体活力；牢固树立过“紧日子”思想，严格压缩一般性支出，持续增加民生投入，着力增强人民群众获得感；深入推进财税体制改革，全面实施预算绩效管理，积极防范化解地方政府债务风险，加快构建现代财政制度，促进经济持续健康发展和社会大局稳定，为全面建成小康社会收官打下坚实基础。

（二）一般公共预算情况

综合考虑全市主要经济预期指标和国家减税降费等政策性因素，建议 2019 年全市一般公共预算收入安排 328240 万元，增长 3.5%。其中市级安排 221981 万元，增长-0.8%；镇街区安排 106259 万元，增长 13.7%。其中都昌街道安排 11506 万元，增长 9.7%；奎聚街道安排 12464 万元，增长 20.3%；围子街道安排 17637 万元，增长 30.5%；石埠经济发展区安排 1204 万元，增长 5%。

2019 年全市一般公共预算支出安排 387756 万元，同口径增长 3%。其中市级支出安排 349805 万元，同口径增长 0.7%；镇街区支出安排 37951 万元，增长 7.1%。其中都昌街道安排 4621 万元，增长-1.2%；奎聚街道安排 1951 万元，增长 7.4%；围子街道安排 2628 万元，增长-8.5%；石埠经济发展区安排 1724 万元，增长 17.2%。

（三）政府性基金预算情况

2019 年，全市政府性基金收入安排 47929 万元，增长 3.0%。政府性基金支出安排 70771 万元，增长 19.7%，主要是新增债券列入政府性基金项目支出增加 23300 万元。

（四）社会保险基金预算情况

2019 年，全市社会保险基金收入安排 322932 万元，增长-0.9%。社会保险基金支出安排 304989 万元，增长 2.0%。本年收支结余 17943 万元，年末滚存结余 195225 万元。

（五）国有资本经营预算情况

2019 年，我市无国有资本经营预算收入，也无国有资本经营预算支出。

（六）政府性债务预算情况

2019 年政府债务收入 5.93 亿元，其中：新增债券转贷收入 2.33 亿元，再融资债券转贷收入 3.6 亿元。2019 年政府债务支出 6.26 亿元，其中：新增专项债券列入政府性基金预算支出 2.33 亿元，主要用于水利设施和土地储备支出。政府债务还本支出 3.93 亿元。年末政府性债务余额 67.31 亿元。

三、2019 年预算执行保障措施

（一）落实各项财政政策，激发经济发展活力。

（二）做好增收节支工作，保障重点支出需要。

（三）坚持民生民计优先，全面抓好民生政策落实。

（四）深化财税体制改革，提升科学理财水平。

昌邑市十八届人大三次会议秘书处

二〇一九年四月

注：因资料不全，缺少《关于昌邑县 1987 年财政决算和 1988 年财政预算草案的报告》。各年度财政预决算报告均有删节。

财政工作文件辑存

中国人民银行昌邑县支行
中国农业银行昌邑县支行
昌邑县财政局
关于乡镇财政资金划拨问题的暂行规定

（昌财字〔1986〕第10号）

各乡镇财政所、农行所：

为了适应我县全面建立乡级财政的需要，根据《中华人民共和国国家金库条例》《中华人民共和国国家金库条例实施细则（试行）》《关于专业银行办理国库经收的管理办法》和《乡镇财政总预算会计制度》，现对乡镇财政资金划拨问题作如下暂行规定：

一、财政收入方面

1. 由税务机关征收的各项税收，征管和缴库方式不变。

2. 原由乡镇政府财粮助理员征收的农业税，纳入乡镇财政所征管，缴库方式不变。

3. 应缴国库的各项罚没收入和其他收入，由乡镇财政所监缴。使用“一般缴款书（一式五联）”，其中第五联银行收款签章后退乡镇财政机关。

以上三项财政收入直接上解县级金库。

4. 乡镇财政经管的自筹资金收入，采用两种缴款方式：一是缴款单位缴纳现金的，使用“现金专用缴款书（一式三联）”缴库；二是缴款单位通过银行转账缴款的，使用“银行转账缴款书（一式四联）”缴库。

自筹资金收入直接缴入乡镇财政所“自筹资金存款”账户。

各种缴款书（税务机关使用的除外）均由县财政局统一制发。

二、财政支出方面

1. 乡镇财政由总预算会计统一在当地农行所开立3个账户：（一）国库存款，账号03201；（二）预算外存款，账号03301；（三）自筹资金存款，账号538201。

2. 乡镇财政拨款印鉴：由“昌邑县**乡（镇）经济专用章”（圆形）、财政所所长章（方形）、总预算会计章（方形）各一枚组成。

3. 乡镇财政支付凭证，一律使用银行统一印制的“委托付款凭证”和“信汇凭证”，只能转账，不能提取现金。

4. 乡镇财政各项存款均不计利息，汇拨资金（包括电汇、信汇）不收费；银行向乡镇财政提供的各种通用空白凭证，也不收取工本费。

以上规定，务必认真贯彻执行，遇到问题请及时向县行、局反映。

1986年7月12日

抄：县审计局

昌邑市人民政府
关于集中财政有偿资金支援财源建设的实施意见

（昌政发〔1995〕35号）

各乡镇政府，市政府各部门：

为加快全市财源建设步伐，抓骨干企业和重点乡镇，扶持利税大户，培植财源，促进全市经济和财政收入的快速增长，根据省财源建设工作会议精神，市政府决定加强各种财政有偿资金的管理，切实改变过去那种“撒芝麻盐”的资金分配方式，按照财源建设规划，集中力量对市属骨干企业和重点乡镇予以重点扶持，并限期达标。具体实施意见如下：

一、市属企业：选择化肥厂、科研造纸厂、丝绸印染厂、丝织一厂、丝织二厂、石油化工厂、市造纸厂等7处经济基础较好、实现利税较大的市属企业重点扶持，限期2年达标。

市政府给予石油化工厂400万元，其余6处企业各200万元扶持资金，月息8厘。使用期限2年的100万元，使用期限为年底收回、次年继续投放的100万元，1995年10月份资金到位。1996年、1997年各企业实现的利税目标分别为：

化肥厂：1996年实现利税1200万元，上缴财政80万元，1997年实现利税1500万元，上缴财政高于全市盈利企业平均增长比例的15%。

科纸厂：1996年实现利税1000万元，上缴财政80万元，1997年实现利税1200万元，上缴财政高于全市盈利企业平均增长比例的15%。

丝绸印染厂：1996年实现利税700万元，上缴财政40万元，1997年实现利税1000万元，上缴财政高于全市盈利企业平均增长比例的15%。

丝织一厂：1996年实现利税800万元，上缴财政80万元，1997年实现利税1000万元，上缴财政高于全市盈利企业平均增长比例的15%。

丝织二厂：1996年实现利税700万元，上缴财政60万元，1997年实现利税1000万元，上缴财政高于全市盈利企业平均增长比例的15%。

石油化工厂：1996年实现利税2500万元，上缴财政120万元，1997年实现利税3000万元，上缴财政高于全市盈利企业平均增长比例的15%。

市造纸厂：1996年实现利税800万元，上缴财政40万元，1997年实现利税1000万元，上缴财政高于全市盈利企业平均增长比例的15%。

以上7处企业按期达标后，市政府按其年上缴利税总额的15%给予奖励，其中30%奖励厂长本人；不能按期达标的，收回扶持资金，并从借款之日起加倍计算利息。

其他市属企业凡年利税达到以上企业的平均增长比例，总额500万元以上者，同样享受以上奖励政策。

二、乡镇：按照“抓两头、带中间”的战略，对4处经济力量较强和3处经济力量较弱的乡镇给予重点扶持，限期达标，其他15处乡镇限期达标。

1. 对都昌、围子、饮马、柳疃4处经济较强的乡镇，由市政府一次给予每乡镇扶持资金40万元，月息8厘，1995年10月份到位，使用期限3年。到1998年4月，乡镇地方级收入（含增值税25%）分别达到：都昌、围子500万元以上，饮马600万元以上，柳疃700万元以上。

到1998年如期达标后，市政府给予每乡镇10万元奖励，如期不达标的，收回扶持资金，并加倍计息。

2. 对双台、丈岭、塔耳堡等3处经济力量较弱的乡镇，市政府一次给予每乡镇扶持资金30万元，月息8厘，1995年10月份到位，使用期限3年。到1998年4月，3处乡镇实现乡镇地方财政收入（含增值税25%）过100万元。

到1998年如期达标后，市政府给予每乡镇8万元奖励，到期不达标的，收回扶持资金，并加倍计息。

3. 目前吃财政补助的南逄、东冢、夏店、北孟、太保庄等5处乡镇要利用2~3年的时间实现财政自给，摘掉财政补助的“帽子”。按照今年的分税制财政体制和地方财政收入基数（不含增值税25%），到1998年，上述5处乡镇的地方财政收入要分别达到：

南逄：76万元，年递增率为12%；

东冢：83万元，年递增率为10%；

夏店：80万元，年递增率为13%；

北孟：95万元，年递增率为13%；

太保庄：72万元，年递增率为12%。

目前已实现财政自给并略有上缴的其他10处乡镇，按照今年分税制体制和地方财政收入基数（不含增值税25%），到1998年地方财政收入要分别达到：

龙池：213万元，年递增率为14%；

青乡：223万元，年递增率为14%；

李家埠：158万元，年递增率为13%；

下营：90万元，年递增率为12%；

卜庄：165万元，年递增率为14%；

仓街：148万元，年递增率为14%；

宋庄：115万元，年递增率为13%；

石埠：144万元，年递增率为14%；

流河：89万元，年递增率为12%；

岞山：150万元，年递增率为13%。

到1998年如期达标的乡镇，市政府给一次性奖励5万元，并给予20万元的扶持资金，月息8厘，使用期2年的优惠待遇。

各乡镇、各部门、各企业要立足当地实际，认真制定财源建设规划，围绕全市总体目标，切实加强财源建设，力争在较短的时间内，促进全市经济再上新台阶。

1995年7月28日

昌邑市人民政府
关于开展1995年税收财务物价大检查的意见

（昌政发〔1995〕43号）

各乡镇人民政府，市政府各部门：

为切实搞好我市1995年税收财务物价大检查工作，根据国务院《关于开展1995年税收财务物价大检查的通知》要求和省、市大检查会议精神，结合我市实际情况，提出如下意见：

一、大检查的指导思想

根据社会主义市场经济条件下，加强财税物价监督管理的要求，大检查要以有关法律、法规为依据，严肃依法查处各种偷税、骗税、越权减免税、截留国家财政收入、乱涨价、乱收费等违法违纪行为，切实防止国有资产流失，确保我市财政预算任务的完成和物价控制目标的实现。在检查时，要把开展大检查与严肃财经法纪、加强廉政建设、抑制物价、深化财税改革结合起来，使大检查更好地为改革开放、经济建设和社会的发展与稳定服务。

二、大检查的时限和范围

（一）大检查的时限。今年我市税收财务物价大检查采取自查阶段的做法，重点检查工作从10月下旬开始，到12月下旬结束。主要检查1995年发生的各种违反财税法纪问题和1994年发生的未检查或虽已检查但尚未纠正的违法违纪问题，如有必要可以追溯到以前年度。

（二）大检查的范围。所有企业、事业单位、国家机关、社会团体和个体工商户，都要进行检查。检查的重点单位是：1.缴纳增值税、消费税和所得税的税源大户；2.金融企业和非银行金融机构；3.外贸公司和有外贸经营自主权的企业以及第三产业中一些管理比较混乱的企业；4.群众反映比较强烈的乱涨价、乱收费、乱罚款的部门；5.医疗卫生、教育部门、棉花经管单位；6.规模较大、管理混乱的市直企业、乡镇企业；7.私营企业、个体工商户；8.经营性亏损严重的行业和企业；9.中外合资、合作企业；10.有群众反映违法违纪单位；11.公有住房出售收入不按规定缴存款项的单位；12.国有资产产权转让未按规定要求进行清产核资的国有企业和实行企业化管理的事业单位；13.其他需要重点检查的企业和单位。其中“三资”企业（中外合资经营企业、中外合作经营企业、外商独资经营企业）统一由大检办组织税务机关或会计师事务所、审计师事务所进行检查。

三、大检查的内容

在普遍检查企业和单位执行国家财税物价法纪情况的基础上，重点检查以下违反财经法纪行为：

（一）擅自越权减税、免税、退税、自行改变税率等行为。

（二）采取各种非法手段，进行偷税和骗取国家出口退税行为。

（三）擅自把应缴中央财政的收入缴入地方财政或者把应缴上级财政的收入缴入本级财政收入的“混库”行为，以及截留财政收入行为。

（四）违反发票管理规定，自行印制、使用假发票和真票乱用、倒卖发票等行为。

（五）违反财务会计制度，乱挤乱摊成本，随意核销费用，故意减少利润或增加亏损，擅自冲减国家资本金等行为。

（六）截留、转移国家或单位的收入私设“小金库”行为。

（七）违反国家规定，随意支用各项财政资金和将预算内资金转为预算外资金，将国有资产转为集体或个人所有，在清产核资中隐瞒账外财产或虚报财产损失等行为，在资产的产权界定、固定资产价值重估和土地估价范围、资产的盘盈损失等，不按清产核资规定进行处理行为；中外合资、合作企业不按国家规定处理国有股分红行为。

（八）违反公有住房出售规定，没有足额缴存财政专户，隐匿、挪用、转移售房收入的行为。

（九）有行政性收费和罚没收入的单位，擅自截留、挪用、私分应上缴财政收入的行为。

（十）违反国务院规定，擅自出台新的调价项目和经营米、面、油、肥等重要商品随意乱涨价的行为。

（十一）违反国家收费价格政策法规，在医疗、教育等方面乱收费的行为。

（十二）违反国家规定，擅自截留、挪用农业开发资金、财政支农专项资金和偷逃农业发展基金的行为。

（十三）其他认为需要重点检查的违法违纪行为。

对于拖欠税款问题，也要结合大检查，认真进行清理、催缴，限期缴清。

四、大检查的方法

1. 搞好宣传发动。各乡镇、各部门、各单位都要认真组织学习国务院和省、市政府关于开展1995年税收财务物价大检查的文件精神，多形式、多渠道，广泛宣传大检查的重要意义和有关财政法规，全面进行思想发动，动员部署自查自纠工作。要采取向社会公布电话或举报箱这一形式，鼓励和发动群众主动自觉地投入大检查（市大检办电话7211614）。对重大典型案件要公开曝光，揭露违法违纪者，教育广大干部群众。

2. 组织好重点检查。在取消自查阶段的情况下，检查要采取“六统一”的做法：即由市大检查办公室统一组织人员；统一确定重点检查单位名单，重点检查面要达到60%以上；统一持市大检查办公室介绍信进行检查，不持有大检查办公室介绍信的，企业有权拒绝检查；统一由市大检查办公室定案处理；统一下发处理决定，市大检查办公室对检查的各种违反财经法纪问题，要做到事实清楚、定性准确、处理恰当，手续完备；统一由市大检查办公室收缴违纪款项，解缴国库。

3. 今年的重点检查全部采取调账集中检查方式，被查单位按照调账通知要求，及时将有关账簿凭证、报表等资料送到检查点，接受检查。被查单位如故意不送交账簿等资料，检查组有权暂封其账户，直至查完开封。对个体户和私营企业账表不全的也可入户检查。在乡镇检查时，由乡镇政府确定集中调账检查点。

4. 搞好复查验收。重点检查结束后，潍坊市大检办将对各县市区重点检查情况进行复查验收，凡复查违法违纪应入库金额一律收缴潍坊市大检查办公室。因此，各单位、各企业要做好迎接复查验收的准备。

被查单位必须执行各级大检查办公室签发的《检查结论和处理决定》，如有异议的，应在接到《检查结论和处理决定》之日起15日内，报告市大检查办公室，重新研究处理意见，也可按财政部门的复议程序申请复议。在重新研究和决定前，原《检查结论和处理决定》应予执行。

五、大检查的处理原则

大检查的处理原则是：对大检查中查出的违反财经法纪的问题，要严格按照国家现行财经法规和“自查从宽、被查从严、实事求是、宽严适度”的原则进行。

（一）对检查出的违反财经法纪问题，一律从严处理，除按规定调整账务、补缴各项税款和收入外，必须依法予以处理。

1. 查出擅自减免税款问题，除撤销其原有决定，并依法补缴税款外，还要上报财政部和国家税务总局审核处理。

2. 查出各种偷税和骗取出口退税的问题，除如数追缴应缴税款外，还要按照《中华人民共和国税收征收管理法》的有关规定，给予罚款处理。

3. 查出截留、侵占、隐瞒中央财政收入或上一级财政收入问题，除按照预算级次全额追缴入库外，并报财政部或上一级财政部门审核处理。

4. 查出违反发票管理规定的问题，除追缴其全部非法所得外，还要按照《中华人民共和国发票管理办法》的规定依法处理。对伪造、盗用、倒卖、涂改、转让、虚开、代开税务专用发票的，要依法从严处罚。

5. 查出隐瞒、截留、侵占应上缴财政的非税收收入问题，除如数追缴收入外，还要按照《国务院关于违反财政法规的暂行规定》给予罚款处理。

6. 查出违反财政法规，隐瞒、转移、减少国家资本金等问题，除按规定调整账务外，还要处以相当于违纪数额5倍以下的罚款。

7. 查出私设“小金库”问题，按照1995年清查“小金库”的国家政策规定进行处理。

8. 查出亏损企业骗取财政补贴、虚报亏损问题，必须按照规定调整账务，并如数扣减其财政补贴或收缴其违纪资金。

9. 查出全额或差额预算管理的行政事业单位违反财经纪律问题，应收缴其违纪金额，由该单位用经费包干结余资金补缴财政。

10. 查出价格违法违纪问题，由价格监督检查机构按照法规进行处理。

11. 查出隐瞒、虚报国有资产或不按规定进行清产核资，除按要求进行处理各方面的问题，交由国有资产管理部门按照有关法规进行处理。

12. 查出隐匿、挪用、转移出售公有住房收入方面的问题，交由住房资金管理中心按有关法规进行处理。

（二）各类违反财经法纪问题，应按照现行会计法规进行账务调整。被查单位应缴纳的罚款、滞纳金以及被没收的“小金库”已支用的资金等处罚金额一律不得抵减所得税计划，不抵顶上缴所得税任务。查出应由违纪责任人缴纳的款项，由受罚个人支付。

（三）凡重点检查前自查自纠的违纪应缴款项应当月调整当月缴库；凡被查出的应缴款项，应在接到大检查处理决定后 3 日内，全部补缴入库，最晚不得超过 5 天。如有拒不缴纳的应按规定全额加收滞纳金，并通知银行依法划拨扣缴，各级银行对汇缴的违纪款项不得层层占压。

（四）对有严重违法违纪问题和屡查屡犯行为的直接责任人，除按规定给予经济处罚外，还应按照干部管理权限，由有关部门给予必要的党纪、政纪处分。触犯刑律的，移交司法机关处理。

（五）对阻挠、破坏检查的单位和个人，可视情节轻重，给予通报批评或其他处罚。

（六）要坚决保护坚持原则的检查人员、财会人员和举报人，决不允许对他们进行任何形式的打击报复，如有打击报复的，应查明情况，严肃处理。

（七）各乡镇业务主管部门在重点检查前自行查出的所属单位的违反财经法纪问题，并进行自纠的，可视同自查问题。

（八）对大检查中清理补缴的欠税问题，一律不作违纪处理，但对未经批准或超过批准期限仍拖欠国家税收的，除将应上缴税款如数追缴财政外，还要从滞纳之日起，按日加收相当于滞纳税款 2‰ 的滞纳金。

（九）重点检查查出的上缴税款，不抵顶企业承包任务。为了加强监缴入库工作，凡查出的各种违纪应缴款项，被查单位必须一律按规定期限及时缴入市大检办所设的专用账户，其中市直企业单位（不包括驻在乡镇的）的应缴款项直接缴入市大检办过渡账户；在乡镇的市直企业以及乡镇的企业、单位、个体户的应缴款项，由各乡镇财政所汇缴市大检办过渡账户，统一由市大检办集中解缴国库，及时抵顶各征收部门和乡镇的税收任务。

六、大检查的组织领导

今年的大检查工作，要在市、乡（镇）政府的直接领导和部署下进行，市政府成立由主要领导任组长的税收财务物价大检查领导小组，还要邀请市人大、市政协的领导共同组成大检查督导组。各乡镇政府、企业主管部门也要成立由主要负责人任组长的领导小组，切实加强对大检查工作的领导。要把这项工作作为社会主义市场经济体制下加强宏观调控，促进财税价格改革顺利实施以及加强廉政建设的一项重要措施，列入议事日程，摆到突出位置，切实抓紧落实。财政、国税、地税、工商、审计、监察、公、检、法等部门，要集中力量投入大检查工作，各金融部门要积极参与和配合。所有参加大检查的工作人员，要做到依法检查，忠于职守，坚持原则，客观公正，廉洁奉公，遵纪守法。大检查结束以后，要表彰在工作中表现突出的先进集体、先进个人和遵纪守法单位，广泛宣传他们的事迹，扩大社会影响。

以上意见，望认真贯彻执行。

1995 年 10 月 16 日

昌邑市人民政府
关于在企业改制中加强国有资产评估、管理工作的意见

（昌政发〔1995〕46号）

为深化企业改革，转换企业的经营机制，保证我市企业改革的顺利进行，根据我市企业改革意见和上级有关政策规定，结合我市实际，就企业改制中加强国有资产评估、管理工作、提出如下具体意见：

一、资产评估

改制企业的资产评估工作，依据国务院《国有资产评估管理办法》、国家国有资产管理局《国有资产评估管理办法施行细则》以及有关法律法规进行。

（一）评估组织

改制企业的资产评估，由市国资局按照企业改革领导小组的总体安排，负责对资产评估机构的组织、监督和协调。

1. 在清产核资阶段，由各大委组织企业主管部门和改制企业具体实施清产核资工作。

2. 在评定估算阶段，以评估机构为主，主管部门与企业密切配合，按立项要求及时出具评估报告。

（二）评估程序

1. 企业申请

改制企业在成立筹备小组后，即可申请资产评估。在经企业主管部门审查同意后，向市国资局报送“评估申请报告”和“资产评估立项审批表”，“资产评估立项审批表”到市国资局领取。

2. 市国有资产管理局立项

市国资局接到企业上报的申请报告和“资产评估立项审批表”后，按有关规定进行审核、立项，确定被评估资产的范围和评估基准日，并及时通知企业主管部门，同时委托具有评估资格的“潍坊市会计师事务所昌邑分所”和“昌邑市审计师事务所”两处评估机构对企业进行资产评估。

企业在接到市国资局的立项审批通知后，应同委托的评估机构签订“资产评估委托协议书”，以明确双方各自的权利、责任和义务。

3. 清产核资

根据潍国资综字〔1992〕17号《关于股份制试点企业清产核资的意见》，清产核资主要由企业的主管部门组织，以企业为主进行，评估机构参与指导，市国资局进行监督与检查。清产的范围是：固定资产、流动资产、长期投资、无形资产及递延资产、其他资产及负债等。要求企业按照“实事求是、不重不漏”的原则，对本单位的全部资产进行清理核实，为资产评估打好基础。

在资产清查的基础上，资产评估人员应会同有关人员，共同对被评估资产进行全面的、认真的核实。

需要核实的内容是：

（1）将被评估资产清查报表与实物核对，准确无误。

（2）将被评估资产清查报表与账卡及有关资料进行核对，做到账账、账卡、账表相符。

（3）核实财务盈亏，以核实数作为资产评估的基础和依据。

（4）核实需要报废的固定资产、流动资产和未处理财产损失。

（5）核实债权债务。

（6）核实成本、利润（或亏损）、财务收支。

（7）核实固定资产与低值易耗品的具体划分，按照财务、会计制度规定进行调整，按调整后的数据作为评估基础。

（8）核实固定资产提取折旧情况，还要核实实际账面单价与实物现行市价相差悬殊的财产物资的情况，并进一步查明原因，为评估提供依据。

（9）核实被评估资产中的银行存款、有价证券、现金及其他货币资金。

（10）核实被评估的无形资产和其他资产等。

4. 评定估算

在企业清产核资的基础上，由评估机构根据资产评估的范围、评估原则和掌握的资料，依照国家的法律、法规和确定的资产评估标准，考虑影响资产价值的各种因素，运用科学的评估方法，选择适当的评估参数，按照评估操作程序，独立、公正、合理地对被评估资产的价值及其预期收益，进行逐项的计算和分析，从而得出被评估资产的价值。

评估结果以正式文件及时送达改制企业和市国资局。

5. 验证确认评估结果

企业收到评估结果报告后，应及时申请市国资局给予确认。市国资局接到企业要求确认资产评估报告后，首先对资产评估报告书进行审核，包括审核资产评估工作的各项内容是否符合国家有关政策法规，已被评估的资产范围是否与申报立项时待评估资产范围相一致，运用的资产评估方法是否适当和评估使用的数据是否可靠、科学等。在对资产评估报告书进行全面审核基础上，由市国资局通过实地抽查等方法，对资产评估结果进行验证。对经审核验证无误、符合要求的，市国资局正式下达资产评估确认通知书，对不符合和规定的，责成评估机构进行调整或在确认文件予以纠正。

市国资局对验证确认后的结果报市改革领导小组，作为确定企业改制形式的依据。

6. 注册会计师验资和出具验资报告。

（三）评估范围

企业改制资产评估的范围是整体资产，包括：

1. 流动资产。包括原材料、燃料、低值易耗品、在产品、半成品、产成品、协作件、商品、现金、银行存款、应收及预付款项、待摊费用等。

2. 对外投资。包括企业以各种形式对外的短期投资和长期投资。

3. 固定资产。包括房屋建筑物、机器设备、运输设备、工具器具、在建工程等。

4. 无形资产、递延资产及其他资产。包括土地使用权、专利权、商标权、用电权、用水权、电话使用权、商誉、非专利技术；企业开办费、租入固定资产改良支出；特准储备的物资等。

5. 企业负债。包括短期借款、应付票据、应付账款、预收账款、应付工资、应缴税金、应付利润、预提费用以及长期借款、应付债券、长期应付款等。

（四）评估测算的标准和计价依据

1. 房屋建筑物按建委公布的有关建筑工程预决算定额和昌邑市单位估价表计算工程造价。

2. 新会计制度。

3. 评估基准日的外汇市场汇价。

4. 本地区有关产品、物资及主要建筑材料的现行市场价格。

5. 国家以及各级地方政府关于国有土地使用权出让和转让的有关文件。

6. 其他有关法律法规。

（五）评估的方法

1. 固定资产的评估采用重置成本法和现行市价法、确定成新率进行评定估算。

2. 流动资产的评估主要采用现行市价法。

（1）原材料、辅助材料等按现行市价法或按近期最后一次购进的价格评估。

（2）产成品的评估，采用成本×[1+成本利润率×（1-所得税率）]公式计算。成本利润率应取最近期的。也可采用重置成本法进行评估，并按现行价格的使用标准对成本进行调整。

（3）包装物、低值易耗品等价值较低的资产用重置成本法进行评估，按成新率计算出重置净值。

（4）在产品、自制半成品按其成本认定重估价值。

（5）现金、银行存款按其账面数确认。

（6）有价证券按市场价格或考虑票面价值，预计收益等因素评估。

3. 无形资产的评估主要采取现行市价法或重置成本法。

（六）资产评估掌握的政策和有关问题的处理

1. 对改制企业的资产评估以国务院《国有资产评估管理办法》、国家国有资产管理局《国有资产评估管理办法施行细则》、山东省人民政府办公厅《关于进一步加强国有资产评估管理工作的通知》为主要依据，须同时具备“资产评估立项审批表”“评估资产报告书”“评估结果确认通知”三个文件才具有法律效力，评估结果由市国资局确认，其他任何部门自行办理的无法律效力。根据实际文件规定，集体企业资产评估也按上述办法执行。集体资产暂由国资局代管。

2. 对企业需报废的固定资产、商业流通企业的有问题商品和生产企业的积压产品的削价损失，首先由企业主管部门会同企业提出初步意见，由评估机构进行核实。数额较大的需报国有资产管理部门，由国有资产管理部门组织有关部门审定后，再报市企业改革领导小组批准确定。

3. 对呆、坏账的处理。凡企业能够提供由执法部门出具的有关证明材料，经评估机构核实，证据确凿，符合规定的呆、坏账款项，可据实冲减；也可实行评估基准日起前推十年，按每年应收账款账面余额的5%确定呆、坏账损失，冲减资产，作为企业的呆、坏账准备金。

4. 对个别资产构成较复杂、历史性形成“包袱”大的企业，经评估并由国资局确认、报经市企业改制领导小组审核后，按具体情况提出改制意见。

二、产权界定

（一）产权界定的政策依据

1. 国家国有资产管理局《国有资产产权界定和产权纠纷处理暂行办法》（国资法规发〔1993〕18号）。

2.1994年11月25日发布的“中华人民共和国国家国有资产管理局令”第2号《集体企业国有资产产权界定暂行办法》。

3. 上级有关文件规定。

（二）产权界定应遵循的原则

产权界定应遵循“谁投资，谁拥有产权”的原则进行。在界定过程中，既要维护国有资产所有权及经营使用者的合法权益，又不得侵犯其他财产所有者的合法权益。

（三）产权界定的组织实施

国有资产产权界定工作由市国资局组织进行。

产权界定依下列程序进行：

1. 改制企业的各项资产及对外设资，由改制企业首先进行清理和界定，企业主管部门负责督促和检查，必要时也可由企业主管部门或市国资局直接进行清理和界定。

2. 改制企业经清理、界定已清楚属于国有资产部分，报市国资局认定、由市国资局下达产权界定确认通知书。

3. 经认定的国有资产，须按规定办理产权登记等有关手续。

4. 改制后的企业，国有资产管理按国家有关规定执行。

1995年11月16日

昌邑市财政局
昌邑市财政国库管理制度改革实施方案

（2005年11月1日）

国库管理制度改革，是建立公共财政框架体系的一项重要内容。按照省财政厅和潍坊市财政局要求，2005年开始全面推行财政国库管理制度改革。为此，结合我市实际，制定如下国库管理制度改革实施方案。

一、改革的重要意义

现行的财政性资金缴库和拨付方式，是通过征收机关和预算单位设立多重账户分散进行的，不利于监督管理，导致财政资金活动透明度不高，使用效益低，容易产生腐败现象。财政国库管理制度改革，就是要建立以国库单一账户体系为基础、资金缴拨以国库集中收付为主要形式的现代财政国库管理制度，以适应社会主义市场经济体制下公共财政的发展要求。

进行财政国库管理制度改革，意义主要体现在：

（一）提高管理效率。财政收入直接缴入国库或财政专户，财政支出通过国库单一账户体系将资金直接支付收款人（商品或劳务供应者）或用款单位，会大大减少在途时间，提高资金管理效率。

（二）方便用款单位。改革前，财政部门按年初预算逐级拨付资金，中间环节较多；改革后，单位根据财政部门下达的用款指标和用款计划，随时支付资金，用款更加方便快捷。

（三）利于资金调度。行政事业单位账户撤消后，原来分散在各单位银行账户中的资金全部集中到国库单一账户或财政专户，便于统筹调度使用。

（四）促进有效监督。改革后，所有财政性资金的活动均能在国库单一账户体系中得到及时反映，一方面可以随时纠正预算执行中的不规范行为；另一方面便于财政部门进行全过程、动态监督，提高资金使用的透明度。

二、改革的主要内容

国库管理制度改革不改变预算单位的资金使用权限，也基本不改变预算单位的财务管理和会计核算权限。改革按照先易后难的原则，先试点后推开，分步实施。

国库管理制度改革的主要内容是：建立国库单一账户体系，所有财政性资金都纳入国库单一账户体系管理，收入直接缴入国库或财政专户，支出通过国库单一账户体系支付到商品（劳务）供应者或用款单位。

（一）设立国库单一账户体系。国库单一账户体系包括五类账户：

1. 财政部门在人民银行国库开设国库单一账户，作为财政国库存款账户，用于记录、核算和反映纳入预算管理的财政收入和支出活动，并与财政零余额账户和预算单位零余额账户进行清算。

2. 财政部门在商业银行开设预算外资金财政专户，作为财政预算外资金存款账户，用于记录、核算和反映预算外资金的收入和支出活动，并与财政零余额账户和预算单位零余额账户进行清算。

3. 财政部门在商业银行开设财政零余额账户，用于财政直接支付和与国库单一账户、预算外资金专户进行清算。

4. 财政部门为预算单位在商业银行开设预算单位零余额账户，用于财政授权支付和与国库单一账户、预算外资金专户进行清算，可以办理转账，也可以提取现金。

5. 经市政府或市政府授权市财政局批准为预算单位开设的特殊过渡性专户（以下简称特设专户），用于记录、核算和反映预算单位的特殊专项支出活动，并与国库单一账户、预算外资金专户进行清算。

建立国库单一账户体系后，相应取消各类收入过渡户和经费支出户，预算单位的财政性资金逐步全部纳入国库单一账户体系管理。

（二）规范收入收缴程序。按照财政国库管理制度改革要求，财政收入实行国库集中收缴，以直接缴库和集中汇缴两种方式缴库。

1. 直接缴库，是指缴款单位或缴款人直接将应缴收入缴入国库单一账户或预算外资金财政专户。直接缴库的税收收入，一般是由纳税人或税务代理人提出纳税申报，经征收机关审核无误后，从纳税人开户银行直接缴入国库单一账户；直接缴库的其他收入，比照该程序缴入国库单一账户或预算外资金财政专户。

2. 集中汇缴，是由征收机关将所收的应缴收入汇总缴入国库单一账户或预算外资金财政专户。小额零散税收和法律另有规定的应缴收入，由征收机关于收缴收入的当日汇总缴入国库单一账户。非税收入中的现金缴款，比照本程序缴入国库单一账户或预算外资金财政专户。

实行直接缴库和集中汇缴方式后，征收机关不得再设置收入过渡户。涉及从国库退库的，依照法律、法规有关国库管理的规定执行。行政事业性收费、政府性基金的收缴，继续实行“票款分离”办法。

（三）规范支出拨付程序。国库管理制度改革后，财政性资金实行国库集中支付制度。资金支付改为部门或单位提出申请，财政直接将资金支付到供应商或用款单位。支付方式包括财政直接支付和财政授权支付两种。

1. 直接支付。由预算单位根据与供应商的供货付款协议提出支付申请，经主管部门审核同意后上报财政部门，财政部门据此向人民银行国库和代理银行签发支付令，代理银行通过国库单一账户体系直接将资金支付到收款人（即商品或劳务供应者，下同）。一般工资性支出、工程采购支出和服务采购支出用这种方式。

2. 授权支付。预算单位需要用款时，按照财政部门的授权，自行向代理银行签发支付令，代理银行据此在财政部门批准的用款额度内，通过国库单一账户体系将资金支付到收款人。一般对未实行直接支付的购买支出、零星支出采用这种方式。财政授权支付方式包括转账支付和现金支付。

财政直接支付和财政授权支付的具体支出项目和资金数额，由财政部门在制定改革试点的具体实施办法中规定。

无论是直接支付还是授权支付，必须以严格的资金用款计划为依据。该计划一般由预算单位根据当年下达的预算提报，财政部门审批。

实行国库集中支付后，主管部门和预算单位虽然不能收到实拨资金，但仍然要按照有关会计制度的要求进行会计核算。

三、改革的配套措施

财政国库管理制度改革是对财政资金管理方式的根本性变革，是一项十分复杂的系统工程。不仅涉及到改革现行预算编制方法，修订相关法律法规，建立健全银行清算系统、财政信息管理系统等必须的配套措施，而且需要各有关方面转变传统观念，摆脱旧的管理方式的影响。各部门、各单位不仅要从节约财政资金、加强财政管理、提高财政资金使用效益，从讲政治和从源头上治理腐败的高度，充分认识财政国库管理制度改革的必要性和重要性，密切配合、通力合作，积极支持改革，逐步实现改革的预期目标。

（一）加快推进预算编制改革。预算编制是国库集中收付的基础，要进一步细化预算编制，全面推行部门预算，逐步将所有财政性资金的支付建立在明晰的预算基础之上，为国库集中收付制度的顺利实施创造条件。

（二）建立财政管理信息系统和国库管理操作系统。使各类财政收支活动在国库单一账户体系中高效、安全运行。

（三）建立完善银行清算系统。做好财政、人民银行国库与代理银行的清算衔接工作，完善银行清算系统，加快资金到账时间。确定代理银行，按照市场经济原则，引进竞争机制，通过招投标进行。

（四）成立专门支付机构。改革工作业务量大，需要由专门机构、专门人员办理。国库集中支付中心的人员，要随着改革的深入和范围的扩大，及时充实和加强。

（五）健全监督制约机制。财政部门要加强对预算单位资金使用情况的监督，定期对国库支付相关业务进行内部审计。人民银行国库部门要加强对代理财政支付清算业务的商业银行的监控。审计部门要加强对预算执行情况的审计检查。各部门之间要形成有效监督机制，确保资金运行安全。

四、改革的实施步骤

国库管理制度改革从国库集中支付改革入手，启用省财政厅统一设计的软件进行改革，适当时机再推行国库集中收入改革。国库集中支付改革，从2005年10月份起，在市直行政事业单位中分两批进行，资金范围包括预算内、外资金及其他资金。改革的资金支付管理办法、会计核算暂行办法、银行支付清算办法另行下发。

五、加强组织领导

国库管理制度改革涉及所有的行政部门和事业单位，任务繁重，需要协调的事务较多。为此，市里成立“昌邑市财政国库管理制度改革领导小组”，由市政府领导同志任组长，财政、人民银行、审计、纪检、人事等部门主要负责同志为组成人员。财政部门要按照省及潍坊市的要求，尽快建立健全财政国库管理、执行机构，人民银行、专业银行等有关部门和单位要积极给予支持和配合，指定专人参入改革，及时协调解决相关问题，确保这项改革顺利进行。

昌邑市人民政府
关于下达2008年市级预算外资金收入预算及政府调控计划的通知

（昌政发〔2008〕16号）

市政府各部门、各有关单位：

根据《昌邑市市级预算外资金管理实施办法》（昌邑市政府令第21号）和2008年昌邑市部门预算编制的有关规定，下达2008年预算外资金收入预算15839万元、政府调控计划374万元。现将有关事宜通知如下：

一、预算外资金收入预算的核定

预算外资金收入是国家财政性资金收入的重要组成部分，主要包括行政性收费、政府性基金和国有资源收入等。其征收必须使用财政部门统一印制的票据，通过财政“非税收入管理系统”纳入专户管理。收入预算的核定本着“依法征收、应收尽收、坚决杜绝乱收费”的原则。按照各单位提报的收入计划核定；对部分受政策影响导致收费范围缩小、收费标准降低、收费对象减少的单位，进行了适当调整。

预算外资金收入预算是根据各单位提报的2008年预算外资金总收入，剔除上缴上级及核定的征收成本后，作为当年各单位的预算外资金收入计划。

二、调控基数和调控比例

（一）调控基数：以核定的各单位2008年预算外资金收入预算作为政府对其调控基数。

（二）调控比例：按照单位性质确定调控比例，单位性质相同，调控比例相同。

1. 全额拨款单位按23%调控。

2. 差额拨款单位按14%调控。

3. 自收自支单位按10%调控。

4. 除市教育局系统外，其他全额拨款的学校按12%调控，差额拨款的按7%调控。

5. 卫生系统的人民医院、中医院、妇幼保健院、皮防站，实行分档递减累加比例调控。500万元（含500万）以下部分按1.8%调控；500万元至1000万元（含1000万元）部分按1.3%调控；1000万元以上部分按0.6%调控。

6. 建设局收取的配套费按20%调控。

7. 交通局、油区办调控数额同上年。

8. 对部分因政策原因预算外收入减少的单位，适当降低调控比例，其中：收入在20万元以下的不调控；收入20万元（含20万元）至100万元（不含100万元）的按3%调控；100万元（含100万元）以上的按6%调控。

按以上比例形成的调控资金，全部作为政府综合调控资金，由市政府统筹安排，用于昌邑市重点建设项目以及各项事业的发展。

在年度预算执行中，遇政策影响收支变动较大时，由单位提出书面申请，经批准后调整相应预算。全年预算外资金超收部分，单位返还比例为：预算中未调控单位按对应单位性质确定的调控比例提高10个百分点调控后返还余额；预算中调控单位一律按当年调控比例提高10个百分点调控后返还余额。

2008年4月11日

昌邑市人民政府办公室
关于进一步加强国有资产管理的通知

各乡镇（街道）、市直部门：

为进一步加强国有资产管理，规范国有资产购置、管理、使用和处置行为，确保国有资产保值增值，根据有关法律法规和规章的有关规定，结合我市实际，现就加强行政事业单位国有资产管理工作通知如下。

一、财政部门是政府负责行政事业单位国有资产管理的职能部门，对行政事业单位国有资产综合管理。事业单位的主管部门、实行委托监管的部门（以下简称主管部门）负责对本部门所属事业单位的国有资产实施监督管理。

二、行政事业单位负责对本单位占有使用的国有资产实施具体管理。负责本单位国有资产的清查登记、统计报告及日常监督检查工作；负责国有资产的配置、处置等事项的报批手续等。

三、规范行政事业单位国有资产配置管理。财政部门对要求配置的资产能通过调剂解决的，原则上不重复购置。对确需购置的资产，由单位会同财政部门审核资产存量，提出拟购置资产的品目、数量，报经市政府批准后，进行购置。购置纳入政府采购范围的资产，依法实施政府采购。对购置的资产要严格按照会计制度及时入账，凡达到固定资产标准的，必须记入固定资产账，纳入部门固定资产管理，做到账实相符。

四、加强行政事业单位国有资产的使用管理。各单位要建立健全国有资产管理责任制，将国有资产管理责任落实到人，确保国有资产安全完整。对占有使用的国有资产要定期清查盘点，做到账实相符。对单位占有使用的国有资产对外出租、出借、投资、担保等必须经市政府批准。对单位超标配置、低效运转、长期闲置的国有资产，经市政府批准后可以调剂使用或处置。

五、严格行政事业单位国有资产的处置管理。对单位的地产、房产、车辆及原值10000元以上资产的处置，必须严格执行“单位申请、财政部门审核、政府批准”程序，原值10000元以下的资产的处置，由单位申请，财政部门审批。资产的处置要遵循“公开、公平、公正”原则，国有资产的出售、出让、转让等，要经社会中介机构进行评估，并进行公开拍卖。对产权不明晰的应进行产权界定，在未明确产权归属前不得处置。资产处置后，单位应凭财政部门资产处置的批复调整相关的会计账目。

六、加强行政事业单位资产的收益管理。处置国有资产取得的收入，属国有资产收益，应按政府非税收入管理的规定实行“收支两条线”管理，任何单位不得截留、坐支、挪用，对确因工作需要更新资产的，经市政府批准，可将收入返还给原单位使用。

七、加强国有资产的监督检查。坚持单位内部监督与财政监督、审计监督、社会监督相结合原则，加强国有资产的日常监管，监察、财政、审计等部门，可实行组织抽查、专项检查等方式，切实加强对国有资产的监督管理。对违反有关规定的单位和直接责任人，要依据有关法律法规进行处理。

2008年11月27日

昌邑市人民政府
关于加快推进转方式调结构进一步促进财源建设的意见

（昌政发〔2010〕36号）

（2010年9月2日）

为深入贯彻落实中央、省和潍坊市关于转方式、调结构的部署要求，进一步提高经济运行质量，培植壮大财源，增强财政保障能力，根据《山东省人民政府关于加快推动转方式调结构进一步促进财源建设的意见》（鲁政发〔2010〕61号）和《中共昌邑市委昌邑市人民政府关于加快转方式调结构的意见》（昌发〔2010〕24号）精神，结合我市实际，现就加快推进转方式调结构、进一步促进财源建设，提出如下意见：

一、以转方式、调结构为统领，从根本上转变财源建设指导思想

1. 加快增长方式转变。当前，我市正处于转型发展的关键时期，经济发展的外部环境和内部条件发生了重大变化，既面临传统产业优势弱化、竞争压力增大、环境资源制约等严峻挑战，也面临着国内经济结构调整、产业转移、国家新一轮沿海开发战略实施等重大发展机遇，财源建设的工作重点和方式方法亟须调整。各级各部门各单位要适应新形势、新任务的要求，抓住机遇，迎接挑战，及时调整更新财源建设思路，把转方式、调结构作为培植壮大财源的根本措施，把是否有利于富民富财政作为衡量培植财源质量的重要评判标准，努力在加快转变上下功夫、见实效。要注重速度、结构、质量与效益的协调发展，加快由偏重总量扩张向结构优化生财转变，着力解决三次产业比例不合理、产业层次低的问题，向结构调整和产业升级要财源；加快由偏重粗放发展向集约化生财转变，切实把发展方式转变到依靠科技进步、劳动者素质提高和管理创新上来，着力解决发展质量不高、产业链条短、行业附加值低的问题，向质量和效益要财源；加快由偏重传统财源向依靠多元生财转变，把发展高端高质高效产业、多种所有制经济、外向型经济和集群经济作为培植壮大财源的重要途径，着力解决传统财源比重偏高、财源结构单一的问题，向拓展发展空间要财源，努力形成高点定位、多点支撑、重点带动的现代财源发展战略。

2. 着力实现财政增收。我市转变发展方式、加强财源建设要以科学发展观为统领，以市场为导向，以富民强市为目标，以转方式、调结构为主线，进一步解放思想、更新观念，立足昌邑实际，发挥比较优势，创新政策机制，突出培植高效支柱财源，巩固壮大优势特色财源，着力抓好新兴后续财源，切实加强财税管理，推动社会财富和财政收入协调持续较快增长，为经济社会建设提供有力保障。

全市的任务目标是：投资结构明显改善，今年完成固定资产投资 163.6 亿元，增长 22%，其中规模以上投资完成 159.9 亿元，占 97.7%；产业转型升级步伐加快，年内高新技术产业产值占规模以上工业总产值的比重达到 32% 以上，第三产业增加值占 GDP 的比重提高到 29% 以上。“十二五”期间，全市地区生产总值年均增长 13% 以上，2015 年超过 450 亿元，一、二、三产业比例达到 12∶53.1∶34.9；地方财政收入年均增 15% 以上，2015 年超过 23 亿元；各项人均指标达到或超过潍坊市平均水平。到 2015 年，全市至少 4 个镇达到省级中心镇标准，财政收入过亿元的镇街区达到 3 个以上，市镇两级财政状况明显改善，保障能力明显提高，财源发展后劲明显增强，财政经济持续协调健康发展。

二、实施重点带动和协调发展战略，培育壮大骨干群体财源

3. 加快北部沿海开发。抓住“三区”建设特别是黄河三角洲高效生态经济区建设上升为国家战略的重大机遇，树立“蓝色、生态、高效”理念，把北部沿海作为支撑全市增量投入、推动转方式调结构、培植财源的最大空间，向北部沿海倾斜人力、财力、政策等资源，3 年内完成基础设施投资 70 亿元以上。推进下营港、山东沿海公路昌邑段、疏港公路、防潮大坝、大莱龙铁路扩能改造等重要基础设施和水网、林网等生态工程建设。改造提升下营渔港，使之由一级渔港升级为国家中心渔港。投资 10 亿元，在潍河以东沿防潮大堤向北推进 8—10 千米，建设下营商港，同时围海造地 45 平方千米。大力发展光伏电、石油化工、盐化工、临港物流、新能源等高端产业，加快科教、商务、居住、旅游等功能区建设，努力把沿海经济发展区，打造成蓝色经济发展的主战区、新兴高端产业的聚集区、黄河三角洲高效生态经济区建设的先行区、全市科学发展的示范区，使北部沿海成为我市新经济、新财源隆起带。

4. 加快城镇化进程。把加快城镇化进程作为激发经济发展活力、促进财源建设的重要引擎，推进强镇扩权、城镇扩容和功能完善，为转方式

调结构、增财源搭建载体。推进城镇化发展重心向小城镇转移，重点突破镇域经济发展。统筹小城镇基础设施、产业发展与环境保护，加快以镇驻地为中心的服务业、加工业、高效农业等园区开发建设，形成镇域范围内规模适度、布局合理、有竞争力的产业发展平台，促进特色产业聚集，提升镇域经济实力和城镇综合承载能力。加快推进镇级市试点，深化强镇扩权改革，制定扶持政策，重点扶持、规划建设1个镇级市。加快提升农村社区建设和服务水平，积极探索市场化便民服务新途径，促进城乡基本公共服务均等化。加快实施迁村并点和集中居住区建设，年内每个镇街区至少迁移1个村，腾出城乡挂钩建设用地150亩以上。全面实行“一事一议”筹资筹劳，推进城乡环卫一体化，解决垃圾围村问题，实行园林绿化托管，提高生态文明村（社区）建设水平。加快中心城区功能完善、形象提升和产业升级，打造“文化、生态、宜居、宜业”的城市品牌，使城乡统筹发展与财源建设步调一致，和谐发展。

5. 大力支持园区建设。大力支持园区招商引资，吸引外来企业到园区进行投资建设。对进入园区的企业，严格执行《昌邑市园区招商引资优惠政策规定》的各项优惠政策，促进入园企业做大做强，增强发展后劲，培植后续财源。

6. 促进中小企业和集群经济发展。积极组织实施中小企业技术创新计划、中小企业成长计划、特色产业提升计划和小企业培育计划，引导扶持中小企业及重点产业集群加快发展。安排专项资金，对中小企业贷款年增长15%以上的金融机构，按照新增中小企业贷款的一定比例给予风险补偿，引导金融机构加大对中小企业的信贷支持力度。制定支持中小企业发展的政府采购政策，推动建立以政府采购中标合同为基础的中小企业融资平台。

7. 推动“三大需求”（投资、消费和出口）协调发展。用好政府公共投资，优化投资结构，加大对重点领域和关键环节的投入，加快推进重点项目建设，着力抓好总投资148亿元的20项重点工程建设。拓宽民间投资领域和范围，通过以奖代补、财政贴息、股权投资等手段，引导和鼓励民营企业扩大投资。完善消费政策体系，增强政策激励作用。引导城乡居民扩大消费。扎实推进家电与汽车摩托车下乡和家电、汽车以旧换新工作。设立专项资金，支持加快实施“走出去”战略。重点支持建设科技兴贸创新基地和农产品质量安全示范区，促进外贸发展方式转变。扩大对外劳务承包，带动劳务输出和产品出口。

三、加快传统工业转型和新兴产业发展，培植壮大支柱财源

8. 加快传统工业结构优化升级，着力支持传统产业改造升级、战略性新兴产业倍增、新特优引领、产业集群壮大“四大工程”，实现工业由小变大、由大变强。积极引导和支持现有企业突破核心技术，提升装备水平，优化工艺流程，争创名品名牌。提升石油化工业，发挥好山东昌邑石化有限公司的带动作用，加快向下游化工产品延伸；支持山东昌邑石化有限公司加大投入，年内完成投资20亿元以上，加快100万吨连续重整和200万吨精制柴油加氢项目建设进度；加快投资11.6亿元的博斯腾丁辛醇、投资1.26亿元的亿兴化工等项目建设，拉长石油化工产业链条。提升盐及盐化工业，发挥山东海天生物化工有限公司的带动作用，加快投资10亿元的山东家园医药中间体和染料中间体、投资4亿元的泉鑫化工石油助剂、投资2亿元的灶户盐化硫酸及染料深加工等重点项目建设，提高盐化工产品的科技含量和附加值。提升机械制造业，突出抓好总投资15亿元的浩信集团静压造型线项目建设，努力实现由一般铸件向精密制件的根本性转变，推动机械制造业转型升级。提升纺织印染业，加快中国（柳疃）棉纺城建设运营步伐、尽快建成

国内规模较大的棉纺织品一级采购中心，重点支持投资10亿元的华晨集团高档织物面料、投资4.15亿元的同大集团生态超纤高仿真面料和高精细印花网等项目建设。提升食品加工业，抓好山东泰森新昌食品有限公司投资6.1亿元的种鸡孵化场和农产品加工项目建设，充分利用泰森公司的资金、品牌和技术优势，扩大市场占有率，打造昌邑食品加工业品牌。

9. 加快新兴产业发展壮大。积极把发展壮大战略性新兴产业作为转方式、调结构的重要举措，强化措施，快速推进。大力培育创新型企业，壮大高新技术产业。认真落实扶持政策，推动山东同大集团有限公司、山东瑞其能电气有限公司等企业争创省级创新型企业。支持企业参与制定行业技术标准，提高发明专利比重。加大对山东同大海岛新材料股份有限公司、昌邑立辉拉床制造有限公司、潍坊泉鑫化工有限公司等高新技术企业的扶持力度，积极帮助解决生产经营中的困难和问题，促其进一步做大做强。积极发展新能源产业。支持山东瑞其能电气有限公司与大唐集团公司的合作，3年内投资50亿元，在北部沿海地区建设10个风场；加快投资20.9亿元的光伏产业园建设，积极引进电动汽车项目，带动新能源产业不断发展壮大。

10. 推动现代服务业快速发展。坚持市场化、产业化、社会化发展方向，促进服务业总量扩张、层次提升，确保服务业增加值增幅高于GDP增幅。突出发展金融保险、科技信息、现代物流、研发设计等生产性服务业，大力提升商务餐饮、社区服务、娱乐健身等生活性服务业，促进服务业结构优化。重点抓好投资6亿元的中国（柳疃）棉纺城二期工程、投资4800万元的汽车总站、投资3.2亿元的华海贸易广场、投资18亿元的青山物流中心、投资5.7亿元的山东宏大大姜市场建设，搞好投资2000万元的钢材市场、旧货市场、煤炭市场搬迁，做大苗木交易市场，形成覆盖广泛的服务业发展格局。积极运用现代经营方式和信息技术改造提升传统服务业，推进连锁经营、物流配送、电子商务等组织形式和服务方式发展。繁荣城市商业中心，培育特色商业街，鼓励商贸流通业集聚发展。加快中央商务区东区建设和西区拆迁，力争早日完工。支持引进大型服务企业集团，促进服务业集团化、网络化、品牌化经营，形成业态丰富、功能完善、特色鲜明的商业服务体系。

11. 大力发展文化旅游产业。支持实施重点文化片区、重点文化企业和项目带动战略，加快以潍河商业文化休闲区、文化中心、文化旅游商品市场、市民广场、广播影视中心为代表的文化片区建设，打造文化传播与教育、文化娱乐活动、文化商品交易等文化元素汇聚的文化事业、产业发展高潮区。推进投资20亿元的65个市镇两级文化建设项目，重点推进文化中心、新华文博传媒中心建设。大力培植文化骨干企业，力争在出版印刷、包装装潢、影视服务、广告制作、旅游、文化艺术、文化娱乐等领域培育一批品牌企业和品牌产品，提升文化产业整体实力。加快“70千米潍河旅游长廊”规划建设，整合旅游资源，提升旅游品质，壮大旅游产业。协调搞好研究开发、生产制造、市场营销，打造完整的产业链条。

12. 促进房地产业健康发展。支持健全多层次、有区别的住房供应体系。加大城市保障性住房建设力度，开展住房公积金支持保障性住房建设试点，启动政府公共租赁住房试点工作。深入推进农村住房建设与危房改造，重点支持城中村、城郊村、镇街区驻地、大企业周边、经济强村和矿区搬迁村的整体改造。设立专项资金，采取“以奖代补”的方式，对廉租房建设、农村住房建设和危房改造给予支持。整顿和规范房地产市场秩序，培育具有较强竞争力的大型综合性房地产开发企业和建筑企业。

四、夯实农业发展基础，巩固壮大优势

财源

13. 多渠道增加农民收入。全面落实各项强农惠农政策，切实抓好农民负担监管。继续对种粮农户实行直接补贴和农资综合补贴，严格落实小麦良种补贴政策。进一步增加农机具购置补贴，扩大补贴种类。加快发展农业保险，逐步建立完善农业大灾风险保障机制。实施农村劳动力转移培训、新型农民科技培训和创业培训，加强农村实用人才队伍建设和农村人力资源开发，为增加农民务工、经营和财产性收入，实现农民持续增收创造条件。

14. 发展现代农业产业。整合各项财政支农资金，实行集中投入、集约使用。积极发展高效生态农业。加大农业基础设施投入，以建设小型农田水利重点县为契机，抓好总投资1.1亿元的2.8万亩节水灌溉和田间排水工程、北部水网工程、潍东引水总干续建配套与节水改造等8项工程建设，增强农业综合生产能力和防灾减灾能力。加大农业科技投入，积极引进先进适用的农产品加工、保鲜等技术，提高农产品附加值。加强农业服务信息网站建设，及时发布农业科技和致富信息，真正把网站建设成为科技推广、信息交流的平台。推动农业集群化发展，围绕农产品加工与流通，全面整合产前、产中、产后各个环节，构建各环节相互衔接、利益协调的农业生产经营组织体系，推动农业产业集群化发展。培强做大农业龙头企业，扶持建立新的龙头企业，年内龙头企业达到102家，2015年达到150家以上。围绕蔬菜、苗木、畜牧养殖、水产等主导产业，通过大户联合、股份合作等方式，培育发展带动能力强的农民专业合作组织，提高农民群众的组织化程度和抵御市场风险的能力。凡从事农林作物种植培育、牲畜饲养、农机推广、农机维修等项目所得，按规定减征或免征企业所得税。大力发展农村二、三产业，鼓励农民个人创业，发展农村资源开发、农产品加工和为生产生活服务的第三产业。

15. 完善财政金融支农政策。财政支出要优先支持农业农村发展，预算内固定资产投资优先投向农业基础设施和农村民生工程，土地出让收益优先用于农业土地开发和农村基础设施建设。建立财政促进金融支农长效机制，金融机构年度涉农贷款平均余额增长超过一定比例且贷款质量符合规定条件的，按贷款余额增量的2%给予奖励。中国农业发展银行昌邑市支行、中国农业银行股份有限公司昌邑支行、昌邑市农村信用合作联社要对重点农业龙头企业优先安排信贷计划，确定每家龙头企业的授信额度，简化信贷程序，实行优惠利率。

五、着力改善民生和发展社会事业，增强财源建设内生动力

16. 努力扩大就业。实施积极的就业政策，完善政策扶持、创业培训、创业服务“三位一体”的工作机制。加大公共就业服务体系投入，2010年安排就业补助资金1600万元。全面落实各项就业扶持政策。推进小额担保贷款工作，实施“大学生创业引领计划”，鼓励更多的城乡劳动者通过自主创业实现就业。统筹做好各类群体的就业服务工作，加大公益性岗位开发力度，优先解决好特困家庭、零就业家庭等重点人群的就业，年内转移农村劳动力7000人，新增城镇就业6700人，城镇登记失业率控制在3.8%以内。

17. 完善收入分配制度。加快收入分配制度改革，逐步提高居民收入在国民收入分配、劳动报酬在初次分配中的比重。提高城乡居民收入特别是中低收入者的收入水平，推动建立低保、最低工资与物价水平相适应的动态调整机制。建立企业职工工资正常增长和支付保障机制，全面推行劳动合同制度、集体合同制度和工资集体协商制度。规范公务员津贴补贴政策，推进事业单位绩效工资制度改革，建立科学合理的机关事业单位收入分配制度。发挥税收对收入分配的调节作

用，加大对高收入的调节力度，打击取缔非法收入，逐步形成公开透明、公正合理的收入分配秩序。

18. 健全城乡社会保障体系。稳妥推进新型农村社会养老保险试点，逐步扩大新型农村养老保险试点范围。完善城乡居民基本医疗保障制度，将新型农村合作医疗和城镇居民基本医疗保险的财政补助标准提高到每人 120 元，并尽快将关闭破产国有、集体等企业退休人员纳入城镇居民基本医疗保险范围，确保 2011 年城镇职工和城镇居民基本医疗保险参保率达到 90% 以上。提高城镇职工和城镇居民基本医疗保险最高支付限额和报销比例，降低基金起付标准，2011 年城镇职工和城镇居民基本医疗保险规定范围内的医疗费报销比例分别达到 75% 和 60% 以上。完善城乡居民最低生活保障制度，扩大城镇低保覆盖面，农村低保标准提高到每人每年不低于 1400 元。

19. 加快发展社会事业。优先发展教育事业，大力实施校舍安全工程，加快镇街区中小学、幼儿园新校建设。支持一中新校各项设施配套完善，加快职教中心建设。优化教育资源配置，在高中全部进城的基础上，中小学校进一步向镇街区驻地集中，提高教育教学水平。深化医药卫生体制改革，积极稳妥地推行国家基本药物制度和公立医院改革，加强基层医疗卫生服务体系建设。大力发展体育事业，广泛开展全民健身活动，提高竞技体育水平。扎实做好人口计生工作，完成人口控制刚性目标，提高人口素质。

六、加快经济国际化进程，扩大财源建设外拓拉力

20. 提高利用外资水平。结合“三区”建设、产业基础和招商目录，瞄准世界 500 强企业、中国 500 强企业、国内上市企业和产业龙头企业，加大项目引进力度，着力引进地区总部、研发中心及培训和生产基地。实施“联优挂强”战略，加强与国内外大企业的合作，重点支持美国泰森公司与新昌集团的合作，加快浩信集团与北汽福田总投资 15 亿元的静压造型线项目建设，积极促成浩信集团与潍柴动力的合作，吸引更多资金流入昌邑。大力支持各类重大招商推介和投资尽谈活动，扩大对外招商并抓好签约项目的跟踪落实。坚持利用外资优先，积极承接境外优质资本和产业转移，鼓励现有外资、合资企业增资扩股，扩大私募基金，积极上市融资，提高利用外资的规模、质量和水平。

21. 转变外贸发展方式。实施科技兴贸战略，支持具有自主知识产权、自主品牌和高附加值的产品扩大出口，鼓励企业扩大先进技术装备、关键零部件和紧缺资源性原材料的进口，重点培育国际、国内知名品牌，打造优势产品出口基地，年内出口额过亿元的企业达到 6 家，3 年内达到 10 家以上。积极开拓国际市场，巩固美、日、韩等传统市场份额，拓展提升南美、中东和东盟等新兴市场。鼓励企业参加国内外商品展销活动，适当扩大企业参展补助范围和标准。

七、推进体制机制创新，强化财源建设制度保障

22. 实施人才强市战略。根据我市“三区”建设和产业发展需要，完善人才回流机制，动员更多昌邑籍毕业生回乡创业发展。加大人才引进力度，今年争取引进高层次人才 120 人以上。认真执行上级和我市出台的各项人才激励政策，对在我市工作并取得硕士及以上学位的人才落实 20% 的岗位补贴，对评选出的专业技术拔尖人才、首席技师、农村实用人才等按规定及时发放岗位补贴。

23. 加强科研平台建设和人才培训。积极打造技术创新平台，为行业科技进步发挥引领和带动作用，年内开工建设高新技术孵化器 1 处、申报潍坊市级工程技术研究中心 4 处；建设“三区”建设人才、农村实用人才、企业经营管理和

技能人才、党政人才“四大人才”培训基地。组织实施“双万名”人才培训工程，每年培训机关、企事业单位管理、专业技术和技能人才1万人、培训农村党员1万人。建立高校教学实验基地2处、大学生实践基地2处和高校毕业生就业见习基地7处。

24. 完善科技创新体系。进一步健全以企业为主体、市场为导向、产学研相结合的自主创新体系，加快科技成果向现实生产力转化。加强产学研联合，积极开展与大专院校、科研院所的科技合作。建设中小企业技术信息公共服务平台，为中小企业提供技术服务。鼓励组建技术创新战略联盟，集成创新资源，攻克关键技术。倡导创新文化，培育创新精神，促进全社会关注创新、支持创新、参与创新，催生创新灵感，激发创新潜能，保持创新活力。

25. 健全市场机制。财政资金要积极支持市场机制建设，搭建完善市场要素交易和流通平台，推动资源市场化配置。深化资源环境有偿使用制度改革，逐步建立反映市场供求、稀缺程度的价格形成机制和使用权转让机制。完善国有土地有偿使用制度，对经营性土地全面实行“招拍挂”方式出让。在坚持农村土地集体所有的基础上，建立农村土地使用权流转市场。对海域、矿产等国有资源全部实行有偿使用。加快城市公共资源有偿使用步伐，鼓励多种成分参与公共事业经营。推进排污权有偿使用和市场化交易改革，探索建立区域性排污权市场交易体系。规范各类行政审批事项，清理涉企的行政事业性收费项目，为健全市场机制创造公平宽松的外部环境。

26. 创新投融资机制。创新投融资模式，规范发展政府融资平台，引导银行、企业、社会等各方面共同加大投入，形成多元化、常态化的投融资保障机制。加强财政与金融的协调配合，充分利用财政手段，发挥财政资金“四两拨千斤”的作用，引导金融机构和社会资金投向国家鼓励发展的产业。积极培育上市后备资源，推动企业上市融资。支持企业利用债券、资产证券化、BOT（建设—经营—转让）等融资方式，扩大直接融资规模，引进跨国公司和国际知名品牌。建立招商引资项目税收评价机制，支持实行产业链招商和产业集群招商，引进产业关联度大、技术含量高、税收贡献大、辐射带动能力强的大项目。充分利用国际金融市场资源，积极引进政府外债资金。加强政府性债务管理，防范和化解潜在财政金融风险。

27. 完善财政体制机制。建立健全与基本公共服务均等化相适应的公共财政体制，进一步增强政府提供基本公共服务的能力。建立结构调整专项资金，重点支持现代服务业、传统工业转型升级和战略性新兴产业发展。

八、切实加强财税管理，拓宽生财聚财渠道

28. 健全预算管理体系。将一般预算资金、政府性基金、预算外资金、国有资本经营收入等各类政府性资金全部纳入政府预算，加快形成覆盖政府所有收支、完整统一的政府预算体系。按照国家规定，将预算外资金全部纳入预算内管理，全面编制社会保险基金预算。

29. 加强财政收入征管。完善税收保障措施，健全社会化综合治税网络，将税收保障纳入相关部门责任考核体系。全面实施财税库银联网，完善税源控管体系，实施协税护税和纳税举报奖励制度，形成政府领导、税务主管、部门配合、社会参与、法制保障的税收保障新局面，严厉打击偷、逃、漏税行为，依法加强缓缴税款审批管理和欠税管理，严格控制缓缴税款的审批，对税收优惠到期的要及时恢复征税，清理我市出台的税收优惠政策，制止越权减免税行为，拓宽非税收入管理范围，将各类政府非税收入纳入财政统一管理。

30. 改革支出理方式。整合各类专款，增强财政资金使用合力，集中财力保重点、办大事。

创新财政支出管理方式，完善预算标准定额体系，清理财政支出范围，深化国库集中支付、政府采购和收支两条线改革。提高预算管理的规范化和精细化水平，牢固树立“节支也是财源”的观点，大力压缩行政成本等一般性开支，从严控制党政机关出国经费、车辆购置及运行费用、会议接待等支出。加强监督检查和绩效管理，严肃处理挥霍浪费及低效使用财政资金行为，做到事前控制、事中监督、事后问效，进一步提高财政资金的使用效益。

31. 挖掘资产资源运营潜力。整合行政事业单位资产，加强行政事业资产有偿使用管理，对行政事业单位闲置、淘汰、报废的国有资产实行统一处置，有偿使用和处置收入全部上缴国库。

32. 建立考核表彰奖励制度。加强组织领导，营造良好环境，完善责任分工体系和工作运行机制，并把财源建设作为各级各部门各单位领导政绩考核的重要内容，作为转方式、调结构的重要标志，重点强化对财政收入“两个比重”的考核，每年将根据企业实缴税额情况进行通报表彰，调动社会各方面培植财源，依法纳税的积极性，推动全市财源建设不断迈上新台阶。

昌邑市人民政府办公室
关于加强全市国有企业经营管理的通知

市直有关部门、各国有企业：

为进一步优化国有企业管理人的治理结构，不断创新国有企业经营管理机制，促进我市国有经济健康发展，根据《中华人民共和国企业国有资产法》和《山东省企业国有资产监督管理条例》的具体要求，结合我市实际，就进一步加强我市国有企业管理通知如下：

一、明确国有企业监督管理责任。市国有资产管理办公室承担全市国有企业的监督管理职责，依据有关法律法规将我市国有企业纳入规范化管理。重点做好企业资产清产核资，产权界定、登记，资产统计、评估和处置等日常工作。组织进行任期经济责任审计，完善企业管理者经营业绩考核评价制度，依法履行资产收益、参与重大决策和选择管理者职责，编制国有资本经营预算等，确保企业资产保值增值。

二、加强国有企业劳动用工管理。加强法人（总经理、董事长）管理。法人的任命要通过主管部门推荐提名、组织人事部门考核、市政府批准、市国资部门备案等程序，把讲政治、懂经营、善管理的优秀人才选拔到企业管理岗位。

加强国有企业劳动用工管理。国有企业根据经营范围、工作任务、资产规模等，编制劳动用工计划，经人力资源和社会保障局批准实施。国有企业招聘员工，可参考我市事业单位录用工作人员的办法，一律通过劳动力市场实行公开招聘，择优录用。国有企业劳动用工应按照平等自愿、协商一致的原则，依法与员工签订劳动合同，将竞争机制引入企业内部劳动管理，促进员工合理流动。国资部门要加强监督指导，避免用工方面腐败问题的滋生。

三、加强国有企业劳动薪酬管理。国有企业负责人薪酬要与经济效益、工作业绩密切联系，建立起考核激励机制，并与国有企业职工收入分配关系协调。

员工的薪酬通过确定领导人员的薪酬管控机

制，参照我市其他企业的工资水平合理确定。《昌邑市国有企业薪酬管理办法》另行制订。

四、加强企业经营管理。企业要积极开拓市场，提高资产运营效益和企业整体素质。企业要依法纳税，确保完成年度利润目标。企业要建立健全资产管理制度，严把购置、处置关，凡有关事宜需报经市政府审批，确保资产保值增值。企业要建立健全安全、质量管理体系，加大技改投入，真正步入良性发展轨道。企业要认真落实党风廉政建设责任制，严格执行中央八项规定，负责人不得在其他企事业单位和经济组织兼职，擅自领取兼职报酬。国资监管部门要落实资产经营责任制，要积极适应经济新常态，制定符合我市实际的国有企业业绩评价考核体系。

五、建立重大事项报告制度。国有企业要及时向国资监管部门报告企业重大事项。包括：发生重大安全事故、出资人权益发生重大变化、企业财务预算决算及利润分配等重大事项。

六、强化法律责任。全市国有企业要强化法律意识和法制观念，合法经营，并严格遵守通知要求。对违反法律法规的严格依法处理，先由国资监管部门责令改正，并依法给予处分。如造成国有资产损失的，依法承担赔偿责任；构成犯罪的，依法追究刑事责任。

昌邑

旧志拾遗

山東萊州府昌邑縣現行簡明賦役全書（同治伍年分）一卷

〔清〕不著撰者

山東省圖書館藏清同治刻本

昌邑縣

同治五年分

舊管

原額不分等則一例人丁叁萬壹千伍百陸拾丁又順治拾壹年清出人丁叁千玖百玖拾捌丁連舊編人丁共叁萬伍千伍百伍拾捌丁以此爲額每丁該銀貳錢貳分肆釐共該銀柒千玖百陸拾肆兩玖錢玖分貳釐

開除

鄉紳舉貢生員優免並逃亡人丁捌千柒百柒拾壹丁該免銀壹千玖百陸拾肆兩柒錢肆釐

新收

節年新增人丁捌千肆百伍拾叁丁該銀壹千捌百玖拾叁兩肆錢柒分貳釐

實在

當差人丁叁萬伍千貳百肆拾丁該銀柒千捌百玖拾叁兩柒錢陸分遵奉

部文攤入地畝項下徵收

舊管

節年額外新增人丁壹千捌百柒拾貳丁每丁該銀貳錢貳分肆釐共該銀肆百壹拾玖兩叁錢貳分捌釐

開除無項

新收無項

實在

額外新增人丁壹千捌百柒拾貳丁該銀肆百壹拾玖兩叁錢貳分捌釐遵奉

部文攤入地畝項下徵收

舊管

盛世滋生增益人丁貳拾叁萬柒千肆百伍丁

開除

抵補舊額人丁叁萬貳千壹百玖拾丁

新收

滋生人丁伍萬玖千叁百丁

實在

盛世滋生增益人丁貳拾陸萬伍百壹拾伍丁

欽奉

恩詔永不加賦

日

舊管
裁併萊州衛原額人丁玖拾捌丁每丁該銀貳
錢捌分玖釐玖毫陸忽伍微共該銀貳拾
捌兩肆錢壹分捌毫叁絲柒忽
開除無項
新收無項
實在
當差人丁玖拾捌丁該銀貳拾捌兩肆錢壹分
捌毫叁絲柒忽遵奉
部文攤入地畝項下徵收

舊管
節年額外新增人丁肆拾陸丁每丁該銀貳錢
捌分玖釐玖毫陸忽伍微共該銀壹拾叁
兩叁錢叁分伍釐陸毫玖絲玖忽
開除無項
新收無項
實在
額外新增人丁肆拾陸丁該銀壹拾叁兩叁錢
叁分伍釐陸毫玖絲玖忽遵奉
部文攤入地畝項下徵收

舊管
盛世滋生增益人丁叁拾玖丁
開除無項
新收無項
實在
盛世滋生增益人丁叁拾玖丁欽奉
恩詔永不加賦
舊管
原額上地壹千柒百伍拾頃壹拾柒畝壹分玖
釐每畝徵正供雜辦併玖釐胖衣等銀肆

分伍釐柒絲伍忽叁微柒纖貳沙叁塵壹
渺玖埃共徵銀柒千捌百捌拾捌兩玖錢
陸分伍釐陸纖
開除
乾隆元年在欽奉
上諭事案內奉文除豁沙壓上地叁拾畝陸分該免銀
壹兩叁錢柒分玖釐叁毫陸忽叁微玖纖
乾隆拾陸年在彙報海水漫溢情形事案內潮
淹鹻廢奉文除豁地壹百叁拾陸頃伍拾
玖畝該免銀陸百壹拾伍兩陸錢捌分肆

釐伍毫壹絲叁微玖纖
又在欽奉
恩詔事案內乾隆肆拾伍年坍沒沙壓乾隆肆拾玖年
奉文除豁上地玖拾叁畝肆分捌釐該免
銀肆兩貳錢壹分肆釐
又在題請等事案內嘉慶貳拾肆年奉文除豁
沙壓[illegible]地壹頃柒拾陸畝貳分陸釐該免
銀柒兩玖錢肆分伍釐
新收無項
實在
賦役全書 《萊州府昌邑縣 五
成熟地壹千陸百壹拾頃伍拾柒畝捌分伍釐
徵銀柒千貳百伍拾玖兩柒錢肆分貳釐
壹毫捌絲叁忽貳微捌纖
舊管
原額中地叁千陸拾陸頃陸拾叁畝捌分貳
釐每畝徵正供雜辦併玖釐胖衣等銀
肆分伍毫陸絲柒忽捌微叁纖伍沙柒渺
玖漠捌埃共徵銀壹萬貳千肆百肆拾兩
陸錢捌分柒釐貳毫柒絲肆忽柒微
壹纖

開除
乾隆元年在欽奉
上諭事案內奉文除豁沙壓中地捌頃壹拾伍畝壹分
貳釐該免銀叁拾叁兩陸分柒釐陸毫伍
絲叁忽柒微叁纖
乾隆拾陸年在彙報海水漫溢情形事案內潮
淹壕廢奉文除豁地貳百捌拾頃伍拾壹
畝該免銀壹千壹百叁拾柒兩玖錢陸分
捌釐叁毫肆絲壹忽捌微貳纖
又在欽奉
賦役全書 《萊州府昌邑縣 六
恩詔事案內乾隆肆拾伍年坍沒沙壓乾隆肆拾玖
年奉文除豁中地捌頃貳拾柒畝肆分
玖釐該免銀叁拾叁兩伍錢陸分
玖釐
又在題請等事案內嘉慶貳拾肆年奉文除豁
沙壓中地肆頃貳拾畝陸分該免銀壹拾
柒兩陸分叁釐
新收無項
實在
成熟地貳千柒百陸拾伍頃肆拾玖畝陸分壹

釐微銀壹萬壹千貳百壹拾玖兩壹分玖
釐貳毫柒絲玖忽壹微陸纖
舊管
原額下地叁千捌百陸頃陸畝伍分每畝徵正
供雜辦併玖釐胖衣等銀叁分陸釐陸絲
貳微玖纖柒沙捌塵肆渺捌漠柒埃共徵
銀壹萬叁千柒百貳拾肆兩柒錢捌分叁
釐柒毫伍絲叁忽壹微伍纖
開除
順治肆年撫按兩院

題明奏
旨除鹼拋荒下地壹千壹百肆拾陸頃叁拾貳畝捌釐
該免銀肆千壹百叁拾叁兩陸錢陸分陸
釐玖毫肆絲柒忽捌微壹纖
乾隆元年在欽奉
上諭事案內奉文除鹼沙壓下地肆拾肆頃壹畝柒分
貳釐該免銀壹百伍拾捌兩柒錢貳分柒
釐叁毫叁絲肆忽貳微伍纖
乾隆拾陸年在稟報海水漫溢情形事案內潮
淹坍廢奉文除鹼地捌百叁拾貳頃貳拾

伍畝肆分該免銀叁千壹兩壹錢叁分貳
釐柒毫壹絲貳忽伍微捌纖
又在欽奉
恩詔事案內乾隆肆拾伍年坍沒沙壓乾隆肆拾玖年
奉文除鹼下地貳拾捌頃柒拾畝玖分
肆釐該免銀壹百叁兩伍錢貳分
柒釐
又在題請等事案內嘉慶貳拾肆年奉文
除鹼沙壓下地貳拾叁頃柒拾壹畝
叁分肆釐該免銀捌拾伍兩伍錢
壹分壹釐

新收
新墾下地壹千壹百肆拾陸頃叁拾貳畝捌釐
徵銀肆千壹百叁拾叁兩陸錢陸分陸釐
玖毫肆絲柒忽捌微壹纖
又在稟報海水漫溢情形事案內乾隆叁拾年
墾復過乾隆拾陸年潮淹原額下地壹拾
捌頃貳拾伍畝玖分壹釐徵銀陸拾伍兩
捌錢肆分貳釐捌毫伍絲捌忽肆微伍
纖

實在
成熟併墾復下地貳千捌百玖拾伍頃陸拾
叁畝壹釐徵銀壹萬肆百肆拾壹兩
柒錢貳分捌釐伍毫陸絲肆忽柒微柒
纖
舊管
節年額外新墾大糧下地壹千捌百伍拾壹頃
捌拾玖畝陸分貳釐叁毫伍絲每畝徵銀
叁分陸釐陸絲貳微玖纖柒沙捌塵肆渺
捌漠柒埃共徵銀陸千陸百柒拾柒兩玖
錢玖分貳釐玖毫捌絲壹忽玖微叁
沙
開除無項
新收無項
實在
額外新墾大糧下地壹千捌百伍拾壹頃捌拾
玖畝陸分貳釐叁毫伍絲徵銀陸千陸百
柒拾柒兩玖錢玖分貳釐玖毫捌絲壹忽
玖微叁沙
舊管

賦役全書　萊州府昌邑縣　九

原額額外荒田地壹千叁百捌拾叁頃陸拾柒
畝每畝徵銀貳分共徵銀貳千柒百陸拾
柒兩叁錢肆分
開除
拋荒地壹千壹百捌拾頃陸拾叁畝陸分叁釐
壹毫該免銀貳千叁百陸拾壹兩貳錢柒
分貳釐陸毫貳絲
乾隆拾陸年在案報海水漫溢情形事案內
潮淹[illegible]廢奉文除豁地陸拾叁頃壹拾
捌畝該免銀壹百貳拾陸兩叁錢陸
分
又在題請等事案內嘉慶貳拾肆年奉文除豁
沙壓荒田地肆頃貳畝柒釐該免銀捌兩
肆分壹釐
新收
節年新墾地捌百壹拾壹頃貳拾叁畝肆分柒
釐玖毫壹絲徵銀壹千陸百貳拾貳兩肆
錢陸分玖釐叁毫捌絲貳忽
又在欽奉
上諭事案內乾隆肆拾伍年起科乾隆叁拾伍年勸墾

賦役全書　萊州府昌邑縣　十

地叁項壹拾叁畝貳分貳釐徵銀陸兩貳
錢陸分肆釐

實在
成熟併新墾額外荒田地共玖百伍拾項壹拾
玖畝玖分玖釐捌毫壹絲徵銀壹千玖百兩
叁錢玖分玖釐柒毫陸絲貳忽

舊管
首報坍河淤地叁項貳拾叁畝貳分壹釐陸毫
每畝徵銀貳分共徵銀陸兩肆錢陸分肆
釐叁毫貳絲

開除無項
新收無項
實在
坍河淤地叁項貳拾叁畝貳分壹釐陸毫徵銀
陸兩肆錢陸分肆釐叁毫貳絲

舊管
首報坍漲地玖項玖拾叁畝每畝徵銀貳分共
徵銀壹拾玖兩捌錢陸分

開除無項
新收無項

實在
坍漲地玖項玖拾叁畝徵銀壹拾玖兩捌錢陸
分

舊管
民糧原額地伍百叁拾項柒拾肆畝每畝徵租
銀肆分順治拾肆年分每畝又增租銀貳
釐共徵銀貳千貳百貳拾玖兩壹錢捌釐

開除
拋荒地貳百項柒拾貳畝肆分貳釐陸毫該免
銀捌百肆拾叁兩肆分壹釐捌毫玖絲貳
忽

乾隆拾陸年在稟報海水漫溢情形事案內潮
淹鹻廢奉文除豁地壹拾陸項貳拾叁畝
叁分該免銀陸拾捌兩壹錢柒分捌釐陸
毫

新收
節年新墾地柒拾陸項柒拾玖畝壹分叁釐貳
毫徵銀叁百貳拾貳兩伍錢貳分叁釐伍
毫肆絲肆忽

實在

成熟併新墾地共叁百玖拾頃伍拾柒畝肆分
陸毫徵銀壹千陸百肆拾兩肆錢壹分壹
釐伍絲貳忽
舊管
原額學田上地肆拾捌畝每畝徵租銀叁錢共
徵銀壹拾肆兩肆錢
開除無項
新收無項
實在
學田上地肆拾捌畝徵銀壹拾肆兩肆錢
賦役全書 萊州府昌邑縣 十三
舊管
原額學田下地陸拾捌畝每畝徵租銀壹分伍
釐共徵銀壹兩貳分
開除無項
新收無項
實在
學田下地陸拾捌畝徵銀壹兩貳分
舊管
裁併萊州衛原額上地壹拾貳頃叁畝每畝徵
銀叁分叁釐伍毫壹絲共徵銀肆拾兩叁

錢壹分貳釐伍毫叁絲
開除
拋荒上地陸頃柒拾柒畝柒分該免銀貳拾貳
兩柒錢玖釐柒毫貳絲柒忽
新收無項
實在
成熟上地伍頃貳拾伍畝叁分徵銀壹拾柒兩
陸錢貳釐捌毫叁忽
舊管
裁併萊州衛原額中地貳拾捌頃陸畝每畝徵
賦役全書 萊州府昌邑縣 十四
銀叁分壹釐壹毫共徵銀捌拾柒兩貳錢
陸分陸釐陸毫
開除
拋荒中地壹拾伍頃捌拾壹畝肆分玖釐該免
銀肆拾玖兩壹錢捌分肆釐叁毫叁絲玖
忽
新收無項
實在
成熟中地壹拾貳頃貳拾肆畝伍分壹釐徵銀
叁拾捌兩捌分貳釐貳毫陸絲壹忽

舊管
裁併萊州衛原額下地壹百捌拾叁頃玖拾壹
畝每畝徵銀壹分壹釐伍毫共徵銀貳百
壹拾壹兩肆錢玖分陸釐伍毫
開除
拋荒下地壹百叁頃陸拾柒畝叁分柒釐柒毫
該免銀壹百壹拾玖兩貳錢貳分肆釐捌
毫叁絲伍忽伍微
新收
節年新墾下地陸拾陸頃玖拾貳畝捌分柒釐

伍毫徵銀柒拾陸兩玖錢陸分捌釐陸絲
貳忽伍微
實在
成熟併新墾下地共壹百肆拾柒頃壹拾陸畝
肆分玖釐捌毫徵銀壹百陸拾玖兩貳錢
叁分玖釐柒毫貳絲柒忽
以上地丁共徵銀肆萬柒千柒百陸拾兩柒錢玖
分柒釐肆毫柒絲壹微壹纖叁沙又本折
蒼朮自康熙捌年奉文照依時價該增銀
壹兩肆錢柒分壹釐貳毫肆絲陸微貳纖

伍沙又本色槐花正費于康熙貳拾叁年
原增時價銀捌兩玖錢捌分肆釐伍毫捌
絲伍忽壹微壹纖內除在題請等事案內
沙壓地畝攤豁銀叁分貳釐實該銀捌兩
玖錢伍分貳釐伍毫捌絲伍忽壹微壹纖
又欽遵悉心等事案內奉文自康熙肆拾
貳年爲始班匠攤入地畝項下征收銀陸
拾貳兩壹錢內除在題請等事案內沙壓
地畝攤豁銀壹錢玖分貳釐實該銀陸拾
壹兩玖錢捌釐又在敬陳管見事案內奉

文通省應徵丁銀自雍正肆年爲始攤入地
銀內徵收今查本縣應攤徵人丁銀伍千
壹百陸拾肆兩陸錢貳分柒釐伍毫貳絲
貳忽陸微柒纖肆沙肆塵貳渺叁埃伍溟
內除在欽奉
上諭事案內奉文沖壓地畝除豁人丁銀貳拾貳兩肆
錢壹絲貳忽壹纖又除在彙報海水漫溢
情形事案內乾隆拾陸年潮淹衝壓叁文
除豁人丁銀伍百柒拾壹兩捌錢柒
分陸釐柒毫叁絲玖微捌纖又除在欽

奉
恩詔事案內乾隆肆拾伍年坍没沙壓地畝乾隆肆拾
玖年奉文除豁人丁銀壹拾陸兩叁錢壹
分伍釐實應攤徵人丁銀肆千伍百伍拾
肆兩叁分伍釐柒毫柒絲玖忽陸微捌纖
肆沙肆塵貳漠叁埃伍渺又在彙報海水
漫溢情形事案內乾隆叁拾年墾復乾隆
拾陸年潮淹地畝應攤人丁銀柒兩陸錢
柒釐玖毫柒忽壹微肆纖貳項共人丁銀
肆千伍百陸拾壹兩陸錢肆分叁釐陸毫

賦役全書 萊州府昌邑縣 七

捌絲陸忽捌微貳纖肆沙肆塵貳漠叁埃
伍渺又除在題請等事案內沙壓地畝除
豁人丁銀壹拾叁兩陸錢捌分捌釐實該
人丁銀肆千伍百肆拾柒兩玖錢伍分伍
釐陸毫捌絲陸忽捌微貳纖肆沙肆塵貳
漠叁埃伍渺較之現在人丁共該銀捌千
叁百伍拾肆兩捌錢叁分肆釐伍毫叁絲
陸忽實减人丁銀叁千捌百陸兩捌錢柒
分捌釐捌毫肆絲玖忽壹微柒纖伍沙伍
塵玖渺柒漠陸埃伍渺連前通共實徵銀

肆萬肆千貳拾陸兩貳錢伍分肆毫肆
絲陸忽陸微柒纖貳沙肆塵貳漠叁埃伍
渺內
一地丁起運
舊管
起運地丁銀叁萬捌千陸百貳拾伍兩捌錢伍
釐貳毫肆絲柒忽叁微陸纖壹沙肆塵貳
漠叁埃伍渺
新收無項
開除

賦役全書 萊州府昌邑縣 六

一件在題請等事案內嘉慶貳拾肆年奉文沙
壓地畝除豁銀壹百貳拾叁兩叁錢壹分
捌釐
實在
起運地丁銀叁萬捌千伍百貳兩肆錢捌分柒
釐貳毫肆絲柒忽叁微陸纖壹沙肆塵貳
漠叁埃伍渺
補管
起運折色腳價銀貳百貳拾叁兩柒錢玖分玖
釐肆毫捌絲壹忽叁微伍纖

新收無項
開除無項
實在
起運折色脚價銀貳百貳拾叁兩柒錢玖分玖
釐肆毫捌絲壹忽叁微伍纖
舊管
歷科舉人車價銀壹拾伍兩肆錢貳分玖毫陸
絲玖忽壹微柒纖
新收無項
開除無項

實在
歷科舉人車價銀壹拾伍兩肆錢貳分玖毫陸
絲玖忽壹微柒纖
一本色
舊管
京庫地畝棉花絨柒斤柒兩捌錢壹分玖釐壹
毫柒絲陸忽每斤徵銀柒分貳微銀伍錢
貳分肆釐貳毫捌忽捌微玖纖伍沙
新收無項
開除無項

實在
棉花絨柒斤柒兩捌錢壹分玖釐壹毫柒絲陸
忽徵折銀伍錢貳分肆釐貳毫捌忽捌微
玖纖伍沙
舊管
鋪墊銀柒分肆釐捌毫捌絲陸忽玖微捌纖伍
沙
新收無項
開除無項
實在

鋪墊銀柒分肆釐捌毫捌絲陸忽玖微捌纖伍
沙
舊管
脚價銀肆釐壹毫玖絲叁忽陸微柒纖
新收無項
開除無項
實在
脚價銀肆釐壹毫玖絲叁忽陸微柒纖
舊管
甲子庫槐花捌百玖拾壹斤伍兩貳錢肆分毫

釐貳毫每斤徵銀壹分伍釐共徵銀壹拾
叁兩叁錢陸分玖釐玖毫壹絲捌忽叁微
壹纖貳沙
新收無項
開除無項
實在
槐花捌百玖拾壹斤伍兩貳錢肆分陸釐貳毫
徵折銀壹拾叁兩叁錢陸分玖釐玖毫壹
絲捌忽叁微壹纖貳沙
舊管

鋪墊銀玖兩捌錢肆釐陸毫陸忽柒微陸纖
新收無項
開除無項
實在
鋪墊銀玖兩捌錢肆釐陸毫陸忽柒微陸纖
舊管
脚價銀壹錢陸釐玖毫伍絲玖忽叁微伍纖
新收無項
開除無項
實在

脚價銀壹錢陸釐玖毫伍絲玖忽叁微伍纖
舊管
蒼术叁拾壹斤壹拾兩貳錢叁分每斤徵銀貳
分共徵銀陸錢叁分貳釐柒毫捌絲柒忽
伍微
新收無項
開除無項
實在
蒼术叁拾壹斤壹拾兩貳錢叁分徵折銀陸錢
叁分貳釐柒毫捌絲柒忽伍微

舊管
包裹紅黃紙價銀伍錢壹分伍毫伍絲
新收無項
開除無項
實在
包裹紅黃紙價銀伍錢壹分伍毫伍絲
舊管
牛角弓面叁拾副捌分玖釐陸毫玖絲伍忽捌
微玖纖每副價銀柒錢共徵銀貳拾壹兩
陸錢貳分柒釐捌毫柒絲壹忽貳微叁纖

新收無項
開除無項
實在
牛角弓面叁拾副捌分玖釐陸毫玖絲伍忽捌
微玖纖微折銀貳拾壹兩陸錢貳分柒釐
捌毫柒絲壹忽貳微叁纖
以上本色項下微折各項銀兩於乾隆貳拾叁年拾
月內在敬陳直省奏銷等事案內奉文將
徵折銀兩名目於奏銷冊內刪除統歸地
丁條編造報等因又於乾隆叁拾年玖月

內在覆奏事案內四川藩司奏請賦役全
書請刪不經之名目等因當查東省全書
內並無應刪不經名目其本色顏料等項
從前議歸地丁項下條編造報者應於全
書內仍應開載將來倘遇飭辦以便按冊
查係何州縣出產易於遵辦詳請具
奏奉有
硃批欽遵在案理合聲明
一倉糧
舊管

臨清常盈倉粟米折色銀壹千叁百叁拾兩伍
錢柒釐捌毫叁絲柒忽捌纖
新收無項
開除 一件在題請等事案內嘉慶貳拾肆年奉
文沙壓地畝除豁銀肆兩壹錢壹分捌釐
實在 臨清常盈倉粟米折色銀壹千叁百貳拾
陸兩叁錢捌分玖釐捌毫叁絲柒忽捌纖
舊管
德州倉小麥無麥納米折色銀壹千陸百壹拾
肆兩叁錢玖分伍釐叁毫玖絲壹忽貳微柒纖

新收無項
開除
一件在題請等事案內嘉慶貳拾肆年奉文沙
壓地畝除豁銀伍兩叁分陸釐
實在
德州倉小麥無麥納米折色銀壹千陸百玖兩叁
錢伍分玖釐叁毫玖絲壹忽貳微柒纖
舊管
加銀玖兩柒錢捌分陸釐玖毫叁絲柒忽伍微
新收無項

開除無項
實在
奶銀玖兩陸錢捌分陸釐玖毫叁絲柒忽伍微
舊管
脚價銀叁兩貳錢貳分玖釐貳毫捌絲伍忽
新收無項
開除無項
實在
脚價銀叁兩貳錢貳分玖釐貳毫捌絲伍忽
一學院錢糧

賦役全書　萊州府昌邑縣　三五

舊管
學田租銀壹拾伍兩肆錢貳分
新收無項
開除無項
實在
學田租銀壹拾伍兩肆錢貳分
以上起運本色工料并學租通共徵銀叁千壹拾兩
柒錢肆分壹釐肆毫叁絲叁忽伍微伍
纖貳沙
一地丁存留

舊管
官俸役食銀壹千肆百柒拾陸兩柒錢貳分伍
釐陸毫陸絲肆忽玖微壹纖
新收無項
開除無項
實在
官俸役食銀壹千肆百柒拾陸兩柒錢貳分伍
釐陸毫陸絲肆忽玖微壹纖內
本縣知縣一員
俸銀貳拾玖兩壹錢玖分伍釐

賦役全書　萊州府昌邑縣　三六

門子貳名工食銀壹拾壹兩貳錢壹分
皂隸壹拾叁名工食銀柒拾貳兩捌錢陸分
伍釐
仵作叁名工食銀壹拾陸兩捌錢壹分伍釐
馬快捌名工食銀壹百貳拾伍兩伍錢柒分
伍釐
民壯肆拾名工食銀叁百貳拾兩
看監禁卒捌名工食銀捌拾玖兩陸錢捌分
轎傘扇夫柒名工食銀叁拾玖兩貳錢叁分
伍釐

庫子肆名工食銀貳拾貳兩肆錢貳分

斗級肆名工食銀貳拾貳兩肆錢貳分

縣丞一員

俸銀肆拾兩

門子壹名工食銀伍兩陸錢伍釐

皂隸肆名工食銀貳拾貳兩肆錢貳分

馬夫壹名工食銀伍兩陸錢伍釐

典史一員

俸銀叁拾壹兩伍錢貳分

門子壹名工食銀伍兩陸錢伍釐

皂隸肆名工食銀貳拾貳兩肆錢貳分

馬夫壹名工食銀伍兩陸錢伍釐

富國場大使一員

俸銀叁拾玖兩玖錢玖分伍釐玖毫捌絲肆忽
玖微壹纖

皂隸貳名工食銀壹拾貳兩肆錢

儒學訓導一員

俸銀肆拾兩

教諭一員

俸銀肆拾兩

齋夫叁名工食銀叁拾柒兩貳錢

膳夫貳名工食銀壹拾叁兩柒錢柒分柒釐
柒毫捌絲

門斗貳名工食銀壹拾柒兩捌錢捌分

遞鋪司兵叁拾柒名工食銀貳百肆拾壹兩
叁錢捌分陸釐玖毫

渡夫濰河陸名膠河叁名工食銀壹拾貳兩
玖分

孤貧叁拾捌名口月糧冬衣布花銀壹百叁
拾陸兩捌錢

舊管

里甲夫馬工料銀伍百肆拾捌兩捌錢柒釐

新收無項

開除無項

實在

里甲夫馬工料銀伍百肆拾捌兩捌錢柒釐內

走遞馬拾匹草料銀壹百捌拾陸兩

走遞驢貳頭草料銀壹拾捌兩陸錢

馬夫陸名半貳分伍釐工食銀捌拾叁兩柒
錢

日夫貳拾名工食銀貳百肆拾捌兩
鞍屜捌厰槽鍘等項銀壹拾貳兩伍錢柒釐
舊管
雜支銀貳百肆拾捌兩貳錢陸分捌釐陸毫伍
絲叁微貳纖玖沙
新收無項
開除無項
實在
雜支銀貳百肆拾捌兩貳錢陸分捌釐陸毫伍
絲叁微貳纖玖沙内
賦役全書《萊州府昌邑縣　二十九
修理
龍亭帳幔併協濟本府銀貳錢陸分叁釐叁毫玖絲肆
忽陸微伍纖伍沙
祭祀
文廟銀叁拾伍兩
香燭銀壹兩貳錢伍分
啓聖鄉賢名宦祠銀肆兩
山川社稷壇銀肆兩
孤魂邑厲壇銀肆兩叁錢捌分
鄉飲銀伍兩肆錢貳釐玖毫陸絲柒忽叁纖

廩生廩糧銀壹百柒拾叁兩陸錢壹毫
歲貢生袍帽傘蓋併協濟本府銀壹拾叁兩
捌錢柒釐伍毫捌絲叁忽壹微肆沙
歲貢生正副盤費併協濟本府銀貳兩伍錢
柒分伍釐肆毫壹絲肆忽肆微壹纖
歲貢生迎賀旗扁花紅併協濟本府銀叁兩
玖錢捌分玖釐壹毫玖絲捌微陸纖
一額外
商稅銀
牛驢抽稅銀
賦役全書《萊州府昌邑縣　三十
牙雜稅銀
當稅銀
稅契銀
船稅銀

编后记

编史修志，资政育人，是中华民族传承文明的优良传统。昌邑市财政系统一代代干部职工，牢固树立聚财管财理财用财、一切为经济发展的宗旨，廉洁勤政、恪尽职守、爱岗敬业、团结奋进，创造了财政事业的辉煌。为全面记载财政事业发展的历程，全方位总结成功的经验，见证历史，开拓未来，市财政局决定编纂《昌邑市财政志》，这是全市财政事业发展之所需，也是继往开来的重大决策。

2017 年 9 月，市财政局成立领导小组，下设编纂委员会，志书进入编纂筹备阶段。

11 月初，市财政局史志办公室成立，借调围子街道财政所王仁昌、聘请市司法局退休干部张乃贵为专职编纂人员，志书进入编纂阶段。

11 月 20 日，编委会成员召开会议，参加人员有：林明波、孙介甫、徐桂华、徐学义、张兴涛、王仁昌、张乃贵，确定志书框架。

12 月，市博物馆副馆长、研究馆员王伟波在市财政局“财政大讲堂”做“昌邑方志概要”专题讲座，对财政人员进行专业培训。王仁昌给各科室细分任务。

2018 年 3 月，孙介甫、王仁昌走访 10 个镇街区财政所，对志书涉及的镇街区部分征求意见并进行督导。

2020 年 3 月，市财政局每个科室选定一名志书联络员，负责提供资料，要求宁细勿疏、宁繁勿简。

4 月，编纂人员查阅市人大办公室、市政府办公室、市档案馆、市人力资源和社会保障局等部门的有关原始档案资料，力求资料翔实准确、内容真实可靠。

8 月，编纂人员以“资政、教化、存史”为出发点，遵循“录之有证、述之有据”的原则，将分编稿件进行交换，相互修改，删繁就简，后进行统稿，形成《昌邑市财政志（征求意见稿）》。

9 月，征求意见稿印刷 100 本，发放至昌邑市有关领导，在本局工作过的老领导、老同志，各有关部门领导，本局领导及各科室，镇街区财政所，征求意见，征集资料。

11 月，姜喜润、王仁昌逐一拜访历任财政局长，当面倾听意见，并到峡山区太保庄街道财政所、峠山街道财政所，核实区划变更前的财政所人员任职情况。

12 月，在广泛征求意见基础上，编纂人员对志书进行修改和完善，形成《昌邑市财政志（1986—2019）》评审稿。

2021 年 4 月 20 日，《昌邑市财政志（1986—2019）》评审会在市财政局会议室召开。潍坊市修志业务专家咨询组成员、潍坊市委党史研究院（市地方史志研究院）四级调研员程森枝、焦凌，潍坊市修志业务专家咨询组成员、昌邑市博物馆党支部书记、研究馆员王伟波，潍坊市修志业务专家咨询组成员、潍坊市委党史研究院（市地方史志研究院）方志工作科三级主任科员颜培胜，昌邑市委党史研究中心（市地方史志研究中心）主任李周兴、编辑初良邦、编辑袁炳奎，昌邑市财政局局长孙效治、一级主任科员姜喜润，以及志书编纂人员参加会议。专家一致认为，志书特点突出、特色鲜明，并分别从框架结构、图片设置等方面进行点评，指出存在的问题，提出具体解决方案。评审会后，编纂人员根据专家意见，对志书进行全面斟酌审核、细致修改，努力打造昌邑市财政“百科全书”，形成《昌邑市财政志（1986—2019）》送审稿，报送方志出版社。

志书编纂过程中，得到各级相关领导和有关部门大力支持，上述相关单位提供档案资料；市财政局老领导、老同志提供大量照片、资料、线索等，提出许多建议；王伟波提供《山东莱州府昌邑县现行简明赋役全书》（同治伍年分）一卷影印件，在此一并表示衷心感谢！

鉴于志书专业性强，涉及面广，收录资料时间跨度较大，许多原始资料缺失，给编纂工作带来一定难度；另外，由于编者水平有限，书中疏漏、不当甚至错误之处在所难免，敬请广大读者谅解和批评指正。

编者

2021 年 7 月